Timothy Garton Ash

Zeit der Freiheit

Aus den Zentren
von Mitteleuropa

Aus dem Englischen von
Susanne Hornfeck
sowie
Meino Büning, Matthias Grässlin,
Marion Kagerer, Reinhard Kaiser,
Philip Laubach, Udo Rennert
und Peter Torberg

Carl Hanser Verlag

Titel der Originalausgabe:
History of the Present.
Essays, Sketches and Despatches
from Europe in the 1990s
Allen Lane – The Penguin Press, London 1999
© 1999 Timothy Garton Ash

1 2 3 4 5   03 02 01 00 99

ISBN 3-446-19758-3
Alle Rechte der deutschen Ausgabe vorbehalten:
© 1999 Carl Hanser Verlag München Wien
Satz: Filmsatz Schröter GmbH, München
Druck und Bindung: Franz Spiegel Buch GmbH, Ulm
Printed in Germany

Für Robert Silvers

Inhalt

Einleitung: Geschichte der Gegenwart

Am 1. Januar 1990 wußten wir bereits eine Minute nach Mitternacht, daß Europa ein Jahrzehnt der Neugestaltung bevorstand. Soeben war mit der Berliner Mauer eine vierzig Jahre alte europäische Ordnung zusammengestürzt. Alles schien möglich. Jeder begrüßte das »neue Europa«, doch niemand wußte, wie es aussehen würde.

Heute wissen wir es: in Westeuropa, in Deutschland, in Mitteleuropa und auf dem Balkan. Natürlich ist auch in diesen Teilen der Welt die Zukunft voller Überraschungen. Das ist sie immer. Aber am Ende dieser Dekade können wir die groben Umrisse jener neuen europäischen Ordnung erkennen, die wir inzwischen schon nicht mehr als »neu« bezeichnen. Nur auf dem ethnisch so buntscheckigen Territorium der ehemaligen Sowjetunion ist es sehr schwer zu sagen, in welche Richtung sich Staaten wie Rußland und die Ukraine entwickeln werden. Dasselbe kann vielleicht, an Europas anderem Ende, für das schrumpfende Vereinigte Königreich gelten.

Dieses Buch erhebt keinesfalls den Anspruch, eine umfassende Darstellung der 90er Jahre in Europa zu geben. Es ist eine Sammlung von Aufsätzen – mit einem anderen Wort: Fragmenten –, die meine eigenen Interessen, Forschungen und Reisen widerspiegeln. Die Chronik, die sich durch das Buch zieht, soll Verbindungen herstellen, aber auch wichtige europäische Ereignisse festhalten, die in den Beiträgen nicht vorkommen. In diese Zeitachse habe ich kurze, tagebuchartige Aufzeichnungen eingefügt, die sich auf mein Gedächtnis und meine Notizbücher stützen. Daneben gibt es einige längere Skizzen. Den Hauptteil des Buches machen jedoch die analytischen Reportagen aus, die – unter der erfahrenen editorischen Obhut von Robert Silvers, dem dieses Buch gewidmet ist, – zumeist in der *New York Review of Books* erschienen sind. Und schließlich gibt es ein paar Essays, in denen ich versucht habe, eine Zwischenbilanz zu größeren Themenbereichen zu ziehen, so etwa zur Entwicklung der Europäischen Union, zur schwierigen Beziehung zwischen Großbritannien und Europa oder der Art, wie Länder mit der Erblast von Diktaturen umgehen.

Das Buch soll als »Geschichte der Gegenwart« verstanden werden. Dementsprechend wurde der Haupttext unmittelbar während oder nach den Ereignissen, die er behandelt, niedergeschrieben. Die Beiträge wurden, um Wiederholungen zu vermeiden, leicht gekürzt, es wurde aber nichts Entscheidendes hinzugefügt oder weggelassen. Die Chronik und einige kurze Skizzen sind später hinzugekommen, ebenso wie mancher Kurzkommentar am Ende eines Beitrags.

Ich möchte noch ein wenig bei dem Begriff »Geschichte der Gegenwart« verweilen. Er stammt nicht von mir. Soweit mir bekannt ist, hat ihn George F. Kennan, amerikanischer Veteran der Diplomatie und Historiker, in einer Rezension meines Buches über Mitteleuropa der 8oer Jahre, *The Use of Adversity* (dt. *Ein Jahrhundert wird abgewählt*), geprägt. Für mich ist dies die beste Charakterisierung dessen, was ich in den vergangenen zwanzig Jahren geschrieben habe, indem ich die Fertigkeiten des Historikers mit denen des Journalisten zu verbinden versuchte.

Doch reizt dieser Begriff auch gleich zur Kontroverse. Geschichte der Gegenwart? Offensichtlich ein Widerspruch in sich. Geschichte hat sich per Definition mit Vergangenem zu beschäftigen. Geschichte – darunter versteht man Bücher über Caesar, den Dreißigjährigen Krieg oder die Russische Revolution. Geschichte – das sind Entdeckungen und neue Sichtweisen, die sich auf das jahrelange Studium von Dokumenten in Archiven stützen.

Den Einwand, »die Gegenwart« sei eine Trennlinie zwischen Vergangenheit und Zukunft, kaum den Bruchteil einer Sekunde lang, wollen wir einmal beiseite lassen. Es ist klar, was hier mit »Gegenwart« gemeint ist, selbst wenn deren genaue zeitliche Festlegung umstritten bleibt. Wem das lieber ist, der möge sie als »allerjüngste Vergangenheit« oder als »laufende Ereignisse« bezeichnen. Der entscheidende Punkt ist, daß nicht nur professionelle Historiker, sondern auch maßgebliche Stimmen des intellektuellen Lebens der Ansicht sind, daß erst eine minimale Zeitspanne verstreichen müsse und bestimmte kanonisierte Quellen verfügbar sein müßten, bevor Aufzeichnungen über die unmittelbare Vergangenheit als Geschichtsschreibung gelten könnten.

So war es nicht immer. Der hochgelehrte Ideengeschichtler Reinhart Koselleck hat festgestellt, daß es, angefangen bei Thukydides, bis weit ins 18. Jahrhundert hinein gerade der Augenzeuge oder besser noch der an den Ereignissen unmittelbar Beteiligte war, der sich besonders als Geschichtsschreiber qualifizierte.[1] Zeitgeschichte galt als die beste Art der Geschichtsschreibung. Erst seit Entstehen der Idee vom Fortschritt, erst seit der kritischen Philologie und des Werks von Leopold von Ranke sind Historiker zu der Überzeugung gelangt, daß man Ereignisse besser versteht, wenn man sich in zeitlichem Abstand zu ihnen befindet. Doch bei genauerem Nachdenken erweist sich die Idee als verblüffend: eine Person, die überhaupt nicht dabei war, soll besser Bescheid wissen, als eine, die dabei war.

Selbst die treuesten Neo-Rankianer sind schließlich auf Augenzeugen angewiesen, die ihnen erste Berichte über Vergangenes liefern. Wo keine Berichte, da keine Geschichte. Und wenn die Berichte schlecht sind oder bestimmte Ziele verfolgen (ob religiöse oder astrologische oder skatologische), so wird der Historiker darin keine Antworten auf die Fragen finden, die er stellen möchte. Es ist also von Vorteil, wenn bereits der Augenzeuge daran interessiert ist, Antworten auf die Fragen des Historikers zu Ursachen und Folgen, Strukturen und Prozessen, Individuum und Masse zu finden. In dieser Hinsicht wiegt zum Beispiel Alexis de Tocquevilles persönlicher Bericht über die Revolution von 1848 in Frankreich zwanzig andere auf.

Heutzutage ist der historisch denkende Augenzeuge aus einsichtigen Gründen sogar noch wichtiger geworden. Zu Rankes Zeiten fand Politik auf dem Papier statt. Diplomatie wurde in Form von Korrespondenz betrieben oder zumindest schriftlich festgehalten. Politiker, Generale und Diplomaten äußerten sich ausführlich in Tagebüchern, Briefen und Memoranden. Und selbst damals blieb Bedeutendes ungeschrieben – das private

Einverständnis, das man sich in den Kulissen des Wiener Kongresses zuraunte, das Kopfkissengeplauder der Königinnen. Damals, wie heute, wurde ein Großteil menschlicher Erfahrungen nicht dokumentiert; aber ein Großteil der Politik schon.

Heute findet Politik mehr und mehr in persönlichen Begegnungen (dank Flugverkehr), per Telefon (zunehmend per Handy) oder mittels anderer elektronischer Medien statt. Natürlich werden auch davon Protokolle, auf höchster Ebene sogar Telefonmitschriften, erstellt. Doch der Anteil an wichtigen Vorgängen, die auf Papier festgehalten werden, nimmt ständig ab. Und wer schreibt noch lange Briefe oder ausführliche Tagebücher?

Natürlich können Wissenschaftler heute auf Fernsehberichterstattung zurückgreifen, und sie können sich Bänder von Telefongesprächen – oder Abhöranlagen – anhören. In Zukunft werden sie vielleicht auch E-Mails lesen. Der Punkt ist nicht, daß es weniger Quellenmaterial gibt; ganz im Gegenteil. Während ein Althistoriker eine ganze Epoche anhand eines einzigen Papyrus rekonstruieren muß, hat der Zeitgeschichtler unter Umständen eine ganze Bibliothek zu den Ereignissen eines einzigen Tages. Es ist das Verhältnis von Quantität zu Qualität, das sich zum Schlechteren entwickelt hat.

Andererseits waren Politiker, Diplomaten, Soldaten und Geschäftsleute noch nie so begierig wie heute, gleich ihre eigene Version der aktuellen Ereignisse zum besten zu geben. Die Krise im Irak fand bekanntlich zeitgleich auf dem Bildschirm des TV-Senders CNN statt. Europa-Minister sind kaum aus den Sitzungsräumen gestolpert, da instruieren sie schon die Journalisten ihrer jeweiligen Länder, und jeder drückt den Dingen natürlich seinen persönlichen Stempel auf. Hält man die einzelnen Versionen allerdings nebeneinander, so bekommt man eine recht gute Momentaufnahme des Geschehens.

Was man unmittelbar nach dem Ereignis in Erfahrung bringen kann, ist also mehr geworden, was man sehr viel später noch darüber wissen kann, hat abgenommen. Das gilt vor allem für außergewöhnliche Ereignisse. Während mancher dramatischen Debatte zwischen den Führern der »samtenen Revolution« im November 1989 im Prager Laterna-Magica-Theater war ich der einzige Anwesende, der sich Notizen machte. Ich weiß noch, wie ich dachte: »Wenn ich das jetzt nicht aufschreibe, wer sonst? Es wird für immer verschwinden wie Badewasser im Abflußrohr.« Viel an jüngster Geschichte ist auf diese Weise unwiederbringlich verlorengegangen.

Zwei Einwände jedoch bleiben von Bedeutung. Da es nicht selten die aufschlußreichsten Fakten sind, die Regierungen und einzelne Persönlichkeiten geheimzuhalten versuchen, kann der spätere Zugang zu solchen Quellen das Bild grundlegend verändern. Daraus folgt aber nicht, daß man unbedingt abwarten soll. Denn in der Zwischenzeit können andere wichtige Zusammenhänge, die zunächst noch klar erkennbar waren, verlorengehen. Nein, es handelt sich dabei um ein genrespezifisches Risiko. Im Vorwort zu meiner ersten »Geschichte der Gegenwart«, einer Geschichte der Solidarność-Revolution in Polen, habe ich angemerkt, daß ich dieses Buch nicht geschrieben hätte, wenn absehbar gewesen wäre, daß die offiziellen Dokumente der kommunistischen Regime in der Sowjetunion und Polen zugänglich werden würden. Das, so schrieb ich damals leichtfertig, sei etwa so wahrscheinlich wie »die Wiedereinführung der Monarchie in Warschau oder Moskau«. Acht Jahre später war die Sowjetmacht zusammengebrochen, und ein Großteil jener Dokumente war verfügbar. Zu meinem Glück hatte ich auch Walter Raleighs Warnung aus dem Vorwort zu seiner *History of the World* zitiert, die da lautet, daß »wer immer eine moderne Geschichte schreibt, der Wahrheit so dicht auf den Fersen bleiben sollte, daß sie ihm die Zähne damit ausschlagen kann«.

Der zweite berechtigte Einwand ist, daß wir die Folgen des aktuellen Geschehens nicht kennen, weshalb unser Verständnis seiner historischen Bedeutung zwangsläufig spekulativ bleibt und später womöglich revidiert werden muß. Auch das ist natürlich richtig. Jeder Studienanfänger weiß über den Niedergang und Zerfall des Römischen Reiches Bescheid. Doch wer in den 80er Jahren über das Sowjetreich schrieb, konnte nicht wissen, wie die Sache ausgehen würde. 1988 veröffentlichte ich einen Aufsatz mit dem Titel *Das Reich zerfällt*, war aber der Ansicht, daß sein endgültiger Zerfall noch in weiter Ferne läge. Und in einem Artikel vom Januar 1989 wies ich Spekulationen zurück, daß die Mauer bald fallen könnte.

Doch darin liegt zugleich ein Vorteil. Man dokumentiert eben auch das, was die Menschen damals nicht wußten – zum Beispiel, daß die Mauer bald fallen würde. Man konzentriert sich auf Entwicklungen, die damals unerhört wichtig schienen, später aber in Vergessenheit gerieten, weil sie zu nichts führten. Auf diese Weise kann vielleicht eine der größten optischen Illusionen der Geschichtsschreibung vermieden werden.

Einer der Reize, sich in die Archive einer abgeschlossenen Epoche zu vergraben, besteht darin, daß allmählich, über Monate und Jahre hinweg, ein Muster aus den Papierstapeln aufzutauchen beginnt. Es ist wie eine Botschaft in unsichtbarer Tinte. Doch dann fängt man an sich zu fragen: Liegt dieses Muster tatsächlich in der Vergangenheit begründet oder existiert es nur in meinem Kopf? Handelt es sich um ein Muster aus unserer Zeit, das wir der Vergangenheit nur überstülpen? Jede Generation hat ihren eigenen Cromwell, ihre Französische Revolution, ihren Napoleon. Wo sich vor den Zeitgenossen nur eine finstere Fläche dehnte, kann man selbst einen gepflegten Park, einen hell erleuchteten Platz und meist auch eine Straße wahrnehmen, die zum nächsten historischen Meilenstein führt. Der französische Philosoph Henri Bergson spricht von den »Illusionen eines retrospektiven Determinismus«.

Amerikanische Journalisten, die Bücher über die jüngste Geschichte schreiben, bezeichnen diese manchmal bescheiden als einen »ersten Entwurf von Geschichte«. Das impliziert, daß der zweite und dritte Entwurf eines Wissenschaftlers immer eine Verbesserung gegenüber dem ersten darstellt. Manchmal mag das, aufgrund der besseren Quellenlage und des größeren Abstandes, ja auch zutreffen. Aber in vielen Fällen auch nicht, denn der Wissenschaftler wird nicht wissen und nur schwerlich rekonstruieren können, wie es damals wirklich zuging. Wie es an den jeweiligen Orten aussah und wie es roch, was die Leute empfanden und was sie nicht wußten. Autoren haben unterschiedliche Methoden. Meine eigenen Erfahrungen jedoch kann ich in einer schlichten Zeile zusammenfassen: Es gibt nichts Besseres als dabeizusein.

Kennan hob hervor, daß Geschichte der Gegenwart »auf jenem kleinen und selten bestellten Feld literarischer Arbeit gedeiht, wo Journalismus, Geschichtsschreibung und Literatur zusammentreffen«. Auch hier hat er den Punkt genau getroffen. Die europäische Region, wo Deutschland, Frankreich und die Schweiz aneinandergrenzen, nennt man Dreiländereck. Eine »Geschichte der Gegenwart« ist im Dreiländereck von Journalismus, Geschichtsschreibung und Literatur angesiedelt. Solche Grenzgebiete sind immer interessant, manchmal aber auch spannungsreich. Wer dort arbeitet, hat bisweilen das Gefühl, sich im Niemandsland zu bewegen.

Die kürzeste und bestmarkierte Grenze ist die zwischen Geschichtsschreibung und Journalismus auf der einen und Literatur auf der anderen Seite. Guter Journalismus wie auch gute Geschichtsschreibung haben immer auch etwas von den Qualitäten der Erzählkunst: Einfühlsamkeit in die Charaktere und die literarische Kraft des Auswählens, Schilderns und Lebendigwerden-Lassens. Reportage und historische Erzählung sind immer Produkt eines individuellen Autors, geprägt von seiner oder ihrer ganz eigenen Wahrnehmung und Wortwahl. Man muß nicht nur gut recherchieren, sondern sich auch die Mühe machen, in die Vorstellungswelt der Menschen, über die man schreibt, einzudringen. In dieser Hinsicht unterscheidet sich die Arbeit des Historikers nicht von der des Romanciers. Dem tragen wir Rechnung, wenn wir von einem »Napoleon Michelets« einem »Napoleon Taines« oder Carlyles sprechen.

Dennoch gibt es einen fundamentalen Unterschied, und der betrifft die Art von Wahrheit, der man beim Schreiben auf der Spur ist. Der Schriftsteller Jerzy Kosinski, der sein Spiel mit den Fakten trieb, auch mit jenen, die sein eigenes Leben betrafen, verteidigte sich heftig, indem er behauptete, er interessiere sich für die Wahrheit und nicht für Fakten, und sagte: »Ich bin alt genug, um den Unterschied zu kennen.« In gewisser Weise kann das jeder Schriftsteller für sich in Anspruch nehmen, ein Journalist und ein Historiker aber sollten das nie tun. Hierin unterscheiden wir uns auch vom Vater der Zeitgeschichte. Thukydides hatte keine Skrupel, Perikles Worte in den Mund zu legen, wie es ein Schriftsteller tun würde. Wir dürfen das nicht. Unsere

»Charaktere« sind reale Menschen, und die höheren Wahrheiten, die wir anstreben, müssen aus den Ziegeln und dem Lehm der Fakten gefertigt sein. Was *genau* hat der Ministerpräsident gesagt? War das vor oder nach der Explosion auf dem Marktplatz von Sarajevo, und aus wessen Geschütz stammte die verheerende Granate?

Einige Postmodernisten werden widersprechen. Sie möchten die Werke von Historikern nach denselben Kriterien wie die von Erzählern beurteilt sehen, nach ihrer rhetorischen und imaginativen Überzeugungskraft und weniger nach einer ohnehin illusorischen faktischen Wahrheit. Eric Hobsbawm hat ihnen in einer klug abgewogenen Erwiderung entgegengehalten: »Es ist entscheidend für Historiker, die Basis ihrer Zunft zu verteidigen, die im Vorrang des Faktischen liegt. Wenn ihre Texte Erzählungen sind, was, da es sich um literarische Konstrukte handelt, in gewisser Weise zutrifft, so muß das Rohmaterial dieser Erzählungen aus verifizierbaren Tatsachen bestehen.«[2]

Dasselbe gilt für den Journalismus. Wir alle wissen, wie die Regenbogen-Presse arbeitet, aber auch am entgegengesetzten Ende, im gehobenen Journalismus, wird die Grenze zur Fiktion nicht immer strikt gezogen, besonders in der Reportage, die den Anspruch erhebt, selbst Literatur zu sein. Jede lesenswerte Reportage muß selbstverständlich ihr Material gezielt anordnen, muß Schlaglichter setzen und reale Personen bis zu einem gewissen Grad als Figuren in einem Drama agieren lassen. Doch die Grenze ist überschritten, sobald Zitate erfunden oder Ereignisse in ihrem Ablauf verändert werden. Es gibt eine Art des modernen Journalismus, die zugegebenermaßen so verfährt, und das ist die dramatische Dokumentation oder das sogenannte »faction«. Hier ist man sozusagen auf ehrliche Weise unehrlich. Doch leider geschieht dies häufig genug auch hinter der Maske fadenscheiniger Authentizität.

Diese Unsitte hat namhafte Vorläufer. John Reeds Bericht über die Russische Revolution, *Zehn Tage, die die Welt erschütterten*, ist vermutlich eine der einflußreichsten Reportagen, die jemals geschrieben wurden. Da ihr Autor so gut wie kein Russisch sprach, mußte er seine Dialoge oft erfinden, er deklarierte Berichte aus zweiter Hand als Augenzeugenberichte, brachte

Zeitangaben durcheinander und fügte blumige Details hinzu. Neal Ascherson schreibt in seinem aufschlußreichen Aufsatz über Reeds Buch: »Reed gibt uns eine packende Darstellung von Lenins Auftritt bei einem internen Treffen der Bolschewiken am 3. November in Smolny, über dessen Verlauf ihm angeblich, noch während es lief, durch Volodarsky nach draußen berichtet wurde. Ein solches Treffen hat es nie gegeben.«[3]

Um uns vor der Reedschen Krankheit zu bewahren und uns die besten Storys zu verderben, haben große amerikanische Zeitschriften sogenannte »fact-checker« eingestellt. Wenn sie mit ihrem Läusekamm über die Texte gehen, dann stellt man immer wieder mit Schrecken fest, wie viele kleine Irrtümer sich in die Notizen eingeschlichen haben oder einem auf dem Weg von dort in den Text auflauern. Doch früher oder später stößt man auf jene Passagen – und das sind oft die wichtigsten –, die die »fact-checkers« mit »laut Autor« gekennzeichnet haben. Das bedeutet, daß der Autor die einzige Quelle ist für die Tatsache (so es denn eine ist), daß eine Kirchentür in der Krajina mit Blut beschmiert war oder ein Rebellenführer im Kosovo tatsächlich das gesagt hat, was in unserem Notizbuch steht. Dann ist man allein mit seinen Notizen und seinem Gewissen. Hat er es wirklich gesagt?

Wahrscheinlich sollte man idealerweise immer mit laufendem Tonband herumlaufen wie ein Top-Spion. Oder, besser noch, sich eine winzige Videokamera in den Schädel einsetzen lassen. Zweifellos wurden einige der besten Beiträge zur Zeitgeschichte im Fernsehen gemacht; ich denke an Dokumentarserien wie *The Death of Yugoslavia*. Doch man kann auch eine Fernsehkamera durch tendenziöse Auswahl und manipulative Bearbeitung zum Lügen zwingen. Bestenfalls bringt sie uns näher als jedes andere Medium an die Tatsachen, wie sie wirklich waren.

Für den Schreibenden aber bringen sichtbar in der Hand gehaltene Kassettenrekorder und Kameras große Nachteile mit sich. Selbst in ihrer hochtechnisierten Minimalversion sind sie lästig. Man versuche nur einmal, solche Geräte bei einer schnell sich vorwärtsbewegenden Demonstration einzusetzen und gleichzeitig Notizen zu machen. In der Praxis ist es nahezu unmöglich, gleichzeitig mit dem Auge der Kamera und dem des Schreibenden zu sehen. Ständig muß man damit rechnen, ein aussagekräftiges Detail, das so wichtig für jede gute Reportage ist, zu verpassen, während man an der Kamera oder dem Rekorder herumfingert. Und dann muß man sich ständig Gedanken darüber machen, ob und was diese Geräte gerade aufnehmen. Und natürlich verhalten sich Menschen in Gegenwart solcher Geräte auch anders. Politiker und der sogenannte Mann auf der Straße äußern sich weniger spontan und unbefangen, sobald Kameras oder Mikrophone im Spiel sind. Auf manche allerdings wirken diese Hilfsmittel, und das ist unter Umständen noch schlimmer, aber auch anstachelnd. Demonstranten oder Soldaten gefallen sich in heldenhaften Posen und äußern sich bedeutungsvoll, wie sie es sonst nie tun würden. Also können diese scheinbar so neutralen, passiven Aufzeichnungsgeräte die Wirklichkeit durch ihre bloße Anwesenheit verändern. Aber diesen Effekt kann bereits ein schlichtes Notizbuch haben.

Gelegentlich benutze ich bei wichtigen Gesprächen einen Kassettenrekorder, aber mein ständiger Begleiter ist das Notizbuch, das in jede Jackentasche paßt. Meistens liegt es vor mir, wenn ich mit jemandem spreche, doch wenn ich meine, daß die Leute sich dann unbefangener äußern, oder wenn gleichzeitiges Essen oder Spazierengehen es verhindert, lasse ich ihn in der Tasche. Dann schreibe ich das Gespräch aus der Erinnerung nieder, sobald sich Gelegenheit dazu bietet. Ich bin ein Genauigkeitsfanatiker, und nach zwanzig Jahren Praxis habe ich eine gewisse Routine mit dieser Art von Gedächtnisleistung. Doch wenn ich dann meine Notizen wieder ansehe, bleibt doch immer der nagende Zweifel, ob er oder sie das auch wirklich genau so gesagt haben.

Nehmen wir zum Beispiel den Anfang meiner Reportage aus Serbien vom März 1997 (siehe S. 273 ff.). Der Student namens Momčilo schrie: »Ich will in einem normalen Land leben!« und so weiter. Das rief er in seinem gebrochenen Englisch, während wir durch die Straßen Belgrads zu einer Studentenversammlung rannten. Kaum waren wir dort angekommen, habe ich die Worte aufgeschrieben. Hätte ich mit einem Rekorder aufgenommen, was er tatsächlich zu mir gesagt hat, hätte es vielleicht etwas anders geklungen – ein bißchen unbeholfener, weniger präzise. Aber ich hatte eben keinen Kassettenrekorder. Dieses Stück verifizierbarer historischer Wahrheit ist für immer verloren. Es bleibt Ihnen nichts anderes übrig, als mir zu vertrauen. Kurz darauf, bei der Versammlung, notierte ich den aufgeregten Wortwechsel der Studenten. Ich kritzelte die Äußerungen vor Ort in mein Notizbuch, aber da ich nicht Serbisch spreche, waren es die Äußerungen meiner Dolmetscherin – also müssen wir beide ihr notgedrungen vertrauen.

Überhaupt spielt die Sprache eine entscheidende Rolle. Die meisten Zitate in diesem Buch wurden in Sprachen geschrieben oder gesprochen, die ich selbst verstehe. Doch manche, besonders das Albanische und jene südslawische Sprachen, die heute Serbisch, Kroatisch, Bosnisch und Mazedonisch heißen, wurden mir, mit dem unvermeidlichen Verlust an Genauigkeit und Nuancen, von einem Dolmetscher übersetzt. Das erste, was sich diejenigen, die über ein anderes Land schreiben, fragen lassen müssen, ist, ob sie dessen Sprache sprechen.

Mir scheint der Schlüssel zum Vertrauen nicht in audiovisueller Technik, im Belegen und im Nachprüfen von Fakten zu liegen, so wichtig dies auch sein mag. Es bedarf vielmehr einer Qualität, die man am besten als Aufrichtigkeit bezeichnen könnte. Absolute Genauigkeit gibt es nicht. Wo das Kauderwelsch einer vielsprachigen Wirklichkeit in lesbare Prosa verwandelt werden soll, da muß es notgedrungen einen gewissen Spielraum und einen unvermeidbaren Rest an Irrtümern geben. Doch der Leser muß überzeugt sein, daß ein Autor sich um Genauigkeit bemüht, daß er ernsthaft versucht, sich alle relevanten Fakten zu verschaffen und sie nicht im Dienste literarischer Effekte manipuliert. Er sollte das Gefühl haben, daß der Autor bei seiner Schilderung den Effekt einer Videoaufnahme anstrebt, auch wenn er keine Kamera dabeihatte.

George Orwells *Mein Katalonien* ist ein Musterbeispiel für diese Art der Aufrichtigkeit. Das Buch ist ein Stück Literatur. Die Einzelheiten sind nicht immer korrekt, nicht zuletzt, weil Orwell von den kommunistischen Schlägern, die ihn als Trotzkisten verhaften wollten, die Notizbücher gestohlen wurden.[4] Dennoch zweifelt man keinen Moment lang, daß er nach größtmöglicher Genauigkeit strebt, nach jener auf Fakten basierenden Wahrheit, die die Ebene der Geschichtsschreibung und des Journalismus vom Zauberberg der Literatur trennt.

Zwischen Journalismus und Geschichtsschreibung liegt der längste Grenzverlauf unseres Dreiländerecks. Er ist zudem nicht präzise markiert und wird daher immer wieder in Frage gestellt und umkämpft, wie ich, der ich als Grenzgänger auf beiden Seiten zu Hause bin, aus eigener Erfahrung bestätigen kann. Ein Stück Journalismus als »ziemlich akademisch« – sprich: als langweilig, jargon-behaftet und unlesbar – zu bezeichnen, ist der sicherste Weg, damit es in der Ablage landet. Im akademischen Bereich dagegen kann man einen Aufsatz mit dem Adjektiv »journalistisch« abqualifizieren, was gleichbedeutend ist mit oberflächlich, reißerisch und unseriös. »Zeitgeschichte?« schnaubte abschätzig ein älterer Don, als ich gegen Ende der 80er Jahre an mein früheres College in Oxford zurückkehrte. »Sie meinen Journalismus mit Fußnoten?«[5]

Ich denke, es ist wichtig zu verstehen, warum sich Journalismus und akademische oder professionelle Geschichtsschreibung so krampfhaft gegeneinander abgrenzen. Dabei spielen die praktischen Erfordernisse, Selbstbilder und Neurosen der jeweiligen Disziplin eine mindestens ebenso große Rolle wie die eigentliche intellektuelle Substanz der beiden Fertigkeiten. Natürlich liegen Welten zwischen schlechtem Journalismus und schlechter Geschichtsschreibung: sensationslüsterner, aggressiver, populistischer Schrott auf der einen, überspezialisierte, haarspalterische, schlecht geschriebene Dissertationen, die keiner liest, auf der anderen Seite. Die Qualitäten von gutem Journalismus und guter Geschichtsschreibung dagegen liegen nahe beieinander. Beide zeichnen sich aus durch erschöpfende, solide Recherche, einen kritischen Umgang mit den Quellen, ein Gespür für Zeit und Ort, Einfühlsamkeit gegenüber den Beteiligten, logische Argumentation und eine klare, lesbare Prosa. Schrieb Macaulay seine Essays für die *Edinburgh Review* als Historiker oder als Journalist? Selbstverständlich war er beides.

In unseren modernen westlichen Gesellschaften gehört der Beruf zu den bestimmenden Faktoren persönlicher Identität, und jene Berufe, die sehr nahe beieinanderliegen, tun sich entsprechend schwer, wenn es um die Abgrenzung geht. Ich spreche bewußt von modernen *westlichen* Gesellschaften, denn für die kommunistische Welt traf dies nicht im gleichen Maße zu. Dort lief soziale Identifikation weitgehend über die Klassenzugehörigkeit: Man war Intellektueller, Arbeiter oder Bauer. Eine der interessantesten Erfahrungen der letzten zehn Jahre im ehemals kommunistischen Teil Europas war es, zu sehen, wie Freunde sich zunehmend in Berufsgruppen aufspalteten, so wie wir das im Westen gewöhnt sind. Gehörten sie früher alle gemeinsam der Intelligenzija an, so sind sie heute Wissenschaftler, Rechtsanwälte, Verleger, Journalisten, Ärzte und Banker mit dem dazugehörigen Lebensstil, der sich in Kleidung, Wohnung, Einkommen und Ansichten manifestiert.

Infolge des unterschiedlich sich entwickelnden Berufsbilds und der Sensibilitäten zwischen Journalisten und Historikern läuft das, was man als »Geschichte der Gegenwart« bezeichnen könnte, zunehmend Gefahr, zwischen die Grenzlinien zu geraten. Das Niemandsland dort ist heute größer und spannungsreicher als in den Tagen von Lewis Namier, der die englische Politik des 18. Jahrhunderts verließ, um eine Geschichte der europäischen Diplomatie seiner Zeit zu schreiben, oder Hugh Trevor-Roper, der vom Erzbischof Laud gleich zu *Die letzten Tage Hitlers* überging.

In jedem Beruf gibt es charakteristische Fehler und Gefahren. Sollte ich sie mit jeweils einem Wort umreißen, so handelt es sich beim Journalismus um Oberflächlichkeit, in der Geschichtswissenschaft um Realitätsferne. Journalisten müssen so viel in so kurzer Zeit schreiben. Manchmal finden sie sich plötzlich in Ländern oder Situationen, von denen sie keine Ahnung haben, und sollen dann innerhalb weniger Stunden berichten. Daher die einschlägig bekannte, schreckliche Frage: »Gibt's hier jemand, der vergewaltigt wurde und englisch spricht?« Dann werden ihre Berichte von Redakteuren und ihren Assistenten noch einmal überarbeitet, die womöglich unter noch größerem Zeitdruck stehen. Und schließlich ist morgen wieder ein Tag, und wieder ist ein neuer Bericht fällig.

Wissenschaftler dagegen brauchen bisweilen Jahre, um einen einzigen Artikel zu schreiben. Sie können (und tun es zum Teil auch) Fakten, Namen, Zitate, Texte und Kontexte bis zum Überdruß nachprüfen und über deren Interpretation brüten. Auch können sie Jahre der Beschreibung eines Krieges widmen, ohne je erlebt zu haben, wie jemand im Zorn auf den Abzug drückt. Sie sind nicht dafür bestimmt – und auch nicht dafür bezahlt –, das wirkliche Leben abzubilden. Methodendiskussion, Fußnoten oder die Position innerhalb des wissenschaftlichen Diskurses können unter Umständen wichtiger sein, als herauszuarbeiten, was wirklich geschah und warum. Die Teilnehmer der Ereignisse, die sie beschreiben, ringen oft die Hände in verzweifeltem Gelächter über die Realitätsferne dessen, was da verfertigt wird.

Ich könnte natürlich auch die charakteristischen Tugenden der Disziplinen gegeneinanderhalten, die genau dem Gegenteil des jeweils charakteristischen Fehlers der Gegenseite entsprächen: Tiefe in der Wissenschaft und Wirklichkeitsnähe im Journalismus. Die entscheidende Frage ist: Hat sich in der jeweiligen Disziplin etwas zum Besseren gewandelt? Einiges hat sich zweifellos verbessert. Schaut man sich an, was im Großbritannien der 20er Jahre als Zeitgeschichte galt, so stößt man auf Unseriosität, wie sie heute undenkbar wäre. Dem Journalisten bieten neue weltweite Nachrichtendienste wie CNN, Reuters oder BBC World Television oder die Dokumentationen im Internet ein wunderbar reichhaltiges Angebot an zeitgeschichtlichen Daten. Im großen und ganzen aber finde ich, daß es heute um die Geschichte der Gegenwart eher schlechter bestellt ist.

Nach wie vor gibt es eine Handvoll große internationale Zeitungen, die noch wirklich als »papers of record« fungieren: die *New York Times*, die *Washington Post* und die *International Herald Tribune*, die *Financial Times*, *Le Monde*, die *Neue Zürcher Zeitung*, die *Frankfurter Allgemeine Zeitung* und die *Süddeutsche Zeitung*. Man kann sich in der Regel darauf verlassen, was in diesen Zeitungen steht. Und dennoch ist erstaunlich, was an Diskrepanzen zutage tritt, wenn man einmal ihre Berichte zu einem einzigen Ereignis nebeneinanderhält. In diesen Blättern wird noch zwischen Bericht und Kommentar unterschieden, auch wenn es gelegentliche Ausnahmen gibt. So ist zum Beispiel die Berichterstattung der *Frankfurter Allgemeinen* über den Krieg in Jugoslawien jahrelang durch die prokroatische Sicht eines ihrer Herausgeber verzerrt worden.

In der nationalen Presse liegen die Standards viel niedriger. Das gilt vor allem für Großbritannien, wo ein harter Konkurrenzkampf um die Leser geführt wird. Ich spreche hier nicht nur von dem ebenfalls erstaunlich hohen Anteil an alltäglicher Ungenauigkeit und Verzerrung im Dienste von Effekthascherei und Ideologie – obgleich dies in Großbritannien besonders im Kontext von Berichten über die Europäische Union beobachtet werden kann. Zwei andere Krankheiten sind mindestens so bedeutsam: Ich nenne sie »Featuritis« und »Futurismus«.

Den Großteil einer Zeitung nehmen heute nicht mehr Nachrichten ein, sondern Features: Lifestyle, Schönheit, Mode, Medizin, Essen, Reisen und so weiter. Man meint, dafür interessiere sich der Leser. Und auf den wenigen verbleibenden Nachrichtenseiten breitet sich die schleichende Seuche des »Futurismus« aus. Immer mehr Raum nehmen Spekulationen darüber ein, was morgen geschehen könnte, statt daß die Journalisten ihrer ureigenen Aufgabe nachgehen und darüber berichten, was gestern geschah. Solche Spekulationen sind schon am nächsten Tag nicht mehr zu gebrauchen, allenfalls noch um zu belegen, was die Leute damals nicht wußten. Die Lektüre meiner eigenen Artikel in diesem Buch hat mir wieder vor Augen geführt, daß nichts schneller altert als Prophezeiungen, und seien sie noch so hellsichtig.

Aus diesen Gründen wird eine Geschichte der Gegenwart am wenigsten dort geschrieben, wo sie eigentlich zu Hause wäre, in der Tagespresse. Doch auch jenseits der Grenze, in der Wissenschaft, gibt es Probleme. Manche professionelle Historiker bearbeiten Themen aus der jüngsten Geschichte. Selbst die Historische Fakultät in Oxford, die lange als besonders konservativ galt, hat inzwischen ein Curriculum in Britischer Geschichte, das bis in die Gegenwart reicht. Doch meiner Erfahrung nach schrecken die meisten Historiker davor zurück, Themen aufzugreifen, die näher liegen als jene berüchtigten 30 Jahre, die in fast allen Demokratien als Sperrfrist für Archivalien gelten. Das überlassen sie lieber den Kollegen in Fachgebieten wie Internationale Beziehungen, Politische Theorie, Sicherheitspolitik oder Migrationsforschung.

Doch diese relativ neuen Spezialgebiete unterliegen nicht selten dem Zwang, sich durch eine Überdosis an Theorie, Jargon, Abstraktion oder Statistik den Ruf der Wissenschaftlichkeit zu sichern. Andernfalls könnten – und das wäre doch ganz schrecklich – ihre Produkte mit Journalismus verwechselt werden. Auch wenn es sich bei den Autoren um gelernte Historiker handelt, sind ihre Texte oft hoffnungslos überspezialisiert, unlesbar oder leiden unter jener charakteristischen Realitätsferne.

Ich halte also daran fest, daß es trotz aller Unzulänglichkeiten nach wie vor ein lohnendes Unterfangen ist, »Geschichte der Gegenwart« zu schreiben. Und zwar um so mehr, als sowohl der Journalismus wie auch die Geschichtswissenschaft unter der Art und Weise gelitten haben, wie heutzutage Geschichte gemacht und aufgezeichnet wird. Doch die methodologische Selbsterforschung ist letztlich müßig. Unser modernes intellektuelles Leben scheint mir sowieso viel zu sehr von Etiketten, Fächern und Schubladen bestimmt. Ein Text sollte für sich selbst sprechen. Am Ende zählt doch nur das eine: Ist das Ergebnis wahr, bedeutsam, interessant oder anrührend? Wenn ja, braucht uns die Etikettierung nicht zu kümmern. Wenn nicht, dann soll man sowieso passen.

Oxford im Februar 1999

Chronik

1990

1. Januar. Beginn der ökonomischen »Schock-Therapie« in Polen mit dem Ziel der Umwandlung zur freien Marktwirtschaft. Nach dem Finanzminister Leszek Balcerowicz werden die Maßnahmen zusammenfassend als »Balcerowicz-Plan« bezeichnet.

1. Januar. Der sowjetische Präsident Michail Gorbatschow besucht Litauen und versucht, dort die Unabhängigkeitsbewegung zu stoppen.

12.-13. Januar. Oxford. Auf einer französisch-deutsch-britischen Konferenz zur Frage, wie der Westen den grundlegenden Veränderungen im ehemaligen Ostblock begegnen solle, äußern Politiker, Beamte und Diplomaten ihr blankes Entsetzen angesichts des Vorschlags zur Aufnahme Polens, Ungarns und der Tschechoslowakei in die Nato.

20.-22. Januar. Der XIV. Außerordentliche Parteitag des Bundes der Kommunisten Jugoslawiens endet praktisch mit dem Auseinanderfallen der Partei, die den Zusammenhalt Jugoslawiens garantierte.

27.-30. Januar. In Polen treten zwei »sozialdemokratische« Parteien die Nachfolge der Kommunistischen Partei an. Zu einem der Vorsitzenden wird der junge Aleksander Kwaśniewski gewählt, ein ehemaliges Mitglied des Zentralkomitees.

Januar-Februar. Die Albaner im Kosovo protestieren gegen die Beraubung der Autonomie ihrer Region durch den Serben-Führer Slobodan Milošević.

1. Februar. DDR-Ministerpräsident Hans Modrow legt einen Plan zu »Deutschland, einig Vaterland« vor.

6.-7. Februar. Das Zentralkomitee der Kommunistischen Partei der Sowjetunion akzeptiert Michail Gorbatschows Vorschlag, die »Führungsrolle« der Kommunistischen Partei zugunsten eines politischen Pluralismus aufzugeben.

10.-11. Februar. Bundeskanzler Helmut Kohl besucht mit Außenminister Hans-Dietrich Genscher Moskau. Präsident Michail Gorbatschow gibt grünes Licht für die deutsche Wiedervereinigung.

12.-14. Februar. Bei einem Treffen in Ottawa zwischen der Nato und dem Warschauer Pakt unter Beteiligung der beiden deutschen Staaten sowie der vier Siegermächte des Zweiten Weltkriegs, den USA, England, Frankreich und der Sowjetunion, wird eine Verhandlungsformel für die äußeren Aspekte der deutschen Wiedervereinigung ausgehandelt. Die Siegermächte nennen sie »4+2«-, die Deutschen »2+4«-Gespräche.

17.-21. Februar. Berlin. »Hier kommen Sie nicht weiter«, warnt der ostdeutsche Grenzoffizier am Brandenburger Tor. Warum nicht? »Haben Sie noch nichts vom Vier-Mächte-Status gehört?« Und dann recht witzig: »Es ist Ihre Regierung, die Sie daran hindert, diese Grenze zu überschreiten!« Wenn ein ostdeutscher Grenzoffizier beginnt, auf den Vier-Mächte-Status zu verweisen, dann scheint mir das Ende der DDR zu nahen. Als er mich schließlich schulterzuckend durchläßt – »Es ist ohnehin der britische Sektor« –, bin ich mir sicher, daß das Ende unmittelbar bevorsteht. Etwas weiter entfernt steht ein ostdeutscher Wachmann auf der Mauer, aus der Leute direkt zu seinen Füßen Stücke heraushacken, um sie als Souvenirs zu verkaufen. Hoch oben auf dem Brandenburger Tor entdecke ich ein großes, weißes Graffito: »Vive l'Anarchie«.

Ich besuche Egon Krenz, das letzte kommunistische Staatsoberhaupt der DDR, in einer hübschen Villa in Ostberlin, die er, nach dem Auszug aus den Siedlungen des Politbüros in Wandlitz, bezogen hat. Seine weißen Zähne sind tatsächlich so irritierend groß wie auf den Photos. (»Großmutter, was hast du für große Zähne!« stand auf den Plakaten der Demonstrationen im Herbst 1989.) Er hat alle Zeit der Welt und erzählt mir seine Lebensgeschichte. Als unehelicher Sohn einer Bäuerin aus Pommern wuchs er in ärmlichen Verhältnissen auf. Was bedeutete der Sozialismus für ihn, als er ein junger Mann war? »Ein besseres Leben!« Hastig fügt er hinzu: »Ich meine – auch für den anderen ...« Krenz arbeitet an seinen Memoiren und hat bereits kleine »Leckerbissen« daraus in der Bild-Zeitung vorabdrucken lassen. Nur wenige Wochen, nachdem er als kommunistischer Machthaber abgesetzt wurde, hat er sich somit an ein rechtslastiges westdeutsches Blatt verkauft, das für all das steht, was er über vierzig Jahre hinweg angeprangert hat.

Etwas möchte er mir noch sagen. Er bewundere sehr Margaret Thatchers unerschütterlichen und weitsichtigen Widerstand gegen die deutsche Wiedervereinigung. Eine große Frau sei sie, diese Frau Thatcher.

24. Februar. Bei den Wahlen in Litauen erhält die Unabhängigkeitsbewegung Sajudis die meisten Stimmen.

26. Februar. Der Sozialdemokrat Ingvar Carlsson wird erneut Ministerpräsident Schwedens.

26.-27. Februar. Die Sowjetunion erklärt sich bereit, ihre Truppen bis zum Juli 1991 aus der Tschechoslowakei abzuziehen.

23.-27. Februar. Prag. Ich finde Václav Havel in der herrschaftlichen Burg vor, dem traditionellen Sitz der tschechischen Staatsoberhäupter. Im Präsidentenzimmer befinden sich zum Teil noch die Möbel aus kommunistischen Zeiten: riesengroße, braune Sessel, die, meilenweit voneinander entfernt stehend, an die brüderlichen Nichtgespräche zwischen den totalitären Herrschern erinnern. Die häßlichen Bilder wurden größtenteils abgehängt, um den Platz für großformatige Akte und einen Gebetsteppich des Dalai Lama freizumachen. Anders als Egon Krenz hat Havel *keine freie Minute. Auf dem Weg zu einer Pressekonferenz hastet er durch die langen Korridore. Aber einmal bleibt er kurz stehen, um mir eine Kammer mit einer wuchtigen, alten Metalltür zu zeigen. Dahinter verbirgt sich die für mitteleuropäische Burgen typische Aushungerungskammer.* »Wir werden sie vielleicht als Verhandlungszimmer nutzen.«

Während ich über den Wenzelsplatz schlendere, begegnet mir ein alter Freund, der ungarische Schriftsteller Árpád Göncz. Gemeinsam trinken wir im wunderschönen Jugendstil-Café des Hotels Evropa einen Kaffee. »Es sieht so aus, als wären wir in der Frage nach dem neuen Präsidenten Ungarns zu einem Kompromiß gekommen«, *erzählt er mir. Ach, tatsächlich, und wer wird es sein?* »Allem Anschein nach ich.«

4. März. Demokratische Parlaments- und Gemeinderatswahlen in der Sowjetunion.

10. März. Die Sowjetunion erklärt sich bereit, ihre Truppen zum Juli 1991 aus Ungarn abzuziehen.

11. März. Das litauische Parlament votiert für die »Wiederherstellung« der Unabhängigkeit Litauens.

15. März. Gorbatschow stattet sein Präsidentenamt mit wesentlich erweiterten Machtbefugnissen aus.

17. März. Die Außenminister des Warschauer Pakts einigen sich bei einem Treffen in Prag auf den Fortbestand des Warschauer Pakts und der Nato.

18. März. Freie Wahlen zur »Volkskammer« in der DDR.

Die Lösung

DIE LÖSUNG

Nach dem Aufstand des 17. Juni
Ließ der Sekretär des Schriftstellerverbands
In der Stalinallee Flugblätter verteilen
Auf denen zu lesen war, daß das Volk
Das Vertrauen der Regierung verscherzt habe
Und es nur durch verdoppelte Arbeit
Zurückerobern könne. Wäre es da
Nicht einfacher, die Regierung
Löste das Volk auf und
Wählte ein anderes?

So Bertolt Brecht – allerdings nur privat – nach dem Aufstand
der ostdeutschen Arbeiter im Sommer 1953.

Im Sommer 1989, genauer gesagt am 31. August, hielt Erich
Mielke, der einundachtzigjährige Minister für Staatssicherheit
der Deutschen Demokratischen Republik, mit seinen Vertretern
und Leitern der Bezirksverwaltungen eine Dienstbesprechung
ab, um die wachsende Unzufriedenheit im Staat zu erörtern.
Auszüge aus dem Protokoll dieser Sitzung befinden sich unter
den ersten Dokumenten des inzwischen aufgelösten Ministeriums für Staatssicherheit, die in einem bemerkenswerten, vom
ostdeutschen »Runden Tisch« aus Vertretern der Regierung und
von Oppositionsgruppen in Auftrag gegebenen Buch veröffentlicht wurden.[1] An einem Punkt während dieser Sitzung unter-
bricht Mielke den Bericht des Genossen Oberst Dangriess aus
Gera und fragt: »Ist [die Lage] so, daß morgen der 17. Juni aus-
bricht?«

Schon immer hatte man vermutet, daß die alten Männer an
der Spitze von der Erinnerung an diesen Tag verfolgt würden.
Dennoch ist es außergewöhnlich, daß diese Angst so unver-

blümt zur Sprache kommt, schwarz auf weiß. »Der ist [sic] morgen nicht«, erwidert der Genosse Oberst, »der wird nicht stattfinden, dazu sind wir ja auch da.« Wenig später kommt die Reihe an den Genossen Generalleutnant Hummitzsch aus Leipzig. »Die Stimmung ist mies«, sagt er, doch »was die Frage der Macht betrifft, Genosse Minister, wir haben die Sache fest in der Hand.«

Wie sehr sie sich getäuscht hatten, wie die Proteste anschwollen, wie insbesondere Leipzig zum Zentrum machtvoller, aber friedlicher Proteste der Bevölkerung wurde – diese Ereignisse habe ich an anderer Stelle geschildert.[2] Die Dokumente verstärken den Eindruck, daß die DDR an der Schwelle zu einem Blutbad stand. Da gibt es beispielsweise den Text von Erich Honeckers Fernschreiben an die Bezirkssekretäre vom 8. Oktober, einen Tag nach dem 40. Jahrestag der Staatsgründung der DDR, in dem er anordnet, alle weiteren Störungen im Keim zu ersticken. Und es gibt eine parallele Anweisung des Ministeriums für Staatssicherheit, in der es unter anderem heißt, »Angehörige [des Staatssicherheitsdienstes], die ständige Waffenträger sind, haben ihre Dienstwaffe entsprechend den gegebenen Erfordernissen ständig bei sich zu führen«. In einem langen Gespräch sagte mir Egon Krenz, Erich Honeckers Nachfolger als Parteichef für ganze vierundvierzig Tage, seiner Ansicht nach habe nicht viel gefehlt, und es wäre im ganzen Land zum Blutvergießen gekommen, denn in einer derart gespannten Lage hätte ein einziger Funke – ein in Panik abgegebener Schuß – genügt, um das Land in Brand zu setzen.

Der Wendepunkt kam wahrscheinlich mit dem 9. Oktober, als eine große, friedliche Demonstration in Leipzig nicht mit Gewalt aufgelöst wurde. Während in diesem Fall einzelnen lokalen Initiativgruppen und nicht Krenz das Verdienst zukam, daß in diesem kritischen Augenblick jede Gewalt verhindert wurde, verleihen diese Dokumente der Behauptung von Krenz, er habe an der Linie der Gewaltlosigkeit festgehalten, eine gewisse Glaubwürdigkeit. Zum Beispiel findet sich in seiner ansonsten kämpferischen Botschaft an die 1. Sekretäre der Bezirks- und Kreisleitungen vom 24. Oktober der folgende wichtige Satz: »Wir gehen davon aus, daß alle Probleme mit politischen Mitteln gelöst werden.«

Am 4. November, dem Tag einer riesigen Demonstration der Opposition in Berlin, schickt Mielke ein pathetisches Fernschreiben an seine Stellvertreter und die Leiter der Bezirksverwaltungen des MfS. Er dankt allen seinen »lieben Genossinnen und Genossen« für »die standhafte Haltung und verantwortungsbewußte Pflichterfüllung«. Er wisse, schreibt er, wie schwer es sei, sich nicht provozieren oder aus der Ruhe bringen zu lassen, »gerade in dieser spannungsgeladenen Atmosphäre, ... wieviel Selbstbeherrschung, Standhaftigkeit und auch Mut dazu erforderlich sind«. Die Verbrechen der Stasi sind wahrhaftig nicht mit denen der SS zu vergleichen, doch die Sprache dieser Botschaft erinnert fatal an Himmlers infame Posener Rede von 1943.

Das letzte Dokument in der Sammlung ist ein Bericht von Erich Mielke an Egon Krenz und andere Parteiführer, datiert vom 7. November. Darin steht, wie kirchliche und oppositionelle Gruppen wie das Neue Forum begonnen hätten, Gebäude der Staatssicherheit gegen wütende Demonstranten zu verteidigen. Einige Tage später stand dieser fürchterliche, rührselige alte Mann vor der »Volkskammer«, dem parlamentarischen Akklamationsorgan der DDR, und sagte die Worte, die dieser ersten Dokumentation den Titel gaben und sicherlich in die Unsterblichkeit eingehen werden: »Ich liebe doch alle Menschen ...«[3]

Das war die Revolution, Phase eins: ein friedlicher Volksaufstand, der während des Sommers und Frühherbstes langsam anwuchs und sich vom 9. Oktober an voll entfaltete. Ein neuer »17. Juni«. Phase 2 der Revolution begann einen Monat später, am 9. November, mit der Öffnung der Berliner Mauer. Innerhalb ganz weniger Wochen bewegte sich die Flutwelle der Forderungen des Volkes endgültig auf eine Vereinigung zu. Statt »Wir sind das Volk!« skandierte die Menge: »Wir sind *ein* Volk!«

Inzwischen stimmten Tausende mit den Füßen für eine Vereinigung: Sie zogen nach Westberlin um und erhielten dort automatisch ihre staatsbürgerlichen Rechte. Zuerst zerfiel die Macht der Partei und der Stasi, dann die Autorität der Regierung. Auch nachdem er einige Führer der Opposition in sein Kabinett aufgenommen hatte – in eine sogenannte Regierung der nationalen Verantwortung –, konnte Ministerpräsident Hans Modrow weder den inneren Zusammenbruch noch den äußeren Aderlaß aufhalten. Infolgedessen wurden die versprochenen freien Wahlen in aller Eile vorverlegt, vom 6. Mai auf den 18. März.

Zu dieser Zeit bereisten westdeutsche Politiker aller großen Parteien bereits das Land und hielten Wahlreden, und es stand außer Frage, daß die wichtigsten Bewerber bei diesen Wahlen die ostdeutschen Partner oder Schützlinge der wichtigsten westdeutschen Parteien sein würden. Die ostdeutschen Sozialdemokraten, die sich ursprünglich bewußt den Namen SDP (Sozialdemokratische Partei) gegeben hatten, um sich von der westdeutschen SPD (Sozialdemokratische Partei Deutschlands) zu unterscheiden, änderten ihren Namen in SPD um. Ihr Spitzenkandidat war der Ostdeutsche Ibrahim Böhme, doch ihr eigentlicher Zuschauermagnet war der legendäre ehemalige westdeutsche Kanzler Willy Brandt. Die westdeutschen Freien Demokraten hatten maßgeblichen Anteil an der Bildung eines Bundes Freier Demokraten, deren wichtigstes Zugpferd der westdeutsche Außenminister Hans-Dietrich Genscher war. Die westdeutschen Christdemokraten halfen tatkräftig mit bei der Schaffung eines Wahlbündnisses, der Allianz für Deutschland aus der ehemaligen Blockpartei CDU (Ost) unter ihrem neuen Führer Lothar de Maizière, der neugegründeten Deutschen Sozialen Union (DSU) unter dem Leipziger Pastor Hans-Wilhelm Eberling und der kleineren Oppositionsgruppe Demokratischer Aufbruch mit ihrem Spitzenkandidaten Wolfgang Schnur, einem Rechtsanwalt, der jahrelang in kirchlichen Oppositionskreisen aktiv gewesen war. Doch auch hier bestand kein Zweifel, daß Helmut Kohl die Fäden in der Hand hielt. Während des Wahlkampfs sprach er auf sechs Massenkundgebungen in ganz Ostdeutschland.

Im Fall dieser drei Parteien oder Parteiengruppierungen war der westdeutsche Einfluß durchschlagend. Nicht nur, daß prominente westdeutsche Politiker der »Schwesterparteien« nach Ostdeutschland kamen, um ihnen unter die Arme zu greifen. Es war nicht nur die finanzielle Unterstützung, auch wenn sie eine wichtige Rolle spielte. Bereits ihre Wahlplakate sahen gleich aus: die der Ost-SPD in den charakteristischen Farben und der Orthographie der West-SPD. Dasselbe galt für die CDU und die Freien Demokraten, während die DSU, die nur in Sachsen und

Thüringen zur Wahl antrat, ihre symbolische Rolle von ihrem bayerischen Pendant, der Christlich-Sozialen Union (CSU), übernahm. Ihre Sprache war zunehmend dieselbe: viele kleine Genschers, Kohls und Brandts, die dem Zuschauer in voller Rüstung aus den Bildschirmen entgegensprangen. Die meisten von ihnen hatten auch die Sprache der demokratischen Politik gelernt, während sie Sendungen des westdeutschen Fernsehens sahen. Außerdem war der eigentliche Inhalt ihrer Wahlaussagen vom vermittelten Eindruck und den Versprechungen ihrer westdeutschen Schirmparteien unmöglich zu trennen.

Der einzige Bewerber mit beträchtlichen eigenen Ressourcen an Personal und Programmatik war die frühere regierende Sozialistische Einheitspartei Deutschlands (SED), nunmehr umbenannt in Partei des Demokratischen Sozialismus (PDS), die bei jeder Gelegenheit beteuerte, sie habe mit der alten SED nichts zu tun. »Wir sind die Neuen« lautete die Schlagzeile auf einem ihrer Plakate, auf dem Hans Modrow mit einem Baby schäkerte, inmitten einer angestrengt zwanglosen Gruppe überwiegend junger und leger gekleideter Menschen auf einer Straße in Berlin. Neben den beiden früheren »Blockflöten«, der Demokratischen Bauernpartei Deutschlands und der National-Demokratischen Partei Deutschlands, stellten sich 24 weitere Parteien oder Parteiengruppierungen zur Wahl, darunter so exotische Blüten wie die Spartakistische Arbeiterpartei, die Nelken und der Bund Deutscher Biertrinker. Besonders beachtenswert war das »Bündnis 90«, eine Koalition aus drei Oppositionsgruppen – Neues Forum, Demokratie Jetzt und die Initiative Frieden und Menschenrechte –, die, wie von Stasidokumenten ausgiebig bestätigt wird, einen wesentlichen Anteil an der Vorbereitung und Führung der »Oktoberrevolution« des Landes hatten.

Im Mittelpunkt des Wahlkampfs, der auf Massenkundgebungen, Plakaten und Flugblättern sowie im ost- und westdeutschen Rundfunk und Fernsehen erbittert geführt wurde, standen zwei Hauptthemen. Das erste war die Vergangenheit. Beschuldigungen der Kollaboration mit der ehemaligen kommunistischen Diktatur flogen den Kontrahenten um die Ohren wie Sahnetorten in einer Schmierenkomödie. So bemühte sich beispielsweise die West-CDU in dem schmerzhaften Bewußtsein, daß die Ost-CDU als ehemalige Blockpartei kompromittiert war, die Ost-SPD dagegen eine völlig neue Organisation darstellte, diesen Makel wieder wettzumachen, indem sie die Wähler daran erinnerte, in welch übler Weise die SPD in der Vergangenheit mit den regierenden Kommunisten im Osten gemeinsame Sache gemacht hatte. Ein CDU-Plakat zeigte den Kanzlerkandidaten der West-SPD, Oskar Lafontaine, fröhlich winkend neben dem ehemaligen ostdeutschen Staats- und Parteichef Erich Honecker, der wie er selbst aus dem Saarland stammte. Darunter stand: »Nun wächst zusammen, was zusammengehört« – das inzwischen geflügelte Wort, mit dem Willy Brandt die Öffnung der Berliner Mauer begrüßt hatte. (Die Sozialdemokraten hätten ihrerseits wenig Schwierigkeiten, Fotos von führenden Männern der CDU/CSU aufzutreiben, die, angefangen mit Franz Josef Strauß, Honecker mit breitem Grinsen die Hand schüttelten.) Als erste Beschuldigungen gegen Rechtsanwalt Wolfgang Schnur laut wurden, er habe für das Ministerium für Staatssicherheit gearbeitet, taten führende Christdemokraten diese als unerhörte Verleumdungen im Wahlkampf ab – bis sich die Vorwürfe wenige Tage vor dem Wahltermin als wahr erwiesen.

Der Ausgang der Wahlen legt freilich den Schluß nahe, daß das Thema der Vergangenheit für die Wahlentscheidung nicht ausschlaggebend war. Andernfalls hätte die Gruppe, die mit der größten Berechtigung von sich behaupten konnte, nicht kompromittiert zu sein, das Bündnis 90, einen höheren Stimmenanteil erhalten, als es tatsächlich der Fall war. Was die Wahlen letztlich entschied, waren die gegensätzlichen Programme der großen Parteien für die unmittelbare Zukunft, die auf die Antwort auf eine einzige Frage hinausliefen: Wie weit, wie schnell und mit welchen Mitteln sollten Ostdeutschland und Westdeutschland vereinigt werden? Zwischen der SPD und Kohls Allianz für Deutschland bestanden in dieser Frage keine fundamentalen Unterschiede. Beide waren für die Einheit, und beide versprachen, sie würden der ostdeutschen Bevölkerung nicht die wirtschaftlichen und sozialen Kosten der Einigung aufbürden. Es gab jedoch einen bezeichnenden Unterschied in der Gewichtung. Die Allianz für Deutschland und vor allem Bundeskanzler Kohl selbst sprachen sich klar und unumwunden für eine schnellstmögliche Integration der ostdeutschen Bevölkerung in die bestehenden Strukturen der Bundesrepublik aus. Es sollte eine baldige Währungsreform durchgeführt werden. Für die ostdeutschen Wähler hieß das: »Wir geben euch die Westmark.« In einem zweiten Schritt sollten sie sich nach Verhandlungen zwischen den Regierungen der beiden deutschen Staaten und der Wiederherstellung der historischen Länder in Ostdeutschland dem Westen nach Artikel 23 des Grundgesetzes anschließen. In diesem Artikel werden zunächst die westdeutschen Bundesländer aufgezählt, in denen das Grundgesetz gilt. Danach heißt es lapidar: »In anderen Teilen Deutschlands ist es nach deren Beitritt in Kraft zu setzen.« Punktum.

Die SPD sprach sich demgegenüber für einen etwas langsameren und überlegteren Prozeß aus, bei dem Ostdeutschland einen größeren Anteil seiner eigenen »Identität« in das neue Deutschland einbringen sollte. Zwar schloß sie nicht unbedingt eine Einigung nach Artikel 23 aus, doch die SPD neigte eher zu dem Weg, der in Artikel 146 des Grundgesetzes ins Auge gefaßt wird: »Dieses Grundgesetz ... verliert seine Gültigkeit an dem Tage, an dem eine Verfassung in Kraft tritt, die von dem deutschen Volke in freier Entscheidung beschlossen worden ist.« Mit anderen Worten, es sollte eine Art Verfassunggebende Versammlung zusammentreten, die eine neue Verfassung entwarf, in die unter Umständen formell einige der abweichenden Eigentums- oder »sozialen« Rechte aufgenommen würden, die in der alten DDR in Geltung waren. Insgesamt formulierte die SPD mehr Vorbehalte gegenüber dem Einigungsprozeß.

Für die erneuerte kommunistische Partei, die PDS, rangierten die Vorbehalte noch vor einem »Ja« zur Einigung, auch wenn der praktische Unterschied zwischen der »Konföderation« oder »Vertragsgemeinschaft«, für die sie sich ursprünglich ausgesprochen hatte, und einer faktischen Einigung immer kleiner wurde. Einer ihrer beiden Spitzenkandidaten, Hans Modrow, hatte schließlich als Ministerpräsident Anfang Februar selbst einen Plan für ein »Deutschland, einig Vaterland« vorgelegt, ein Schlagwort von der Straße, das unmittelbar der ostdeutschen Nationalhymne entnommen war. Der zweite Spitzenkandidat der PDS, ein cleverer Rechtsanwalt namens Gregor Gysi, sagte: »Wir wollen ein neues Deutschland, besser als die DDR, aber auch besser als die Bundesrepublik.«

Merkwürdigerweise war gerade jene Parteiengruppierung, die mit ihren Vorbehalten gegenüber einem »Anschluß«, wie die Vereinigung mit der Bundesrepublik bezeichnet wurde, den Postkommunisten am nächsten stand, ein Zusammenschluß derjenigen, in denen die Kommunisten bislang ihre ärgsten Feinde gesehen hatten, das Bündnis 90. Auf einem seiner Wahlplakate stand: »Artikel 23 – kein Anschluß unter dieser Nummer!«

Doch die Meinungsumfragen zeigten bald, daß das Bündnis 90 keine Chance hatte, mit diesem Slogan viele Stimmen zu gewinnen. Die SPD hatte in den Meinungsumfragen anfangs einen beträchtlichen Vorsprung vor den übrigen Parteien, doch die Allianz für Deutschland, die von den Ostdeutschen nach und nach einfach als CDU bezeichnet wurde, lag sehr bald mit der SPD Kopf an Kopf. Die Wahl würde offenbar auf eine Entscheidung zwischen einer Landstraße und einer Schnellstraße in Richtung deutsche Einheit hinauslaufen. Als sich das deutlich herauskristallisierte, wurde man Zeuge des eigenartigen Schauspiels, daß Kommunisten und Dissidenten bei den Gesprächen am Runden Tisch und in der Regierung der nationalen Verantwortung gemeinsam den Versuch unternahmen, zu retten, was sie aus den Trümmern der DDR für rettenswert befanden. In seinem spartanisch eingerichteten Amtszimmer erklärte mir einer der entschiedensten und langjährigsten Dissidenten, Gerd Poppe, inzwischen Minister ohne Geschäftsbereich, wie die Regierung in aller Eile eine »Sozialcharta« und Gesetze zu einer anderen Eigentumsordnung entworfen hatte, um wenigstens einen gewissen formellen, kodifizierten Ausgangspunkt für die Diskussion darüber zu haben, welches »Gute« aus der DDR in ein größeres Deutschland hinübergerettet werden könnte. Die Empfindungen der ehemaligen Dissidenten während dieser Zeit waren zutiefst gemischt, denn während im übrigen Mittel- und Osteuropa die Runden Tische und die Provisorischen Regierungen offensichtlich die Fundamente für den (Wieder-)Aufbau

der Demokratie legten, glich ihre Arbeit hier eher dem hasti-
gen Zusammenschustern von Notunterkünften, die von Planier-
raupen niedergewalzt würden, sobald die eigentlichen Bauleute
kamen.

1

Der Sonntag, der 18. März, war ein herrlicher Frühlingstag, ja
fast ein Sommertag. Ununterbrochen schien die Sonne. Die
Menschen gingen früh in die Wahllokale, dann fuhren sie hinaus
aufs Land. Allgemein schien eine gute Stimmung zu herrschen.
Eine alte Dame in Pankow fragte, wie oft sie den Stimmzettel
falten müsse. »Sie können ihn so oft falten, wie Sie möchten«,
antwortete der Wahlhelfer, »es ist eine freie Wahl!« Als ich um
die Mittagszeit zum Wahllokal in dem kleinen Dorf Seeberg
ging, hatten bereits über 80 Prozent der hier Wahlberechtigten
ihre Stimme abgegeben. Mit dem Wort »Wahllokal« meine ich
das Hinterzimmer der Dorfkneipe. Und mit »80 Prozent« meine
ich rund 50 Personen, denn in diesem Ort waren nur 65 Einwohner wahlberechtigt – und acht von ihnen saßen im Wahlhel-
fergremium.

Diese Wahlhelfergremien, in denen nach Möglichkeit Vertreter der wichtigsten Parteien sitzen, nahmen ihre Aufgabe sehr
ernst, überprüften peinlich genau die Namen der Eintretenden
und bestanden darauf, daß die Wahlkabinen benutzt würden. In
der Vergangenheit war der Gang zur Wahlkabine in der DDR
ein Anzeichen dafür, daß der Betreffende nicht linientreu war:
Gute Konformisten machten ihr Kreuz in aller Öffentlichkeit,
bevor sie den Stimmzettel falteten und sogleich in die Wahlurne
steckten. Ein Freund schilderte mir einmal seinen Gang zur Wahlkabine als »den längsten Gang meines Lebens«. Eine Freundin
erinnerte sich, wie ihr bei den letzten Kommunalwahlen noch
im vergangenen Mai die Hand so sehr zitterte, daß sie es nicht
schaffte, ihren ungültig gemachten Wahlzettel in den Schlitz der
Wahlurne zu stecken. Heute klang dies wie Geschichten aus
einer fernen Zeit.

In Buckow, wo Brecht wahrscheinlich in seinem bezaubern-
den Haus am See sein Gedicht über den Aufstand vom 17. Juni

geschrieben hat, herrschte dieselbe wortlose Aufregung, vor allem unter den jüngeren Wählern. Als ich jedoch eine alte Frau fragte, was es für sie bedeutete, an den ersten freien Wahlen teilzunehmen, stöhnte sie und sagte: »Na, es war ziemlich kompliziert.« Die Qual der Wahl! Tatsächlich war das Wahlverfahren im Vergleich zu dem System in Polen oder Ungarn der Inbegriff der Einfachheit. Man brauchte nichts anderes zu tun als hinter der gewünschten Partei oder Parteiengruppierung ein Kreuz oder ein anderes klares Zeichen zu machen. Nach dem Wahlgesetz war in einem Umkreis von rund hundert Metern um die Wahllokale keine Wahlwerbung mehr erlaubt. So sah man zwar keine Stimmenwerber, dafür jedoch Journalisten. Interviewer vom westdeutschen Fernsehen baten Tausende von Wählern, ihre Stimmabgabe auf unechten Stimmzetteln zu wiederholen.

Innerhalb weniger Minuten nach Schließung der Wahllokale um 18 Uhr war das Fernsehen bereits in der Lage, das schockierende Wahlergebnis zu verkünden: einen Triumph für die CDU. Im Lauf des Abends wurden die hochgerechneten Ergebnisse durch echte ersetzt, die den Triumph geringfügig schmälerten, so daß die Allianz für Deutschland die absolute Mehrheit doch noch knapp verfehlte. Dennoch war die Botschaft klar. Im riesigen Palast der Republik aus Glas und Stahl im Zentrum Ostberlins, wo drei rivalisierende deutsche Fernsehsender (zwei westdeutsche, ein ostdeutscher) ihre Studios in der Beletage hatten, fiel ein entsetzliches Gedränge von Reportern über die Sieger her und schnappte sich jeden, der irgendwie interessant aussah, während die Männer von gestern wie Mieczysław F. Rakowski, der ehemalige Führer der Polnischen Arbeiterpartei, der ehemaligen Kommunistischen Partei Polens, sehnsüchtig ins Rampenlicht blickten. In einer Ecke erspähte ich Daniel Cohn-Bendit, den Helden von 1968 in Paris und Frankfurt und damals als der rote Danny bekannt. Als ich mich näherte, sagte er gerade zu einem Interviewer: »Wissen Sie, ich war nie Kommunist …«

Der Liedermacher Wolf Biermann wanderte wie ein freundlicher Bär durch diese hektische Szene. »Heute«, sagte er, »findet hier in diesem Glaspalast das Begräbnis der DDR statt.« In einer anderen Ecke meinte der Schriftsteller Stefan Heym: »Es wird keine DDR mehr geben. Sie wird nichts mehr sein als eine

Fußnote der Weltgeschichte.« Die Republik hatte dafür gestimmt, die Republik zu beenden.

Ich sage bewußt »die Republik«, weil im ostdeutschen Volksmund »die Republik« von der Hauptstadt Berlin abgegrenzt wird. Und Berlin stimmte anders ab: fast 35 Prozent für die SPD, nur 18 Prozent für die CDU und knapp 30 Prozent für die PDS. Diese letzte, ziemlich erstaunliche Zahl läßt sich vielleicht zum Teil mit der starken Konzentration ehemaliger Parteifunktionäre und staatlicher Angestellter aller Art in der Hauptstadt erklären. Dennoch sieht es so aus, als sei es der PDS auch gelungen, mit ihren geschickt verbreiteten Warnungen vor den Kosten einer »kapitalistischen« Vereinigung – Arbeitslosigkeit, höhere Mieten und anderes – alte und junge Wählerschichten gleichermaßen anzusprechen.

Doch Berlin wurde vom übrigen Land – »der Republik« –, insbesondere von den Ländern im Süden, Thüringen, Sachsen und Sachsen-Anhalt, überstimmt. Vor dem Kriege waren sie die Bollwerke der Sozialdemokratie. (Man liest gelegentlich die Behauptung – auch wenn sie vehement bestritten wird –, der westdeutsche Bundeskanzler Konrad Adenauer habe weniger stark auf eine Wiedervereinigung gedrängt, als er es sonst wohl getan hätte, weil er befürchtete, daß diese Wähler ihn um seine Mehrheit bringen würden.) Doch jetzt stimmten die Wahlbezirke Dresden, Erfurt, Gera, Suhl und Karl-Marx-Stadt – das heißt, worauf Kanzler Kohl immer wieder bestand, Chemnitz – allesamt mit etwa 60 Prozent für die Allianz für Deutschland, mit unter 20 Prozent für die SPD und mit weniger als 15 Prozent für die PDS. Nach einer Umfrage stimmten rund 58 Prozent der Arbeiter in ganz Ostdeutschland für Kohls Allianz.

Diesen Umschwung als »Rechtswendung« zu bezeichnen, wäre bestenfalls nur die halbe Wahrheit. Es trifft zu, daß wie anderswo im früheren Osteuropa jene Partei die größten Wahlchancen hat, die am unverhohlensten antikommunistisch auftritt. Hier wie anderswo haben vierzig Jahre eines Kommunismus, der sich selbst als Sozialismus bezeichnet, »Sozialismus« zu einem Schimpfwort gemacht. Dennoch wäre es falsch, zu behaupten, daß die Menschen von einem Extrem ins andere verfallen seien. Die neonazistischen Gruppen, die auf den späteren Leipziger Demonstrationen mit ihrem rowdyhaften Verhalten und Sprechchören wie »Ausländer raus!« im internationalen Fernsehen einen so verheerenden Eindruck gemacht haben, blieben eine Randgruppe. Selbst die ausgeprägt konservative DSU schaffte nicht mehr als 15 Prozent in ihrem ursprünglichen südlichen Stammland und kam insgesamt auf lediglich 6,3 Prozent. Die Partei, die von der Bevölkerung gewählt wurde, war – trotz ihrer Vergangenheit als »Blockflöte« – die gemäßigte, liberalkonservative CDU, die mit 40,9 Prozent allein schon fast doppelt so viele Stimmen erhielt wie die SPD mit 21,8 Prozent. Das war vor allem eine Entscheidung für Helmut Kohl und den schnellen Weg zur Einheit. Anschluß? Ja bitte.

Bärbel Bohley, die Künstlerin, die zu den Gründern des Neuen Forums gehörte, bemerkte bitter: »Die Menschen haben eigentlich kein Vertrauen mehr in ihre eigene Stärke. Sie tauschen die Bevormundung durch die alte SED gegen die der CDU ein und hoffen, daß nicht der rote, sondern der schwarze Staat ihnen alles abnehmen wird.« Auch das erscheint mir bestenfalls als eine Halbwahrheit unter dem speziellen und untypischen Blickwinkel Ostberlins. Ein alter Freund in Dresden lenkte meine Aufmerksamkeit auf den Artikel eines Ostberliner Intellektuellen im *Spiegel*, dessen Tenor lautete: »Wir brauchen keine Vereinigung mehr, jetzt, da die Mauer gefallen ist.« Wenn er ein westliches Buch kaufen wolle, meinte der Autor, nehme er einfach die S-Bahn zum Bahnhof Zoo (in Westberlin) und flitze in die dortige Heinrich-Heine-Buchhandlung. Aber genau das ist von Dresden aus ein Ding der Unmöglichkeit, wandte mein Freund ein. Wer einen schnellen Zugang zu Büchern – oder Baumaterial, Kleidern oder Wagen – aus dem Westen haben möchte, der braucht die Vereinigung. Und außerdem hätte nur der privilegierte Intellektuelle die notwendige harte D-Mark, um mal kurz in den Westen zu fahren und sich ein Buch zu kaufen. Harte D-Mark, die man beispielsweise damit verdient, daß man im *Spiegel* einen Artikel gegen die Vereinigung schreibt ...

Im übrigen ist das für die Menschen in Dresden kein Verlust, sondern ein Gewinn an Identität. Denn das, womit sie sich identifizieren, ist nicht die DDR, sondern das alte Land und frühere Königreich Sachsen. (Wie ich gehört habe, hat der Großherzog die Absicht, in das Schloß Moritzburg zurückzukehren.) Hier an diesen staubigen Häuserfronten und vor den maroden, überalterten Fabriken sieht man überall zwei Fahnen: schwarz-rotgoldene für Deutschland und grün-weiße für Sachsen. Und die Sachsen wollen als wiederhergestelltes Land Sachsen und nicht als Teil der ehemaligen DDR mit der Bundesrepublik vereinigt werden.

Insgesamt habe ich den Eindruck, als wäre das eigentliche Motto des Wahlkampfs – auch wenn es meines Wissens von niemandem ausgesprochen wurde – Adenauers Slogan aus den fünfziger Jahren: »Keine Experimente!« gewesen. Sie hatten so viele Experimente mitgemacht wie andere in ihrem ganzen Leben nicht, Hitlers Experimente, Stalins Experimente, die Experimente von Ulbricht und von Honecker. Sie waren es einfach leid, immer die Versuchskaninchen abzugeben. Zweifellos gab es gewisse Aspekte des Lebens und der Einstellungen in Westdeutschland, denen gegenüber sie ihre Vorbehalte hatten. Doch was das wirtschaftliche, politische und das Rechtssystem anging, so war das in Westdeutschland das beste, was zu haben war. Es dürfte überhaupt das beste System gewesen sein, das Deutschland jemals hatte. Jetzt wollten sie es so schnell wie möglich: zuerst natürlich die Westmark, aber nicht nur die, auch die freie Presse, den Rechtsstaat, kommunale und regionale Selbstverwaltung und eine föderale Demokratie. In vieler Hinsicht erinnerten ihre Prioritäten auch an die der fünfziger Jahre in Westdeutschland – angefangen mit dem heftigen Impuls, auf den Trümmern der Vergangenheit neu aufzubauen. Die Begeisterung war aus verständlichen Gründen am größten bei den Jungen, während die mittleren Altersgruppen sich mehr Gedanken darum machten, wie sie sich den neuen Verhältnissen am besten anpassen konnten, und die Alten Sorgen hatten, wieviel ihre Ersparnisse und ihre Renten jetzt noch wert waren. Sie konnten sogar müde abwinken wie die Großmutter in der Fernsehserie *Heimat* von Edgar Reitz: »Schon wieder eine neue Zeit!«

Es gibt einfach enorme Probleme, sich in die Demokratie einzugewöhnen, bei Menschen, die noch länger als selbst die Tschechen oder Polen unter aufeinanderfolgenden Diktaturen gelebt haben, obwohl die Tschechen und die Polen im Unterschied zu den meisten Ostdeutschen nicht die Möglichkeit hatten, die Praxis einer real existierenden Demokratie Abend für Abend an ihren Bildschirmen zu verfolgen. Aber es ist mehr als gönnerhaft zu behaupten, diese Abstimmung sei nichts als ein Ausverkauf oder eine Kapitulation gewesen, und es ist eine Zumutung, wenn Intellektuelle im Westen die Ansicht äußern, die Ostdeutschen sollten es – gleichsam in unserem Namen – mit einem weiteren Experiment versuchen. Warum zum Teufel sollten sie das? Wenn man ein weiteres Experiment wolle, dann bitte schön an sich selbst.

Verglichen mit Polen, Ungarn oder der Tschechoslowakei hat der Übergang Ostdeutschlands zur Demokratie zweifellos etwas besonders Melancholisches an sich. Denn lediglich von der ersten Phase der Revolution – von der großen Leipziger Demonstration am 9. Oktober 1989 bis zur Öffnung der Mauer am 9. November – können Ostdeutsche mit vollem Stolz und unbestreitbarem Wahrheitsanspruch von sich sagen: »Wir sind für uns selbst eingetreten! Wir haben es auf unsere Art gemacht!« Die erste friedliche Revolution, die erste *Selbst*befreiung in der deutschen Geschichte ist keine Selbstbefreiung geblieben. Ostdeutschland hat nicht zuerst seine eigene Demokratie aufgebaut und sich dann mit Westdeutschland zusammengeschlossen. Nach dem 9. November wurde die Befreiung, wenngleich noch immer das Werk von Deutschen, ebenso von West- wie von Ostdeutschen angeführt. Dennoch bleibt es eine Befreiung. Und trotz aller angebrachten Einschränkungen sind die Aussichten auf einen raschen, erfolgreichen Übergang zu einer blühenden Marktwirtschaft, einer stabilen parlamentarischen Demokratie und einem Rechtsstaat in dieser zentralen Region des alten Europas heute rosiger als östlich der Oder oder südöstlich des Erzgebirges.

2

Die Wiedervereinigung Deutschlands begann am 9. November 1989. Sie erfolgte von unten. Überall, wo ich in Ostdeutschland hinkam, fand ich Anzeichen für neue Bande, die geschlossen wurden: Einzelne Menschen, Familien, Firmen, Städte und Länder taten sich zusammen. Ich sprach mit einem Fliesenleger in Buckow. Seine Genossenschaft hatte Kontakt zu einer westdeutschen Firma aufgenommen. Deren Vertreter hatten einfach bei ihnen angeklopft. Im Auto nahm ich einen fröhlichen Landarbeiter mit, der gerade in Seeberg zur Wahl gegangen war. Es stimme, sagte er, ein Baron aus Westdeutschland habe die Absicht, in ihre Geflügelfarm zu investieren. Der Reclam Verlag (Leipzig) hat mit dem Reclam Verlag (Stuttgart) eine Vereinbarung getroffen. Die Liste ließe sich beliebig fortsetzen.

Dennoch war diese Wahl ein Wendepunkt. Sie stand am Ende der zweiten Phase der Revolution und am Anfang der Periode formeller Verhandlungen über die Bedingungen einer Einigung zwischen den demokratisch gewählten Regierungen und Parlamenten der beiden deutschen Nachkriegsstaaten.

Der Prozeß der deutschen Vereinigung ist von einer solchen Komplexität und enthält so viele sich gegenseitig beeinflussende Unbekannte, daß allein schon die Aufzählung der Hauptpunkte einen eigenen Essay erfordern würde. Während der Bundesbankpräsident ursprünglich die Ansicht äußerte, die Währungsunion sollte am Ende der Umwandlung zu einer Marktwirtschaft stehen, wird sie jetzt am Anfang stehen: wahrscheinlich in der ersten Juliwoche, wie die Bonner Regierung bekanntgab. »Verlobung im Frühjahr, Hochzeit im Sommer und dann ab in die Flitterwochen«, sagte der westdeutsche Wirtschaftsminister launig. Doch wer weiß, was danach kommt? Eine Inflation für den Westen? Massenarbeitslosigkeit im Osten? Wie läßt sich eine baldige Währungsunion mit den Handelsbeziehungen Ostdeutschlands zur Sowjetunion und den übrigen Ländern Osteuropas vereinbaren? Und wie wird die neue Regierung das undurchdringliche Gestrüpp von Ansprüchen auf enteigneten, verstaatlichten, kollektivierten oder sozialisierten Grundbesitz in der DDR entwirren?

Das schlagende Argument für eine schnelle Währungsunion war die Notwendigkeit, die Abwanderung von Fachkräften aus Ostdeutschland in den Westen zu stoppen, und die Regierung in Bonn gab bekannt, daß die besonderen Vergünstigungen für Zuzügler aus Ostdeutschland gleichzeitig mit der Einführung der D-Mark aufhören würden. Doch welche Garantie gibt es dafür, daß damit der Flut Einhalt geboten wird? Die Länder der ehemaligen DDR werden immer noch wesentlich ärmer sein als die der alten Bundesrepublik, mit niedrigeren Löhnen für dieselbe Arbeit und in einem Zustand tiefreichender sozialer und wirtschaftlicher Erschütterungen. In welcher Weise werden die sozialen und wirtschaftlichen Belastungen der Vereinigung die Einstellungen der breiten Bevölkerung in Ost und West beeinflussen? Werden sie möglicherweise zu einem Stimmenzuwachs bei den rechtsextremen Republikanern führen? Die ostdeutsche Gesellschaft hat kaum Erfahrung damit, friedlich mit politischen Konflikten oder mit Ausländern zu leben. Eine der beunruhigenderen Nebenwirkungen, die schon jetzt in Ost und West zu beobachten sind, ist eine straßauf-straßab zu spürende Neigung, das Problem der Unterbringung weiterer Deutscher (auch aus anderen Regionen in Osteuropa) durch eine Erschwerung des Zuzugs für Ausländer (Türken im Westen, Vietnamesen im Osten und Polen im ganzen Land) zu lösen. Sodann gibt es das enorme Problem der »Vergangenheitsbewältigung« in der ehemaligen DDR: Man denke an den Fall Schnur und die Anfänge eines Überprüfungsverfahrens, mit dem sichergestellt werden soll, daß die am 18. März gewählten Abgeordneten der Volkskammer früher keine formellen oder informellen Mitarbeiter der Stasi waren. Es gibt keine absolut zuverlässigen Zahlen, doch wenn man die Schätzungen nimmt, die vom Parlamentarischen Sonderausschuß der Volkskammer zur Überprüfung der Auflösung des Ministeriums für Staatssicherheit vorgenommen wurden, dann war mindestens jeder hundertste DDR-Bürger ein offizieller oder inoffizieller Mitarbeiter der Stasi.

Und das sind nur einige der internen Aspekte der Vereinigung. Ich habe noch gar nicht die lange Liste von Problemen angesprochen, von denen die Außenwelt am stärksten beunruhigt wird: die sogenannten externen Aspekte der Vereinigung, den Gegenstand der »Zwei plus Vier«-Gespräche, die Beendigung der Rechte der Alliierten über Berlin und »Gesamtdeutschland«, den Friedensvertrag mit Polen, die schwierigen selbständigen Fragen der Integration in die Europäische Gemeinschaft und schließlich den besonders schwer zu regelnden Komplex politisch-militärischer Sicherheitsabkommen, die Zukunft der Nato und des Warschauer Pakts.

Seit Jahren sind deutsche Politiker nicht müde geworden zu betonen, daß der Schlüssel zur deutschen Einheit in Moskau liege. Vor kurzem hat Bundeskanzler Kohls wichtigster außenpolitischer Berater Horst Teltschik Berichten zufolge gesagt, der Schlüssel zur deutschen Einheit liege jetzt in Bonn. Selbst wenn er es ein wenig vorsichtiger formuliert haben sollte, die Kernaussage ist richtig. Moskau hat natürlich noch immer ein Wörtchen mitzureden, vor allem bei Sicherheitsfragen. Doch selbst in Sicherheitsbelangen lautet gegenwärtig die erste Frage: Was wollen die Deutschen? Sie sind allerdings untereinander uneinig darüber, was sie wollen, wie SPD-Chef Oskar Lafontaine vor kurzem wieder einmal vorgeführt hat, als er für etwas plädierte, was auf einen Austritt Deutschlands aus der Nato hinausliefe.

Am Abend des 18. März war Bundeskanzler Kohl so sehr von sich eingenommen, daß er vor Selbstgefälligkeit schier zu platzen schien. Er verströmte eine gefühlige Selbstsicherheit und war offenbar überzeugt, daß die CDU nicht nur die ostdeutschen Wahlen, sondern bereits auch die westdeutschen im kommenden Dezember gewonnen hatte und er deshalb als der Kanzler der deutschen Einheit in die Geschichte eingehen würde. Die SPD dagegen hatte gehofft, bei den bevorstehenden Bundestagswahlen den Wind eines Triumphs in Ostdeutschland im Rücken zu haben, und war durch ihre Niederlage schwer angeschlagen. Ich wäre nicht ganz so zuversichtlich wie der deutsche Kanzler. Wie gerade die ostdeutschen Wahlen gezeigt haben, können auch die sichersten Prognosen umgestoßen werden. Wir befinden uns in unbekannten Gewässern: Der Kanzler hat hohe Erwartungen geweckt, und es gibt eine Unzahl von Dingen, die während des Vereinigungsprozesses schiefgehen können. Niemand weiß genau, was da begonnen hat. Fest steht lediglich, was beendet wurde. Es hat einen Namen. Es nannte sich die Deutsche Demokratische Republik.

Spät an diesem Abend stellte ich mir die Frage, wie Brecht wohl reagiert hätte. Hätte er sich wie Biermann und Heym den Fernsehreportern in dem aufgeregten Gewühl im Palast der

Republik zur Verfügung gestellt, dann hätte er wahrscheinlich etwas Intelligentes und Unehrliches gesagt. Doch in der stillen Zurückgezogenheit von Buckow hätte sein poetischer Geist – ehrlicher, als es der Mann selbst war – dafür vielleicht die Worte gefunden:

DIE LÖSUNG

In den Wahlen vom 18. März
Löste das Volk
Die Republik auf und
Wählte eine andere.

(März 1990)

Chronik

1990

24. März. *Margaret Thatcher versammelt eine Gruppe von Historikern und Deutschlandexperten zu einem privaten Treffen in Chequers, um die deutsche Wiedervereinigung zu diskutieren.*

8. April. Die zweite Runde der ungarischen Parlamentswahlen endet mit einer Regierungsmehrheit für das nationalistische Demokratische Forum.

9. April. Die Regierungschefs der Tschechoslowakei, Ungarns und Polens treffen sich in Bratislava, um über eine Kooperation in Mittelosteuropa zu beraten. Kurze Zeit später formieren sie sich zur »Visegrád-Gruppe«.

18. April. Der französische Präsident François Mitterrand und der deutsche Bundeskanzler Helmut Kohl senden eine gemeinsame Note an den amtierenden Präsidenten des Europäischen Rats in der Europäischen Gemeinschaft, in der sie eine intergouvernementale Konferenz zur »politischen Union« der EG vorschlagen, parallel zur bereits geplanten Europäischen Wirtschafts- und Währungsunion (EWWU).

3. Mai. Árpád Göncz – Schriftsteller, Übersetzer und ehemaliger politischer Gefangener – wird Präsident Ungarns.

4. Mai. Das Parlament Lettlands erklärt die Unabhängigkeit des Landes von der Sowjetunion.

6. Mai. Die nationalistische Kroatische Demokratische Union gewinnt die Parlamentswahlen. Ihr Vorsitzender Franjo Tudjman wird Präsident Kroatiens.

8. Mai. Estland erklärt seine Unabhängigkeit.

11. Mai. Lech Wałęsa erklärt einen »Krieg an der Spitze«, der die Solidarność-Bewegung in Polen spalten wird.

16. Mai. Der national-konservative József Antall bildet eine dem rechten Spektrum zugehörige Koalitionsregierung in Ungarn.

20. Mai. Die »Front zur Nationalen Rettung« unter der Führung des ehemaligen Kommunisten Ion Iliescu gewinnt die Wahlen in Rumänien. Iliescu wird Präsident.

29. Mai. Gründung der Europäischen Bank für Wiederaufbau und Entwicklung (EBWE) zur Finanzierung des Wiederaufbaus der ex-kommunistischen Staaten.

30. Mai. Boris Jelzin wird zum Präsidenten Rußlands gewählt.

Mai-Juni. Die kontinentaleuropäischen Staaten verhängen ein Importverbot für britisches Rindfleisch aus Angst vor der Rinderseuche BSE.

7. Juni. In Moskau findet ein Gipfel des Warschauer Pakts statt, der den Wandel von einem »militär-politischen« zu einem »politisch-militärischen« Bündnis anstrebt.

10. Juni. Sieg der Bewegungen, die die »samtene Revolution« angeführt haben, bei den ersten freien Wahlen in der Tschechoslowakei seit 1946: das Bürgerforum in der Tschechei, die Öffentlichkeit gegen Gewalt in der Slowakei.

14.-15. Juni. Rumänische Bergarbeiter werden mit Bussen aus den Provinzen nach Bukarest gebracht, um dort gegen die protestierenden Studenten, »Intellektuellen« und Oppositionsparteien zu kämpfen.

10. und 17. Juni. In Bulgarien gewinnen die ehemaligen Kommunisten – die sich in »Sozialisten« umbenannt haben – die Parlamentswahlen mit einer knappen Mehrheit vor dem Oppositionsbündnis Union Demokratischer Kräfte.

20. Juni. In Jugoslawien streicht die Kroatische Republik »Sozialistisch« aus ihrem Namen und übernimmt die schachbrettgemusterte Flagge des faschistischen Kroatien aus dem Zweiten Weltkrieg. Die Serben in der kroatischen Provinz Krajina beginnen ihre eigene De-facto-Autonomie zu etablieren.

25.-26. Juni. Auf Drängen von Präsident François Mitterrand und Bundeskanzler Helmut Kohl entscheiden die Regierungschefs der EG-Staaten auf ihrem Treffen in Dublin, daß die geplante Konferenz zur Europäischen Wirtschafts- und Währungsunion von einer intergouvernementalen Konferenz zur politischen Union begleitet wird.

26. Juni. Das ungarische Parlament votiert für eine Aufnahme der Verhandlungen über den Ausstieg des Landes aus dem Warschauer Pakt.

28. Juni. Wien. Ich höre Lech Wałęsa auf der Konferenz »Mitteleuropa auf dem Weg zur Demokratie« reden, zusammen mit vielen ehemaligen Solidarność-Anführern, gegen die er seinen »Krieg an der Spitze« erklärt hatte. Wałęsa wird durch die Habsburger Kaiserresidenz geführt. Sein Stadtführer weist auf ein Standbild von Kaiserin Maria Theresia hin. Wenig später sinniert Wałęsa: »Hm, interessant, daß Mutter Teresa schon ein Denkmal gesetzt wurde.«

1. Juli. Die deutsche »Währungs-, Wirtschafts- und Sozialunion« tritt in Kraft. Die D-Mark kommt nach Ostdeutschland.

2. Juli. Das slowenische Parlament erklärt die Unabhängigkeit Sloweniens, mit der die Republik-Gesetze die Priorität über die föderalistischen erhalten. Die albanische Kosovo-Versammlung erklärt die Provinz zur »unabhängigen Republik« in der jugoslawischen Föderation.

5. Juli. Václav Havel wird erneut zum Präsidenten der Tschechoslowakei gewählt.

5.-6. Juli. Die Abschlußerklärung auf einem Nato-Gipfel in London beschließt das Ende des Kalten Kriegs.

1.-13. Juli. 28. Parteitag der Kommunistischen Partei der Sowjetunion. *14.-16. Juli.* Helmut Kohl und Hans-Dietrich Genscher besuchen Moskau und den Kaukasus. Entscheidende deutsch-sowjetische Vereinbarungen zu den äußeren Aspekten der deutschen Wiedervereinigung. Gorbatschow erklärt sein Einverständnis zur Zugehörigkeit des vereinten Deutschland zur Nato.

14. Juli. Der britische Handels- und Industrieminister Nicholas Ridley tritt zurück, nachdem er dem *Spectator* erklärt hat, daß die geplante Europäische Währungsunion »ein deutsches Komplott sei, das den Deutschen erlauben wird, über ganz Europa zu bestimmen«.

16. Juli. Slobodan Milošević wird zum Vorsitzenden der ex-kommunistischen Sozialistischen Partei Serbiens gewählt.

Après le déluge, nous

Ich wollte Jacek Kuroń anrufen, den altgedienten polnischen Oppositionellen und jetzigen Minister für Arbeit und Soziales. Am anderen Ende der Leitung meldete sich eine weibliche Stimme.

»Kann ich bitte *pan minister* Kuroń sprechen?«

»Aber Sie sind mit der Zensurbehörde verbunden«, klärte mich die Dame höflich auf. (Die Telefonnummern sind bis auf eine Ziffer identisch.)

»Ich dachte, die Zensur sei abgeschafft?«

»Ja, das stimmt, aber unsere Arbeitsverträge laufen erst Ende Juli aus, und deshalb sind wir noch hier.«

»Na, dann wünsche ich Ihnen eine angenehme Untätigkeit.«

»Vielen Dank, und auch Ihnen alles Gute!«

Sie klang bezaubernd.

Ehemalige Zensoren, ehemalige Grenzwächter, ehemalige Apparatschiks, ehemalige Geheimpolizisten: Was soll mit ihnen geschehen? Genauer, was soll mit IHNEN geschehen, *ONI*, wie die kommunistischen Inhaber der Macht, große und kleine, allgemein genannt wurden. Es ist die Frage nach Gerechtigkeit. Auf der höchsten Ebene ist es die Frage der Nürnberger Prozesse. Sollten die Männer an der Spitze für die Untaten, die sie selbst verübt haben oder die unter ihnen verübt wurden, vor Gericht gestellt werden? Und wenn ja, unter welcher Anklage und nach welchen Gesetzen? Auf einer niedrigeren Ebene wird es fast zu einer Frage der sozialen Gerechtigkeit. Ist es gerecht, so fragen sich viele, daß diejenigen, die unter den Kommunisten bequeme Büroposten innehatten, diese auch heute noch behalten, während der kleine Mann seinen Gürtel immer enger schnallen muß? Ist es gerecht, daß die Angehörigen der Nomenklatura die unklaren gesetzlichen Bestimmungen zur Privatisierung dazu ausnutzen, als Kapitalisten die Betriebe zu übernehmen, die sie zuvor als Kommunisten kommandiert haben?

Andererseits können die Erfordernisse der Gerechtigkeit denen der Effizienz entgegenstehen. Geht es um die Wahl zwischen einer kompromittierten, inkompetenten und einer unkompromittierten, kompetenten Person, dann fällt die Entscheidung leicht. Aber was ist, wenn man zwischen einem kompromittierten, aber halbwegs professionellen Kandidaten und einem unkompromittierten Vollamateur zu wählen hat? Ich speise zusammen mit dem neuen Botschafter eines osteuropäischen Landes, einem liebenswürdigen Menschen, Katholik, mutig, ehrlich und stolz. Die Nummer zwei in der Botschaft ist dagegen aus der alten Garde, bestenfalls ein charakterloser Karrierist mit den obligaten Schuppen auf dem Kragen und einem öligen Lächeln. Er erzählt mir, er hoffe, sie würden in diesem Jahr einen Kranz an einem Denkmal zu Ehren der amerikanischen statt der sowjetischen Befreier niederlegen. Ein perfekter Wendehals. Aber er verfügt zumindest über einen rudimentären Professionalismus in außenpolitischen Angelegenheiten, während der Botschafter mir erzählt: »Unser Außenminister hat ein neues Element in die internationalen Beziehungen eingeführt – es heißt Vertrauen.« Ach, du liebe Zeit!

SIE (*ONI*) sind zweifellos ein Problem, aber WIR ebenfalls. »WIR sind nicht wie SIE«, skandierte die Menge in Prag während der samtenen Revolution. Sechs Monate später kann man einige derselben Leute darüber murren hören, wie sehr die neuen Machthaber den alten gleichen. In Polen sprechen die Menschen voll Groll von einer »neuen Nomenklatura«. Die regionalen Bürgerkomitees, ursprünglich aufgestellt, um im Sommer 1989 für Solidarność den Wahlkampf zu führen, fangen bereits an, so lautet der Vorwurf, wie die ehemaligen Parteikomitees zu arbeiten. Es heißt, ganz wie in den alten Tagen genüge ein Anruf von einem der Komitees, um eine Streitfrage zu entscheiden.

Es gibt vieles, was zu dieser beginnenden Unzufriedenheit beiträgt. Zum Teil kommt sie daher, daß die Bevölkerung, die keine anderen Machthaber als die Kommunisten kennengelernt hat, nicht unterscheiden kann zwischen dem, was alle Machtinhaber miteinander gemeinsam haben, und dem, was für die kommunistischen charakteristisch ist. Zum Teil rührt der Unmut daher, daß in der ersten nachrevolutionären Phase die neuen, ambitioniert demokratischen Führer dieser Länder fast nicht anders können, als auf die Methode zurückzugreifen, jede entscheidende Machtposition, ob in der Geheimpolizei oder im Pressewesen, mit »einem von UNS« anstatt »einem von IHNEN« zu besetzen, und zwar durch Ernennung und nicht durch Wahl oder Ausschreibung. Das gilt ebenso für die Tschechoslowakei Havels – ein Autor bezeichnete das Verfahren als Havels »Antifebruar«, unter Anspielung auf den kommunistischen Staatsstreich im Februar 1948 – wie für das Polen Mazowieckis, auch wenn die Ernennungen häufig das Ergebnis komplizierter Verhandlungen sind und in keinem Fall durch die Anwendung oder Androhung von Gewalt erzwungen wurden.

Man kann sich eines gewissen Mitgefühls mit den Männern an der Spitze nicht erwehren, denn ob sie handeln oder nicht, immer machen sie es falsch. Wenn sie die alten kommunistischen Amtsträger auf deren Posten belassen, wird ihnen vorgeworfen, das sei nicht gerecht, und in Wirklichkeit sei alles beim alten geblieben. Es verhält sich damit wie mit den polnischen Polizeiautos: dieselben Fahrzeuge, dieselben Farben, dieselben Menschen im Inneren, nur daß es jetzt nicht mehr *Milicja*, sondern *Policja* heißt. Wenn sie jedoch die Parteigänger der Kommunisten durch ihre eigenen ersetzen, dann schreien die Leute »Foul!« und »neue Nomenklatura!«. Einerseits erwartet man von ihnen rasche und effektive Veränderungen, andererseits soll alles demokratisch und verfassungsmäßig zugehen. Wie ein Redner während einer stürmischen Sitzung von Lech Wałęsas zentralem Bürgerkomitee im Juni bemerkte, besteht das Problem darin, daß es keine allgemein verbindlichen »Spielregeln« gibt. Das führt in Versuchung.

Als ich alte Freunde besuchte, die aus dem Gefängnis ins Kabinett katapultiert, vom Heizer zum Abgeordneten, vom Opfer der Geheimpolizei zu deren Leiter befördert worden waren, interessierte mich, auf welche Weise ihre neue Macht sie verändert hatte. Könnten sie sich als Ausnahmen von Lord Actons allgemeiner Regel erweisen, daß alle Macht korrumpiere ...?

Jeder, aber auch wirklich jeder hat sich verändert. Es sind nicht nur Äußerlichkeiten, obgleich auch diese wichtig sind.

Büros mit Sekretärinnen – zumeist Frauen eines bestimmten Alters, die vom Ancien régime übernommen wurden. Dienstwagen mit Chauffeur – wobei nach Möglichkeit die alten schwarzen Tatras ersetzt werden durch Volvos, Mercedes oder wie in Havels neuer präsidialer Flotte durch noch prestigeträchtigere BMWs. Anzüge und Krawatten anstelle der obligaten Dissidenten-Pullover. (Mit Ausnahme von Adam Michnik, der nach wie vor trotzig Bluejeans und offene Hemden trägt, und der ungarischen Jungdemokraten, die selbst im prächtigen, vergoldeten Budapester Parlament mit ihrer lässigen Sommerkleidung einen markanten Stil pflegen. »Ja, sie beraten darüber in ihren Fraktionssitzungen«, sagte mir ein Abgeordneter.) Der ungewohnte Arbeitsdruck, verschärft durch eine tiefe Müdigkeit, unzureichende institutionelle Unterstützung und der unablässige Strom von Besuchern aus dem Westen. Änderungen in der Körperhaltung, im Benehmen und im Auftreten. Als Havel Präsident wurde, nahm er eine stocksteife Haltung ein und bekam einen furchtbar gebieterischen Blick, der mir vorher nie an ihm aufgefallen war. Man sieht ihn jetzt häufig so, weit weg, im Fernsehen. Nichts als das Spielen einer Rolle?

Viele andere zeigen dieselben Anzeichen, wenn auch in geringerem Ausmaß. »Ich habe ein Gefühl, als bestünde ich aus zwei verschiedenen Personen«, sagt einer. »Mein altes, privates Schriftsteller-Ich und ein neues, öffentliches Ich.« Darin liegt eine gewisse Ironie. Gegen was waren sie ursprünglich ins Feld gezogen? Doch wohl gegen das Doppelleben, gegen die Spaltung zwischen öffentlichem und privatem Ich, den täglichen Tribut an öffentlicher Konformität und Verlogenheit, der, wie Havel in seinen Essays besser als jeder andere demonstrierte, wesentlich zur Aufrechterhaltung des früheren Systems beigetragen hatte. Aber jetzt sind sie selbst verurteilt, eine Art Doppelleben zu führen. Nicht daß die neue öffentliche Sprache mit der alten vergleichbar wäre. Die Havel-Sprache, wie sie von den tschechoslowakischen Fernsehkommentatoren gebraucht wird, ist deprimierend genug, aber dennoch Welten von Orwells »Neusprache« entfernt. Gleichwohl zeichnen sich hier ebenso wie in Polen und Ungarn bereits die ersten Umrisse einer Divergenz zwischen der öffentlichen und der privaten Sprache der neuen Eliten ab.

Korruption durch Macht? Gelegentlich und in Ansätzen ja. Etwas zuviel Genuß der neuen Privilegien. Vielleicht etwas zu viele Reisen ins Ausland – »zum Wohle des Landes« natürlich. (Ach, die Härten des Luxuslebens.) Die Arroganz der Macht, subtil verstärkt durch das Gefühl, man habe es nach so langen Jahren des Kampfes verdient. »Wo wart ihr im November?«, so antwortete Havel unlängst einer Schar slowakischer Zwischenrufer. »Wo wart ihr 1968?« »Wo wart ihr 1956?« Ausgesprochen oder unausgesprochen sind es dieselben herausfordernden Fragen, die auch in der polnischen und ungarischen Politik gestellt werden.

Doch ist das ein Argument, das ebenso gefährlich wie verständlich ist. Als der Schriftsteller Wiktor Woroszylski den polnischen Abgeordneten Ryszard Bender angriff, weil dieser bereits unter dem »Normalisierungs«-Regime Jaruzelskis dem Parlament angehört hatte, erinnerte Bender Woroszylski an dessen eigene kommunistische Vergangenheit. Wo hört das Aufrechnen auf? Wo soll man den Strich ziehen?

Alle haben Schwierigkeiten, sich mit dem Verlust des gemeinsamen Feindes abzufinden. Natürlich gab es persönliche Konflikte innerhalb der Oppositionsbewegungen und tiefreichende Unterschiede im Hinblick auf Tradition und Ideologie. Doch früher oder später taten sich die Menschen gegen den gemeinsamen Unterdrücker zusammen. Das galt auf einer ziemlich elementaren Ebene in allen ostmitteleuropäischen Gesellschaften unter dem Kommunismus. Im eigenen Freundeskreis konnte man stets eine gemeinsame Basis darin finden, über SIE zu murren. Ein junger Dresdner erzählte mir, wie ihn die während des Wahlkampfs gemachte Entdeckung schockierte, daß seine Freunde tatsächlich verschieden denken konnten – »unerhört!«. Was man von der Mehrheit der Bevölkerung in abgeschwächter Weise sagen konnte, das galt wesentlich stärker von der politisch engagierten Minderheit. (Ungarn ist hier eine Ausnahme.) Trotz aller Spannungen und Konflikte war die gefühlsmäßige Erfahrung von Solidarność in Polen tatsächlich die einer Solidarität. Die Blütezeit des Bürgerforums in der Tschechoslowakei war eine

kürzere, aber nicht weniger intensive Erfahrung einer triumphie-
renden gesellschaftlichen Einheit. Doch hegelianisch gesprochen
war der Sieg der Einheit zugleich der Anfang ihrer Negation.
Dem einen großen Konflikt folgen viele kleine Konflikte.
Wie sehr man verstandesmäßig auch einräumen mag, daß es keinen Pluralismus ohne Konflikt gibt, die bloße Tatsache dieser
Konflikte wird irgendwie als unnatürlich und störend empfunden. Vielfach haben sie die Auflösung alter Freundschaften zur
Folge, samt der damit verbundenen Trauer und Bitterkeit. Es
herrscht ein Mangel nicht nur an Formen und Vorgehensweisen,
wie sich diese Konflikte regeln ließen, sondern auch an einer
Sprache, in der sie artikuliert werden könnten. In Polen und der
Tschechoslowakei gelangten die oppositionellen Bürgerbewegungen mit einem Vokabular an die Macht, das aus der antipolitischen Sprache der demokratischen Oppositionen abgeleitet
war, einer Sprache des philosophisch und moralisch Absoluten,
von Recht gegen Unrecht, Liebe gegen Haß, Wahrheit gegen
Lüge. Dem Kommunismus als einem Monopolsystem der organisierten Lüge stellen sie das antipolitische Programm eines »Lebens in der Wahrheit« entgegen.

Nun erwarten wir in einer funktionierenden parlamentarischen Demokratie von den Politikern viele Dinge, aber ein »Leben in der Wahrheit« gehört sicherlich nicht dazu. Das Wesen
der demokratischen Politik wird wohl zutreffender beschrieben
als ein »Arbeiten in der Halbwahrheit«. Die parlamentarische
Demokratie ist in ihrem Kern ein System begrenzter, gegeneinander gerichteter Unwahrhaftigkeit, in dem jede Partei versucht,
einen Teil der Wahrheit so darzustellen, als wäre es die ganze.
Als Václav Havel während einer öffentlichen Diskussion in
London vor einigen Monaten gefragt wurde, ob er glaube, es
werde den neuen Politikern möglich sein, auch weiterhin »in der
Wahrheit zu leben«, erwiderte er: »Entweder ja oder nein. Wenn
es sich als unmöglich erweisen sollte, möchte ich jedenfalls kein
Politiker mehr sein.« Nun mag es ja gerade noch möglich sein,
daß der Präsident als moralische Vaterfigur weiterhin »in der
Wahrheit lebt« – obwohl man auch meinen könnte, daß ein Auf-
treten als Wahlhelfer für das Bürgerforum mit der gleichzeitigen
Beteuerung, sich überhaupt nicht im Wahlkampf zu engagieren,

schon hart an der Grenze liegt. Für geringere Sterbliche, die wirklich um politische Macht kämpfen müssen, ist es zweifellos nicht möglich.

Zum Teil aus taktischen oder strategischen Gründen (»Einheit ist Stärke«, wie die Menge in Prag auf der Straße skandierte), aber auch aus intellektuellen und emotionalen Gründen gibt es ein Widerstreben, von einer antipolitischen zu einer explizit politischen Sprache zu wechseln. Statt dessen besteht auf allen Seiten die Neigung zu manichäischen Übertreibungen. Nachdem wir den kommunistischen Teufel verloren haben, sagt Adam Michnik, entdecken wir den Teufel im anderen.

1

Neue politische Trennlinien zeichnen sich immer deutlicher ab. Doch wie lassen sie sich beschreiben? Westliche Beobachter greifen zu einfachen, leicht faßlichen Gegensatzpaaren: zu funktionalen Äquivalenten der Kategorien »Reformer und Hardliner« oder »Regime und Opposition«, die in der Vergangenheit das Verständnis (oder Mißverständnis) erleichtert haben. Polnische, ungarische, tschechische und slowakische Beteiligte und Analytiker bieten nur allzu gerne neue und klare Unterscheidungen an, sei es, um die Situation zu erklären, sei es, um sie zu gestalten. Leider bieten sie nicht nur eine oder zwei, sondern gleich ein Dutzend oder noch mehr solcher neuer Gegensatzpaare an.

Die eigentliche Trennlinie, sagt Lech Wałęsa, verläuft zwischen einem »Pluralismus« und dem »neuen Monopol« seiner früheren Berater. Nein, es ist der Gegensatz zwischen parlamentarischem Konstitutionalismus und außerparlamentarischem Populismus, meint Bronisław Geremek. Die Europäer stehen gegen die Nationalisten, sagt Adam Michnik. Nein, sagen wieder andere, der eigentliche Konflikt besteht zwischen den unterrepräsentierten Arbeitern und der überrepräsentierten Intelligenz. Oder zwischen Stadt und Land. Oder einfach zwischen denen, die an der Macht sind, und denen, die sie erobern wollen: zwischen denen drinnen und denen draußen. Dann kommt wieder einer und sagt zur Erleichterung vieler verwirrter westlicher Beobachter, letzten Endes gehe es nach wie vor um den Gegensatz zwischen links und rechts. Ach, woher denn, sagt ein anderer, in Wirklichkeit ist es die Front zwischen den Liberalen der Linken oder Rechten und den Illiberalen der Linken oder Rechten. Und so weiter und so fort.

Im U-förmigen ungarischen Parlament sitzen, beginnend links vom Rednerpult, einige unabhängige Mitglieder, dann die Sozialisten (d. h. die ehemaligen Kommunisten), die Jungdemokraten, die Freidemokraten, die Kleinbauern, die Mitglieder des Demokratischen Forums und schließlich die Christdemokraten. Das ergibt ein scheinbar klares Bild: von links nach rechts. Doch nicht so voreilig: Die Wirtschaftspolitik der Freidemokraten ist weit radikaler marktwirtschaftlich orientiert als die des Demokratischen Forums, während auf dem rechten Flügel des Demokratischen Forums Mitglieder sitzen, die der protestantischen, populistischen *Linken* zugerechnet werden: Agrarromantiker, die dem Kapitalismus zutiefst mißtrauisch gegenüberstehen.

Machen wir einen neuen Versuch. Die Hauptrennlinie verläuft zwischen zwei verschiedenen Ungarn, dem kosmopolitischen, urbanen, am Westen orientierten Ungarn, exemplarisch vertreten durch die mehrsprachigen jüdischen Intellektuellen der Freidemokraten, und einem nationalistischen, populistischen, gelegentlich auch antisemitischen siebenbürgischen Ungarn, vertreten durch die einsprachigen Intellektuellen des Demokratischen Forums. Aber dann erläutert der Außenminister (vom Demokratischen Forum), Géza Jeszenszky, ein charmanter, gebildeter Diplomatiehistoriker, seinem Gesprächspartner zwanzig Minuten lang in fließendem Englisch eloquent und leidenschaftlich, warum das ein Zerrbild ist. Und die Mitglieder der populistischen »Linken« (oder ist es die »Rechte«?) belegen das schön durch ihre heftigen Angriffe auf ihren eigenen Premierminister, József Antall, und sein gemütliches Kabinett aus christdemokratischen oder Gladstone-liberalen Ehrenmännern. Sie behaupten, in vielen Fragen stehe Antall den Freidemokraten näher als ihnen, und im privaten Kreis werden manche Freidemokraten dem sogar zustimmen. Aber dann ist es wiederum

Antall, ein strenggläubiger Katholik, und nicht einer der protestantischen Populisten, der sich nachdrücklich für eine politische Maßnahme eingesetzt hat, die den Frei- und den Jungdemokraten ein ganz besonderes Ärgernis ist: In den Schulen soll der – möglicherweise ausschließlich katholische – Religionsunterricht wieder Pflichtfach werden. Alles klar?

In Polen liegen die Dinge nicht weniger kompliziert. Nehmen wir zum Beispiel zwei prominente Exponenten gegensätzlicher Auffassungen: Adam Michnik, Chefredakteur der *Gazeta Wyborzca*, und Jarosław Kaczyński, von Lech Wałęsa zum Chefredakteur von *Tygodnik Solidarność* bestellt und wichtiger Wortführer der sogenannten Zentrumsverständigung, einer Pro-Wałęsa-Partei. Michnik behauptet, die eigentliche Trennlinie in der gegenwärtigen polnischen Politik sei immer noch dieselbe, wie sie sich in der einen oder anderen Form durch die Geschichte aller ost- und mitteleuropäischen Länder – von Deutschland bis Rußland, von Polen bis Rumänien – hindurchziehe, nämlich die zwischen Slawophilen und Westlern, Populisten und Urbanisten, Kultur und Zivilisation.

Eine Schwierigkeit seiner Position besteht darin, daß sie letztlich die Möglichkeit einer modernen, liberalen, europäischen, christlichen Demokratie in Ostmitteleuropa ausschließt. Anfang Juni dieses Jahres wohnte Premierminister Tadeusz Mazowiecki einer Konferenz von ebenjenen europäischen christlichen Demokraten bei, zu der József Antall in Budapest eingeladen hatte und auf der Helmut Kohl die Starrolle spielte. Einige Mazowiecki nahestehende Politiker haben ein Forum der Demokratischen Rechten gegründet, das genau dies sein will: demokratisch und rechts. Aber nach Ansicht Michniks würde die Dynamik der polnischen Politik eine betont liberale, tolerante, europäisch-christliche Demokratie fast unausweichlich in die Fluten einer intoleranten, nationalistischen, chauvinistischen Nationaldemokratie (*endecja*) reißen.

Kaczyński wiederum hat einen ganz anderen Gegensatz anzubieten. Für ihn repräsentieren Michnik und Geremek »die Linke«. Für sich selbst würde er das Etikett »Mitte-rechts« akzeptieren. Was das Besondere dieser Linken ausmache, wollte ich von ihm wissen. Ohne zu zögern nannte er vier Unterschiede. Der erste betreffe die Einstellung zum Eigentum. Er und seine Kollegen seien eindeutig für Privateigentum, während »die Linke« in dieser Frage wesentlich zweideutiger sei. Zum zweiten sei da die Haltung von Michnik und Geremek gegenüber den Kommunisten. Noch im Herbst hatte Michnik argumentiert, es komme wesentlich darauf an, ein Bündnis mit den reformwilligen (Ex-)Kommunisten zu schließen. In den Augen Kaczyńskis drückten sich darin auch ideologische Präferenzen aus: ein rot-rosarotes Kontinuum. Drittens gab es die Haltung gegenüber der Kirche. Zugegeben, Michnik bezog sich mehrfach auf christliche Werte und äußerte seine Bewunderung für die antitotalitäre Rolle der Kirche in der Geschichte, aber dahinter stecke noch immer ein Mißtrauen, ein Antiklerikalismus, den sie, die »Mitte-Rechts« stehen, nicht teilten. Und viertens würden Michnik und Geremek ein grundlegendes, tiefsitzendes Mißtrauen gegenüber dem einfachen polnischen Volk hegen, während die Anhänger der »Mitte-Rechts-Richtung« vom gesunden Menschenverstand der kleinen Leute überzeugt seien.

Kaczyński ist nicht dumm, und zumindest an den drei letztgenannten Punkten ist etwas dran. Aber die Wahrheit des Ganzen ist geringer als die eines seiner Teile. Denn das Gesamtbild, das er zeichnet, ist das einer Verschwörung: einer Verschwörung gegen die kleinen Leute, vorbereitet in dem von Autoren der *Tygodnik Solidarność* so bezeichneten »Warschau-Krakauer-Salon« und angeführt von dem teuflischen Paar »Michnik und Geremek«, deren Namen immer und immer wieder genannt werden.

Diese Haltung als versteckten Antisemitismus zu erklären, wäre ebenso vereinfachend wie die Behauptung, die polnisch-jüdische Geschichte gebe für dieses Argument nichts her. Am besten läßt sie sich meiner Meinung nach mit der Kategorie der Restbilder beschreiben. In dem, was Jarosław Kaczyński sagt, und mehr noch in dem, was einige der deutlicher rechts stehenden Gruppen sagen, läßt sich das Restbild einer jüdischen Verschwörung ausmachen; in dem, was Adam Michnik sagt, das eines Pogroms. (Selbstverständlich sind diese Restbilder nicht historisch symmetrisch zueinander, denn eine jüdische Verschwörung hat es nie gegeben, wohl aber Judenpogrome. Es darf auch nicht vergessen werden, daß Polen noch vor 22 Jahren eine von den Kommunisten angeführte antisemitische Kampagne erlebt hat.) In beiden Fällen liegt die Betonung jedoch auf dem Wort Rest. Zu behaupten, das in diesen Bildern Aufscheinende sei in der einen oder anderen Form der »wirkliche« Unterschied, der Weisheit letzter Schluß, wäre ebenso irrig wie die Reduzierung der vorliegenden Argumente auf irgendeine andere, einzige Dichotomie: links/rechts, europäisch/nationalistisch, monopolistisch/pluralistisch, Arbeiter/Intelligenz, Teilhaber an der politischen Macht/von der politischen Macht Ausgeschlossene.

Vielleicht tun wir etwas klüger daran zu erkennen, daß das, was der Kommunismus hinterlassen hat, ein einziges Durcheinander ist, eine Zersplitterung und Kakophonie von Interessen, Einstellungen, Auffassungen, Idealen und Traditionen – eine *miazga*. Das kommunistische System der letzten Jahre hat vielleicht die Bezeichnung »totalitär« nicht verdient, aber es war *a* zweifellos posttotalitär. Viele Elemente der Zivilgesellschaft, elementare Eigentumsrechte, Rechtsformen, intermediäre Institutionen, die selbst unter den Diktaturen in Spanien, Griechenland oder Lateinamerika fortbestanden, wurden in Osteuropa und noch konsequenter in der Sowjetunion zerstört. Insofern mag die Unterscheidung totalitär/autoritär noch eine gewisse Berechtigung haben.

Ein russischer Witz zum Übergang aus dem Kommunismus verdeutlicht den Sachverhalt besser als jede gelehrte Abhandlung: Wir wissen zwar, daß man aus einem Aquarium eine Fischsuppe machen kann; die Frage ist nur, ob aus einer Fischsuppe ein Aquarium werden kann. In Ostmitteleuropa liegen die Dinge etwas weniger hoffnungslos, weil man es hier eher mit einer Gulasch- als mit einer Fischsuppe zu tun hat. (Nach dem Gulaschkommunismus kommt das postkommunistische Gulasch.) Hier schwimmen große Brocken von Zivilgesellschaft wie das Fleisch in der Gulaschsuppe herum: Bauern mit Eigentum an Grund und Boden, Kirchen, Universitäten, Kleinunternehmer. Aber noch immer ist es ein sehr weiter Weg von der Gulaschsuppe zum üblichen Fleischgericht der entwickelten westeuropäischen Gesellschaften, mit ihren relativ kohärenten Blöcken von Interessen, Zielen und Traditionen, die ihren politischen Ausdruck durch eine kleine Anzahl von relativ dauerhaften politischen Parteien finden.

In Ostmitteleuropa gibt es heute zwar Ansätze einer politischen Differenzierung auf der Grundlage sozioökonomischer Unterschiede. So waren beispielsweise seit der Bildung der Regierung Mazowiecki die Bauern mit Landbesitz die ausgeprägteste und entschiedenste Interessengruppe in der polnischen Politik. Aber noch immer kann man sich dort eine auf soziale Gruppen orientierte Politik nur schwer vorstellen. Wałęsa und seine politischen Verbündeten mögen gelegentlich im Namen »der Arbeiter« sprechen, aber in Wirklichkeit ist die Schicht der Arbeiter fast ebenso gespalten wie die Intelligenz, und zwar zwischen denen, die von dieser oder jener marktwirtschaftlichen Maßnahme wahrscheinlich einen Vorteil haben, und denen, die daraus Nachteile für sich befürchten müssen. In Polen gibt es bis heute keine nennenswerte vermögende Mittelschicht. In Ungarn meint der Soziologe Elemér Hankiss bereits ein zahlenmäßig kleines Großbürgertum ausmachen zu können (einschließlich der »roten Barone«, die ihre Parteiposten dazu mißbrauchten, größere Beteiligungen an den neuen Privatunternehmen zu erwerben, und der »grünen Barone« der landwirtschaftlichen Genossenschaften) sowie ein größeres Kleinbürgertum, das vielleicht zwei Millionen Angehörige zählt. Aber auch er kann keinen signifikanten Zusammenhang feststellen zwischen diesen beiden neuen Schichten und der Zugehörigkeit zu bestimmten politischen Parteien.

In Polen und Ungarn verläuft die entscheidendere Trennlinie möglicherweise zwischen denen, die davon überzeugt sind, daß eine parlamentarische Politik etwas in ihrem Alltagsleben verändern kann, und denen, die daran nicht glauben. Bei den ersten freien Wahlen in diesen Ländern seit über 40 Jahren war die Wahlenthaltung erstaunlich hoch. Bei den Parlamentswahlen in Polen im vergangenen Jahr betrug sie knapp 40 Prozent, bei den Kommunalwahlen im Mai diesen Jahres fast 60 Prozent, beim ersten Durchgang der Wahlen zum ungarischen Parlament rund 35 und beim zweiten rund 55 Prozent.

Andererseits wäre die Behauptung, es gebe keine ideologischen Trennlinien, ebenso unzutreffend. Natürlich gibt es sie. Sie zeigen sich beispielsweise in einer der wichtigsten Debatten in der gegenwärtigen Politik aller ostmitteleuropäischen Länder, nämlich in der Debatte über die Frage, wie man bei der Privatisierung von staatlichem Eigentum verfahren soll. Welche Grenzen sollen gegebenenfalls einer ausländischen Beteiligung gezogen werden? Soll man der gegenwärtigen Leitung staatlicher Unternehmen gestatten, diese in Aktiengesellschaften umzuwandeln, oder sollte man sie besser den Arbeitern übereignen? Sollte man vielleicht die gesamte Bevölkerung daran beteiligen? Aber auch hier sind die unterschiedlichen Auffassungen nicht klar und einfach genug, um als Grundlage unterschiedlicher politischer Parteien zu dienen. Der Streit geht genaugenommen darum, wie man bei der Privatisierung verfahren, aber nicht darum, ob überhaupt privatisiert werden soll. Ein Gesetz, das die Ausgabe von Aktien sowohl an die Beschäftigten der jeweiligen Betriebe als auch an die Gesamtbevölkerung vorsah, wurde Mitte Juli vom polnischen Sejm mit einer Allparteienmehrheit von 328 zu 2 Stimmen verabschiedet.

Wenn die postkommunistische Parteienbildung weder auf sozialen Gruppen noch auf Ideologien basiert, worauf stützt sie sich dann? Im Augenblick scheint es darauf nur diese Antwort zu geben: auf die Geschichte und den Westen. Westliche Modelle spielen in Osteuropa eine wesentliche Rolle sowohl bei der Gestaltung der neuen politischen Institutionen als auch bei der Bildung von Parteien. Überall hat man westliche Fachleute herangezogen, um deren Rat anzuhören. In innenpolitischen Diskussionen über die neuen Verfassungen bezieht man sich immer wieder auf das »französische«, das »italienische« oder das »deutsche Modell«. Letzteres ist besonders erwähnenswert.

Deutschland hat im Lauf der Jahrhunderte den osteuropäischen Ländern vieles zu bieten gehabt, aber das Modell einer Demokratie gehörte nicht dazu. Heute hingegen ist das westdeutsche Demokratiemodell vermutlich von allen das relevanteste, da es auf den Ruinen einer totalitären Diktatur errichtet wurde und bewußt die Wiederkehr einer solchen Herrschaftsform verhindern sollte. Es ist gewissermaßen ein westliches System, das auf mitteleuropäischen Erfahrungen aufbaut. Westdeutsche Verfassungsbestimmungen wie die Fünf-Prozent-Klausel oder das konstruktive Mißtrauensvotum wurden von der Tschechoslowakei und von Ungarn direkt übernommen. Die westdeutschen Parteien mit ihren reichen und aktiven Stiftungen spielen ebenfalls eine Rolle. Im Augenblick ist die CDU offenbar besonders erfolgreich, während die SPD sich mit dem Problem herumschlagen muß, daß sich die früheren Kommunisten heute überall in Osteuropa als Sozialdemokraten bezeichnen.

Dann die Geschichte. Ich habe bereits einige der Restbilder genannt, von denen die polnische und ungarische Politik geformt und gefärbt wird. In der Tschechoslowakei sind die einzigen zur Zeit klar erkennbaren Trennlinien historisch-nationaler Art, wobei in der tschechischen und der slowakischen Regierung jeweils eine tschechische bzw. slowakische Spielart der Bürgerbewegung dominieren und beide gegen slokawische Nationalisten, ungarische Nationalisten in der Slowakei und gegen die Befürworter einer mährischen und schlesischen Autonomie zu kämpfen haben. Doch dieser Nachhall der Zwischenkriegsperiode ist nur ein Teil der Geschichte. Sowohl die jüngste als auch die weiter zurückliegende Vergangenheit haben ihre Auswirkungen.

Um die heute bestehenden Konflikte zu verstehen, bräuchte man in der Tat eine kollektive Biographie der letzten 40 Jahre. Die Mitglieder des Ungarischen Demokratischen Forums machen zum Beispiel den Freidemokraten häufig den Vorwurf, sie seien ehemalige Marxisten, während sie selbst sich nie irgendwelche Illusionen gemacht hätten. Ähnliche Vorwürfe sind in Polen zu vernehmen. Andererseits stellten diejenigen, die sich keinen Illusionen über den Kommunismus hingegeben hatten, in der Mehrzahl zu keiner Zeit eine besonders aktive Opposition dar. Der begabte Siebenbürger Philosoph und Abgeordnete der Freidemokraten, Gáspár Miklós Tamás, nennt sie »die Schläfer«. In der heutigen Politik gibt es die Klasse der Achtundvierziger, die Klasse der Sechsundfünfziger, die Klasse der Achtundsechziger, die Klasse der Achtziger und (am größten von allen) die Klasse der Neunundachtziger, und sowohl innerhalb jeder dieser Klassen wie zwischen ihnen gibt es komplexe persönliche Geschichten von Freundschaft und Rivalität. Man kann die politischen Orientierungen einzelner Personen von heute nicht verstehen, ohne etwas darüber zu wissen, *wer* in den letzten 40 Jahren *wem* was angetan hat.

Manchmal kann man den Spaten allerdings auch zu tief ansetzen. So gab es beispielsweise in den letzten zehn Jahren nicht zu übersehende Differenzen in Ton und Stil zwischen Tadeusz Mazowiecki und Lech Wałęsa – Mazowiecki immer diplomatisch, auf der Hut, keinen Fehler zu begehen, ein Kabinettspolitiker, Wałęsa direkt, instinktiv und ein Volkstribun. (»*Panie Tadeuszu!*« höre ich Wałęsa heute noch zu Mazowiecki in einer belagerten Leninwerft während deren Besetzung im weit zurückliegenden Jahr 1988 sagen, »*Panie Tadeuszu!* Sie sind der Mann für Verhandlungen, Sie sind für Weisheit da.«) Dennoch sind die Ursprünge des Konflikts zwischen den beiden Männern im wesentlichen allein in den Entwicklungen des letzten Jahres zu suchen, als Tadeusz Mazowiecki im Amtszimmer des Ministerpräsidenten in Warschau saß und Lech Wałęsa in Danzig.

»Wie man die Dinge sieht, hängt davon ab, wo man sitzt«, hatte Wałęsa es ausgedrückt. Im vergangenen Herbst waren die Bürgerbewegungen in Polen wie in der Tschechoslowakei überzeugt, ihnen stehe so etwas wie ein »Marsch durch die Institutionen« bevor. Aber was ich erlebt habe, war gerade das Gegenteil: einen Marsch der Institutionen durch die Menschen. Es ist bemerkenswert, wie schnell und uneingeschränkt sich die Menschen mit jenem besonderen Teil des politischen Systems identifizieren, in dem sie, zunächst fast zufällig, inzwischen ihren Dienst verrichten: mit der Regierung im Unterschied zum Parlament, mit dem Parlament im Unterschied zur außerparlamentarischen Bewegung, mit dem Präsidentenamt (in der Prager Burg) im Unterschied zur Regierung usw.

Gleichzeitig sind die Elemente von Geschichte, Tradition und politischer Kultur nicht zu übersehen, die nicht Monate, sondern Jahrhunderte weit in die Vergangenheit zurückreichen. Sie lassen sich offensichtlich schwieriger analysieren und beurteilen.

Aber auf jeden Fall spielen sie eine Rolle. Als ich im Großen Hörsaal der Warschauer Universität eine Versammlung von Lech Wałęsas Bürgerkomitee verfolgte, mit ihren bühnengerechten Auf- und Abtritten, ihren leidenschaftlichen Reden, vehementen Zwischenrufen aus dem Parkett und den verschwörerischen Grüppchen in den Gängen, überschrieb ich meine Aufzeichnungen mit dem einen Wort *Sejmik* (wörtlich: »kleines Parlament«, die alte Bezeichnung der regionalen Adelsversammlungen, aus denen der Sejm hervorging). Dann saß plötzlich der Filmregisseur Andrzej Wajda neben mir und sagte: »Wie Sie sehen, bräuchten sie nur noch Säbel, und sie schlagen draußen aufeinander los.«

Mitten in diesem verwirrenden Durcheinander der von der Intelligenzija veranstalteten Politik – verwirrend nicht nur für den Außenstehenden, sondern auch für einen Großteil der Bevölkerung –, mit ihren seltsamen Beimischungen von Pilsudski und Olof Palme, Horthy und Thatcher, Masaryk und von Weizsäcker, Bundestag und *Sejmik, endecja* und CDU, wäre der einzig ernsthafte Weg zu einem wirklichen Verständnis eine detaillierte historische und im Falle der Hauptpersonen biographische Erzählung. In Ermangelung einer solchen kann man sich aber probeweise auf die eine oder andere Verallgemeinerung einlassen.

2

Einer meiner Freunde hat einen dicken Aktenordner, der durch nur zwei Buchstaben gekennzeichnet ist: »ÜD«. Er enthält Einladungen zu Konferenzen zum Thema »Übergang zur Demokratie« in Osteuropa. ÜK wäre wahrscheinlich eine passendere Abkürzung. Was man mit Sicherheit in sämtlichen früheren Ostblockländern und in einem Großteil der Sowjetunion beobachten kann, ist ein Übergang aus dem Kommunismus. Doch der einzige Fall, in dem man fast hundertprozentig sicher sein kann, daß der Übergang tatsächlich zur Demokratie führen wird, ist der der ehemaligen Deutschen Demokratischen Republik, die künftig zwar nicht mehr »demokratisch« heißen, dafür jedoch demokratisch sein wird. Man wird allerdings der DDR-

Bevölkerung wohl nicht zu nahetreten, wenn man sagt, daß diese Demokratie mindestens ebensosehr von außen importiert wie im eigenen Lande gewachsen sein wird.

Innerhalb der Sowjetunion gehen die Ziele solcher europäischer Völker wie der Esten, Letten und Litauer sowie der europäischen Russen eindeutig in dieselbe Hauptrichtung – hin zu einer liberalen Demokratie, einer freien Marktwirtschaft und einem Rechtsstaat –, doch die Probleme, denen sie sich gegenübersehen, sind sowohl anderer Art (da diese Völker einem Vielvölkerstaat angehören) als auch tiefgreifender (Fischsuppe statt Gulasch). In den Balkanländern liegen die Dinge noch einmal anders; dort findet gegenwärtig ein Übergang statt aus einer (dem Namen nach) kommunistischen zu einer nicht-(oder ex-) kommunistischen Diktatur in Rumänien, und Jugoslawien hat mit ethnischen Problemen zu kämpfen, die eher mit denen der Sowjetunion als der ostmitteleuropäischen Länder vergleichbar sind.

Die Kernländer Ostmitteleuropas, Polen, Ungarn und die Tschechoslowakei, bilden deshalb vorläufig einen Sonderfall. Man könnte ebensogut von einem Testfall sprechen, denn der Erfolg oder Mißerfolg ihrer Anstrengungen wird die zukünftigen Entwicklungen in den Balkanländern und den Ländern der Sowjetunion – sofern »Union« dann noch das richtige Wort sein wird – beeinflussen. Polen, Ungarn und die Tschechoslowakei sind die drei exkommunistischen Länder, die im Augenblick offensichtlich versuchen, auf den Ruinen einer Diktatur ihre jeweils eigene Demokratie zu errichten. Ungarn und die Tschechoslowakei hatten völlig freie Parlamentswahlen, die nach Aussagen sämtlicher Beobachter fair abgewickelt wurden. Polen hatte nur zum Teil freie (aber völlig faire) Parlaments- und völlig freie Kommunalwahlen. Bei diesen Wahlen gab es zwar kein »normales« Parteienspektrum wie in Westeuropa, aber dennoch gingen daraus echte Parlamente hervor. Es werden neue Verfassungen formuliert. Es gibt bereits gesetzlich garantierte Rede-, Versammlungs- und Religionsfreiheit. Es gibt eine freie Presse, obgleich die Praxis eines unabhängigen Journalismus noch viel zu wünschen übrigläßt – vor allem im Fernsehen, dem entscheidenden Medium. Die Menschen können frei reisen und sind nur durch die Knappheit an harten Devisen eingeschränkt. Die zunehmende Konvertibilität ihrer eigenen Währungen ist ebenfalls ein wesentliches Element der Freiheit und Würde. Das Alltagsleben verliert seine Abnormitäten.

Diese Länder haben sich demnach voller Hoffnung auf den Weg gemacht, aber wo werden sie ankommen? Es ist fast eine Binsenweisheit, daß die Chancen für den politischen Übergang aus der Diktatur in eine Demokratie zu einem Großteil vom Übergang aus der Plan- in eine Marktwirtschaft abhängen. Aber es ist ebenso wahr, daß die Chancen für den wirtschaftlichen Übergang vom politischen Übergang abhängen. Es ist nach meiner Meinung etwas irreführend, das Problem als das eines möglichen »Scheiterns« des wirtschaftlichen Übergangs zu kennzeichnen. Denn selbst ein »Erfolg« wird hier zumindest in der Anfangszeit äußerst schmerzhaft sein. Wie Ralf Dahrendorf schreibt, ist dieser Übergang *zwangsläufig* ein Tal der Tränen. Dieses Tal mag flacher oder tiefer, kürzer oder länger sein, aber es wird in jedem Fall ein Tal sein. Selbst die Westdeutschen, die 1948 weit günstigere Startbedingungen hatten, wurden zunächst ärmer, bevor sie reicher wurden. (Natürlich stellen die unrealistischen Erwartungen in der Bevölkerung der ostmitteleuropäischen Länder ein Problem dar: Es gibt eine kurzschlüssige Gleichsetzung der Anfänge des Wirtschaftswunders der fünfziger Jahre mit der sichtbaren Realität des westdeutschen Wohlstands von heute. Vielleicht sollte das Goethe-Institut eine Wanderausstellung veranstalten, die das harte Alltagsleben in Westdeutschland zu Beginn der fünfziger Jahre zeigt.) In der Tschechoslowakei spricht man davon, eine »sanfte Landung« anzustreben. Aber das eigentliche Problem ist nicht die sanfte Landung, sondern ein sanfter Start. Den werden nicht einmal die Ostdeutschen erleben.

Die Frage, die sich damit sofort stellt, lautet: Welche Spielart einer demokratischen Politik kann von einer Regierung hervorgebracht werden, die einerseits genügend stark, stabil und konsequent ist, um die notwendige Härte in der Steuer-, Geld- und Wirtschaftspolitik über einen Zeitraum von mehreren Jahren hinweg durchzuhalten, und andererseits hinreichend flexibel und sensibel agiert, um den größeren Teil der unvermeidlichen Unzufriedenheit der Bevölkerung in parlamentarische oder zumindest legale Kanäle zu leiten und damit den Rückgriff auf außerparlamentarische, ungesetzliche und letztlich undemokratische Mittel zu verhindern? (Zu dieser Herausforderung ist es bereits ganz direkt in Polen gekommen, als Kleinbauern das Landwirtschaftsministerium besetzt und überall im Land die Straßen blockiert hatten.)

Für manche in Polen und der Tschechoslowakei ergibt sich aus diesen Erfordernissen anscheinend die Notwendigkeit eines starken Präsidenten. Bei einer Anfang Juli in Polen durchgeführten Meinungsumfrage sprachen sich 52 Prozent der Befragten dafür aus, die höchste Staatsgewalt dem Präsidenten zu übertragen, während 43 Prozent für das Parlament als höchstes Staatsorgan plädierten. (In Ungarn ist der Streit um diese Frage offenbar zugunsten des Parlaments entschieden worden, während dem Präsidenten wenig reale Macht, dafür aber zahlreiche Einflußmöglichkeiten eingeräumt wurden.) Der amerikanische Politikwissenschaftler Alfred Stepan hat überzeugend dargelegt, daß nach den Erfahrungen der südeuropäischen und lateinamerikanischen Länder beim Übergang von einer Diktatur in eine Demokratie ein unverwässertes parlamentarisches System bessere Chancen bietet, den notwendigen Ausgleich herzustellen, als ein Präsidialsystem. Präsidenten sind in der Regel weniger gut in der Lage, für schmerzhafte (d. h. anti-inflationäre) wirtschaftspolitische Maßnahmen Zustimmung zu mobilisieren als parlamentarische Koalitionen. Ein Staatspräsident wird entweder zu einem schwachen Präsidenten, weil er sich der Mehrheit beugt, oder er festigt seine Stellung, indem er sich nicht der Mehrheit unterwirft. Es ist natürlich die Frage, inwieweit sich eine solche Erfahrung auf eine Region mit einer ganz anderen Geschichte und der beispiellosen Aufgabe anwenden läßt, nicht nur ein autoritäres, sondern ein posttotalitäres Staatswesen, und nicht nur eine staatlich reglementierte Volkswirtschaft, sondern eine zentrale Planwirtschaft umzugestalten.

Wie auch immer, was ich an Ort und Stelle in Ostmitteleuropa gesehen habe, spricht eher gegen ein Präsidialsystem. Angesichts der Zersplitterung und Verwirrung von Zielen, Interessen und Traditionen, wie ich sie oben skizziert habe, läßt sich nur mit Mühe erkennen, wie selbst ein außerordentlich populärer oder charismatischer Präsident über einen hinreichend langen Zeitraum hinweg die erforderliche freiwillige Zustimmung aufrechterhalten soll, damit jene schmerzhaften wirtschaftspolitischen Maßnahmen auch wirklich greifen können, ohne daß er eine nationalistische Leidenschaft gegen wirkliche oder angebliche Feinde mobilisiert – die Russen? die Deutschen? die Juden? die Rumänen? –, die den Platz der Kommunisten einnehmen. Aber eine derartige undemokratische, nationalistische Mobilisierung würde ihrerseits den geplanten wirtschaftlichen Übergang gefährden, der ganz entscheidend von dem anhaltenden guten Willen und dem aktiven Engagement der westlichen Demokratien abhängt.

Nein, der politische Schlüssel zur Herstellung eines solchen Konsenses kann nur in der Bildung starker, frei gewählter Koalitionen bestehen. Bis zur Niederschrift dieses Essays im Juli 1990 hat jedes der ostmitteleuropäischen Länder zwei dieser Bedingungen erfüllt, aber keines alle drei. Ungarn hat eine frei gewählte Koalitionsregierung. Doch bislang ist es offenbar eine schwache Koalitionsregierung, in der die Juniorpartner (z. B. die Partei der Kleinbauern) sich fast so verhalten, als gehörten sie gar nicht der Koalition an, während der wichtigste Partner, das Demokratische Forum, selbst eine Koalition in der Koalition darstellt. Auch hat die Regierung Antall bislang noch keinen Architekten der wirtschaftlichen Umgestaltung gefunden, der mit Leszek Balcerowicz in Polen oder Václav Klaus in der Tschechoslowakei vergleichbar wäre.

Die Tschechoslowakei hat eine frei gewählte Regierung – tatsächlich hat sie drei frei gewählte Regierungen, eine tschechische, eine slowakische und eine Bundesregierung. Wenn Präsident Havel mit seiner ganzen Autorität fest hinter den politischen Maßnahmen steht, die vom Finanzminister Václav Klaus – der weiß, daß es so etwas wie einen sanften Start nicht gibt – vorgeschlagen wurden, dann kann die Bundesregierung auch eine starke Regierung sein. Aber sie ist keine Koaliton, wenn man darunter eine Regierung versteht, die aufgrund eingehender Verhandlungen zwischen verschiedenen parlamentarischen Parteien zustande gekommen ist: Da die (aus der Bundesrepublik übernommene) Fünf-Prozent-Klausel bei den Wahlen zur Eliminierung praktisch aller kleineren Parteien geführt hat, die sich am Wahlkampf beteiligten, blieben das Bürgerforum in den tschechischen Landesteilen und in geringerem Ausmaß die »Öffentlichkeit gegen Gewalt« in der Slowakei als übermächtige Blöcke zurück, denen als Opposition im Parlament lediglich die Kommunisten und die Nationalisten (sowie einige Christdemokraten in der Slowakei) gegenüberstehen.

Konkurrierende Parteien müssen sich deshalb aus dem Bürgerforum heraus entwickeln. Es gibt bereits Ansätze zu politischen Gruppierungen im Bürgerforum und eine erste angekündigte Partei, das neoliberale (oder neokonservative?) Bürgerlich-Demokratische Bündnis. Diese Parteien werden sich bis zu den nächsten, für 1992 angesetzten Wahlen herauskristallisieren und genauer definieren müssen. Deshalb wird das Bürgerforum auf die Dauer eher auseinandergerissen als zusammengeschweißt werden. Wie sich dieser notwendige Pluralismus mit der Einigkeit vereinbaren lassen soll, die zur Durchsetzung einer harten Wirtschaftspolitik unabdingbar ist, diese Frage konnte mir in Prag niemand beantworten.

Polen seinerseits hatte vom Zeitpunkt der Regierungsbildung unter Tadeusz Mazowiecki im September 1989 bis zum Frühsommer diesen Jahres etwas, das es in seiner Geschichte nicht oft gegeben hat: eine starke Koalitionsregierung. Es war eine breite Koalition, beherrscht von Solidarność-Ministern, bei der freilich wichtige Ämter (Verteidigung, Inneres) mit Kommunisten besetzt waren und an der auch Vertreter der früheren Blockparteien (Demokratische Partei, Bauernpartei) beteiligt waren. Diese Koalition erwies sich als stark genug, um in den ersten sechs Monaten ein beachtliches Maß an nationalem Konsens gegenüber der radikalsten und schmerzhaftesten wirtschaftlichen Schocktherapie zu wahren, den die ehemaligen kommunistischen Länder bis jetzt erlebt haben, dem sogenannten Balcerowicz-Plan.

Das Problem ist nur, daß es sich dabei nicht um eine frei gewählte Koalitionsregierung handelte. (Bei der Wahl vom 4. Juni 1989 wurden als Ergebnis der Verhandlungen am Runden Tisch 65 Prozent der Sitze im Unterhaus des Parlaments für die Kommunisten und deren Bündnispartner reserviert.) Nachdem alle übrigen Länder Osteuropas freie Parlamentswahlen abgehalten, nachdem die Tschechoslowakei mit Václav Havel und Ungarn mit Árpád Göncz Bühnenautoren zu Präsidenten gemacht hatten, erschien es zunehmend anachronistisch und beschämend, daß Polen – die ganzen achtziger Jahre hindurch der Vorreiter – noch immer ein nur halbfreies Parlament und General Jaruzelski zum Präsidenten hatte. Einen sichtlich veränderten General Jaruzelski, gewiß, so sanftmütig, dezent, zivil und kooperativ wie jeder westeuropäische konstitutionelle Monarch, aber eben – Jaruzelski.

Schließlich wurde die polnische Politik von Danzig aus durch Lech Wałęsas Herausforderung verändert. Aber selbst wenn Wałęsa sich wie – sagen wir, wie Jaruzelski – verhalten hätte, wäre das Problem virulent geworden. Es erscheint mir ziemlich unwahrscheinlich, daß unter den gegebenen äußeren Umständen die Regierung Mazowiecki und das, wenn man es so nennen darf, Geremek-Parlament an dem ursprünglichen Zeitplan hätten festhalten können, erst im Frühjahr 1991 freie Parlamentswahlen abzuhalten. Selbst wenn ihnen das möglich gewesen wäre, so hätten sich fast mit Sicherheit aus der breiten Bewegung der Bürgerkomitees rivalisierende Parteien herauskristallisiert.

Diese Bürgerkomitees sind eigenartige Schöpfungen. Das zentrale Komitee wurde von einer Gruppe intellektueller Berater Lech Wałęsas ins Leben gerufen. Während der vergangenen sechs Monate wurde es erweitert und umfaßte Vertreter ganz unterschiedlicher politischer Gruppierungen – Wałęsa hatte es so gewollt, gegen den Widerstand zahlreicher Gründungsmitglieder. Die regionalen Bürgerkomitees entstanden auf Initiative der Führung von Solidarność (Wałęsa, Geremek und Mazowiecki, die damals noch einträchtig miteinander arbeiteten), um die historische Wahl vom 4. Juni zu gewinnen. Sie hatten weder eine klare Struktur noch Bestimmungen über die Aufnahme von Mitgliedern. Jeder, »der sich dort wohl fühlte«, konnte mitmachen, wie ein Mitglied erklärte. Diese Form einer spontanen, quasirevolutionären Basisdemokratie hat seit jenem Wahltag natürlich zu zahllosen Spannungen und Konflikten geführt. Tatsächlich läßt sich das Dilemma der Bürgerkomitees in Polen mit dem des Bürgerforums in der Tschechoslowakei vergleichen. Nachdem die Wähler gezeigt hatten, daß sie ihr Vertrauen noch immer diesen Erben der Revolution schenkten (bei den Kommunalwahlen im Mai sicherten sich die polnischen Bürgerkomitees gut 41 Prozent der Stimmen), stand fest, daß der Prozeß einer demokratischen Pluralisierung ebenso innerhalb wie außerhalb der Bewegung vor sich gehen mußte.

Das gehört zu den Dingen, die Lech Wałęsa am nachdrücklichsten wiederholt hat. Es war allerdings nicht das einzige, was er sagte. In einem Feuerwerk von Interviews und Reden hat er ganz Unterschiedliches und viel Widersprüchliches gesagt, manches Kluge und manches Dumme, Komisches und weniger Komisches. Es gibt zwei Möglichkeiten, den »Krieg an der Spitze« zu betrachten, den Wałęsa in diesem Frühjahr erklärt hat. Die eine besteht darin, daß Wałęsa, der den Kontakt zum Mann auf der Straße hielt, feststellte, daß mit der Regierung, an deren Bildung er maßgeblich beteiligt war, nicht alles gut lief. Seine früheren intellektuellen Berater und Genossen richteten sich etwas zu gemütlich ein in ihrer undemokratisch zustande gekommenen Warschauer Koalition, ihrem »neuen Monopol«. Inzwischen verliefen die politischen wie die wirtschaftlichen Änderungen zu schleppend. Sofern es überhaupt zu Privatisierungen kam, nutzten sie den Angehörigen der alten Nomenklatura statt den einfachen Leuten. Mit steigenden Preisen und wachsender Arbeitslosigkeit wuchs auch der Unmut in der Bevölkerung; man denke etwa an den Streik der Eisenbahner und andere Streiks, die nur von Wałęsa mit seiner Autorität und seinem Charisma beendet werden konnten.

Was man also brauchte, war eine »Beschleunigung«. Natürlich eine Beschleunigung der Privatisierung und des Abbaus der zentral gelenkten Wirtschaft, aber vor allem eine politische Be-

schleunigung: freie Parlamentswahlen, Wałęsa selbst als Staatspräsident, vielleicht mit der Vollmacht, per Erlaß zu regieren,
und die raschere Entfernung der Kommunisten auf allen Ebenen. Wałęsa hatte gelegentlich das von Jarosław Kaczyński und
anderen vorgebrachte Argument übernommen, wenn man der
Bevölkerung kurzfristig keine wirtschaftlichen Güter anbieten
könne, müsse man ihnen statt dessen symbolische politische
Güter anbieten, mit anderen Worten kommunistische Köpfe auf
silbernen Tabletts. Nicht Salami-, sondern nunmehr Salometak-
tik. Aber ob Salami oder Salome, in beiden Fällen lautet die
Frage: An welcher Stelle hört die Maschine mit dem Schneiden
auf? Sie stellt sich ganz besonders, wenn man wie Kaczyński
und *Tygodnik Solidarność* beschlossen hat, es gebe ein rot-rosarotes Kontinuum. Nach den roten Köpfen rollen die rosaroten?
Nach Kisczak und Jaruzelski Michnik und Geremek?

Die andere Möglichkeit, Wałęsas Feldzug zu beschreiben, ist
einfacher. Nachdem er mehr als jeder andere Mensch (ausgenommen vielleicht der Papst und Gorbatschow) zum Ende des
Kommunismus in Osteuropa beigetragen, nachdem er die Wahlen gewonnen und die Regierung Mazowiecki gebildet hatte,
fand er sich mit einemmal an den Rand gedrängt, oben in Danzig, während das eigentliche Geschehen in Warschau ablief. Jetzt
kamen die berühmten Gäste aus dem Ausland, um Mazowiecki
und Geremek zu besuchen und nicht ihn. Außerdem stellte er
fest, daß seine Popularität bei den Meinungsumfragen zurück-
ging, die gut plaziert von der *Gazeta Wyborcza* veröffentlicht
wurden – der Zeitung, deren Redakteur Adam Michnik von ihm
persönlich ausgesucht worden war. Nach einer dieser Umfragen
rangierte er als geeigneter Präsidentschaftskandidat sogar noch
hinter Jaruzelski, und bei allen Umfragen war er weniger popu-
lär als Mazowiecki. Seine früheren Berater ließen keinen Zweifel daran, daß auch sie in ihm nicht den künftigen Präsidenten
sahen. Und dann sickerte aus dem Präsidialamt durch, daß Jaruzelski, verärgert über die Angriffe gegen ihn und in der Erkenntnis, daß seine Zeit abgelaufen war, Rücktrittsabsichten
hegte. Wenn Wałęsa also Präsident werden wollte, dann hatte er
seine Chance jetzt oder nie.

An beiden Versionen ist etwas dran. Die Unzufriedenheit und die Probleme, auf die Wałęsa hingewiesen hat, sind real, aber dasselbe gilt auch für sein Gefühl, vom Schicksal persönlich ausersehen zu sein. Was seinen ehemaligen Beratern und Genossen noch mehr Sorgen bereitet als alles, was er sagt, ist die Art und Weise, wie er es sagt. Schon in den Jahren 1980/81 hatte der junge Wałęsa eine eigenmächtige, autoritäre Art und eine ziemlich zwiespältige Einstellung zur Demokratie. Dies war eine der hauptsächlichen Konfliktquellen innerhalb von Solidarność. »Diktatur oder Demokratie?« lautete die Schlagzeile einer Solidarność-Zeitung bereits auf dem ersten Kongreß der Bewegung 1981. Sein Weltruhm und die Verleihung des Friedensnobelpreises konnten diese Neigungen kaum mäßigen. Ich habe noch nie einen Menschen erlebt, der sich so sehr verändert hat. Havel hat vielleicht eine aufrechtere Haltung und einen durchdringenderen Blick angenommen, aber Wałęsa ... Nicht nur sein Gebaren, sondern sein gesamtes physisches Erscheinungsbild ist verändert. Aus einem mageren Spaßvogel von der Schiffswerft wurde ein wohlbeleibter König, ein stattlicher Marschall. Solange Solidarność einen (friedlichen) Krieg gegen die kommunistische Diktatur führte, hatte das alles sein Gutes. Im Krieg braucht man einen Marschall. Aber wohin paßt er in einer friedlichen Demokratie?

Wie ein Oberbefehlshaber ersetzte Wałęsa den Vorsitzenden des Bürgerkomitees durch einen Mann seiner Wahl, Zdzisław Najder, den umstrittenen ehemaligen Leiter der einflußreichen polnischen Sektion von *Radio Free Europe* und Verfasser einer Biographie von Joseph Conrad. Danach entließ er – durch einen offenen Brief – den Sekretär des Komitees, Henryk Wujec, über lange Jahre hinweg einer seiner engsten Gefährten. Als Wujec höflich erwiderte, da er vom Bürgerkomitee gewählt worden sei, könne er nur von diesem wieder entlassen werden, schrieb Wałęsa zurück, diesmal nicht mehr an »Henryk«, sondern an den »Abgeordneten Henryk Wujec«, die mittlerweile berühmt gewordene Zeile: »Fühl Dich entlassen!« Danach versuchte er, Adam Michnik aus der *Gazeta Wyborcza* zu werfen. Anfang Juli forderte er den Ministerpräsidenten gebieterisch auf, auf einer Versammlung von Arbeitern in der Leninwerft zu erscheinen.

»Wir wollen an der Quelle zusammenkommen«, schrieb er, als läge »die Quelle« der Macht des Ministerpräsidenten noch immer im starken Arm des Arbeiters, der im August 1980 Solidarność ins Leben gerufen hatte, und nicht in den Wahlen vom Juni 1989, aus denen die Regierung Mazowiecki hervorgegangen war. (Aber andererseits, und das ist der Haken, waren es keine uneingeschränkt freien Wahlen, und die Bevölkerung hatte für die »Kandidaten von Lech Wałęsa« gestimmt.)

Er spricht von sich in der dritten Person als »Wałęsa«. Wałęsa kann dies nicht akzeptieren, sagt er, Wałęsa wird jenes tun. Er spricht von »meiner Solidarność« und korrigiert sich nur gelegentlich, um dann von »unserer Solidarność« zu sprechen. Auf der Zusammenkunft »seines« Bürgerkomitees, an der ich im Juni diesen Jahres in Warschau teilnahm, wurde er von einem der mutigsten und intelligentesten jungen Führer der Solidarność, Władysław Frasyniuk, heftig mit den Worten angegriffen: »Mir ist aufgefallen, Lech, daß du sehr viel von dir und sehr wenig von Polen sprichst.« Doch das eigentliche Problem liegt darin, daß er anscheinend unfähig ist, zwischen beiden zu unterscheiden. Als Wałęsa zu Beginn dieser Versammlung den ehrwürdigen katholischen Chefredakteur Jerzy Turowicz rüde aufs Podium beorderte, tat er dies mit den Worten: »Polen wartet auf Ihre Kritik ...« Aber nicht Polen wartete auf Turowiczs Kritik. Ja, der größte Teil Polens hatte wahrscheinlich überhaupt keine Ahnung davon, daß Turowicz sich kritisch geäußert hatte. Statt »Polen« hätte es »Wałęsa« heißen müssen.

Gleichzeitig scheint Wałęsa sich aber auch häufig zutiefst unschlüssig darüber zu sein, in welche Richtung er als nächstes gehen soll. In den Hauptpunkten seiner Kritik liegt eine gewisse Überzeugungskraft; Bronisław Geremek räumte auf derselben Versammlung ein, daß »Polens Problem Nummer eins die Beschleunigung« sei. Wałęsa kann noch immer komisch sein, liebenswürdig, hinreißend, unwiderstehlich – eben Lech. Es *muß* ein Platz für ihn im neuen System gefunden werden. In der Position des Präsidenten als Galionsfigur, als konstitutionelle Vaterfigur? Aber das wäre einfach nicht Lech. Seine Stärken liegen nicht im Zeremoniellen. Das ist nicht seine Sache. Und was um Himmels willen sollte jemanden auf den Gedanken bringen,

daß er sich von heute auf morgen an die Spielregeln hält? Das hat
er noch nie getan, und es machte mit seine Größe aus. Und er
verspricht auch nicht, sich in diesem Punkt zu ändern. In einem
Zeitungsinterview Mitte Juni hat er gesagt:»Solange wir noch
dabei sind, das System zu ändern, brauchen wir einen Präsidenten mit einer Axt: entschlossen, hart, direkt, der nicht herum-
pfuscht, der Demokratie nicht in die Quere kommt, aber sofort
alle Löcher stopft. Wenn er sieht, daß bestimmte Leute aus der
Veränderung des Systems ihren Nutzen ziehen und Beute machen, gibt er einen Erlaß heraus, der so lange gilt, bis das Parlament ein Gesetz erlassen hat. Halb Polen würde ich retten, wenn
ich solche Vollmachten hätte.«

3

Ist dies ein rein polnisches Problem mit einer ganz besonderen
Geschichte und einer ganz besonderen Persönlichkeit, oder ist
es allgemeiner Art? Auf einer großen Konferenz, die Ende Juni
vom »Institut für die Wissenschaften vom Menschen« in Wien
organisiert wurde, sprach Bronisław Geremek dramatisch von
der »totalitären Versuchung« in den postkommunistischen Ländern. Als analytische (im Unterschied zu einer rhetorischen)
Aussage ist das überzogen. In keinem der ostmitteleuropäischen
Länder von heute läßt sich die Kombination jener besonderen
Merkmale ausmachen, die von Jean-François Revel als die tota-
litäre Versuchung gekennzeichnet wurden. Man kann allerdings
die Keime einer autoritären Versuchung erkennen.

Am wenigsten sichtbar sind diese in der Tschechoslowakei, in
Ostmitteleuropa das Land mit der stärksten demokratischen
Tradition im 20. Jahrhundert. Gewiß hört man Kritik an Havels
eigenmächtigem, willkürlichem Stil und offen geäußerten Unmut über seinen »Hof«. Aber in einer Rede vor der neugewählten Bundesversammlung sprach Havel selbst sich für eine gewisse Beschränkung der Vollmachten des Staatspräsidenten aus,
die er gegenwärtig noch genießt. Wenn die Regierung geschlossen und stark bleiben kann, auch wenn das Bürgerforum in mehrere Fraktionen als Vorstufen zu Parteien zerfällt – ein sehr

großes »Wenn« –, dann besteht eine gewisse Chance für Havel, sich allmählich aus den alltäglichen politischen Geschäften zurückzuziehen; im besten Fall könnte er für den Übergang in der Tschechoslowakei das werden, was König Juan Carlos für den Übergang in Spanien war.

In Ungarn ist die Versuchung vielleicht etwas stärker. Wie ein ungarischer Schriftsteller es mir gegenüber vor einiger Zeit ausgedrückt hat: »Die Tschechen haben es gut. Wenn sie den Teppich hochheben, finden sie Masaryk darunter, aber wir finden Horthy.« Zum Glück ist der gegenwärtige Präsident Ungarns nicht Horthy, sondern eben jener ungarische Schriftsteller – der liberale, geniale und liebenswürdige Árpád Göncz. So wie das neue politische System Ungarns angelegt ist, käme für einen neuen »starken Mann« aber wahrscheinlich eher das Amt des Premierministers in Frage als das des Präsidenten. Er könnte seine Stellung durch ein Bündnis mit einer außerparlamentarischen Bewegung festigen und durch willfährige, von der Regierung beherrschte Medien absichern. Doch das Demokratische Forum ist noch keine solche Bewegung, und obwohl die Presse sicherlich noch nicht so unabhängig ist, wie sie eigentlich sein sollte (ironischerweise gehört inzwischen ausgerechnet die frühere Parteizeitung *Népszabadság* zu den Presseerzeugnissen mit dem besten Ruf), so ist sie doch immer noch weit davon entfernt, ein Transmissionsriemen für die Regierungspolitik zu sein.

Selbst in Polen, wo die autoritäre Versuchung tatsächlich einen Namen und einen Schnurrbart hat, ist die unmittelbar drohende Gefahr sicher nicht die eines Übergangs – nach Balkanart – von einer kommunistischen zu einer nichtkommunistischen Diktatur. Man kann sogar sagen, daß die unmittelbare Gefahr hier in einem Zuviel und nicht einem Zuwenig an Demokratie liegt. Die kurzfristige Wirkung von Wałęsas ungewöhnlicher Kampagne wird fast mit Sicherheit darin bestehen, den Prozeß der Pluralisierung und wahrscheinlich auch der politischen Zersplitterung zu »beschleunigen«, um sein eigenes Schlagwort zu benutzen. Mitte Juli hat eine zahlenmäßig starke Gruppe von über hundert Parlamentsabgeordneten und Aktivisten aus der Solidarność-Bewegung und den Bürgerkomitees eine neue

Partei gebildet, die sich Bürgerkomitee-Demokratische Aktion (ROAD) nennt. Formal geführt von Władysław Frasyniuk und Zbigniew Bujak, den wahrscheinlich populärsten Führern von Solidarność nach Lech Wałęsa, und mit so bekannten intellektuellen und kulturellen Persönlichkeien als Mitgliedern wie Adam Michnik, Jerzy Turowicz und Andrzej Wajda, steht die Demokratische Aktion in offener Opposition zu Jarosław Kaczyńskis Zentrumsverständigung, hat kritische Vorbehalte gegenüber Wałęsa und unterstützt die »Philosophie« der Regierung Mazowiecki.

Während in Ungarn das Element der Stärke fehlt und in der Tschechoslowakei die echte Koalition, fehlt es in Polen also an freien Wahlen. Aber wird eine frei gewählte Regierung eine starke Koalition sein, so wie es die nur zum Teil frei gewählte Regierung Mazowiecki in den ersten sechs Monaten war? Oder wird sie eher eine schwache Koalition sein, mit Mitgliedern aus zahlreichen kleineren Parteien oder Fraktionen, wird sie endlosen Auseinandersetzungen und häufigen Umbesetzungen ausgesetzt sein? Das war schließlich der Fall, als Polen zum letztenmal seine Unabhängigkeit gewann und eine parlamentarische Demokratie zu errichten versuchte, in den Jahren 1918 bis 1926. Danach wurde die Parteienlandschaft so zerklüftet, daß der »Pluralismus der politischen Parteien Polens ... die Paraphierung permanenter Pakte zwischen potentiellen Partnern prekär machte«, wie der Historiker Norman Davies stabreimte.

Auf einer Versammlung von Lech Wałęsas Bürgerkomitee Ende März, genau zu Beginn des »Kriegs an der Spitze«, äußerte Tadeusz Mazowiecki die Befürchtung, daß die noch in den Kinderschuhen steckende polnische Demokratie zu einer Hölle werden – »zu einer polnischen Hölle aus Zank, Intrigen und Konflikten«. Im Juni sagte Wałęsa auf der dreizehnten Versammlung des Bürgerkomitees: »Vielleicht müssen wir durch diese polnische Hölle gehen.« Und zur Zeit sieht es ganz danach aus. Man könnte sich eine solche spalterische Politik vielleicht leisten – die Italiener kommen anscheinend damit zurecht –, wenn man bereits eine florierende Marktwirtschaft und eine entwickelte Zivilgesellschaft hätte. Aber hier, in der postkommunistischen Phase, hängt noch zu viel vom Staat ab. Es ist der Staat, der den Rückzug des Staates aus der Wirtschaft organisieren muß, er ist es, der die Bedingungen für den Aufbau der Zivilgesellschaft schaffen muß. Damit bietet sich eine alternative Definition für die polnische Hölle an: italienische Politik ohne die italienische Wirtschaft.

Wenn die Demokratie in Ostmitteleuropa gegenwärtig bedroht ist, dann wohl eher durch ihren exzessiven Gebrauch. In der Tschechoslowakei, in Ungarn und in Polen lassen sich drei Hauptelemente ausmachen, die Anlaß zur Besorgnis geben. Erstens besteht ein allgemeiner Unmut nicht nur über die Kosten des wirtschaftlichen Übergangs wie Preissteigerungen, Abbau von Subventionen sowie Arbeitslosigkeit, nicht nur über neue Ungerechtigkeiten und die Langsamkeit der sichtbaren Veränderungen, sondern auch über die Prozesse der parlamentarischen Demokratie, die ihrerseits für diese Langsamkeit verantwortlich gemacht werden. Es ist schwierig, sich innerlich von dem dramatischen Tempo der Revolutionen des vergangenen Jahres auf den langsamen Gang der parlamentarischen Demokratie dieses Jahres umzustellen. Eine scheinbare Gleichgültigkeit gegenüber der neuen Politik (die sich in der hohen Wahlenthaltung in Polen und Ungarn ausdrückt) und revolutionäre Ungeduld sind tatsächlich zwei Seiten derselben Medaille.

Zweitens sind die Prozesse der entstehenden Demokratie tatsächlich häufig langsam, ungleichmäßig und fehlerhaft. Während die Bevölkerung extrem wenig Toleranz oder Verständnis für politische Konflikte aufbringt (»Warum können wir nicht vereint bleiben?«), besteht zugleich ein abnorm hoher Grad an politischem Konflikt innerhalb der neuen politischen Eliten – weil es keine klaren Trennlinien gibt, keine richtigen Parteien und wenig »Spielregeln«, weil auch die neuen Führer nicht daran gewöhnt sind, mit alltäglich gewordenen multilateralen Konflikten zu leben, und Schwierigkeiten haben, von einer antipolitischen auf eine normale politische Sprache umzuschalten, und natürlich, weil Macht eine gefährliche Droge ist.

Drittens können die Erschütterungen und Nöte, die unvermeidlich mit der Umstellung auf eine Marktwirtschaft einhergehen, sowohl die Zersplitterung der Elite als auch die Desillusionierung der Bevölkerung verstärken. Man kann sich mühelos vorstellen, wie diese drei Elemente – Auseinanderdriften der Elite, Desillusionierung der Bevölkerung, wirtschaftliche Not – sich zu einem Teufelskreis verbinden und gegenseitig hochschaukeln. Vermutlich geschieht genau dies im Polen von heute. Nach 1918 kam 1926 mit dem Staatsstreich Pilsudskis. Aber obwohl die Vergangenheit in so vieler Hinsicht mit Macht zurückzukehren scheint, gibt es mindestens zwei gewichtige Gründe für die Hoffnung, daß sich die Geschichte nicht einfach wiederholen wird. Der erste ist die allgemeine Erfahrung mit Diktaturen (von links wie von rechts) während des letzten halben Jahrhunderts. Als Czesław Miłosz auf seiner jüngsten Reise nach Polen gefragt wurde, was das Volk nach seiner Meinung aus den Jahren unter dem Kommunismus gelernt habe, gab er zur Antwort: »Resistenz gegen Dummheiten.«

Wie wir gesehen haben, sind die Menschen in Ostmitteleuropa mit den Formen und Bräuchen der Demokratie nicht vertraut und stehen ihnen deshalb vielfach mißtrauisch gegenüber. Aber die Bräuche der Diktatur? Die kennen sie nur allzu gut. »Ich weiß vielleicht nicht, was Freiheit ist«, schrieb ein anderer polnischer Dichter, »aber ich weiß, was Unfreiheit ist.« Angenommen, ein ehrgeiziger starker Mann käme daher und versuchte, mit populistischer Demagogie die parlamentarische Regierung zu stürzen. Wie würde er dann regieren? Mittels einer außerparlamentarischen Massenbewegung? Mit Polizeiterror? Durch Zensur? Kriegsrecht? Das Repertoire von Diktaturen ist relativ klein und in dieser Region weitgehend diskreditiert.

Gegen dieses Argument läßt sich das rumänische Beispiel anführen. Ohne ein allzu großes Gewicht auf Unterschiede der Tradition und der politischen Kultur zwischen Ostmitteleuropa und den Balkanländern zu legen, möchte ich einen zweiten guten Grund für die Überzeugung anführen, daß diese Länder letzten Endes der autoritären Versuchung widerstehen können. Es ist die internationale Lage. Wenn mehr oder weniger autoritäre Regierungen in Ostmitteleuropa zwischen den Kriegen eine Blütezeit erlebten, dann lag dies zum Teil daran, daß es auch im übrigen Europa Beispiele für einen Autoritarismus gab, der außerdem auf die eine oder andere Weise mit dem Traum der Moderne in Verbindung gebracht werden konnte. Heute findet man solche Beispiele nicht mehr, und die Moderne ist unzweideutig mit der Demokratie verknüpft.

Es wäre schön, wenn Polen, Ungarn und die Tschechoslowakei ihre »Heimkehr nach Europa« koordinieren und gegenseitig ihre noch jungen Demokratien unterstützen könnten. Doch trotz des guten Willens der neuen Politiker, wie er durch den Gipfel von Bratislava im April symbolisiert wird und in einer neuen Form der institutionalisierten Koordination auf hoher Ebene zum Ausdruck gebracht werden soll, ist die gegenwärtige Situation ebensosehr durch Konkurrenz wie durch Kooperation gekennzeichnet. Auf fast jedem Gebiet, auf fast jeder internationalen Zusammenkunft erlebt man, wie die polnischen, ungarischen und tschechoslowakischen Vertreter für ihre jeweils eigenen Forderungen die besondere Aufmerksamkeit des Westens zu gewinnen versuchen. Diese Konkurrenz ist nicht ungesund, aber sie unterstreicht die neu-alte Abhängigkeit dieser Länder – vom Westen.

Ein Teil der Anziehungskraft, welche die von Jugoslawien (insbesondere Slowenien und Kroatien), Österreich, Italien, der Tschechoslowakei und Ungarn initiierte »Pentagonale« auf die beiden letztgenannten Länder ausübt, mag in der sentimentalen Wiederbelebung alter Verbindungen aus der Habsburger Zeit bestehen, aber daneben gibt es auch die vulgärere Verlockung, enger mit zwei entwickelten westlichen Ländern zusammenzuarbeiten, eines davon ein führendes Mitglied der EG, das andere nach Kräften bemüht, dort ebenfalls Einlaß zu finden. Auf unterschiedliche Weise haben die Außenminister Polens, Ungarns und der Tschechoslowakei festgestellt, daß sich eine neue demokratische Partnerschaft ihrer Länder nur auf dem Umweg über die Zugehörigkeit zu einer größeren europäischen Gemeinschaft verwirklichen läßt – und damit meinen sie vor allem eine größere Europäische Gemeinschaft.

Die Verantwortung des Westens allgemein und Westeuropas im besonderen ist deshalb immens. Eine Karikatur auf der Titelseite der führenden tschechischen unabhängigen Tageszeitung *Lidové*

Noviny brachte eine Empfindung gegenüber dem Westen zum Ausdruck, der man in Budapet und Warschau ebenso begegnen kann wie in Prag. Man sieht einen ziemlich trübsinnig dreinblickenden Mann, der sagt: »Das europäische Haus ist geschlossen. Wenn wir hineinwollen, müssen wir erst unsere Grundprobleme lösen.« Die Haltung mancher führenden Politiker im Westen erinnert gelegentlich noch immer an Samuel Johnsons berühmte Definition von einem Wohltäter: »Ein Wohltäter, mein Herr, ist das nicht einer, der ungerührt einem Menschen zusieht, der im Wasser um sein Leben strampelt und dem er, sobald dieser wieder festen Grund unter den Füßen hat, seine Hilfe aufdrängt?« Zweifellos sind westliche Investoren nicht moralisch verpflichtet, zu investieren, ohne daß das Umfeld stimmt. Aber die westlichen Demokratien haben eine Verpflichtung zu helfen, und sie haben darüber hinaus ein klares politisches Interesse daran, dem Ertrinkenden zu helfen, während dieser noch im Wasser kämpft. Vorausgesetzt natürlich, er versucht wirklich zu schwimmen und begnügt sich nicht mit Hilferufen.

Das größte Risiko einer Überdemokratisierung, wie ich sie oben als Möglichkeit angedeutet habe und bei der mehr geschrien als geschwommen wird, besteht darin, daß das westliche Interesse nachläßt; es kann sich noch als ebenso seicht erweisen, wie es gegenwärtig breit ist. »Warum sollen wir ihnen helfen, wenn sie sich nicht selbst helfen können?« wird es dann heißen.

Auch diese Medaille hat ihre zwei Seiten. Wenn der Westen helfen soll, hat er auch ein Recht, bestimmte harte, konsequente wirtschaftspolitische Eingriffe zu verlangen – nennen wir sie abgekürzt einen Balcerowicz- oder Klaus-Plan – und eine Regierung, die in der Lage ist, diese Politik auch durchzuhalten. Politisch wünschenswert sind, wie ich bereits angedeutet habe, starke, frei gewählte Koalitionen. Aber wenn die ostmitteleuropäischen Länder solche Regierungen hervorbringen, dann müssen sie sich auch darauf verlassen können, daß ihnen tatsächlich Hilfe geleistet wird. Ohne diese Hilfe lassen sich derartige wirtschaftspolitische Maßnahmen nicht durchhalten.

Wie Zbigniew Brzezinski auf der Wiener Konferenz festgestellt hat, rechnet die Bundesrepublik gegenwärtig damit, in den nächsten zwei Jahren einen Betrag in der Größenordnung von

70 Milliarden US-Dollar für den Übergang in der bisherigen DDR zu bezahlen. Wie bei allen solchen Kostenvoranschlägen wird die Rechnung am Ende mit Sicherheit höher ausfallen. Und hier geht es um einen vorgefertigten Übergang – sozusagen eine schlüsselfertige Demokratie – für nur 16 Millionen Menschen im wirtschaftlich stärksten Land des ehemaligen Ostblocks. Wieviel höher wird dann die Rechnung für hausgemachte Demokratien mit 60 Millionen Menschen in drei wesentlich ärmeren Ländern ausfallen?

Es besteht zweifellos eine allgemeine Übereinstimmung unter den westlichen Regierungen und politischen Eliten, daß wir beim Übergang zur Demokratie in Ostmitteleuropa »Hilfe leisten sollten«. Aber wie viele Politiker sind bereit, Maßnahmen in Erwägung zu ziehen, die sich in einer Größenordnung bewegen, die die westdeutsche Regierung nach einer sehr nüchternen Überprüfung für die ehemalige DDR für notwendig hält? Vor allem, wie viele Politiker sind ernsthaft bereit, sich gegenüber ihren eigenen Wählern für eine solche Hilfe einzusetzen? Wenn man eine derartige Rechnung präsentierte, würden die meisten westeuropäischen Wähler, so fürchte ich, wohl bedauernd abwinken. Ironischerweise ist es so, daß gerade der Typus der westlichen Konsumdemokratie, wie ihn sich die ostmitteleuropäischen Länder so heiß ersehnen, am wenigsten Hilfsbereitschaft ihnen gegenüber aufbringt. Wenn die westdeutschen Steuerzahler als Wähler schon so zögern, für ihre deutschen »Brüder und Schwestern im Osten« zu bezahlen, wer wird dann ernsthaft von ihnen erwarten, daß sie für Polen etwas herausrücken?

Trotz alledem sehen sich die demokratischen Führer im Westen vor der Herausforderung, eben diese unpopuläre Sache so beredt und überzeugend wie möglich zu vertreten und einfach darauf zu verweisen, daß dies ein Augenblick ist, in dem kurzfristige persönliche und materielle Interessen langfristigen nationalen und europäischen Interessen geopfert werden sollten. Was wir erleben, ist somit nicht nur eine Probezeit für die jungen Demokratien Ostmitteleuropas, sondern auch eine Probezeit für die etablierten Demokratien Westeuropas.

Meine Beschränkung auf lediglich drei Länder Ostmitteleuropas mag einen Einwand provozieren: Was ist mit all den
anderen Europäern im Osten und Südosten, die ebenfalls nach
Demokratie rufen? Meine Antwort darauf ist rein pragmatisch.
Polen, Ungarn und die Tschechoslowakei sind die Länder, in denen das Schicksal der Demokratie heute zur Entscheidung steht
und das Gewicht des Westens den Ausschlag für Erfolg oder
Scheitern geben kann. Man kann nicht alles auf einmal tun. Mit
der deutschen Vereinigung hat sich die Ostgrenze des demokratischen Europa bereits von der Elbe an die Oder verschoben. Ich
werde die Hoffnung nicht aufgeben, daß es sich in zehn oder
fünfzehn Jahren bis zum Ural und zum Schwarzen Meer er-
strecken wird. Aber die Frage heute lautet: Wird das demokratische Europa an der Oder enden oder am Bug?

(Juli 1990)

Chronik

1990

1. August. Der nicht-kommunistische Philosoph Zhelyu Zhelev wird Präsident Bulgariens.

2. August. Irakischer Überfall auf Kuwait.

3. August. Árpád Göncz wird zum ungarischen Staatspräsidenten gewählt.

17. August. Beginn eines serbischen Aufstands in der kroatischen Provinz Krajina.

23. August. Die ostdeutsche »Volkskammer« stimmt für den Beitritt der DDR zur Bundesrepublik gemäß Artikel 23 des westdeutschen Grundgesetzes.

31. August. Unterzeichnung des Einigungsvertrags zwischen der Bundesrepublik und der DDR.

7. September. Albanischstämmige Delegierte der kurz zuvor aufgelösten Kosovo-Versammlung verabschieden auf einem geheimen Treffen in Kačanik eine Verfassung ihrer »unabhängigen Republik«.

11.-12. September. Das letzte »2+4«-Treffen in Moskau und die Unterzeichnung des »Vertrags über die abschließende Regelung in bezug auf Deutschland« (inoffiziell »2+4-Vertrag«).

17. September. Lech Wałęsa gibt seine Kandidatur für die polnische Präsidentschaft bekannt. Die Europäische Gemeinschaft vereinbart Maßnahmen zur Aufnahme der ehemaligen DDR in die EG.

1. Oktober. Großbritannien tritt dem Wechselkursmechanismus des Europäischen Währungssystems bei. Der Kurs beträgt zu diesem Zeitpunkt DM 2,95 gegenüber dem Pfund.

3. Oktober. Die DDR tritt der Bundesrepublik bei: »Tag der deutschen Einheit«.

Deutschland – ohne Fesseln

Er wollte Kanzler eines befreiten, nicht eines geschlagenen Deutschland sein, sagte Willy Brandt am Abend seines Wahlsieges von 1969. Doch erst am 3. Oktober 1990 hat Deutschland sich selbst befreit. Nicht im Alleingang natürlich. Jeder deutsche Politiker zollt Gorbatschow, den Vorkämpfern der Emanzipation in Osteuropa, den Amerikanern, Franzosen und Briten seinen Respekt, denn ohne sie wäre, wie Autoren in den Danksagungen ihren Werken vorauszuschicken pflegen, dieses Buch nie geschrieben worden. Doch es waren nun einmal die Deutschen, die es geschrieben haben.

Trotz aller Brüche in der westdeutschen Nachkriegspolitik muß man die großartige Kontinuität bewundern, mit der alle Kanzler von Adenauer bis Kohl, alle Außenminister, alle Bundesregierungen der letzten vierzig Jahre, mal auf diese, mal auf andere Weise, mal im Westen, mal im Osten, die Sache der deutschen Befreiung betrieben haben.

Historiker mögen darüber streiten, ob nun Adenauers Westeinbindung oder Brandts Ostpolitik mehr zum Erfolg der letzten Jahre beigetragen hat. Es spricht einiges für die Behauptung, das ostmitteleuropäische Jahr der Wunder 1989 sei ein später Triumph von Adenauers »Magnet-Theorie« – der Idee nämlich, daß die Anziehungskraft eines freien und wohlhabenden Westdeutschland, eingebettet in ein freies und wohlhabendes Westeuropa, so stark sein würde, daß das unfreie und verarmte Ostdeutschland über kurz oder lang ins andere Lager wechseln würde. Aber hätte der Magnet seine volle Wirkung überhaupt entfalten können, wenn nicht Willy Brandts Ostpolitik der späten 6oer Jahre zuvor den Eisernen Vorhang beiseite geschoben hätte? Und es waren nicht Bonns Westkontakte, sondern jene in den Osten – vor allem zu Moskau –, die den Weg dazu freimachten, daß die Transformation einer ostdeutschen Freiheitsbewegung in einen vereinten gesamtdeutschen Staat möglich wurde.

Doch diese ostdeutsche Freiheitsbewegung war in der Bonner Politik gegenüber dem anderen Deutschland nicht vorgesehen gewesen. Diejenigen in der DDR, die am meisten zu Deutschlands friedlicher Oktoberrevolution beitrugen – die Handvoll Menschen- und Bürgerrechtler –, haben am wenigsten von der bundesdeutschen DDR-Politik profitiert. Inzwischen preisen die Politiker in Bonn die »friedliche Revolution«. Zwei Jahre zuvor hätte die Mehrzahl von ihnen sie noch als »gefährliche Destabilisierung« bezeichnet. Ja, es war tatsächlich eine »gefährliche Destabilisierung«, die Deutschlands Vereinigung ermöglicht hat. Ohne die tapfere Minderheit, die auf den Straßen von Leipzig, Dresden und Berlin der bewaffneten Polizei trotzte, wäre – Gorbatschow hin oder her – das höchste Ziel der Bonner Politik nie zu erreichen gewesen. (Die wahre Größe des diesjährigen Nobelpreis-Trägers liegt in seiner Fähigkeit, auch unerwünschte und unbeabsichtigte Tatsachen zu akzeptieren, eben das, was Gorbatschow das »Leben selbst« nennt.)

Die Vorkämpfer für gesellschaftliche Emanzipation und Demokratisierung in der DDR wurden rasch von jenen abgelöst, die diesen Staat völlig beseitigen wollten. Zu dieser Zeit liefen die Einigungsverhandlungen bereits auf zwei parallelen Schienen: die »internen« zwischen den beiden deutschen Staaten (»1+1«) und die »externen« zwischen den beiden deutschen Staaten und den vier Besatzungsmächten aus dem Zweiten Weltkrieg (»2+4«).

Nachdem Kanzler Kohl zunächst auch alternative Modelle wie eine »Vertragsgemeinschaft« oder eine Konföderation ventiliert hatte, setzte er ab Ende Januar ganz auf eine einzige Bundesrepublik. Die Wahlentscheidung der Ostdeutschen gab ihm den dazu nötigen politischen Rückhalt. Er hat, entgegen dem Rat der meisten Experten, beschlossen, die Währungseinheit bereits am 1. Juli zu realisieren, und zwar weitgehend mit einer Umtauschrate von 1:1. Dies hatte traumatische Auswirkungen auf die ostdeutsche Wirtschaft. Laut westdeutschen Statistiken sank die Industrieproduktion im August 1990 im Vergleich zum Vorjahr auf 51 Prozent, was dazu führte, daß die Verhandlungen in den letzten Monaten mit verzweifelter Dringlichkeit vorangetrieben wurden.

Um diese sieben hektischen Monate kompliziertester Verhandlungen nachzuzeichnen, bedürfte es eines umfangreichen Kompendiums. Schon der Einigungsvertrag zwischen beiden deutschen Staaten vom 31. August hat mit seinen 243 engbedruckten Seiten den Umfang eines Buches. Man sprach von »1+1« und »2+4«, aber praktisch handelte es sich um »1+1/2« und »1+1+1«. Die erste und letzte frei gewählte Regierung in Ostberlin war kein gleichberechtigter Partner in den deutsch-deutschen Gesprächen. Bonn diktierte letztlich die Bedingungen der internen Einigung; das fertige Produkt entsprach weitgehend dem westdeutschen Vertragsentwurf. Viele ostdeutsche Politiker und Intellektuelle in beiden Teilen Deutschlands waren verständlicherweise irritiert über dieses Vorgehen. Von »Anschluß« war da die Rede. Aber hatte sich nicht im März die Mehrzahl der Wähler genau dafür ausgesprochen? Und trotz verbreiteter wirtschaftlicher Sorgen war die Mehrheit offenbar mit dem Ergebnis zufrieden, wie das Wahlergebnis vom 14. Oktober zeigte, als man in den fünf neu gebildeten Ländern der ehemaligen DDR erstmals zur Urne ging. Kanzler Kohls CDU war der überwältigende Sieger – in Sachsen und Thüringen sogar mit mehr als 45 Prozent –, außer in Brandenburg, wo der Führer der Sozialdemokraten ein bekannter evangelischer Kirchenmann ist.

Die externen Verhandlungen wurden im wesentlichen zwischen der Bundesrepublik, der Sowjetunion und den Vereinigten Staaten geführt, und zwar in ebendieser Reihenfolge. Die Bonner Regierung macht kein Hehl daraus, daß nicht Frankreich oder Großbritannien, sondern die Vereinigten Staaten den Prozeß entscheidend voranzubringen halfen. Washington war in den Gesprächen mit Moskau nicht nur der im Vergleich zu London oder Paris offenkundig wichtigere Partner, sondern auch vorbehaltloser in seiner Unterstützung, eine Tatsache, die sich negativ auf die französisch-deutsche »Achse« ausgewirkt hat. Die entscheidenden Verhandlungen aber haben zwischen Bonn und Moskau stattgefunden. Kanzler Kohl hat im Februar in Moskau Gorbatschows Einverständnis zu einer Vereinigung Deutschlands in einem Staat eingeholt. Im Juli in Stawropol ging es dann um dessen Zustimmung zur vollen Unabhängigkeit dieses vereinten Staates und seiner Mitgliedschaft in der Nato, wenngleich einer Nato, die wenige Tage zuvor durch die »Londoner Erklärung« neu definiert worden war. 1994 werden die sowjetischen Truppen Deutschland verlassen.

Im Gegenzug wird das vereinte Deutschland auf Atomwaffen sowie biologische und chemische Kampfstoffe (sogenannte ABC-Waffen) verzichten und sein stehenden Heer auf 370 000 Männer und Frauen beschränken; ferner soll es einen beträchtlichen finanziellen Beitrag zur Repatriierung der sowjetischen Truppen leisten und außerdem, mehr noch als bisher, Gorbatschows wichtigster Partner sein bei seinem verzweifelten Versuch, die Sowjetunion zu modernisieren und an »Europa anzunähern«. Das waren die Grundlagen des deutsch-sowjetischen Deals, der die Tür zu einer Vereinigung zu Adenauers Konditionen öffnete. Zum Zeichen, daß der Handel abgeschlossen war, traten Kohl und Gorbatschow in Strickjacken und offenen Hemdkrägen vor die Kameras. Umgeben von Anzugträgern blickten sie in die Wasser eines kaukasischen Flusses und sinnierten über das Leben selbst.

Im Europa von heute ist »Souveränität« ein problematischer Begriff – und das nicht nur für Mrs. Thatcher oder Jacques Delors. Während deutsche Konservative die Wiedererlangung deutscher Souveränität feiern, beeilen sich deutsche Liberale (oder Liberal-Konservative) zu betonen: »Aber das ist natürlich keine Souveränität im klassischen Sinne mehr«, und »diese Souveränität geht in der Europäischen Gemeinschaft auf«. Fassen wir es genauer. Bis zum 3. Oktober 1990 hatte die Bundesrepublik de jure und de facto etwas weniger Handlungsfreiheit als das Vereinigte Königreich oder die Französische Republik. Seit dem 3. Oktober 1990 hat sie de jure genausoviel und de facto sogar etwas mehr davon. Großbritannien und Frankreich unterliegen hinsichtlich ihrer Truppen keinen vergleichbaren internationalen vertraglichen Restriktionen. Aber ihre relative wirtschaftliche Schwäche und ihre geographische Lage lassen ihnen weniger Spielraum als Deutschland, das inzwischen wieder die Großmacht im Zentrum Europas ist.

Die Befreiung von der Beschränkung durch verbliebene Hoheitsrechte der Westalliierten über Berlin und »Deutschland als Ganzes« ist nur ein kleiner Vorteil verglichen mit der Befreiung aus dem Klammergriff, mit dem die Sowjetunion Ostdeutschland kontrollierte. Bei einem Treffen, das wenige Tage nach der Vereinigung in Moskau stattfand, hörte ich einen langgedienten deutschen Politiker sagen: »Jetzt sind wir nicht länger erpreßbar.« »Sind die Russen unsere Brüder oder unsere Freunde?« fragte ein alter, ostdeutscher Witz. Antwort: »Unsere Brüder – Freunde kann man sich aussuchen.« Spätestens 1994 werden die Brüder gegangen sein, und Deutschland kann sich seine Freunde aussuchen.

Der 3. Oktober wird jetzt offiziell den 17. Juni, den Jahrestag des ostdeutschen Aufstandes von 1953, als »Tag der deutschen Einheit« ablösen. Die Bezeichnung »Tag der deutschen Befreiung« würde ihm besser anstehen. Nach außen ist der neue deutsche Staat frei und kann seine Handlungsfreiheit zum Guten wie zum Bösen nutzen. In seinem Inneren sind mehr als 16 Millionen Menschen heute frei, von denen man das noch vor Jahresfrist nicht behaupten konnte. Natürlich haben sie harte Zeiten vor sich. Natürlich ist ihre neue Freiheit relativ. Aber eine der Lehren aus dem Jahr 1989 in Ostmitteleuropa ist doch gerade, vor jener überzogenen Relativierung aller Werte zu warnen, der allzu viele deutsche Intellektuelle während der 8oer Jahre so wortreich gefrönt haben.

Wenige Wochen vor dem großen Tag hatten wir Joachim bei uns in Oxford. Dem jungen Mann, Sohn eines bemerkenswerten evangelischen Pfarrers in Ostberlin, hatte man den Abschluß an einer höheren Schule versagt. Als ich ihn im Frühsommer 1989 im Pfarrhaus hinter der Berliner Mauer besuchte, schilderte er mir, wie kleinere Demonstrationen gegen die Verfälschung der Ergebnisse bei den Kommunalwahlen im Mai und gegen die Billigung der Niederschlagung der Demonstrationen auf dem Tiananmen-Platz in Peking Anfang Juni durch die ostdeutsche Führung brutal auseinandergetrieben worden waren. Hier, in ebendiesem Garten, war ihr Sammelpunkt gewesen. Und da draußen auf der Straße hatte man sie an ihren langen Haaren über das Straßenpflaster gezerrt. Er war bleich, nervös, wütend.

Im Frühsommer 1989 schrieb er mir dann aus Westberlin. Er war über Ungarn nach Österreich geflohen. (Beim ersten Ver-

such hatten ungarische Grenzbeamte ihn gefaßt und zurückge-
schickt.) Das Leben im Westen kam ihm im Vergleich zu Ostberlin in mancher Hinsicht verarmt vor, »innerlich ärmer«, so
drückte er es aus. Aber er sei trotzdem froh, hier zu sein, schrieb
er, »und ich hoffe, es wird so bleiben«. Dennoch kam ihn die
Trennung von seiner Familie, nur wenige Kilometer entfernt,
hart an. Seine jüngeren Geschwister bestanden darauf, daß sie zu
einem Punkt nahe der Mauer gehen wollten, wo man auf Steine
steigen und hinüberschauen konnte. Sie sahen ihren großen Bruder als winkende Silhouette auf einem entfernten S-Bahnsteig
drüben auf der anderen Seite.

Jetzt, im Frühsommer 1990, war er wie verwandelt: sonnengebräunt, entspannt und voller Selbstvertrauen. Er kam gerade
aus Amerika zurück, wo er zum ersten Mal gewesen war, und
kommentierte alles mit einem lässigen »that's great«. Er war auf
dem Weg nach Dublin, um sein Englisch zu verbessern. Weihnachten würde er wahrscheinlich mit der Familie in Berlin verbringen. Plötzlich war er Bürger eines freien, wohlhabenden
und – man wagt es kaum auszusprechen – normalen Landes. Das
Wort »Befreiung« hatte in Mitteleuropa lange Zeit einen bösen
Klang, besonders aber nach der sowjetischen »Befreiung« von
1945. Doch es kommt eine Zeit, da auch stark vergiftete Wörter
regeneriert werden müssen. Was Joachim erlebt hat, ist eine Befreiung.

Als wir am Morgen des 3. Oktober gegen halb drei Uhr durch
die Straßen Frankfurts gingen, keiner von uns mehr ganz nüchtern, fragte mich Adam Michnik: »Sag mal, Tim, was hältst du
nun wirklich von der deutschen Einigung?« Ohne lange zu überlegen erwiderte ich: »Ich bin wirklich begeistert.« Und als ich
sieben Stunden später, noch nicht ganz ausgeschlafen, vom Hotel Unter den Linden im ehemaligen Ostteil von Berlin durchs
Brandenburger Tor ging (beachten Sie den frisch geteerten Streifen, das ist alles, was hier von der Mauer übrig ist) und mich
durch den Tiergarten zur offiziellen Feierstunde der deutschen
Einheit in die Philharmonie begab, waren meine Schritte be-
schwingt.

Auf den ersten Blick dachte ich, der Regierende Bürgermeister hätte sich eine Perücke zugelegt. Doch als er dann zu spre-

chen begann, wurde mir und den anderen Gästen der Gala bald
klar, daß es sich um einen ungebetenen Gast handelte. Er hatte
alle Sicherheitskontrollen passiert und war geradewegs aufs Podium und zum Mikrophon gegangen. Vor ihm, in der ersten
Reihe, saßen Bundespräsident Richard von Weizsäcker, Kanzler
Helmut Kohl, Außenminister Hans-Dietrich Genscher und der
große alte Willy Brandt, dahinter weitere führende Politiker des
Landes. Wäre der Ungebetene ein bewaffneter Terrorist gewesen, so hätte er am Tag der deutschen Einheit die gesamte politische Führungsmannschaft einen Kopf kürzer machen können.

Glücklicherweise war es bloß ein Irrer mit einer langen Rede
in der mitgebrachten Kladde. »Erlauben Sie mir fünfzehn Minuten«, sagte er und begann mit einer komplizierten Anklage gegen das Justizministerium. Nach einigen Augenblicken ver-
blüfften Schweigens begann das Publikum, ihm laut Beifall zu
klatschen in der Hoffnung, ihn damit zu vertreiben. Doch er
hörte nicht auf. Der Zeremonienmeister in Frack und weißer
Krawatte forderte ihn höflich auf, die Bühne zu verlassen. Er
schwadronierte weiter und beschrieb ausführlich den hervorragenden Wein, den er im Laufe seines langwierigen Rechtsstreits
getrunken hatte. Man sah, wie Innenminister Wolfgang Schäuble
sich erhob und flüsternd verhandelte, nach weiteren Minuten
mit wirren Reden und ironischem Applaus führten zwei Polizisten in Zivil diesen Herrn Walter Mitty von der Bühne. (Die
Presse berichtete später, daß sie ihn einfach zur Tür brachten
und in die Schar der Touristen entließen.) Dann, endlich, blickten wir hinunter auf die vertraute Glatze des Regierenden Bürgermeisters von Berlin, des nächsten Redners des offiziellen Fest-
programms.

Mehr noch als die offiziellen Reden, die Beschwörungen von
Friedfertigkeit und gutem Willen, die peinlich korrekte Berichterstattung der Presse, ja mehr noch als die ernsten und wohl-
gesetzten Worte Richard von Weizsäckers, hat dieser kleine
Zwischenfall all das vor Augen geführt, was an der einundvier-
zigjährigen Bundesrepublik Deutschland so schätzenswert ist:
bürgerlich, zivil und zivilisiert. Die kleine Tat entsprach den
großen Worten – und der großartigen Musik.

Im Rückblick erscheint diese Episode allerdings weniger amüsant, denn nur zwei Wochen später wurde Wolfgang Schäuble tatsächlich von einem anderen Geisteskranken angeschossen und schwer verwundet. Und natürlich geht die deutsche Polizei nicht immer so schonungsvoll vor. Noch am selben Nachmittag wurde im Zentrum Berlins ein großes Polizeiaufgebot bei einer Demonstration gegen die Vereinigung eingesetzt. Sie war organisiert von Hausbesetzern, Anarchisten und der extremen Linken. Einsatzwagen rasten mit Blaulicht durch den ehemaligen Checkpoint Charlie (heute ein Flohmarkt) ins ehemalige Ostberlin. Am Himmel knatterten die Polizeihubschrauber, als wollten sie sagen: »Jetzt sind wir die Herren.« Dennoch war die Art, wie man mit Herrn Mitty umging, repräsentativ für Feierlichkeiten, die friedlich und vergnüglich verliefen, ohne triumphierend zu wirken.

Fast hatte man den Eindruck, das alles sei zu schön, um wahr zu sein. Wie die Revolutionen in Ost- und Mitteleuropa von 1989 ging auch das deutsche Wunder von 1990 so rasch, friedlich und zivilisiert über die Bühne, daß man noch heute kaum glauben kann, daß es wirklich passiert ist. Wenn die erste Einigung mit Blut und Eisen vollzogen wurde, so wurde die zweite durch Geld und gute Worte erreicht. Unter den zahllosen Kommentaren von Intellektuellen, die die Presse um ihre Meinung zur Vereinigung bat, fiel die Äußerung des (ehemals ost-)deutschen Schriftstellers Reiner Kunze auf. »Ich erwarte von Deutschland«, sagte er, »daß es sich nach dem 3. Oktober 1990 auf diesen Tag vorbereiten wird.«

Nach wie vor verläuft ein tiefer Graben zwischen dem *pays légal* und dem *pays réel*, zwischen dem rechtlichen Faktum der Einheit und den sozialen Fakten fortdauernder Trennung. In den Seitenstraßen, in den Fabriken und in vielen, vielen Köpfen lebt die DDR weiter fort. Jeder zehnte Arbeitsfähige der ehemaligen DDR ist mittlerweile arbeitslos. Vor allem die Rentner hat die sprunghafte Preiserhöhung hart getroffen. Mieter fürchten um ihre Wohnungen – und erst recht um deren niedrige Mieten –, weil frühere Besitzer ihre Ansprüche geltend machen oder neue Eigentümer auf den Plan treten. Doch noch schwieriger als das wirtschaftliche Auf und Ab ist nach vierzig Jahren Sozialismus die psychologische Anpassung zu verkraften.

Wie lange wird es dauern, bis Deutschland auf den 3. Oktober 1990 vorbereitet sein wird? Für die Zeitspanne, die nötig ist, damit die fünf Länder der ehemaligen DDR den Standard des ärmsten Landes der BRD erreicht haben werden, liegen die unterschiedlichsten Schätzungen vor. Wirtschaftswissenschaftler und Forschungsinstitute machen, unbeirrt von ihrem einstmaligen Unvermögen, das ganze Ausmaß des wirtschaftlichen Desasters der ostdeutschen Wirtschaft vorherzusagen, munter ihre Prognosen. Ebenso divergierend sind die Schätzungen, wenn es um die Kosten für den Wiederaufbau der ostdeutschen Industrie geht. Die Summe von einer Billion Mark über einen Zeitraum von zehn Jahren steht im Raum. Kanzler Kohl war so mutig, eine offizielle Kostenschätzung noch vor den Bundestagswahlen am 2. Dezember anzukündigen. Finanzminister Theo Waigel sagt zwar nicht, wie seinerzeit George Bush, »read my lips«, aber er ist der Ansicht, daß die Regierung ohne größere Steuererhöhungen auskommen sollte. In der ehemaligen DDR, wie in vielen Staaten des früheren Osteuropa, sind die Kosten und Probleme des wirtschaftlichen Wandels weitaus größer und grundlegender als in Westeuropa nach 1945. Aber wenn irgend jemand in Europa den post-kommunistischen Wirtschaftsaufschwung schaffen kann, dann sind es die Deutschen.

Die entscheidende Frage betrifft weniger die Kosten als solche, sondern ihre politische Wirkung. Diese wird sich zuerst auf den Straßen und weniger im Parlament bemerkbar machen. Die Begeisterung, mit der vor einem Jahr die westdeutschen Mitbürger ihre befreiten Landsleute begrüßten, hat sich in dem Maße verflüchtigt, wie die Neuankömmlinge mit den niedrigen Einkommensschichten Westdeutschlands um die knappen Wohnungen und Arbeitsplätze konkurrieren und die Warteschlangen in den Billigmärkten verlängern. Doch der wachsende Unmut gegenüber den Ossis ist noch Gold im Vergleich dazu, wie die Straße mit Polen, Rumänen oder Türken umgeht. In einem Westberliner Supermarkt sah ich ein Schild mit der Aufschrift: »Polen dürfen nur einen Karton voll kaufen.«

Derzeit leben, bei einer Gesamtbevölkerung von 78 Millionen, etwa 5 Millionen Ausländer in Deutschland. Durch die sozialen Spannungen, die der Aufbau Ost mit sich bringt, wird die

Toleranz gegenüber Ausländern, selbst gegenüber jenen, die schon lange in Deutschland leben, abnehmen. Man hört bereits von Deutsch-Türken der zweiten Generation, die ihre Jobs an Ostdeutsche verlieren. Hier, auf den Straßen, steht die politische Kultur der Bundesrepublik auf dem Prüfstand.

Gleichzeitig wird, infolge der Kombination aus politischer Befreiung und wirtschaftlichem Zusammenbruch in den Staaten des ehemaligen Osteuropa und der zerfallenden Sowjetunion, die Zahl derer steigen, die als sogenannte Gastarbeiter ins Land drängen, und der Druck von jenseits des Mittelmeers wird auch verstärkt. Ein neues Gespenst geht um in Westeuropa: das Gespenst einer gigantischen, post-kommunistischen Massenbewegung, vergleichbar mit der großen Völkerwanderung des Frühmittelalters. Sie stellt eine enorme Herausforderung für die ganze Europäische Gemeinschaft dar, besonders aber für die Deutschen.

Wie werden sie damit fertig werden? Indem sie eine neue Mauer entlang ihrer neuen Ostgrenze, der Oder-Neiße-Linie, errichten? Oder indem sie sich zum Osten hin öffnen und mit weiteren Milliarden von Mark von Poznań bis Wladiwostok den Übergang zur Marktwirtschaft fördern, um damit die Abwanderung nach Westen zu stoppen? Wie zu erwarten besteht die Antwort deutscher Politiker in einer modifizierten Version des letzteren. »Wir setzen uns für eine konstruktive, gemeinsame Ostpolitik ein«, sagte Präsident von Weizsäcker in seiner Rede vom 3. Oktober. »Alle deutschen Grenzen sollen Brücken zu unseren Nachbarn sein.« Doch während er noch am Tag der Einheit seine Rede hielt, wurde bereits die Visumpflicht für alle Polen eingeführt. Zuvor hatte die Mehrzahl von ihnen ohne Visum nach Ostdeutschland und Westberlin reisen können. Wenn also die deutsch-polnische Grenze eine Brücke ist, dann eine, die man nur in einer Richtung passieren kann. Die Wirklichkeit hinkt der Rhetorik hinterher. Wie auch immer, mittlerweile hat die Bonner Regierung ihre grundsätzliche Bereitschaft erklärt, den Visumzwang für Polen aufzuheben, wie das bereits für Ungarn, Tschechen und Slowaken der Fall ist.

Das Problem der Außenpolitik des neuen Deutschland scheint nicht darin zu bestehen, daß man böse Absichten hegt, sondern

daß man zu viele gute hat. Hans-Dietrich Genscher sagt: »Wir
Deutschen wollen nichts anderes, als in Freiheit, Demokratie und
Frieden mit allen Völkern Europas und der ganzen Welt leben.«
Ein bescheidener Wunsch. Deutschland als Europas »ehrlicher
Makler«. Doch als Richard von Weizsäckers Rede in einem Appell
an die Deutschen gipfelte, »die Schöpfung zu bewahren«, da fiel
mir unwillkürlich jene Rolle ein, die Bismarck in seiner »ehrlicher Makler«-Rede entschieden zurückgewiesen hatte. Deutschland, so sagte der Kanzler der ersten Vereinigung, solle nicht anstreben, der Schulmeister Europas zu sein.

Der Schulmeister Europas – das faßt für mich aufs beste zusammen, was Deutschlands politische Führung derzeit anstrebt.
Der Schulmeister selbst hat die Prüfungen der letzten Jahre mit
Glanz und Gloria bestanden. Was er zu sagen hat, ist durchaus
vernünftig, doch man fragt sich, wieviel sich von dem Schulbuch-
wissen aufs praktische Leben übertragen läßt. Schon die Deutschen selbst werden sich da schwertun, ganz zu schweigen von
ihren aufsässigen Schülern (Jacques Delors grinsend in der ersten Reihe, François Mitterrand, der visionär aus dem Fenster
schaut, Margaret Thatcher, die draußen im Flur ihre eigene
Schulstunde abhält). Haben sie sich da nicht vielleicht ein bißchen zuviel vorgenommen? Wie Robert Browning es in seinem
Gedicht »A Grammarian's Funeral« formuliert hat:

> That low man goes on adding one to one,
>   His hundred's soon hit:
> The high man, aiming at a million,
>   Misses an unit.

In naher Zukunft wird die deutsche Außenpolitik vor harte Entscheidungen gestellt werden. Die Amerikaner werden dabei zunächst an die Entscheidung denken, inwieweit und in welcher
Form Deutschland größere Verantwortung außerhalb Europas
übernehmen sollte. Innerhalb Europas sehe ich zwei weitere wichtige Entscheidungen auf die Deutschen zukommen, die letztlich
auf eine hinauslaufen. Die erste betrifft das ehemalige Osteuropa
und die Sowjetunion, die zweite die (West-)Europäische Gemeinschaft.

Die Kontakte zur Sowjetunion hatten seit 1955, als Adenauer diplomatische Beziehungen einleitete (was sonst mit keinem Ostblockstaat der Fall war), und verstärkt noch seit dem Moskauer Vertrag von 1970, immer höchste Priorität in der Bonner Ostpolitik. Das war anhand nüchterner Analysen der nationalen Interessen auch völlig einleuchtend. »Der Schlüssel zur deutschen Vereinigung liegt in Moskau«, haben viele gesagt, und das galt vom 8. Mai 1945 bis zum 3. Oktober 1990. Diese Priorität hat ganz offenkundig die Verhandlungen über die deutsche Einheit bestimmt. Helmut Kohl betonte, daß er einen umfassenden Freundschaftsvertrag mit Polen gerne zusammen mit dem deutsch-sowjetischen Vertrag unterschrieben hätte. Doch wie schon 1970, so ging auch 1990 der Vertrag mit Moskau dem mit Warschau voraus; letzterer ist noch auszuhandeln. Und der Moskauer Vertrag hat es in sich.

Francis Fukayama proklamierte das Ende der Geschichte, doch der deutsch-sowjetische Freundschaftsvertrag geht noch einen Schritt weiter. »Die Bundesrepublik Deutschland und die Union der Sozialistischen Sowjetrepubliken«, so lautet die Präambel, haben den Wunsch, »mit der Vergangenheit endgültig abzuschließen…«. Sie seien entschlossen, »an die guten Traditionen ihrer (d. i. Deutschlands und der Sowjetunion) jahrhundertelangen Geschichte anzuknüpfen …«. Es folgen weitere Absichtserklärungen der beiden Seiten, die aus den vorgefertigten Phrasen deutsch-sowjetischer Dokumente der letzten zwanzig Jahre collagiert sind, darunter aber auch die Beteuerung: »Sie werden niemals und unter keinen Umständen als erste Streitkräfte gegeneinander oder gegen dritte Staaten einsetzen. Sie fordern alle anderen Staaten auf, sich dieser Verpflichtung zum Nichtangriff anzuschließen.« Wenn wir das wörtlich nehmen, so heißt es, daß Deutschland gemeinsam mit der Sowjetunion zum Beispiel die Vereinigten Staaten dazu aufruft, keine Truppen gegen, sagen wir, den Irak einzusetzen.

»Aber«, so wird ein deutscher Kollege im privaten Gepräch dann einwerfen, »das darf man eben nicht wörtlich nehmen!« Wenn man es ohnehin nicht ernst meint, warum wird es dann so formuliert? Ganz einfach: um das Einverständnis der Russen zur Vereinigung zu erlangen! Nun gut: Machiavelli in der Kutte Luthers. Dann stellt sich allerdings die Frage, ob das tatsächlich das Ende einer alten Geschichte ist – die fünfundvierzigjährige Geschichte der deutschen Befreiung – oder der Beginn einer neuen. (Die *Frankfurter Allgemeine Zeitung* kommentierte das Abkommen von Stawropol im Juni mit der denkwürdigen Schlagzeile »Deutschland und die Sowjetunion stehen vor einem Neubeginn«.) Die Zeit wird entscheiden – soll heißen, die Deutschen werden entscheiden. Aber vielleicht ist »entscheiden« nicht das richtige Wort. Mein Eindruck ist nämlich, daß in den Köpfen der deutschen Politiker derzeit auch keine klar umrisseneren Vorstellungen existieren als in der öffentlichen Rhetorik.

Die Verpflichtung durch gegebene Versprechen, Dankbarkeit und alte Gewohnheit, die vage Hoffnung auf sich öffnende Märkte und dazu die Angst vor Aufruhr und Chaos – die gefürchtete »Instabilität« –, all das wird Bonn dazu bringen, erhebliche Anstrengungen zu unternehmen, um der sowjetischen Führung (und zwar der *sowjetischen* Führung, nicht der russischen, ukrainischen oder den Führungen der baltischen Staaten) bei der wirtschaftlichen Umgestaltung zu helfen. Doch die Sowjetunion bricht mit solchem Tempo auseinander, daß dieses Unterfangen vermutlich zum Scheitern verurteilt sein wird, zumindest in dieser wohlorganisierten Form (einer deutsch-sowjetischen Zusammenarbeit). Und solange die amerikanisch-sowjetischen Beziehungen funktionieren, wird eine sowjetische Zusammenarbeit sich nicht negativ auf die deutsch-amerikanischen Beziehungen auswirken. Kurz gesagt, die »großen Drei« im Europa jenseits des Kalten Krieges werden vermutlich weitgehend in Einklang miteinander bleiben.

Die unmittelbar anstehenden Probleme liegen eher vor der eigenen Haustür. Gleichzeitig mit dieser vielversprechenden und weitreichenden Hilfe für die Sowjetunion – sie wird in einem zweiten umfassenden Vertrag über wirtschaftliche, wissenschaftliche und technologische Zusammenarbeit konkretisiert werden – bekunden deutsche Politiker die Absicht, ihre Nachbarn in »Mittel-, Ost- und Südosteuropa« zu unterstützen. Doch die Deutschen haben am eigenen Leib erfahren, daß der Übergang von der Planwirtschaft zum freien Markt mit immensen Kosten und Problemen verbunden ist. Wenn dies schon für die kleine, vergleichsweise wohlhabende DDR gilt, um wieviel mehr dann erst für die Tschechoslowakei, Ungarn und Polen, ganz zu schweigen von Rumänien und Bulgarien oder gar den östlichen Sowjetrepubliken? Wenn deutsche, europäische und westliche Hilfe nach dem Gießkannenprinzip auf die ganze, riesige Region verteilt wird, dann werden die drei miteinander verknüpften Wandlungsprozesse – zur Marktwirtschaft, zur parlamentarischen Demokratie und zur Rechtsstaatlichkeit – nicht einmal in Ostmitteleuropa, Europas Nahem Osten, gelingen. Diese Region könnte dann tatsächlich zu Europas Nahem Osten werden: nicht das Mitteleuropa in den Träumen unpolitischer Intellektueller, sondern ein Zwischeneuropa der Alpträume, eine Zone der schwachen, undemokratischen Staaten, aufgerieben von sozialen und nationalen Konflikten. Das wäre für ganz Europa von Übel, besonders aber für Deutschland, denn das daraus resultierende Chaos begänne gerade mal 30 Kilometer östlich von der Hauptstadt Berlin. Der Druck der Einwanderer würde zu- statt abnehmen, und die ersten, bei denen sie anklopfen, wären die Deutschen.

»Die Westgrenze der Sowjetunion darf nicht zur Ostgrenze Europas werden«, sagte Präsident von Weizsäcker. Ein edler Gedanke, doch muß sie gleich in zweierlei Hinsicht hinterfragt werden. Erstens hört die Sowjetunion auf zu existieren, und die Litauer, Esten, Letten und Ukrainer sind nicht länger gewillt, die »Westgrenze der Sowjetunion« anzuerkennen. (Kürzlich hat die Ukrainische Republik einen separaten Vertrag mit Polen geschlossen, der die gegenseitige Anerkennung der Grenzen einschließt.) Zweitens, wenn wir unter »Europa« eine Gemeinschaft aus mehr oder weniger liberalen, demokratischen Staaten mit sozialer Marktwirtschaft verstehen, dann wird in den kommenden fünf bis zehn Jahren die entscheidende Frage nicht lauten: »Endet Europa an der heutigen Westgrenze der Sowjetunion?«, sondern: »Reicht Europa überhaupt so weit?« Wenn Deutschland und die gesamte Europäische Gemeinschaft Ostmitteleuropa, wo diese Wandlungsprozesse noch reelle Chancen haben, nicht klare und höchste Priorität einräumen, dann wird Europa – im konstitutionellen wie im wirtschaftlichen Sinne – nicht an den Ufern des Bug enden, sondern an Oder und Neiße.

Das bringt uns zu der zweiten Entscheidung, vor die Deutschland sich gestellt sieht; sie betrifft die (West-)Europäische Gemeinschaft. Während die nationale Einigung ihrer Vollendung zustrebte, forderten deutsche Politiker und Kommentatoren mit wachsendem Nachdruck, daß die EG sich sowohl intern wie in ihrer Außenpolitik enger zusammenschließen müsse. Wo Bismarck sagte: »Laßt uns Deutschland in den Sattel heben«, da sagt Theo Sommer, Nestor des liberalen deutschen Journalismus: »Jetzt müssen wir Europa in den Sattel heben.« Armes Europa: Es muß aufs Pferd, ob es will oder nicht. Und wie immer ist es dabei zerstritten. Ein bedeutsamer Teil der derzeitigen politischen Elite setzt sich nach wie vor tatkräftig dafür ein, den politischen, wirtschaftlichen und monetären Einigungsprozeß innerhalb der EG-Gremien weiter voranzutreiben (obgleich etwa die Bundesbank in dieser Hinsicht Vorbehalte hat und eine Schwächung der Mark befürchtet). Diese Überzeugung wird, in unterschiedicher Form und verschiedenem Ausmaß, auch von den politischen Eliten der meisten anderen Mitgliedstaaten geteilt. Doch steht man dabei vor einem unmittelbaren und grundlegenden Problem.

Deutschlands derzeitige politische Führung erklärt, sie wolle die Gemeinschaft stärken, sie aber auch in absehbarer Zukunft um Ostmitteleuropa und einige Staaten der Europäischen Freihandelsgemeinschaft (EFTA) erweitern. Doch viele Entscheidungsträger in der EG sehen in Vertiefung und Erweiterung nicht zwei sich ergänzende, sondern zwei sich widersprechende Ziele. Jacques Delors argumentiert, daß man es sich nicht leisten könne, parallel zu einer stärkeren Vertiefung, etwa durch Währungsunion und Einrichtung einer Zentralbank, die Union auch noch zu erweitern. Mrs. Thatcher macht sich dagegen für eine rasche Erweiterung stark, zum Teil wohl aus echter Besorgnis um die heranwachsenden Demokratien Ostmitteleuropas, zum anderen aber, um Bruder Jacques' Pläne einer raschen Vertiefung zu durchkreuzen.

Man kann zu Recht behaupten, daß sich die Gemeinschaft in einer Zwickmühle befindet. Wenn sie sich zügig auf die Vereinigten Staaten von Europa zubewegt, dann wird Ostmitteleuropa noch lange, vielleicht sogar ewig auf Mitgliedschaft warten. Wenn Ostmitteleuropa aber rasch beitritt, dann wird sich die Europäische Gemeinschaft erst spät oder überhaupt nicht zu »Vereinigten Staaten« zusammenschließen. Im ersten Fall wird die Position des ehemaligen Osteuropa sich zwar graduell, aber nicht grundsätzlich von der Position der ehemaligen Sowjetunion unterscheiden. »Europa« wird in vielfacher Hinsicht an der Oder-Neiße-Linie zu Ende sein. Im zweiten Fall, in einem lockeren »*Europe des Patries*«, wird Deutschland sich wohl oder übel mit dem alten, nach-Bismarckschen Dilemma eines Nationalstaats in der Mitte konfrontiert sehen. Daher haben die deutschen Politiker ganz recht, wenn sie gleichermaßen auf Vertiefung wie auf Erweiterung der Gemeinschaft setzen. Aber wie?

Es gibt in Deutschland einige Leute, die ernsthaft um Antworten auf diese Frage ringen. (Wahrscheinlich sind es immer nur einige wenige.) Ob sie welche finden, und wie sie aussehen sollen, das werden wir wohl erst nach der Wahl vom 2. Dezember sagen können. Der Ausgangspunkt muß sicherlich, wie schon für Adenauer und Brandt, in einer Bestimmung nationaler Interessen liegen. Während der letzten vierzig Jahre (manche würden sogar sagen der letzten zweihundert) hat die Frage nach der nationalen Identität der Deutschen einige der längsten, tiefsten und verquersten Antworten hervorgebracht, die je auf Menschheitsfragen gefunden wurden. Die Frage nach den nationalen Interessen war dagegen einfach zu beantworten. Für die vergangenen vierzig Jahre konnte sie auf die Formel gebracht werden: »Wiedererlangung der Souveränität und Überwindung der deutschen Teilung«.

Jetzt, in einem vereinten Westdeutschland, sollte die Frage der nationalen Identität einfacher zu beantworten sein. Doch liest man in diesen Wochen die hypochondrischen Auslassungen mancher deutscher Schriftsteller, in denen sie über die Vereinigung lamentieren (wie Günter Grass) oder ihre späte Liebe zur guten alten BRD entdecken (wie Patrick Süskind), so hat man seine Zweifel, ob ihre Antworten tatsächlich einfacher ausfallen. Die Frage nach den nationalen Interessen wird nun zwangsläufig schwieriger zu beantworten sein. Abgesehen von einem Konsolidieren der Verfassung der Freiheit und einer offenen Gesellschaft innerhalb Deutschlands, sollte, meines Erachtens, erste strategische Antwort sein: »das Ziel der Unterstützung des demokratischen Umbaus in Ostmitteleuropa zusammen mit dem einer fortschreitenden, primär politischen Integration der Europäischen Gemeinschaft zu betreiben«.

Selbst wenn ein solcher Plan nicht ganz ausformuliert ist, ergeben sich die nationalen (und somit europäischen) Interessen ganz von selbst, sobald die harten Entscheidungen erst einmal vom Tisch sind. Sie werden nämlich durch dramatische äußere Entwicklungen, wie zum Beispiel der weiteren Desintegration der Sowjetunion, oder durch inneren Druck, etwa durch die wachsenden Ressentiments gegenüber Zuwanderern oder einer Kombination von beidem bestimmt.

Der zweite Teil der Antwort, die ich Adam Michnik um halb drei am Morgen der deutschen Vereinigung in den Straßen Frankfurts gegeben habe, lautete: »Wenn ich Befürchtungen für die kommenden Jahre habe, dann nicht die, daß Deutschland sich als wirtschaftliche Großmacht irgendeine Vormachtstellung anmaßt. Ich fürchte eher, daß es in Nabelschau versinkt, daß es die aus der Vereinigung resultierenden Probleme überbewertet und darüber selbstmitleidig und eigennützig wird. Und daß es an seiner Ostgrenze eine neue Mauer errichten wird, die seine westeuropäischen Partner dann bereitwillig verstärken helfen.«

Kurz gesagt, der deutsche Adler ist von seinen Fesseln befreit. Die gesprengten Ketten liegen neben ihm. Bislang hat er seine Schwingen vorsichtig gereckt und ein paar freundliche Schreie ausgestoßen. Wird er sich nun in die Lüfte erheben? Dieses Mal mit der Absicht zu helfen, nicht anzugreifen. Oder wird er eher, wie sein von Kanzler Helmut Schmidt dem Washingtoner Zoo gestifteter Artgenosse, beleidigt auf seiner Stange sitzen, sein überreiches Futter in sich hineinschlingen und sich frustriert mit dem Schnabel das Gefieder kratzen?

(Oktober 1990)

Chronik

1990

12. Oktober. Unterzeichnung des deutsch-sowjetischen Vertrags über die Vereinbarungen bezüglich der noch in Deutschland verbliebenen sowjetischen Truppenkontingente und deren Abzug zum Dezember 1994.

15. Oktober. Michail Gorbatschow erhält den Friedensnobelpreis.

25. Oktober. Das slowakische Parlament beschließt die Einführung des Slowakischen als Amtssprache der Slowakei.

28. Oktober. Auf dem EG-Gipfel in Rom stimmen die 11 Regierungsvertreter dem Plan zur Erreichung der »zweiten Stufe« der Währungsunion zum 1. Januar 1994 sowie dem Plan zur vollständigen Währungsunion bis zum Jahr 2000 zu. Die britische Premierministerin Margaret Thatcher, die hier eine »Hintertür zu einem föderalistischen Europa« wittert, verweigert die Teilnahme.

1. November. Der britische Vizepremier Geoffrey Howe tritt aus Protest gegen die Haltung Thatchers gegenüber Europa zurück.

6. November. Ungarn tritt als erstes ex-kommunistisches Land dem Europarat bei.

7. November. Mary Robinson wird zur Präsidentin der Republik Irland gewählt.

9. November. Bundeskanzler Kohl und Präsident Gorbatschow unterzeichnen am ersten Jahrestag des Berliner Mauerfalls einen deutsch-sowjetischen Freundschaftsvertrag.

14. November. Unterzeichnung des deutsch-polnischen Grenzvertrags.

19.-21. November. Sondergipfel der Konferenz für Sicherheit und Zusammenarbeit in Europa (KSZE) in Paris. Inkrafttreten der Charta von Paris für ein neues Europa. Die Mitgliedstaaten der Nato und des Warschauer Pakts unterzeichnen den Vertrag über konventionelle Streitkräfte in Europa.

28. November. Margaret Thatcher tritt als britische Premierministerin und Vorsitzende der Konservativen Partei zurück. Ihr Nachfolger wird John Major.

2. Dezember. Die ersten gesamtdeutschen Wahlen zum Bundestag bringen einen klaren Sieg für die bestehende Mitte-Rechts-Koalition unter der Führung von Helmut Kohl.

9. Dezember. Lech Wałęsa wird zum Präsidenten Polens gewählt und verspricht eine »Beschleunigung« der Abkehr vom Kommunismus.

Slobodan Milošević wird auf einer nationalistischen Plattform zum Präsidenten Serbiens gewählt.

14.-15. Dezember. Der Europäische Rat startet in Rom zwei intergouvernementale Konferenzen, einmal zur Wirtschafts- und Währungsunion, einmal zur politischen Union.

20. Dezember. Der sowjetische Außenminister Eduard Schewardnadse tritt mit der Warnung vor einer neuen Diktatur in der Sowjetunion zurück.

22. Dezember. In seiner »Weihnachts-Verfassung« erklärt das kroatische Parlament Kroatien zum »Nationalstaat des kroatischen Volkes«.

1991

4. Januar. Der Liberale Jan Krzysztof Bielecki wird Ministerpräsident von Polen.

11.-12. Januar. Paris. Auf einem Festessen im Hôtel de Ville macht sich Henry Kissinger über Jacques Chirac lustig wegen dessen früherer Bewunderung für den irakischen Machthaber Saddam Hussein. Chirac entgegnet: »Oh, wissen Sie, er hat sich geändert.« Politikerweisheit.

13. Januar. »Blutiger Sonntag« in Vilna. Im Zuge des Eingreifens sowjetischer Soldaten werden etwa 15 Litauer ermordet.

17. Januar - 8. Februar. Golfkrieg zur Befreiung Kuwaits vom irakischen Diktator Saddam Hussein.

Januar-Februar. Einwanderungswelle albanischer »boat people« erreicht Italien.

27. Januar. Der ehemalige kommunistische Führer Kiro Gligorov wird Präsident der jugoslawischen Republik Mazedonien.

6. Februar. Stockholm. Ein denkwürdiges Gespräch mit Carl Bildt, dem Vorsitzenden der schwedischen Konservativen. Das sozialdemokratische »Schwedische Modell«, auch »Dritter Weg« genannt, habe versagt, erklärt er. Zu lange habe Schweden abseits gestanden und sich eher Afrika als Deutschland verbunden gefühlt. Er meint, fast wie ein polnischer oder tschechischer Politiker, daß es für sein Land notwendig sei, wieder »nach Europa zurückzukehren«.

9. Februar. Überwältigende Mehrheit für die Unabhängigkeit bei einem Referendum in Litauen.

15. Februar. Mit der »Visegrád-Deklaration« konstituiert sich die sogenannte Visegrád-Gruppe zu einer Kooperation in Ostmitteleuropa, die Ungarn, die Tschechoslowakei und Polen umfaßt.

23.-25. Februar. Bei einem Kongreß der Solidarność-Bewegung in Polen wird Marian Krzaklewski zum Nachfolger von Lech Wałęsa gewählt.

25. Februar. Der Warschauer Pakt entschließt sich zur Auflösung seiner militärischen Strukturen zum 1. April. In Bulgarien beginnt der Prozeß gegen den ehemaligen Kommunistenführer Todor Schiwkow.

3. März. Referenden ergeben deutliche Mehrheiten für die Unabhängigkeit von Estland und Lettland.

4. März. Der Oberste Sowjet ratifiziert den »2+4«-Vertrag und die deutsch-sowjetischen Zusatzverträge.

11. März. John Major erklärt, daß Großbritannien »im Herzen Europas« liege. In Griechenland beginnt der Prozeß gegen den ehemaligen Ministerpräsidenten Andreas Papandreou. Die Anklagepunkte lauten Korruption und Unterschlagung.

11. und 14. März. Massenversammlungen für die slowakische Unabhängigkeit in Bratislava.

14.-16. März. Dresden. Vierzig Jahre lang wurde die britisch-deutsche Königswinter-Konferenz entweder in Königswinter am Rhein oder in Cambridge abgehalten. Dieses Mal bricht sie mit der Tradition und findet in Dresden statt, im schönen »Elbflorenz«, das britische und amerikanische Bomben im Februar 1945 zerstörten. Dies ist in mehrerlei Hinsicht ein bewegender Moment. Besonders bemerkenswert aber ist, daß wir beim ersten Königswinter-Treffen nach der Befreiung und Einigung Deutschlands an einen Ort in Deutschland kommen, an dem England am ehesten um Verzeihung zu bitten hat. Es scheint fast, als wollten die Deutschen, nachdem sie sich vierzig Jahre für Hitler entschuldigen mußten, sagen: »Jetzt seid ihr an der Reihe.« Verschiebt sich das Gleichgewicht des Entschuldigens mit dem Gleichgewicht der Kräfte?

Ende März. Erster Ausbruch der Auseinandersetzungen zwischen Serben und Kroaten in der von Serben besiedelten Krajina und den ostslawonischen Regionen Kroatiens.

März-April. Das Bürgerforum in den tschechischen Ländern splittert sich in drei Nachfolgeparteien auf.

1. April. Auflösung der Militärstrukturen des Warschauer Pakts.

16. Mai. Die Serben in der kroatischen Provinz Krajina fordern die Vereinigung ihres Territoriums mit Serbien.

19. Mai. Kroatisches Unabhängigkeitsvotum bei einem Referendum, das von den in Kroatien lebenden Serben boykottiert wird.

29. Mai. Baskische Terroristen (ETA) verüben einen Bombenanschlag auf eine Kaserne der Guardia Civil, bei dem 9 Menschen getötet werden.

12. Juni. Boris Jelzin wird zum Präsidenten der Russischen SFSR gewählt.

12.-14. Juni. In Prag versucht François Mitterrand, die »Europäische Konföderation« ins Leben zu rufen.

12.-14. Juni. Prag. Ich gehöre zu denen, die zur Gründung der »Europäischen Konföderation« geladen sind. Bereits vor unserer Ankunft ist

klar, daß es sich dabei um ein im wesentlichen französisches Arrange-
ment, um ein geräumiges, mit Samttapeten ausstaffiertes Wartezimmer
handelt, in dem die vormals kommunistischen Länder ewig warten kön-
nen, bevor sie der EG beitreten. Die EG würde derweil eine korrekte,
kleine, straffe westeuropäische Angelegenheit bleiben mit – und hier
liegt der Hase im Pfeffer – Frankreich im politischen Zentrum, so wie es
durch die gesamte Geschichte der Europäischen Gemeinschaft im Kal-
ten Krieg hinweg der Fall war. Im politischen Zentrum einer erweiter-
ten EG hingegen würde Deutschland stehen.

Zum Glück stellt sich bereits im Laufe der ersten Diskussionstage her-
aus, daß zahlreiche andere Delegierte dies ebenfalls erkennen und ab-
lehnen. Obwohl Václav Havel sich bereit erklärt hatte, bei dem Treffen
die Mitgastgeberschaft zu übernehmen, sehen auch die Tschechen ein,
daß es nicht wirklich in ihrem Interesse ist, die Sache ins Laufen zu brin-
gen. Schon bald liefern die französischen Teilnehmer ein grandioses
Nachhutgefecht, mit all der ihnen zur Verfügung stehenden intellektu-
ellen Brillanz und diplomatischen Gerissenheit. Der französische Justiz-
minister Robert Badinter, der als Mitterrands Feldmarschall auftritt,
plädiert eloquent für eine »structure très légère, très légère …« Die Deut-
schen, Briten, Niederländer und die anderen Anwesenden wollen noch
nicht einmal dies.

Auf der Abschlußsitzung hält Mitterrand einen der rhetorisch perfek-
teren Vorträge, die ich erlebt habe. Was eigentlich ein vierfacher Rück-
wärtssalto ist, läßt er wie einen eleganten Sprung nach vorne aussehen.
Dennoch, die Europäische Konföderation bleibt ein schlechter Scherz.

17. Juni. Unterzeichnung des deutsch-polnischen Vertrags über gute
Nachbarschaft und freundschaftliche Zusammenarbeit.

20. Juni. Der Bundestag stimmt für den Umzug der deutschen Hauptstadt von Bonn nach Berlin.

25. Juni. Kroatien und Slowenien erklären ihre Unabhängigkeit.

25. Juni. Ein Zeitungsfoto zeigt Männer, die sich in Prag ihre Bärte ab-
rasieren lassen. Sie hatten sie seit dem Einmarsch der sowjetischen Trup-
pen am 21. August 1968 wachsen lassen, wegen ihres damaligen Schwurs,
sich erst wieder zu rasieren, wenn der letzte sowjetische Soldat das Land
verlassen hat. Dies hat er jetzt getan.

27. Juni. Zusätzliche Truppen der serbisch dominierten jugoslawischen Bundesarmee marschieren in Slowenien ein, ziehen sich jedoch
aufgrund des bewaffneten Widerstands der Slowenen und des Protests
westlicher Diplomaten wieder zurück. Der »Zehn-Tage-Krieg«.

27. Juni.–1. Juli. Die EG entsendet die amtierende »Troika« der Außenminister – Jacques Poos aus Luxemburg, Gianni de Michaelis aus Italien
und Hans van den Broek aus den Niederlanden –, um Frieden in Jugoslawien zu erreichen. Minister Poos erklärt: »Die Stunde Europas hat
geschlagen.«

28. Juni. Auflösung des Comecon (RGW), der ökonomischen Organisation des ehemaligen Sowjetblocks.

1. Juli. Offizielle Auflösung des Warschauer Pakts.

26. Juli. Das Zentralkomitee der Kommunistischen Partei der Sowjetunion billigt Gorbatschows Parteiprogramm, das zur freien Marktwirtschaft und zu einem Mehr-Parteien-System führen soll.

30. Juli. Der russische Präsident Boris Jelzin unterschreibt den Anerkennungsvertrag für die Unabhängigkeit Litauens.

Juli-August. Kämpfe zwischen der serbisch-dominierten jugoslawischen Bundesarmee und kroatischen Truppenverbänden im östlichen Slawonien.

29. Juli-1. August. Gipfeltreffen von Bush und Gorbatschow in Moskau. Unterzeichnung des Vertrags über die Reduzierung strategischer Atomwaffen (Start).

19.-21. August. Putschversuch gegen Gorbatschow in Moskau, mit dem Ziel, die Veränderungen in der Sowjetunion rückgängig zu machen. Jelzin steht an der Spitze des Widerstands in Moskau.

23. August. Verbot der Kommunistischen Partei in Rußland.

27. August. Die EG-Länder beschließen, diplomatische Beziehungen zu den baltischen Staaten aufzunehmen.

29. August. Die sowjetische Legislative votiert dafür, die KPDSU von allen Aufgaben zu entbinden. Bildung des »Weimarer Dreiecks« zur außenpolitischen Kooperation zwischen Frankreich, Deutschland und Polen.

7. September. Eine EG-Friedenskonferenz für Jugoslawien beginnt in Den Haag unter dem Vorsitz von Lord Carrington.

17. September. Estland, Lettland und Litauen werden in die Uno aufgenommen.

26.-28. September. Krakau, Polen. Auf einer Konferenz, die das Ende der Fondation pour une Entraide Intellectuelle Européenne *markiert, einer Stiftung zur Unterstützung oppositioneller Intellektueller in Osteuropa während des Kalten Kriegs, warnt Adam Michnik mit dramatischen Worten vor den Gefahren eines neuen klerikalen, autoritären Nationalismus in Polen. Ich behaupte, daß er die Gefahren überzeichnet, auf der Suche nach einer neuen Lesart der manichäischen Dichotomie von Gut und Böse, in der Dissidenten seinesgleichen unter der kommunistischen Herrschaft leben mußten. Wir streiten uns noch bis zur Paßkontrolle im Warschauer Flughafen.*

26.-30. September. Die Albaner im Kosovo führen ein inoffizielles Referendum über ihre Unabhängigkeit durch.

3. Oktober. Carl Bildt steht an der Spitze der neugewählten Mitte-Rechts-Regierungskoalition in Schweden.

4. Oktober. Das tschechoslowakische Bundesparlament verabschiedet ein »Lustrations«-Gesetz, das das Überprüfen und den Ausschluß von Personen aus dem öffentlichen Dienst erlaubt, die mit der kommunistischen Geheimpolizei kollaboriert oder bestimmte Positionen im kommunistischen Staat innegehabt haben.

8. Oktober. Die Sowjetunion erklärt sich bereit, ihre Truppen zum November 1992 aus Polen abzuziehen.

13. Oktober. Die oppositionelle Union Demokratischer Kräfte gewinnt die bulgarischen Parlamentswahlen.

15. Oktober. Bosniaken bzw. »Muslime« und bosnisch-kroatische Mitglieder des Parlaments von Bosnien-Herzegowina stimmen für die Unabhängigkeit. Die bosnischen Serben verlassen aus Protest das Parlament.

27. Oktober. Die ersten freien Parlamentswahlen in Polen führen zu einem stark fragmentierten Parlament.

Oktober-November. Die serbisch-dominierte jugoslawische Bundesarmee zerstört die kroatische Stadt Vukovar und greift Dubrovnik an.

14. November. Der Bundestag verabschiedet ein Gesetz, das Personen ab Januar 1992 die Einsicht in ihre Stasi-Akten ermöglicht.

21. November. Auf der Grundlage eines Referendums erklärt das mazedonische Parlament die souveräne, unabhängige Republik Mazedonien. An der Spitze des Staates steht der ehemalige Kommunistenführer Kiro Gligorov.

1. Dezember. Bei einem Referendum in der Ukraine votiert eine klare Mehrheit für die Unabhängigkeit. Der ehemalige Kommunist Leonid Krawtschuk wird zum Präsidenten gewählt.

8. Dezember. Die Staatsoberhäupter Rußlands, der Ukraine und Weißrußlands beschließen die Gründung einer Gemeinschaft Unabhängiger Staaten (GUS).

9.-11. Dezember. Beim EG-Gipfeltreffen in Maastricht kommt es zur Einigung über den Vertrag über die Europäische Union. Die Währungsunion soll spätestens am 1. Januar 1999 in Kraft treten, vorausgesetzt, die Maastricht-Kriterien werden eingehalten. Die Europäische Gemeinschaft und die anderen »Säulen« der institutionalisierten Kooperation zwischen den Mitgliedstaaten werden zur »Europäischen Union« zusammengefügt.

14.-16. Dezember. Oxford. Auf Vorschlag des tschechischen Ministerpräsidenten Petr Pithart bringt eine Konferenz im Magdalen College eine tschechische Delegation unter seiner Führung und eine slowakische Delegation unter der Führung des Ministerpräsidenten Ján Čarnogurský zusammen. Pithart, der nach der Invasion der Sowjets 1968 einige Zeit in Oxford verbracht hat, ist voll anrührender Hoffnung, daß beide Seiten in dieser zivilisierten, würdevollen und neutralen Umgebung zu Verstand kommen werden. Die Tschechoslowakei werde in Oxford gerettet.

Auf dem Treffen reden die Tschechen großartig von den »zivilisatorischen Prinzipien«. Die Slowaken klagen verbittert über die Ausbeutung,

die sie im geteilten Staat erfahren hätten. Ein slowakischer Literatur-
historiker läßt phantastische Statistiken über die ökonomische Diskrimi-
nierung der Slowakei durch die Tschechei vom Stapel. Dann eilen sie alle
gemeinsam davon, um ihre Weihnachtseinkäufe bei Marks & Spencer zu
erledigen.

15. Dezember. Der UN-Sicherheitsrat beschließt, Friedenstruppen
ins ehemalige Jugoslawien zu entsenden. Diese werden als UNPRO-
FOR (United Nations Protection Force) bekannt.

16. Dezember. Unterzeichnung der sogenannten »Europa«-Abkom-
men zwischen der EG, Polen, Ungarn und der Tschechoslowakei. Unter dem Druck von Deutschland stimmen die EG-Außenminister unter
bestimmten Bedingungen der Anerkennung der früheren jugoslawischen Staaten zum 15. Januar zu.

19. Dezember. Die Bonner Regierung kündigt die Anerkennung von
Kroatien und Slowenien noch vor Weihnachten an, so wie sie es bereits
zuvor im Alleingang beschlossen hat. Die Serben in Kroatien rufen die
»Serbische Republik der Krajina« mit ihrer Hauptstadt Knin aus.

21. Dezember. In Alma Ata unterzeichnen elf Republiken der ehemaligen Sowjetunion den Gründungsvertrag der Gemeinschaft Unabhängiger Staaten (GUS).

23. Dezember. Der konservative Anti-Kommunist Jan Olszewski
bildet eine Regierung in Polen.

25. Dezember. Gorbatschows Rücktritt als Präsident markiert das
effektive Ende der Sowjetunion.

1992

15. Januar. Die »Badinter-Kommission« der EG erklärt von den ehemaligen jugoslawischen Republiken lediglich Slowenien und Mazedonien für qualifiziert zur diplomatischen Anerkennung. Die meisten EG-
Staaten erkennen nichtsdestotrotz Kroatien und Slowenien an, nicht
jedoch Mazedonien, aufgrund der Opposition von Griechenland.

19. Januar. Zhelyu Zhelev wird in direkter Wahl als Präsident Bulgariens bestätigt.

3.-10. Februar. In Moskau treffe ich General Sergeij Kondratschew,
ehemals Chef der KGB-Operationen in Westeuropa, jetzt mit einer
schnellen Neubestallung als »Historiker« und »Archiv-Experte«. Er be-
hauptet, die Spione im Osten und Westen hätten uns vor dem Dritten
Weltkrieg bewahrt. Da dank ihrer Anstrengungen jeder über die Ver-
teidigung des anderen Bescheid wußte, wurde die Gefahr, daß einer
den nuklearen Schlag riskieren würde, verringert. Auf dem moralischen
Schachbrett des ehemaligen Kalten Kriegs nenne ich dies die Kondra-
tschew-Verteidigung. Kondratschews Aufenthaltsort war in den fünfzi-

ger Jahren London. In perfekt akzentuiertem, leicht altmodischem Englisch erzählt er mir: »Ich habe meine Fahrten nach Cambridge [woher die berühmten Sowjetspione kamen] in allerbester Erinnerung ...«

7. Februar. Unterzeichnung des Vertrags von Maastricht über die Europäische Union.

Februar. Die ersten Verhaftungen im Zuge eines sich vergrößernden italienischen Korruptionsskandals. Im Zentrum der ersten Ermittlungen stehen die italienischen Sozialisten (PSI) unter Bettino Craxi.

28. Februar. Der slowakische Ministerpräsident Ján Čarnogursky äußert den Wunsch, daß die Slowakei internationale Anerkennung genießen solle.

3. März. Präsident Alija Izetbegović erklärt die Unabhängigkeit Bosniens nach einem von den bosnischen Serben boykottierten Referendum.

5. März. Der deutsche Außenminister Hans-Dietrich Genscher drängt auf die internationale Anerkennung Bosnien-Herzegowinas.

6. März. Gründung des Ostseerats. Er umfaßt Dänemark, Estland, Finnland, Deutschland, Lettland, Litauen, Norwegen, Polen, Rußland und Schweden.

11. März. Nach einem Jahr vergeblicher Versuche, eine neue tschechisch-slowakische Föderation zu vereinbaren, setzen die tschechischen und slowakischen Parlamentsspitzen die Gespräche bis nach den Wahlen im Juni aus.

27. März. Die bosnischen Serben rufen unter der Führung von Radovan Karadžić die »Republik Serbien« in Bosnien-Herzegowina aus.

Ende März / Anfang April. Kriegsausbruch in Bosnien.

2. April. Präsident Mitterrand ernennt den Sozialisten Pierre Bérégovoy zum Ministerpräsidenten Frankreichs.

5. April. Beginn der Besetzung Sarajevos.

6. April. Sali Berisha, ein Kardiologe aus dem nördlichen Teil des Landes, wird zum Präsidenten Albaniens gewählt.

7. April. Anerkennung Bosnien-Herzegowinas, Sloweniens und Kroatiens durch die USA.

9. April. Die Parlamentswahlen in Großbritannien bringen die Konservativen unter Premierminister John Major erneut an die Regierung.

27. April. Ausrufung einer neuen Bundesrepublik Jugoslawien (FRJ), bestehend aus Serbien (inklusive Kosovo und Vojvodina) und Montenegro. Keine Anerkennung vom Westen.

29. April. Veröffentlichung einer Liste vermutlicher Agenten der kommunistischen Geheimpolizei in Prag.

18. Mai. Hans-Dietrich Genscher tritt nach 18 Jahren als deutscher Außenminister zurück. Sein Nachfolger wird Klaus Kinkel.

22. Mai. Slowenien, Kroatien und Bosnien-Herzegowina werden in die Uno aufgenommen.

24. Mai. Die Albaner im Kosovo veranstalten geheime Wahlen. Ibrahim Rugova wird zum »Präsidenten der Republik« gewählt. In Österreich gewinnt Thomas Klestil die Präsidentschaftswahlen und tritt an die Stelle des geschmähten Kurt Waldheim.

25. Mai. Oscar Luigi Scalfaro wird Präsident Italiens.

27. Mai. Massaker an Zivilisten in Sarajevo.

30. Mai. Die Uno beschließt Sanktionen gegen die Bundesrepublik Jugoslawien.

2. Juni. In einem Referendum lehnen die Dänen die Ratifizierung des Vertrags von Maastricht mit knapper Mehrheit ab.

5. Juni. Sturz der Olszewski-Regierung in Polen, nachdem führende Politiker der ehemaligen Kollaboration mit der Geheimpolizei überführt wurden: die »Nacht der Akten«.

5.-6. Juni. Parlamentswahlen in der Tschechoslowakei. Die Demokratische Bürgerpartei von Václav Klaus gewinnt in der Tschechei, die Bewegung für eine Demokratische Slowakei unter Vladimír Mečiar in der Slowakei.

15. Juni. Der Schriftsteller Dobrica Ćosić wird Präsident der Bundesrepublik Jugoslawien.

17. Juni. Das slowakische Parlament verabschiedet eine »Souveränitäts«-Erklärung.

18. Juni. Giuliano Amato wird Ministerpräsident von Italien.

Juni. Schwerwiegende Eskalation des Krieges in Bosnien und der Belagerung Sarajevos. Studentenproteste gegen Milošević in Belgrad.

Juni-August. Der tschechische Ministerpräsident Václav Klaus und der slowakische Ministerpräsident Vladimír Mečiar einigen sich darauf, die tschechisch-slowakische Föderation zum Ende des Jahres aufzulösen.

3. Juli. Bosnische Kroaten rufen ihren eigenen Teilstaat im Westen Bosnien-Herzegowinas aus.

10. Juli. Treffen der Konferenz für Sicherheit und Zusammenarbeit in Europa, die jetzt 51 Mitgliedstaaten umfaßt.

12. Juli. Hanna Suchocka bildet in Polen eine Koalitionsregierung aus sieben Parteien aus dem Spektrum der ehemaligen Solidarność-Bewegung.

14. Juli. Milan Panić, ein serbisch-amerikanischer Geschäftsmann, wird Ministerpräsident der Bundesrepublik Jugoslawien.

17. Juli. Im Anschluß an die Unabhängigkeitserklärung der Slowakei erklärt Václav Havel seinen Rücktritt als Präsident der Tschechoslowakei zum 20. Juli.

2. August. Die kroatischen Nationalisten (HDZ) unter der Führung von Franjo Tudjman gewinnen die kroatischen Parlamentswahlen. Tudjman wird erneut zum Präsidenten Kroatiens gewählt.

26.-28. August. Auf einer Londoner Konferenz zum ehemaligen Jugoslawien wird beschlossen, daß die Grenzverläufe nicht gewaltsam verändert werden dürfen und daß die ethnischen Säuberungen aufhören müssen. Krieg und ethnische Säuberungen gehen weiter.

30. August. Bewohner Sarajevos, die in einer Schlange auf die Brotausgabe warten, werden verwundet und getötet.

3. September. Lord David Owen und Cyrus Vance werden gemeinsame Vorsitzende einer neuen EG-Uno-Konferenz zum ehemaligen Jugoslawien.

4. September. Der vormalige bulgarische Kommunistenführer Todor Schiwkow wird der Veruntreuung für schuldig befunden.

16. September. Massive Spekulationsgeschäfte gegen das Pfund zwingen Großbritannien, seine Mitgliedschaft zum Wechselkursmechanismus des Europäischen Währungssystems »auszusetzen«: »Schwarzer Mittwoch«.

17. September. Auch die italienische Lira ist gezwungen, den Wechselkursmechanismus zu verlassen.

20. September. In einem Referendum, das Präsident Mitterrand in Anlehnung an das dänische Referendum veranlaßt hat, stimmen 51 Prozent der französischen Wähler der Ratifizierung des Vertrags von Maastricht zu. In Estland gewinnen die Parteien der rechten Mitte die Parlamentswahlen. Da nur die Bürger Estlands wahlberechtigt sind, können knapp 40 Prozent der Gesamtbevölkerung nicht wählen.

27. September. Ion Iliescu wird im Amt des rumänischen Präsidenten bestätigt. Seine autoritäre Front zur Nationalen Rettung gewinnt die Mehrzahl der Sitze im Parlament.

5. Oktober. Der nationalistische Intellektuelle Lennart Meri wird Präsident von Estland.

11. Oktober. Der ehemalige sowjetische Außenminister Eduard Schewardnadse wird Staatsoberhaupt Georgiens. Er sieht sich mit einer von den Russen unterstützten Revolte in Abchasien konfrontiert.

13. Oktober. Der sozialistische Veteran Andreas Papandreou wird erneut Ministerpräsident von Griechenland, in der Nachfolge der dem rechten Spektrum zugehörigen Regierung unter Constantine Mitsotakis.

25. Oktober. Die litauischen Parlamentswahlen führen zu einem überwältigenden Sieg der ehemaligen Kommunisten unter Algirdas Brazauskas.

26. Oktober. Der tschechische Ministerpräsident Václav Klaus und der slowakische Ministerpräsident Vladimír Mečiar einigen sich auf eine Zollunion nach der tschechisch-slowakischen Teilung am 1. Januar 1993. Erich Mielke, der ehemalige Chef der ostdeutschen Staatssicherheit (Stasi), wird aufgrund seiner Beteiligung an der Ermordung eines Polizisten im Jahre 1931 verurteilt.

3. November. Bill Clinton gewinnt die amerikanischen Präsidentschaftswahlen.

Der Besuch

»Haben Sie Wäsche dabei?« fragt der Pförtner am wehrhaften Eingang des Moabiter Gefängnisses.

Als ich lache, sagt er abwehrend: »War nur so 'ne Frage« und stempelt mit finsterer Miene meinen Passierschein, die Erlaubnis zu einem Besuch beim Untersuchungshäftling Honecker, Erich.

Ein Warteraum voller kettenrauchender Frauen und Ganoven in dunklen Lederjacken. Warten Sie, bis Ihre Nummer im Lautsprecher aufgerufen wird. Durch eine automatische Sperre. Leeren Sie Ihre Taschen, und deponieren Sie alles in einem Schließfach. Leibesvisitation. Noch eine automatische Sperre. Ernste Wärter, gebellte Befehle. Mo...ment! Kommen Sie mit! Und dann hat man sich doch verlaufen. Nehmen Sie alle Ihre Sachen wieder an sich. Einpacken. Um die rote Ziegelfestung herum zu einem anderen Tor. Auspacken. Hier unterschreiben – das ist für Sie. Noch eine mächtige Metalltür. Klackende Riegel. Ein Hof, dann der Flur zum Gefängniskrankenhaus, kahl, aber sauber.

Irgendwie wirkt das alles vertraut. Ich war schon mal hier. Aber wann und wo? Dann fällt es mir ein. Hier ist es genau wie am Grenzübergang Friedrichstraße nach Ost-Berlin, damals in der schlechten alten Zeit. Westdeutschland hat Honecker seine Mauer zurückgegeben.

Drinnen ist es warm und sicher. Es gibt zu essen; einfache Kost zwar, aber regelmäßig und reichlich. Kostenlose medizinische Versorgung für alle. In der Bibliothek bekommt man gute Bücher. Für jeden, Männer und Frauen gleichermaßen, gibt es einen garantierten Arbeitsplatz. Und sehr geborgen ist das Leben natürlich auch. Wie in der DDR.

Aus der Nähe sah ich den Vorsitzenden des Staatsrats der Deutschen Demokratischen Republik und Generalsekretär der Sozialistischen Einheitspartei Deutschlands, Erich Honecker, zum erstenmal 1980 auf der Leipziger Messe. Ein Trupp von Stasi-Leuten in Zivil kündigte sein Nahen an. Östliche Funktionäre, westdeutsche Geschäftsleute, britische Diplomaten gerieten in Bewegung, senkten die Köpfe und scharrten mit den Füßen – wie bei der Hohen Pforte zur Zeit Suleymans des Prächtigen. Jeder seiner Schritte, und noch die winzigste Geste, wurden genau registriert und auf der Grundlage von sowjetologischem Geheimwissen interpretiert. Vielsagend und huldvoll blieb der Staatsratsvorsitzende und Generalsekretär vor dem afghanischen Stand stehen, wo Teppiche und Nüsse ausgestellt waren. »Das sind Erdnüsse und dies hier gesalzene Erdnüsse ...«, lautete der atemlose Kommentar des verstörten afghanischen Kaufmanns. Vielsagend und huldvoll klopfte ihm der Staatsratsvorsitzende und Generalsekretär auf die Schulter und sagte: »Wir sehen in Ihrer Revolution einen entscheidenden Beitrag zur Entspannung. Alles Gute für Ihren Kampf!« Ach, die glücklichen Tage von damals.

Jetzt öffnet sich die Tür, und da steht er, in einem winzigen Eckzimmer, eingezwängt zwischen dem Waschbecken des Arztes und einem Tisch. Er ist sehr klein, sein Gesicht bleich und verschwitzt, aber er steht noch immer kerzengerade. »Körperliche Kontakte sind untersagt«, heißt es in meinem Passierschein. Doch er streckt mir die Hand entgegen – huldvoll, vielsagend –, und ich schüttele sie. Er trägt einen khakifarbenen Gefängnisschlafanzug, der mich an einen Mao-Anzug erinnert. Aber an den Füßen trägt er noch immer jene feinen schwarzledernen Slipper, mit denen er alle roten Teppiche zu betreten pflegte, nicht nur in Moskau und Prag, sondern auch in Madrid, in Paris und in Bonn. »Brüderliche Grüße, Genosse Leonid Iljitsch« und ein schmatzender Kuß auf jede Wange. »How do you do, Mr. President?« – »Guten Tag, Herr Bundeskanzler.«

Wir setzen uns. In dem engen Zimmer stoßen unsere Knie beinahe aneinander. Der begleitende Aufseher zwängt sich in eine Ecke. Alle meine Notizen und Papiere mußte ich am Eingang abliefern, aber der Arzt hat zum Glück ein paar unbeschriebene Blätter liniertes Papier und einen Stift dagelassen. Die kleinen, eindringlichen Augen – immer das auffälligste Merkmal seiner Erscheinung – auf mich gerichtet, konzentriert sich Honecker darauf, meine Fragen zu beantworten. Ausführlich spricht er über seine Beziehungen zu Moskau, über seine Freundschaft mit Breschnew, über seine Auseinandersetzungen mit Tschernenko und dann mit Gorbatschow. Auch unter Gorbatschow, so sagt er, habe die Sowjetunion nie aufgehört, sich in ostdeutsche Angelegenheiten einzumischen. Die Konsularbeamten der sowjetischen Botschaft, sagt er, hätten sich aufgeführt wie Provinzgouverneure. Soviel zur Souveränität der DDR, die er selbst immer wieder in hohen Tönen besungen hat! An einem Punkt des Gesprächs gibt er eine überraschende (ich glaube: echte) Naivität in Wirtschaftsfragen zu erkennen, indem er behauptet, den Schulden der DDR in harter Währung, in D-Mark, müsse man den Überschuß in Transfer-Rubeln gegenüberstellen.

Seine Sprache wirkt etwas hölzern, polit-bürokratisch, erschöpft sich aber durchaus nicht in ideologischen Phrasen. Hin und wieder blitzt wirkliche politische Intelligenz auf, die Intelligenz eines Mannes, der weiß, was Macht ist. Ob es eine bewußte Entscheidung gewesen sei, in der zweiten Hälfte der achtziger Jahre einer größeren Zahl von DDR-Bürgern Reisen in den Westen zu gestatten? Ja, auf jeden Fall eine bewußte Entscheidung. Er habe geglaubt, es werde die Menschen zufriedener machen. Und war es so? »Nee«, sagt er, »offensichtlich nicht.«

Während sich die winzigen Pupillen seiner Augen in meine bohren, spricht er, so kommt es mir vor, mit wirklicher, fast fanatischer Überzeugung – zumindest mit einem wirklichen Überzeugungswillen. Irgendwie ist das beeindruckend, gerade in dieser demütigenden Gefängnisumgebung und wegen der Mühe, die es ihn offensichtlich kostet. Einmal muß er sich entschuldigen und geht, vom Aufseher begleitet, auf die Toilette. »Sie haben bemerkt, daß ich ein bißchen unruhig wurde«, sagt er entschuldigend bei seiner Rückkehr.

Dann stimmt er von neuem das alte, trotzige Lied an. Die DDR, behauptet er, »war bis zuletzt das einzige sozialistische Land, in dem man jederzeit in einen Laden gehen und Brot, Butter, Wurst und so weiter kaufen konnte«. Doch die Menschen wollten wohl mehr? Ja, aber jetzt tut es ihnen leid. Sehen Sie sich die Arbeitslosigkeit in der ehemaligen DDR an! Denken Sie daran, wie wenig Wohnungen gebaut werden! Er bekomme Hunderte Briefe von Menschen aus dem Osten. Sie schreiben ihm, damals hätten sie »ruhiger gelebt«.

Und sehen Sie sich an, was heutzutage auf den Straßen geschieht, die rassistischen Angriffe, die Faschisten. Das erinnere ihn an 1933. Wirklich? 1933? Na ja, räumt er ein, vielleicht eher an 1923. Auch Hitler sei bei seinem ersten Versuch, an die Macht zu kommen, gescheitert. Aber denken Sie daran, was nachher geschah. Er warne uns. Das alles sei schon einmal dagewesen. Zumindest er sei schon einmal hier gewesen – als Untersuchungshäftling in ebendiesem Gefängnis, in den Jahren 1935 bis 1937, nachdem man ihn wegen seiner Arbeit im kommunistischen Widerstand verhaftet hatte.

Und jetzt sei er wieder hier. Die führenden Politiker der Bundesrepublik würden ihn als Verbrecher bezeichnen. Aber noch gestern hätten dieselben Politiker heftig um das Privileg einer Audienz bei ihm gerungen. Oh, er könne Geschichten erzählen! Seine Gespräche mit den westdeutschen Sozialdemokraten, so sagt er, waren »kameradschaftlich«. Andere westdeutsche Politiker seien zurückhaltender gewesen. Großen Respekt habe er für Franz Josef Strauß empfunden. Helmut Schmidt sei der zuverlässigste und genaueste Partner gewesen. Aber auch mit Helmut Kohl sei er gut ausgekommen. Er habe oft mit Kanzler Schmidt und Kanzler Kohl telefoniert. O ja, er habe sogar die Nummer selbst gewählt.

Nun zieht der ehemalige Staatsratsvorsitzende der ehemaligen Deutschen Demokratischen Republik und ehemalige Generalsekretär der ehemaligen Sozialistischen Einheitspartei Deutschlands aus der Tasche seines Gefängnisschlafanzugs ein zerknittertes Kärtchen, auf das ihm seine einstige Sekretärin die Durchwahl zum Bundeskanzler in Bonn getippt hat. Er legt sie vor mich hin und bittet mich, mir die Nummer abzuschreiben. 0649 (für Westdeutschland) 228 (für Bonn) 562001.

Ein Vierteljahrhundert verzwickter Geschichte des geteilten Deutschland verdichtet sich, so scheint mir, in dieser einen, tragikomischen Geste: Der trotzige, todkranke alte Mann in seinem Gefängnisschlafanzug zückt die zerknitterte Karte mit der Durchwahlnummer von Bundeskanzler Kohl.

Was geschähe, frage ich mich, wenn er diese Nummer jetzt wählen würde? Würde von einem Tonband die automatische Ansage ertönen: Kein Anschluß unter dieser Nummer? Später probiere ich sie aus – nein, die Nummer führt noch immer direkt ins Kanzlerbüro nach Bonn.

Der Aufseher räuspert sich und sieht auf seine Uhr. Unsere Zeit ist um. Honecker erhebt sich und steht nun wieder fast in Habachtstellung. Ein förmlicher Abschied. Noch einmal die kahlen Flure, die schlagenden Türen, die ernsten Wärter, meine Sachen aus dem Schließfach, der wehrhafte Eingang. Aber diesmal habe ich Wäsche dabei. Mit Bleistift auf den Notizblock eines Arztes gekritzelt: die schmutzige Wäsche der Geschichte.

(November 1992)

Chronik

1992

6. Dezember. Im Zuge eines Referendums lehnen die schweizerischen Wähler den Beitritt zum Europäischen Wirtschaftsraum ab, da sie darin einen Schritt hin zur Mitgliedschaft in der EU sehen. Milan Kučan wird zum Präsidenten der Slowakei gewählt.

9. Dezember. John Major erklärt, daß sich der Prinz und die Prinzessin von Wales scheiden lassen werden.

11. Dezember. EG-Gipfel in Edinburgh.

20. Dezember. Slobodan Milošević wird erneut zum Präsidenten der Republik Serbien gewählt.

1993

1. Januar. Der europäische Binnenmarkt innerhalb der EG, die von nun an EU heißt, tritt in Kraft. Die Tschechoslowakei teilt sich in die Tschechische Republik und die Slowakei: die »samtene Scheidung«.

2. Januar. Präsentation des »Vance-Owen-Plans« in Genf. Er sieht die Schaffung eines bundesrepublikanischen Bosnien mit zehn ethnisch getrennten, autonomen Kantonen vor.

3. Januar. US-Präsident George Bush und der russische Präsident Boris Jelzin unterzeichnen den Start-III-Vertrag zur Vernichtung aller Mehrfach-Sprengköpfe und Interkontinental-Raketen und zur Reduzierung des Arsenals strategischer Atomwaffen um zwei Drittel.

20. Januar. Amtsantritt Bill Clintons.

26. Januar. Václav Havel wird zum ersten Präsidenten der Tschechischen Republik gewählt.

Januar-Dezember. Italien verfängt sich in einem massiven politischen Korruptionsskandal, der praktisch das gesamte politische System lahmlegt, das den gesamten Kalten Krieg über Bestand hatte. In den sogenannten »Mani-Pulite«-(»Saubere Hände«)-Untersuchungen werden zahlreiche ausgediente Politiker, inklusive vier ehemalige Ministerpräsidenten, und viele führende Geschäftsleute festgenommen und unter dem Vorwurf der Korruption verhört.

14. Februar. Der ehemalige Kommunist Algirdas Brazauskas wird zum Präsidenten Litauens gewählt.

22. Februar. Die Uno beschließt die strafrechtliche Verfolgung der für Kriegsverbrechen Verantwortlichen im ehemaligen Jugoslawien.

117

1. Februar. Schweden, Norwegen, Finnland und Österreich – allesamt Mitglieder der Europäischen Freihandelsassoziation (EFTA) – nehmen die Beitrittsverhandlungen zur EU auf.

5. März. Michal Kovač, ein unabhängiger ehemaliger Vertrauter des Ministerpräsidenten Vladimír Mečiar, wird Präsident der Slowakei.

März. Ein Uno-Konvoi erreicht die belagerte bosnische Stadt Srebrenica.

März-April. Die schwedische Mitte-Rechts-Regierung unter Carl Bildt setzt besonders im Sozialbereich massive Kürzungen der öffentlichen Staatsausgaben durch.

12. April. Die Nato beginnt mit der Durchsetzung einer Flugverbotszone über Bosnien.

20. März. Der russische Präsident Boris Jelzin versucht eine »Spezialregierung« (befristete Präsidialregierung) zu erlassen, die effektiv das Parlament bis zu Neuwahlen außer Kraft setzen würde.

29. März. Eine neue Mitte-Rechts-Regierung in Frankreich unter Ministerpräsident Édouard Balladur. »Kohabitation« mit dem sozialistischen Präsidenten François Mitterrand.

April. Referendum über politische Reformen in Italien. Präsident Scalfaro beauftragt nach dem Rücktritt Giulio Amatos den parteilosen Carlo Azeglio Ciampi, Gouverneur der Zentralbank Italiens (*Banca d'Italia*), mit der Regierungsbildung. Der christdemokratische Politikveteran Giulio Andreotti, der siebenmal Ministerpräsident Italiens war, wird der Komplizenschaft mit der Mafia beschuldigt.

7. April. Mazedonien wird unter dem provisorischen Namen »Ehemalige jugoslawische Republik Mazedonien« trotz der Opposition Griechenlands der Uno-Beitritt gestattet.

24. April. Die holländische Regierung unter dem christdemokratischen Ruud Lubbers beschließt radikale Kürzungen der großzügigen Sozialausgaben der Niederlande.

1.-2. Mai. Die Repräsentanten der Hauptkriegsparteien in Bosnien unterzeichnen den »Vance-Owen-Plan«. Thorvalt Stoltenberg ersetzt Cyrus Vance als zweiter Vorsitzender der Uno auf einer Londoner Konferenz zum ehemaligen Jugoslawien.

5.-6. Mai. Die Versammlung der bosnischen Serben in Pale lehnt den »Vance-Owen-Plan« ab.

6. Mai. Die Resolution 824 des Uno-Sicherheitsrats erklärt Sarajevo, Tuzla, Zepa, Bihać, Goražde und Srebrenica zu »Schutzzonen«.

18. Mai. In einem zweiten Referendum stimmen die dänischen Wähler der Ratifizierung des Vertrages von Maastricht zu, nachdem ihre Regierung eine Reihe von Möglichkeiten der Nichtteilnahme ausgehandelt hat.

31. Mai. Der serbische Schriftsteller Dobrica Ćosić wird dazu gedrängt, als Präsident der Bundesrepublik Jugoslawien zurückzutreten.

6. Juni. Die Wahlen in Spanien bringen die Sozialisten unter Felipe González zurück an die Macht, wobei nur die Unterstützung der Basken und Katalanen die Mehrheit garantiert.

21. Juni. Ein Gipfel der EU in Kopenhagen legt die Grundvoraussetzungen für den Beitritt der ex-kommunistischen Staaten zur EU fest.

14. Juli. Das belgische Parlament votiert für die komplette Föderalisierung des Landes mit einem weitreichenden Übergang zur Selbstverwaltung des zu weiten Teilen flämisch-sprachigen Flandern, des französisch-sprachigen Wallonien und des gemischt-sprachigen Brüssel.

1. August. Nach geballten Spekulationsgeschäften gegen den französischen Franc werden den im Wechselkursmechanismus verbliebenen Währungen Schwankungen im Bereich von 15 Prozent über und unterhalb der Richtwährung erlaubt. Lediglich die D-Mark und der holländische Gulden bleiben in einem engeren Bereich.

2. August. Großbritannien ratifiziert den Maastricht-Vertrag.

Ende September - Anfang Oktober. Präsident Jelzin entläßt das Übergangsparlament und ruft Neuwahlen aus. Auf den Widerstand des Parlaments und eines Teils der Streitkräfte hin bombardieren und stürmen Truppen, die Jelzin loyal sind, das russische »Weiße Haus«.

3.-15. Oktober. Deutschland. Den Abend des dritten Jahrestages der deutschen Wiedervereinigung verbringe ich in den Bierzelten des Münchener Oktoberfests. Der Herausgeber eines Frauenmagazins erläutert mir, wie sehr man von den Bildern der Prinzessin Diana abhänge. Jedesmal, wenn sie auf dem Cover plaziert wird, steigen die Verkaufszahlen um mindestens 20 Prozent. Später sehe ich im Fernsehen Helmut Kohl, der in Saarbrücken auf die Wiedervereinigung anstößt. »Auf Gorbi«, ruft jemand aus der Menge. »Ja, auf Gorbi«, bestätigt Kohl. Während Gorbatschow in Rußland vergessen oder gefürchtet ist, bleibt er hier ein Held. Aber Kohl hat einen neuen Freund: Boris Jelzin.

In Bonn hastet mir der Vorsitzende der Sozialdemokraten, Rudolf Scharping, entgegen, um mir von seinen frühen Verbindungen zu Dissidenten in Polen zu berichten. Ich frage ihn, was er den deutschen Wählern erzähle, die fragen: »Wozu brauchen wir nun Europa?« Seine Erwiderung: »Ich habe nur Bruchstücke einer Antwort.« Ein Vertrauter Helmut Kohls erzählt mir, daß der Kanzler hartnäckig auf die Zustimmung der anderen EU-Staaten zum Sitz der Europäischen Zentralbank in Frankfurt drängt. In einer ostdeutschen Stadt teile ich das Podium mit einem neuen Dekan an der dortigen Universität, einem Westdeutschen. Er ist einer von der Sorte der Ewigzweiten, die im Westen nie eine solch hohe Position erreicht hätten. Hier aber kommandiert er die Ostdeutschen herum wie ein hoher britischer Kolonialbeamter im Indien des 19. Jahrhunderts. Er läßt die Ostdeutschen unter den Anwesenden kaum

119

zu Wort kommen. Deutschland feiert eine weitere politische Premiere: Kolonialismus im eigenen Land.

12. Oktober. Das deutsche Bundesverfassungsgericht entscheidet, daß Deutschland den Maastricht-Vertrag ratifizieren kann.

26. Oktober. Nach dem entscheidenden Sieg bei den polnischen Wahlen im September, mit einem neuen Wahlgesetz, bildet sich eine Koalitionsregierung zwischen den Ex-Kommunisten und der Bauernpartei unter Ministerpräsident Waldemar Pawlak.

29. Oktober. Die EU-Staatsoberhäupter stimmen darin überein, daß die Europäische Zentralbank in Frankfurt ihren Sitz haben und daß die Währungsunion spätestens 1999 kommen wird.

1. November. Der Vertrag von Maastricht tritt in allen Mitgliedstaaten der EU in Kraft.

1.-4. November. Amsterdam und Antwerpen. Eine Lesereise für die holländische Ausgabe meines Buches über die deutsche Ostpolitik. Zu diesem Zweck wird Flandern als ein Teil der Niederlande betrachtet. So als würde Belgien gar nicht existieren.

Sowohl in Holland als auch in Belgien sind die Niederländer besser über Deutschland informiert als die Deutschen selbst. Zugleich begegnen sie Deutschland und den Deutschen jedoch erstaunlich argwöhnisch und ängstlich. Mehrmals bekomme ich die Geschichte zu hören, nach der die Deutschen auf einer großen Veranstaltung mit einem Plakat empfangen wurden, auf dem stand: »Gebt uns unsere Fahrräder zurück!« (Während der Besatzungszeit wurden Fahrräder konfisziert.) Und wenn junge deutsche Touristen die freundlichen Bewohner Rotterdams fragen: »Entschuldigen Sie, wo ist denn bitte die Altstadt«, dann bekommen sie die bittere Antwort: »Fragen Sie Ihren Großvater.« (Die Altstadt Rotterdams wurde im Krieg von den Deutschen zerstört.)

Argwohn und Angst werden gelindert und zugleich verstärkt durch die derzeitigen Beziehungen zum übermächtigen Nachbarn. Denn die Niederländer akzeptieren schon beinah fatalistisch, daß ihre Ökonomie und damit ihr gesamtes Schicksal unlösbar mit dem von Deutschland verbunden sind; daß ihre Zinssätze automatisch denen der Bundesbank folgen; daß der niederländische Gulden bei der Währungsunion mit der D-Mark verschmelzen wird. Ein niederländischer Journalist gesteht: »Wissen Sie, letzten Endes bleibt uns nichts anderes übrig, als zu sagen: ›Wir hoffen, daß sie uns anständig behandeln!‹« Die Aufgabe des Staates ist nicht, etwas so Großartiges wie die Souveränität zu erhalten – lediglich ihre Sprache und ihre Lebensweise. Von »Gebt uns unsere Fahrräder zurück!« zu »Bitte laßt uns unsere Fahrräder«.

9. November. Die alte Brücke von Mostar wird bei Kämpfen zwischen Bosniaken und bosnischen Kroaten zerstört.

11. November. Das Uno-Kriegsverbrechertribunal wird in Den Haag ins Leben gerufen.

15. Dezember. Der britische Premierminister John Major und der irische Premierminister Albert Reynolds verlesen die »Downing-Street-Deklaration« für Frieden in Nordirland.

19. Dezember. Miloševićs Sozialistische Partei gewinnt die Parlamentswahlen in Serbien.

12. Dezember. Die ersten freien Mehrparteien-Wahlen in Rußland seit 1917. Große Stimmenanteile für die Kommunisten unter Gennady Sjuganow sowie für die rechtsextreme »Liberaldemokratische Partei« von Wladimir Schirinowski. Eine neue Verfassung wird verabschiedet, die dem Präsidenten größere Machtbefugnisse einräumt.

21. Dezember. Der ehemalige Innenminister und gemäßigte Nationalist Peter Boross wird ungarischer Ministerpräsident nach dem Tod von József Antall.

1994

1. Januar. Die »zweite Stufe« der Wirtschafts- und Währungsunion tritt mit der Gründung des Europäischen Wirtschaftsinstituts als Vorläufer der Europäischen Zentralbank in Kraft.

10.-11. Januar. Auf einem Gipfel in Brüssel leiten die Nato-Spitzen die Partnerschaft für den Frieden mit den ehemaligen Mitgliedern des Warschauer Pakts ein.

14. Januar. Die amerikanischen, russischen und ukrainischen Präsidenten unterzeichnen eine Vereinbarung, die Einzelheiten des Transfers der ukrainischen Atomsprengköpfe nach Rußland regelt.

5. Februar. Viele Tote bei einem Angriff mit einem Granatwerfer auf den Marktplatz in Sarajevo. Der Uno-Generalsekretär Boutros Boutros Ghali bittet die Nato, sich auf mögliche Luftschläge gegen die rund um Sarajevo postierten serbischen Artillerieverbände vorzubereiten.

16. Februar. Griechenland verhängt ein Handelsembargo gegen Mazedonien. Die EU bezeichnet dies als Verstoß gegen europäisches Recht.

23. Februar. Das russische Parlament beschließt eine Amnestie für alle, die an der Revolte des russischen Parlaments vom Oktober 1993 beteiligt waren.

9.-10. März. Konstituierende Sitzung des Ausschusses der Regionen der EU, gegründet mit Inkrafttreten des Vertrags von Maastricht.

14. März. Der Ministerpräsident der Slowakei, Vladimír Mečiar, tritt nach einer verlorenen Vertrauensabstimmung zurück.

18. März. Das Abkommen von Washington schafft die Föderation der Bosniaken und der bosnischen Kroaten.

26.-27. März. Die neue Partei des Wirtschaftsmagnaten Silvio Berlusconi, »Forza Italia«, gewinnt als ein Teil der »Freiheitlichen Allianz« die italienischen Parlamentswahlen.

27. März. Ein vom pro-russischen Präsidenten der Ukrainischen Krimrepublik ausgerufenes Referendum endet mit dem Votum für eine größere Autonomie der Krim.

Sieben Städte

Wien

Auf dem Weg vom Flughafen in die Stadt fahre ich an einem Café mit dem Namen Espresso Ilidza vorbei. Im Radio diskutiert ein Reporter die Einführung von Kroatischunterricht an österreichischen Schulen. Es folgt der Wetterbericht für Österreich, Ungarn, Slowenien, Kroatien und Norditalien. Ich lese die winzige *Neue Kronen Zeitung,* die wie ein Fähnchen im Zeitungshalter klemmt. Frau Klestil, die verlassene Frau von Kurt Waldheims Amtsnachfolger, versichert in einem Interview vehement, daß sie entschlossen sei, Österreichs First Lady zu bleiben. Die Operette geht weiter. Ich bin wieder in Mitteleuropa.

Später, bei der Redaktionssitzung einer anspruchsvolleren Zeitschrift, beschwert sich eine deutsche Feministin: »Die Männer im Osten sind solche Paschas.« Ja, stimmt ein Kollege zu, sie könnten ein bißchen »re-education« gebrauchen. Ich erlebe ein neues Mitteleuropa, in dem deutsche Feministinnen polnischen Männern »re-education« verordnen.

Und dann das Treffen der Fellows am Instiut für die Wissenschaften vom Menschen, das als Treffpunkt sogar noch das Café Landtmann in den Schatten stellt. Bronisław Geremek spricht über den Zusammenbruch des Kommunismus und die Sicherheit in Europa. Er hält die Rede eines Politikers, wägt jedes einzelne Argument für eine Aufnahme Polens in die Nato ab. Er ist eloquent wie immer, doch einige seiner Zuhörer sind irritiert. Sie hatten erwartet, daß er als Intellektueller zu Intellektuellen sprechen würde. Aber Zeiten und Rollen haben sich geändert, und Geremek hat, im Gegensatz zu vielen anderen aus der anti-kommunistischen Opposition der 70er und 80er Jahre, eine klare Entscheidung getroffen: Solange er Politiker ist, ist er Politiker.

Ich bin sicher, daß er damit recht hat. Seit 1989 hat sich in Mitteleuropa eine alte Wahrheit bestätigt. Man kann im Laufe seines Lebens Intellektueller und Politiker sein, doch sobald man versucht, beides gleichzeitig zu sein, ist man weder das eine noch das andere.

Bratislava

Vor den Kriegen – dem Zweiten und dem Kalten – konnte man von Wien mit der Tram zu einem Theaterabend in die slowakische Hauptstadt Bratislava fahren und umgekehrt. Jetzt wäre das wieder möglich, wenn die Behörden die wenigen Kilometer Schienen neu verlegen würden. Derzeit dauert die Fahrt mit dem Zug etwas mehr als eine Stunde, und man gleitet über die Grenze, als hätte es den Eisernen Vorhang nie gegeben. Zwischen sich scheinbar endlos hinziehenden, staubigen Schrebergärten entdecke ich Garagen, auf denen die Fahnen von Volkswagen und Audi wie auf Kreuzritterburgen wehen. Kichernde slowakische Schulmädchen kreischen Popsongs aus den Zugfenstern und erschrecken damit die Kleingärtner am Rand des Bahndamms. Doch das nette Mädchen mir gegenüber lernt brav aus einem deutschen Lehrbuch für Betriebsführung. Sie möchte ins Hotelfach.

Ich komme an, und die Regierung stürzt. Der populistische Premierminister Vladimír Mečiar ist durch Parlamentsbeschluß abgesetzt worden, nachdem er Präsident Michal Kovač öffentlich kritisiert hat.

In den Fernsehnachrichten am Abend sieht man den pausbäckigen, onkelhaften Präsidenten neben einem blankpolierten Kachelofen sitzen, einen großen Strauß Blumen vor sich auf dem Tisch. Von der einen Seite ragt ein großes Mikrophon ins Bild, das von einer reglosen Frauenhand mit strahlend lackierten Fingernägeln gehalten wird. Der Präsident spricht über Demokratie, Verfassungsmäßigkeit, Bürgerengagement; er hört und hört nicht auf, doch je länger er redet, desto weniger überzeugt er mich – das liegt an dieser Hand mit den lackierten Nägeln. Nach etwa fünf Minuten wird uns ein Blick auf die Reporterin gegönnt. Ihre wachsweiche Frage liefert das Stichwort für die nächste fünfminütige Predigt, die sich an eine langmütige Hand mit lackierten Fingernägeln richtet. Präsident Clinton oder Präsident Mitterrand, und auch Präsident Klestil, können von solch entgegenkommender Behandlung durch die Medien nur träumen; aber schließlich arbeiten sie ja auch in gereiften Demokratien.

Meine Bekannten sind sich uneins, ob Mečiars Absetzung positiv zu sehen sei. Sie zeigen einhellige Erleichterung darüber, daß dieser vulgäre, nationalistische Aufwiegler einen Tritt bekommen hat. Doch manche befürchten, daß sein Sturz ihm die willkommene Gelegenheit gibt, als selbsternannter Märtyrer bei den Wahlen im kommenden September wieder aufzutauchen. Immerhin hat er das schon einmal fertiggebracht, 1992, nachdem er 1991 vom Parlament gestürzt worden war. Man wird sehen.

Ich mache mich inzwischen auf die Suche nach dem alten Bratislava, das heißt nach der deutsch-ungarisch-jüdischen Stadt Preßburg, dem vormals ungarischen Königssitz Pozsony. Als ich mit einem einheimischen Journalisten durch die heruntergekommenen Straßen der Altstadt gehe, begegnen wir einem älteren Herrn in schwarzem Filzhut und elegantem grauen Mantel, um den Kragen seines leicht schmuddeligen weißen Hemdes trägt er einen Halbedelstein an einem Band. »Hier haben wir den ältesten Preßburger!« sagt mein Bekannter und stellt uns vor. Das ist Jan, Hans oder »Hansi« Albrecht, Musikwissenschaftler im Ruhestand und Sohn eines berühmten Preßburger Komponisten.

Später, bei Kaffee und Cognac, im undurchdringlichen Dämmer seiner vollgestopften Wohnung, erzählt uns Albrecht Geschichten aus dem alten Preßburg, während Kinder im verlassenen Haus gegenüber die Fenster einwerfen. (»Ja, dieses Haus gehörte früher den Esterházys«, sagt er, und klirrend geht eine weitere Scheibe zu Bruch.) Er zeigt mir das Programm von einem Konzert seines Vaters; es ist deutsch, ungarisch und slowakisch gedruckt. Das Preßburg seiner Kindheit war praktisch dreisprachig, sagt er. Jemand konnte einen ungarisch anreden, man konnte deutsch erwidern, und ein anderer schaltete sich auf slowakisch in das Gespräch ein.

Selbst nach der ersten Slowakisierungswelle, die 1918 mit der Gründung der Tschechoslowakischen Republik einsetzte, verzeichnete die Einwohnerstatistik von Preßburg noch etwa 15 000 Juden, 20 000 Ungarn, 30 000 Deutsche und 60 000 Slowaken. Erst die beiden weiteren Schübe vertrieben die Vertreter der anderen Nationalitäten bis auf einige wenige Versprengte aus der Stadt. Da war zunächst die slowakische Unabhängigkeitserklärung mit Unterstützung Hitlers im März 1939. (Vor der Slowakischen Philharmonie kann man eine jämmerliche Schar alter Männer in schäbigen Anzügen und billigen Krawatten antreffen, die den Jahrestag feiern.) Der faschistische Marionettenstaat unter Pater Jozef Tiso vertrieb die Juden und machte den Ungarn das Leben schwer.

Nach 1945 trieb dann die neue tschechoslowakische Regierung die Deutschen aus dem Land. Und schließlich, als Sinnbild für die Aufwertung, die das slowakische Bratislava nach dem sowjetischen Einmarsch in der Tschechoslowakei erfuhr, ließen die kommunistischen Behörden eine gigantische, freitragende Brücke über die Donau errichten – die »Brücke der nationalen slowakischen Erhebung« – und zerstörten damit weite Teile der Altstadt mit ihren Synagogen und dem jüdischen Viertel. An einer hohen Mauer ließen sie in großen Lettern folgende Inschrift anbringen: »Bratislava, Stadt des Friedens«.

Armes Preßburg! Hansi Albrecht, der Musikwissenschaftler, kann dem immerhin einen kulturellen Vorteil abgewinnen: Die kraftlose, dekadente Bürgerkultur der alten Habsburger Monarchie wurde mit einem Schuß rohem, slawischem Volkstum aufgefrischt. Vorherrschend ist aber das Gefühl eines großen Verlustes. Alma Münzová, eine andere charmante Überlebende des alten Preßburg, belesen, polyglott, elegant, gibt mir das Manuskript eines Vortrags, den sie kürzlich (deutsch) über die Geschichte der Stadt gehalten hat. Darin zitiert sie einen feinsinnigen alten Witz: »Wann werden die Zeiten endlich besser werden?« – »Wieso? Das waren sie doch schon.« Multikulturalismus in Mitteleuropa zu propagieren, heißt, in Richtung Vergangenheit fortzuschreiten.

Dennoch muß man sich hüten vor dem Sirenengesang der Nostalgie. Nie hat es ein wirkliches Gleichgewicht gegeben. Vor dem österreichisch-ungarischen Ausgleich von 1867 hat das österreichisch-ungarische Element das Leben Preßburgs bestimmt. Nach dem Ausgleich haben die Ungarn dort eine systematische Magyarisierung betrieben. Gegen Ende des Jahrhunderts hat dies das Mitgefühl so manchen Besuchers, unter ihnen auch des Historikers R. W. Seton-Watson, erregt, der unter dem Pseudonym »Scotus Viator« im *Spectator* darüber berichtet. Am Ende des Ersten Weltkriegs gehörte er folgerichtig zu jenen, die sich dafür einsetzten, daß die Slowakei – Nordungarn, wie man damals sagte – von Ungarn losgelöst und im neuen unabhängigen Staat Tschechoslowakei mit den tschechischen Gebieten zusammengelegt wurde.

Das ist nicht nur Geschichte, sondern hat bis heute eine unmittelbar politische Bedeutung. Als Ergebnis dieser Regelung in der Folge von 1918, bekräftigt 1945 und schließlich noch einmal in der Schlußakte von Helsinki 1975, lebt nun gut eine halbe Million Ungarn nur knapp innerhalb der slowakischen Grenze, am Nordufer der Donau. In der Tschechoslowakei waren sie eine kleine Minderheit, sie machten etwa ein Dreißigstel der Bevölkerung aus. In der Slowakei sind sie eine wesenlich größere Minderheit, das Verhältnis ist etwa eins zu zehn.

Die slowakische Regierung unter Mečiar hat sich mit geradezu mustergültiger nationalistischer Sturheit selbst vernünftigen Forderungen, etwa nach zweisprachigen Straßenschildern oder der Wiedereinführung ungarischer Namensformen, widersetzt. Auch Druck von außen, unter anderem durch den Europarat, hat nichts bewirkt. Andererseits hat der mittlerweile verstorbene ungarische Ministerpräsident József Antall erhobenen Hauptes erklärt, er wolle der Ministerpräsident von 15 Millionen Ungarn sein – das sind rund 10 Millionen innerhalb Ungarns und 5 Millionen jenseits der Grenzen. Als Tschecho- und Slowakei sich trennten, haben radikale ungarische Nationalisten sogar behauptet, daß die im Vertrag von Trianon 1920 durch die Alliierten festgelegten Grenzen, die neuen Grenzen der Tschechoslowakei und nicht jene der Slowakei gewesen seien, die demzufolge neu ausgehandelt werden müßten. Obwohl die Slowakei und Ungarn, ebenso wie die Tschechische Republik und Polen, Mitglieder der Visegrád-Gruppe sind, hat die Slowakei, man glaubt es kaum, derzeit keinen Botschafter in Budapest.

Die in der Slowakei lebenden Ungarn sind im Parlament durch eigene ungarische Parteien vertreten. Abgesehen von taktischen Abstimmungsmanövern (und interessanterweise in gewissem Maß in der ehemals Kommunistischen Partei) machen diese nicht gemeinsame Sache mit slowakischen Parteien. Es zeichnet sich leider auch keine Annäherung zwischen der ungarischen und der slowakischen Seite ab. Im Gegenteil, in einer kürzlich durchgeführten Umfrage waren 35 Prozent der Befragten dagegen, daß ungarische Parteien im slowakischen Parlament vertreten sind.

Die Lage ist besorgniserregend.

Budapest

Ich überquere die slowakisch-ungarische Grenze im sogenannten Balkan-Orient-Express. Seine rumänischen Waggons geben einen glaubwürdigen Schauplatz für einen Mord ab. Die alte Bäuerin mir gegenüber räumt dem ungarisch-slowakischen Konflikt den ihm zukommenden Platz ein. Zu dem slowakischen Grenzbeamten sagt sie auf slowakisch: »Ich bin Slowakin.« Zu dem ungarischen Beamten sagt sie auf ungarisch: »Ich bin Ungarin.« Keinem zeigt sie ihren Paß. Vielleicht gibt es ja doch noch Hoffnung für Mitteleuropa.

Ich erzähle einer ungarischen Freundin, daß ich im Hotel Gellért abgestiegen bin, jenem Art-Nouveau-Grießpudding am rechten Donauufer mit seinen majolikaverzierten Thermalbädern und den granitgesichtigen Masseuren. »Oh«, sagt sie mißbilligend, »das ist ein Forum-Hotel.« Mit fällt ein recht gutes Forum-Hotel auf der Pest-Seite ein und eben ich will fragen: »Hat Forum jetzt auch das Gellért übernommen?«, als mir klar wird, daß sie das Ungarische Demokratische Forum meint, die konservative nationalistische Partei, die seit 1990 an der Macht ist und jetzt einer Wahl entgegensieht, in der die ehemaligen Kommunisten als Favoriten gehandelt werden.

Und sie hat recht. Ich hatte vergessen, wie stark der Ton, das

Dekor, der bloße Geruch des Gellért jene besondere Ästhetik populistischer Ungarnklischees ausstrahlt. Sogar die »Bitte nicht stören«-Schilder, die man an die Tür hängen kann, sind in den Nationalfarben Rot, Weiß und Grün gehalten.

Währenddessen wimmelt es im modernen Forum-Hotel von westlichen Beratern. Die meisten von ihnen bringen hier große Summen unseres (d. i. der westliche Steuerzahler) Geldes durch, das eigentlich für den Überlebenskampf der jungen Demokratien im post-kommunistischen Europa bestimmt war. Spesenritter allesamt. Oh, schöne neue Welt, die solche Menschen hat.

Heute abend jedoch kann man – wie in einer Rückblende – an der Uferpromenade noch einmal einer Szene aus der alten Welt ansichtig werden. Eine große Menschenmenge versammelt sich auf Einladung der sogenannten Demokratischen Charta, einer kritisch liberalen Initiative – eines Anti-Forums gewissermaßen –, um gegen die Entlassung von 129 Angestellten des staatlichen Rundfunksenders zu protestieren. Das war der letzte Akt im sogenannten »Medien-Krieg« und der ziemlich unverhohlene Versuch der Regierung, den Sender während der Wahl noch weiter auf seine Seite einzuschwören. Bei Einbruch der Dämmerung zieht die Menge, in der ich einige alte Bekannte antreffe, mit ihren Fackeln malerisch am Donauufer entlang, um sich vor der Statue des Dichters Sándor Petöfi wieder zusammenzufinden.

Morgen sind es 146 Jahre, daß Petöfi, am 15. März 1848, in Budapest eine Menschenmenge auf den Weg in die »rechtmäßige Revolution« vom 14. Juli geführt hat. Morgen ist deshalb ein Nationalfeiertag, und das Forum wird ihn mit dem ihm zu Gebote stehenden ranzigen Pathos begehen. Doch heute abend sind ihnen die Liberalen zuvorgekommen. Zu Füßen des Dichters werden im Fackelschein eindringliche Reden gehalten: Für die Demokratie! Für Bürgerrechte! Für Freiheit! Oh, schöne, neue Welt, die solche Demos hat.

Während wir die vorüberziehende Menge betrachten, erzählt mir ein befreundeter Verleger von seinen Befürchtungen, daß Ungarn sich wieder einmal in zwei Nationen spaltet, die miteinander im »Kulturkampf« liegen. Redet jemand von »strukturellen Problemen«, von »diesem Land« oder »diesem Argarland«, dann weiß man sofort, daß er jenen zuzurechnen ist, die man vor dem Krieg als »Urbanisten« bezeichnete. Hört man dagegen jemand von »Schicksalsfragen«, von »meinem Land« oder »unserer Heimat« sprechen, dann gehört er ins Lager derer, die damals »Populisten« hießen. Mein Freund fürchtet, daß die Geschichte sich wiederholen wird.

Ein anderer Freund faßt seine persönliche Unzufriedenheit, seine Frustration und seine Melancholie anders zusammen. »Ich bin in einem Staat aufgewachsen«, sagt er, »von dem ich wußte, daß er ›abnorm‹ war. Als die Kommunisten und die Sowjets abzogen, dachte ich, nun würde Ungarn ein ›normales‹, das heißt ein westliches Land werden. Jetzt sind sie weg, aber es ist anders gekommen. Wir werden vom Forum regiert, und ich muß akzeptieren, daß Ungarn in vielem noch ein östliches Land ist.«

Er sucht nach einem Bild und findet es schließlich. »Da gab es eine Statue, die mit schweren Tüchern verhüllt war. Wir glaubten, daß sie schön sei. Eines Tages, nach vierzig langen Jahren, wurde sie wie durch ein Wunder enthüllt. Unsere Herzen schlugen höher, groß waren die Erwartungen. Doch dann mußten wir erkennen, daß die Statue angeschlagen und verstaubt war, und so schön war sie auch nicht.«

Prag

Eben erst wurde die schlafende Schöne Mitteleuropa von einem zärtlichen Prinzen wachgeküßt, schon zieht sie schwarze Strümpfe an und macht sich auf den Weg in die Disko. (Schließlich gehört sich das so für moderne Prinzessinnen, von Monaco bis Mayfair.) Während sich Budapest nach und nach in ein modernes Einkaufsparadies verwandelt, ein Weg, den die Stadt schon in den 70er Jahren eingeschlagen hat, ist Prag plötzlich und unvermittelt aus seinem Dornröschenschlaf erwacht. Statt des zauberischen Museums, charmant, aber im Verfall begriffen, findet man dort jetzt Farbe, Lärm, Leben: Straßentheater, Verkehrsstaus, Baustellen, Tausende junger Amerikaner – selbsternannte Hemingways oder Scott Fitzgeralds –, Millionen deutscher Touristen, Wettbüros, reservierte Parkplätze für France Telecom und die Mitsubishi Corporation, Bettler, Junkies, Spesenritter aller Nationalitäten, Alarmanlagen in Autos, schicke Bars, Gangster, Legionen von Huren, Bierstuben, Müll, Graffiti, Video-Shops und Franz-Kafka-T-Shirts. Ich betrachte diese Verwandlung mit gemischten Gefühlen. Doch ein Gang durch die Straßen mit meinem Freund Jáchym Topol, einem jungen Dichter, Romancier und Herausgeber der früheren Samisdat-Zeitschrift *Revolver Revue*, hat mich überzeugt. Der langhaarige, kettenrauchende Jáchym, ein echter Bohemien im doppelten Wortsinn, stolziert durch die Stadt und ist völlig elektrisiert von ihrer neuen Lebendigkeit. »Schau dir das an! Ist das nicht großartig?« ruft er aus, während wir beinahe unter die Räder eines vorbeirasenden Autos kommen. Die Rockgruppen schreiben ihre Songs jetzt auf englisch, sagt er. Straßenkinder benutzen das albanische Wort für Gefängnis, denn es gibt jetzt, abgesehen von der russischen und der alt eingesessenen, auch eine starke albanische »Mafia«. Und dann gibt es noch eine neue, köstliche Brötchensorte. Sie nennt sich »crazy chleba«, eine grammatische Extravaganz, die man etwa mit »Brot verrückt« übersetzen könnte.

Jáchyms neuer Roman – Döblin und Joyce im Stile Hrabals – wird kommenden Monat erscheinen, und er läuft sich die Hakken ab, um Werbung dafür zu machen. Er muß das selbst tun. Im Gegensatz zu westlichen Verlagen, deren Lebensader die Werbeabteilung ist, kennt man so etwas in hiesigen Verlagshäusern noch kaum.

Ein gängiges Vorurteil will es, daß die Tschechen die Preußen unter den Slawen sind. Sicherlich sorgen Ordnungsliebe und westliche Qualitäten Böhmens, seine Vorkriegsindustrie, die Glaubwürdigkeit von Ministerpräsident Václav Klaus in Sachen Ökonomie und vor allem seine billigen, gut ausgebildeten Arbeitskräfte dafür, daß ausländische, vor allem deutsche Investoren ins Land kommen. (Eine Facharbeiterstunde kostet den Unternehmer in Deutschland 35 Mark, in Böhmen nur 4 Mark.) Aber auch hier herrscht die typische postkommunistische Mischung aus Unternehmertum und Korruption: hohe Bestechungssummen im Zuge der Privatisierung, rätselhafte Kassenaufbesserungen bei den Parteien, eine berüchtigte Ex-Nomenklatura, die überall ihre Finger drin hat, Kriminelle, Halbkriminelle und korrupte Beamte, all dies vermittelt dem Normalbürger nicht eben ein positives Bild vom Kapitalismus und von den Politikern, die ihn predigen.

Der weitverbreitete und vielseitig verwendbare Begriff »Mafia« verweist auf das allgegenwärtige Element des organisierten Verbrechens. Das russische Wort *prikhvatizatsiya* (von *khvatat*, greifen, grabschen) erfaßt einen anderen Aspekt der postkommunistischen Szene; ebenso wie der Ausdruck »Privatisierung der Nomenklatura«. Alfred Stepan, amerikanischer Politologe und Rektor der von George Soros begründeten Central European University, bringt den Begriff »Kleptokratie« ins Gespräch, der bereits in Lateinamerika und Afrika gebräuchlich ist. Der frühere Außenminister Jiří Dienstbier spricht von einem »politischen System im italienischen Stil«. Und nicht zu vergessen, die Rolle, die den Beratern und Spesenrittern in diesem Stück zukommt. Deutsche Geschäftsleute, so habe ich mir sagen lassen, seien besonders großzügig mit ihren Bestechungsgeldern. Was wir brauchen, ist ein Wort, das diese postkommunistische Gemengelage umfassend beschreibt.

Eine Freundin, die für das Helsinki-Flüchtlings-Komitee arbeitet, fügt dem Ganzen noch ein weiteres farbiges Mosaiksteinchen hinzu.

Sie erzählt mir von einem ehemaligen afghanischen Polizeichef, der mit seiner Familie nach Moskau geflohen ist. Dort sagte man ihm, für 12 000 US-Dollar pro Kopf könne man ihn nach Deutschland bringen. Er zahlte für sich, seine Frau und die beiden jüngsten Kinder. (Wie ein afghanischer Polizeichef zu 48 000 US-Dollar kommt, kann man sich vorstellen.) Man stattete sie mit falschen Pässen aus, und sie reisten viele Stunden per Bahn, per Bus und wieder per Bahn, bis sie endlich ankamen. »Gut«, sagte ihr russischer Begleiter und führte sie in eine Bahnhofsgaststätte, »jetzt seid ihr in Deutschland«. Er verlangte die falschen Pässe und verschwand, um, wie er sagte, Bargeld zu besorgen. Natürlich ist er nie wieder aufgetaucht. Da saßen sie also ohne Papiere, ohne Geld, ohne einen einzigen Bekannten – in Deutschland, wie sie glaubten. In Wirklichkeit aber waren sie in Prag angekommen.

Als ich allein die Národní-Straße entlanggehe, fällt mir eine kleine schwarze Plakette auf, die nur das Datum 17. November 1989 verzeichnet. Sie erinnert an die Studentendemonstration, mit der die samtene Revolution begann. Doch man hat das Gefühl, dieses Ereignis läge fast ebenso lange zurück wie der Widerstand gegen die Nazi-Besatzung, an den andere Plaketten in der Stadt gemahnen.

Mehr als anderswo hat man in Prag den Eindruck, daß die vierzig Jahre sich einfach verflüchtigt haben, so als habe es sie nie gegeben. Und keiner, außer ein paar Historikern, interessiert sich für die kommunistische Vergangenheit. Wenn jemand sich überhaupt für die Vergangenheit interessiert, dann für Tomáš Garrigue Masaryks erste Republik vor 1939.

Am folgenden Tag werde ich zu Masaryks Landhaus in Lány gefahren, um Präsident Havel zu treffen. Eben von einer Grippe genesen, sitzt er mit einigen Freunden und Beratern in einem ziemlich offiziellen Salon, während es draußen im Park schüttet wie aus Kübeln. Vom Geist Masaryks belauscht, sprechen wir über Idee und Wirklichkeit in Mitteleuropa. Masaryks Definition von Mitteleuropa oder »Střední Evropa«, wie er sie während des Ersten Weltkrieges in R. W. Seton-Watsons Zeitschrift *Das Neue Europa* entwickelt hat, schloß »Lappländer, Norweger und Dänen, Finnen, Esten, Letten, Litauer, Polen und die Lausitzer, Tschechen und Slowaken, Ungarn, Serbokroaten und Slowenen, Rumänen, Bulgaren, Albanier, Türken und Griechen« mit ein – nicht aber Deutsche oder Österreicher. Zur selben Zeit hatte der liberale deutsche Politiker Friedrich Naumann eine ganz andere Vision von Mitteleuropa. Im Zentrum seines Mitteleuropa standen die Deutschen und Österreicher, die anderen hatten nur insofern teil daran, als sie Untertanen des deutschen und österreichisch-ungarischen Reiches waren.

Eine der entscheidenden Fragen des neuen »Neuen Europa« ist, ob die alten Spannungen zwischen »Mitteleuropa« und Střední Evropa sich beilegen lassen. Zu diesem Zweck hat Havel sieben Präsidenten zu einem »informellen« Treffen nach Litomyšl, dem Geburtsort des Komponisten Smetana, eingeladen. Neben den Staatsoberhäuptern der »Visegrád-Vier« (Polen, Ungarn, die Tschechische Republik und die Slowakei) und dem

Präsidenten von Slowenien, ein Land, zu dem die Tschechische Republik mittlerweile seine eigenen zaghaften Sonderkontakte knüpft (manche spötteln schon von Tschecho-slowenien), wird »L7« – wie Havels außenpolitischer Berater, Pavel Seifter, das Unternehmen zutreffend getauft hat – noch den österreichischen Präsidenten Klestil und Havels guten Freund und scheidenden deutschen Bundespräsidenten, Richard von Weizsäcker, hinzuziehen. Das Datum des Treffens wird auf den Geburtstag des Letztgenannten fallen.

Die Teilnahme der Deutschen wird nicht zuletzt bei Franzosen und Italienern die Augenbrauen in die Höhe schnellen lassen, doch ich halte sie für unabdingbar. Auch wenn Deutschland nur »mit einem Bein« in Mitteleuropa steht, wie Havel es formuliert, so ist es doch das dickste Bein. Es gibt hier eine lebhafte Debatte über die Stellung Deutschlands in Ost-Mitteleuropa, und in Deutschland gibt es eine ebensolche Debatte über Ost-Mitteleuropa. Wichtig ist, daß beide Debatten sich vernetzen.

Ich frage Havel, wann er seinen grundlegenden Essay über Intellektuelle und Politiker schreiben wird. Sobald ich nicht mehr Präsident bin, kommt prompt die Antwort.

Zurück in Prag besuche ich einen anderen Freund, Petr Pithart, einen hochgeachteten oppositionellen Intellektuellen und Politiker, der 1990 Ministerpräsident der Tschechischen Republik wurde, jetzt aber – zu seiner großen Erleichterung – wieder Intellektueller sein darf. Nachdem er hart für den Zusammenhalt der Tschechoslowakei gekämpft hat, wird er jetzt immer wieder nach Belgien oder Quebec eingeladen, wo man von ihm erfahren will, wie man eine samtene Scheidung bewerkstelligt.

Am Sonntag mache ich einen Ausflug, über schlechte Landstraßen und durch ärmliche, staubige Dörfer – hier gibt es keinen Wandel wie in Prag – zur Burg Častolovice im Nordosten Böhmens. Diana Phipps, geborene Sternberg, hat die Burg gemäß dem sogenannten »Rückerstattungs«-Gesetz zurückerhalten. Nicht viele der großen Familien des böhmischen Adels kamen für diese Rückerstattung in Frage, denn Bedingung ist, daß sie im Februar 1948 zur Zeit der kommunistischen Machtübernahme noch dort waren. Viele, die die Zeichen der Zeit erkannten, waren damals bereits geflohen. Und von denen, die in Frage kommen, haben bei weitem nicht alle ihr Eigentum zurückgefordert, denn häufig sind damit enorme Investitionen mit zweifelhafter Rendite verbunden. Diana hat, nach großen Schwierigkeiten, über 3000 ha ihres Anwesens, das einst die Burg versorgte und ein großes Waldgebiet mit Herden weißer Hirsche und Wildschweinen umfaßte, zurückerhalten. Aber für Častolovices Zukunft gilt, was heutzutage mit wenigen Ausnahmen für alle Landhäuser und Schlösser dieser Welt gilt, sie hängt von den Besuchern ab, die sie besichtigen kommen.

Častolovice wird durchaus einen Besuch wert sein. Da sind der atemberaubende Rittersaal aus der Renaissance, das Speisezimmer mit den Portraits sämtlicher böhmischer Könige, die Bibliothek, die – wie Miss Havishams Schlafzimmer aus Dickens' *Große Erwartungen* – die letzten vierzig Jahre niemand angerührt hat, die verrosteten alten Waffen, die Möbel (vieles davon von anderen Standorten »rückerstattet«), die Ahnenportraits – Dianas Urgroßvater in der Pracht seiner Generaluniform in den Diensten Franz Josephs, ihr Vater, wie er während des Ersten Weltkriegs als fescher Dragoner durch einen ruthenischen Weiler galoppiert – und dann der englische Park und die von Wildschweinen behausten Wälder. All dies hat Diana mit erlesenem Geschmack und Phantasie wieder hergerichtet. Steht man mit halb geschlossenen Augen in dem großen Burghof, so meint man Graf Leopold Sternbergs Jagdgesellschaft leibhaftig vor sich zu sehen, wie sie Aufstellung genommen hat und ungeduldig auf den amerikanischen Botschafter wartet, nachzulesen in Cecilia Sternbergs bemerkenswerter Autobiographie *Die Reise*.

Hier, wie anderswo in Tschechien, sind die Einheimischen nicht sonderlich begeistert von der Rückkehr der Aristokratie. (Vielleicht gibt es hier einen Unterschied zu den traditionellen Adels-Ländern Polen und Ungarn.) Ich selbst finde es nicht nur fabelhaft – im ursprünglichen Sinn des Wortes –, sondern auch anrührend. Wie das andere Extrem – Jáchym Topols Straßenkids, die zwischen Bissen von *crazy chleba* albanische Wörter in den Mund nehmen – ist das Teil einer alle Bereiche umfassenden Rückkehr zur Vielfalt, zur Geschichte, zur Freiheit, mit allen Spannungen und Konflikten, die das zwingend mit sich bringt.

Im Vorraum zum »Museums«-Teil des Gebäudes sehen wir uns einen Schaukasten an, der noch aus der kommunistischen Periode stammt. Das Wappen derer von Sternberg zeigt einen Stern mit dem Motto *nescit occasum* – »Er kennt keinen Niedergang«. Darunter haben kommunistische Kuratoren geschrieben »Familie Sternberg (1694-1948)«, so als sei der Stern nun doch gesunken. Wir überlegen, wie man mit diesem Eintrag verfahren soll. Die vielleicht aussagekräftigste Lösung wäre es, einfach hinzuzufügen: »(1992-   )«.

Warschau

Am Abend fliege ich nach Polen, wo der Stern der Ex-Kommunisten wieder im Steigen begriffen ist. Die Maschine ist voller kreischender französischer Teenager und unermüdlich ihre Netzwerke knüpfender Berater aus Amerika, Deutschland und England. Für mich ist es nur ein Zwischenstopp auf dem Weg nach Litauen, Zeit genug, ein paar alte Freunde zu treffen.

Konstanty Gebert, der gelegentlich noch mit seinem Pseudonym aus Untergrundzeiten, Dawid Warszawski, zeichnet, lädt mich zum Essen in ein überraschend gutes China-Restaurant ein (kulinarische Welten entfernt vom alten, staatseigenen Shanghai). Lebhaft wie immer berichtet er aus Bosnien, wo er einen Großteil seiner Zeit verbringt. Wie aber, frage ich, läuft es in Polen?

»*Słuchaj, nudnie!*« erwidert er, langweilig! »Polen ist jetzt ein ganz gewöhnliches, provinzielles Land mit ganz gewöhnlichen, provinziellen Problemen.« Wir sind uns einig, daß das in der Tat eine außerordentliche Errungenschaft ist. Schließlich hätte vor 1989 keiner von langweiliger, provinzieller Normalität zu träumen gewagt. Und daß sie unter einer Regierung von Ex-Kommunisten (oder Ex-Ex-Kommunisten) weiter anhält, obgleich diese erst vor fünf Jahren ausgehebelt worden sind, hätte sich ebenfalls niemand vorstellen können.

Überall Jacketts, Anzüge und Krawatten, kaum jemand trägt noch Jeans und Pullover, die Garderobe des Untergrunds; ich komme mir beinahe *underdressed* vor.

Grzegorz Boguta, einst Volontär im Untergrundverlag Nowa, jetzt ebenfalls Krawattenträger und Leiter des Polnischen Wissenschaftsverlages (PWN), drückt mir den dort 1992 erschienenen Supplementband des Wörterbuches der polnischen Sprache in die Hand. Es enthält Wörter, die seit dem ersten Erscheinen des Lexikons 1978 ins Polnische aufgenommen wurden, und solche, die aus politischen Gründen (einschließlich kommunistischer Prüderie) daraus verbannt waren.

Hier hat man ein faszinierendes semantisches Register von fünfzehn Jahren des Umbruchs vor sich: von *aborcja* (Abtreibung, eines der kontroversesten Themen in der polnischen Politik der letzten Jahre) bis *żydokomuna* (ein verächtlicher neuer/alter Begriff für Kommunist, angeblich jüdischen Ursprungs). Unter »B« finden sich Einträge wie *beton* (»Zement«, gemeint sind kommunistische Hardliner), *bingo, bioenergoterapia, bogoojczyźniany* (einer meiner Lieblinge, bedeutet wörtlich »gottvaterlandisiert« und bezeichnete extrem fromme, patriotisch gesinnte Personen), *bolszewik, briefing* und *broker.* Der Buchstabe »V«, den es im Polnischen eigentlich nicht gibt, hat nur drei Einträge: *video* (erläutert als »wideo«), *video-* (als Präfix) und *votum separatum.*

Vilnius

Weiter geht es mit der üblichen Propellermaschine über verschneite Felder, zauberhafte Seen und verwunschene Wälder nach Vilnius. Wie Bratislava ist auch Vilnius eine Hauptstadt, die in einer Ecke ihres Landes liegt und in vieler Hinsicht untypisch für dieses Land ist. Bratislava (Preßburg, Pozsony) hat seine deutsche, ungarische, jüdische und slowakische Vergangenheit, Vilnius (Wilno, Vilna) seine polnische, jüdische und litauische. Zwei berühmte Söhne der Stadt, der polnische Dichter Czesław Miłosz und der litauische Dichter Tomas Venclova, haben Vilnius in den vergangenen Jahren ins Bewußtsein gehoben: diese herrlich verwinkelte Stadtarchitektur mit ihren Barockkirchen, Palais, Bürgerhäusern und Höfen, die sich in immer neue Höfe öffnen – »eine Stadt der Wolken, die barocker Architektur gleichen, und barocke Architektur, die aus Wolkenansammlungen zu bestehen scheint«, so Miłosz in *Die Straßen von Wilna.*

Trotzdem ist Vilnius erst von den Knien aufwärts mitteleuropäisch: Gehwege und Straßen sind voll Schlamm und Schlaglöcher im alten Sowjet-Stil. Nahe der Universität sehe ich ein Auto, dessen Hinterräder in einer metertiefen Rinne hängengeblieben sind. Ein Bekannter informiert mich, daß man bei den Behörden sogar eine bescheidene Entschädigung für derartige Unfälle einfordern kann, aber nur, wenn man in ein registriertes Schlagloch gerät.

Ein litauischer Dichter führt mich durch das jüdische Museum, das den eigenartigen Namen Jüdisches Staatsmuseum Litauen trägt. Die Ausstellung beeindruckt dadurch, daß es, hat man sie erst einmal mühsam gefunden, eigentlich nichts zu sehen gibt. Ein paar Torah-Rollen und Chanukka-Lampen, einige Drucke (»Portrait des Herrn Moses Montefiore, Lithograph, Warschau«), das ist schon so ziemlich alles. Bruchstücke von Bruchstücken einer untergegangenen Welt. »Wir zählen darauf, daß die Besucher uns sagen, was wir daran haben«, sagt der Dichter. Im Besucherbuch dankt ein junger Deutscher dem Museum, daß es ihn an »unsere schlimme, schlimme Geschichte« erinnert habe.

Unweit davon, am Gedimino-Boulevard, gibt es eine andere Ausstellung anzusehen. Im Keller des Gebäudes, das bis vor drei Jahren das Hauptquartier des KGB war, kann man die Zellen besichtigen. Ein ehemaliger Insasse, Stasys Katauskas, führt mich herum. Auf polnisch, mit dem typisch litauisch gerollten »l«, erzählt er mir, wie er 1946 verhaftet wurde, weil er ein Radiogerät zu anti-sowjetischen Partisanen geschmuggelt hat. Dann macht er mit mir den Rundgang, so als wäre ich selbst eben verhaftet worden: zuerst die Leibesvisitation, dann eingesperrt werden in einen winzigen, fensterlosen Wandschrank, dann die Registration mit Foto und Fingerabdruck (die Originalrequisiten sind noch zu sehen), und schließlich die Zellen. Der KGB hat sie weißeln lassen, bevor er das Gebäude räumte, doch der Verein ehemaliger Gefangener hat einen Gemälderestaurator beauftragt, die Farbe Schicht für Schicht wieder abzutragen. Auf einem halben Quadratmeter wurden zwanzig sorgfältig numerierte Schichten freigelegt: so viele hoffnungslose Botschaften, so viel Schmutz, so viel Blut haben diese Wände gesehen. Am Ende des Ganges liegt die eiskalte Zelle für die Isolationshaft, und – größter Schrecken – ein Raum, der dick mit wattierter Leinwand ausgeschlagen ist: die Folterkammer, in der die Blutspuren noch sichtbar sind.

Für feinsinnige westliche Ohren mag der litauische Nationalismus oft schrill und krude klingen. Geht man aber durch diesen Keller und vergegenwärtigt sich, wer dieses Gebäude nacheinander bewohnt hat – zaristischer russischer Gerichtshof, polnischer Gerichtshof, NKWD, Nazi-Sicherheitsdienst, KGB –, und betrachtet man die körnigen Fotos der Partisanen an den Wänden, so bekommt man ein besseres Verständnis für die traumatischen Erfahrungen, aus denen dieser rohe und naive Nationalismus sich speist.

Doch man sagt mir, daß nach der ersten großen Welle des Erinnerns und Trauerns und nach den Siegesfeiern am Ende des Unabhängigkeitskampfes die meisten jungen Litauer, ja vielleicht die meisten Litauer, nicht länger zurückblicken möchten, sei es im Leid, im Stolz oder im Zorn. Sie haben, nachdem sich die anti-kommunistische Regierung der Patrioten unter Vytautas Landsbergis als unfähig erwiesen hat, ehemalige Kommunisten ins Parlament gewählt. Sie sind mit den Chancen und Problemen des Heute befaßt, mit der allgegenwärtigen Mafia, mit Autodiebstählen und Schutzgeld-Kriminalität, mit den sogenannten Geschäftsleuten, die sich Politiker und eine wohlmeinende Presse kaufen, mit Politikern, die sich am Staatshaushalt und am Privatisierungsprozeß bereichern. (Wieder einmal fehlt mir der passende Begriff für dieses komplexe Phänomen.)

Ich besuche einige Politiker in dem Parlamentsgebäude, das die Bürger von Vilnius 1991 gegen die Sowjet-Armee verteidigt haben. Einen Teil der Beton- und Stacheldraht-Barrikaden hat man zum Andenken stehengelassen; sie wirken wie die Überbleibsel

139

der Berliner Mauer. Innen erläutert ein Berater der aus Ex-Kommunisten bestehenden Regierungsmannschaft die Optionen litauischer Außenpolitik: entweder die »Nordroute« nach Europa, über Schweden und Dänemark, oder den »westlichen« Zugang über Polen und Deutschland. Interessanterweise favorisieren viele Litauer die Nordroute, vor allem, weil man damit Polen umgeht, das hier noch immer als der historische Unterdrücker angesehen wird.

Romualdas Ozolas, ein kleiner, drahtiger, leicht erregbarer Parlamentsabgeordneter der Opposition, hat in seinem Büro den blau-gelben Sticker der Europäischen Gemeinschaft an der Wand. »Mein Land Europa«, steht darauf. Entspricht das seinen Gefühlen? »Ja«, erwidert er in gebrochenem Deutsch, »genau!« Und was ist das für ein Europa? Sein Büro durchmessend bellt er mir die definitive Antwort zu: »Europa ist ... nicht Rußland!« Nun, das ist eine Definition und nicht nur die im Munde von Litauern (bloß daß die Litauer naiv genug sind, sie auszusprechen).

Unsere ausufernde geopolitische Diskussion wird durch ein scharfes Klopfen an der Tür unterbrochen. Ein junger Reporter des Sensationsblatts *Respublika* platzt herein und hält Ozolas, ohne lange zu fragen, einen Kassettenrekorder unter die Nase. Herr Ozolas äußert ein paar wohlgesetzte Worte, und der Reporter verschwindet so unvermittelt, wie er gekommen ist.

Die Zeitung *Respublika* hat, nachdem das Thema Korruption allseits die Gemüter bewegt, demjenigen Politiker eine hohe Belohnung versprochen, der – entgegen ihren gründlichen Recherchen – beweisen kann, daß er oder sie nicht bestechlich ist. Weil daraufhin nicht gerade ein Ansturm an aufrichtigen Politikern einsetzte, ist die Zeitung dazu übergegangen, selbst Kandidaten zu nominieren, angeblich auf der Basis von Leserumfragen. Auch Herr Ozolas zählt zu den Auserwählten. Soeben hat er diesem jungen litauischen Woodward & Bernstein auf seine Nachfragen hin erklärt, daß er an solchen freundlichen Angeboten nicht interessiert sei. »Ich sage«, erklärt er mir, »ich nicht nehme, weil ich habe Auto gekauft.« Nach einigen klärenden Fragen erfahre ich, daß er sich, wie andere Abgeordnete auch, ein Auto zu einem subventionierten Preis verschafft hat.

St. Petersburg

Endlich, nach langer, frösteliger Wartezeit startet die Propellermaschine der litauischen Fluggesellschaft. Mit Sicherheitsdurch-
sagen oder »Hier spricht Ihr Kapitän« hält man sich nicht auf.
Der Notausgang in meiner Nähe klappert wie ein loses Schutz-
blech.

   Doch am St. Petersburger Flughafen erwartet mich eine Volvo-
Limousine und bringt mich ins selbst nach westlichen Maßstäben luxuriöse Grand Hotel Europe, ein schwedisch-russisches
Joint-venture. »Man hat sich bemüht«, beteuert die Roomcard,
»eine bis ins kleinste Detail echt russische Atmosphäre zu schaffen, die gleichwohl jeden modernen Service und Komfort bietet.« Echt russische Atmosphäre, daß ich nicht lache!

   Der Kontrast zur Stadt jenseits des Hotelportals könnte krasser nicht sein. Hier trottet eine ärmlich gekleidete Bevölkerung
mürrisch die matschigen Gehwege entlang – obwohl es manche
gibt, die anhalten und der seltsamen russischen Sitte frönen, im
Schnee Eis zu essen. Die Fassaden wirken seit meinem letzten
Besuch im damaligen Leningrad noch schäbiger, aber das mag an
der Jahreszeit liegen. Was neu ist, ist die starke Zunahme der
Straßenhändler, Hausierer, Schieber und Bettler.

   Ich nehme an einer, wie sich herausstellt, hochinteressanten
Konferenz teil, die der in Hamburg beheimatete Bergedorfer
Gesprächskreis organisiert hat und zu der der deutsche Verteidigungsminister und der stellvertretende russische Verteidigungsminister geladen sind. Zwei Dinge fallen mir besonders
auf. Erstens, daß im Gegensatz zu Westeuropa, wo der historische Bezugspunkt die Zeit vor 1939 ist, hier auf die Periode vor
1917 referiert wird. Das kann man bis in die Garderobe und Eti-
kette hinein verfolgen. Der smarte Berater des russischen Mini-
sters sieht aus wie aus einem Gemälde mit Offizieren des Ersten
Weltkriegs. Die deutschen Militärs dagegen wirken wie Manager in Uniform.

   Der andere, ernster zu nehmende Punkt ist, daß es selbst Russen, die ich als liberal kenne, emotional wie intellektuell so
schwerfällt, den Verlust ihres Reiches zu verkraften. Obgleich
der Westen im allgemeinen und die Regierung Clinton im be-

sonderen alles getan hat, um eine Kränkung à la Versailles zu vermeiden, fühlen sie sich dennoch gedemütigt. In diesem, wie auch in anderen Punkten, haben wir tatsächlich ein »Weimarer Rußland« vor uns.

Der entscheidende psychologische Test sind nicht die baltischen Staaten – wenngleich Rußlands Beziehungen zu ihnen sich schwierig genug gestalten, besonders in Hinblick auf die dort lebenden russischen Minderheiten und die russische Militär-Exklave Kaliningrad. Der Testfall ist die Ukraine. Beim besten Willen können sich die meisten Russen, mit denen ich sprach, nicht mit dem Gedanken befreunden, daß die Ukraine wirklich ein selbständiger Staat sein kann.

An einem Abend gibt Bürgermeister Sobchak einen großartigen Empfang im Yusupov-Palast mit seinen in Onyx, Marmor und geprägtem Leder ausgestalteten Räumen, dem in Weiß und Gold gehaltenen Ballsaal und dem eigenen kleinen Theater, komplett mit Plüschsitzen, Rang und Familienloge. Nach den üblichen Programmpunkten – *zakuski*, Wodka und Reden – werden wir in den Raum hinuntergeführt, wo Prinz Feliks Yusupov und seine Verschworenen versuchten, Rasputin zu vergiften. Ein Wachsmodell des schmierigen Mönchs sitzt am Tisch, vor sich den geliebten süßen Wein und Süßigkeiten, während ein glattrasierter junger Prinz zuschaut. Eine schick gekleidete Führerin, in eine Wolke von Parfüm und Nationalstolz gehüllt, erläutert uns die Szene in all ihren grausigen Einzelheiten: wie das Gift nicht ausreichte, um den bärenstarken Rasputin hinzuraffen, wie er sich hinaus in den Hof schleppte, wie die Verschwörer ihn dort erledigten, wie sie den Leichnam wegbrachten (oder es vielmehr nicht schafften). Sein Geist, so hat man den Eindruck, hat noch immer keine Ruhe gefunden.

(März 1994)

Chronik

1994

1. April. Ungarn wird der erste ex-kommunistische Staat, der sich um die Mitgliedschaft in der EU bewirbt.

April. Bosnische Serben greifen die Uno-»Schutzzone« Goražde an. Die ersten Luftangriffe der Nato werden eingestellt, nachdem die bosnischen Serben Uno-Truppen bedroht haben.

26. April. Die USA, Großbritannien, Deutschland und Rußland bilden die Kontaktgruppe zur Koordination ihrer Politik gegenüber dem ehemaligen Jugoslawien. Der polnische Präsident Lech Wałęsa besucht Litauen, wo er einen Freundschafts- und Kooperationsvertrag unterzeichnet.

6. Mai. Königin Elizabeth II. und Präsident François Mitterrand eröffnen den Kanal-Tunnel zwischen Großbritannien und Frankreich.

11. Mai. Silvio Berlusconi wird Ministerpräsident Italiens.

17.-19. Mai. Mailand: so reich, so schön seine Frauen, so elegant seine Männer, grandios sein Essen. Ich bin hier auf Einladung meines Verlages, Mondadori, eines Unternehmens im Besitz von Berlusconi, wobei sich die politischen Einstellungen der Verleger, die ich treffe, dennoch deutlich von seinen unterscheiden. Einige Eindrücke von der Krise, die das gesamte politische System Italiens schüttelt. Mein Verleger erzählt mir: »Weißt du, wir wußten von Politikern in Rom soviel, wie wir von Wildschweinen in den Wäldern der Toskana wußten.« Sie waren seltsame, ferne Geschöpfe, Anwälte aus dem Süden und Geschäftemacher aus Rom. »Aber jetzt plötzlich sind sie reale Personen – sogar Personen, die wir persönlich kennen.«

Berlusconi, erzählt man mir, habe seinen raketenhaften Aufstieg in die italienische Politik durch die Durchführung breit angelegter und ausgeklügelter Meinungsumfragen eingeleitet. Nachdem er herausgefunden hat, was die Leute wollen, hat er es ihnen in Glitzerpapier verpackt angeboten und mit den neuesten Werbetechniken über seine Fernsehkanäle verkauft. Es ist fast eine Parabel – oder vielleicht eher eine Parodie? – der gegenwärtigen Fernsehdemokratie.

Man nimmt mich mit zu einer Fernseh-Talkshow, bei der es um die Frage geht, ob es eine Verbindung zwischen dem derzeitigen Erfolg des Fußballklubs AC Mailand, im Besitz von Berlusconi, und dessen Erfolg in der Politik gibt. Ist Politik wie Fußball? Der Moderator, selbst ein Linker, legt eine Parallele nahe. Der Erfolg Berlusconis im Fußball, merkt er an, liege an seinem Kauf von Spielern ...

20. Mai. Die Krimversammlung stimmt einer verbindlichen Souveränitätserklärung zu.

20.-23. Mai. Sintra, Portugal. Byrons »Eden«. Ein maurisches Schloß, phantastische Villen und exotische Bäume, deren Wipfel im Nebel der Berghänge verschwinden. Was hält dieses kleine Land am westlichsten Ende Europas, dem der Weg von der Diktatur zur Demokratie durch die Perspektive und schließlich durch die Realität des Beitritts zur EG erleichtert wurde, davon ab, dasselbe für die kleinen, zerbrechlichen neuen Demokratien in den östlichen Nebeln zu tun? Die Antwort ist in etwa: »Wir würden sie schrecklich gerne unterstützen, solange es uns nichts von dem Geld kostet, das wir von der EU bekommen.« Von dem Geld, das beispielsweise für die Autobahn verwendet wurde, die wir auf unserem Weg nach Lissabon gebaut haben.

Und wenn es schon einmal ums Geld geht, die Portugiesen sind entschlossen, ein Gründungsmitglied der Europäischen Währungsunion zu werden. Aber wird nicht die Teilnahme einer Währung wie der ihrigen bedeuten, daß die neue Einheitswährung weicher als die D-Mark sein wird? »Ja«, sagt der ehemalige Finanzminister. »Und das ist genau das, was wir wollen.«

23. Mai. Roman Herzog wird als Nachfolger von Richard von Weizsäcker zum deutschen Bundespräsidenten gewählt.

26.-27. Mai. Die Gründungskonferenz für einen Stabilitätspakt in Europa wird in Paris abgehalten.

27. Mai. Alexander Solschenizyn kehrt nach Rußland zurück.

29. Mai. Der ehemalige Staatschef der DDR, Erich Honecker, stirbt in Chile. In Ungarn gewinnen die ehemaligen Kommunisten, umbenannt in Sozialisten, die Parlamentswahlen.

30. Mai. Eine neue Währung, der Kuna, wird in Kroatien und in den kroatisch kontrollierten Gebieten Bosniens eingeführt.

1. Juni. Teillegalisierung der Euthanasie in den Niederlanden.

6. Juni. Politiker und Veteranen gedenken des fünfzigsten Jahrestages der »D-Day«-Landung in der Normandie. Die Deutschen werden zur Teilnahme nicht eingeladen.

Väter und Söhne

Wie so viele englische Kinder meiner Generation bin ich mit D-Day-Geschichten und Kriegserinnerungen aufgewachsen. Als ich sechs oder sieben war, las mir meine Mutter die Urkunde zur Verleihung des Military Cross an meinen Vater vor: »Er landete am 6. Juni 1944 mit der ersten Angriffswelle des Sechsten Bataillons der Green Howards, und in den harten und pausenlosen Kämpfen um den Brückenkopf Normandie bewies er Mut und Furchtlosigkeit ... Seine Führung, seine Tapferkeit und sein Pflichtbewußtsein während der gesamten Schlacht verdienen höchste Anerkennung ...« Trotz ihrer Formelhaftigkeit rühren mich diese Worte heute noch genauso wie damals.

Als meine eigenen Kinder etwa im selben Alter waren, habe ich sie vor dem D-Day-Museum in Bayeux auf einen Panzer gesetzt und ihnen erzählt, wie ihr Großvater kämpfte, um Europa vom Nazismus zu befreien. Nur wenige Erfahrungen sind so befriedigend wie jene, Geschichte voller Stolz an die nächste Generation weitergeben zu können. »This story shall the good man teach his son ...« Es ist eine Erfahrung, die viele polnische, aber nur wenige deutsche Freunde mit mir teilen. Zwar kämpften auch deren Väter oftmals mit bewundernswertem Mut, doch sie taten es für eine verabscheuenswürdige Sache. Ausnahmen sind die tapferen Männer und Frauen, deren Andenken Deutschland am 20. Juli ehrt, wenn sich Graf Stauffenbergs Attentat auf Hitler zum fünfzigsten Male jährt.

Doch die seitdem vergangenen fünfzig Jahre geben Deutschland manchen Anlaß zu stillem Stolz. Letzte Woche nahm ich meinen ältesten Sohn Thomas, zehn Jahre alt, zu einem Besuch bei seinem Patenonkel in Berlin mit. Thomas' Patenonkel, Werner Krätschell, ist Pfarrer in Ostdeutschland und ein Mann mit einer bemerkenswerten Geschichte. Als Ostdeutschland im August 1961 durch den Mauerbau vom Westen abgeschnitten wurde, befand sich Werner gerade auf Urlaub im Westen. Er entschloß sich zu einem ungewöhnlichen Schritt. Während Tausende Ostdeutscher versuchten, noch wegzukommen, ging er zurück. »Die Menschen dort werden mich brauchen«, sagte er. Wie recht er doch hatte. 28 lange Jahre hat Werner dann tapfer und pflichtbewußt getan, was in der Macht eines Kirchenmannes steht, um die durch das kommunistische Regime verursachten Leiden zu lindern. Auch dies eine Geschichte, die ein guter Mann seinem Sohn zu erzählen hätte.

Thomas kann stolz sein auf seinen Großvater und seinen Patenonkel. Das ist ein guter Anfang. Doch erweitert man das Argument vom Individuum auf das Kollektiv, von der Einzelperson auf die Nation, dann liegen die Dinge gleich viel komplizierter. Viel von unserem britischen Nationalstolz ziehen wir nach wie vor aus unserem Beitrag zur Niederschlagung des Nazismus, und man sieht darin nicht nur eine Niederlage Hitlers, sondern auch eine Niederlage Deutschlands. Sein Geschichtslehrer an der Dragon School in Oxford wird Thomas die komplexe Wahrheit nahebringen. Daß es nämlich die Rote Armee war, die das Rückgrat der deutschen Wehrmacht gebrochen hat, eine Truppe also, die ebenfalls im Dienste eines Tyrannen stand. Doch in der Erinnerung der Briten ist es »the longest day« und »the finest hour«.

Doch wenn man die berühmte Äußerung Churchills heute wieder liest – »und wenn das britische Commonwealth und das Empire noch tausend Jahre bestehen, so werden die Menschen immer noch sagen: ›This was their finest hour‹« –, so scheint sie einen düsteren Beiklang zu haben: Es kommen nicht viele »beste Stunden« mehr nach. Ich finde es ein wenig beunruhigend, wenn man von einem Schuljungen der 90er Jahre erwartet, daß er seinen Nationalstolz auf Errungenschaften gründet, die fünfzig Jahre zurückliegen, so als sei inzwischen nichts Bedeutendes erreicht worden. Aber natürlich stellt er Fragen. Was ist denn mittlerweile passiert? Welches ist das reichere, das mächtigere Land, Deutschland oder England? Welches hat die stärkere Währung? Und es ist nicht ganz einfach, dem strapazierten Klischee – wenn auch nicht in der Formulierung, so doch in der Sache – auszuweichen, das da lautet: »England hat den Krieg gewonnen, Deutschland aber den Frieden.«

Deutschland hat ein anderes Problem, oder besser gesagt, es ist die Kehrseite derselben Medaille. Die Unstimmigkeiten, die Kanzler Kohls mögliche Teilnahme an den Feierlichkeiten zum fünfzigsten Jahrestag des D-Day auslösten, machten dies deutlich. Sein Pressesprecher äußerte sich, indem er bestritt, daß Kanzler Kohl niemals daran gedacht habe, mit einbezogen zu werden, folgendermaßen:»Glauben Sie im Ernst, der Bundeskanzler würde an einer Feierlichkeit zu einem Anlaß teilnehmen wollen, an dem deutsche Soldaten eine Niederlage erlitten haben?« Als der Pressesprecher diese Äußerung erläuterte, fügte er hinzu, daß der Kanzler ja auch den deutschen Sieg von 1870 nicht zu feiern gedenke. Hier sehen wir im Kern die Ambivalenz einer Befreiung, die gleichzeitig eine Niederlage ist.

Mein Vater, der sich, während ich dies schreibe, wieder einmal in die Normandie aufgemacht hat, fand, die Deutschen sollten nicht zu den Gedenkfeiern der Veteranen eingeladen werden. Ich meine, den Veteranen steht eine solche Haltung zu. Sie haben ihr Leben riskiert, damit andere, die Deutschen inbegriffen, frei wurden. Die Entscheidung liegt bei ihnen. Doch da die Gedenkfeiern gleichzeitig ja von den heutigen Staaten vollzogen werden, finde ich, daß man hier eine Gelegenheit verpaßt hat.

Eine verpaßte Gelegenheit vor allem für Deutschland. Hätte man den deutschen Bundespräsidenten, Richard von Weizsäcker, in irgendeiner Weise hinzugebeten – und als Staatsoberhaupt wäre er der richtige Adressat für eine solche Einladung gewesen –, dann hätte man ihm Gelegenheit zu einer weiteren großen Rede gegeben, vergleichbar mit jener, die er zum vierzigsten Jahrestag der Kapitulation im Mai 1985 gehalten hat.

Diese Rede wäre wohl die Erklärung geworden, daß die Niederlage der deutschen Truppen auch für die besiegten Soldaten eine Befreiung bedeutete. Daß alles, was in Deutschland in den vergangenen fünfzig Jahren erreicht worden ist – Sicherheit, Wohlstand, Demokratie und schließlich die Einheit – mit dieser totalen Niederlage und bedingungslosen Kapitulation begann und auf ihr aufbaute und daß sie den Weg zu ziviler Genesung ebnete. Daß, auf eine kurze Formel gebracht, die Niederlage Deutschlands letztlich einen Sieg für Deutschland bedeutete. (Der Bundespräsident hätte noch hinzufügen können, wäre aber wohl zu diplomatisch gewesen, es zu tun, daß Rußland heute vor einer ähnlichen Frage steht: War das Ende des Kalten Krieges eine Niederlage für Rußland oder nur für den Sowjetkommunismus? – Darin aber mehr dem Deutschland von 1918 vergleichbar als dem von 1945. Für Rußland, mehr noch als für die Weimarer Republik, bleibt die militärische Option nach wie vor bestehen.)

Am Ende seiner großen Rede hätte der Bundespräsident erklärt, warum das Andenken daran auch für ein vereinigtes Deutschland, das reichste und mächtigste Land in Europa, nach wie vor wichtig ist. Wenn England in der Gefahr ist, sich zu sehr auf eine Vergangenheit zu beziehen, die oft idealisiert und in rosigen Farben dargestellt wird, so gilt für Deutschland das Gegenteil.

Das öffentliche Gedächtnis der alten, noch nicht vereinigten Bundesrepublik beschäftigte sich geradezu obsessiv mit der Nazi-Vergangenheit. Alles was Bonn tat, wurde im Licht der »Vergangenheit« gesehen, und damit waren die zwölf Jahre Hitler-Diktatur gemeint. Doch auch damals schon ging das private Gedächtnis andere Wege. James Fenton hat es in seinem Gedicht *Ein Deutsches Requiem*, das in den 70er Jahren entstand, als er in Berlin lebte, treffend festgehalten: »Wie tröstlich, ein- oder zweimal im Jahr / zusammenzukommen, um die alten Zeiten zu vergessen.« Und weiter: »Doch komm. Trauer muß sich ausleben? Schuld aber auch.«

Mit der Vereinigung ist der Ruf nach dem »Genug ist genug« lauter geworden. Deutschland hat seine Sünden während der vierzig Jahre seiner Teilung abgebüßt, wobei auf den Schultern von Ostdeutschen wie Werner Krätschell ein überproportional großer Teil lastete. Man kann schließlich nicht ewig in Sack und Asche gehen. Worauf sich die neue, die Berliner Republik konzentrieren muß, ist der Aufbau von Europas Zukunft. Und die deutsche Vergangenheit besteht nicht nur aus diesen zwölf Jahren. Es gibt andere Aspekte deutscher Geschichte, vor 1933 und nach 1945, einige wenige sogar zwischen diesen beiden Daten, die die Deutschen mit Stolz, ja sogar mit Patriotismus erfüllen können.

Diese Haltung ist nicht bloß verständlich, sie ist nur recht und billig – bis zu einem gewissen Punkt. Die außerordentlich prekäre Aufgabe für Deutschlands politische, intellektuelle und geistige Führung besteht darin, ebendiesen Punkt zu bestimmen.

Einer jener Aspekte der Geschichte, der meiner Meinung nach bereits dabei ist, im Orkus des Vergessens zu verschwinden, ist der spezifisch britische Anteil nicht nur an der Befreiung Deutschlands von der Nazi-Herrschaft, sondern auch am Wiederaufbau dessen, was sich nach 1945 zu Westdeutschland entwickelte, an der Verteidigung Westberlins und der sicheren Position, von der aus die Bundesrepublik ihre eigenen Kontakte zum Osten aufbauen konnte. Ich bin verblüfft, wie die öffentliche Diskussion in Deutschland die drei West-Alliierten bereits weitgehend auf zwei reduziert, nämlich auf Frankreich und die Vereinigten Staaten. (Deutsche Politiker und Beamte werden dies pflichtschuldig, wenn auch wenig überzeugend, bestreiten.)

Dies liegt zum Teil daran, daß Frankreich und die USA es verstanden haben, die angemessene Erinnerung an den Krieg wachzuhalten und gleichzeitig Zeichen der Versöhnung auszusenden – wie etwa die »Eurocorps«, in deren Reihen am 14. Juli in Paris auch deutsche Truppenverbände mitmarschieren. Mehr noch, Frankreich und die USA scheinen beide ein Konzept über eine künftige Zusammenarbeit mit Deutschland in Europa zu haben, während Großbritannien das nicht hat. Hier werden britische Politiker protestieren, wenn auch wenig überzeugend.

1944 hatte Großbritannien eine Europapolitik: Es wollte Europa so weit wie möglich befreien und wiederaufbauen helfen. Fünfzig Jahre später hat Großbritannien weder eine Europapolitik noch eine Vorstellung von dem Platz, den es in Europa einnehmen könnte. Wenn wir so weitermachen, wage ich nicht, daran zu denken, was meine Söhne später ihren Kindern erzählen können.

(D-Day 1994)

Chronik

1994

9. und 12. Juni. Direktwahlen zum Europäischen Parlament.

12. Juni. In einem Referendum unterstützen 66,4 Prozent der österreichischen Wähler den Beitritt ihres Landes zur EU.

22. Juni. Rußland unterzeichnet das Abkommen zur Partnerschaft für den Frieden mit der Nato.

24. Juni. Die Uno billigt den Aufmarsch russischer »Friedenstruppen« in Abchasien, das sich endgültig von Georgien abgespalten hat.

24.-25. Juni. EU-Gipfel in Korfu. Unterzeichnung der Beitrittsverträge von Österreich, Finnland, Schweden und Norwegen. Ein Freundschafts- und Partnerschaftsvertrag wird mit Rußland unterzeichnet.

2. Juli. Der ehemalige albanische Präsident Ramez Alia wird wegen Machtmißbrauchs zu neun Jahren Gefängnis verurteilt.

6. Juli. Die Kontaktgruppe stellt ihren Vorschlag zur Teilung Bosniens vor, der 51 Prozent des Territoriums für die bosniakisch-kroatische Föderation und 49 Prozent für die bosnischen Serben vorsieht.

10. Juli. Leonid Kutschma, vormaliger Direktor einer Raketenfabrik, wird zum Präsidenten der Ukraine gewählt. Alexander Lukaschenko wird auf einer pro-russischen und gegen Korruption gerichteten Plattform zum Präsidenten von Weißrußland gewählt.

12. Juli. Das deutsche Bundesverfassungsgericht entscheidet, daß der Einsatz deutscher Truppen außerhalb des Nato-Gebiets verfassungsmäßig ist.

15. Juli. Jacques Santer wird zum Präsidenten der Europäischen Kommission zum 1. Januar 1995 ernannt. Bildung eines neuen ungarischen Parlaments mit den ehemaligen Dissidenten der Freien Demokraten unter dem ex-kommunistischen Ministerpräsidenten Gyula Horn. Horn verspricht eine »historische Versöhnung« mit Rumänien.

23. Juli. Tony Blair wird Parteivorsitzender der britischen Labour Party.

29. Juli. Verurteilung des ehemaligen italienischen Ministerpräsidenten Bettino Craxi zu achteinhalb Jahren Gefängnis wegen betrügerischen Konkurses. Er bleibt jedoch in Tunesien, wo er »einen schlechten Gesundheitszustand« genießt.

5. August. Die Bundesrepublik Jugoslawien verhängt eine Wirtschaftblockade gegen die bosnischen Serben.

29. August. Die baskische Terrororganisation ETA ruft 600 inhaftierte Mitglieder zum Hungerstreik auf.

29.-30. August. Die letzten russischen Truppen verlassen Estland und Lettland.

31. August. Die IRA erklärt einen Waffenstillstand in Nordirland.

1. September. Die letzten russischen Truppenkontingente verlassen Berlin und vollenden so den Abzug aus Deutschland.

6. September. Der irische Premierminister Albert Reynolds trifft den Sinn-Fein-Führer Gerry Adams und den SDLP-Führer John Hume, um über eine friedliche Lösung in Nordirland zu reden.

8. September. Die USA, Großbritannien und Frankreich ziehen ihre restlichen Truppen aus Berlin ab. Die letzten sowjetischen Streitkräfte verlassen Polen.

September-November. Nato-Mitglied Türkei droht mit einem Krieg gegen Nato-Mitglied Griechenland für den Fall, daß dieses seine Hoheitsgewässer in der Ägäis ausdehnen sollte.

1. Oktober. Vladimír Mečiars Bewegung für eine Demokratische Slowakei gewinnt die slowakischen Parlamentswahlen.

7. Oktober. Die schwedischen Sozialdemokraten gelangen zurück an die Macht, mit Ingvar Carlsson als Ministerpräsident. Ex-König Michael von Rumänien wird auf dem Flughafen von Bukarest die Einreise verweigert.

16. Oktober. Bei einem Referendum stimmen die Finnen für den Beitritt zur EU. Bundestagswahlen in Deutschland.

Intellektuelle und Politiker

Stellen Sie sich vor, ein Theaterkritiker wird plötzlich auf die Bühne geholt, um in dem Stück mitzuspielen, das er besprechen wollte. Was soll er tun? Die Besprechung schreiben und seine Mitwirkung verschweigen? Die eigene Darstellung beurteilen? In diesem seltsamen Dilemma befinde ich mich, da ich mich an den Schreibtisch setze, um diesen Essay zu schreiben. Mein Dilemma paßt aber zum Thema, wie sich zeigen wird.

Vor einigen Monaten erhielt ich einen Brief, ich sei zum Ehrenmitglied des tschechischen PEN-Clubs gewählt worden, in Anerkennung dessen, was ich für tschechische Schriftsteller in den Jahren vor 1989 getan hatte. Die Geste rührte mich. Der Brief enthielt auch eine Einladung zum 61. Weltkongreß des Internationalen PEN, der im November in Prag stattfinden sollte.

Es gibt viele gute Gründe, internationale Schriftstellerkongresse zu meiden, egal wo und wann. Doch Prag ist eine Stadt, in der Schriftsteller und Intellektuelle – besonders die zahlreichen mit Verbot belegten, nur im Samisdat oder im Westen publizierten – bis 1989 von einzigartiger Bedeutung waren. Die Veranstaltung sollte auf den Monat genau fünf Jahre nach der »Revolution der Laterna Magica« stattfinden.[1] Damals wurden viele Intellektuelle völlig überraschend in Machtpositionen katapultiert; manche halten sie noch immer inne, andere haben sie inzwischen wieder aufgegeben bzw. verloren. Diese typisch postkommunistischen Mutationen, Dilemmas und Ironien verdichten sich – fast archetypisch – in der Person des Schriftstellers und Staatspräsidenten Václav Havel. Das alles, dachte ich, macht diesen Schriftstellerkongreß vielleicht interessanter als andere.

So war es denn auch.

1

Beim Hinflug blätterte ich in meinem Notizbuch aus den rauschhaften Tagen des November 1989 im Laterna-Magica-Theater und rief mir die Darsteller des Stücks in Erinnerung, dessen Hauptrolle und Regie Václav Havel übernommen hatte. Unter den Visitenkarten befand sich eine, die mir jemand überreicht hatte, der seinerzeit in der Laterna Magica nur eine Nebenrolle spielte – als Wirtschaftler wurde er von den Schriftstellern, Journalisten und Historikern, die damals das Bürgerforum leiteten, für seine Sachkunde geschätzt. Die Karte liegt vor mir auf dem Schreibtisch. Ein einfacher, getippter Zettel mit der Aufschrift: »Dr. Václav Klaus, Leiter der Abteilung Makroökonomische Analyse, Institut für Prognostik, Tschechoslowakische Akademie der Wissenschaften«.

In Prag merkte ich bald, daß die Stellung der Intelligenz ein hochaktuelles Thema war, ein Thema, das wie so viele andere in der heutigen Tschechischen Republik zwischen den sozusagen magnetischen Polen der zwei Václavs, besser bekannt als Präsident Havel und Premierminister Klaus, politisiert worden war. Havel, so hieß es, fordere, die unabhängigen Intellektuellen sollten sich deutlicher zu Wort melden und die politische Debatte des Landes bereichern. Klaus, der intellektuelle Anti-Intellektuelle, stand dieser Forderung angeblich skeptisch gegenüber, aus generellen Erwägungen und weil Havel dafür war.

In den Tagen vor dem Kongreß hatte ich Gelegenheit zu einem kurzen Gespräch mit dem Premierminister. Dr. Klaus empfing mich in seinem geschmackvoll eingerichteten Büro, dekoriert mit gerahmten Ehrendoktorurkunden, Auszeichnungen und Fotos, auf denen er mit prominenten Persönlichkeiten zu sehen ist. Im Laufe der interessanten Unterhaltung, in der es vorwiegend um Europa ging, drückte er mir seine gesammelten Vorlesungen und Reden aus den letzten drei Jahren in die Hand, er hatte sie von seinem Amt tippen, fotokopieren und binden lassen. Diese Liebhaberausgabe aus des Premierministers Samisdat mit dem Titel *Die Demontage des Sozialismus – Ein Zwischenbericht* gibt beredtes Zeugnis für die typisch Klaussche Mischung aus messerscharfer Wirtschaftsanalyse und unverblümter politischer Propaganda. Hilfsbereit wies er mich auf die besten Beiträge hin.

Den PEN-Kongreß eröffnete Präsident Havel. Er begrüßte die versammelten Schriftsteller aus aller Welt »zuerst und vor allem als Kollege ... und erst in zweiter Linie als Vertreter der Tschechischen Republik« und brachte die Hoffnung zum Ausdruck, unsere Anwesenheit möge »diesem manchmal allzu materialistischen und etwas provinziellen Schauplatz wichtige spirituelle und intellektuelle Anregungen geben«. Intellektuelle hätten die Verantworung, sich »im weitesten Sinn des Wortes politisch« zu engagieren. Und nicht nur im weitesten Sinne: »Ich bat einmal einen Freund von mir, einen wunderbaren Menschen und wunderbaren Autor, ein bestimmtes politisches Amt zu übernehmen. Er lehnte ab mit der Begründung, einer müsse unabhängig bleiben. Ich erwiderte, wenn ihr das alle sagt, kann es sein, daß am Ende keiner unabhängig ist, weil es keinen gibt, der diese Unabhängigkeit ermöglicht und erhält.« Er wolle damit nicht sagen, »liebe Kollegen, ihr sollt alle Präsidenten eures Landes werden, oder euch aufmachen, eine politische Partei zu gründen«. Wir sollten allerdings »Schritt für Schritt beginnen, so etwas wie eine weltweite Lobby aufzubauen, eine spezielle Bruderschaft, eine, wenn ich so sagen darf, konspiratorische Mafia, deren Ziel es nicht nur ist, schöne Bücher und gelegentliche Manifeste zu verfassen, sondern Einfluß zu nehmen auf die Politik und ihr Menschenbild, solidarisch und auf besonnene, koordinerte Weise ...« »Politiker, zumindest die klügeren unter ihnen«, fuhr er fort, »werden eine solche Aktion nicht ablehnen, sondern im Gegenteil begrüßen. Ich zum Beispiel wäre froh, wenn in diesem Lande von meinen Kollegen eine wirklich laute, beredte Stimme zu hören wäre, eine Stimme, die sich nicht ignorieren läßt, wie kritisch sie auch sein mag, die nicht nur murrt oder esoterische Betrachtungen anstellt, sondern zu einem deutlichen Faktor in Öffentlichkeit und Politik wird.« Er schloß mit dem eindringlichen Appell an uns alle, sich für Salman Rushdie, Wole Soyinka und die bosnischen Intellektuellen einzusetzen.

Durch diese Rede gestärkt begannen die versammelten PEN-Delegierten mit der üblichen Runde aus Berichten und Resolutionen sowie mit der wichtigsten Aufgabe von allen, der Unterstützung verfolgter und inhaftierter Schriftsteller – einer Aufgabe, bei der die tschechischen Schriftsteller, selbst lange Jahre verfolgt oder inhaftiert, jetzt mitwirken konnten. Doch es war nicht zu überhören (obwohl ich nicht weiß, wie viele PEN-Delegierten es herausgehört haben), daß Havels Ansprache ebenso an das heimische Publikum adressiert war. Und sie war ein Angriff (mit gespitzter Feder) auf Klaus – die tschechischen Leser, Radiohörer und Fernsehzuschauer verstanden sofort, daß der nicht zu den »klügeren« Politikern zählte, die Kritik von seiten unabhängiger Intellektueller willkommen heißen.

Tatsächlich war in der Prager Tageszeitung *Lidové noviny* am gleichen Tag eine Kolumne von Václav Klaus zu lesen, in der er, im Namen des Liberalismus, die kürzlich gestellte Forderung einer Gruppe von Intellektuellen zurückwies, der Staat solle die Darstellung von Gewalt im Fernsehen regeln. Präsident Havel hatte den Antrag unterstützt.

Am Abend gab der Premierminister, als regelmäßiger Kolumnist und Essayist selbst Mitglied des tschechischen PEN, einen Empfang für die Delegierten. Seine Begrüßungsrede, nebenbei auch eine Antwort auf Havels morgendliche Ansprache, rief weitere Anzeichen gelinder Verwirrung bei denjenigen Delegierten hervor, die glaubten, an einem harmlosen Schriftstellerkongreß teilzunehmen. Als wir den Empfang verließen, verteilten Beamte des Ministeriums Freiexemplare von zwei Büchern von Václav Klaus (in tschechischer Sprache), als wollten sie sagen: »Seht, auch er schreibt Bücher!« Einer der Bände heißt *Warum ich konservativ bin*[2], er beginnt mit einer Hymne auf Margaret Thatcher unter der Überschrift »Inspiration«.

Am nächsten Tag fand, in einem großen Saal im Außenministerium, eine Podiumsdiskussion über »Intellektuelle, Regierungspolitik und Toleranz« statt. Prominentester Diskussionsteilnehmer war kein anderer als der Schriftsteller und Premierminister Václav Klaus. Neben ihm auf dem Podium saßen der ungarische Essayist György Konrád (selbst ehemaliger Präsident des Internationalen PEN-Clubs und einer, der ausführlich über die Rolle der Intellektuellen geschrieben hat), der tschechische Romancier Ivan Klíma, Schriftsteller aus Deutschland, Schweden und der

Türkei sowie ich selbst. Ausschnitte aus der Diskussion sollten im tschechischen Fernsehen gesendet werden. Positive Berichte über den Premierminister unter all den Intellektuellen würden zweifellos dessen Image verbessern (wenn auch nur geringfügig), was bei den bevorstehenden Kommunalwahlen nützlich werden konnte. In der Tat brach der Premierminister direkt von der Diskussion zu einer Wahlkampftour in die Provinz auf.

Von der Diskussion wurden Kopien eines Aufsatzes über Toleranz verteilt, in fünf Sprachen säuberlich gedruckt. Von wem mochte er wohl stammen? Comenius? John Locke? Voltaire? Nein, er stammte von Václav Klaus. Dieser Philosoph der Toleranz eröffnete sodann die Diskussion mit dem bemerkenswerten, knappen Statement, in einem freien Land, wie es die Tschechische Republik jetzt sei, sei die Unterscheidung zwischen »abhängigen« und »unabhängigen« Intellektuellen überholt. Die einen seien eben in der Politik, die anderen nicht. Der Rat von Experten werde immer geschätzt, doch es habe keinen Sinn mehr, von einer besonderen Rolle »unabhängiger« Intellektueller zu sprechen.

Jetzt wurde der Kritiker auf die Bühne geholt. Diese Äußerung konnte nicht unbeantwortet bleiben. Ich begann meine Erwiderung mit der Bemerkung, es sei angemessen und bewegend, das Thema »Intellektuelle, Regierungspolitik und Toleranz« in Prag zu diskutieren, wo uns tschechische – und slowakische – Persönlichkeiten einundzwanzig Jahre lang, vom Einmarsch der Sowjetunion 1968 bis zur »samtenen Revolution«, ein leuchtendes Beispiel geliefert hätten, was Intellektuelle im Widerstand gegen einen repressiven Staat vermöchten. Die Namen Jan Patocka und Václav Havel stünden für viele, viele andere, die ich gerne aufzählen würde.

Heute, fünf Jahre danach, herrschten glücklicherweise völlig andere Zeiten in Mitteleuropa. Worin bestünde jetzt die Rolle der Intelligenz? Ich erklärte, Klaus widersprechend, Unabhängigkeit sei ein entscheidendes Merkmal dessen, was einen Intellektuellen ausmache. Nicht nur in einer Diktatur, sondern gerade in einem liberalen, demokratischen Staat spiele eine unabhängige Intelligenz eine entscheidende Rolle.

Ich plädierte für ein notwendigerweise gegnerisches (aber

nicht zwangsläufig feindliches) Verhältnis zwischen unabhängigen Intellektuellen und Berufspolitikern. Die Aufgabe des Intellektuellen sei es, nach der Wahrheit zu trachten und diese so umfassend, klar und interessant wie möglich darzustellen. Der Politiker dagegen arbeite mit Halbwahrheiten. Schon das Wort Partei beinhalte »parteiisch«, »einseitig«. (Das tschechische Wort für Partei, *strana,* wörtlich »Seite«, macht dies noch deutlicher.) Die Oppositionsparteien präsentierten entsprechend die andere Seite, die andere Hälfte der Wahrheit. Wir hätten hier allerdings einen der seltsamen Fälle, wo zwei Hälften kein Ganzes ergäben.

Ein repräsentierender Präsident oder konstitutioneller Monarch mag, so merkte ich an, eine partielle Ausnahme von dieser Regel bilden. Eine solche über der Parteipolitik stehende Person könne dazu beitragen, höhere Intellektuelle oder sittliche Maßstäbe im öffentlichen Leben zu verankern. Doch als Regel gelte für einen liberalen Staat die notwendige und gesunde Arbeitsteilung zwischen unabhängigen Intellektuellen und Berufspolitikern. Womöglich sei sie ebenso wichtig wie die formale Trennung zwischen Legislative, Exekutive und Judikative. Sie sei Bestandteil der allumfassenden und lebenswichtigen kreativen Spannung zwischen Staat und bürgerlicher Gesellschaft.

Nachdem ich meinen Standpunkt zu den »Intellektuellen« erläutert hatte, ging ich kurz auf die anderen Begriffe des Themas ein, das der PEN uns zu diskutieren gebeten hatte: Regierungspolitik und Toleranz. Der freiheitliche Staat – die Gesetzgebung und die Rechtsprechung in stärkerem Maße als der exekutive Arm – könne mitunter gezwungen sein, die Freiheit der Feinde der Freiheit zu beschränken. Angenommen, ein privater Fernsehsender würde leichte Unterhaltung beharrlich mit dem Aufruf zur Ausrottung der Zigeuner verquicken, müsse ein freiheitlicher Staat dagegen einschreiten. Wenn ein Schriftsteller aus dem Ausland von der Ermordung bedroht sei wie Salman Rushdie, habe der Staat die Pflicht, ihn zu beschützen.

Darüber hinaus jedoch liege der Beitrag von Politikern zur Toleranz weniger in spezifischen Aktionen oder Programmen als in einer bestimmten Haltung, einem bestimmten politischen Führungsstil. Kein Politiker ließe sich gern kritisieren. Frau Thatcher habe sich oft über »die Medien« beklagt, ihre Epigonen von heute beschimpften die »Schwätzerklasse«, wie die derzeit gängige Bezeichnung für Intellektuelle in England laute. Doch je mehr sich die Politiker an den berühmten Satz hielten: »Ich bin nicht Ihrer Ansicht, doch ich werde Ihr Recht, diese Ansicht zu äußern, mit meinem Leben verteidigen«, desto gesicherter sei die Freiheit. In diesem Punkt, so meine These, berührten sich das Geschäft des PEN und das Geschäft des Premierministers tatsächlich.

In einem Seminar in Harvard oder Oxford würden diese Thesen vielleicht als zu simpel oder banal kritisiert, doch kaum als provokant erachtet.[3] Hier, wo sich der für seine Arroganz berüchtigte Premierminister vor den laufenden Kameras des tschechischen Fernsehens in einen seltsamen, intellektuell-politischen Ringkampf mit seinem eigenen Präsidenten verkeilt hatte, wirkten sie so.

Dr. Klaus war über meine Erwiderung alles andere als erfreut. Er wollte sofort darauf antworten. Er saß auf dem Podium und kochte, während unsere resolute amerikanische Vorsitzende erst alle anderen Teilnehmer zu Wort kommen ließ. Dann legte er los. In seinem Aufsatz über Toleranz hatte er geschrieben: »Die Verantwortung des toleranten Menschen besteht darin, anderen aufmerksam zuzuhören und sich zu bemühen, das, was gesagt wird, zu verstehen.« Als solchen Menschen erlebte ich Dr. Klaus nicht, statt dessen als scharfzüngigen politischen Redner, der bereitwillig ein Argument verdreht, um Punkte zu machen. Doch was will man von einem Politiker anderes erwarten, der zu Beginn eines Wahlkampfes vor laufenden Kameras sitzt?

Mit seinem Verhalten bestätigte er meine Thesen allerdings wirkungsvoller, als ich es selbst vermochte. Hätte er mir aufmerksam zugehört und gelassen wohlüberlegte Gegenargumente vorgebracht, dann hätte er seine eigene Behauptung, es gäbe keinen prinzipiellen Unterschied, keine klare Trennungslinie zwischen der Rolle des unabhängigen Intellektuellen und der des Berufspolitikers, brillant veranschaulicht. Er wäre als Berufspolitiker aufgetreten, der dennoch als Intellektueller unter Intellektuellen diskutiert.

Statt dessen rief er mit der ihm eigenen, höchst medienwirksamen aggressiven Larmoyanz, er fände meine Äußerungen

»unglaublich«. Er kenne mich als Intellektuellen und Essayisten, doch soeben hätte ich eine »politische Rede« gehalten. Auch hier bestätigte er, indirekt, meinen Standpunkt. Seine Kritik greift schließlich nur, wenn es tatsächlich einen prinzipiellen Unterschied zwischen der Rede eines Intellektuellen und der eines Politikers gibt, zwischen dem Umgang der Intellektuellen mit der Sprache und dem von Politikern.

Er fügte hinzu, es gäbe nichts Schlimmeres als Intellektuelle, die politische Reden vom Stapel ließen. Politiker ließen sich vielleicht nicht gern kritisieren, doch wie stünde es denn mit den Intellektuellen? Auch meine Bemerkung, Politiker »lebten in der Halbwahrheit«, fände er unglaublich. Mit diesem falsch zitierten Satz entlarvte er sich selbst. Eines der berühmtesten Leitmotive der gesamten mitteleuropäischen Debatte über Intellektuelle und Politiker ist Václav Havels Formel aus den Jahren vor 1989: »in der Wahrheit leben«. Ich hatte gesagt, Politiker *arbeiteten* mit Halbwahrheiten[4], und damit das Geschäft des hauptamtlichen Parteipolitikers beschrieben, nicht sein Leben.

Kein Politiker, der diese Bezeichnung verdient, wird im Privatgespräch ernsthaft behaupten, das, was er in einer öffentlichen, parteipolitischen Rede zu einem Thema sage, sei die volle Wahrheit. Es mag die Wahrheit sein, vielleicht sogar nichts als die Wahrheit, doch höchstwahrscheinlich ist es nicht die volle Wahrheit – sonst ist er kein erfolgreicher Parteipolitiker. Jedesmal, wenn ein Politiker zu einem Journalisten etwas »*off the record*« sagt, gibt er diese elementare Tatsache in seinem Beruf zu. *Off the record* würde Václav Klaus dies zweifellos zugestehen.

An dieser Stelle muß ich zwei Punkte erläutern, die in der anschließenden Diskussion nicht klargeworden sind – teilweise, wie ich als Kritiker anfügen müßte, durch meine eigene Schuld. Beide wurden von Ivan Klíma angesprochen, in Beiträgen, mit denen er seinem Premierminister erfolgreich Schützenhilfe leistete. Punkt eins: Klíma wehrte sich gegen die, wie er meinte, implizite Behauptung, Intellektuelle seien Politikern moralisch überlegen oder hätten die Wahrheit für sich gepachtet. Behauptungen dieser Art haben wir allzu oft zu hören bekommen, meinte Klíma, in einer Diskussion, die wir zuvor begonnen und dann privat fortgesetzt hatten.

Seht euch an, welchen Schlamassel Intellektuelle an der Macht produziert haben! Welchen Schaden sie mit ihren Utopien angerichtet haben! Und was für Ungeheuer sie im Privatleben waren. In diesem Zusammenhang erwähnte er Paul Johnsons Buch *Intellectuals*. Der Vorwurf über das Privatleben gehört wahrscheinlich am wenigsten hierher, doch am Rest ist einiges dran. Die Intellektuellen tragen als Architekten bzw. Komplizen einiger der größten politischen Verbrechen des 20. Jahrhunderts ein gerüttelt Maß Verantwortung. Wie George Orwell sarkastisch über intellektuelle *Fellow Travellers* bemerkte: »Kein einfacher Mann würde sich so zum Narren machen!«

Ich will keineswegs behaupten, Intellektuelle entsprächen hohen sittlichen, geschweige denn ideologischen oder metaphysischen Ansprüchen. Mancher Politiker ist zweifellos ein besserer Mensch als mancher Intellektuelle. Vielleicht auch intelligenter, gebildeter, kultivierter. Ich behaupte lediglich, daß die Intellektuellen eine andere Rolle haben und haben sollten, die sich entscheidend in einem anderen Umgang mit der Sprache niederschlägt. Ein Politiker, der eine parteiische, einseitige, ja von Selbstzensur geprägte Darstellung eines Sachverhalts gibt, tut seine Arbeit. Und wenn es ihm gelingt, diesen Teil als das Ganze zu verkaufen, macht er seine Arbeit gut.

Handelt ein Intellektueller ebenso, tut er seine Arbeit nicht, er versagt. Der Intellektuelle ist kein Wächter oder Hohepriester irgendeiner hochtrabenden metaphysischen, ideologischen oder pseudowissenschaftlichen Wahrheit. Er vertritt auch nicht schlicht die Gesinnungsethik gegenüber der Verantwortungsethik des Politikers, um Max Webers berühmte Unterscheidung zu bemühen. Er hat jedoch eine qualitativ andere Verantwortung für die Gültigkeit, Schlüssigkeit und Wahrheit dessen, was er in Wort und Schrift von sich gibt.

Daher kann ich Ivan Klímas zweite, in die Diskussion geworfene Frage: »Was verstehen Sie unter einem Intellektuellen?« beantworten. Ich verstehe darunter eine Person mit einer ganz bestimmten Rolle: den Dichter oder Denker, der sich in die öffentliche Diskussion über politisch relevante Themen, über Politik im weitesten Sinne einmischt, sich jedoch bewußt aus dem Kampf um politische Macht heraushält.

Damit meine ich keineswegs alle Mitglieder der »Intelligenzija« in der schwammig-soziologischen Definition, wie sie im kommunistischen Osteuropa Anwendung fand, sprich: jeder Mensch mit Hochschulabschluß. Ich meine auch nicht die »Intelligenz auf dem Weg zur Klassenmacht«, die György Konrád und Iván Szelényi in ihrem Buch von 1974 beschrieben haben[5], oder den Václav Klaus von vor 1989, Mitarbeiter der Tschechoslowakischen Akademie der Wissenschaften unter Präsident Husák. Das waren alles Intellektuelle, aber in einem anderen Sinn.

Meine Beschreibung der Rolle des Intellektuellen, die dem Weberschen Idealtyp entspricht und auch schlicht eine Idealvorstellung ist, hat jedenfalls mehr mit dem Selbstverständnis der mittel- und osteuropäischen Dissidenten vor 1989 zu tun, wie es Václav Havel damals verkörperte (der in der kommunistischen Soziologie nur knapp als Intellektueller durchging, da er keinen Hochschulabschluß besitzt und eine Zeitlang körperliche Arbeit verrichtete), mit der patriotischen polnischen, tschechischen und ungarischen »Intelligenzija« und der idealistischen vor- und antikommunistischen Interpretation ihrer eigenen Rolle. Und doch unterscheidet sich meine Beschreibung zugleich grundlegend hiervon. In den »anormalen« Verhältnissen, die in Mitteleuropa während der letzten zweihundert Jahre allerdings weitgehend die Normalität darstellten, wurden oder fühlten sich die Intellektuellen aufgerufen, andere Rollen zu übernehmen als im Westen: das Gewissen der Nation. Die Stimme der Unterdrückten. Der Schriftsteller als Priester, Prophet, Widerstandskämpfer und Ersatzpolitiker.

Seit der Befreiung von 1989 sind all diese Zusatzrollen mit verblüffender Geschwindigkeit weggefallen – ein gesunder, längst überfälliger Prozeß. Wie heißt es in Brechts *Galilei:* Unglücklich das Land, das Helden nötig hat. Die Rolle des Intellektuellen als Kritiker einer demokratisch gewählten Regierung kann nicht gleichgesetzt werden mit der des Intellektuellen als Führer im Widerstand gegen ein fremdes, totalitäres Regime. Aber auch ein freiheitliches System hält eine wichtige Rolle bereit für den *spectateur engagé,* den Kritiker auf der Bühne.

2

Und für den Autor auf der Bühne? Václav Havel saß natürlich unsichtbar mit auf dem Podium. Klaus interpretierte meine Äußerungen größtenteils auf seine laufende Auseinandersetzung mit Havel hin. Das taten zweifellos auch viele tschechische Zuhörer. Aus den vorausgehenden Zeilen schließen Sie vielleicht, ich hätte sozusagen Havels Part übernommen, eine Lanze gebrochen für Václav I. gegen Václav II. Das wäre ein Mißverständnis. Ich bestreite nicht, daß ich für Václav Havel große Bewunderung und Freundschaft empfinde und seine Ansicht teile, unabhängige Intellektuelle sollten eine aktive Rolle im öffentlichen Leben einer Demokratie spielen.

Allerdings bin ich ganz anderer Ansicht, was die Rolle der Intelligenz in der Politik, in dem engen Sinne von Konkurrenz um Amt und Macht, betrifft. Die strenge Unterscheidung zwischen dem Intellektuellen und dem Politiker, die ich bei dieser Diskussion zog, hat Havel seit seiner Ernennung zum Präsidenten der Tschechoslowakei Ende 1989 beharrlich abgelehnt. Der Zufall wollte es, daß ich vom Podium im Außenministerium direkt zu einem lebhaften Privatgespräch mit dem Präsidenten über besagtes Thema stieß, in passenderer Umgebung, einer Kneipe am Ufer der Moldau. (Auch György Konrád kam von der Diskussion in die Kneipe und mischte sich geistreich in die Debatte.)

Nun ist eine Diskussion zu diesem Thema mit Havel allemal wichtiger als jeder Disput mit Klaus. Klaus wird einst als Politiker beurteilt werden, mit beträchtlichen Erfolgen bei der zügigen Umwandlung der tschechischen Wirtschaft. Trotz seiner manchmal fast komischen Sehnsucht, als Schriftsteller ernst genommen zu werden, sind seine Ansichten über Intellektuelle sozusagen Ornament. In Havels gesamtem Leben und Werk dagegen nimmt dieses Thema eine zentrale Stellung ein. Seine Essays, Vorlesungen und Gefängnisbriefe aus den letzten fünfundzwanzig Jahren gehören, zusammengenommen, in ganz Europa zu den lebendigsten, beharrlichsten und gründlichsten Erforschungen der moralischen und politischen Verantwortung des Intellektuellen. Ja, es fällt einem kaum eine zeitgenössische Gestalt auf dieser Welt ein, die sich mehr Autorität auf diesem Gebiet erworben hätte als Václav Havel.

Beim Thema »Intellektuelle und Politik« in den 60er Jahren dachte man wohl spontan an Sartre oder Bertrand Russell. Heute denkt man in Paris, New York, Berlin oder Rom zuerst an Havel. Wenn er recht hat, ist das, was er sagt, nicht nur für die Tschechen von Bedeutung, und wenn er sich irrt, betrifft es den Rest von uns ebenso.

Glücklicherweise kann ich mich bei diesem Urteil nicht nur auf ein Kneipengespräch berufen. Drei Bände mit Havels Reden sind bis heute in tschechischer Sprache erschienen, ein Prager Verlag hat soeben eine englischsprachige Auswahl mit dem Titel *Toward A Civil Society* herausgebracht.[6] Havel sagte mir, er betrachte seine Präsidentenreden als intellektuelle Weiterführung seiner Essays, Vorlesungen und Gefängnisbriefe aus den Dissidentenjahren. »Damals schrieb ich Essays, heute schreibe ich Reden«, meinte er und wollte damit zum Ausdruck bringen, daß sich nur die Form seiner Arbeit am Wort geändert habe, nicht jedoch der Gegenstand seiner intellektuellen Aktivität.

Für Präsidentenreden sind sie mit Sicherheit höchst außergewöhnlich. Außergewöhnlich in der Spannweite der behandelten Themen, von Maastricht bis zum anthropisch-kosmologischen Prinzip, von der europäischen Sicherheit bis zu den Hinterlassenschaften der tschechoslowakischen Geheimpolizei, von Kafka bis zur Notwendigkeit eines höheren Wesens, das Gott zu nennen sich Havel nicht durchringen kann. Außergewöhnlich auch in der literarischen Qualität und den freien, lebendigen Einsichten, die er – wie im gesamten früheren Werk – mit trokkenem Witz seinen eigenen, existentiellen Dilemmas abringt. Da sein derzeitiges Dilemma – oder zumindest eines davon – das des Intellektuellen in der Politik ist, kommt es in den Reden häufig vor. Bisweilen selbst an überraschenden Orten.

Vor fast zwei Jahren brachte mir ein gemeinsamer Freund, mit herzlichen Grüßen vom Präsidenten, die getippte Fassung einer Rede, die Havel im Asahi-Saal in Tokio im April 1992 gehalten hatte und die jetzt in dem englischsprachigen Band abgedruckt ist. Die Rede ist dem Platz des Intellektuellen in der Politik gewidmet. Nachdem Havel die besondere postkommunistische Situation beschrieben hat, in der »Dichter, Philosophen und Sänger zu Parlamentariern, Ministern und sogar Präsidenten wurden«, kommt er auf die Äußerung eines »britischen Freundes« zu sprechen, eines der größten Probleme der postkommunistischen Staaten liege in der »Unfähigkeit ihrer Führer, sich zu entscheiden, was sie sein wollen – unabhängige Intellektuelle oder praktizierende Politiker«.

Nachdem er erklärt hat, er verstehe nur zu gut, was ich meine, stellt er die Frage, ob es sich hier womöglich nicht um »ein Dilemma, sondern eine historische Herausforderung« handle. »Wie, wenn es sie veranlaßte, einen neuen Ton, ein neues Element, eine neue Dimension in die Politik einzuführen?« Könnten die Intellektuellen nicht aufgrund ihrer Erfahrungen im Totalitarismus »frischen Wind in das festgefahrene politische Establishment bringen, ihm neuen Mut und eine neue Spiritualität ... einimpfen?« Angesichts der riesigen Probleme von Überbevölkerung, Armut, Umweltverschmutzung, ethnischen und sozialen Unruhen sei ein Wandel nötig »im Bereich des Geistes, des menschlichen Bewußtseins und der Selbsterkenntnis ...«

Der Himmel weiß, welchen Reim sich das japanische Publikum auf diesen Präsidenten aus Prag gemacht hat, der von seinem Rednerpult in Tokio aus eine Ferndiskussion mit jemandem in Oxford führte. Doch dabei kam eine der klarsten und umfassendsten Stellungnahmen zu seiner Position heraus. Bei anderen Gelegenheiten formuliert er sie neu und geht auf einzelne Aspekte genauer ein. Gleich am Anfang, in der Neujahrsansprache von 1990, gibt er der Hoffnung Ausdruck, die neue Tschechoslowakei möge »auf Dauer Liebe, gegenseitiges Verständnis, die Kraft des Geistes und der Ideen« ausstrahlen, in Abwandlung des Konzepts von einer auf Sittlichkeit beruhenden Politik des Gründungspräsidenten Tomás Garrigue Masaryk (»Jesus, nicht Caesar« lautete das berühmte Motto Masaryks).

Havels vielleicht bemerkenswerteste Ausführung zum Thema ist jedoch eine Rede, die er im Mai 1991 in Kopenhagen gehalten hat. Hier spricht er die von ihm so bezeichnete »teuflische Versuchung« offen an. Er befände sich jetzt »in der Welt der Privilegien, der Extrawürste, der Arroganz, in der Welt der VIPs, die bald nicht mehr wissen, wieviel eine Straßenbahnfahrkarte oder ein halbes Pfund Butter kostet, wie man Kaffee kocht, Auto fährt oder eine Telefonnummer wählt. Anders ausgedrückt, ich stehe an der Schwelle zu genau der kommunistischen Bonzenwelt, die ich mein Leben lang kritisiert habe. Und das Schlimmste ist, das Ganze hat seine eigene, unangreifbare Logik.«

Das ist klassischer Havel, sich mit Hilfe einer Kombination aus ironischer Beobachtung und quälender Selbstprüfung zu einer höheren Wahrheit vortastend, wie schon in *Die Macht der Ohnmächtigen*. Ein großes Essay steht zu erwarten: über die Ohnmacht der Mächtigen.

Doch die Rede hat einen überraschenden Schluß. Aus seiner prekären Lage folge nicht, sagt er, »daß es unanständig ist, sich der Politik zu widmen, weil die Politik prinzipiell unmoralisch wäre«. Vielmehr folge daraus, daß die Politik Menschen mit mehr Verantwortungsbewußtsein, Geschmack, Takt und moralischer Sensiblität erfordere. »Diejenigen, die behaupten, die Politik sei ein schmutziges Geschäft, belügen uns. Die Politik ist ein Geschäft, das besonders reine Westen erfordert, da es besonders leicht ist, sich schmutzig zu machen.«[7]

In einer Rede an der New York University vom Oktober 1991 kommt er auf das Thema zurück; dort vergleicht er sich mit einem für sein strenges Urteil bekannten Literaturkritiker, der plötzlich einen Roman schreiben soll. Zunächst zitiert er seine Haltung zur Politik als ehrloses Geschäft und erzählt dann, in den wenigen Wochen, seit er seine Haltung formuliert habe, habe »das Schicksal ihm einen Streich gespielt. Es hat mich für meine Selbstsicherheit bestraft, indem es mich vor eine enorm schwierige Entscheidung stellte. Ein demokratisch gewähltes Parlament verabschiedete ein Gesetz, das ich für moralisch bedenklich hielt, das ich gemäß unserer Verfassung jedoch zu unterzeichnen hatte.« Es handelte sich um das sogenannte Durchleuchtungsgesetz, das, wie Havel erklärt, ganze Gruppen von Menschen, die in das kommunistische Regime verwickelt waren, vom öffentlichen Dienst ausschloß, bei unzureichenden individuellen Einspruchsmöglichkeiten. Seine Entscheidung beschreibt er so: Er unterzeichnete das Gesetz und stellte beim Parlament sogleich Antrag auf Gesetzesänderung.

Abschließend sagt er, er wisse nicht, ob seine Entscheidung

richtig gewesen sei, ob dieses Kapitel des »Romans« den Maßstäben genüge, die er einst als Kritiker gesetzt habe. »Das kann wahrscheinlich nur die Geschichte beurteilen.«

Sechs Monate danach fand die Tokioter Ferndiskussion mit mir statt, soweit ich beurteilen kann sein letzter Versuch zu diesem Thema, bevor er als Präsident der inzwischen deutlich in Auflösung begriffenen Tschechoslowakei im Juli 1992 zurücktrat.[8] Seit er als Präsident der Tschechischen Republik mit Hilfe der Stimmen von Václav Klaus' Demokratischer Bürgerpartei (ODS) wieder auf der Burg residiert, wenn auch mit deutlich beschnittener Macht, ist er bei verschiedenen Gelegenheiten auf das Thema zurückgekommen, zuletzt in der Begrüßungsrede auf dem PEN-Kongreß, doch soweit ich erkennen kann, ohne wesentliche neue Aspekte.

Ich habe das, was Havel zu diesem Thema zu sagen hat, nicht allein deshalb so extensiv zitiert, weil seine Äußerungen immer interessant sind; mir geht es um ein Problem, das erst durch ausführliche Zitate ersichtlich wird: Das, was er zu sagen hat, ist oft vage und wirr, und seine analytische Verwirrung ist Spiegel einer tiefergehenden Verwirrung über die eigene Rolle.

In der PEN-Rede zum Beispiel verwechselt er das politische Engagement des Intellektuellen im weiteren Sinne (d. h. ohne direkt am Kampf um Macht und Amt teilzunehmen) mit dem Engagement im engeren Sinne (die Anekdote über den befreundeten Schriftsteller, den er zu einem Amt gedrängt hat). Diese Unterscheidung ist jedoch, wie ich Klaus entgegengehalten hatte, von eminenter Bedeutung.

Auch in der Kopenhagener Rede ist Havels Argumentation verwirrend. Bezeichnet er die Politik nun als schmutziges Geschäft oder nicht? Wenn sie kein schmutziges Geschäft ist, warum sind dann außergewöhnlich reine Westen nötig, um sich nicht schmutzig zu machen? Und was veranlaßt uns anzunehmen, Intellektuelle seien besser ausgerüstet, den Verführungen der Macht zu widerstehen, anständig, aufrecht und unbestechlich zu bleiben, als normale Sterbliche? Man könnte, mit Ivan Klíma, genausogut das Gegenteil vertreten: Die Geschichte der Intelligenz an der Macht im 20. Jahrhundert vermittelt den Eindruck, sie sei am schlechtesten gegen dieses heimtückische Gift

gewappnet, gerade weil sie es am besten beherrscht, ihre Selbst-
unterwerfung zu rationalisieren, zu intellektualisieren und mit
dem Hinweis auf höhere Ziele und Werte moralisch zu rechtfertigen. Orwells Glaube an den »einfachen Mann« mag genauso
verfehlt sein, doch die europäische Geschichte des 20. Jahrhunderts gibt keinerlei Veranlassung zu glauben, die Intellektuellen
könnten es besser.

Das Argument, es sei verantwortungslos, keine politische
Verantwortung zu übernehmen, ist zudem eine höchst fragwürdige Verallgemeinerung der Ausnahmesituation des postkommunistischen Mitteleuropa und insbesondere Václav Havels.
Freilich, in der einmaligen Situation von 1989, in Ländern, wo
die einzige Alternative zur Nomenklatura eine neue politische
Elite war, die sich weitgehend aus den Reihen mehr oder weniger unabhängiger Intellektueller rekrutierte, wäre es Drücke-
bergerei gewesen, kein Amt zu übernehmen.

»Einer mußte es tun« ist für das Jahr 1990 eine völlig richtige
Bemerkung. Doch sogar damals taugte sie ebenso als galanter
und allemal politisch (bzw. moralisch) korrekter Vorwand für
persönlichen Ehrgeiz. Lech Wałęsas »Ich will nicht, aber ich
muß« ist in Polen sprichwörtlich. Jedenfalls handelt es sich hier
um das besondere Problem eines besonderen historischen Augen-
blicks. Wo eine neue Klasse von Berufspolitikern entsteht, gibt
es keinen Grund, warum Intellektuelle, die sich im politischen
Geschäft mit seinen eigenen Spielregeln, seinem eigenen Umgang mit der Sprache nicht wohl fühlen, nicht an ihre Schreibtische, in ihre Labors und Ateliers zurückkehren sollten.

Nun zu Havels schlagendem Argument, es sei ein Bewußtseinswandel nötig. Warum müssen die Intellektuellen in der
Politik mitmischen, um das Bewußtsein der eigenen Gesellschaft
bzw. der Welt zu ändern? Sicher, Politiker mit einer Vision sind
von Vorteil. Im Gespräch verweist Havel gern auf de Gaulle,
Adenauer oder Churchill. Doch was den Bewußtseinswandel
betrifft, haben die Klassiker der Samisdat-Lektürliste – Orwell,
Hayek, Popper und natürlich Havel – genausoviel, wenn nicht
mehr bewirkt. Man muß weder Präsident noch Premierminister
sein, um einen Bewußtseinswandel zu bewirken. Wahrscheinlich ist man sogar besser daran, wenn man keines von beiden ist.

Es bleibt der generelle Anspruch, eine neue Moral, eine neue intellektuelle und spirituelle Dimension in die von Routine, Spezialistentum und Phantasielosigkeit gezeichnete Parteipolitik einzuführen: den »frischen Wind«, um Havels Bild aufzugreifen. Spätestens hier muß man vom Werk zur Person übergehen. Denn Havel unterscheidet sich von den meisten Schriftstellern und Philosophen dadurch grundlegend, daß er selbst zum Testfall für die Wahrheit seiner Thesen geworden ist. Die Probe aufs Exempel für das, was Václav Havel als Redner behauptet, ist das, was Václav Havel als Präsident tut (d. h. derzeit vor allem Reden halten).

3

Wieweit hat er also das hohe Ziel, das er sich selbst vor fünf Jahren gesteckt hat, erreicht? Besonders in den ersten zwei Jahren als Präsident der Tschechoslowakei hat er Großes geleistet. Durch seine Worte und Taten predigte und praktizierte er beherzte, von moralischem Fingerspitzengefühl geprägte Mäßigung, Höflichkeit, Toleranz und Anständigkeit, und leistete damit einen enormen Beitrag zur friedlichen, zivilisierten Abschaffung des Kommunismus in der Tschechoslowakei. Das war keineswegs selbstverständlich. Wäre Havel nicht gewesen, hätte es wesentlich chaotischer, schmutziger und sogar blutiger ausgehen können. Daneben war er ein herausragender, dringend notwendige Stimme in Europa und darüber hinaus. Während die westeuropäischen Spitzenpolitiker auf die Ereignisse vor fünf Jahren mit erbärmlicher Ratlosigkeit reagierten, während sie in Maastricht herumtrödelten, als Jugoslawien in Flammen aufging, erinnerte er uns unermüdlich und beredt an die historische Tragweite des europäischen Geschehens und – ohne pathetisch werden zu wollen – an unsere Pflicht.

Natürlich wurde er kein Philosophen-König nach platonischem Vorbild oder gar, um einen naheliegenden Vergleich zu bemühen – ein zweiter Masaryk. Bisweilen scheint er der eigentümlichen masarykschen Überzeugung anzuhängen, die Ernest Gellner ironisch auf den Nenner brachte: »Keine Staatenbildung ohne philosophische Rechtfertigung.« Havel ist kein systematischer Philosoph, und 1989 war nicht 1918. Doch selbst an seinen eigenen, schwindelerregenden Maßstäben gemessen, lassen sich die ersten beiden Jahre des Dramatiker-Königs als bemerkenswerter Erfolg verbuchen.

Seither allerdings, besonders seit seinem Rücktritt 1992 und seiner Rückkehr als tschechischer Präsident 1993, ist der Eindruck, gelinde ausgedrückt, gemischt. Dafür gibt es zahlreiche Gründe, ausschlaggebend ist jedoch seine Weigerung, sich zwischen der Rolle des Intellektuellen und der des Politikers zu entscheiden.

Hätte Havel, als das Bürgerforum sich auf Initiative von Václav Klaus auflöste, sich eindeutig mit dem Rest der Bewegung, einer neuen politischen Initiative oder sogar einer politischen Partei identifizieren lassen, so hätte er nicht nur mit Sicherheit seine Amtszeit verlängert, er hätte wahrscheinlich auch eine echte politische Machtbasis gehabt, zusätzlich zu seinem Charisma und seiner Popularität. Doch er weigerte sich, das übliche parteipolitische (und oft schmutzige) Spiel mitzuspielen. Die Macht entglitt ihm, und Václav II. kam ans Ruder, mit Hilfe dessen widerwilliger Duldung er auf ziemlich demütigende Weise zum tschechischen Präsidenten gewählt wurde, mit sehr beschränkter Vollmacht. Wütend erinnert sich Havel daran, wie ihn Mitglieder des tschechischen Parlaments bei seiner Ansprache demonstrativ ignorierten, indem sie Zeitung lasen oder sich unterhielten. Mit gequältem Lächeln und mehr als einem Hauch von Bitterkeit murmelt er, auf englisch, »Clown«.

Gleichzeitig haben sein Bild und seine Stimme als Intellektueller an Schärfe verloren. Das liegt nicht nur an Anzug und Krawatte (in denen er sich, wie er sagt, noch immer unwohl fühlt), den Repräsentationspflichten und Kompromissen, wie dem zum Durchleuchtungsgesetz. Es liegt nicht allein an der privilegierten Isolation vom Leben seiner Landsleute, am Leben im samtenen Käfig, das er in seiner Kopenhagener Rede so lebendig beschrieben hat, und das dennoch viele frühere Verbündete und Freunde befremdet.

Neben all diesen Umständen ist es nun mal eine Tatsache, daß Präsidentenreden keine Schriftstelleressays sind. Text und Kontext interagieren auf andere, widrigere Weise. Das Leben im Widerspruch zur Kunst.

Sogar das äußere Erscheinungsbild von *Toward A Civil Society* verrät die Unschärfe der Stimme, die von der Verwirrung über die Rollen herrührt. Im Copyright ist zu lesen, dieses Buch sei vom tschechischen Außenministerium finanziell unterstützt worden. Braucht ein Buch von Václav Havel wirklich Subventionen? Auf dem Umschlag finden sich lobende Worte von Zbigniew Brzezinski, Eduard Schewardnadse und Thomas Klestil. Das Umschlagfoto zeigt einen Mann im Nadelstreifenanzug, der vor der gelbgestirnten, blaugrundigen Flagge des Europarates und der EU spricht. Anders ausgedrückt, dieses Buch wirkt wie die staatlich subventionierte, eitle Veröffentlichung eines Berufspolitikers. Natürlich ist es alles andere als das. Aber es wirkt so.

»Das stärkste Gift der Welt, man fand's in Caesars Lorbeerkranz«, wie es bei William Blake heißt. Ich glaube nicht, daß die Macht Václav Havel im herkömmlichen Sinne vergiftet hat. Wenn er sich denn leicht infiziert hat, dann in der seltenen Abart, daß ihn das Schauspiel der hohen Politik sozusagen ästhetisch verzaubert hat – ein Schauspiel, das – wie er unumwunden zugibt – mehr Theater des Absurden ist als das absurdeste seiner eigenen Stücke.

Vor einiger Zeit hörte ich ihn mit hinreißendem Humor die Inszenierung des Pragaufenthalts von Präsident Clinton beschreiben, besonders den gemeinsamen Besuch einer typischen Prager Kneipe mit typischen Pragern – alle von der amerikanischen Botschaft zuvor sorgfältig überprüft, den Schriftsteller Bohumil Hrabal eingeschlossen. Havels Beschreibung gab einen köstlichen Vorgeschmack auf das Buch, das er vielleicht schreibt, wenn er einmal nicht mehr Präsident ist. Doch ich muß gestehen, mich beschlich einen Moment lang der Gedanke, was wohl der Dissident und Schriftsteller Václav Havel aus so einer inszenierten Veranstaltung gemacht hätte, welch subtile Lehren über die Entfremdung der Mächtigen er daraus gezogen hätte.

Die wahrscheinlich kürzeste und treffendste Erwiderung auf Platons Vorstellung vom Philosophen-König ist Kants Bemerkung, König zu werden sei für Philosophen weder wünschenswert noch möglich, »weil der Besitz der Gewalt das freie Urteil der Vernunft unvermeidlich verdirbt«. Der Fall Havel ist eine interessante Variante dieser ewigen Wahrheit. Mir scheint sein freier Gebrauch der Vernunft nämlich mehr durch den Macht*verlust* bedroht zu sein, den er seit 1992 erfahren hat und den ihm Václav Klaus bei jeder Gelegenheit unter die Nase reibt. Mit einer Reihe von Reden, in denen er sein politisches Programm absteckt und die Bedeutung von Schule, regionaler Selbstverwaltung, Bürgerengagement etc. betont, kämpft Havel jetzt um die Wiedererlangung der verlorenen Macht. Er scheint jetzt – zumindest bei einigen Themen – sogar bereit, Klaus offiziell die Stirn zu bieten, was in der Regierungskoalition des Ministerpräsidenten niemand tut. Doch die »gesprochenen Essays« derart zu instrumentalisieren, käme einer Abkehr von den selbstgesetzten Maßstäben gleich – einem traurigen Niedergang von seiner Position vor fünf Jahren.

Hier geht es allerdings nicht um eine *cohabitation* nach französischem Muster, wo ein regierender Präsident mit großen Machtbefugnissen – wie man gesehen hat – die politische Schlacht gewinnen kann. Havels heutige, von der Verfassung vorgesehene Position als nichtregierender Präsident ist eher mit der des deutschen Bundespräsidenten zu vergleichen, einem Amt, das bis vor kurzem ein Mann innehatte, den er sehr verehrt, Richard von Weizsäcker. So schreibt Havel in den *Sommermeditationen* über seinen Traum von der Tschechoslowakei (an deren Einheit er damals noch hoffend festhielt): »An der Spitze des Staates steht ein grauhaariger Professor mit dem Charme eines Richard von Weizsäcker.«

Man kann den Vergleich noch einen Schritt weiterführen. Es ist ein offenes Geheimnis, daß zwischen dem großbürgerlichen, protestantischen, intellektuellen Präsidenten von Weizsäcker und dem provinziellen, katholischen, weniger intellektuell wirkenden Kanzler Kohl beträchtliche Spannung herrschte. Privat sagten sie oft mit drastischen Worten, was sie voneinander hielten. In der Öffentlichkeit waren die eleganten, rhetorischen Fragen Weizsäckers mitunter als Seitenhiebe auf den Kanzler zu verstehen, Bemerkungen aus dem Munde des Kanzlers als Spitze in die entgegengesetzte Richtung. Doch sie verfielen nie in das

Kasperltheater, das Klaus und Havel manchmal in aller Öffentlichkeit aufführen, bei dem jeder weiß, wer die (ungenannte) Zielscheibe der jeweiligen elliptischen Rede ist, bei dem jede Gelegenheit ausgeschlachtet wird und wo die Tschechen manchmal den Eindruck haben, wenn Havel sich heute fürs Spinatessen ausspricht, ist Klaus morgen unter Garantie dagegen. Aus einwandfreien, neoliberalen Gründen, versteht sich.

Kohl und Weizsäcker dagegen wahrten gewissenhaft die verfassungsmäßigen Formen und versuchten womöglich, ihre Differenzen zu sich ergänzenden Qualitäten statt zu Streitpunkten zu stilisieren. Das Ergebnis war eines der effektivsten Doppel der letzten Jahre an der Spitze eines europäischen Staates. Es trug ganz erheblich zur friedlichen Vereinigung Deutschlands bei. Könnten sich der tschechische Präsident und sein Premierminister zu solch einer (wenn auch ungemütlichen) Arbeitsteilung durchringen, würden sie der Tschechischen Republik zweifellos einen großen Dienst erweisen, daheim, in Europa, und in der Weltöffentlichkeit.

Sicher, die »Weizsäcker-Rolle« würde nicht annähernd an die Einführung einer neuen spirituellen Dimension in der Politik heranreichen, von der Havel träumte und vielleicht immer noch träumt. Sie wäre, wie das deutsche Beispiel zeigt, im europäischen Kontext nicht einmal neu. Zudem stellt sich wirklich die Frage, ob der Expräsident der Tschechoslowakei heute nicht größeren Einfluß in Europa und der Welt besäße, wenn er sich wieder mit der ihm eigenen, unverwechselbaren Stimme als unabhängiger Intellektueller zu Wort melden könnte. Doch die Würfel sind gefallen. Zumindest für die nächsten Jahre sitzt er weiter dort oben auf der Burg und leidet stellvertretend für uns alle, als lebendes Exempel für das Dilemma der Intellektuellen in der Politik. Wie die Hauptfigur in einem seiner Stücke: verdammt, eine Rolle zu spielen, die eigentlich nicht zu ihm paßt, verfolgt und verhöhnt von einem unheimlichen Gegenspieler, der dazu noch denselben Namen trägt. Solch absurde Streiche spielt der Dramatiker im Himmel.

4

Mit diesem etwas Havelschen Ausblick endet meine Prager Geschichte von den Intellektuellen und den Politikern, fast auf den Tag genau fünf Jahre, nachdem ich die Geschichte der Laterna Magica erzählte. Heute wie damals habe ich versucht, die Geschichte so getreu wie möglich wiederzugeben, mit dem Risiko, Indiskretionen zu begehen und Verärgerung auszulösen. Gibt es irgendwelche Schlüsse oder gar Lehren zu ziehen? Es sind, so denke ich, Folgerungen möglich für die Tschechische Republik, für die Stellung der Intellektuellen im postkommunistischen Mitteleuropa und zuletzt, ganz vorsichtig, für die Lage der Intelligenz in Europa insgesamt.

Für die Tschechische Republik lautet die unmittelbare Frage: Können der Premierminister und der Präsident in der Öffentlichkeit zu einem gemäßigt harmonischen Verhältnis kommen, wie Kohl und Weizsäcker es hegten? Höchstwahrscheinlich nicht. Die Demokratie steckt noch in den Kinderschuhen, daher sind die verfassungsmäßigen Rollen vom Gesetz bzw. durch Präzedenzfälle noch nicht so klar umrissen (und gute Zäune machen gute Nachbarn). Die beiden Männer haben völlig unterschiedliche politische Ansichten darüber, wie der neue tschechische Staat aufgebaut werden soll. Klaus, der Thatcherist, gibt der Umwandlung der Wirtschaft absolute Priorität, selbst um den Preis von Korruption und Gesetzwidrigkeiten auf dem Weg dorthin. »Tempo geht vor Sorgfalt«, lautet sein Motto. Manchmal neigt er offensichtlich zu der Ansicht von Frau Thatcher, daß »die Gesellschaft nicht existiert«. Havel, dessen politische Weltanschauung, soweit sie sich überhaupt mit herkömmlichen Begriffen beschreiben läßt, die eines ökologisch ausgerichteten Sozialdemokraten ist, betont die Bedeutung von Kultur, regionaler Vielfalt, politischem Engagement und Zivilgesellschaft.

Doch vor allem prallen hier zwei unterschiedliche Persönlichkeiten und Biographien aufeinander. Die Geschichte von den zwei Václavs ist nicht einfach die Geschichte vom Intellektuellen Havel und dem Politiker Klaus. Kein Zweifel, Havel ist der bedeutendere Intellektuelle, Klaus der erfolgreichere Politiker. Was die Sache so schwierig macht, ist, daß es sich bei beiden um Intellektuelle in der Politik handelt, wie die PEN-Episode so schön illustriert.

Das macht die Geschichte zugleich einzigartig und repräsentativ, denn schließlich ringen die Intellektuellen aller postkommunistischen Länder mit ähnlichen Dilemmas.

Die Intelligenzija, eines der charakteristischen Phänomene der modernen mittel- und osteuropäischen Geschichte, wird heute überall von der Flut der Veränderungen überwältigt. Die Welt der »Freundeskreise«, die Welt der Milieus, wo Künstler, Wissenschaftler, Journalisten glaubten, alle zu derselben Gruppe zu gehören und sich alle einem gemeinsamen Ethos verpflichtet fühlten, war im späten 20. Jahrhundert ein Anachronismus, aber auch etwas Kostbares.

Die Freiheit hat alles verändert. Mit erstaunlicher Geschwindigkeit hat sich die Intelligenzija, wie im Westen, in Berufsgruppen aufgetrennt: Journalisten, Verleger, Wissenschaftler, Schauspieler, ganz zu schweigen von denjenigen, die Beamte, Rechtsanwälte, Diplomaten geworden sind. Die Milieus sind verblaßt, die »Freundeskreise« haben sich aufgelöst oder ihre besondere Bedeutung verloren. Diejenigen, die in rein »intellektuellen« Berufen geblieben sind – vor allem Wissenschaftler – sind verarmt. Die Helden von heute sind Geschäftsleute und Unternehmer, sie geben den Ton an. Die unabhängigen Intellektuellen sind von der anormalen Bedeutung, die sie vor 1989 hatten, in anormale Bedeutungslosigkeit gestürzt.

Doch das heißt vorauszusetzen, daß wir wüßten, was die »normale« Bedeutung der Intelligenz wäre. Wissen wir es? Gibt es in diesem Punkt irgendeine übergreifende europäische Normalität, zu der das postkommunistische Mitteleuropa unterwegs ist oder beiträgt? In England wird der Begriff »Intellektueller« kaum verwendet, er gilt als kontinental und leicht prätentiös. Die sprachliche Neuschöpfung »Eurointellektuelle« verbindet beide Vorurteile. Doch wie sagte Lord Byron über den Begriff *longueurs*: Wir haben zwar das Wort nicht, doch die Sache haben wir reichlich. Und es gibt sie links wie rechts – obwohl die Rechten hier, wie anderswo, dazu tendieren, schon den Begriff »Intellektueller« links anzusiedeln.

In Deutschland scheint die Zeit, da Schriftsteller wie Böll oder Grass in der Öffentlichkeit eine große Rolle spielten, vorüber zu sein. Allerdings werden einige der interessantesten politischen Debatten des Landes von Intellektuellen geführt, im Feuilleton der *Frankfurter Allgemeinen Zeitung* und in kleineren Zeitschriften. Doch auch hier stoßen wir auf das Phänomen, daß rechte Intellektuelle »die Intellektuellen« an den Pranger stellen und damit linke Intellektuelle meinen – in diesem Falle wird ihnen das Versäumnis vorgehalten, die deutsche Vereinigung nicht begrüßt zu haben.

In Frankreich werden Schriftsteller und Denker spätestens seit der Dreyfus-Affäre und dem *Manifeste des intellectuels* als Intellektuelle bezeichnet und bezeichnen sich selbst als solche. Doch ich zweifle, ob sich heute jemand aufmachen würde, ein *Plaidoyer pour les intellectuels* zu schreiben, wie Sartre es 1972 tat. Teils natürlich in dem Bewußtsein der fatalen Fehleinschätzungen und des moralischen Versagens vieler Intellektueller im 20. Jahrhundert – nicht zuletzt französischer Intellektueller, Sartre inbegriffen. Teils, weil keine neuen Utopien zur Hand sind – außer einem utopischen Liberalismus, was ein Widerspruch in sich ist. Teils vielleicht auch, weil man zu beschäftigt ist mit Fernsehauftritten und dem allgegenwärtigen Konkurrenzkampf in einem überfüllten Unterhaltungsmarkt.

Gleichzeitig steckt in allen größeren westeuropäischen Ländern das Vertrauen der Bevölkerung in die Politikerklasse in einer ernsten Krise; Berufspolitiker gelten als abgehobene, egoistische, korrupte Karrieristen. Das italienische Debakel beschäftigt uns alle.

Im Hinblick darauf mag Havels Ruf nach der Einführung einer neuen spirituellen und sittlichen Dimension in die Politik doch wichtig erscheinen, zumindest für Westeuropa. Das war es auch, was man in Westeuropa erhoffte, in der großen Stunde der Laterna Magica vor fünf Jahren. Doch die Lehre aus dieser Geschichte lautet sicher nicht, es sei an der Zeit für die Intellektuellen, in die Politik zu gehen, in dem engen Sinne, Premierminister oder Präsident zu werden. Nein, es ist an der Zeit für die Intellektuellen, entschieden die Unabhängigkeit zu bewahren und sich zugleich politisch zu engagieren – was unter anderem heißt, Premierminister und Präsidenten zu kritisieren. In aller Höflichkeit, natürlich. Konstruktiv, wenn möglich, aber vor allem klar und deutlich.

(November 1994)

Václav Havel kam vier Jahre später, im November 1998, auf dieses Thema zurück, anläßlich der Verleihung der Ehrendoktorwürde der Universität Oxford. In seiner Dankesrede erwähnte er frühere Gespräche zwischen uns und räumte ein, daß Intellektuelle für einige der schlimmsten Regime in der Geschichte mitverantwortlich gewesen seien. Aber er meinte dann, daß heute, wo Politiker eher dazu neigen, auf Umfrageergebnisse und Medien zu hören, als ihre Bürger zu führen, ein dringendes Bedürfnis nach Frauen und Männern mit weitreichenden Visionen besteht, die in die Politik gehen. Intellektuelle können, so sagte er, in der Politik entweder mitwirken, indem sie ein Amt bekleiden oder indem sie den Mächtigen einen Spiegel vorhalten. Nun, ich möchte auch weiterhin darauf beharren, daß eine gesunde Demokratie eine sehr klare Unterscheidung zwischen diesen beiden Rollen erfordert. Und die primäre, ja, die bestimmende Rolle des Intellektuellen in der Politik sollte es sein, den Spiegel zu halten.

Marta und Helena

Wir schreiben November 1994 und wir sind im Lucerna-Palast in Prag. Ein reicher Bauunternehmer hat ihn zu Beginn des Jahrhunderts errichten lassen, dann wurde das Gebäude von den Kommunisten enteignet und ist nun an seine Söhne, Ivan und Václav Havel, zurückgegeben worden. Die Stars des heutigen Abends sind die Golden Kids, eine Pop-Gruppe aus den Sechzigern, die seit fast fünfundzwanzig Jahren nicht mehr gemeinsam auf der Bühne gestanden hat, denn sie hatte nach dem Einmarsch der Sowjets Auftrittsverbot. Die Band besteht aus Marta Kubišová, heute dreiundfünfzig; Václav Neckář, zweiundfünfzig, und Helena Vondráčková, siebenundvierzig. Sie tragen Schwarz. Sie swingen. Sie singen: »Hey Jude« und »Massachusetts« und »The Times They are a-Changin« und »The Mighty Quinn«, ja sogar – lieber Himmel! – »Congratulations«.

Das Publikum ist im selben Alter wie die Golden Kids: Männer mit schimmernden Anzügen, weißen Hemden und Krawatten, die Frauen tragen Blusen, wie für die Oper. Sie schwitzen unter den Lüstern inmitten all des verblaßten Jugendstil-Geglitzers. Manchmal klatschen sie mit, doch wenn die Golden Kids »Suzanne« anstimmen, herrscht tiefe Stille:

> Suzanne takes you down
> To her place near the river.
> You can hear the boats go by;
> You can spend the night beside her.

Spannungsgeladen und voller Trauer ist die Stille, in der sich das mittlere Lebensalter an den Sex erinnert.

Doch auf der Bühne wird an diesem Abend noch eine andere Geschichte erzählt: die Geschichte von Marta und Helena. Marta Kubišová war eine tschechische Heldin des Prager Frühlings von 1968. Ein Song mit dem Titel »Hymne für Marta« begleitete damals die Demonstrationen. Nach dem Einmarsch der Sowjets durfte Marta nicht mehr auftreten. Zwanzig lange Jahre, bis 1989, hat sie sich mit Gelegenheitsjobs über Wasser gehalten, arbeitete als Verkäuferin, hatte Freunde unter den Dissidenten. Während der samtenen Revolution hatte sie ihr erstes Comeback – ein Augenblick, der so begeisternd und so traurig war, daß ich ihn nie vergessen werde. Vor innerer Bewegung konnte Marta kaum singen, mit erstickter Stimme flüsterte sie ins Mikrophon: »Časy se mění«, »*The Times They Are a-Changin'*«.

Helena Vondráčková hat nach 1969 einen ganz anderen Weg eingeschlagen. Sie trat weiterhin auf, und man sah sie häufig im staatlichen Fernsehsender. Sie kollaborierte.

Jetzt haben sich die Wege der beiden wieder gekreuzt. Wird die Tugend belohnt? Oder spielt das alles jetzt keine Rolle mehr? Helena, groß, blond und versiert, scheint das Geschehen zunächst zu dominieren. Sie ist die Jüngere, sie ist ein Profi, das Publikum kennt sie vom Fernsehen. Vielleicht hat es ihr gegenüber auch ein besseres Gefühl, denn schließlich haben die meisten kollaboriert oder zumindest Kompromisse gemacht, um ihre Jobs zu behalten. Marta, älter, kleiner, schwarzhaarig, bewegt sich langsamer, man hört die Nervosität in ihrer Stimme.

Doch irgendwann im Laufe des Abends wandern die Gefühle auf ihre Seite hinüber. Die Leute bringen nach jeder Nummer Blumensträuße auf die Bühne – wie das sonst nur in der Oper üblich ist –, und die Mehrzahl der Sträuße geht an Marta. Dann wird das Konzert unterbrochen, und verlegene Männer in Anzügen füllen die Bühne. Es sind die Repräsentanten von Supraphon, Fiat, Interbanka, Seagram – die Sponsoren des Abends. Linkisch verteilen sie Platin-CDs und Champagnerflaschen. Dann gibt es eine Tombola, erster Preis: ein Fiat Punto. Die glücklichen Gewinner kommen auf die Bühne, sagen ein paar Worte, küssen die Stars.

Einer, ein Mann in abgetragenen Jeans, kommt ganz selbstverständlich auf die Bühne und sagt, er möchte den Darstellern des Abends danken, jedem einzelnen, »vor allem und ganz besonders aber Frau Kubišová«. Wir alle klatschen laut und lange, und wir wissen, wofür er ihr dankt, nicht dafür, daß sie heute abend gesungen hat, sondern für die zwanzig Jahre des Schweigens.

Mittlerweile hat sich alles zu einem schwitzenden Durcheinander vermischt, die Marta von damals und die »Frau Kubišová« von heute, die Pophelden der Sechziger und die Geschäftshelden der Neunziger, die Erinnerungen an die Liebe und die Erinnerungen an den nationalen Protest und die Hoffnung auf den Fiat Punto des heutigen Abends.

Doch es ist ein noch größerer Kreis, der sich hier schließt, ein europäischer Kreis. Denn das sind auch unsere Lieder, das ist unsere Vergangenheit. Achtundsechzig war einer jener seltenen Momente, als das Lebensgefühl der Menschen in West und Ost sich wirklich traf. Trotz aller Unterschiede zwischen Prag und Paris, Liverpool und Leipzig, bewegten sich hier wie dort Menschen unter dreißig zu denselben Rhythmen, sangen dieselben Texte, teilten das Gefühl von Protest und Emanzipation. Dann rollten die russischen Panzer heran, und die Wege trennten sich wieder, so wie sich die Wege von Marta und Helena getrennt haben, und die Jahre vergingen.

Heute, ein Vierteljahrhundert später, haben Ost und West wieder zusammengefunden, so wie Marta und Helena hier im Lucerna-Palast, in dieser postmodernen Mischung aus Sehnsucht und Trauer, hier unter dem Logo von Seagram heißt die gemeinsame Bedeutung von Geschichte:

> Yeh yeh yeh yeh yeh yeh yeh da da da da
> Hey Jude.

(November 1994)

Chronik

1994

25. Oktober. Der britische Premierminister John Major kündigt eine Untersuchung der ethischen Standards im öffentlichen Leben unter der Leitung eines hohen Richters, Lord Nolan, an: das »Nolan-Komitee«.

11. November. Die USA geben bekannt, daß ihre Truppen nicht mehr länger das Waffenembargo gegen Bosnien durchsetzen werden.

13. November. In einem Referendum stimmen 52,2 Prozent der schwedischen Wähler dem Beitritt ihres Landes zur EU zu, unter den bereits ausgehandelten Bedingungen.

15. November. Der EU-Rechnungshof weist nachdrücklich auf Betrugsfälle in der gemeinsamen europäischen Agrarpolitik sowie innerhalb des sogenannten »Strukturfonds« hin.

27.-28. November. Bei einem Referendum entscheiden sich 52 Prozent der norwegischen Wähler gegen den Beitritt ihres Landes zur EU, unter den bereits ausgehandelten Bedingungen.

9.-10. Dezember. Bei einem EU-Treffen in Essen wird eine Strategie für die Erweiterung der EU um einige ehemalige kommunistische Länder umrissen. Zugleich geht es um die Beziehungen der EU zu den Mittelmeerstaaten. Die weiteren Hauptthemen des Treffens sind die Steigerung der Wettbewerbsfähigkeit und die Schaffung von Arbeitsplätzen.

11. Dezember. Die russischen Streitkräfte rücken in die abtrünnige Republik Tschetschenien ein.

13. Dezember. Der italienische Ministerpräsident Silvio Berlusconi wird von Untersuchungsrichtern befragt, die gegen Korruption in drei Tochterunternehmen der Fininvest-Gruppe ermitteln. Vladimír Mečiar wird zum dritten Mal slowakischer Ministerpräsident einer »rot-braunen« Koalition aus Parteien des rechten und linken Flügels.

22. Dezember. Berlusconi tritt als Ministerpräsident zurück, nachdem ihm die Liga Nord die Unterstützung seiner Koalition aufgekündigt hat.

1995

1. Januar. Österreich, Finnland und Schweden treten der EU bei. Welthandelsorganisation (WTO) tritt in Kraft. Beginn des von dem ehemaligen US-Präsidenten Jimmy Carter ausgehandelten viermonatigen Waffenstillstands in Bosnien, das jedoch in der Uno-»Schutzzone« Bihać ignoriert wird.

9. Januar. Sieben vormalige Mitglieder des DDR-Politbüros, unter ihnen der ehemalige Parteivorsitzende Egon Krenz, stehen wegen der Schießbefehle an der Berliner Mauer unter Anklage.

13. Januar. In Italien bildet der ehemalige Finanzminister Lamberto Dini nach dem Zusammenbruch der Berlusconi-Regierung eine neue Regierung.

27.-30. Januar. Davos, Schweiz. Das Weltwirtschaftsforum, *ein außergewöhnliches jährliches Treffen von führenden Unternehmern, Politikern und ein paar Intellektuellen, die zur Anregung und Unterhaltung eingeladen werden. Ein großer Egotrip auf Thomas Manns* Zauberberg.

Ein denkwürdiges Abendessen mit dem Finanzier und Philanthropen George Soros, den ich von seiner wohltätigen Pionierarbeit für die offenen Gesellschaften in Mittel- und Osteuropa kenne. Er ist einer der wenigen Menschen, die sowohl im Geldverdienen als auch im Geldausgeben gut sind.

Wir treffen uns in einem Restaurant mit dem vielversprechenden Namen »Der Zauberberg«, das sich dann aber als chinesisches Restaurant herausstellt. Soros sagt, daß er sich schon immer in erster Linie als Philosoph und nicht als Mann des Geldes verstanden hätte. Als er noch ein mittelloser Exilant war, verbrachte er einige Jahre seines Lebens damit, an einem philosophischen Werk mit dem Titel The Burden of Consciousness *zu schreiben. Aber niemand hat sich sonderlich dafür interessiert. Dann zog er los und machte seine Milliarden. Und jetzt sind alle wild darauf, seine Vorträge über Philosophie zu hören. Bedeutende Universitäten und Institutionen wetteifern darum, ihm ein Podium zu bieten. Bei all dem kann man sich nie sicher sein, ob sie an der Philosophie oder nur an dem Geld interessiert sind. In gewisser Hinsicht illustrieren seine eigenen Erfahrungen eines seiner zentralen philosophischen Prinzipien, das er »Reflexivität« nennt. Die menschlichen und philosophischen Ironien seiner Geschichte scheinen mir den Vergleich mit Manns* Zauberberg *durchaus zu erlauben.*

Ende Januar. Rußland beansprucht für sich den Sieg in Tschetschenien.

7. Februar. Rücktritt des polnischen Ministerpräsidenten Waldemar

Pawlak. Sein Nachfolger ist der ex-kommunistische Jósef Oleksy, der dieselbe Koalition aus dem ex-kommunistischen Bündnis der Demokratischen Linken und der Bauernpartei weiterführt.

21. Februar. Der Präsident von Weißrußland, Alexander Lukaschenko, unterzeichnet umfassende Kooperationsverträge mit Präsident Jelzin. Substantielle Rückanbindung von Weißrußland an Rußland.

22. Februar. Der irische Premierminister John Burton und der britische Premierminister John Major präsentieren ein Rahmenabkommen als Grundlage für Allparteien-Verhandlungen über Nordirland, inklusive Vorschläge für ein grenzüberschreitendes Gremium.

12. März. Das ungarische Parlament schlägt drastische neue Sparmaßnahmen vor.

20.-21. März. Unterzeichnung eines pan-europäischen »Stabilitätspakts« in Paris.

26. März. Inkrafttreten des Schengener-Abkommens, das die Grenzkontrollen zwischen Frankreich, Deutschland, Belgien, Luxemburg, den Niederlanden, Spanien und Portugal abschafft. Geburtsstunde des »Schengenlands«.

7. April. In Polen steht General Wojciech Jaruzelski wegen seiner Verwicklung in die Erschießung protestierender Arbeiter im Jahre 1970 unter Anklage.

29. April. Die britische Labour Party stimmt für die Ersetzung der vierten Klausel der Parteiverfassung, die auf »kollektives Eigentum an den Produktions-, Distributions- und Tauschmitteln« abzielte.

1. Mai. Ausbruch heftiger Kämpfe in Grosny, der Hauptstadt von Tschetschenien, nachdem die tschetschenischen Truppen in die Stadt zurückkehren.

1.-2. Mai. Kroatische Truppen erobern die serbisch kontrollierte Enklave in Ostslawonien zurück.

7. Mai. Jacques Chirac gewinnt die Stichwahlen zur französischen Präsidentschaft. Alain Juppé wird zum Ministerpräsidenten einer Mitte-Rechts-Koalitionsregierung ernannt. Erneuter Angriff auf einen Marktplatz in Sarajevo.

Nehmen wir den falschen Bus?

Vor fünf Jahren, in der Euphorie über das Ende des Kalten Krieges, sah es so aus, als könnte man die Kontur des 20. Jahrhunderts in Europa ausmachen. Sie hatte die Form eines V. Die Linie ließ sich vom ersten über den zweiten Balkankrieg vor 1914, zu dem, was Churchill Europas zweiten Dreißigjährigen Krieg nannte, bis in die Abgründe von Auschwitz und den Gulag verfolgen und stieg dann um die Mitte des Jahrhunderts allmählich wieder an mit dem Wiederaufbau Westeuropas bis hin zur Befreiung Osteuropas 1989. Für Polen kam der VE-Day erst im Sommer 1989 – vierzig Jahre später. Und für Deutschland im Herbst ebendieses Jahres. »Erst heute ist der Krieg wirklich zu Ende«, stand in Ostberlin auf einem selbstgemachten Plakat, als die Mauer fiel. Also meinte man 1989, im Umriß des Jahrhunderts das V für *Victory* zu erkennen. Doch seither hat die aufsteigende Linie ihre Richtung nicht beibehalten, ja sie neigt sich womöglich wieder nach unten, seit wir Zeugen eines neuen Balkankrieges geworden sind.

Fünfzig Jahre danach gedenken wir mit begründetem Stolz des einzigartigen Beitrags Großbritanniens zum Sieg in Europa. Doch mußten wir in diesen Krieg unter anderem deshalb eintreten, weil die vorangegangene britische Politik von der fälschlichen Annahme ausgegangen war, man könne sich aus den europäischen Konflikten ferner Länder, von denen Chamberlain »keine Ahnung« hatte, heraushalten. Und was damals falsch war, ist es heute um so mehr.

Wo also steht Europa heute, fünfzig Jahre nach dem Ende jenes Krieges, den wir *den* Krieg in Europa nennen, und fünf Jahre nach Beendigung des Kalten Krieges? Wohin, wenn überhaupt, bewegt es sich? Und gibt es eine britische Art, »Europa« zu denken? Kann es sie überhaupt geben?

Die derzeitige britische Diskussion zum Thema »Europa« dreht sich nicht eigentlich um Europa, sondern bestenfalls um

EU-ropa, das heißt um einige gemeinsame politische und wirtschaftliche Aspekte west-, nord- und südeuropäischer Staaten, die unter dem eher irreführenden Namen Europäische Union zusammengeschlossen sind. Im Grunde aber handelt diese Diskussion von Großbritannien. Unsere sogenannte »Europa-Debatte« ist Teil eines Aktes qualvoller, nationaler Selbsterforschung, in dem Engländer, Schotten, Waliser und Iren sich zermartern. In dieser Debatte erscheint »Europa« in den Augen der (hauptsächlich englischen) rechtsgerichteten »Euroskeptiker« als eine Bedrohung für den Fortbestand Großbritanniens; die eher linksgerichteten (hauptsächlich schottischen oder walisischen) »Euroenthusiasten« dagegen sehen darin eine Möglichkeit zur Umgestaltung Großbritanniens; die breite Mitte sieht sie als Chance und Problem zugleich; doch allen ist gemeinsam, daß sie Europa als etwas Externes betrachten. Hier Großbritannien, dort Europa, und es geht um die Frage, wie sich die Beziehungen zwischen uns und denen dort drüben gestalten.

Einen Buchtitel wie *Penser l'Europe* könnte man sich auf dem britischen Buchmarkt nicht vorstellen; »Europa denken« ist unbritisch. Wer es dennoch tut, und sei es als selbstverantwortlicher Erwachsener im privaten Rahmen, läuft Gefahr, als »Eurointellektueller« beschimpft zu werden – eine Wortschöpfung, die zwei Dinge verbindet, denen die Briten zutiefst mißtrauen.

Unter diesen Umständen verwundert es nicht, daß die meisten unserer Partner auf dem Kontinent den Begriff einer »britischen Europa-Idee« als Widerspruch in sich sehen. Das ist bedauerlich. Bedauerlich zunächst für Großbritannien: Wir verlieren damit an Einfluß, denn wir werden auf dem Kontinent als Gegner oder bestenfalls als Randfiguren der europäischen Entwicklung wahrgenommen. Es ist aber ebenso bedauerlich für Europa, denn Europa – und ganz besonders EU-ropa – könnte ein wenig britisches Denken momentan ganz gut tun. »Britisch« steht hier für ein tieferes Verständnis unserer geistigen Traditionen und meint soviel wie skeptisch, empirisch und pragmatisch.

Doch auch die »kontinentale« Art, über Europa nachzudenken, hat ihre Probleme. Die simple Unterscheidung »britisch versus kontinental« zu machen, hieße, in den britischen Fehler zu verfallen. Auf dem Kontinent existieren viele unterschiedliche Sichtweisen von Europa. Es gibt aber zweifellos Gemeinsamkeiten in den Perspektiven Frankreichs und Deutschlands, die die Entwicklung EU-ropas während des letzten halben Jahrhunderts entsprechend geprägt haben.

Während britische Politiker eine künstliche Trennung zwischen dem Nationalen und dem Europäischen hochhalten und dabei verkennen, wie sehr beides inzwischen miteinander verwoben ist, haben ihre französischen und deutschen Kollegen Nationales und Europäisches in einem Maße verschmolzen, daß man kaum noch feststellen kann, ob sie gerade über Europa oder über ihr eigenes Land reden. Nun hat aber in den europäischen Staaten die Instrumentalisierung »Europas« im Dienste nationaler Ziele eine lange Tradition. Schon Bismarck hat darauf hingewiesen, daß vor allem solche Politiker das Wort »Europa« im Munde führten, die von anderen Mächten etwas verlangten, was sie im eigenen Namen nicht zu verlangen gewagt hätten. Daraus folgerte er: »*Qui parle Europe à tort. Notion géographique.*« Britische Euroskeptiker klatschen ihm Beifall.

Doch in Wahrheit liegen die Dinge jetzt ein wenig komplizierter. Im vergangenen halben Jahrhundert seit 1945 hat es unter französischen und deutschen Politikern und Meinungsmachern auch viel aufrichtig idealistisches Engagement für Europa gegeben, ein Engagement, das aus der individuellen Erfahrung von Revolution, Krieg, Völkermord, Niederlage und Besatzung erwachsen ist. Problematisch ist allerdings, daß die Verschmelzung des Nationalen mit dem Europäischen – teils instrumentalisiert, teils idealistisch – inzwischen so zur Gewohnheit geworden ist, daß die Betreffenden manchmal selbst nicht mehr wissen, wann sie über Europa reden und wann über Frankreich oder Deutschland.

Das zweite hervorstechende Merkmal dieses französischen und deutschen Euro-Denkens ist eine andere, gleichwohl damit verbundene Spielart des Idealismus: die Tendenz nämlich, die Dinge nicht so darzustellen, wie sie sind, sondern sie zu idealisieren – Idealismus als Gegensatz zu Empirismus. Das »Europa«, von dem dort im vergangenen halben Jahrhundert geredet wurde, ist eine Idee und ein Ideal, ein Traum, eine Vision oder ein großer Entwurf; das ist *faire l'Europe* oder *Europa bauen*, Europa als Projekt, ein Prozeß in Richtung auf eine *finalité européenne*; Europa als *telos*. In ihrer schwindelerregendsten Form tritt diese Haltung als dialektischer Idealismus auf. *Europa der Gegensätze auf dem Wege zu sich selbst*, wie es in einer deutschen Broschüre heißt. Auf englisch klingt das genauso absurd wie: »die Londoner Verkehrsstaus auf dem Wege zu sich selbst.«

Der Unterschied zwischen dem teleologisch-idealistischen und dem empirisch-skeptischen Zugang führt zu schwerwiegenden Mißverständnissen. Für die Vertreter des ersteren heiligt das große Ziel häufig auch fragwürdige Mittel. Eurokratischer Unsinn aus Brüssel ist ein Preis, den zu zahlen man für höhere politische Ziele bereit ist. Doch die Teleologen sind in Schwierigkeiten geraten. In dem Bauplan, den kontinentale Eliten von Messina bis Maastricht ihrem EU-ropa zugrunde legen, sollte das *telos* das abwesende *demos* ersetzen, in der Hoffnung, daß durch Erziehung und Vorbild, sozusagen von oben, ein neues europäisches *demos* geschaffen werden könnte. Doch das ist nicht eingetreten. Ein europäisches Volk existiert noch nicht. Und nach der Unterzeichnung des Vertrages von Maastricht haben die Völker, die EU-ropas Kernlande bilden, begonnen zu hinterfragen, was da in ihrem Namen aufgetischt wird. »Denn wir sind die Völker Europas, die sich bislang nie zu Wort gemeldet haben«, wie Chesterton hätte geschrieben haben können.

In dieser Hinsicht ist EU-ropa jetzt vielleicht reif für eine (intellektuell) eher britische Sichtweise. Aber gibt es die überhaupt? Einer solchen Sicht müßte an Europa um seiner selbst willen gelegen sein; man dürfte darin nicht nur die Chance oder Bedrohung eines größeren oder kleineren Britanniens sehen. Was nun folgt, ist der Versuch, »Europa« auf englisch »zu denken«: Europa unvoreingenommen und als Ganzes zu sehen.

Um den Anfang zu machen: Existiert Europa überhaupt? Dieser schillerndste aller Kontinente war schließlich über lange Strekken seiner Geschichte nicht nur nach einer, sondern nach drei Seiten hin offen: nach Süden zum Mittelmeer während nahezu seiner ganzen »frühen« Geschichte und in gewisser Weise auch heute noch; nach Osten, wo Europa nicht endet, sondern nach

Asien hin ausfranst; und nach Westen über den Atlantik hinweg, vor allem was unseren Nachkriegs-»Westen« betrifft. Die vom technischen Fortschritt des vergangenen halben Jahrhunderts geschaffene »Globalisierung« stellt den Zusammenhalt und die Gültigkeit der Einheit »Europa« noch weiter in Frage, indem sowohl kleinere Einheiten (Staat, Region, Firma) als auch größere Einheiten (Eur-atlantik, OECD, Welt) an Bedeutung gewinnen.

Und wie steht es um seinen inneren Aufbau? Welches sind die essentiellen Bestandteile Europas? Sind es die Hunderte von Millionen Individuen, die sich mehr oder weniger – eher weniger – als »Europäer« verstehen? Sind es die Regionen? Die Klassen? Die Gesellschaften? Die Nationen und Staaten? Doch wenn man von »Nationenstaaten« redet, wie die meisten britischen Politiker es tun, dann verkennt man die große Vielfalt unterschiedlicher Kombinationen von Nation und Staat, die in Europa existieren. Sie reicht vom Nationalstaat, dessen Bürgerrecht von der Zugehörigkeit zu einem bestimmten, dominanten Volk abhängt, über die klassisch osteuropäische Variante von ethnischen Völkern oder Volksgruppen, die auf verschiedene Staaten verteilt sind, und die französische *état-nation* bis hin zu Großbritannien selbst, einem Nationalstaat, der mehrere Nationen einschließt.

Dennoch sind heute die meisten west-, süd- und nordeuropäischen Individuen, Regionen, Gesellschaften, Nationen und vor allem Staaten in etwas Neues, nämlich EU-ropa, eingebunden, und das unterscheidet sich qualitativ sowohl von allen früheren zwischenstaatlichen Übereinkünften wie auch von allen derzeitigen zwischenstaatlichen Übereinkünften auf anderen Kontinenten. Deren Wesen ist gleichwohl schwer zu bestimmen. Das deutsche Verfassungsgericht hat es einen *Staatenverbund* genannt. Auf englisch könnte man es ein Ding nennen. Dieses Ding ist weniger als ein föderaler Superstaat, aber mehr als eine bloße Allianz: Es ist eine nie dagewesene, einzigartige und komplexe Mischung aus übernational und zwischenstaatlich, aus wirtschaftlicher Integration und politischer Kooperation.

Dieses Ding entstand – wie die Nato und zusammen mit der

Nato – während des Kalten Krieges als westliche Hälfte einer europäischen Ordnung, für die das Kürzel »Jalta« stand. Seine Entwicklung war direkt wie indirekt und in einem Ausmaß, das viele Verfechter der europäischen Integration nur ungern zugestehen, mit der des Kalten Krieges verknüpft, ebenso wie mit der Entspannung, dem siamesischen Zwilling des Kalten Krieges. Doch vor fünf Jahren ist diese Ordnung von »Jalta« auf eine Weise zu Ende gegangen, die sich deutlich vom Ende früherer europäischer Ordnungen, sei es der von »Versailles«, »Wien« oder »Westfalen«, unterschied. Mit dem weitgehend friedlichen Tod des Kommunismus und dem weniger friedlichen Zerfall der Sowjetunion ist die östliche Hälfte einfach weggebrochen. Die westliche Hälfte blieb intakt – oder erscheint zumindest so.

Dieser leicht erweiterte westliche Teil, dieses EU-ropa mit seinen fünfzehn Staaten und mehr als 370 Millionen Menschen, steht nun jenem anderen Europa gegenüber, von dem es so lange durch den Eisernen Vorhang getrennt war. (Denn wir lebten, wie der ungarische Schriftsteller György Konrád schrieb, mit dem Rücken zur Berliner Mauer.) Dieses andere Europa könnte man grob in ein zweites und ein drittes Europa unterteilen. Das zweite Europa umfaßt etwa zwanzig Staaten, von denen fünfzehn erst kürzlich vom Kommunismus befreit wurden, und alles in allem rund 140 Millionen Menschen. Die Staaten dieses zweiten Europa, zu denen ich nicht die Türkei rechne, sind eher klein. Mit Ausnahme von Polen und Rumänien hat keiner von ihnen mehr Einwohner als der Großraum London, die meisten haben weniger. Viele davon, oder zumindest die Mehrzahl ihrer politischen Eliten, möchte dem Europa der EU und der Nato angehören: Sie wollen gemäß dem Slogan von 1989 »nach Europa zurückkehren«. Aber entscheidender ist, daß ihr theoretischer Anspruch dazuzugehören früher oder später von den politischen Führern der EU mehr oder weniger akzeptiert werden wird, wobei die Betonung in der Praxis auf weniger und später liegt.

Natürlich ist diese Darstellung stark vergröbert. Nachdem ich die letzten fünfzehn Jahre damit verbracht habe, westlichen Lesern zu erklären, daß Prag, Budapest und Warschau zu Mitteleuropa und nicht zu Osteuropa gehören, wäre ich der letzte, den man an die immensen Unterschiede zwischen Polen und Albanien erinnern müßte. Wer aber behauptet, es gäbe eine präzise, klare historische Trennlinie zwischen den mitteleuropäischen Demokratien in der sogenannten Visegrád-Gruppe und, sagen wir, den baltischen Staaten oder Slowenien, der strickt an einer neuen Legende.

Das dritte Europa bilden zwei sehr viel größere Staaten, Rußland und die Ukraine, zusammen mit Weißrußland und vielleicht noch Serbien. Seine große Bevölkerung beläuft sich insgesamt auf etwa 210 Millionen beziehungsweise 220 Millionen, wenn man Serbien dazurechnet. In diesen Staaten – und das gilt vor allem für Rußland – liegen die Dinge nicht so klar, was die historische Zugehörigkeit zu Europa und den Wunsch, diesem ersten Europa der EU und der Nato beizutreten, anbelangt. Aber entscheidender ist, daß die politischen Führer der EU und der Nato im Augenblick nicht einmal prinzipiell und auf lange Sicht einem Anspruch dieser Staaten auf Mitgliedschaft zustimmen.

Auch diese Unterscheidung zwischen einem zweiten und einem dritten Europa ist natürlich krude; abgesehen davon ist sie wohl unfair gegenüber der Ukraine und unterschätzt die langfristigen Möglichkeiten eines demokratischen Serbien, das sich wieder nach Europa hin orientiert. Doch wo auch immer in einem bestimmten historischen Moment die Linien gezogen werden, in absehbarer Zukunft wird man das andere Europa unterteilen können in Staaten, die sich auf EU-ropa zubewegen, und andere, die das nicht tun, mit einer Anzahl von unentschlossenen Kandidaten in der Mitte.

Die wichtigste politische Frage muß daher heute lauten, ob und in welchem Maße EU-ropa allmählich den größeren Teil des zweiten Europa integrieren und gleichzeitig seine einzigartige, komplexe, unbefriedigende, aber dennoch reale »Arbeitsweise« beibehalten kann, und wie dieser Prozeß gleichzeitig Einfluß nimmt auf und beeinflußt wird durch das dritte Europa, besonders durch Rußland.

Im anderen Teil Europas steht nicht bloß die Entscheidung zwischen Demokratie und Diktatur, sondern auch die zwischen Krieg und Frieden an. Es war das erste und vorrangige Ziel der europäischen Gründerväter, das Gespenst des Krieges zwischen den Staaten und Völkern innerhalb Europas zu bannen. Dieses Ziel suchten sie auf indirektem Wege, durch wirtschaftliche Integration zu erreichen, zumal nachdem der direkte Weg – die Europäische Verteidigungsgemeinschaft – von der französischen Nationalversammlung per Abstimmung vereitelt worden war. Nun wird man allerdings fragen dürfen, welchen Anteil die EWG/EG nun tatsächlich an der Friedenssicherung in Europa bis 1990 hatte (und noch hat), und welcher der Nato und der nuklearen Patt-Situation zwischen West und Ost während des Kalten Krieges zuzuschreiben ist. Ganz zweifellos aber haben die Methoden und Institutionen der friedlichen Konfliktlösung und dauerhaften Kooperation innerhalb der EG ihren Beitrag dazu geleistet.

Doch noch während unsere Politiker die Platitüde im Mund führen, daß »ein Krieg in Europa undenkbar geworden sei«, ist er in weiten Teilen des post-kommunistischen Europa nicht nur denkbar geworden, sondern wurde, noch bevor sie den Mund schließen konnten, blutige und brutale Realität, und zwar – mit fast unerträglicher Ironie – in einem Ort namens Sarajevo.

Das »kurze zwanzigste Jahrhundert« (Eric Hobsbawm) sollte uns belehrt haben, daß politische Ziele nicht von den Mitteln zu trennen sind, mit denen sie verwirklicht werden. »Europa bauen« ist ein Prozeß, der sich *pars pro toto* vollzieht. Die Eliten verhandeln für ihre jeweiligen Völker und fragen diese, wenn überhaupt, erst hinterher, ob sie einverstanden sind. Insofern sind wir mittlerweile bereits bei einem »zweiten Maastricht«. EU-ropa trifft die Entscheidungen für Europa, und künftige Mitglieder müssen sich nach den vorgegebenen Strukturen richten. Wieder einmal sendet Polen seinen alten Hilferuf aus: »*Nic o nas bez nas*« – »Nichts über uns ohne uns!« –, aber wie immer hört der Westen kaum hin.

Innerhalb der EU spielen einige Länder, allen voran Frankreich und Deutschland, mit der Idee, eine »Schnellspur« einzurichten; auch hier also wieder *pars pro toto*. Nach der deutschen Vereinigung sehen französische Politiker mehr denn je die Notwendigkeit einer Einbindung Deutschlands in ein gemeinsames Europa. Auch von seiten der deutschen Politiker besteht dieser Wunsch, denn sie wollen im Zentrum Europas nicht mit den

Versuchungen der Vergangenheit allein gelassen werden. Gemäß der funktionalistischen Tradition, politische Ziele durch ökonomische Mittel zu erreichen, bietet sich eine Währungsunion als probates Mittel an. Diese soll, zusammen mit den gewünschten politischen Zielen, den Prozeß der Integration »unumkehrbar« machen. Deutschland und Frankreich bilden den magnetischen Kern eines vereinten Europa, wobei die Währungsunion den harten Kern des harten Kerns bilden soll. Auf dem Weg, den sie einschlagen, sollen die anderen, einschließlich Großbritannien, folgen, wie sie es bereits in der bisherigen Geschichte der EWG-EG-EU getan haben. In EU-ropa nach Maastricht (1 und 2) wird mit unterschiedlichen Geschwindigkeiten gefahren werden, aber die Richtung liegt fest.

Das sind, aufs wesentliche reduziert, die kühnen – fast atemberaubenden – französisch-deutschen Vorgaben für das EU-ropa-Projekt des ausgehenden 20. Jahrhunderts, und damit auch die unmittelbaren europäischen Herausforderungen, denen sich Großbritannien zu stellen hat. Das Problem ist, daß dieses Projekt mit einiger Wahrscheinlichkeit scheitern wird. Die Währungsunion könnte schon an der ersten oder zweiten Hürde hängenbleiben, wenn die Volkswirtschaften in der Kernzone nicht ausreichend genug konvergieren. Oder aber die politische Meinung in Frankreich oder Deutschland könnte sich dagegen entscheiden. Doch auch nach ihrer Einführung kann die Währungsunion noch scheitern. Irreversibel ist nur der Tod, und diese wäre nicht das erste Beispiel einer gescheiterten Währungsunion in der europäischen Geschichte.

Doch auch bei einem Erfolg könnte die Währungsunion fehlschlagen. Das hieße: Erfolg im engen, technischen Sinn, aber ein Scheitern der damit verbundenen Ziele. Auf einem europäischen Binnenmarkt kann man vielleicht auf Dauer nicht ohne einheitliche Währung zurechtkommen, aber man wird sich womöglich noch schwerer tun, wenn man ihn in einen währungsgeeinten Kern und eine Peripherie unterteilt. Und wie wird sich das auf die Arbeit der EU-ropäischen Gremien auswirken? Würden sich die Vertreter der Kernstaaten in separaten Sitzungen über grundlegende finanzpolitische und makroökonomische Fragen verständigen? Und müßten die anderen das einfach hinnehmen? (Das

Konzept von der Währungsunion als Goldstandard, wobei jedes Land seinen eigenen Haushalt in Ordnung halten oder bankrott gehen muß, ist zwar eine reizvolle Idee, mit der politischen Wirklichkeit Europas aber kaum vereinbar.) Oder würden die Kernstaaten eine Art politisches Führungsgremium bilden, das zu jeder Ratssitzung bereits mit vorgefaßter Einheitsmeinung kommt? Eine der großen Stärken der EU ist ihre Flexibilität: Zu den einzelnen Themen bilden sich jeweils verschiedene nationale Allianzen aus. Schreibt man eine solche Allianz fest, so riskiert man, die gesamte Struktur zu zerstören.

Die große Wette auf dieses kontinentale Projekt besteht darin, daß der französisch-deutsche Kern tatsächlich Magnetwirkung entfalten wird und daß die anderen früher oder später dorthin folgen werden, wo Bonn und Paris sich hinbewegen. Der Grund, warum sich die Leute in Bonn und Paris (und ältere »Europa-Fürsprecher« in London) über diese Entwicklung so sicher sind, ist, daß es schon in den letzten 35 Jahren – von 1955 bis 1990 – so gelaufen ist. Aber ein Prozeß, der unter den Laborbedingungen des Kalten Krieges in einer Versuchsanordnung namens »Westeuropa« geradezu mit der Präzision eines physikalischen Experimentes ablief, muß im wesentlich größeren, ungeordneteren Europa nach dem Mauerfall nicht unbedingt nach denselben Regeln funktionieren.

Jeder, der als Kind einmal mit Magneten gespielt hat, weiß, daß das eine Ende anzieht und das andere abstößt. Zur Zeit besteht ernstlich die Gefahr, daß die vermeintlich anziehende Kernzone auch abstoßende Wirkung entfalten könnte. Das Beste kann zum Feind des Guten werden. Der rationale, funktionale, perfektionistische Versuch, »Europa zu bauen« oder zu »vervollkommnen«, indem eine rasche Währungsunion dessen Kern befestigt, könnte genausogut das Gegenteil des beabsichtigten Effekts bewirken. Der Vorgang, der darauf abzielt, die schlechten alten Zeiten rivalisierender Nationenstaaten und Allianzen in Europa endlich hinter sich zu lassen, läuft Gefahr, eben diese schlechten alten Zeiten wieder heraufzubeschwören. Man drückt auf den Knopf für schnellen Vorlauf und bewegt sich rasant nach rückwärts.

Und selbst wenn dieser Vorgang politisch und wirtschaftlich

erfolgreich wäre, selbst wenn Großbritannien und andere in der EU wieder einmal den Vorgaben Frankreichs und Deutschlands folgen würden, dann hat der Rest von Europa, der an unsere Tür klopft, noch lange nichts davon. Die laufenden zwischenstaatlichen Verhandlungen drohen auf andere Weise zu einem »Maastricht 2« zu werden: Hier sind die führenden Politiker EU-ropas so sehr mit den inneren Reformen der EU beschäftigt, daß ihnen einfach keine Zeit, Energie und Aufmerksamkeit bleibt, sich um jene Teile Europas zu kümmern, wo unsere Aufmerksamkeit tatsächlich den entscheidenden Unterschied zwischen Demokratie und Diktatur, zwischen Krieg und Frieden bedeuten könnte.

Dennoch reicht es nicht, von einem empirischen, skeptischen und pragmatischen Standpunkt aus auf die Fehler und Gefahren des französisch-deutschen Projekts hinzuweisen, das seinerseits auf charakteristische Weise teleologisch, idealistisch und instrumentalistisch ist. Denn Franzosen und Deutsche werden zu Recht entgegnen: Wißt ihr vielleicht eine bessere Lösung? Jemand, dem an Europa gelegen ist, sollte daher eine solche Lösung anbieten können. Zumindest sollte er dafür sorgen, daß da noch etwas anderes ist, daß das gesamte »Europäische Projekt« zum Ende des Jahrhunderts nicht steht und fällt mit diesem haarsträubenden Abenteuer, diesem *Europa als Wille und Vorstellung*, dieser versuchten Vereinigung durch Geld.

Dieses »Etwas« müßte meiner Meinung nach zweierlei enthalten: ein detailliertes Konzept für die Integration des neuerlich befreiten zweiten Europa im Lauf der nächsten zwanzig Jahre, und eine gut koordinierte und in mancher Hinsicht »gemeinsame« Außen-, Sicherheits- und Verteidigungspolitik, damit man den Herausforderungen und Bedrohungen innerhalb Europas und durch die gefährliche Welt draußen begegnen kann. Ein solches Projekt würde also seine politischen Ziele direkt und mit politischen Mitteln anstreben und nicht einen funktionalistischen Umweg über die Wirtschaft nehmen. Im Gegensatz zur Währungsunion wäre es nicht ein simples großes Gebilde, sondern ein aus komplizierten Einzelteilen zusammengesetztes Puzzle, denn es würde notwendigerweise viele andere, sich überschneidende europäische Institutionen mit einbeziehen, vor allem aber

EU-ropas zweite tragende Säule, die Nato. Doch zu seiner Umsetzung wäre ein höheres Maß an Machtverteilung und Souveränitätsteilung nötig, einerseits durch einen Abstimmungsmodus, der qualifizierende Mehrheiten vorsieht und ohne den eine EU von zwanzig und mehr Mitgliedstaaten einfach nicht funktionieren würde, und andererseits durch ein Verfahren, das man qualifiziertes Minderheitenwahlrecht nennen könnte (mit wechselnden Staatengruppen, die aber in der Regel Frankreich, Deutschland oder Großbritannien einschließen) und das für Belange der Außen-, Sicherheits- und Verteidigungspolitik unabdingbar wäre.

Aber wenn einem nicht an Europa um seiner selbst willen gelegen ist, sondern wenn man nur Großbritannien im Blick hat, dann fragt man sich natürlich, ob es sich lohnt, diesen Preis zu zahlen. Es lohnt sich aus zweierlei Gründen: Zahlen wir ihn nicht, so werden wir ausgeschlossen, und zahlen wir ihn nicht, so werden wir hineingezogen. Kurzfristig blieben wir von der nächsten französisch-deutschen EU-ro-Bauphase ausgeschlossen, was für Großbritannien (im besten Falle) hohe Risiken bedeuten würde, und hineingezogen werden würden wir dann in das voraussichtliche Scheitern dieses Bauplans und in die Unordnung im übrigen Europa, dem dieser Plan wenig zu bieten hätte.

Es besteht ein surreales, ja groteskes Mißverhältnis zwischen den verzerrten, einschläfernden, von Akronymen belasteten, polit-bürokratisch detailversessenen Debatten um eine innere Reform der EU und den gigantischen, schicksalhaften, geradezu melodramatischen Herausforderungen, vor die uns seit Ende des Kalten Krieges der Rest Europas stellt. Und doch muß unsere Antwort auf letztere bei ersterem ansetzen, denn wo sonst sollten wir anfangen, wenn nicht dort, wo wir gerade stehen.

Und wohin gehen wir? Zeiteinteilungen sind Konstrukte, und vielleicht sollte man die letzten fünf Jahre des ausgehenden 20. Jahrhunderts und des zweiten nachchristlichen Jahrtausends genauso behandeln wie beliebige andere fünf Jahre. Aber die Jahrtausendgrenze konzentriert doch das Bewußtsein. In diesen nächsten fünf Jahren haben wir vermutlich größere Chancen, aber auch größere Gefahren zu gewärtigen als in den vergangenen fünfzig Jahren. Es besteht die Möglichkeit, daß im Jahr 2000 ein größerer Teil Europas friedlicher, wohlhabender, demokratischer und freier sein wird als jemals zuvor in seiner Geschichte. Aber auch die Gefahren zeichnen sich deutlich ab. Wenn wir jetzt Fehler machen, dann wird man zu Beginn des kommenden Jahrtausends nicht mehr vom 8. Mai als dem Kriegsende in Europa sprechen – weil dort dann nämlich ein neuer Krieg tobt.

(VE-Day *1995*)

Diese Thesen werden im Aufsatz »Europa: Für eine liberale Ordnung«, S. 336, weiter ausgeführt und vertieft.

Chronik

1995

16. Mai. Mailänder Staatsanwälte fordern, daß 160 Politiker und Geschäftsleute wegen Bestechung und Korruption vor Gericht gestellt werden. Ferner verlangen sie die Anklageerhebung gegen Silvio Berlusconi, italienischer Ministerpräsident bis Dezember 1994.

25.-26. Mai. Die Nato bombardiert bosnisch-serbische Ziele. Aus Rache nehmen die bosnischen Serben Soldaten der Uno-Friedenstruppe als Geiseln und beschießen »Schutzzonen«.

31. Mai. Prinz Charles besucht als erstes Mitglied des englischen Königshauses Irland nach dessen Erlangung der Unabhängigkeit im Jahre 1922.

3. Juni. Gründung einer »Schnellen Eingreiftruppe« der Nato zur Unterstützung der UNPROFOR in Bosnien.

9. Juni. Der russische Präsident Jelzin und der Präsident der Ukraine, Kutschma, unterzeichnen einen Vertrag über die Zukunft der Schwarzmeer-Flotte.

11. und 18. Juni. Bei französischen Gemeindewahlen erzielt die rechtsextreme Nationale Front große Stimmengewinne.

19. Juni. Árpád Göncz wird zum Präsidenten Ungarns wiedergewählt.

26.-27. Juni. Ein EU-Treffen in Cannes. Vereinbarung eines »irreversiblen« Schritts zur Wirtschafts- und Währungsunion bis 1999.

3. Juli. Schwere Ausschreitungen in Nordirland nach der vorzeitigen Entlassung von Lee Clegg, der als britischer Soldat eine lebenslängliche Haftstrafe wegen der Erschießung eines Katholiken, der einen gestohlenen Wagen fuhr, verbüßte.

4. Juli. Der britische Premierminister John Major gewinnt die Wahlen zum Parteivorsitzenden der Konservativen gegen John Redwood, der die Stimmen der euro-skeptischen Major-Kritiker erhält.

11. Juli. Bosnische Serben nehmen die Uno-»Schutzzone« Srebrenica ein. Die niederländische Uno-Friedenstruppe leistet keinen Widerstand. Ansässige bosnisch-muslimische Männer im wehrfähigen Alter werden daraufhin von den bosnischen Serben massakriert; ältere Männer, Frauen und Kinder werden zur Flucht gezwungen. In Rußland erleidet Jelzin eine Herzattacke, mit der eine lange Krankheitsphase beginnt.

25. Juli. Bosnische Serben nehmen die Uno-»Schutzzone« Žepa ein. Das Uno-Kriegsverbrechertribunal in Den Haag erhebt Anklage gegen den Präsidenten der bosnischen Serben, Radovan Karadžić, und den

Militärbefehlshaber Radko Mladić in den Punkten Völkermord und Verbrechen gegen die Menschlichkeit.

30. Juli. Ein tschetschenisches Friedensabkommen sorgt für den Abzug der russischen Truppen. Die Frage der offiziellen Unabhängigkeit bleibt unbeantwortet.

4. August. Das italienische Parlament verabschiedet einen Rentenreformplan zur Kürzung der öffentlichen Ausgaben.

5.-9. August. Die kroatischen Streitkräfte erobern im Zuge der »Operation Sturm« die serbisch besetzte Krajina zurück. Mehr als 150000 dort ansässige Serben flüchten.

August. Ferien in einem Teil Westpolens, der bis 1945 zu Deutschland gehörte. Die Architektur ist noch immer überwältigend und unverwechselbar deutsch. Die gotische Kirche aus rotem Backstein ist eine deutsche protestantische Kirche, in der, um sie zu einer polnisch katholischen zu machen, eine Jungfrau Maria und die zwölf Stationen der Passion an den Mauern angebracht wurden. Viele der Ortsbezeichnungen sind lediglich Übersetzungen der originalen deutschen Namen. An einer höllisch stark befahrenen Hauptstraße von Poznań (Posen) nach Berlin wirbt eine Plakatwand für »Neue Autos – nach Unfällen in Deutschland«. Noch kommen nur wenige Deutsche zurück, als Grundbesitzer, Fabrikbesitzer oder Vergnügungssuchende. Da sich aber Polen dem Westen annähert und da die deutsche Hauptstadt nun das nahegelegene Berlin ist, wird sich dies gewiß ändern.

28. August. Eine weitere Granatenbombardierung eines Marktplatzes in Sarajevo.

August-September. Die Nato antwortet mit einer Reihe von Luftangriffen auf bosnisch-serbische Stellungen, inklusive der Artilleriestellungen rund um Sarajevo.

31. August. Der Sohn des slowakischen Präsidenten Michal Kovač wird entführt und nach Österreich verschleppt. Operative Einheiten des slowakischen Geheimdienstes, verantwortlich gegenüber dem Ministerpräsidenten Vladimír Mečiar, sind mit an Sicherheit grenzender Wahrscheinlichkeit darin verwickelt.

14. September. Die bosnischen Serben ziehen ihre schweren Waffen aus der Umgebung Sarajevos ab.

27. September. Der Europäische Gerichtshof für Menschenrechte verurteilt die Ermordung von drei unbewaffneten IRA-Terroristen durch britische Sicherheitskräfte im Jahre 1988 auf Gibraltar.

7. Oktober. Repräsentanten der griechischen und türkischen politischen Parteien bringen auf Zypern ihre Verpflichtung zum Ausdruck, eine Lösung für die Insel auszuhandeln.

12. Oktober. Eine sechzigtägige Feuerpause in Bosnien, die der US-Vermittler Richard Holbrooke ausgehandelt hat, tritt in Kraft.

Gesäubertes Kroatien

Zagreb

Ich brauche kein Visum für Kroatien. Planinka aus Belgrad braucht eines. Wochenlang hat sie darauf gewartet, und bekommen hat sie es nur, weil ihr hiesiger Verleger, Slavko Goldstein, sich bei den kroatischen Behörden dafür eingesetzt hat. Andere, aus beiden Richtungen, wurden abgewiesen. Es ist, als würde man mir, dem Engländer, plötzlich verbieten, nach Cardiff zu fahren. »Jugoslawien war ein kleines Land«, sagt Slavko, »und jetzt haben wir fünf noch kleinere Länder daraus gemacht.«

Beim Abendessen in einem von Zagrebs feudalen Restaurants unterhalten wir uns über die Belagerung Sarajevos. »Die Serben« haben dies getan, »die Serben« tun jenes, berichtet ein kroatischer Freund. Planinka, einer Dame in vorgerücktem Alter, bestens gekleidet und geschminkt, gefriert das Lächeln im Gesicht. Ich frage mich, wie sie empfindet. Serbisch?

»Vor dem Krieg«, sagt Slavko, und für einen Moment denke ich, er meint »vor dem Krieg«. Hier haben wir Europas neue semantische Trennlinie. In Großbritannien, Frankreich oder Deutschland meint »der Krieg« immer noch 1939 bis 1945. Hier bedeutet es 1991 bis 1995. Bislang zumindest, denn niemand kann sagen, ob der Krieg nun zu Ende oder bloß unterbrochen ist.

Nach Glina

Mit Slavko, seinem Sohn Ivo und Planinka zusammengepfercht in einem stotternden R4 verlassen wir Zagreb nach Süden in Richtung Krajina. Nach fast vier Jahren serbischer Herrschaft ist sie durch die kroatische Armee in der sogenannten Operation Sturm »befreit« worden. In Karlovac, wo Slavko als Junge gewohnt hat, besichtigen wir den Marktplatz, der von den serbischen Besatzern zerbombt wurde. Schau, hier sieht man noch die Einschläge auf dem Gehsteig, hier muß es gewesen sein, wo die Passanten starben.

Auf dem Weg aus der Stadt holen wir Mate ab, einen älteren kroatischen Bauern, der Slavko während des Krieges (des letzten Weltkrieges) in seinem Dorf versteckte, als die Ustascha – die kroatischen Faschisten – die Juden von Karlovac zusammentrieb. Dann hat sich Slavko Titos kommunistischen Partisanen angeschlossen. Mate versteckte sich in den Wäldern; er weigerte sich zu kämpfen, auf welcher Seite auch immer. Der alte Mann hat ein breites, gebräuntes Gesicht, lächelt freundlich unter seiner Stoffkappe und strahlt eine ruhige Würde aus.

Hinter Karlovac überqueren wir, was während der letzten vier Jahre die serbische Frontlinie war. Plötzlich haben die Häuser keine Dächer mehr, sind heruntergebrannt, geplündert oder einfach dem Erdboden gleichgemacht. Es sieht aus wie auf dem Foto einer deutschen Stadt nach 1945, bloß in Farbe und 3D. Wir begegnen einem Mann, der Backstein für Backstein eine noch intakte Mauer abträgt. Die Steine werden in einer Reihe weitergereicht, die vorwiegend aus Frauen und Kindern besteht und bei einer Frau endet, die zwischen den Trümmern kauert. Sorgfältig bürstet sie jeden Stein ab und legt ihn auf einen Haufen, fertig für den Wiederaufbau. 1945 in Deutschland nannte man sie die Trümmerfrauen.

Wir fahren ostwärts, entlang dem Fluß Kupa, der fast auf ganzer Länge die frühere Frontlinie bildete, gerade mal 30 Kilometer – so weit wie eine Rakete fliegt – südlich von Zagreb. In den kroatischen Dörfern sind alle Häuser geplündert worden, die Dächer wurden von den serbischen Besatzern verbrannt oder gesprengt. Gelegentlich sehen wir Kroaten, die in ihre Häuser zurückgekehrt sind, sie haben die rot-weiße Schachbrett-Fahne auf den Balkon gehängt und beginnen von vorne. Doch zum gößeren Teil sind die Dörfer noch verlassen.

Wir halten vor dem Haus von Mates Schwiegersohn. Es ist in gutem Zustand, das solide Betondach, das einen schönen Blick über das Tal bietet, noch intakt. Es blieb unbeschadet, weil die Serben es als Kommandozentrale und Beobachtungsposten benutzten. Innen zeugen rote Grafitti in der kyrillischen Schrift der Serben von ihrer Anwesenheit: »Willkommen den Helden!«

»Haltet diesen Ort sauber!« »Wer essen will, muß auch Geschirr spülen!« Ordentliche Leute.

Weiter unten im Tal platzen uns – peng, peng – zwei Reifen, als der kleine R4 in ein riesiges Schlagloch gerät. Ein vorbeifahrender Bauer nimmt Mate und Slavko auf seinem Anhänger mit, damit sie passende Ersatzreifen besorgen können. Planinka will zum Pinkeln in die Büsche, doch Ivo schreit ihr nach: »Bleib stehen, die Straßenränder sind vermint!« Eine halbe Stunde später kommen Mate und Slavko in einem Lastwagen mit Ersatzreifen und einem stämmigen Bauern zurück, der von einem Ohr zum anderen grinst. Er ist Serbe und mit einer Kroatin verheiratet. Während der serbischen Okkupation hat er die Häuser seiner kroatischen Nachbarn beschützt. Wir können ihre intakten Dächer auf einem nahen Hügel erkennen, ein wahres Wunder. Jetzt ist er in den Augen der ansässigen Kroaten ein Held. Doch er wirkt übertrieben eifrig. Hinter seinem Grinsen steckt Angst.

In Mates Dorf, Kovačevac, ist kaum ein Haus heil geblieben. Er führt uns durch hohes Gras zu einem Gelände voller Schutt und verformtem Metall. Das ist alles, was noch übrig ist von einer Holzkirche aus dem 18. Jahrhundert, vorher ein besonders schönes und seltenes Beispiel seiner Art. Planinka hebt ein Stück Bronze vom Boden auf. Es ist hübsch. Ich merke, wie gerne sie es auf den Tisch in ihrem Atelier stellen würde, doch sie legt es wieder an seinen Platz. Schließlich ist auch sie Serbin.

Als Mate 1945 aus seinem Versteck in den Wäldern zurückkehrte, wurde er zum Bürgermeister von Kovačevac gewählt. Er half nicht nur dem eigenen Dorf beim Wiederaufbau, sondern auch dem serbischen Nachbardorf Prško, das den Grausamkeiten der Ustascha zum Opfer gefallen war. 1941 waren an die vierhundert Frauen und Kinder von den Einsatzkommandos des Ustascha-Führers Ante Pavelić zusammengetrieben und im Wald grausam ermordet worden. Als dann 1991 die meisten Kroaten vor den heranrückenden Serben flohen, blieb Mate im Dorf. Er hätte schon vier Regime enden sehen, sagte er, also würde er auch dieses überstehen. Doch eines Nachts kamen serbische Freunde zu ihm und sagten, er müsse sofort fliehen. Du hast zuviel gesehen, sagten sie. Du weißt, wer die Plünderungen und Morde auf dem Gewissen hat. Sie kommen dich holen. Also machte sich Mate fünfzig Jahre später noch einmal in die Wälder auf. Er schlug sich bis zum Fluß Kupa durch, fand ein Boot und ruderte ans kroatische Ufer hinüber. In der folgenden Nacht seien die »Tschetniks« gekommen, erzählt er und benutzt dabei das alte Wort für die serbischen nationalen Partisanen, und hätten einige von den alten Kroaten ermordet, die in Kovačevac geblieben waren.

Jetzt bauen Mate und seine Freunde ihre Höfe wieder auf. Die Dachbalken der Scheune finden sie, ordentlich gestapelt, vor einem Hof zwei Dörfer weiter. Der Traktor steht verlassen in einem Feld. Und wenn sie ihren eigenen Besitz nicht wiederfinden, dann nehmen sie eben den von jemand anderem. Mates Nachbar kam mit einem Anhänger zurück, den Mate als seinen eigenen erkannte. »Gib ihn mir zurück«, sagte er zu dem Nachbarn. »Nein«, erwiderte der, »ich hab ihn gefunden. Such dir einen anderen.«

Wir begleiten Mate zu einer Beerdigung. Es ist der erste natürliche Tod, den das Dorf seit vier Jahren zu verzeichnen hat, und daher ein Anlaß zum Feiern. In Prško wurde die Büste des serbischen Lokalhelden – ein enger Gefährte jenes Gavrilo Princip, der 1914 in Sarajevo Erzherzog Franz Ferdinand erschossen hat – vom Sockel gestürzt und in eine Hecke geworfen. Aus den serbischen Häusern hängen noch immer weiße Fahnen, doch die Bewohner sind ausnahmslos geflohen im großen Exodus der Serben aus der Krajina, dem größten einzelnen Flüchtlingsstrom des gesamten Krieges. Mehr als 150 000 Menschen füllten die Straßen nach Serbien und ins serbisch kontrollierte Bosnien. Ein Dorf verwandelte sich plötzlich in einen kilometerlangen Zug: Lastwagen, Traktoren und Anhänger, bepackt mit Habseligkeiten, Haustieren und schreienden Kindern. Wieder fühle ich mich an 1945 erinnert, an die endlosen deutschen Flüchtlingstrecks, die vor der Roten Armee aus Ostpreußen und Schlesien nach Westen flohen. Hier, wie damals, hat sich der Kreis des Krieges geschlossen. Unschuldige Frauen und Kinder werden für die Verbrechen ihrer Landsleute bestraft. Nemesis.

In einem der niedrigen Holzhäuser finden wir eine alte Bäuerin mit zerfurchtem Gesicht, schwarzem, wollenem Kopftuch und gichtigen Fingern. Auch sie war aus dem Dorf geflohen, sieben Tage auf der Straße bis Belgrad. »Ay, ay«, seufzt sie mit erhobenen Händen. Aber ihr Sohn kam über Ungarn nach Belgrad und hat sie wieder zurückgebracht. Sie hatten Glück, daß sie durchgekommen sind. Obwohl die kroatischen Behörden beteuern, das »Recht auf Rückkehr« sei garantiert, machen sie es jedem einzelnen Heimkehrer denkbar schwer.

Wir fahren durch gespenstisch leere Dörfer, in denen noch bisweilen ein Schwein herumläuft, nach Glina, dem Schauplatz eines weiteren Ustascha-Massakers im Zweiten Weltkrieg. Hier hatte man den einheimischen Serben gesagt, sie würden verschont, wenn sie zum Katholizismus überträten. Singend marschierten sie nach Glina. Dort wurden sie in der orthodoxen Kirche zusammengetrieben und ermordet.

Heute ist Glina eine Geisterstadt. Die Kroaten sind 1991 geflüchtet; inzwischen sind auch die Serben geflohen, und die meisten Kroaten sind noch nicht wieder zurückgekehrt. Dennoch hat die kroatische Verwaltung mit dem Wiederaufbau begonnen, indem sie den Gedenk-Pavillon für die Opfer des Ustascha-Massakers in ein »Kroatisches Haus« umgewandelt hat. Die Tafeln mit den Namen der serbischen Opfer wurden entfernt, die Schachbrett-Flagge wurde gehißt, und zur Einweihung dieses kroatischen Kulturinstituts gab es ein Befreiungskonzert. Die westliche Zivilisation hat den Sieg davongetragen.

The Waste Land

Noch zwei Tage in der »ethnisch gesäuberten« Krajina, diesmal mit meinem Freund Konstanty Gebert, einem polnischen Schriftsteller, und seiner serbisch-polnischen Kollegin Ana Uzelac aus Belgrad. Auf den Straßen ist kein Verkehr, bis auf die kroatische Militärpolizei an den Straßensperren, ein paar weiße UN-Fahrzeuge, und hin und wieder rast unpassenderweise ein schicker BMW oder Mercedes mit deutschem Nummernschild vorbei. Vermutlich kroatische Gastarbeiter auf dem Weg zu den Häusern ihrer Familien oder einfach auf Safari.

Stunde um Stunde fahren wir durch wunderschöne Landschaft, durch die bewaldeten Täler des Plitvicka-Nationalparks, über verkarstete Höhenzüge und hinunter zum Kastell von Knin. Über Stunden sehen wir nichts als zerstörte, ausgebrannte, geplünderte Häuser. Verkohlte Dächer, zerschlagene Scheiben, Kleider, Bettzeug, Möbel, Papiere auf dem Boden verstreut. Alles Brauchbare ist verschwunden. Obstgärten, Weinberge, Felder, deren Ernte verrottet. Keine Autos, keine Traktoren, kein landwirtschaftliches Gerät, kein Vieh, keine Hunde. Nur ein paar Katzen haben überlebt.

Und Kilometer für Kilometer kein einziges menschliches Wesen. Niemand. Ana hat aus Belgrad Adressen von geflüchteten Serbenfamilien mitgebracht, aber ihre Häuser sind schwierig zu finden, weil ihre Dörfer die allgemein bekannten Orientierungspunkte verloren haben. Könnte das hier ein Lebensmittelladen gewesen sein? War das einmal eine weiße Mauer? Es ist niemand da, den man fragen könnte.

»Säuberung« ist auf schreckliche Weise das richtige Wort für das, was hier angerichtet wurde. Die Krajina, ein Gebiet von der Größe einiger deutscher Bundesländer, ist buchstäblich leergefegt. Das hier war mehr als nur beiläufige Plünderung. Systematisch wurde alles ausgeraubt und niedergebrannt, vorwiegend, wie es scheint, von Kroaten in beliebiger Uniform. Der Zweck ist – abgesehen von der Beute – schlicht der, die Serben an der Heimkehr zu hindern. Kroatien soll, soweit als möglich, »serbenrein« werden.

Nach Aussagen des lokalen UN-Büros sind einige hundert ältere Serben, die in ihren Häusern geblieben waren, von kroatischen Truppen bei der Rückeroberung des Gebiets ermordet worden. In Gračac entdecken wir frische Gräber auf dem Friedhof, alle mit identischen, ordentlich numerierten Holzkreuzen. Hier, wie auch anderswo, hat man die orthodoxe Kirche stehengelassen, um zu zeigen, daß die Kroaten – im Gegensatz zu diesen barbarischen orthodoxen Serben, die katholische Kirchen dem Erdboden gleichmachen – ein westliches, zivilisiertes Volk sind. Doch die Pfarrei wurde zerstört. Eine Kinderbibel und ein Kirchenkalender auf das Jahr 1996 liegen zwischen Abfall am Boden.

In Kistanje, einer ehemals hübschen, kleinen Stadt, sind drei Familienalben auf Steintischen am Marktplatz ausgelegt: Hochzeit, Taufe des Sohnes, die Zeremonie seines Eintritts in die jugoslawische Armee. Während wir die Seiten umblättern, rast ein weißer, gepanzerter Personentransporter der UNPROFOR, der sogenannten UN-Schutztruppen, durch den verlassenen Ort. Lächerliche Beschützer von nichts und niemandem. Die UN-Selbstschutztruppe.

An Schauplätzen wie diesem heißt es unter Journalisten: »Die Story schreibt sich selbst.« Wo man hinschaut, bieten sich Kolorit und Klischee im Übermaß, so wie die Huren in Amsterdam. Vor einem geplünderten Haus liegt eine Puppe mit nur einem Bein. In den Ruinen des Elternhauses von Milorad Pupovac, dem Führer der kleinen, möchte-gern-liberalen Serbischen Partei Kroatiens, finde ich ein Buch mit Gedichten für Kinder, *Räuber Katja und Prinzessin Nadja*, erschienen 1989 in Sarajevo. Ana kann einige der Verse auswendig. Das letzte Gedicht heißt: »Wie unser Jugoslawien wächst«. Im Schutt eines anderen Hauses finde ich etwas, das aussieht wie eine weiße Papierrolle. Es ist ein Schwarzweiß-Foto von Tito, wie es früher in allen öffentlichen Räumen und in vielen Privathäusern hing. Da wo das Gesicht ist, sieht man Stiefelspuren.

Knin war die Hauptstadt der selbsternannten Serbischen Republik Krajina, die jetzt »befreit« ist. Von dem eindrucksvoll auf einem Hügel gelegenen Kastell weht die kroatische Schachbrett-Fahne. Dieser Blick bildet den Hintergrund des Wahlplakats für Präsident Tudjmans nationale HDZ-Bewegung. Im Vordergrund ist Tudjman selbst zu sehen, wie er beide Fäuste über dem Kopf schwingt wie ein Fußballtrainer, dessen Mannschaft gesiegt hat. Vor dem Krieg lebten etwa 37000 Menschen in Knin, jetzt spricht selbst die Lokalverwaltung nur noch von 2000 Einwohnern. Kroatische Soldaten und Militärpolizisten brausen in ihren gestohlenen – Verzeihung: »befreiten« – Luxuswagen durch die verlassenen Straßen: ein flotter Mercedes, ein Renault, ein Mitsubishi-Jeep, der auf dem Heck noch mit dem Namen des deutschen Händlers wirbt. Wir steigen zum Kastell hinauf und entdecken die größte Fahne, die ich je gesehen habe. Sie muß gute zehn Meter lang sein. Junge Mädchen in schwarzen Jeans und T-Shirts wickeln sich darin ein und fotografieren sich gegenseitig. Fleischgewordenes Klischee.

Als die Sonne wie im Touristenprospekt hinter den Bergen versinkt, fahren wir hinunter an die Adria. Wir überqueren die unsichtbare Grenze zu jenem Teil Kroatiens, den die Serben nie besetzt haben, und dort herrscht auf einmal wieder normales Leben: Häuser mit Dächern, elektrisches Licht, Vorhänge, Autos, ein junges Pärchen, das auf einem Motorroller knutscht. In Šibenik, einem der zauberhaften Ferienorte an der dalmatinischen Küste, starren wir entgeistert die fröhlichen, gutgekleideten Menschen an, die hübschen Hotels und das Café Europa.

Endlich, Europa – aber wir sind ja die ganze Zeit dort gewesen.

(Oktober 1995)

Drei Jahre später bejubeln britische Fernsehreporter die tapferen kleinen Kroaten, die beim Fußball-Weltcup die Deutschen besiegt haben. Die Kameras zeigen eine riesige kroatische Fahne, die die Fans auf ihrer Seite des Stadions ausgebreitet haben. Die kroatische Mannschaft hat gut und fair gespielt, aber ich konnte die ganze Zeit an nichts anderes denken als an die gesäuberte Krajina und die riesige Fahne oberhalb von Knin und daran, daß dieselben Leute, die jetzt ihren Spielern zujubeln, damals ihren Soldaten zujubelten. War es womöglich sogar dieselbe Fahne?

Bosnische Einblicke

Tuzla

Nach einer anstrengenden, sechzehnstündigen Busfahrt quer durch Bosnien kommen wir spät abends an und quartieren uns im düsteren, höhlenartigen Hotel Tuzla ein, einem jener grausig modernistischen Hoteltürme, wie sie überall im kommunistischen Europa der 70er und 80er Jahre hochgezogen wurden. Ich steige in den Lift, drücke den Knopf für den zweiten Stock und sinke, ohne etwas dagegen tun zu können, in den Keller hinunter. Das Empfangskomitee an der Bar besteht aus Christopher Hitchens, Susan Sontag und David Rieff. Als ich mich dazugeselle, höre ich, wie Susan eben zu Michael Ignatieff sagt: »Ich kann einfach nicht glauben, daß du zum ersten Mal hier bist.«

Am nächsten Morgen werden wir im Bus zu einer riesigen Kongreßhalle mit Türsteherinnen in roten Jacken und schwarzen Miniröcken gebracht. Mary Kaldor, Vorsitzende der Helsinki Citizens' Assembly, begrüßt uns nach »der langen Reise, die für uns alle so beschwerlich war«. Sie allerdings wurde im Hubschrauber eingeflogen. Julie Christie liest ein Gedicht, das nach meinen Notizen so lautet: »Sarajevo, weiß schimmernd … wie eine durchscheinende Porzellantasse …«

Dann bitten vier Lokalpolitiker, Männer mittleren Alters in Anzügen, um internationale Unterstützung. Der stämmige Selim Beslagić, Bürgermeister von Tuzla, erzählt uns, daß das Leben auf unserem Planeten auf Naturgesetzen und Harmonie beruhe, dann fordert er uns auf, Europa gegen den Faschismus zu verteidigen. Der Provinzgouverneur, der Präsident Izetbegovićs muslimisch geführter Partei der Demokratischen Aktion (SDA) angehört, sagt, Europa müsse etwas gegen den Völkermord unternehmen, der nur eine Flugstunde entfernt von den großen europäischen Hauptstädten stattfinde. Und der Präsident des bosnischen Parlaments läßt uns durch den Simultanübersetzer wissen: »Wir verteidigen die Grundwerte des Weltsystems.« Während der Vorsitzende des Tuzla-Bürger-Forums, das diese

Veranstaltung unter anderen organisiert hat, vom »Geist der fortschrittlichen Menschheit« spricht, den die Helsinki Citizens' Assembly vertrete, und fragt, ob »Europa in Bosnien stirbt«. Zwei Dinge sind seiner Meinung nach von elementarer Bedeutung: das Recht der Flüchtlinge auf Rückkehr und die Bestrafung der Kriegsverbrecher.

Man hat uns gesagt, Tuzla sei eine Insel freiheitlichen multiethnischen und multikulturellen Zusammenlebens. Die Wirklichkeit, die ich in den folgenden drei Tagen erlebe, ist jedoch komplizierter. Das Gehabe dieser Leute, genauso wie die Kongreßhalle und das Hotel, gehören unverkennbar der kommunistischen Ära an. Und einer der Gründe, der wichtigste vielleicht, daß die Stadt ethnischer Vielfalt noch relativ tolerant begegnet, ist ihre Vergangenheit als stark kommunisitsch geprägtes, jugoslawisches Industriezentrum. Doch auch in Tuzla ist kaum noch ethnische Vielfalt anzutreffen. Bei der Volkszählung 1991 bezeichneten sich nur 55 Prozent der Einwohner in der Region als Muslime, heute sind es nach Schätzungen der UN 96 Prozent. Die serbisch orthodoxe Kirche ist in tadellosem Zustand, doch der alte Küster sagt, daß sie seit 1992 keinen Priester mehr hatten. Drei Jahre lang haben sich die verbliebenen Gemeindemitglieder selbst beholfen und ihre Hymnen gesungen, so gut sie sie eben erinnerten, aber es gab keine Taufen, keine Hochzeiten und keine Beerdigungen. Und wenn man dann mit Leuten aus dem Stadtrat von Bürgermeister Beslagić spricht, bekommt man den Eindruck, daß ihr Hauptfeind nicht die Serben sind, sondern ihre bosnischen politischen Rivalen aus Präsident Izetbegovićs SDA.

Wie die zerrissene Landschaft in ihrer physischen Zerstörung, so bringen auch solche politischen Kompliziertheiten das simple Bild ins Wanken, mit dem viele diese Reise der Solidarität antraten: die unbefleckten bosnischen Opfer (»Sarajevo, weiß schimmernd ...«) auf der einen und kinderfressende serbische Unholde auf der anderen Seite. Grund genug, um selbst hier herzukommen. Hier kommt der »Katalonien«-Test zum Tragen: Kann man, wie Orwell in Spanien, die Solidarität mit den Opfern aufrechterhalten, ohne die Wahrheit über die Vergehen der Opferseite zu kompromitieren? Wenn das Schlußwort der Versammlung Tuzla als »multiethnisches, multireligiöses Paradies« hinstellt, dann muß der Test als nicht bestanden gelten. Aber so ist das immer mit Versammlungen, Komitees und Foren.

Die Überlebenden von Srebrenica

Als serbische Truppen die UN-»Schutzzone« Srebrenica überfielen und bosnische Männer unter den Augen holländischer Soldaten zur Hinrichtung abführten, flüchteten die meisten Überlebenden in die Gegend um Tuzla. In einer Bar in Tuzla treffen Michael Ignatieff und ich einen der wenigen Soldaten aus Srebrenica, die mit dem Leben davongekommen sind. Er humpelt auf Krücken, ein Fuß ist noch immer dick verbunden, und er erzählt seine Geschichte mit Hilfe eines Dolmetschers. Nachdem er im UN-Camp in Potočari von einem holländischen Chirurgen operiert worden war, haben ihm die Holländer gesagt, daß man ihn nach Tuzla evakuieren würde. Doch serbische Offiziere intervenierten und ordneten an, daß statt seiner ein alter Mann weggebracht werden sollte.

Dann sagte man ihm, man würde ihn zunächst in ein anderes Krankenhaus verlegen, das im bosnischen Fernsehen gezeigt werde als Beweis dafür, wie gut die Gefangenen behandelt würden, anschließend werde er dann evakuiert. Statt dessen brachte man ihn in ein serbisches Gefangenenlager. Der Lagerkommandant gab ihm einen Tritt in sein verwundetes Bein. In der unverbundenen, offenen Wunde tummelten sich die Würmer. Ein alter Mann erhängte sich, als er vom Tod seines Sohnes erfuhr. Ein anderer Gefangener erfror in der eisigen Kälte. Nach mehr als drei Monaten wurde er im Zuge eines Gefangenenaustauschs evakuiert, den das Internationale Rote Kreuz organisiert hatte. Sein Vater und sein Bruder haben es bisher noch nicht bis Tuzla geschafft.

Seine Geschichte ist grauenvoll genug, aber er ist ein schlechter Zeuge. Er erzählt unzusammenhängend, konfus und scheint nicht mehr zwischen den eigenen Erlebnissen und denen anderer trennen zu können. Michael und ich, die Notizbücher aufgeschlagen vor uns, bombardieren ihn mit Fragen, um Klarheit in die verdammte Geschichte zu bringen. Gibt's hier vielleicht noch einen Verkrüppelten, der Englisch spricht?

In der nahe gelegenen Stadt Živinice ist erst vor zwei Wochen ein Flüchtlingslager von einer serbischen Bombe getroffen worden. Sechs Kinder wurden getötet, vier verletzt. Das Lager stellt sich als an diesem Ort ganz widersinniges Spielzeugdorf aus Reihenhäuschen skandinavischer Machart heraus, Vorstadtidyllen für Kleinfamilien, in denen jetzt bis zu vierzig Menschen untergebracht sind. Alte Frauen in schwarzen Kopftüchern, schmuddelige Kinder mit großen braunen Augen. Keine Arbeit, kein Geld, nichts zu tun. Leere, betäubende Hoffnungslosigkeit. Dann trifft der nächste Besuchertrupp ein: Julie Christie in schwarzen Jeans und grauem Pullover, die Kameras sind im Anschlag. Sofort formieren sich die Kinder für ein Gruppenfoto, sie spreizen die Finger für das V-Zeichen. V wie *victory*.

Dijana

In der Kaffeepause unterhalte ich mich mit einem Mädchen aus Sarajevo. Sie heißt Dijana, ist Anfang Zwanzig und bildhübsch, mit hohen Wangenknochen, großen, ovalen, glänzenden Augen, modisch in Schwarz gekleidet und weiß geschminkt. Zunächst ist sie ziemlich zugeknöpft, fast abweisend. Erst als ich den Namen eines guten Freundes erwähne, der auch in den schlimmsten Zeiten der Belagerung regelmäßig nach Sarajevo kam, taut sie auf. »Sie müssen die Nase voll haben von diesen wohlmeinenden Ausländern, die ewig die gleichen Fragen stellen«, füge ich hinzu. »Ja«, sagt sie und lächelt zum ersten Mal. »Viele Leute kommen aus eigennützigen Motiven, nur um sagen zu können, daß sie hier waren, nur um damit anzugeben.«

Jetzt möchte sie mich etwas fragen. Warum ist der Westen Sarajevo nicht zu Hilfe gekommen? Vor dem Krieg war Sarajevo ein besonderer Ort. Man lebte dort gut, besser als viele im Westen. Jetzt ist das Leben der Bewohner zerstört, eine tiefe Demütigung. Ihr Bruder wollte gerade mit dem Studium beginnen. Seit vier Jahren ist er jetzt Soldat, und sie glaubt nicht, daß er je wieder ein normales Leben wird führen können. Und der Westen hat nichts getan, gar nichts, einfach zugesehen, wie sie getötet wurden. Am liebsten würde sie zu denen von der UN-PROFOR sagen: »Gebt mir eine Waffe und haut ab, dann kann ich selber sehen, wie ich mich gegen Vergewaltigung und anderes zur Wehr setzen kann.« Zorn gibt ihrem Englisch Schärfe.

Was wird sie tun? Auswandern vielleicht, aber sie möchte nicht irgendwo als Spülerin landen. »Meine Kinder könnten Kanadier oder sonst was werden, ich nicht, ich würde immer eine Frau aus Sarajevo bleiben.« Beim unabhängigen Radio Zid tun sie und ihre Freunde so, als lebten sie in einem ganz normalen Land. Sie senden Filmkritiken, spielen Popmusik und geben ihren Hörern Tips für die Schönheitspflege. So soll zum Beispiel das Kochwasser von Reis gut sein für die Haut. Sie lächelt, es ist ein zorniges Lächeln.

Ob man's nun mag oder nicht (und sie mag es nicht), Dijana in ihrer schwarzweißen Schönheit, eloquent und verbittert, ist das Traum-Opfer des westlichen Filmproduzenten. *Victim*, der neue Duft von Calvin Klein.

Sarajevo

Dijanas Zorn war nur ein kleiner Vorgeschmack auf das, was uns hier erwartet. Nie zuvor habe ich so tiefe Verbitterung erlebt. Obwohl ich mit Empfehlungen gewappnet bin – einige von guten Freunden, die meine Gesprächspartner ebenfalls als gute Freunde betrachten –, würden manche von ihnen wohl kaum mit mir gesprochen haben, wenn nicht meine Übersetzerin, Senada Kreso, sich für mich eingesetzt hätte. Nachdem sie einiges von mir gelesen hat, hat sie beschlossen, daß es der Mühe wert ist, mir zu helfen. Aber der Zeitpunkt ist denkbar schlecht gewählt. Eben ist der von den Amerikanern ausgehandelte Waffenstillstand in Kraft getreten – etwas, was ich nicht eingeplant hatte. Senada und ihre Freunde haben gerade eine besonders schlimme Phase der mittlerweile dreieinhalb Jahre dauernden Belagerung hinter sich, besonders schlimm deshalb, weil sie einem Waffenstillstand von 1994 unmittelbar folgte.

Tag für Tag saßen sie zu Hause, frierend, ohne Licht und Strom, ohne Gas oder fließend Wasser, und warteten darauf, von den Hügeln aus beschossen zu werden. Oder sie zwangen sich, zur Arbeit zur gehen, obwohl es oft gar keine gab, und riskierten an jeder Kreuzung den Tod im Kugelhagel der Heckenschützen. Wie viele Schilderungen man auch gelesen, wie viele Fernsehreportagen man auch gesehen hat, erst wenn man selbst hier ist, begreift man, wie die einzigartige Lage der Stadt, die ihre Schönheit ausmacht, sie den Heckenschützen in den umliegenden Hügeln als Ziel darbietet wie auf einem Tablett.

Sie mußten mit ansehen, wie Freunde verletzt oder getötet wurden. Sie wurden in Hunderten von alltäglichen Situationen gedemütigt, mußten sich und ihre Kleider in wenigen Eimern Wasser waschen, mußten sich ihr Feuerholz zusammenstehlen. Schwarzmarktpreise und mangelnde Verdienstmöglichkeiten haben sie arm gemacht. Sie waren darauf angewiesen, Almosen von durchreisenden Ausländern anzunehmen: der diskret zugesteckte Umschlag, das verlegene Lächeln. Und dann der Lärm, früh am Morgen, mitten in der Nacht, wenn der Tod vom Himmel herabregnete.

Jetzt sind sie wie Tiefseetaucher, die zu schnell an die Oberfläche gekommen sind. Der psychologische Druckausgleich stellt sich nicht ein. Wenn ihr, der Westen, jetzt den Dingen Einhalt gebieten könnt – sagen sie –, warum konntet ihr es dann nicht vor drei Jahren? Und da sie sich sicher sind, daß wir es gekonnt hätten, empfinden sie ihr Leid als sinnlos. Schlimmer noch, britische und französische Truppen sind ja die ganze Zeit dagewesen, patrouillierten vor den Ghetto-Mauern, während sie drinnen frieren mußten, gedemütigt, bombardiert und abgeknallt wurden wie die Fliegen.

Eine ganze Reihe der Leute, an die ich verwiesen worden bin – Akademiker, Journalisten, Künstler, Filmemacher –, wohnt in einem großen Neubaukomplex in einem Viertel namens Ciglane. Die Gebäude kleben an einem steilen Hang, haben Balkone und große Fenster wie eine Zikkurat und sind daher das perfekte Ziel für die Schießübungen der serbischen Artillerie. Als ich Senada im winzigen Café Herc im Zentrum der Anlage treffe (gestern erst wurden dort die Sandsäcke aus den Fenstern genommen), sagt ein unrasierter, erschöpfter, leicht angetrunkener Mann zu mir: »Wie ich diese Ausländer hasse.« Sie sind verbittert über die Gleichgültigkeit des Westens, über jene, die nicht gekommen sind. Doch inzwischen gilt ihre Bitterkeit auch jenen, die immer wieder zurückkamen – auf Safari –, um dann mit ihren Sarajevo-Geschichten in die Sicherheit auszufliegen. »Auf uns wirkte das wie Nekrophilie«, sagt Senada.

»Wer hat wirklich geholfen?« frage ich Zdravko Grebo, den Jura-Professor und Direktor von Radio Zid, den jeder ausländische Journalist aufsucht. »Alle und keiner«, erwidert er. Alle, selbst Bianca Jagger, die sich bloß für ein paar Stunden am Flughafen aufhielt, haben ein wenig dazu beigetragen, die Aufmerksamkeit der Welt auf die Ereignisse in Sarajevo zu lenken. Und dann auch wieder keiner, denn die Belagerung nahm und nahm kein Ende.

Enttäuscht sind sie aber auch von den eigenen Freunden und Kollegen, die gegangen sind. Im vollgestopften Redaktionsbüro der Wochenzeitung *Dani*, das mit einem Kanonenöfchen beheizt wird, spricht Ozren Kebo von »Feigheit« und »Verrat«. Er erzählt von einem Popkonzert in Zagreb, wo Tausende Menschen aus Sarajevo Tränen vergossen, als eine bekannte Popgruppe aus der Stadt ihren Hit »Sarajevo, wir bleiben« anstimmte. Sie sind aber nicht geblieben, sagt Ozren. Er ist geblieben. Nach den neuerlichen Erleichterungen hat wieder eine Emigrationswelle eingesetzt.

Manchmal scheint es, als könnten sie nur noch jene achten und mit jenen kommunizieren, die wie sie geblieben sind und dasselbe erlebt haben. Sie sind stolz darauf, daß sie ihre Zeitungen, Literaturzeitschriften und Wochenblätter, Konzerte und Radiosendungen weiterproduziert haben. Kultureller Widerstand. Der schwarze Humor des Belagerungszustands. Die wunderbaren Poster der Trio-Künstler: »Enjoy Sara-Jevo«, in perfekter Parodie auf das berühmte rot-weiße »Enjoy Coca-Cola«-Poster, oder »Enjoy the Winter Olympics, Sarajevo 1994/95« mit den olympischen Ringen in Stacheldraht. (Die Olympischen Winterspiele von 1984 wurden hier abgehalten.)

Suada Kapić, Herausgeberin des *Survival Guideto Sarajevo*, gibt mir ein Exemplar ihrer jüngsten Produktion, ein Hochglanzmagazin mit dem Titel LIFE – das E verkehrt herum gedruckt. Es enthält Artikel über Leute, die geblieben sind. (Sie erzählt mir, daß die Rechtsanwälte von *Time-Life* wegen Verletzung des Copyrights protestiert haben.) Manchmal wirkt das Pathos der Intellektuellen etwas dick aufgetragen. Ebenso der schwarze Humor. Etwa: »Was ist der Unterschied zwischen Auschwitz und Sarajevo?« »In Sarajevo gibt's kein Gas.« Aber wer bin ich, daß ich sagen könnte: »Komm schon, so schlimm war's doch gar nicht.«

Das schlimmste ist ihre Verbitterung über sich selbst. Vor vier Jahren noch haben sie ein ebenso normales, zivilisiertes Leben geführt wie ihre Zeitgenossen in Budapest oder Athen. Sie haben den unbekümmerten Caféhaus-Lebensstil ihrer eigenen Stadt genossen, sind zum Skifahren in die Berge um Pale gefahren oder in die Ferien nach Italien. Jetzt sind sie reduziert auf die demütigende Rolle des Opfers und des international bestaunten Zootiers.

Zdravko Grebo, der inoffizielle Sprecher Nummer eins für Sarajevo, sagt: »Weil du mit Senada gekommen bist, will ich dir unter Freunden sagen, was ich wirklich möchte. Ich möchte in Ruhe gelassen werden, endlich zu meinen Büchern, zu meiner Musik zurückkehren können, nicht mehr dauernd zu irgendwelchen Konferenzen reisen und ewig dieselben Fragen beantworten müssen.«

Während der ersten zwei Jahre der Belagerung – der sogenannten romantischen Phase – hatten sie noch Hoffnung, ihr Sarajevo retten zu können. Da war noch alles möglich, man war tolerant und multiethnisch, und das nicht nur als Resultat einer westlichen Ideologie, die man als »mulit-multi-multi« verspottet, sondern als historisch gewachsene Realität, wo Menschen serbischer, kroatischer, muslimischer und zunehmend gemischter Herkunft denselben Lebensstil und Beziehungen untereinander pflegten. Oder sie mieden sich, dann aber nicht aus ethnischen Gründen. (Man muß sich klarmachen, daß all dies unter dem autoritären Dach des Titoismus stattfand. Vielerorts sehe ich noch die Schwarzweiß-Fotos des alten Mannes an den Wänden: im Radio Zid, im PEN-Club, selbst über zwei Reihen ernst blickender Rabbiner im jüdischen Gemeindezentrum.) Jetzt aber spüren sie, daß dieses Sarajevo, ihr Sarajevo, für immer dahin ist.

Selbst wenn der Frieden von Dauer sein wird, werden sie sich als provinzielle Hauptstadt eines bosnischen Rumpfstaates wiederfinden und unter einer leicht korrupten, leicht autoritären Regierung leben müssen. Und was an kosmopolitischer Kultur übrig ist, wird von ausländischen Subventionen am Leben gehalten, ebenso künstlich und letztlich ebenso unecht und korrupt wie die subventionierte Kultur im Berlin des Kalten Krieges.

Die Verteidigung des Cafés ist gescheitert.

Was einige dieser Menschen aber drei Jahre später zu sagen haben, siehe S. 404 ff.

Karadžić

Auf den ersten Blick ähnelt der Dichter und Kritiker Marko Vešović mit seiner Stirn wie ein kleiner Fels und dem wilden, zurückgekämmten schwarzen Haar auf erschreckende Weise dem Führer der bosnischen Serben, Radovan Karadžić. Tatsächlich stammen sie auch beide aus Montenegro und waren vor dem Krieg Freunde. Man braucht Marko nicht lange darum zu bitten, daß er seine Karadžić-Geschichte zum besten gibt.

Radovan – für seine Freunde Radko – kam mit 14 Jahren ganz auf sich gestellt nach Sarajevo, um zunächst eine höhere Schule, dann die Medizinische Fakultät zu besuchen. Seine Familie in Montenegro hatte während des Krieges schwer unter den Vergeltungsakten von Titos kommunistischen Partisanen zu leiden gehabt und haßte seither die Kommunisten. Radko war ein gutaussehender, intelligenter Bursche und ein Freund der Frauen. Doch dann beging er, noch im zarten Alter, den kapitalen Fehler, die schreckliche Delilija zu schwängern, die Marko als abstoßend und extrem übergewichtig beschreibt. Ihr Vater, der Manager des Hotel Europa, zwang Radko zur Heirat und zum Leben unter seinem Dach. Doch Radko hatte weiterhin heimlich seine Affären. Damals fing sein chronisches Lügen an.

Sonja, mittlerweile Propagandaministerin der bosnischen Serben, war die Frucht dieser wüsten Verbindung. Marko wurde bei der Taufe als Patenonkel eingesetzt, aber erst später von Radko über die Zusammenhänge aufgeklärt. Sonst hätte nach montenegrinischer Tradition dem Patenonkel das Recht zugestanden, ihren Namen auszusuchen.

Wie Marko und Zdravko Grebo beteiligte sich auch Karadžić an den 68er-Demonstrationen in Sarajevo. Doch dann erhielt er ein Stipendium für Amerika, dort, da sind sich alle sicher, arbeitete er für die Geheimpolizei. Daraufhin haben sie ihn über Jahre gemieden, machten aber dann doch ihren Frieden mit ihm und gingen wieder zu seinen »Salons«, bei denen der Alkohol in Strömen floß. Er war ein charmanter Gastgeber.

Eigentlich wollte er ein großer Psychiater werden, aber dazu war er zu faul. Den Job an der Klinik verdankte er allein seinem bosnisch-muslimischen Chef, Ismet Cerić, den er verehrte. Niemals, auch nicht im besoffenen, vertraulichen Gespräch, hat man Karadžić ein böses Wort über Muslime äußern hören. Einmal hat er eine Zeitlang in Belgrad gearbeitet. Als er nach wenigen Monaten zurückkam, erzählte er Cerić, er könne die Mentalität der Leute dort nicht verstehen. (Diese Serben, du weißt schon.)

Dann wollte er ein großer Dichter werden. Es fehlte ihm aber an eigener Ausdruckskraft. Seine Gedichte waren schlechte Trakl-Imitationen. Als er 1992 einen Lyrikband veröffentlichte, mußten Marko und Nikola Koljević (auch er jetzt ein Führer der bosnischen Serben in den Bergen) die Hälfte der Verse für ihn umschreiben.

Wenige Monate später schaltete Marko den Fernseher ein, und da war Karadžić, droben in den Bergen, wie er mit dem Fernglas auf Sarajevo herabschaute und sagte: »In zwei Tagen könnte ich es einnehmen.« Und das aus dem Munde von jemandem, der nie in der Armee war. Wie in allen anderen Bereichen, erwies er sich auch hier als der großmäulige Scharlatan. Ein Lügner und Betrüger, ein Versager in allem, was er anpackte.

Während Marko zum Ende seiner pikaresken Geschichte kommt, kann ich nicht umhin, zu denken, daß Radovan Karadžić schließlich doch Erfolg hatte. Als gesuchter Kriegsverbrecher wird er zwar den Rest seiner Tage im Untergrund verbringen müssen. Vielleicht wird er auch geschnappt und verurteilt oder einfach erschossen, aber er wird endlich berühmt sein. Sein Name wird weiterleben, in den Geschichtsbüchern und in den Erzählungen späterer Generationen.

(Oktober 1995)

Bosnien in unserer Zukunft

Eines nicht allzu fernen Tages möchte ich Helmut Kohl, Jacques Chirac, Jacques Santer und alle anderen führenden Politiker der Europäischen Union auf ihrem Weg zur nächsten Gipfelkonferenz entführen und sie in einen Teil Sarajevos bringen, der Ciglane heißt. Dort werde ich sie, vorbei an den Friedhöfen, zum Café Herc fahren oder besser noch, weil dort mehr Platz ist, ins Café London. Für eine Stunde bloß – denn schließlich weiß ich, wie beschäftigt die Herren sind – sollen sie sich anhören, was eine kleine Gruppe wortgewandter, englisch sprechender Bewohner von Sarajevo zu sagen hat. Sie sollen nicht, wie sie es wohl erwarten, einem weiteren rührenden Hilfegesuch lauschen, sondern dem abgrundtiefen Haß und der Verachtung von Leuten, die schon lange nichts mehr von ihnen erwarten. Nichts außer leeren Worten.

Nach dreieinhalb Jahren hat diese ätzende Verbitterung von nahezu jedem Besitz ergriffen, so tief eingedrungen und lähmend, daß der schwarze Humor aus der Anfangsphase der Belagerung kaum mehr zu spüren ist. Sie gilt den Blauhelmen ebenso wie dem nicht enden wollenden Strom ausländischer Besucher auf Sarajevo-Safari. Mittlerweile ergreift sie sogar manche jener Journalisten, Intellektuellen und Hilfswilligen, die früh gekommen sind und wirklich zu helfen versuchten. Die Verbitterung richtet sich sogar gegen die eigenen Freunde, die die Stadt verlassen haben, und – was am schlimmsten ist – gegen die eigene Person, da man in die demütigende Opferrolle hineingezwungen wurde. Und doch ist da irgendwo, ganz unten auf der Verachtungsskala, dieses Gebilde, das sich noch immer »Europa« nennt.

Und dann, wenn ich unsere europäischen Führer wieder sicher in ihren komfortablen Hotels in Brüssel, Paris oder Barcelona abgeliefert hätte, möchte ich sehen, ob sie weiterhin ihre seichten, vorgefertigten Reden über ein zusammenwachsendes Europa des Friedens und des Fortschritts abliefern würden.

1

In Bosnien hat es so viele Niederlagen und Versäumnisse gegeben, und die lange Geschichte des ehemaligen Jugoslawien ist so vielschichtig und komplex, daß man nicht weiß, wo beginnen. Doch in Zeiten, wo Amerika die diplomatischen Angelegenheiten Bosniens in die Hand genommen hat, möchte ich – eigenwillig vielleicht, aber nicht unlogisch – bei Europa beginnen.

Die meisten, die im Westeuropa des Kalten Krieges aufgewachsen sind, haben sich dort, unbewußt oder halbbewußt, eine liberale Auffassung von europäischer Geschichte zu eigen gemacht. Die europäische Entwicklung nach 1945 wurde ihnen vermittelt als Erfolgsstory von mehr Wohlstand, mehr Freiheit, mehr Demokratie und größerer Einigkeit in einem Gebilde, das sich jetzt teleologisch Europäische Union nennt. Außerdem schienen in den 70er und 80er Jahren auch immer mehr Menschen in Osteuropa an diese Geschichte zu glauben. Das ist einer der Gründe, warum sie sich 1989 gegen den Kommunismus und für eine »Rückkehr nach Europa« entschieden haben. 1989 wurde damit zum größten Triumph dieser Idee – aber auch, wie es jetzt scheint, zu ihrem Wendepunkt.

Denn seither ist im südöstlichen Teil Europas alles nur rückwärts gegangen. Im Kosovo kam es, noch während die Mauer fiel, zu gewalttätigen Konflikten. Im Verlauf von zwei Jahren entbrannte regelrechter Krieg zwischen Serbien und Slowenien, Serbien und Kroatien und schließlich zwischen Serben, Kroaten und Bosniern in Bosnien. Dies brachte einen Rückfall in Grausamkeiten und Exzesse, wie sie Europa seit fünfzig Jahren nicht mehr gesehen hatte. Und diese Grausamkeiten bedienen sich nicht nur aus dem bereits reichhaltigen Repertoire europäischer Barbarei zwischen 1939 und 1945, nein, sie fügen ihm noch neue Varianten hinzu.

Da gibt es nicht nur Krieg ohne Pardon, Massaker an Zivilisten, Lager, systematische Vergewaltigung, Leichenverstümmelung, sondern auch eine Verfeinerung der alten europäischen Kunst ethnischer Säuberung und die raffinierte psychologische Folter der Belagerung von Sarajevo – um nur zwei der Innovationen zu nennen. Allein der schlimmste Horror von allen – der systematische Versuch der Auslöschung eines ganzen Volkes, wie er im Holocaust am europäischen Judentum unternommen wurde – fehlt bislang, obwohl man durchaus versucht hat, die bosnische Elite und Männer im wehrfähigen Alter systematisch zu töten. Jetzt sehen wir in der bosnischen Krajina den wohlvertrauten letzten Akt: serbische Männer, Frauen und Kinder fliehen auf ihren Traktoren aus Dörfern, in denen ihre Vorfahren seit Jahrhunderten gelebt haben. Sie müssen für die Sünden ihrer Landsleute büßen – so wie 1945 die Deutschen aus dem Sudetenland, aus Ostpreußen und aus Schlesien. Aber Bosnien hat sein 1945 noch nicht erreicht.

In der Anfangsphase der Belagerung Sarajevos konnte man an der Wand eines halbzerstörten Postamts das verbreitete serbische Grafitto lesen: »Das hier ist Serbien!« Jemand hatte darunter geschrieben: »Nein, du Idiot, das hier ist ein Postamt!« Mein Freund Konstanty Gebert hat ein ganzes Buch über diese Zeile geschrieben, über die Verteidigung des Postamts. Und ich möchte noch eine Zeile hinzufügen: »Das hier ist Europa!« Denn all dies wurde Europäern von Europäern in Europa angetan. Diese Tatsache allein sollte genügen, um uns klarzumachen, daß das, was wir als jüngste europäische Geschichte uns selbst und unseren Kindern erzählt haben, nichts als ein Märchen ist. Doch die Politiker erzählen es unverdrossen weiter.

Das Schizophrene des Ganzen ist nachgerade surreal. »Krieg in Europa ist undenkbar geworden«, sagen unsere Spitzenpolitiker. Krachend schlagen die Granaten in Sarajevo ein, in Srebrenica und in Tausenden anderer Städte und Dörfer.

2

Wenngleich der Krieg im ehemaligen Jugoslawien durchaus an die schrecklichsten Grausamkeiten des Zweiten Weltkriegs heranreicht, so ist er doch im Ausmaß nicht mit diesem zu vergleichen. Betrachtet man allerdings unser eigenes Verhältnis zu ihm, so ist er in zweifacher Hinsicht schlimmer. Die Menschen, die während des Zweiten Weltkriegs gegen den Nazismus kämpften, haben zu diesem Zeitpunkt das volle Ausmaß des Schrekkens nicht gekannt; und schließlich hatten wir dem Nazismus den Krieg erklärt. Diesmal aber haben wir alles in Frieden und Gemütlichkeit auf dem Bildschirm mitverfolgt. Das Warschauer Ghetto in Fortsetzungen, jeden Abend um neun. Sterben als Lifesendung.

Und wenn sich damals die Frage stellte: »Warum haben sich die Himmel nicht aufgetan?«, so stellt sie sich heute erst recht. Warum haben all diese Berichte, diese entsetzlichen Reportagen mutiger Journalisten die westeuropäische Öffentlichkeit nicht mobilisieren können? Ist hier die Rambo-Schleife am Werk? Manche der jungen Kämpfer, die wir mit schwarzen Stirnbändern und auf der Brust gekreuzten Munitionsgurten über den Bildschirm rennen sehen, haben sich wie Rambo gestylt, und auch auf den Zuschauer haben sie diesen Rambo-Effekt – sie bleiben Fiktion. Eine Wirklichkeit, die sich an virtueller Realität orientiert, wird auch als unwirklich erlebt. Oder liegt es an der Komplexität der ganzen Geschichte? »Bosnien ist unser Spanien«, sagt der französische Philosoph Bernard-Henri Levy. Aber das hier ist wesentlich komplizierter, und schon Spanien war, wie uns Orwell in *Mein Katalonien* zeigt, kompliziert genug. Ein anderer französischer Intellektueller, Alain Finkielkraut, hat uns genau erklärt, weshalb man Kroate zu sein hat. Aber auch Kroaten sind ethnische Säuberer. Und so fort.

Wir haben ja nicht bloß von unseren Logenplätzen aus zugesehen, wie Menschen ermordet wurden und Bosnien zerstückelt wurde. Schlimmer noch: Zu Beginn des Krieges, im Sommer 1991, hat Jacques Poos, Repräsentant der Europäischen Union auf diplomatischer Mission in Jugoslawien, erklärt: »Die Stunde Europas hat geschlagen.« Amerika solle dies hier besser uns überlassen. Und in seiner Funktion als Außenminister Luxemburgs belehrte Monsieur Poos die Völker des zerfallenden Jugoslawien, daß kleine Staaten keine Zukunft hätten. Seit diesem an Lächerlichkeit grenzenden Moment waren die Staaten, die sich angeblich in der Europäischen Union zusammengeschlossen haben, besonders aber Großbritannien, Frankreich und Deutschland, ganz direkt in die Ereignisse in Jugoslawien verwickelt, und spätestens seit Verhängung des Waffenembargos über Bosnien haben wir das militärische Gleichgewicht dieses Krieges beeinflußt und sind damit unweigerlich zu Mitschuldigen geworden. Das gilt selbstverständlich nicht nur für uns Europäer. Die Vereinten Nationen tragen ihren eigenen Teil der Verantwortung, und die USA und andere nichteuropäische Staaten ebenso.

Es geht hier nicht darum, die ganzen vier Jahre quälender diplomatischer und militärischer Verwicklungen, von Jacques Poos bis Richard Holbrooke, wieder aufzurollen; das alles kann man jetzt auf der CD-ROM-Dokumentation nachlesen, zusammen mit dem detaillierten Bericht des EU-Beauftragten David Owen, der zeigt, wo die Deutschen hier und die Briten dort den größten Vorwurf verdienen. Auch wollen wir hier nicht, was man auch tun könnte, einzelne Politiker, Beamte und UN-Kommandeure vor Ort herausgreifen. Es geht darum, einige nackte Wahrheiten über das Versagen Europas zu konstatieren. Wir haben es in den vergangenen vier Jahren nicht geschafft, die Zerstörung und Zersplitterung eines einst friedlichen und noch heute schönen Landes, das Teil Europas ist, zu verhindern, wobei vielleicht eine Viertelmillion Menschen ihr Leben lassen mußten und über zwei Millionen heimatlos geworden sind. Zur großen Enttäuschung und Verbitterung so manches französischen oder britischen Berufssoldaten mußten sie außerhalb der Ghettomauern tatenlos zusehen, wie drinnen Menschen ihrer Würde beraubt und erschossen wurden. Schwerer noch wiegt die Tatsache, daß im Sommer in der angeblichen UN-Schutzzone Srebrenica holländische Soldaten dabei zusahen (wenn nicht Schlimmeres), wie bosnische Männer abgeführt und ermordet wurden.

Abgesehen von den tapferen, aber so gut wie erfolglosen Vermittlungsversuchen Hans Koschnicks, des EU-Vertreters in Mostar, war die Europäische Union in Bosnien lediglich durch ihre Beobachter vertreten, die man dort wegen ihrer lächerlichen weißen Uniform und der weißen Turnschuhe »die Eisverkäufer« nennt. Cricket-Schiedsrichter, auf die niemand hört. Doch letztlich sind die Eisverkäufer weniger eine Karikatur, sie verkörpern vielmehr genau die Außenpolitik eines Gebildes namens Europa, die vor vier Jahren noch so strahlend und hoffnungsfroh wirkte.

3

Und nun zu den Entschuldigungen. Zunächst ist da das ewige Lied der Diplomaten:»Was hättet ihr an unserer Stelle getan?«»Welche Alternative hatten wir denn?« Natürlich werden wir nie erfahren,»was geschehen wäre, wenn ...« Wenn wir zum Beispiel überhaupt nichts getan hätten – das heißt, auch den Nachschub von Waffen nicht unterbunden hätten –, dann wäre Bosnien womöglich einfach ausgelöscht worden, aufgeteilt zwischen einem Groß-Serbien und einem Groß-Kroatien, so wie es der post-kommunistische Opportunist Slobodan Milošević (der alles angezettelt hat) und der post-kommunistische Nationalist Franjo Tudjman, der bei allem der Sieger war, bei ihrem geheimen Treffen im März 1991 in Titos Villa in Karadjordjevo abgesprochen hatten. Es wäre aber auch möglich, daß die Bosnier einen größeren Teil ihres Territoriums hätten verteidigen können, so wie sie 1992 den größeren Teil Sarajevos verteidigt haben. Wir können lediglich einigermaßen begründete Vermutungen anstellen.

Doch viele von den»Welche Alternative hatten wir denn?«-Argumenten bringen uns zurück zu der Frage nach dem politischen Willen im Westen, insbesondere in Westeuropa. Die meisten Soldaten werden zustimmen, daß das, was militärisch unternommen wurde, um bei der Belagerung Sarajevos das Schlimmste zu verhindern, auch schon drei Jahre zuvor hätte unternommen werden können. Die ganze Zeit über hatten militärische Profis darauf hingewiesen, daß große Truppenverbände, etwa in der Größenordnung von 60000 Mann, nötig seien, um die Kämpfe in Bosnien zu beenden. Wenn heute vorgeschlagen wird, ein solches Kontingent aufzubieten, warum haben wir es dann nicht schon damals getan? Daraufhin wird einem gesagt, damals sei der»Reifungsprozeß« noch nicht abgeschlossen gewesen. Unsere großartige Diplomatie hat nämlich drei Jahre dazu gebraucht, um Milošević und Karadžić auseinanderzudividieren. Karadžić selbst aber sagt, daß 10000 ihn hätten aufhalten können.[1]

Und dann kommen wir zu dem entscheidenden Punkt: daß wir damals einfach nicht dazu bereit waren. Aber wen meint das

»wir« in diesem Satz? Es wird vom Zögern der Parlamente ge-sprochen und davon, wie die Öffentlichkeit reagiert hätte, wenn unsere Soldaten in Leichensäcken zurückgekehrt wären. In Wahrheit reagiert die französische und britische Öffentlichkeit auf die berüchtigten »body bags« weniger schreckhaft als die ame-rikanische, solange sie davon überzeugt werden kann, daß das Ziel gut ist und die Mittel zu seiner Erreichung patriotische sind. Doch keiner hat auch nur versucht, die Öffentlichkeit davon zu überzeugen. Was immer man von Margaret Thatcher halten mag, man fragt sich, was wohl passiert wäre, wenn sie damals noch im Amt gewesen wäre.

In zweiter Linie kommt dann eine ganze Serie von Entschul-digungen, die auf kulturellen Vorurteilen beruhen. Hierzu gehört die alte Leier von uraltem Haß und atavistischen Stam-mesfeindschaften.

Neulich hörte ich einen EU-Beamten sagen: »Wir können Leute, die einander töten *wollen*, nicht daran hindern.« Was kann man auf dem Balkan schon anderes erwarten, lautet die hier zugrundeliegende Meinung. Sie wird in Amerika vor allem mit Robert Kaplans Buch *Balkan Ghosts* in Verbindung ge-bracht, steckt aber auch in vielen anderen Analysen und Kom-mentaren. Auch wird die Idee von »Mitteleuropa«, die in den achtziger Jahren zur politisch-kulturellen Abgrenzung gegen-über dem sowjetischen Osten wiederbelebt wurde, jetzt gegen den Süden gedreht, wobei man versucht, den EU-Beitritt für die Polen und Tschechen zu erleichtern, indem man behauptet, Kroaten, Bosnier oder Bulgaren gehörten einer anderen Welt an. Kulturdeterminismus als Mittel der Außenpolitik. Und dann gibt es die bei westlichen Diplomaten und Soldaten in der Region weitverbreitete Ansicht, daß alle Beteiligten gleich viel Dreck am Stecken haben, soll heißen, daß die bosnische Regierung auch nicht besser ist als die Serben oder die Kroaten. Also soll sie doch alle der Teufel holen.

Aber man darf auch nicht in den gegenteiligen Fehler verfal-len: partielle Idealisierung statt kollektiver Verteufelung. Zum Beispiel indem man behauptet, Bosnien sei eine Art Schweiz ge-wesen, in die die Nazi-Serben einmarschiert seien; daß Sarajevo 1990 eine Brutstätte europäischer Genies gewesen sei, nur dem

Wien um 1900 vergleichbar; daß Opfer immer schuldlos seien, weil das den ausländischen Helfern ihre Aufgabe moralisch und ästhetisch leichter macht; und daß der derzeitige bosnische Staat das Vorbild einer multiethnischen, multikulturellen, multireligiösen, multi-sonst-noch-was-liberalen Demokratie sei. Das nämlich wollen manche bosnischen Politiker uns immer noch weismachen, aber es ist nicht das, was die Herren Kohl, Chirac und Santer zu hören bekämen, wenn ich sie ins Café nach Ciglane brächte.

Mit in dieser Situation bemerkenswerter Selbstbeherrschung und Aufrichtigkeit geben die überlebenden liberalen Intellektuellen von Sarajevo (und sie sind, per Definition, hier ebensowenig typisch wie anderswo) eine viel weniger aufdringliche und daher viel glaubhaftere Darstellung der Dinge. Sie sind die ersten, die sich über das ideologische Banner dessen, was sie »multi-multi-multi« nennen, lustig machen, und das über ihrer Stadt und den Resten ihres Landes aufgepflanzt worden ist.

Grob zusammengefaßt hört sich ihre Geschichte etwa so an: Über Jahrhunderte war Bosnien, wie jeder weiß, ein einzigartiger Ort der Begegnung für den Osten, den Westen und den Süden, für Orthodoxe, Katholiken, Bogomilen, Muslime, Juden, das Osmanische und das österreichisch-ungarische Reich, und seit dem späten 19. Jahrhundert auch für zunehmend nationalbewußte Serben und Kroaten. Das Zusammenleben war nicht immer einfach, bestand eher in einem friedlichen Nebeneinander als in einer Vermischung, eher im Respekt voreinander als im Akzeptieren der jeweils anderen Sitten und Gebräuche. In der ersten Hälfte des 20. Jahrhunderts wurde dieses Zusammenleben unterbrochen durch zwei Perioden schrecklicher Kriege und interner Konflikte, die politisch und ethnisch bedingt waren. Nach 1945 jedoch wurde unter Titos eisernem Dach der »Brüderlichkeit und Einheit« nicht nur die Koexistenz wiederhergestellt, sondern die Vermischung gefördert. Zu dieser Vermischung haben unterschiedliche Faktoren beigetragen, nicht zuletzt die Urbanisierung, die Säkularisierung und die Herausbildung einer jugoslawischen Identität.

Selbstverständlich war dieser Prozeß in Sarajevo am weitesten fortgeschritten, vor allem bei der jungen Generation, die ihre eigene Version der 68er-Jugendkultur hervorgebracht hatte. Ein Redakteur der Monatsschrift *Dani* erzählt mir, daß er und seine Freunde für »Freiheit, Menschenrechte und Stadtkultur« kämpfen, und als ich ihn nach dem Begriff »Stadtkultur« befrage, kommt es wie aus der Pistole geschossen auf englisch: »sex, drugs and rock 'n' roll«. Sarajevo mag nicht gerade das Zentrum aller Kreativität dieser Welt gewesen sein. Viele der Besten und Intelligentesten sind abgewandert, vor allem nach Belgrad. Aber die Stadt besaß ihre Schönheit und ihren Charme, sie hatte ihren unverwechselbaren Stil, in dem das Café zur Kunstform erhoben war.

Dennoch – und hier kommt der Haken: Das alles fand noch unter dem politischen Dach eines undemokratischen, titoistischen Jugoslawien statt. Spricht man mit dem katholischen Kardinal Puljić oder einem der geistigen Führer der muslimischen Glaubensgemeinschaften, dann erzählen sie einem sofort, wie ihre Gemeinden im Kommunismus unterdrückt wurden. Die Verzerrungen in Titos Nationalitätenpolitik machten die Sache nur schlimmer, indem er die Erben des bosniakischen Teils der Bevölkerung als nationale Gruppe unter dem Namen »Muslime« (was hier keinesfalls identisch war mit Glaubenszugehörigkeit zum Islam) zusammenfaßte.[2] Hier wie anderswo im kommunistischen Europa beobachtete man die gleichzeitige Assimilation und Verschärfung ethnischer, kultureller und religiöser Gegensätze durch kommunistische Herrschaft und Unterdrückung.

Das Ende des Kommunismus mußte deshalb unausweichlich in eine Krise führen, und es bestand ohnehin kaum eine Chance, daß der unterdrückte Unmut und die Spannungen zwischen den unterschiedlichen Traditionen und Gruppen, selbst unter günstigsten Bedingungen, auf friedliche Weise in stabile demokratische Verhältnisse hätten überführt werden können. Schließlich stellt selbst im friedlichen, reichen, demokratischen Westen die Schweiz nach wie vor die große Ausnahme dar. Man denke nur an Belgien oder Kanada. Wenn dies für Jugoslawien im ganzen galt, so im besonderen für Bosnien mit seiner bosniakischen Pluralität, nicht aber Majorität.

Und selbst die kleine Chance, die bestanden hätte, hat man ihnen genommen. Titos Erben, ganz besonders die postkommunistischen Politiker zunächst Serbiens, dann auch Kroatiens, sind entweder mit manipulativen nationalistischen Programmen an die Macht gekommen (Milošević), oder sie haben sich manipulativer postkommunistischer Methoden bedient, um ihre nationalistischen Programme durchzusetzen (Tudjman). Und während sie Jugoslawien auseinanderrissen, haben sich natürlich zahlreiche Führer unter den bosnischen Serben und bosnischen Kroaten gefunden, die sie bei diesem Unternehmen unterstützten. Nur allzu schnell haben sich die bosnischen Politiker, insbesondere auf dem Land außerhalb Sarajevos, auf die jeweiligen Seiten geschlagen. Der Westen, allen voran die Europäische Gemeinschaft, hatten dann nichts Eiligeres zu tun, als die Unabhängigkeit der ehemaligen jugoslawischen Republiken Slowenien, Kroatien und sogar Bosnien-Herzegowinas anzuerkennen, ohne sich wirklich Gedanken darüber zu machen, was nötig gewesen wäre, dieses einzigartige, diffizil ausbalancierte Gebilde in einen überlebensfähigen unabhängigen Staat zu überführen.

Natürlich stehen Alija Izetbegović und seine bosniakisch geführte SDA nicht schuldlos da. Natürlich hat das derzeitige SDA-Regime auch seine häßlichen, korrupten, manipulativen und autoritären Seiten. Womöglich sind, wie einem britische und französische Soldaten in Sarajevo eilfertig erzählen, aus der Sicht eines UNPROFOR-Kommandeurs oder eines Verhandlungsführers vor Ort die Vertreter der bosnischen Regierung und Armee sogar die am wenigsten greifbaren und schwierigsten Verhandlungspartner. Aber von dieser augenblicklichen Erfahrung auf die moralische Gleichwertigkeit aller drei Seiten zu schließen, hieße, den Wald vor Bäumen nicht zu sehen. Eine solche Sicht ließe außer acht, wie es zur heutigen Lage gekommen ist. Fragt man nach der historischen Verantwortung, so liegen die Dinge klar.

Zwischen dem serbischen und dem kroatischen Regime gibt es ein entscheidendes Ungleichgewicht im Ausmaß dieser Verantwortung, aber es besteht ein qualitativer Unterschied zwischen der Verantwortung des serbischen und kroatischen Regimes einerseits und dem bosnischen Regime andererseits. Bosnien war das Opfer von Aggressionen erst von der einen, dann von der anderen Seite. Bosnien und die Bosnier haben am meisten gelitten, sie haben die größten Verluste hingenommen und werden aller Wahrscheinlichkeit nach auch noch weitere zu beklagen haben.

4

Man muß sich vor Augen halten, daß Bosnien heute in drei Teile gespalten ist: in die Gebiete der bosnischen Serben, der bosnischen Kroaten und in ein von der bosnischen Regierung kontrolliertes Gebiet. Diese Realität veranschaulicht am besten die Karte der internationalen UNPROFOR mit dem prägnanten Titel: *Warring Fraction Update*. Sie zeigt, daß die bosnischen Serben mit ihrer »Serbischen Republik«, einem parastaatlichen Gebilde, 48 Prozent des Gebietes von Bosnien-Herzegowina kontrollieren, und zwar in der unhandlichen Form zweier Lungenflügel, die nur durch den schmalen Posevina-Korridor miteinander verbunden sind. Die bosnischen Kroaten besetzen 21 Prozent, wobei der Teil der Herzegowina relativ zusammenhängend und nahe beim kroatischen Mutterland gelegen ist; hinzu kommen einige Enklaven im Kerngebiet der bosnischen Regierung. Letztere schließlich kontrolliert nur knapp ein Drittel des Territoriums, das zudem stark zersplittert ist.

Ihre Hauptstadt Sarajevo ist nach wie vor von Serben umzingelt, deren Artillerie auf den umliegenden Hügeln und nur einen Steinwurf entfernt auf der anderen Seite des Flusses Miljacka, im Vorort Grbavica, stationiert ist. Ihr Hauptteil in Zentralbosnien ist, während ich dies schreibe, noch immer durch kroatisch besetztes Gebiet von Bihać im Nordwesten getrennt. Und dann gibt es noch die Enklave Goražde – Bosniens Leningrad –, die durch einen 40 Kilometer langen Korridor serbisch besetzten Gebiets von Sarajevo getrennt ist. Nach dem Waffenstillstand konnte ich in einem gepanzerten Landrover der Amerikaner nach Goražde fahren, aber für normale bosnische Bürger ist ein sicherer Zugang nicht gewährleistet. Manche nennen dieses Gebiet den »Rumpfstaat« Bosnien, aber ein Rumpf wäre ja immerhin ein zusammenhängendes Gebilde. Das Gebiet ist zudem nur auf dem Landweg erreichbar. Die Versorgung erfolgt zum Teil aus der Luft (einschließlich Waffen, die mit arabischem Kapital finanziert werden), das meiste aber muß über Kroatien hereingebracht werden, und die Kroaten kassieren einen beträchtlichen Teil der Gelder, der Güter und natürlich der Waffen.

Auf dem Papier haben sich die bosnische Regierung und die bosnischen Kroaten im letztjährigen Washingtoner Friedensabkommen zur »Föderation Bosnien und Herzegowina« zusammengeschlossen. Doch die Realität vor Ort sieht anders aus; es herrscht weiterhin eine nahezu vollständige Trennung, wobei der Parastaat Herzeg-Bosna den kroatischen Teil dominiert, mit eigenen Insignien, eigener Polizeitruppe und Armee, die den kroatischen Militärs nahesteht. Die Kinder werden mit kroatischen Schulbüchern unterrichtet, und seit den kroatischen Parlamentswahlen im Oktober haben sie sogar ihre eigenen Minderheitenvertreter im Parlament in Zagreb. In den Wäldern außerhalb der bosnisch-kroatischen Enklave Kiseljak trifft man auf zwei schmutzige Wohnwagen und zwei abgerissene Grenzpolizisten: ein Grenzposten der bosnischen Kroaten bzw. der bosnischen Regierung. Hans Koschnick erzählt einem dann, daß der gewaltfreie Druck, den die EU bislang in der Lage (und bereit) war auszuüben, nicht einmal bewirkt hat, daß die bosnischen Behörden im Westteil der geteilten Stadt Mostar den Bewohnern des zerbombten und elenden Ostteils freien Zugang über den Fluß Neretva gestatten. Obgleich kroatische Truppenverbände bosnische Einheiten in den zurückliegenden Kämpfen unterstützt haben, wurde berichtet, daß diese zweimal zurückkehrten und daß es zu Ausschreitungen kam. Und Präsident Tudjmans großherziges Angebot, geäußert in einem Interview des *Figaro*, daß er mithelfen wolle, »die Muslime zu europäisieren«, macht die Sache nicht besser.

Wenn man sich die Bevölkerungszahlen anschaut, wird man außerdem feststellen, daß durch den Krieg, durch Mord, Flucht und Vertreibung, die ethnische wie die territoriale Trennung bereits weit fortgeschritten ist. Die bosnische Regierung bekennt sich weiterhin zur ethnischen Vielfalt; in ihrer politischen Führung finden sich Serben und Kroaten. Im kroatischen Generalstab gibt es einen serbischen General, der regelmäßig den ausländischen Besuchern vorgeführt wird. Der kroatische Kardinal besteht darauf, in Sarajevo zu bleiben und allen Katholiken in ganz Bosnien-Herzegowina zu dienen. Tatsache aber ist, daß die Gebiete der bosnischen Regierung immer mehr unter bosniakischen oder, um den mißverständlichen Begriff zu verwenden, muslimischen Einfluß geraten. Was den islamischen Aspekt in diesem Begriff anbelangt, so kann ich dort allenfalls Ansätze wachsender religiöser Betätigung – im Sinne von: »In schweren Zeiten wendet der Mensch sich zu Gott« – ausmachen, keinesfalls aber Fundamentalismus. (»Ich verstehe mich als Muslim«, erklärt mir ein Historiker; wie aufs Stichwort erscheint ein Kellner und schenkt ihm sein Glas mit einheimischem Branntwein voll.)

Was man aber durchaus findet, sind Anzeichen für einen wachsenden bosnischen Nationalismus. So wird zum Beispiel die Forderung nach der »bosnischen Sprache« immer lauter. Das ist verständlich, denn man kann nicht erwarten, daß, was dort gesprochen wird, weiter »Serbokroatisch« oder »Serbisch« oder »Kroatisch« heißt. Dennoch ist diese Forderung auch etwas absurd, denn wenn es je ein Gebiet gab, in dem sich Varianten des Serbischen und Kroatischen wirklich zu einer Umgangssprache, angereichert mit lokalen Besonderheiten, verwoben haben, dann war es Bosnien. In gewisser Weise ist dies die *reductio ad absurdum* einer Nationbildung durch Sprache, wie sie im 19. Jahrhundert üblich war. Aber was bleibt ihnen anderes übrig, wenn um sie herum alles in Nationalstaaten zerfällt, die sich neu-herderisch durch eine Kombination aus Blut, Sprache, Religion und Kultur definieren und dadurch angeblich zum *Volk* werden?

Außerdem verteidigen sie sich, auch wenn es ihnen notorisch an schwerem Geschütz mangelt. (Wer war es, der sagte, eine Sprache sei ein Dialekt mit einer Armee?[3]) Sie versuchen durch Truppenstärke wettzumachen, was ihnen an Ausrüstung fehlt. In Goražde sagt man uns, daß von den 57000 Menschen, die in diesem Gebiet zusammengepfercht sind, derzeit 10000 unter Waffen stehen. Vor dem Krieg galten die Bosniaken nicht als Kämpfer. Aber das sagte man vor dem Zweiten Weltkrieg auch von den europäischen Juden. Einige Bosnier sprechen verzweifelt davon, daß das Schicksal sie verurteilt habe, die Palästinenser Europas zu werden. Andere dagegen sind – so unwahr-

scheinlich es auch klingen mag – wild entschlossen, die Israelis
Europas zu werden.

Ein bosnischer Zeitungsredakteur, der meine Bemerkung,
daß Europa ihnen vielleicht doch etwas zu bieten habe, verächtlich beiseite wischt, zählt mir die drei Dinge auf, die jetzt dringend benötigt werden: eine starke Armee, Hilfe für den wirtschaftlichen Wiederaufbau und die Unterstützung Amerikas.

5

Und so kommen wir nach Dayton, Ohio, wo wieder einmal
– zum dritten? vierten? wievielten Mal? – in diesem Jahrhundert
Amerika einen europäischen Konflikt zu lösen versucht, den
Europa selbst nicht zu lösen vermochte …

Ich bin der Meinung, Europa sollte die führende Rolle in
einem Prozeß übernehmen, in dem die verschiedenen Staaten-
gebilde in Bosnien unter einem internationalen Dach zusam-
mengebracht werden, unter dem sie Seite an Seite leben und
womöglich allmählich, über viele Jahre hinweg, wieder zusammenwachsen können. Als Europäer werde ich mich dafür einsetzen, daß dies der europäischen Führung zu einem wichtigen
Anliegen wird. Doch hier stehe ich und glaube selbst nicht daran,
daß so etwas Wirklichkeit werden könnte. Auf dem Flug zurück
nach Zagreb lese ich, daß Helmut Kohl gegenüber der *Süddeut-
schen Zeitung* äußerte: »Wir werden den Prozeß der europäischen
Einigung in den kommenden zwei Jahren unumkehrbar machen.« Auf einem anderen Flug, drei Wochen später, finde ich
die Zeitungen voll von leidenschaftlichen Debatten über die europäische Währungsunion.

Hier werden andere Prioritäten gesetzt; was nur eine Flugstunde entfernt passiert, besitzt keine Dringlichkeit; man empfindet es offenbar nicht als Widerspruch, daß zur gleichen Zeit,
wo Europa sich friedlich und unumkehrbar vereint, ein anderer Teil Europas brutal und – so steht zu befürchten – unumkehrbar auseinandergerissen wird. Der qualvoll langwierige
Prozeß polit-bürokratischer Verhandlungen bei der nächsten EU-
Verhandlungsrunde, die für 1996 anberaumt ist, soll Verbesse-

rungen hinsichtlich der sogenannten gemeinsamen Außen- und Sicherheitspolitik bringen. Doch was das für Bosnien bedeuten wird, kann man sich bereits denken. Es bekommt noch mehr Eisverkäufer.

6

Wenn ein diplomatischer Beobachter im Anschluß an den Berliner Kongreß, auf dem 1878 Bosnien-Herzegowina zu Österreich-Ungarn geschlagen wurde, schlafen gegangen wäre und erst jetzt wieder aufwachen würde, dann wäre er wohl ziemlich erstaunt über die institutionalisierte Zusammenarbeit zwischen den westeuropäischen Staaten. Hier tagt, so könnte er ausrufen, ja der permanente Berliner Kongreß! Was die Diplomatie anbelangt, so würde er sich wahrscheinlich über die blauen Helme und die weißen Fahrzeuge der Uno wundern und über Herrn Carl Bildt, der die EU vertritt. Doch im großen und ganzen wäre ihm die Situation vertraut.

In der sogenannten Kontaktgruppe würde er Vertreter derselben Mächte finden – Frankreich, Großbritannien, Deutschland und Rußland –, die noch immer durch nationale Diplomaten und Armeen ihre nationalen Interessen in der – wie er es nennen würde – »Balkanfrage« vertreten lassen. Schlüge er die *Times* auf, so würde er im Leitartikel über eine neue französisch-britische Entente erfahren, »geschmiedet im Bosnienkrieg«. Der einzige Unterschied wäre, daß er Österreich-Ungarn durch die Vereinigten Staaten ersetzen müßte.

Auch das, was vor Ort geschehen ist, würde ihm vermutlich einleuchten, obwohl er als Schweizer seine Vorbehalte hätte. »Ach ja«, würde er sagen, »dieser neumodische Wahn, sich in Nationalstaaten aufzuspalten, hat offenbar um sich gegriffen. Ich erinnere mich noch, als die Serben damit anfingen …«

Es scheint, mit anderen Worten, als sei die ganze europäische Geschichte des 20. Jahrhunderts mit ihren post-imperialen Föderationen und multinationalen kommunistischen Staaten nur die Unterbrechung eines langwierigeren, tiefer liegenden Prozesses, in dem die Völker sich abspalten und Nationalstaaten bilden. In Westeuropa hat dieser Prozeß früher begonnen und wurde durch Eroberung und erzwungene Assimilation vorangetrieben. In Mitteleuropa war er während der ersten Hälfte des 20. Jahrhunderts weitgehend abgeschlossen, und zwar mittels Krieg, Neuziehung der Grenzen und ethnischen »Säuberungen« im großen Stil (auch wenn die Zwei-Staaten-Föderation Tschechoslowakei bis in die 90er Jahre bestanden hat). Jetzt folgt der südöstliche Teil Europas nach; er möchte, so ist man versucht zu sagen, den Vorsprung des modernen Europa aufholen.

Doch sollte man diesen Gedankengang nicht zu weit treiben. Es gibt spezifische Gründe dafür, warum das frühere Jugoslawien und Bosnien auseinandergerissen wurden. Selbst im ehemaligen Jugoslawien behält Mazedonien noch immer seine labile multiethnische Gestalt. Es gibt auch Teile der früheren Sowjetunion, wo Völkervielfalt nach wie vor funktioniert. Es folgt daraus auch nicht, daß »Bosnien unsere Zukunft ist«. Was wir während der vergangenen vier Jahre im Fernsehen mitverfolgen konnten, ist genau jenes absurde Nebeneinander von Frieden, Normalität und fortschreitender (wenngleich zögerlicher) Integration im einen Teil Europas und blutiger Desintegration im anderen.

Vor 1989 war Europa wie Berlin: geteilt in Ost und West durch eine Mauer. Jetzt ist Europa wie eine große amerikanische Stadt mit reichen und relativ friedlichen Vierteln, so wie Georgetown oder die Upper East Side von Manhattan, die nur wenige Straßenzüge entfernt von den gewalttätigen Elendsquartieren liegen. Sie sind nicht durch Mauern voneinander getrennt; man kann theoretisch überall hinfahren. Doch in Wirklichkeit liegen Welten zwischen diesen Vierteln. Es sollte uns beschämen, daß so etwas in Europa möglich ist, ebenso wie es Amerika beschämen sollte, aber irgendwie leben wir damit.

Doch auch dieser Vergleich hinkt. Das Verfluchte daran ist, daß die Bildung post-kommunistischer Nationalstaaten mit klaren ethnischen Majoritäten, basierend auf einer Politik, die die Philosophie Fichtes mit den Methoden Stalins verbindet, diese Gebiete vermutlich *nicht* dazu verdammen wird, zu den ewigen Slums Europas zu werden. Sie sind nicht dazu verurteilt, die Ewiggestrigen zu sein, Staaten mit korrupten Einparteiensystemen, die sich mit Medienterror, Xenophobie und Gewalt über Wasser halten. So würde ich zum Beispiel sagen, daß Kroatien gute Chancen hat, sich in den nächsten zehn oder zwanzig Jahren zu einem einigermaßen liberalen, pluralistischen und demokratischen Nationalstaat zu entwickeln. Es mag dort auf Dauer sogar eine wirkliche Anerkennung von Minderheiten geben, und vielleicht, wer kann es wissen, wird dort die ethnische Definition von Nation sogar eines Tages von einer bürgerlichen abgelöst werden.

Mit der polnischen Erfahrung im Hinterkopf hat es Konstanty Gebert auf folgende Formel gebracht: »Wenn du ›nach Europa zurückkehren‹ willst, so führe deine ethnischen Säuberungen durch, dann warte eine Generation.« Man kann es auch andersherum und etwas schonungsvoller formulieren. Der Maler Edo Numankadić sagte mir, indem er die ethnische und kulturelle Vielfalt Sarajevos vor dem Krieg beschrieb: »Wir waren Europa, bevor es Europa gab.« Das mag überspitzt klingen, aber trotzdem ist etwas Wahres daran. Die Demokratisierung Jugoslawiens, und Bosniens im besonderen, hätte, wenn sie denn gelungen wäre, ein einzigartiges Beispiel abgegeben. Ein Teil Europas hätte sich friedlich von einem real existierenden Vielvölkerstaat unter einem undemokratischen (zunächst imperialen, dann kommunistischen) Dach zu einer multiethnischen Gesellschaft mit demokratischen Vorzeichen gewandelt. Daß es in diesem Fall gescheitert ist, bedeutet nicht, daß es überall scheitern wird – und gewiß nicht, daß wir ethnische Säuberungen als notwendiges Übel hinnehmen müßten. Doch – wehe, Europa! – es scheint, als sei bislang keinem der schmerzliche Weg erspart geblieben, der über die Bildung von Nationalstaaten führt, hin zu einer – wenn es gut läuft – Sicherung der Menschen- und Bürgerrechte in demokratischen Nationalstaaten, und von da aus zu einer – wenn es sehr gut läuft – friedlichen Kooperation und Integration dieser Nationalstaaten.

Es geht also nicht nur darum, sich Europas Versäumnisse und dauerhafte Verantwortung in diesem Teil Europas bewußt zu machen. Genau betrachtet zwingt uns Bosnien dazu, einige unserer grundlegenden Annahmen über Verlauf und Richtung der europäischen Geschichte zu hinterfragen.

Natürlich ist die Ansicht Europas, die man von Sarajevo aus bekommt, einseitig und bitter. Doch ich hoffe, daß meine entführten europäischen Staatschefs den Zweck ihres unfreiwilligen Besuches dort mittlerweile eingesehen haben.

Wir werden in Kürze auf dem Flughafen Brüssel landen. Bitte schnallen Sie sich an und stellen Sie das leichtfertige Gerede ein.

(November 1995)

Meine Argumente nehme ich vertiefend wieder auf in dem Beitrag »Weine, zerstückeltes Land!« (S. 381 ff.).

Chronik

1995

18. Oktober. Das tschechische Parlament beschließt gegen das Veto von Präsident Havel das neue »Lustrations«-Gesetz.

29. Oktober. Franjo Tudjmans Kroatische Demokratische Gemeinschaft (HDZ) gewinnt die Parlamentswahlen in Kroatien.

1. November. Beginn der Friedensverhandlungen für Bosnien auf einem US-Luftwaffenstützpunkt in Dayton, Ohio.

November-Dezember. In Frankreich kündigt die Regierung unter Juppé Einschnitte in die Sozialausgaben zur Einhaltung der Maastricht-Kriterien für die Teilnahme an der Währungsunion an. Es folgen weitverbreitete öffentliche Proteste.

5. November. Eduard Schewardnadse wird erneut zum Präsidenten Georgiens gewählt.

16. November. Oskar Lafontaine wird zum Parteivorsitzenden der deutschen Sozialdemokraten gewählt.

19. November. Präsidentschaftswahlen in Polen.

Abnorme Normalität

Der polnische Philosoph Leszek Kołakowski hat das Gesetz vom Unergründlichen Füllhorn formuliert. Es besagt, daß es nie an Argumenten fehlt, um eine beliebige Doktrin, an die man, aus welchen Gründen auch immer, glauben will, zu stützen. Die Version dieses Gesetzes für den Historiker lautet, daß jedes Ereignis oder Phänomen, so außergewöhnlich oder unerwartet es sein mag, begründet werden kann. Was auch passiert, alles wird erklärt.

Die Wahl des Postkommunisten Aleksander Kwaśniewski zum polnischen Präsidenten am 19. November 1995 illustriert dies auf vollkommene Weise. Augenblicklich erschienen zahlreiche Artikel, die uns in aller Deutlichkeit, mit schlagkräftigen Details und überzeugenden Argumenten, erklärt haben, warum »Polens Wahl« nicht auf den ehemaligen Führer der Solidarność, Nobelpreisträger und amtierenden Präsidenten, Lech Wałęsa, gefallen ist, sondern auf einen ehemaligen kommunistischen Apparatschik. Doch wenn die entscheidenden zwei Prozent der Stimmen an die andere Seite gegangen wären, dann hätten uns ebenso viele Artikel mit gleicher Deutlichkeit und Überzeugungskraft klargemacht, warum Polen Wałęsa wiedergewählt hat. So sieht Geschichtsschreibung aus.

Dennoch war es ein erstaunliches Ergebnis. Sechs Jahre nach dem Zusammenbruch des Kommunismus hat das Land mit der stärksten antikommunistischen Opposition und der schwächsten kommunistischen Partei im ganzen Ostblock nicht nur eine postkommunistische Regierung, sondern auch einen postkommunistischen Präsidenten. Wer das im Herbst 1989 vorausgesagt hätte, den hätte man ausgelacht. Aber das wäre schließlich auch demjenigen passiert, der im Herbst 1983 prognostiziert hätte, daß Polen innerhalb von sechs Jahren einen katholischen Ministerpräsidenten haben würde, oder jenem, der 1977, als der fünfundzwanzigjährige Aleksander Kwaśniewski gerade in die Par-

tei eintrat, gesagt hätte, daß der Parteistaat sich demnächst einer
10 Millionen Menschen starken nationalen Bewegung gegenübersehen würde, die Solidarność heißt. Das Kaleidoskop dreht
sich weiter und bringt mit jeder Drehung neue Überraschungen.
Damit ändert sich aber auch jedesmal unsere Sicht auf die Vergangenheit und die Gegenwart.

1

Und nun zu den Erklärungen. Zunächst: Es gibt ein regionales Muster. Die Mehrzahl der postkommunistischen Staaten
Europas hat heute eine postkommunistische Führung. Die einzige echte Ausnahme in Mitteleuropa ist die Tschechische Republik. Natürlich gibt es Unterschiede zwischen Ländern wie
etwa Polen und Ungarn, in denen es zwischendurch unter liberalen oder konservativen Regierungen Phasen der Transformation gegeben hat, und Rumänien, das vom kommunistischen
Regen geradewegs in die postkommunistische Traufe geraten ist.
Polnische und ungarische Kommunisten waren bereits in den
8oer Jahren in entscheidenden Punkten weniger kommunistisch
als ihre tschechischen Genossen – ganz zu schweigen von ihren
russischen.

Und dennoch gibt es ein Muster. Postkommunistische Parteien können auf landesweite Organisationsstrukturen, Büros,
Mitarbeiter und Geldmittel zurückgreifen, die beim Zusammenbruch des Kommunismus noch dadurch aufgestockt wurden, daß man sich das Eigentum des Parteistaates aneignete. Die
»Privatisierung der *nomenklatura*« – schon an sich ein Grund,
warum die Kommunisten die Macht so relativ gefaßt abgaben –
bringt eine neue Klasse hervor: in Kapitalisten verwandelte
Kommunisten. Der jugoslawische Dissident Milovan Djilas
hatte die *nomenklatura* als solche bereits in seinem berühmten
Buch als »die neue Klasse« bezeichnet, also handelt es sich hier
um eine neue neue Klasse. Gestärkt werden ihre alten-neuen
Parteien durch alle Arten von finanziellen Machenschaften und
durch die eigenen Medien. Zudem machen sich ehemalige Kommunisten mit Routine und Disziplin an die mühsame politische

Basisarbeit, Fähigkeiten, die den früheren Dissidenten und Intellektuellen in der Regel abgehen.

Selbstverständlich unterscheiden sich die Praktiken demokratischer Politik von denen der kommunistischen, doch in einer modernen Fernseh-Demokratie eignen sich die Menschen weiter unten in der kommunistischen Hierarchie die neuen Techniken der Machtentfaltung und -ausübung rasch an. Einem alten Hund kann man keine neuen Kunststücke beibringen, doch junge Hunde lernen sie im Nu. Schließlich sind diese Leute in den 70er Jahren nicht deshalb in die Partei eingetreten, weil sie an den Kommunismus glaubten, sondern weil sie Karriere machen wollten; und zwar in der Realpolitik und nicht in der intellektuellen und moralischen »Anti-Politik« der Dissidenten.

In der Wählerschaft gab es einen harten Kern von Getreuen. Außerdem hat man bei jenen Stimmen gesammelt, die unter der Transition zur Marktwirtschaft gelitten haben: bei den Arbeitslosen, den Arbeitern in den Staatsbetrieben, den mittleren Altersgruppen und Bewohnern der Kleinstädte, die sich nur schwer an die neuen Verhältnisse gewöhnen können, und bei den verarmten Rentnern. Als der Polizeistaat den Menschen noch eine gewisse Sicherheit garantierte, sehnten sie sich nach Freiheit; jetzt, wo sie in Freiheit leben, möchten sie auch die alte Sicherheit zurückhaben. Die Postkommunisten versprechen, daß der Staat mehr Wohnungen, mehr Arbeitsplätze und mehr Sicherheit schaffen und gleichzeitig die Errungenschaften von Freiheit und Marktwirtschaft erhalten wird.

Auch Kwaśniewskis Sieg paßt teilweise in dieses Raster, trägt aber gleichzeitig spezifisch polnische Züge. Seine Allianz der Demokratischen Linken umfaßt die sogenannte Sozialdemokratie der polnischen Republik – die unmittelbare Nachfolgepartei der regierenden Kommunisten –, deren Führer er 1990 wurde. Trotz interner Spannungen ist die Allianz die größte, bestorganisierte und reichste Partei Polens. Hinter ihr stehen die klassischen Vertreter der neuen »neuen Klasse« – korrupte Apparatschiks, die sich zu korrupten Geschäftsleuten gewandelt haben. Während des Wahlkampfes wurde publik, daß Kwaśniewskis Frau Großaktionärin bei einem kapitalistischen *nomenklatura*-Unternehmen ist, ohne daß dies offengelegt worden wäre. Kwaśniewski hat verschiedene, wenig überzeugende Erklärungen abgegeben, warum er diese Tatsache verheimlicht hat; unter anderem hat er behauptet, er habe keinen Einblick in die Finanzen seiner Frau.

Kwaśniewskis Wahlkampf wurde nicht, wie in vielen anderen postkommunistischen Ländern üblich, offenkundig durch die Nachrichten- und Tagespolitik-Sendungen der staatlichen Fernsehanstalt unterstützt. Diese waren eher auf der Seite des amtierenden Präsidenten Wałęsa. Aber er hatte Rückhalt in der Presse, unter anderem durch das Satiremagazin *Nie* (*Nein*), herausgegeben von Jerzy Urban, der während der Zeit des Kriegsrechts Pressesprecher von General Jaruzelski war.

Kwaśniewskis Wahlkampf war ein Meisterstück der werbemäßig gestalteten Kampagnen der 90er Jahre, vom tadellos sitzenden Anzug und passender Krawatte bis zu medienwirksam pointierten Reden. Ein Freund, der zwischen Paris und Warschau pendelt, sagte mir, daß dieser Präsidentschaftswahlkampf an Professionalität dem französischen in nichts nachstand. Das ist kaum verwunderlich, denn er wurde vom führenden französischen PR-Berater, Jacques Séguéla, organisiert. Séguéla, der zuvor für François Mitterrand (angeblich zeichnet er für den Slogan »La France Tranquille«) gearbeitet hat und Kwaśniewski vom österreichischen Kanzler Franz Vranitzky empfohlen worden war, sagt, er habe Kwaśniewskis zentrale Wahlslogans entwickeln helfen – »Wählt die Zukunft« und »Ein gemeinsames Polen« – und ihn auf seine entscheidenden Fernsehduelle mit Lech Wałęsa vorbereitet. Am Telefon teilt Monsieur Séguéla mir mit, daß er gerne alle ein, zwei Jahre eine Wahlkampagne macht. Es sei, wie er sich ausdrückt, sein Hobby. Neben Mitterrand und Vranitzky zählen der bulgarische Präsident Zhelyu Zhelev und der ehemalige ungarische Ministerpräsident József Antall zu seinen Klienten. Er findet »Aleksander« jung, clever, mutig und *médiatique*. Er liegt, laut Séguéla, irgendwo zwischen einem Kennedy und einem Bill Clinton. Letzteren bezeichnet er als »großartigen Präsidenten«, zumindest im Umgang mit den Medien.

Kwaśniewski hat daneben aber auch traditionelle Mittel eingesetzt. Unermüdlich reiste er durchs Land und versprach den

Leuten, was sie hören wollten: mehr Wohnraum (was vor allem für die Jungen ein Problem ist), soziale Sicherheit und Renten – alles Dinge, auf die der polnische Präsident letztlich wenig Einfluß hat, selbst wenn man seine unklar definierte verfassungsrechtliche Stellung sehr weit auslegt.

Sein Wahlerfolg läßt sich dennoch nicht völlig mit der Standard-Interpretation postkommunistischer Wiederkehr erklären. Es stimmt, daß Wałęsa in Groß- und Mittelstädten, wo die Folgen des Wirtschaftswachstums augenfälliger sind, etwas besser abgeschnitten hat, während Kwaśniewski in Kleinstädten und ländlichen Gebieten dominierte. Aber trotzdem setzt sich seine Wählerschaft nicht allein aus den Verlierern eines wirtschaftlichen Spiels zusammen, dessen große Gewinner ja auch zu seinen Befürwortern zählen. Mit ihm haben die Menschen auf eine Verkörperung des Erfolgs gesetzt. Und er profitierte vom »Faktor Wohlgefühl« in einem Land, das die höchste Wachstumsrate Europas vorzuweisen hat, 6,5 Prozent in der ersten Hälfte des Jahres 1995. Die liberalen Architekten des »polnischen Wirtschaftswunders«, allen voran Leszek Balcerowicz, der heute der oppositionellen Freiheitsunion vorsteht, bemerken bitter, daß Kwaśniewski die Ernte jener Veränderungen eingefahren hat, die sie einst auf den Weg brachten.

Außerdem hat Kwaśniewski deutlich mehr Stimmen von den Jungen erhalten, Wałęsa dagegen von den Älteren. Hier hat sich ein Rollentausch vollzogen. Der frühere Kommunist wurde zum Mann der Zukunft und ließ Wałęsa wie den Ewiggestrigen erscheinen. Mit seinen gerade mal dreiundvierzig Jahren (Wałęsa ist zweiundfünfzig), sonnengebräunt, fit (er hat extra für den Wahlkampf abgespeckt), schick gekleidet, gebildet (obwohl jetzt ruchbar wird, daß er den angeblichen Magisterabschluß an der Universität Gdańsk gar nicht gemacht hat) und redegewandt, hat sich der Yuppie »Olek« Kwaśniewski als modern, zukunftsorientiert und westlich verkauft. Vielleicht auf Anraten von Monsieur Séguéla haben seine Wahlhelfer ihn sogar als »polnischen Kennedy« bezeichnet. Und die Botschaft lautete: »Wählt die Zukunft«.

2

Und dennoch – wie können Menschen die Vergangenheit so schnell vergessen? In Ungarn könnte man das eher verstehen: 1956 liegt lange zurück, und in den 8oer Jahren hatte sich die eiserne Faust der Partei bereits tief im samtenen Handschuh versteckt. Nicht so in Polen, wo noch vor wenigen Jahren eben jener Aleksander Kwaśniewski, Herausgeber der kommunistischen Jugendzeitschrift und späterer Jugendminister, die Verhängung des Kriegsrechts, die Verhaftung politischer Gegner und das Verbot der Solidarność gutgeheißen hat.

Nun, erstens, haben viele noch gar nicht vergessen. Viele haben für Wałęsa gestimmt, nur um die Präsidentschaft eines Ex-Kommunisten zu verhindern. Und viele haben Kwaśniewski gerade deswegen gewählt, weil er ein Exkommunist ist. Schließlich hat dieser schlanke, smarte, gutgekleidete Mann mit seinem kantigen Kinn und den ausgeprägten Wangenknochen Ähnlichkeit mit dem Typ des stalinistischen Arbeiterhelden aus Andrzej Wajdas Film *Der Mann aus Eisen* (man munkelt schon über eine Fortsetzung mit dem Titel *Der Mann aus Silicon*).

Für die Jungen dagegen sind Kommunismus und Solidarność bereits alte Geschichte – etwas, was man notgedrungen aus langweiligen Schulbüchern lernen muß. Hier werden die Post-Solidarność-Führer als Opfer des eigenen Erfolgs dargestellt. Die Veränderungen kamen so schnell, die Freiheit ist nach sechs Jahren bereits so selbstverständlich, daß die Jungen kaum noch an etwas anderes zurückdenken können. Am Wahltag aß ich mit einem Freund zu Mittag, der in den 8oer Jahren Samisdat-Verleger war. »Seinerzeit«, so erinnerte er sich, »hat man natürlich nie vorher angerufen, wenn man Freunde besuchte, man stand einfach unangemeldet vor der Tür.« »Aber *warum* habt ihr nicht telefoniert?« will seine vierzehnjährige Tochter wissen. Lange Pause. »Ach, du meinst, weil das Telefon abgehört wurde?« Bei manchen Jungwählern war ein Element vorsätzlichen Protests im Spiel. Bloß weil die Eltern sich so stark mit der Tradition der Solidarność identifizieren, haben ihre Kinder dagegen gestimmt.

Und trotzdem bleiben Fragen offen. 1989 haben die Führer

der Solidarność mit den Kommunisten am Runden Tisch verhandelt und sind zu einem Kompromiß gelangt, den die *Gazeta Wyborcza* auf die berühmte Überschrift »Euer Präsident, unser Ministerpräsident« verkürzte. Damals existierte der Warschauer Pakt noch, und das schien das äußerste, was die Sowjetunion dulden würde. Im Geiste liberaler, katholischer Vergebung und mit dem Modell von Spanien nach Franco im Hinterkopf hat der Solidarność-Ministerpräsident Tadeusz Mazowiecki einen, wie er es nannte, »dicken Schlußstrich« unter die Vergangenheit gezogen. Aber mußte dieser Strich wirklich so dick sein? Und war es richtig, ein, zwei Jahre später, als der sowjetische Druck weitgehend gewichen war, einfach weiterzumachen, ohne die ehemaligen Kommunisten oder Kollaborateure der Geheimpolizei aus ihren öffentlichen Ämtern zu entfernen (wie dies in der Tschechoslowakei und in Ostdeutschland geschehen ist), ohne Wahrheitskommissionen und Tribunale im Stile Lateinamerikas (außer einem, wo es um die Verantwortlichkeit für das Kriegsrecht ging) oder anderer symbolischer Maßnahmen, die die Öffentlichkeit und besonders die Jugend daran erinnert hätten, was der Kommunismus Polen angetan hat?

Über dieser Frage hat sich die Post-Solidarność-Opposition gespalten. Die Rechten sagen, man hätte die Revolution zu Ende führen sollen: nicht mit der Guillotine, versteht sich, aber mit Säuberungen. Dann wäre Kwaśniewski nicht zurückgekommen. Einer ihrer Sprecher hat es in der Wahlnacht deutlich zur Sprache gebracht: In den achtzehn postkommunistischen Ländern, sagte er, in denen es keine Säuberungen gegeben hat, sind heute Postkommunisten an der Macht; nur in zweien, in der Tschechoslowakei und in Ostdeutschland, hat es solche Säuberungen gegeben, und entsprechend sind die Kommunisten nicht wieder zur Macht gelangt. (Die Zahlen überzeugen zwar nicht ganz, doch es ist etwas dran.)

Für das andere Extrem steht der frühere Dissident und jetzige Herausgeber der *Gazeta Wyborcza*, Adam Michnik, der Kwaśniewski seit 1989 zu seinen Freunden zählte, ein Vorwort für die Memoiren General Jaruzelskis geschrieben hat und im September einen höchst umstrittenen Artikel veröffentlichte, in dem er behauptet, die Zeit sei nun reif, daß ehemalige Kommunisten und ehemalige Solidarność-Anhänger sich an einen Tisch setzten und über eine gemeinsame Geschichte Polens unter kommunistischer Herrschaft Einverständnis erzielten. Die Bedeutung des Artikels lag weniger in seinem Inhalt als in der Tatsache, daß er gemeinsam unterzeichnet war von Michnik und Włodzimierz Cimoszewicz, einem ehemals kommunistischen Abgeordneten, der kurz darauf als Kwaśniewskis Wahlkampfleiter hervortrat.

Michnik argumentiert, daß endlich jemand gegen die soziale Ächtung früherer Kommunisten angehen mußte, für die er den drastischen Ausdruck »Apartheid« wählt. (Doch wer sind die früheren Kommunisten in diesem Vergleich, die Schwarzen oder die Weißen?) Außerdem weist er darauf hin, daß bei den letzten Parlamentswahlen in Ostdeutschland die Altkommunisten trotz Säuberungen fast ein Fünftel der Stimmen erhielten (beinahe so viel wie in Polen) und daß man nur ein wenig abwarten müsse, um zu sehen, wie sich die Lage in der Tschechischen Republik entwickelt.

Alles in allem scheint mir, hat in Polen der versöhnliche »spanische« Ansatz die Rückkehr ehemaliger Kommunisten an die Macht erleichtert, obwohl man natürlich nicht definitiv sagen kann, ob ein rigideres »tschechisches« beziehungsweise »ostdeutsches« Vorgehen sie verhindert hätte.

3

Ganz und gar charakteristisch für Polen war dagegen die Rolle der katholischen Kirche. Sie hat sich zunächst mit ihrer immensen Autorität und ihrem Einfluß nicht so sehr hinter Wałęsa gestellt, sondern ganz entschieden gegen die atheistischen Postkommunisten; zumal in der ersten Runde noch andere katholisch konservative Kandidaten wie die ausgesprochen fromme Präsidentin der Nationalbank, Hanna Gronkiewicz-Waltz, im Rennen waren. Im Spätsommer warnte eine Botschaft des Episkopats davor, »in die höchsten Ämter des Vaterlands Leute zu wählen, die während der Zeit totalitärer Herrschaft hochrangige Parteiposten innehatten«. Wen konnten sie damit wohl gemeint haben? Und das Eintreten der Postkommunisten für ein liberales Abtreibungsrecht und ihr Widerstand gegen die Ratifizierung des Konkordats mit dem Vatikan haben die Opposition der Kirche noch verstärkt.

Primas Glemp wies die Repräsentanten dessen, was er lustvoll als »Neo-Heidentum« bezeichnete, entschieden zurück. (In einem späteren Interview meinte er, daß »Neo-Heide« ein rein deskriptiver Begriff für einen Nicht-Gläubigen sei. Diese Leute könne man nicht, so führte er aus, einfach als »Heiden« bezeichnen, da ein Heide ja einen Glauben habe.) Als es dann in der zweiten Runde zum Stechen kam, war die Kirche nahe daran, den Gläubigen eine Stimmabgabe für Wałęsa nahezulegen, der bekanntermaßen sein Revers mit einem Anstecker der Schwarzen Madonna von Tschenstochau schmückt. Der mit der Seelsorge der Bauern betraute Bischof verfaßte einen speziellen Hirtenbrief, der an die Bewohner ländlicher Gebiete appellierte: »Laßt das Vaterland in dieser entscheidenden Stunde nicht allein!« Am Portal der berühmten Warschauer St. Stanisław Kostki-Kirche, deren Solidarność-Priester 1984 von der Geheimpolizei ermordet worden war, sah ich direkt unter der Ankündigung der Gottesdienstzeiten ein Wahlplakat Wałęsas hängen. Noch am Vorabend des Wahltags rief Primas Glemp die Gläubigen zum Gebet für »die Wahl, Präsident Wałęsa und das Vaterland« auf.

Und doch hat Wałęsa verloren – insbesondere auf dem Land und in den Kleinstädten. Trotz der Kirchenaufrufe – oder vielleicht gerade deswegen. Drei Viertel der Befragten in einer Meinungsumfrage vor der Wahl sprachen sich gegen eine Einflußnahme der Kirche auf den Wahlverlauf aus. Als alles vorbei war, sagte mir der Generalsekretär des Episkopats, Bischof Tadeusz Pieronek, daß die Leute sich gegen das, wie er es nannte, »paternalistische« Verhalten der Kirche gewandt hätten und daß er sicher sei, viele gute Katholiken hätten Kwaśniewski gewählt. Unter polnischen Jugendlichen wird es vermutlich so manchen gegeben haben, der sich sagte: »Neo-Heidentum? Ja bitte!« Es würde einer gewissen Ironie nicht entbehren, wenn es die katholische Kirche gewesen wäre, die den Neo-Heiden zum Sieg verholfen hat.

Doch ein Teil der Verantwortung muß auch bei der Politik der Solidarność-Nachfolge selbst gesucht werden, die sich in viele kleine Parteien mit mehreren eigenen Kandidaten zersplittert hatte und viel zu sehr mit eigenen Grabenkämpfen beschäftigt war, um eine ernsthafte politische Strategie für das ganze Land entwickeln zu können. Sie hat dabei ein sehr viel schwächeres Bild abgegeben als ihre Kollegen in Ungarn oder in der Tschechischen Republik, wo sich die liberalen und konservativen Parteien des politischen Spektrums zu wenigen großen und besser organisierten Parteien zusammengeschlossen haben. Was war der Grund dafür? Zum Teil, weil eine solche Zersplitterung im Gefolge einer Revolution immer absehbar ist; und was in der Periode zwischen 1980 und 1989 in Polen passierte, war eine Revolution, wenn auch eine vollkommen neuartige. Gerade weil vor 1989 die Menschen in Polen enger zusammenstanden als in Ungarn oder in der Tschechoslowakei, sind sie heute um so zerstrittener.

Doch wenn man diese theatralischen (und bisweilen sehr erheiternden) Debatten verfolgt, dann legt sich die Vermutung nahe, daß sie in einer frühmodernen polnischen Tradition wurzeln, in der sogenannten Adels-Demokratie mit ihren streitbaren »Klein-Parlamenten« und einem Adel, hoch wie niedrig, der sich in den Wahlschlachten um die polnischen Könige zerstritt, nicht selten auch schlug, nur um sich dann über unzähligen Bechern Schwarzgebranntem wieder zusammenzuraufen. Und dann gibt es noch die Tradition der Intellektuellen, die urbanisierten Nachfahren dieser Adelsschicht. Dieses Erbe wurde einem während des Wahlkampfs in einer Warschauer Fotoausstellung eindrücklich vor Augen geführt. Zu sehen waren Intellektuellenfamilien über fünf oder sechs Generationen, vom Ur-Ur-Großvater, der seine Güter verlor, nachdem er im Januaraufstand von 1863 gegen die Russen kämpfte, bis zum letzten Sproß, der 1987 seinen Abschluß an der Universität Warschau machte. Solche Traditionen lassen sich nicht so leicht in den opportunistischen Alltag einer mediengesteuerten Massendemokratie einfügen. Da tun sich die von Stolz und Prinzipien unbelasteten früheren Kommunisten schon leichter.

Und nicht zuletzt liegt die Schuld bei Wałęsa selbst, der in den vergangenen fünf Jahren unablässig an der Zerstörung seines eigenen Monuments gearbeitet hat. Bereits 1990 hat er mit seinem »Krieg an der Spitze« der Solidarność und mit seinem populistisch geführten Wahlkampf viele der früheren Verbündeten und Anhänger verprellt. Als Präsident verhielt er sich oft launisch und autoritär. Er selbst ließ einst verlauten, er werde die Ministerpräsidenten auswechseln wie Stoßstangen, und er hat tatsächlich die parlamentarische Regierung mehrmals an den Rand der Krise gebracht. Er hat sich mit einem Hofstaat von mittelmäßigen, ja zum Teil dubiosen Beratern umgeben, von denen manche mit den Sicherheitsdiensten und der Armee verstrickt waren. Am berüchtigtsten unter ihnen war sein früherer Chauffeur Mieczysław Wachowski, der bis vor kurzem Staatsminister war. Doch vor allem hat es der Elektriker und Arbeiterführer von einst nicht geschafft, sich den Habitus eines Staatsmannes zuzulegen. Nicht nur die Warschauer Intellektuellen, deren Hochnäsigkeit ihn immer besonders wütend machte, sondern auch einfache polnische Bürger, mit denen ich sprach, finden, daß er mit seinem oft unbeherrschten Verhalten und seinem schlechten Polnisch nicht in der Lage ist, eine stolze Nation würdig vor der Welt zu repräsentieren.

Zu Beginn des Jahres fiel er, laut Umfragen, in der Wählergunst auf ganze sechs Prozent zurück. Dann musterte er seinen Mitarbeiterstab aus – Wachowski und andere mußten gehen – und versuchte, sich einen zurückhaltenderen, präsidialeren Führungsstil anzueignen. Gleichzeitig polarisierte er die Kampagne geschickt auf die historische Formel: Lech gegen die Roten. Dies brachte ihm im ersten Wahlgang ein Drittel der Stimmen, wohingegen der Kandidat der Liberalen aus der Solidarność-Nachfolge und der Sozialdemokraten, der altgediente Dissident Jacek Kuroń, gerade mal auf 10 Prozent kam. Daraufhin schloß sich die Mehrzahl der Post-Solidarność um Wałęsa zusammen. Für jemanden, der sich noch an die alten Solidarność-Zeiten erinnert, war es ergreifend, ihn wieder im Kreise seiner früheren Berater, wie Bronisław Geremek und Tadeusz Mazowiecki, zu sehen.

Gleichzeitig aber konnte Jerzy Urban in seiner Satirezeitschrift *Nie* all die vernichtenden Bemerkungen zitieren, die Wałęsas ehemalige Kollegen in den vergangenen fünf Jahren über ihn geäußert hatten, und dieser Blütenlese die sarkastische Überschrift geben: »Wałęsa ist ein Monster, also wählt ihn«. Und viele haben es schweren Herzens getan, weil sie in ihm das »kleinere Übel« sahen. »Ich will nicht, aber es bleibt mir nichts anderes übrig«, bekannte ein Wähler in einem Fernsehinterview und benutzte ironischerweise die Worte Wałęsas, mit denen er 1990 seine Kandidatur für die Präsidentschaft verkündet hatte. »Für Wałęsa?« fragte der Reporter. »Ja, leider!« Und einer meiner Freunde sagte: »Na gut, ich werde einen halben Liter runterschütten und dann mein Kreuz für ihn machen.« Er sprach von Wodka. Wir haben es schließlich geschafft, ihn mit etwas weniger ins Wahllokal zu bringen.

Es war ein knappes Rennen. Als um 20 Uhr die Wahllokale schlossen, lagen die Prognosen des polnischen Fernsehens bei 51,1 Prozent für Wałęsa und 48,9 Prozent für Kwaśniewski. Im Wahlzentrum des amtierenden Präsidenten brach Jubel aus, und man skandierte wie früher »Lech Wałęsa! Lech Wałęsa!«, aus Kwaśniewskis Hauptquartier schallte es trotzig »Olek! Olek!«. Alle halbe Stunde folgten neue Hochrechnungen. In der letzten zusammenfassenden Hochrechnung um halb elf führte Wałęsa noch immer, jetzt allerdings nur noch mit 50,2 zu 49,8 Prozent. Und dann kam, neun Minuten nach elf, das erste Auszählungsergebnis von etwas mehr als tausend Wahllokalen: 51,3 Prozent für Kwaśniewski, 48,7 Prozent für Wałęsa. Das offizielle Endergebnis lautete schließlich 51,7 zu 48,3 bei einer erstaunlich hohen Wahlbeteiligung von 68 Prozent.

Meinungsumfragen zwischen den beiden Wahlgängen haben deutlich gezeigt, daß Wałęsa sich mit seinem ungehobelten, konturlosen und wenig staatsmännischen Auftreten beim ersten Fernsehduell der Kandidaten sehr geschadet hat. Es ist durchaus möglich, daß das Ergebnis anders ausgefallen wäre, wenn er damals eine bessere Figur gemacht hätte. Und dann, versteht sich, hätten wir alle klug und sachkundig die Tendenzen, Strukturen und Muster erläutert, die zu Wałęsas Triumph führten.

Da sind sie also wieder, zurück an der Macht, die Frauen und Männer, die uns viele Jahre lang belogen haben, die Zyniker, Opportunisten und Karrieristen, unverändert mit Apparatschick-Kinn und Bürstenhaarschnitt. Oft sind es genau dieselben Leute. Jener Soziologe, der um die Welt reiste und das Kriegsrecht anpries, während seine Kollegen ins Lager kamen. Jener »Experte« für internationale Beziehungen, der im Ausland von Frieden und Umweltschutz redete, während Professor Geremek in der Krypta einer Kirche übernachten mußte, um der Verhaftung durch die Geheimpolizei zu entgehen. Und auf den unteren Ebenen, in den lokalen Regierungen und Gremien saßen Hunderte, die noch viel schlimmer waren. Viele von ihnen haben nicht nur einflußreiche öffentliche Positionen zurückerobert, sie sind noch reich geworden dabei. Schaut ihn euch doch an, den Millionär Jerzy Urban!

Die vor einigen Jahren erschienene Biographie des jetzt aus dem Amt scheidenden Außenministers Władysław Bartoszewski – einer der drei sogenannten Präsidial-Minister, die nach Wałęsas Niederlage zurücktreten – trug den Titel *Es lohnt sich, anständig zu sein.* Dies kommt von einem Mann, der politischer Gefangener sowohl in Auschwitz als auch in Stalins Gefängnissen war. Aber fünfzig Jahre später könnte die Botschaft für junge Polen lauten: »Es lohnt sich, Opportunist zu sein.«

Der Sieg der Postkommunisten in Polen ist ästhetisch wie moralisch abstoßend. Aber ist er darum auch gefährlich? Nicht hinsichtlich ihrer Ziele, würde ich sagen. Der Führer der russischen Kommunistischen Partei, Gennady Sjuganow, beglückwünschte »die Masse der polnischen Arbeiterschaft« zu ihrem Sieg. Kwaśniewski würde solche Begriffe aber nie in den Mund nehmen. Ganz im Gegenteil, Polens Postkommunisten werden alles in ihrer Macht Stehende tun, um den Glückwünschen seines anderen mächtigen Nachbarn, Deutschland, gerecht zu werden, allen voran jenen des neuen Vorsitzenden der deutschen Sozialdemokraten, Oskar Lafontaine. Kwaśniewski und seine Freunde möchten keinesfalls als östliche Exkommunisten angesehen werden, sie wollen westliche Sozialdemokraten sein. Der eben gewählte Präsident bekräftigte seine Absicht, Polen in die EU und in die Nato zu führen. Wenige Tage nach seinem Amtsantritt gab die Regierung bereits Coupons für die längst fällige Massenprivatisierung aus.

5

Man spricht heute allenthalben davon, daß Polen ein »normales« Land geworden sei. Aber was ist damit gemeint? Natürlich, wenn man heute in Warschau ankommt, dann gleicht die Stadt mehr Lissabon oder Neapel als dem Warschau vor 1989. Ein eleganter neuer Flughafen. Keine Visumpflicht mehr. Wenn sich die Menge bei der Einreise in zwei Warteschlangen teilt – eine für Polen und eine für Besucher aus dem Westen –, dann ist da kein Unterschied in Kleidung, Ausstattung und Haarschnitt mehr zu erkennen. Es erwarten einen leidlich saubere Taxis, in denen man tatsächlich den Preis zahlt, der in einheimischer Währung auf dem Zähler steht. Vertraute Ladenketten, Waren, Automarken. Die allbekannten Werbespots im Fernsehen. Gepflegte Büros. Handys. Geschäftlich erfolgreiche Freunde, die jetzt ständig überarbeitet sind und sich hinter Anrufbeantwortern verschanzen. Mehr Geld ist im Umlauf, mit dem man auch etwas kaufen kann, aber damit wachsen auch die Geldsorgen: »Die Hälfte meines Einkommens geht für Steuern drauf, die andere Hälfte für das Schulgeld meiner Kinder!« Große Unterschiede zwischen Reich und Arm.

Doch wenn man etwas tiefer bohrt, stößt man auf erstaunliche Dinge. Der Mann im Mercedes ist ein ehemaliges Politbüro-Mitglied. Der Handy-Verkäufer war früher bei der Geheimpolizei. Auf dem Land dagegen findet man noch Bauernhäuser, die von Brueghel gemalt sein könnten, und Priester, die sich über »Neo-Heidentum« beklagen. Aber Europa – unser ganz »normales«, »westliches« Europa ist ja schließlich auch voller bizarrer Erscheinungen. Zwischen meiner Wahlbeobachtung in Polen und dem Verfassen dieses Essays habe ich in Neapel Station gemacht, um der Verleihung des Premio Napoli beizuwohnen. Das Grand Hotel Vesuvio ist sogar noch besser als das Bristol in

Warschau, doch auf meiner Fahrt durch die Stadt kam ich durch verheerende Slums – schlimmer als alles, was ich in Warschau gesehen hatte –, wo die Leute noch immer in Angst vor der Camorra leben. Unter den Gewinnern des Premio Napoli war ein Jesuitenpriester, der für seinen Kampf gegen den Wucher ausgezeichnet wurde. (»Wieso gibt es bei Ihnen in Großbritannien kein Gesetz gegen Wucher?« wollte er von mir wissen.) Der beliebte postkommunistische Bürgermeister wurde bei der im Fernsehen übertragenen Preisverleihung gefragt, was er von seiner Rivalin, der postfaschistischen Signora Alessandra Mussolini (Tochter von Sie wissen schon wem) hielte. Und ob es wahr sei, daß er mal ein Verhältnis mit ihr hatte? Letzteres stritt er ab, hob jedoch hervor, daß Signora Mussolini einen wertvollen Beitrag zur Lösung der Probleme der Stadt geleistet hätte. Alles normal?

Das Spektrum dessen, was im heutigen Europa als »normal« gilt, ist recht breit, und Polen gehört schon dazu. Aber es gibt da noch einen anderen Maßstab für »Normalität«, einen, der diachron und nicht synchron anzulegen ist. Was ist in einem Land über den historischen Zeitraum von, sagen wir, zweihundert Jahren »normal« gewesen? Unter diesem Gesichtspunkt ist Polen heute geradezu himmelschreiend abnorm. Dieses Land ist frei, souverän und erfolgreich? Deutschland ist sein engster Partner im Westen? Es leidet unter keiner unmittelbaren Bedrohung, nicht einmal von seiten Rußlands? Sind Sie sicher, daß Sie da nicht was verwechselt haben? Ich fragte den polnischen Historiker Jerzy Jedlicki, wann Polen jemals zuvor so gut dastand. Er antwortete sofort: »Vermutlich in der zweiten Hälfte des 16. Jahrhunderts.«

Polens Übergang von der normalen Abnormität zur abnormen Normalität ist bereits eine großartige Errungenschaft. Die Aufgabe der nächsten fünf Jahre wird darin bestehen, das Erreichte innerlich und äußerlich zu stabilisieren – das heißt in der EU und in der Nato. Erst dann können wir, und die Polen selbst, ermessen, was eine polnische Version europäischer »Normalität« bedeutet. Diese polnische Normalität wird vielleicht nicht mehr so interessant sein wie die alte Abnormität. Zunächst mag sie uns wie ein billiger Abklatsch des Westens erscheinen. Aber wenn das der Preis für die Freiheit ist, dann lohnt es sich, ihn zu zahlen. Und wer weiß denn schon so genau, was kommt? Wie schon der britische Historiker Hugh Trevor-Roper so treffend bemerkte: Die Geschichte ist voller Überraschungen, und keinen überraschen sie mehr als den Historiker.

(November 1995)

Chronik

1995

14. November. Das Europäische Währungsinstitut veröffentlicht einen Zeitplan für die Währungsunion.

21. November. Der bosnische Präsident Alija Izetbegović, der serbische Präsident Slobodan Milošević und der kroatische Präsident Franjo Tudjman paraphieren das Friedensabkommen von Dayton. Dieses bringt zwar die formale Beibehaltung eines einheitlichen Staates, zugleich jedoch eine weitgehende *De-facto*-Teilung des Territoriums in eine bosniakisch-kroatische Föderation, verfügend über 51 Prozent des Territoriums, und eine serbische Republik, verfügend über 49 Prozent. Die Bosniaken erhalten die Vororte Sarajevos und einen Korridor nach Goražde; die Serben behalten Srebrenica und Žepa. Eine Nato Implementierungs-Truppe (IFOR) hat die Aufgabe, die Umsetzung des Dayton-Abkommens zu überwachen.

30. November. US-Präsident Clinton besucht zur Unterstützung des »Friedensprozesses« Nordirland.

6. Dezember. Der Deutsche Bundestag stimmt für die Beteiligung der deutschen Truppen am IFOR-Einsatz in Bosnien.

14. Dezember. Die bosnischen, serbischen und kroatischen Präsidenten unterschreiben formal das Abkommen von Dayton.

15.-16. Dezember. Ein EU-Gipfel in Madrid bringt die Übereinkunft, daß die einheitliche europäische Währung »Euro« heißen soll. Eine weitere intergouvernementale Konferenz zur Bewertung der Umsetzung von Maastricht wird Ende März eröffnet.

17. Dezember. Die Kommunisten gewinnen die Parlamentswahlen in Rußland, gefolgt von den Nationalisten des rechten Spektrums.

20. Dezember. In Bosnien übergibt die UNPROFOR an die IFOR, die das Land in amerikanische, britische und französische Sektoren unterteilt.

31. Dezember. Eine Zollunion zwischen der EU und der Türkei tritt in Kraft.

1996

8. Januar. Tod François Mitterrands.

11.-13. Januar. Hanbury Manor, England. Auf einem hochrangigen französisch-britischen Treffen erläutert mir ein französischer Unternehmer seine Einschätzung der Erweiterung der Europäischen Union um die ehemals kommunistischen Staaten. »Il faut toujours en parler«, sagt er, »et jamais y penser.« »Man sollte stets darüber reden, aber niemals daran denken.« Ich hatte schon lange den Verdacht, daß dies die Einstellung eines Großteils der französischen Elite zur Erweiterung ist. Es aber einmal so klar und elegant ausgedrückt zu hören, ist ein bitteres Vergnügen. Eine wunderbare Sache, diese französische clarté.

24. Januar. Jósef Oleksy tritt als polnischer Ministerpräsident nach Behauptungen über seine Kollaboration mit dem KGB und den Nachfolgeorganisationen zurück. Sein Nachfolger wird der ehemalige Wahlkampfmanager von Präsident Kwaśniewski, Włodzimierz Cimoszewicz.

9. Februar. Eine Bombe der IRA explodiert in den Docks von London.

3. März. Die spanischen Parlamentswahlen beenden die dreizehnjährige Herrschaft der Sozialisten und bringen die Mitte-Rechts-Partei der Konservativen (Partido Popular) an die Macht. Ministerpräsident wird José Maria Aznar.

29. März. Eine intergouvernementale EU-Konferenz beginnt in Turin.

5. April. Berkeley, Kalifornien. Unserem kalifornischen Gastgeber erzählen wir von unserem bevorstehenden Besuch bei Czesław Miłosz, dem bedeutenden zeitgenössischen polnischen Lyriker, der in der Nähe von Berkeley lebt. Später holt uns unser Gastgeber ab und fragt: »Und, wie geht es Milošević?« Ach, glückliches Kalifornien, wo niemand den Unterschied zwischen einem Miłosz und einem Milošević kennen muß.

21. April. Die italienischen Parlamentswahlen enden mit einem Sieg für die Mitte-Links-Allianz »Olivenbaum«.

25. April. Die deutsche Regierung kündigt Einschnitte in die öffentlichen Ausgaben zur Einhaltung der »Maastricht-Kriterien« zur Währungsunion an.

Mai. Finanzkrise in Bulgarien.

1. Juni. Bei den tschechischen Parlamentswahlen verliert die Demokratische Bürgerpartei von Václav Klaus ihre absolute Mehrheit.

Juni. Kontroverse in Polen um die Entscheidung der ex-kommunistischen Regierung, die Werft in Gdańsk, die Geburtsstätte von Solidarność, nicht vor dem Konkurs zu bewahren.

10. Juni. Allparteiengespräche über die Zukunft Nordirlands beginnen auf Stormont Castle in Belfast.

23. Juni. Tod des Veteranen der griechischen Sozialisten, Andreas Papandreou.

3. Juli. Boris Jelzin wird zum Präsidenten Rußlands wiedergewählt. Sieg über den Anführer der Kommunisten, Gennady Sjuganow.

14. September. Wahlen in Bosnien.

15. September. In Italien ruft der Chef der Liga Nord, Umberto Bossi, die Unabhängigkeit des Staates »Padanien« aus.

24. September. Die USA, Rußland, China, Frankreich und Großbritannien unterzeichnen den Atomwaffen-Teststopp-Vertrag.

September. Anschwellende Kontroverse um das »Nazi-Gold« im Besitz schweizerischer Banken.

15. Oktober. Der Europarat erkennt Kroatien an.

17. Oktober. Präsident Jelzin entläßt seinen nationalen Sicherheitsberater General Aleksander Lebed.

29. Oktober. London. Ich moderiere ein Treffen von mehr als 2400 Personen mit Michail Gorbatschow in der Westminster Central Hall, zur Vorstellung seiner Memoiren arrangiert. Lediglich bei den mitteleuropäischen Revolutionen von 1989 habe ich einen so spontanen Ausbruch von Emotionen erlebt wie den, mit dem er bei seinem Auftritt auf dem Podium begrüßt wird. Zunächst faßt er sich kurz und bündig. Welche zähle er zu seinen drei größten Errungenschaften, frage ich ihn. »Freiheit, Offenheit zwischen den Nationen und das Ende des Wettrüstens.« Er erntet einen Applaus nach dem anderen. Aber, mit Fortschreiten des Abends, werden seine Antworten länger und länger. Nach einer zwanzigminütigen Tirade gegen Boris Jelzin hat er das Publikum fast verloren. Doch schließlich gewinnt er es für sich zurück.

Beim anschließenden Abendessen bringt Gorbatschow ständig neue Trinksprüche aus, indem er an sein Glas schlägt und »Achtung! Achtung!« ruft. (Zuvor hatte er die Geschichte von einem Lufthansa-Piloten erzählt, der dies fortwährend über die Lautsprecher gesagt hat; es soll sich also um einen Witz handeln.) Näherer Eindruck: immense persönliche Stärke und Wärme. Vor allem Wärme – menschliche, alles umschließende Wärme. Ein Mann, der völlig in sich ruht: glücklich, ein Russe zu sein, glücklich, ein Sowjetmensch gewesen zu sein. Eine gewisse, etwas überraschende und sehr einnehmende Einfachheit bei all seiner Welterfahrenheit. Seine anrührende, offenkundige Zuneigung zu seiner Frau Raisa. Und dann dieser schiere Surrealismus, hier zu sitzen, in einem Londoner Club, in Anwesenheit eines Mannes, der den Lauf des 20. Jahrhunderts verändert hat und jetzt Trinksprüche mit einem jovialen »Achtung! Achtung!« ausbringt.

Raisa scheint sich dieser sonderbaren Begebenheit ebenfalls bewußt zu sein. An einem Punkt hält sie es für angebracht, uns auf leicht schul-

meisterliche Art darauf aufmerksam zu machen, daß kein ehemaliger Sowjetführer so zwanglos mit uns zusammensitzen würde. »Nein, Lenin hätte es nicht getan«, sagt sie. »Stalin auch nicht.« *Etwas zwischen Kichern und Schaudern macht die Runde.* »Weder Chruschtschow noch Andropow, noch Tschernenko.« »Na ja, Andropow vielleicht«, merkt *Gorbatschow nachsichtig an.*

31. Oktober. Die Europäische Kommission akzeptiert die Legitimität einer einmaligen Zahlung der France Telecom an die französische Regierung, um dieser zu helfen, die Maastricht-Kriterien für die Währungsunion zu erreichen.

Vierzig Jahre danach

Was geschah in Ungarn 1956? Hier ist eine mehr oder weniger typische kurze westliche Zusammenfassung aus der *Columbia Encyclopedia*:

»Am 23. Oktober 1956 brach in Ungarn eine antikommunistische Volksrevolution aus, die ihr Zentrum in Budapest hatte. Eine neue Koalitionsregierung unter Imre Nagy erklärte Ungarn für neutral, trat aus dem Warschauer Pakt aus und rief die Vereinten Nationen um Hilfe an. Doch János Kádár, einer der Minister Nagys, bildete eine Gegenregierung und ersuchte die Sowjetunion um militärischen Beistand. In mehreren erbitterten Kämpfen schlugen sowjetische Streitkräfte die Revolution nieder. Nagy und einige seiner Minister wurden entführt und später hingerichtet. Etwa 190 000 Flüchtlinge gingen außer Landes. Kádár wurde Ministerpräsident und bemühte sich um die Unterstützung der Bevölkerung für eine kommunistische Herrschaft ...«

In Ungarn selbst wurde die Geschichte der Revolution von 1956 mehr als dreißig Jahre lang aus der Erinnerung gestrichen oder verleumdet, während János Kádár sich von einem Quisling der Sowjets innenpolitisch zu einer Vaterfigur und außenpolitisch zu einem der im Westen beliebtesten »liberalen« Kommunisten mauserte. Doch in all diesen Jahren wurde Kádár selbst anscheinend von der Erinnerung an die Genossen, die er verraten und schließlich zum Tode verdammt hatte, heimgesucht und umgetrieben. Imre Nagy war sein Banquo – und er war die ganze Zeit Macbeth.

Ein Teil der wahren Geschichte wurde außerhalb Ungarns geschrieben. Ein weiterer Teil wurde in den achtziger Jahren nach und nach von unabhängigen Historikern und oppositionellen Schriftstellern im Innern Ungarns wiederentdeckt, die Überlebende befragten, unterdrückte Schriften veröffentlichten und ihre eigenen Schlußfolgerungen zogen. Dann, im Juni 1989, wurden Imre Nagy und seine engsten Weggefährten ein zweites Mal zeremoniell beigesetzt. Neben den Särgen der Führer, die feierlich auf dem Heldenplatz aufgebahrt waren, befand sich ein symbolischer sechster Sarg des Unbekannten Aufständischen. Das war der große symbolische Wendepunkt im Übergang Ungarns vom Kommunismus zur Demokratie. Der Geist Banquos konnte endlich in Frieden ruhen.

In einem freien Ungarn konnte nun die wahre Geschichte von 1956 zu guter Letzt enthüllt werden. Ein ganzes Institut wurde zu diesem einzigen Zweck ins Leben gerufen, das Institut für die Geschichte der ungarischen Revolution von 1956. Archive wurden geöffnet. Überlebende konnten jetzt frei reden. Junge Historiker machten sich an die Arbeit. Das genannte Institut produzierte eine neue kurze Geschichte der Revolution, die zum verbindlichen ungarischen Schulgeschichtsbuch wurde.[1]

Mit dem Ende des Kommunismus in anderen Ländern erhielten die Historiker Zugang zu weiteren Dokumenten in der Sowjetunion, Jugoslawien und selbst China. Natürlich nicht zu allen, aber es waren mehr als bisher. In der Zwischenzeit wurden auch in den Vereinigten Staaten, in Großbritannien, Frankreich und anderen westlichen Ländern offizielle Dokumente nach Ablauf einer dreißigjährigen Sperrfrist freigegeben. Einige, möglicherweise die interessantesten, blieben auch weiterhin unter Verschluß, doch die Historiker drängten auf eine Erweiterung des Zugangs zu solchen Quellen und beriefen sich in den Vereinigten Staaten bei ihren Forderungen auf den *Freedom of Information Act*.

1

Jetzt, vierzig Jahre danach, treffen sich Geschichtsforscher und Überlebende in den ansprechenden Räumen der Ungarischen Akademie der Wissenschaften, aus deren hohen Fenstern der Blick vom betriebsamen Pest aus über die Donau hinweg auf das hohe Buda geht. Die Veranstaltung sieht auf den ersten Blick kaum anders aus als die meisten akademischen Konferenzen.[2] Wir könnten uns ebensogut in London befinden, auf einer Konferenz über die Suezkrise, die so schicksalhaft mit der ungarischen Revolution zusammenfiel. Dieser Augenblick nach vierzig Jahren ist selbst in normaleren Ländern interessant: die erste und in der Regel letzte Gelegenheit, bei der man mehr oder weniger durchgearbeitetes Material aus den Archiven mit den mehr oder weniger klaren Erinnerungen von überlebenden Beteiligten vergleichen kann. Dreißig Jahre nach dem Ereignis sind die meisten Archive noch verschlossen, fünfzig Jahre danach sind die meisten Beteiligten nicht mehr unter uns. Doch in Budapest haben die Augenzeugen nicht einfach, sagen wir, ein Zuviel an opulenter Essen im Carlton Club in London überlebt, sondern eine Todesstrafe, die in letzter Minute in eine vierzehnjährige Haftstrafe umgewandelt wurde. Deshalb ist der Anlaß alles andere als gewöhnlich.

Was hier auf dem Prüfstand steht, ist die zentrale Behauptung der modernen Geschichtsschreibung seit Leopold von Ranke: daß wir mit voranschreitender Zeit immer mehr über die Vergangenheit erfahren. Daß dies so ist, rühre daher, daß wir mit der Zeit eine wachsende Distanz zu vergangenen Ereignissen gewinnen, daß wir (angeblich) immer unparteiischer werden, weil wir die längerfristigen Folgen und damit die größere historische »Bedeutung« der fraglichen Ereignisse erkennen können, und vor allem daher, daß die schriftlichen Belege jetzt zugänglich sind. Der Untertitel dieser Konferenz lautet »Die neuen Archivquellen«. Nach Ranke müßten wir jetzt erfahren, »wie es eigentlich gewesen« ist. Aber tun wir das wirklich? Können wir das überhaupt?

In mancher wesentlichen Hinsicht erfahren wir zweifellos mehr. So liegen hier beispielsweise aus sowjetischen Archiven die Aufzeichnungen von W. N. Malin vor, dem Leiter der Allgemeinen Abteilung des Zentralkomitees der KPdSU, über die hektischen Debatten der Sowjetführer im Parteipräsidium.[3] Wir sehen, wie sie in den Tagen nach dem Ausbruch der Revolution am 23. Oktober zittern und um Entscheidungen ringen: »G[enosse] Chruschtschow [sagt] … die Sache wird komplizierter … die Arbeiter unterstützen den Aufstand.« Und später: »Die Engländer und Franzosen haben sich in Ägypten böse in die Nesseln gesetzt. Wir dürfen uns nicht in derselben

Sippschaft erwischen lassen.« Und ihre Sitzungen mit den Abgesandten des Vorsitzenden Mao am 30. Oktober: »G[enosse] Chruschtschow ... es gibt zwei Wege. Einen militärischen Weg ... der Besetzung. Einen friedlichen Weg ... den Rückzug der Truppen, Verhandlungen.«

Hätte es demnach wirklich auch anders kommen können? Etwa so, daß Chruschtschow 1956 dasselbe hätte tun können, was Gorbatschow 1989 getan hat? Diese Dokumente warnen uns vor dem, was der französische Philosoph Henri Bergson die »Illusionen des retrospektiven Determinismus« genannt hat – der verlockenden Überzeugung, daß alles, was sich ereignet hat, sich notwendig ereignen mußte. Jahrelang haben die meisten von uns in der Vorstellung gelebt, daß die Sowjetunion die Ereignisse in Ungarn niemals hätte hinnehmen können – sonst wäre sie nicht die Sowjetunion gewesen. Doch die Sowjetführer wußten das damals einfach nicht. Was wäre passiert, wenn ...?

Die Offenheit war nicht von langer Dauer. Am 31. Oktober notiert Malin eine Wortmeldung Chruschtschows: »Wir sollten unsere Einschätzung überprüfen und unsere Truppen nicht aus Ungarn und Budapest abziehen. Wir sollten die Initiative übernehmen und in Ungarn die Ordnung wiederherstellen.« Welche Faktoren waren ausschlaggebend? Welche Rolle spielten beispielsweise Sorgen um die Einheit der internationalen kommunistischen Bewegung, von denen der Führer der KPI, Palmiro Togliatti, und schließlich auch der Vorsitzende Mao Zedong geleitet waren, als sie auf eine »Wiederherstellung der Ordnung« drängten? Was hat es geändert, daß der US-Außenminister John Foster Dulles die Zusicherung gab: »Wir betrachten diese Staaten nicht als potentielle militärische Verbündete«? Wieweit spielte die Suezkrise eine Rolle? »Wenn wir uns aus Ungarn zurückziehen«, sagte Chruschtschow weiter, »wird dies den Amerikanern, Engländern und Franzosen – den Imperialisten – einen enormen Auftrieb geben. Sie werden darin eine Schwäche auf unserer Seite sehen und zur Offensive übergehen ... Zu Ägypten kommt für sie dann noch Ungarn hinzu.«

»Für den Antrag: die G[enossen] Schukow, Bulganin, Molotow, Kaganowitsch, Woroschilow, Saburow« – aus diesem

Halbsatz meint der russische Historiker Wjatscheslaw Sereda einen Seufzer der Erleichterung herauszuhören. In der Aufzeichnung geht es weiter: »Wir müssen eine Provisorische Rev. Regier. (unter Kádár) schaffen.« Doch dann kommt, kaum zu glauben, der Satz: »Wenn Nagy einverstanden ist, soll er das Amt des stellvertretenden Ministerpräsidenten übernehmen.«

Ein weiterer Bereich jahrzehntelanger Kontroversen und neuer Entdeckungen ist die Rolle von Radio Freies Europa (RFE), die von den Amerikanern betriebene Rundfunkstation, die Sendungen in allen osteuropäischen Sprachen brachte. Hier haben wir ein bislang unveröffentlichtes Memorandum von William Griffith, dem damaligen politischen Berater von RFE.[4] In dem Dokument mit Datum vom 5. Dezember 1956 beurteilt Griffith die ungarischen Sendungen von RFE und gelangt zu dem Schluß, daß die an den Sendungen beteiligten ungarischen Journalisten gegen wichtige politische Prinzipien des Senders verstoßen hätten. Eine Sendung vom 28. Oktober gab den ungarischen Soldaten detaillierte Instruktionen über die Führung eines Partisanenkrieges. »In den westlichen Hauptstädten«, so erklärt ein Kommentar vom 4. November, »rechnet man jeden Augenblick mit einer konkreten Bekundung westlicher Sympathie.« Griffiths eigene Schlußfolgerung im Dezember 1956 ist die, daß der ungarische Dienst zu der Revolution nicht *aufgerufen* und »(mit einer einzigen Ausnahme) kein *direktes* Versprechen einer militärischen Unterstützung oder Intervention durch westliche Länder oder die Uno gegeben hat oder eine entsprechende Verpflichtung eingegangen ist. Seine Sendungen können jedoch durchaus bei den Ungarn falsche Hoffnungen in dieser Richtung geweckt haben; auf jeden Fall taten sie wenig oder nichts, um solche Hoffnungen gar nicht erst aufkommen zu lassen.«

Jetzt sitzt William Griffith, heute ein renommierter Professor emeritus für Politikwissenschaft am MIT, oben auf dem Podium gemeinsam mit anderen noch lebenden Beteiligten. Er bringt im wesentlichen dasselbe Argument vor wie vor vierzig Jahren. Doch ein Journalist, der damals für den ungarischen Dienst des RFE gearbeitet hat, behauptet aufgebracht, die ungarischen Journalisten würden zu Sündenböcken gemacht. Sie hätten sich damals lediglich an die politischen Richtlinien der Amerikaner gehalten, in denen vor allem eine Kritik an dem Kommunisten Imre Nagy und Unterstützung für den militant antikommunistischen Kardinal József Mindszenty gefordert wurde. Ein Amerikaner, der damals ebenfalls für RFE gearbeitet hat, springt ihm zur Seite. Er erinnert an die Diskussionen in der Nachrichtenzentrale und beruft sich auf die politischen Richtlinien, für die damals Griffith zuständig war, der jedoch seinerseits an die politischen Vorgaben aus New York gebunden war. Ein alter Ungar, der sich als Hörer von Radio Freies Europa vorstellt, erklärt sehr erregt, der Sender RFE sei für den Tod Tausender junger Ungarn verantwortlich.

Mit bleichem Gesicht und zitternder Stimme liest Mária Wittner, eine der Straßenkämpferinnen, die für ihre Beteiligung an der Revolution mit über vierzehn Jahren Gefängnis bezahlt haben, Auszüge aus RFE-Sendungen in ungarischer Sprache vor. Die Dolmetscherin vermittelt uns eine Vorstellung von der leidenschaftlichen Sprache: »Die Panzer rollen an ... gerufen vom Bluthund Imre Nagy.« (Da sie ihre Urteile zu sehr auf offizielle ungarische Radiosendungen stützten, nahmen die Journalisten von RFE an, Nagy sei mitverantwortlich für die erste Intervention von Sowjettruppen.) Ein weiteres Zitat: »Wo sind die Verräter ... wer sind die Mörder? Imre Nagy und seine Regierung ... nur Kardinal Mindszenty hat furchtlos seine Stimme erhoben ... Imre Nagy ist ein niederträchtiger Mann Moskaus.« Doch anschließend herrscht eine gewisse Verwirrung. Handelt es sich hier um Zitate aus eigenen Sendungen von RFE oder aus Sendungen ungarischer Rundfunkstationen, die von den Aufständischen besetzt wurden – den »Freiheitssendern« – und deren Programme RFE teilweise übernommen hatte? Jan Nowak, damals Leiter des polnischen Dienstes von RFE, verweist auf den wichtigen Unterschied zu Polen, wo sowohl der gerade entlassene Kardinal Stefan Wyszyński von innen als auch RFE von außen sofort und entschlossen Władysław Gomułka, den polnischen Nagy, gestützt hatten.

Nach dieser dramatischen Konfrontation von Dokumenten und Erinnerungen, von schriftlich dokumentierter Geschichte und Oral History, können wir das historische Bild deutlicher erkennen. Trotz der besten Absichten auf allen Seiten und durchaus verständlich in einer verworrenen und dramatischen Situation, die sich buchstäblich von einem Augenblick zum nächsten änderte, haben sich sowohl die Ungarn als auch die Amerikaner im RFE geirrt. Natürlich nicht alle und auch nicht während der ganzen Zeit. Doch in den entscheidenden letzten Tagen des Oktobers richteten sie in ihren Sendungen ihre Angriffe gegen Imre Nagy (während der polnische Dienst Gomułka unterstützte), und einige ermutigten einen bewaffneten Widerstand mit dick aufgetragenen Andeutungen einer unmittelbar bevorstehenden westlichen Hilfe, zu der die Vereinigten Staaten (ganz zu schweigen von den Engländern und Franzosen, die sich im Suezkrieg befanden) überhaupt nicht bereit waren. Wir werden nie erfahren, in welcher Weise dies den Gang der Ereignisse geändert hat; das Endergebnis dürfte es kaum oder gar nicht beeinflußt haben. Das entlastet die RFE-Journalisten jedoch nicht von ihrer moralischen Verantwortung.

Hier haben wir also zwei Fälle, die scheinbar die unausgesprochene, neorankeanische Hypothese stützen: daß wir mit dem Vergehen der Zeit und durch sorgfältiges Studium der Quellen mehr darüber erfahren, was wirklich geschehen ist. Dennoch erweist sie sich bei näherer Prüfung als eine sehr sonderbare Annahme. In mehr als zweitausend Jahren vor Ranke war das keineswegs die gängige Annahme der Geschichtsschreiber. Eher im Gegenteil. Und auch in unserem Alltagsleben dient sie uns gewöhnlich nicht als Richtschnur. Unsere recht vernünftige, auf Alltagserfahrung beruhende Annahme lautet vielmehr, daß wir von einem Ereignis um so mehr wissen, je näher wir ihm räumlich und zeitlich kommen. »Na gut«, sagen wir, »Sie werden es wohl besser wissen, denn schließlich waren Sie ja dabei.«

Tatsache ist, daß ein großer Teil der Geschichte im Sinne vergangener Geschehnisse – eigentlich das meiste – einfach verlorengegangen ist. Gewiß, in mancher Hinsicht wissen wir nach vierzig Jahren mehr, in anderer dagegen weniger. Das gilt vor allem von Zeiten einer Krise und rascher Änderungen und ganz besonders von Kriegen und Revolutionen. Tolstoj erinnert uns in *Krieg und Frieden* an das Geheimnis, das allen Schlachten innewohnt. Ebenso verhält es sich mit Revolutionen. Selbst heute

– gerade heute –, wissen wir denn wirklich, wie und warum es zum Sturm auf die Bastille kam?

Die ungarische Revolution von 1956 ist ein Ereignis dieser Art – vielleicht das letzte in Europa mit im Volk verwurzeltem, gewalttätigem und durch und durch spontanem Charakter, den wir bis heute mit dem Wort »Revolution« in Verbindung bringen. Alle späteren europäischen Revolutionen – Tschechoslowakei 1968, Portugal 1974, Polen 1980/81, die vielen-in-einer von 1989 – müssen mit einem Adjektiv eingeschränkt werden: »abgebrochen«, »selbstbeschränkend«, »friedlich«, »sanft« oder »samten«. Aus diesem Grund und wegen der anschließenden Jahrzehnte politischer Unterdrückung und historischer Fälschung gibt es einen Teil ihrer Geschichte, der sich praktisch unmöglich zurückgewinnen läßt. Möglicherweise ist es zugleich der wichtigste Teil. Er betrifft zum Beispiel die Erfahrung der überwiegend jungen Männer und Frauen, die am 23. oder 24. Oktober 1956 zu den Waffen gegriffen haben: die Arbeiter, Studenten und jungen Straßenkämpfer, die das Ganze überhaupt erst zu einer Revolution gemacht haben. Ohne sie wäre es vielleicht eine politische Krise auf hoher Ebene geblieben, ein Versuch zu radikalen Reformen, eine Angelegenheit in erster Linie der Partei und der Intelligenzija, bei der das Volk lediglich eine unterstützende Rolle spielte. Warum haben sie so gehandelt, wie sie es getan haben? Was war es für sie? Was hofften sie zu erreichen? Was hielt sie in ihrem Kampf aufrecht? Woran dachten sie im dem Augenblick, bevor sie starben?

Ich lese die zeitgenössischen Berichte, sehe die Wochenschauen, blicke auf die Schwarzweißfotos dieser lächelnden jungen Männer und Frauen inmitten von zersplittertem Glas, die so stark an die Fotos vom Warschauer Aufstand von 1944 erinnern. Ich denke an Yeats: »Eine Schönheit in Grau'n kam zur Welt.« Dann vertiefe ich mich in einige der peinlich genauen Rekonstruktionen der Straßenkämpfe durch ungarische Historiker, lange Interviews mit Überlebenden. Ich spreche mit Mária Wittner, die mir von einem anderen Überlebenden als die Jeanne d'Arc der Revolution beschrieben wurde. Es ist ein tief bewegendes Gespräch. Doch auch sie kann mir nicht wirklich erklären, wie sie als neunzehnjährige Schülerin einer Klosterschule dazu gekommen war, jenen Patronengurt in die Hand zu nehmen und mit einemmal die Gewehre für die jungen Burschen auf dem Dach neu zu laden, die am 23. Oktober das Feuer der Wachen vor dem Budapester Radiosender erwiderten. Sie spricht davon, daß »etwas in der Luft lag«, von einer »Atmosphäre«. Doch die Filter der Erinnerung sind zu stark.

Sie möchte für jene sprechen, die nicht mehr sprechen können: ihre toten Kameraden, die unbekannten Aufständischen. Einen Großteil ihres Lebens seit 1989 hat sie diesem Ziel gewidmet. Doch ihre Erfahrung ist verloren, unwiederbringlich. Wir wissen es nicht und werden es nie erfahren, wie es im Auge des Orkans wirklich war. Neben der wiedergewonnenen Geschichte gibt es die verlorene Geschichte. Auch in der Geschichte gibt es stets einen sechsten Sarg.

2

Der zweite Aspekt eines geschichtlichen Ereignisses, über den wir mit zunehmender zeitlicher Distanz angeblich mehr wissen, sind seine Folgen und damit seine umfassendere »Bedeutung«. Dazu müssen wir uns einfach die Alternativen genauer ansehen. Rein hypothetische Gedankenexperimente nach dem Muster »Was wäre gewesen, wenn ...« können amüsant und sogar erhellend sein, aber entscheidender sind die Alternativen, die zur damaligen Zeit ernsthaft diskutiert wurden. Wie wir den Dokumenten entnommen haben, wurden wichtige Alternativen tatsächlich erörtert – beispielsweise von Chruschtschow. Was wäre gewesen, wenn die Ratschläge von Togliatti, Tito und Mao anders ausgefallen wären? Was, wenn die politische Richtung der Amerikaner klarer gewesen wäre, so oder so? Was, wenn die Briten und Franzosen sich nicht genau zu diesem Zeitpunkt auf das Suezabenteuer eingelassen hätten? Hätte die sowjetische Führung möglicherweise in diesem Fall den zweiten Weg – Rückzug, Verhandlungen – wenigstens etwas länger und ernsthafter versucht?

Doch welche Auswirkungen hätte das auf Polen gehabt? Denn nachdem die ungarische Revolution mit einer Demonstration zu

Füßen der Statue des polnischen Generals Bem – selbst ein Held der ungarischen Revolution von 1848/49 – begonnen hatte, mußten die weiteren Ereignisse in Ungarn einen enormen Einfluß auf den polnischen Oktober ausüben. Chruschtschows »friedlicher Weg« in Ungarn hätte zweifellos die Polen veranlaßt, für sich dasselbe oder noch mehr zu fordern. Selbst wenn die Sowjetunion vielleicht gerade noch bereit gewesen wäre, Ungarn den Status Österreichs zuzugestehen – für das selbst Stalin in seinem berühmten geheimen »Prozentabkommen« mit Churchill lediglich eine Aufteilung der Einflußsphären mit dem Westen im Verhältnis 50:50 vorgeschlagen hatte –, so lagen die Dinge in Polen doch ganz anders.[5] Hier hätte ein solches Zugeständnis bedeutet, diesen Status auch Deutschland zu gewähren – dessen westlicher, größerer Teil bereits der Nato angehörte.

Oder wählen wir eine andere Hypothese: Was wäre gewesen, wenn Ungarn sich anstelle einer Revolution mit radikalen Reformen begnügt hätte, wie die Reformkommunisten um Imre Nagy es gewünscht und wie die Polen es getan hatten? Wie wäre es danach weitergegangen? Betrachten wir einfach die weitere Entwicklung in Polen, wo die 1956 in Gomułka gesetzten Hoffnungen in wachsendem Maße und auf breiter Front enttäuscht wurden. Gibt es irgendeinen Grund für die Annahme, daß die Entwicklung in Ungarn anders verlaufen wäre?

Orwell hat einmal gesagt: »Alle Revolutionen scheitern, aber es ist nie dasselbe Scheitern.« Die Folgen erscheinen unterschiedlich, je nach dem Zeitpunkt der Betrachtung, und manche werden erst Jahrzehnte später sichtbar. Die Charakterisierung von 1956 als »Sieg einer Niederlage«, wie es der im Exil lebende ungarische Historiker Miklós Molnár in seinem 1968 erschienenen Buch[6] getan hat, war nicht nur romantische Übertreibung und Wunschdenken. Vielleicht die einfachste und unmittelbarste Folge ist eine, die man sofort erkennen konnte, die jedoch angehalten hat. Es sind schlichtweg die Sympathien und positiven Empfindungen gegenüber Ungarn bei Menschen überall auf der Welt, die entweder seine Existenz bislang kaum zur Kenntnis genommen oder von ihm ein ziemlich negatives Bild als ein Land gehabt hatten, das vor 1914 seine Minderheiten unterdrückt und sich in zwei Weltkriegen an die Seite Deutschlands gestellt hatte.

Diese grundlegende positive Assoziation nach 1956, die an die Stelle einer negativen oder nichtexistenten getreten ist, hat sich erhalten und bleibt ein nationaler Schatz – oder Aktivposten, um einen den neunziger Jahre gemäßeren Ausdruck zu verwenden –, während das Land sich um die Aufnahme in die EU und die Nato bemüht.

Eine weitere Folge, die sich schon damals gezeigt und bis heute überdauert hat, war die Wirkung auf die Linke überall auf der Welt. Es war ein Augenblick der bitteren Ernüchterung über den Sowjetkommunismus, wachsender Zweifel in den Herzen von Kommunisten und der Trennung der Wege zwischen demokratischen und undemokratischen Sozialisten. Dem chinesischen Historiker Jian Chen zufolge beschleunigte die sowjetische Reaktion auch die tiefe Spaltung zwischen dem kommunistischen China und der Sowjetunion.

Darüber hinaus jedoch hätte jemand, der 1966, zehn Jahre nach der Revolution, deren Resümee gezogen hätte, keinen Anlaß gehabt, dem offensichtlichen Verlust noch viele weitere Elemente eines positiven Vermächtnisses, eines klaren Gewinns gegenüberzustellen. Zwanzig Jahre danach, 1976, wäre wiederum etwas hinzugekommen. Zu diesem Zeitpunkt stand fest, daß das Regime Kádárs zwar nicht »liberaler« war als andere kommunistische Regimes in Osteuropa – dieses Etikett war schon immer unangebracht –, aber in der Behandlung der eigenen Bevölkerung auf jeden Fall vorsichtiger, behutsamer, indirekter und subtiler.[7] Das ließ sich auf das Trauma von 1956 zurückführen, als die Kommunistische Partei und der kommunistische Staat innerhalb weniger Tage ihren Zusammenbruch erlebten, aber vielleicht auch und sogar noch mehr, als wir damals vermutet haben, auf Kádárs persönliches Schuldgefühl. Abermals zehn Jahre später, 1986, hätte man die wachsende Bedeutung der geistigen und politischen Strömungen von 1956 für das Denken unabhängiger und oppositioneller ungarischer Köpfe hinzufügen können – beispielsweise im Werk des angesehenen politischen Denkers István Bibó, des Verfassers der berühmten letzten Erklärung im Namen der Regierung Nagy.[8]

Die große Versuchung liegt natürlich darin, zwischen 1956 und 1989 eine direkte Verbindungslinie zu ziehen. Es ist nur ein kleiner Schritt vom Privileg des Historikers, der Klügere zu sein, weil er Ereignisse und Entwicklungen erst dann untersucht, wenn sie abgeschlossen sind, zu Bergsons »Illusionen des retrospektiven Determinismus«. Dessenungeachtet lassen sich gewisse Verbindungen herstellen. So glaube ich beispielsweise nicht, daß es reine Phantasie wäre, einen Zusammenhang zwischen der sowjetischen Osteuropapolitik von 1956 und der von 1989 zu sehen. Hohe politische Entscheidungsträger in der Sowjetunion, von Gorbatschow angefangen, haben offensichtlich den politischen Preis der Interventionen von 1956 wie von 1968 im Gedächtnis behalten. 1956 wußten die sowjetischen Führer nicht, was sie tun sollten, und deshalb griffen sie zur Gewalt. Auch 1989 waren sie ratlos – aber sie wußten, was sie auf keinen Fall tun durften: Gewalt anwenden.

Ebensowenig abwegig wäre es, Ungarn 1956 als einen wichtigen Meilenstein in einem, sagen wir, kumulativen Lernprozeß mitteleuropäischer Oppositionen und Regierungen aufzufassen, vom reinen Ausbruch des Volkszorns in Ostberlin 1953 über 1956 in Polen und Ungarn, 1968 in der Tschechoslowakei, 1980/81 in Polen bis zum konsequent friedlichen Systemwandel 1989/90, den ich als »Refolution« bezeichnet habe.[9] Außerdem läßt sich nicht bestreiten, daß das größte symbolische Ereignis in der ungarischen »Refolution« von 1989 die zeremonielle erneute Bestattung von Imre Nagy am 16. Juni war, dem Jahrestag seiner Hinrichtung 1958. Die sechs auf dem Heldenplatz aufgestellten Särge und die Revolutionsfahnen, die noch einmal von den Straßenlaternen herabhingen: ein unvergeßliches Bild für jeden, der dort war. Und die Vergangenheit war ein Katalysator für die Zukunft.

Doch die Freigabe bislang unbekannter Dokumente verändert bereits leicht unsere Sicht selbst dieses nicht weit zurückliegenden Geschehnisses. Dokumente, die vom langjährigen Oppositionellen János Kenedi in den Archiven des Innenministeriums gefunden wurden, zeigen uns heute, daß sowohl die Parteiführung als auch die immer noch aktive Geheimpolizei sämtliche ihr zur Verfügung stehenden Mittel genutzt hat – darunter sogenannte »Einfluß-Agenten«, die Zutritt zum US-Botschafter hatten –, um sicherzustellen, daß die erneute Bestattung

und die Begleitzeremonien friedlich verliefen.[10] Die Nachfolger
Kádárs, die neuen Reformkommunisten von 1989, appellierten
direkt und indirekt an die überlebenden Genossen Nagys, die
Reformkommunisten von 1956.

Das Kaleidoskop dreht sich immer weiter. Heute, im Jahre
1996, gibt es ein freies Ungarn. Der Präsident der Republik,
Árpád Göncz, saß selbst im Gefängnis wegen seiner Bemühungen, nach der Revolution von 1956 zu vermitteln, nachdem man
ihn gemeinsam mit István Bibó vor Gericht gestellt hatte. Weise,
warmherzig, väterlich, ist er geradezu prädestiniert, den Jahrestag würdig zu begehen. Die berühmte Parzelle 301 in einem abgelegenen Teil des städtischen Friedhofs, wo man Nagy und
seine Gefährten nach ihrer Hinrichtung 1958 in unwürdiger
Weise verscharrt hatte, war eine von Unkraut überwachsene und
mit einem Abfallhaufen bedeckte Ecke, als ich sie 1988 zum erstenmal besuchte, und nach der Wiederbestattung von 1989
noch immer eine Stelle mit frisch umgegrabener Erde, die erst
vor kurzem vom Unkraut gesäubert worden war. Heute hat sie
einen gepflegten Rasen, Marmortafeln, Pflastersteine und ein
Denkmal – alles, was zu einer offiziellen Stätte der öffentlichen
Erinnerung gehört.

So weit, so gut. Doch die gegenwärtige Regierung des Landes wird von der Ungarischen Sozialistischen Partei beherrscht,
der Hauptnachfolgerin der regierenden Kommunistischen Partei. Die Sozialisten gelangten 1994 mit einem Erdrutschsieg an
die Macht und regieren in Koalition mit der Allianz Freier Demokraten, der Nachfolgerin der liberaldemokratischen Opposition der achtziger Jahre, die sich jetzt in der unbehaglichen Rolle
eines Juniorpartners der Postkommunisten wiederfindet. Und
Ministerpräsident Gyula Horn? Dieser war in den achtziger
Jahren Reformkommunist und 1989 als Außenminister mit
dafür verantwortlich, daß der Eiserne Vorhang nach Österreich
geöffnet wurde und daß später im selben Jahr die Ostdeutschen
dorthin ausreisen durften – womit das Ende der Berliner Mauer
eingeläutet wurde. Doch was war 1956? 1956 war der junge Gyula
24 Jahre alt und gehörte der ebenso gefürchteten wie verhaßten
Freiwilligenmiliz an, die wegen ihrer dicken Steppjacken *pufaj-
kások* (etwa: »Steppjackenkerle«) genannt wurden. Sie bekämpf-

ten, verhafteten und mißhandelten die letzten Frauen und Männer, die den Widerstand noch fortsetzten.

Er hat sich zu dem, was er getan hat, bekannt. Er war jung, und er gab den Revolutionären die Schuld am Tod eines älteren, von ihm sehr geliebten Bruders. Er hat sich bis zu einem gewissen Grad entschuldigt. Er hat schlecht und recht versucht, Wiedergutmachung zu leisten – zum Beispiel, indem er dafür sorgte, daß bestimmte Renten für die Überlebenden erhöht wurden. Doch seine Art, mit dem Problem umzugehen, ist höchst zweideutig. Denn er versucht einerseits, einen Schlußstrich unter die Vergangenheit zu ziehen, und beansprucht andererseits das Erbe Nagys für sich. Bald nach seiner Wahl zum Ministerpräsidenten trat er gemeinsam mit Imre Nagys Tochter bei einer Zeremonie an der Parzelle 301 auf, um den Jahrestag der Revolution zu begehen. Es war auch Horn, der früher in diesem Jahr im Parlament ein eigenes Gesetz einbrachte, mit dem an den hundertsten Geburtstag Imre Nagys erinnert werden sollte. Die Freien Demokraten wußten nicht wohin mit sich. Natürlich waren sie dafür, daß Nagy geehrt würde, doch auf Initiative eines Mannes wie Horn? Schließlich enthielten sie sich der Stimme. Dieser seltsame Brauch eines Gesetzes zum Gedächtnis einer Person hat in Ungarn übrigens eine Geschichte, die bis ins 19. Jahrhundert zurückreicht. An den Helden der Revolution von 1848/49, Lajos Kossuth, wurde zum Beispiel nach seinem Tod auf diese Weise erinnert. Doch die letzte Person, die dergestalt vom ungarischen Parlament geehrt wurde, war Josef Stalin. Und der Mann, der das entsprechende Gesetz eingebracht hatte? Der damalige Parlamentspräsident Imre Nagy. In der ungarischen Politik hören die Ironien und Zweideutigkeiten anscheinend nie auf.

Wie viele weitere Drehungen des Kaleidoskops werden wir noch erleben? Wie es heute aussieht, hat Ungarn sehr gute Aussichten, den fünfzigsten Jahrestag der Revolution als Vollmitglied »Europas« und »des Westens«, wie wir gedankenlos sagen, zu feiern. Also als Mitglied der Europäischen Union. Und der Nato. Ungarn wird auf diese Weise, um die Worte von John Foster Dulles von 1956 noch einmal aufzunehmen, zu einem militärischen Verbündeten der Vereinigten Staaten werden. Doch was werden diese beiden Dinge im Jahre 2006 bedeuten? In welchem inneren Zustand wird Ungarn sich dann befinden, und in welcher Weise wird dieser den Blick der Ungarn auf 1956 beeinflussen? Wieviel mehr und wieviel weniger werden wir dann über die Revolution wissen? Es ist gerade das Kennzeichen großer Ereignisse, daß ihre Bedeutung sich fortwährend verändert, stets aufs neue umstritten ist und daß einige Fragen niemals endgültig beantwortet werden, Fragen wie: Was geschah 1789 in Frankreich?

(Oktober 1996)

Chronik

1996

1. November. Slobodan Miloševićs Sozialistische Partei Serbiens gewinnt die serbischen Parlamentswahlen. In Bulgarien wird der Oppositionsführer Petar Stoyanow zum Präsidenten gewählt.

5. November. Bill Clinton wird zum zweiten Mal zum US-Präsidenten gewählt.

17. November. In Serbien gewinnt die Koalition Zajedno (»Gemeinsam«) die Kommunalwahlen in zahlreichen großen Städten, einschließlich Belgrad. Das Milošević-Regime erkennt ihren Sieg betrügerischerweise nicht an.

22. November. Beginn der Studentendemonstrationen in Belgrad gegen die betrügerische Nicht-Anerkennung der Oppositionssiege bei den Gemeindewahlen. In Rumänien wird der Anti-Kommunist Emil Constantinescu zum Präsidenten gewählt.

24. November. Ein Referendum in Weißrußland überträgt dem Präsidenten Lukaschenko weitreichende Machtbefugnisse, die jedoch vom Parlament angefochten werden.

13.-14. Dezember. Vereinbarung eines Stabilitätspakts auf einem EU-Gipfel in Dublin, der die Bestrafung der EWWU-Länder erlaubt, deren Haushaltsdefizite die Zielvorgaben von Maastricht überschreiten.

19. Dezember. Dänemark, Finnland und Schweden werden Vollmitglieder der Schengener Gruppe.

20. Dezember. Eine »Stabilization Force« (SFOR) der Nato ersetzt die IFOR in Bosnien.

25. Dezember. Italien kehrt in den Wechselkursmechanismus des Europäischen Währungssystems zurück.

1997

16.-18. Januar. Versailles. Ein englisch-französisches Treffen im wunderschönen Hotel Petit Trianon. Eine Tafel im Speisezimmer, auf der zu lesen ist, daß genau in diesem Zimmer Monsieur Clemenceau den besiegten Deutschen nach dem Ersten Weltkrieg die Friedensbedingungen diktiert hat. Die französische Delegation – eine funkelnde Ansammlung von Stars aus der Wirtschaft, der politischen und intellektuellen Elite, fast alle von ihnen Absolventen der grandes écoles – fechten brillant, klar und fast übereinstimmend den Fall des kartesischen Imperativs einer Einbindung Deutschlands in die europäische Währungsunion aus. Ich kann nicht anders als mich zu fragen, ob die Währungsunion nicht eines Tages von einigen Deutschen als das neue »Versailles« betrachtet werden wird.

20. Januar. Bill Clinton beginnt seine zweite Amtszeit als Präsident der Vereinigten Staaten.

Januar-Februar. In Briefen, die offensichtlich aus einem Supermarkt in der Schweiz gefaxt wurden, bekennt sich die Kosovo-Befreiungsarmee als verantwortlich für die terroristischen Angriffe auf die serbische Polizei im Kosovo.

5. Februar. Die schweizerische Regierung erklärt sich bereit, einen Fonds für die finanzielle Entschädigung der Angehörigen von Holocaust-Opfern, die Konten in Banken in der Schweiz unterhielten, einzurichten.

11. Februar. Das serbische Parlament erkennt die Siege der Opposition bei den Gemeindewahlen an.

19. Februar. Die Europäische Kommission gestattet Italien die Erhebung einer einmaligen Steuer zur Einhaltung der Maastricht-Kriterien im Zuge der Vorbereitung auf die Währungsunion.

21. Februar. Nachdem die Studenten- und Oppositionsdemonstrationen das serbische Regime gezwungen haben, die tatsächlichen Ergebnisse der Gemeindewahlen anzuerkennen, beginnt der oppositionelle Politiker Zoran Djindjić seine Arbeit als Bürgermeister von Belgrad.

März. Albanien verfällt in Anarchie. Waffenarsenale werden geplündert.

Die serbische Tragödie

»Die Leute vergleichen das hier mit der samtenen Revolution in Prag«, sage ich zu Momčilo. »Ja«, gibt er zurück, »aber die Tschechen haben nur 37 Tage durchgehalten!«

Am 104. Tag des Belgrader Studentenprotests ist Momčilo Radulović – stämmig, mit einem Zwei-Tage-Bart, kurzem dunklem Haar und schwarzer Lederjacke – soeben mit dem Ausruf in den Raum gestürzt: »Wir haben das Rektorat besetzt!« Er ist dreiundzwanzig Jahre alt und studiert Politische Wissenschaften an der Universität Belgrad. Als er mich in das neue Aktionszentrum führt, bleibt er mitten auf der Straße stehen, um mir zu erklären: »Ich möchte einfach in einem normalen Land leben. Ich will morgens aufstehen, in ein normales Geschäft gehen, meine Bücher lesen, in Rechtssicherheit und Demokratie. Und reisen will ich.« »Ich bin kein Kind des Internets«, fügt er hinzu, indem er sich auf eine häufige Kennzeichnung der Protestierenden bezieht, »aber ich wäre es gern.«

Um die schweren Konferenztische im Rektorat drängen sich etwa achtzig Studenten, die dem sogenannten Hauptausschuß angehören. »Ruhe!« schreien einige aus vollem Hals, »Ruhe!« Ein großer, bebrillter Geschichtsstudent namens Čeda Antić versucht, Ordnung hineinzubringen: »Als nächster spricht Kommilitone Gavrilović.« Ein Mädchen mit langem braunem Haar und einer kleinen rosa und weißen Plastikhandtasche schreibt in einem Ringbuch mit, wie bei einer Vorlesung, in Langschrift. Sie ist die offizielle Protokollantin. Durch das Fenster kann ich sehen, wie sich unten die Studentenmassen sammeln, mit ihren Fahnen, Transparenten und Abzeichen, während die Popmusik dröhnt: She loves you, yeah, yeah, yeah. Wie anheimelnd, noch immer die Beatles zu hören.

Der Hauptausschuß diskutiert die Route des heutigen Spaziergangs. Gehen mit einem großen G ist die charakteristische Protestform der Studenten. Heute werden sie um den Hof des

Rektorats wandern, dann hinübergehen zum Erziehungsministerium, um ihre Professoren zu unterstützen. Die Anweisungen werden über Handys gegeben – ein wichtiger technologischer Fortschritt gegenüber Prag 1989. Die Mobiltelefone sind ein Geschenk von Bogoljub Karić, einem der bekanntesten Multimillionäre des Landes und bis vor kurzem – oder immer noch? – ein enger Verbündeter des verhaßten Präsidenten Slobodan »Slobo« Milošević. »Nach neunzig Tagen hat Karić beschlossen, wir seien der Unterstützung wert«, sagt Momčilo ironisch. Der Student neben mir trägt ein vielfarbiges Abzeichen »Propaganda«. Außerdem gibt es Abteilungen für Information, Sicherheit, Kultur und Protokoll. »Information« ist für ausländische Besucher wie mich gedacht, »Propaganda« für ihresgleichen. Protokoll hängt gerade am Handy und spricht mit seinem Kollegen draußen im Lautsprecherjeep.

Vom Platz unten schallt Gesang. Alle im Raum stehen auf, manche nehmen Haltung an. Es ist die *Hymne der heiligen Sava,* eine patriotisch-religiöse Hymne aus dem Serbien des 19. Jahrhunderts für die Schutzheilige der Erziehung, erst seit kurzem wieder als Universitätshymne verwendet. Manche singen still mit, einen Ausdruck leicht ironischer Zuneigung im Gesicht; die meisten schweigen respektvoll; einer oder zwei wirken verlegen oder unwillig. Zum Schluß bekreuzigen sich einige auf orthodoxe Weise, vor allem die Sänger.

Zwei Tage später – Tag 106 – fällt eine wichtige Entscheidung. Schon frühzeitig hatten die Studenten drei Forderungen formuliert. Die Erfolge der Oppositionskoalition Zajedno (»Gemeinsam«) bei den Gemeindewahlen am 17. November (zufällig der erste Tag der Prager Ereignisse von 1989) sollten offiziell anerkannt werden; der Rektor der Universität sollte zurücktreten; und auch der Studentenvertreter sollte gehen. Milošević gab vor einigen Tagen in der ersten – wichtigsten – Frage nach, und die Zajedno-Bürgermeister haben bereits ihre Amtsräume bezogen. Heute haben der Rektor und der Dekan der Studenten ihren Rücktritt angeboten. Aber sind diese Rücktritte bindend, oder handelt es sich um einen Trick? Professoren aus der juristischen Fakultät werden gebeten, die juristischen Besonderheiten zu erläutern. Plötzlich befinden wir uns in einer Juravorlesung.

Selbst wenn die Rücktritte bindend sind – sollen die Studenten an diesem Punkt aufhören? Manche wollen zu ihren Vorlesungen zurück, andere neue Forderungen aufstellen. Biljana Dakić, eine Geschichtsstudentin im dritten Studienjahr, eine meiner Führerinnen, nickt heftig zum Kommentar des studentischen Vorsitzenden. Was sagt er? Er sagt: »Demokratie ist, wenn die Minderheit den Willen der Mehrheit achtet.« Aber dann steht ein bleicher Mann auf und ruft: »Das ist eine Provokation! Wenn ihr das akzeptiert, halten sie euch alle zum Narren!« Čeda Antić greift ein. Wenn die Rücktritte endgültig sind, sagt er, sollten alle auf einen Siegesmarsch gehen; wenn nicht, sollten sie nationale Wahlen zu einer neuen konstituierenden Versammlung fordern. Zurück in die Schule oder vorwärts zur Revolution! »Sie sehen, auch wir haben unsere Robespierres und Dantons«, sagt Čeda später ironisch, aber er, der Girondist, wollte sie ausmanövrieren.

Für dieses revolutionäre Schauspiel der Belgrader Studenten und für das serbische Drama insgesamt finden häufig zwei Klischees Verwendung: »samtene Revolution« und »Nationalismus«. Keines von beiden bringt uns viel weiter. Sicherlich sagen manche Studenten Dinge, die einem westlichen Ohr nationalistisch klingen. Die meisten scheinen in ihren politischen Ansichten ziemlich wirr. Aber gilt das denn nur für serbische Studenten? Und wären Sie nicht auch verwirrt, wenn Sie in den prägendsten Jahren Ihrer Kindheit den Zerfall Ihres Landes erlebt hätten, in einem Krieg, in dem es auch viele serbische Opfer gab, und wenn in all diesen Jahren das staatliche Fernsehen, das Radio, Ihre Eltern, Lehrer und führende Intellektuelle ständig wiederholt hätten, daß an diesem schrecklichen Krieg andere die Schuld trügen: Slowenen, Kroaten, Muslime, Deutsche, Amerikaner? »Als ich siebzehn war«, sagt mir Momčilo, »wollte ich hinausziehen und für meine serbischen Landsleute kämpfen, wie mein älterer Bruder.« Biljana ist in Knin geboren, einer Stadt in der Krajina, aus dem im Jahre 1995 in der kroatischen »Operation Sturm« die Serben vertrieben wurden, darunter auch viele Angehörige ihrer Familie. Drei ihrer Onkel sind jetzt Flüchtlinge in einem Serbien, das seine serbischen Landsleute keineswegs mit offenen Armen aufnimmt.

Unter diesen Umständen ist es bemerkenswert, daß diese Studenten einen Protest zustande gebracht haben, der so relativ friedlich, verantwortungsbewußt, auf witzige Weise erfinderisch und von Grund auf demokratisch war. Trotz aller Propaganda und der vergifteten Atmosphäre, in der sie seit ihrem zwölften oder dreizehnten Lebensjahr aufgewachsen sind, und obwohl viele von ihnen niemals im Westen waren, machen sie sich, wie 1989 die samtenen Revolutionäre Zentraleuropas, ein Modell der »Normalität« zu eigen, das die Grundzüge der westlichen Demokratie umschließt. Mehr noch, sie versuchen, diese in ihrem eigenen Protest zu praktizieren. Ganz sanft ging das nicht ab. Zu Beginn wurden Steine geworfen und Scheiben eingeschlagen. Dann kehrten sie zu Eiern zurück. Aber einige steckten die Eier erst einmal ins Tiefkühlfach, so daß sie steinhart wurden. Vielleicht sind tiefgefrorene Eier die serbische Version von Samt.

Gegen all die giftigen Beschimpfungen »Europas« durch Slobos Mietlinge schreiben die Studenten noch immer auf ihre Transparente: »EURO polis, EURO demokratija, EURO standard, EURO prava, EURO vlast.« Wir im reichen EURO-Europa haben einen solch rührenden Glauben kaum verdient. Oder auch: »Das amerikanische Volk hat: Bill Clinton, Stevie WONDER, Johnny CASH und Bob HOPE! Das serbische Volk hat: Slobodan Milošević. Kein WONDER, kein CASH, keine HOPE!«

Wir müssen auch zwischen Nationalismus und Patriotismus unterscheiden. Ich gehe mit Čeda Antić auf einen Kaffee hinüber ins Hotel Moskva. Der begabte Geschichtsstudent erinnert mich daran, daß sich vor 1914 hier in diesem Café die serbischen Verschwörer der Schwarzen Hand getroffen haben; vielleicht saß sogar der zukünftige Attentäter von Franz Ferdinand in eben dieser Ecke. Aber das junge Serbien von heute spricht nicht über Attentate. Čeda ist zweiundzwanzig. Als Kind, mit einem serbischen Vater und einer kroatischen Mutter, hielt er sich für einen Jugoslawen. Dann stellte er fest, daß er eigentlich Serbe war. Auf der Suche nach seiner Identität entdeckte er die glorreiche Geschichte des mittelalterlichen Serbien – und die orthodoxe Kirche. Er las die Bibel, wurde gläubig und ließ sich vor zwei Jahren taufen. Sein Pate ist ein Kommilitone, der ebenfalls aktiv am Protest teilnimmt. Čeda war einer von denen, die leise die Hymne der heiligen Sava mitgesungen haben.

Wie viele andere Leute, mit denen ich in Belgrad spreche, hält er inzwischen Jugoslawien für einen Fehler von Anfang an. »Das war«, fügt er hinzu, »unser Fehler« – der Fehler der Serben, die glaubten, ihre Ziele ließen sich am besten in einem größeren Staat aller Südslawen erreichen. Nun haben die Serben die historische Aufgabe, von vorn anzufangen, einen modernen, liberalen demokratischen serbischen Nationalstaat aufzubauen.

Es ist eine Travestie, einen Menschen wie diesen nachdenklichen, idealistischen jungen Mann als »Nationalisten« zu bezeichnen, in jenem pejorativen Sinne, in dem dieser Begriff heute fast überall verwendet wird. Er ist ein Patriot, ein Mensch, dem sein Land am Herzen liegt.

Er hat das Gefühl, die Studenten hätten jetzt alles getan, was sie für Serbien tun können, für ihr neu-altes Vaterland. Nun liegt es am Volk und den Oppositionsparteien, von denen sich drei in der Zajedno-Koalition scheinbar vereinigt haben. Die Studenten haben sorgfältig darauf geachtet, ihre Demonstrationen von denen des Zajedno getrennt zu halten, um von keiner Seite »vereinnahmt« zu werden; aber jetzt gehen wir hinaus, um die neueste Demonstration der Opposition zu beobachten, eine Demonstration zur Unterstützung der Forderung nach Freiheit der Presse, des Radios und des Fernsehens.

1

Noch mehr Fahnen, noch mehr patriotische Hymnen aus dem 19. Jahrhundert, mehr aufrüttelnde Reden auf dem Platz der Republik, vor dem Nationalmuseum. Man fühlt sich eher im Jahr 1897 als 1997, abgesehen davon, daß auf einer Fahne »Ferrari« steht. Die Massen setzen – noch eine Besonderheit der Belgrader Demos – ihre Pfeifen ein, um bei jeder Erwähnung des Namens Milošević wie wahnsinnig zu pfeifen. Dann gehen wir wieder weiter, auf den, wie man mir sagt, »Medienspaziergang«, vorbei am eigelbverschmierten Gebäude des staatlichen Fernse-

hens, das auch »TV-Bastille« genannt wird, vorbei an der weiß-
haarigen »Großmutter Olga«, einer alten Dame, die zu einem
Symbol des Protestes geworden ist und noch immer fröhlich
von ihrem Balkon herunterwinkt, vorbei an Radio Belgrad, vorbei an der Zeitung *Politika* und so zurück auf den Platz der Republik. Im Fernsehen in meinem Hotelzimmer berichtet CNN
von einer »massiven Demonstration«, bei der Milošević zum
Rücktritt aufgefordert worden sei. Na ja, auf mich wirkte sie
nicht besonders massiv, aber wenn CNN das sagt, muß es natürlich stimmen.

Von außen gesehen, durch die Linse westlicher Fernsehberichterstattung und mit der Matrix von 1989 noch auf unserer
Retina eingebrannt, könnte man glauben, die serbische Geschichte sei jetzt beherrscht von »Zajedno gegen Slobo« (wie
Bürgerforum gegen Husák oder Solidarność gegen Jaruzelski),
und die Frage lautet einfach: Wann geht Slobo? Selbst jene Teile
der Opposition, die sich in der Zajedno-Koalition vereinigt haben, sind in vielerlei entscheidender Hinsicht noch keineswegs
»zusammen«. Trotz des schrecklichen Zustands des Landes verfügen Milošević und seine Verbündeten noch immer über viele
wichtige Machtquellen, und er kann ja auch nirgends sonst hin.
Vor allem wird die Frage der Demokratie überschattet von der
noch ungelösten nationalen Frage. Und das ist noch immer wie
vor einem Jahrhundert die grundlegende Frage der staatlichen
und der Völkergrenzen, einschließlich der Situation der Serben
außerhalb des jetzigen serbischen Staates – besonders in Bosnien
– und anderer Nationalitäten innerhalb des jetzigen serbischen
Staates, insbesondere der Albaner in Kosovo.

Ich spreche mit allen drei Führern von Zajedno – Vesna Pesić
vom serbischen Bürgerbündnis, Vuk Drašković von der serbischen Erneuerungsbewegung und Zoran Djindjić von der Demokratischen Partei – sowie mit Vojislav Kostunica, einem
»gemäßigten Nationalisten«, dessen kleine, aber wichtige Demokratische Partei Serbiens der Zajedno-Koalition für kurze
Zeit angehörte, aber jetzt wieder für sich allein steht.

Kostunica, in grauem Anzug, analytisch, nüchtern bis zur
Schwermut, erinnert sich wehmütig an das erste Jugoslawien
nach 1918, einen Einheitsstaat unter einem serbischen König,

bevor die schrecklichen Blutbäder zwischen Serben und Kroaten im Zweiten Weltkrieg den Aufbau eines Nationalstaates im britischen Stil belasteten (Serbien als Engländer, Kroaten als Schotten?), Draškovićs Idee, die Monarchie wiedereinzuführen, hält er allerdings für aberwitzig. Schließlich spricht der exilierte Prinz Alexander so schlecht Serbisch, daß sie Englisch mit ihm sprechen müssen.

Vesna Pesić, eine kleine, adrett gekleidete, energische Frau, ist die einzige mit einer durchgehend untadeligen Bilanz in ihrem Engagement für bürgerliche, liberale Themen, ihrer Opposition gegen den Krieg und ihrer Ablehnung des Nationalismus. Aber leider ist ihre Gefolgschaft auch die kleinste.

Vuk Drašković ist der eigenartigste unter ihnen, eine große, nußbraune, prophetische Gestalt – wenn seine langen schwarzen Locken jetzt auch etwas besser geschnitten sind und der Prophet sich in einen sehr schicken italienischen Anzug gehüllt hat. Politisch ist er Dr. Jekyll und Mr. Hyde. Spricht er von der Vergangenheit, von den Greueln der kroatischen Ustaschi während des Zweiten Weltkriegs, dann ist er der alte Mr. Hyde, der Schriftsteller, der in den achtziger Jahren mit seiner leidenschaftlichen Sprache dazu beitrug, die serbischen nationalistischen Gefühle aufzustacheln. Spricht er von der Gegenwart, wird er zum Dr. Jekyll, der geläufig alle semantischen Schlüsselbegriffe des Westens antippt – »Menschenrechte«, »regionale Zusammenarbeit«, »friedlicher Wandel«, »das Recht der Flüchtlinge auf Rückkehr« –, sich aber auch mit gerechtfertigtem Stolz auf seine eigene Opposition gegen Miloševićs Krieg bezieht.

Hinter diesem Jekyll und Hyde steht die unverwechselbare Silhouette eines alten Achtundsechzigers, einer aus jener letzten prägenden Generation studentischer Aktivisten, die heute in ganz Europa in hohen Positionen zu finden sind. Um das Bild abzurunden, gibt es da auch noch seine Frau Danica, eine große, dunkelhäutige Frau, die aus einem golddurchwirkten Designer-Jackett und -Rock herausplatzt. In unserem kurzen Gespräch macht sie ihrem Ruf für verbalen Extremismus alle Ehre und schlägt vor, die Serben sollten sich endlich der Kommunisten entledigen »wie die Albaner«. (Während unseres Gesprächs plündern die Albaner die Arsenale ihrer Armee.)

Schließlich ist da Zoran Djindjić, ebenfalls ein alter Achtundsechziger, aber inzwischen geradezu das Modell eines modernen Politikers. Adrett in Anzug, weißem Hemd und Schlips, hervorragend Deutsch sprechend (in den achtziger Jahren lebte er lange in West-Deutschland; er studierte zeitweise bei Habermas), sitzt er als neuer Bürgermeister von Belgrad in seinem riesigen Büro und erklärt, wie er von hier aus etwas bewirken kann. Auf dem Balkan, sagt er, sei der Unterschied zwischen *pays légal* und *pays réel* besonders groß. Auf dem Papier mag die Stadtverwaltung kaum Befugnisse und noch weniger Geld besitzen, aber in der Praxis verfügt sie über viele Besitztümer und Konzessionen (Taxistände, Restaurants, öffentliche Strände), die exemplarisch privatisiert werden können, ebenso wie andere Formen von informeller Macht und mittelbarem Einfluß. Außerdem mögen die Serben einen starken Mann an der Macht, und der Bürgermeister von Belgrad ist ein starker Mann. Ich zitiere ihm den serbischen Bauern, der da sagte: »Ich werde für die Opposition stimmen, sobald sie an der Macht ist.« Ja, so ist es.

Für Menschen aus dem Westen ist die Leiche im Schrank des Bürgermeisters seine frühere Unterstützung der bosnischen Serben und sein berüchtigtes Treffen mit Radovan Karadžić in Pale 1994. Er verteidigt sich leidenschaftlich. Wenn er das nicht getan hätte, sagt er, wäre die nationale Karte ausschließlich in den Händen von Milošević verblieben. Mehr noch, der Westen habe ihn erst ernst genommen, nachdem ihn die serbischen Wähler, unter anderem aufgrund dieses taktischen Nationalismus, ernst genommen hätten. Die Kritik des Westens sei barer Unsinn. (Tatsächlich – das sage ich, nicht Djindjić – unterscheidet sich der Westen gar nicht so sehr von dem serbischen Bauern, der die Opposition unterstützen wird, sobald sie an der Macht ist.)

Sosehr sich alle Oppositionsführer unterscheiden, in einem Punkt sind sie sich einig: Sie sind noch immer schwach und geteilt, während Milošević noch viele Karten ausspielen kann. Trotz neuerer Spenden von großen Geschäftsleuten, die inzwischen ihre politischen Einsätze absichern wollen, sind die Oppositionsparteien noch immer in jämmerlicher Geldnot und ohne richtige Organisationen. Die tiefen historischen, politischen und persönlichen Unterschiede zwischen den Führern werden von der gemeinsamen Fassade kaum verdeckt. Tatsächlich könnte Milošević sogar einen geschickten Schachzug machen, wenn er, wie sie es bei ihrer Veranstaltung fordern, der Opposition mehr Zeit im staatlich kontrollierten Fernsehen und Rundfunk einräumen würde. Je mehr sie sprechen, desto deutlicher werden ihre Unterschiede, während Milošević sein distanziertes, staatsmännisches Schweigen bewahren könnte. Obwohl sich viele den Mantel »des serbischen Havel« umhängen wollen, gibt es noch immer niemanden, der die Stimmen für die Opposition auf sich vereinen könnte.[1]

2

Niemand schließt die Möglichkeit aus, daß Milošević plötzlich und gewaltsam gestürzt werden könnte. Vergleiche werden hier nicht mit Polen oder Ungarn angestellt, sondern mit Rumänien (dem Ende der Ceauşescus), Bulgarien (dem belagerten Parlament) und natürlich Albanien. »Vergessen Sie nicht«, sagen alle, »wir sind hier auf dem Balkan.« Auslöser könnte ein weiterer, steiler Absturz der Wirtschaft sein, mit der Konsequenz gewalttätiger Proteste auch der arbeitslosen oder unterbeschäftigten Arbeiter und Arbeiter-Bauern, nicht mehr nur von Studenten und Städtern. (Vesna Pesić, Soziologin von Beruf, hält mir einen kleinen Vortrag darüber, daß die üblichen sozialen Einteilungen auf Serbien nicht mehr anwendbar seien, aber im Prinzip stimmt es.)

Demgegenüber halten die Oppositionsführer jeden friedlichen politischen Wandel für langwierig und verworren. Die Wahlen zum Parlament und zur Präsidentschaft der Republik Serbien finden noch in diesem Jahr statt. Nach dem Gesetz gibt es für Milošević keine dritte Kandidatur für die serbische Präsidentschaft, wo derzeit die reale Macht angesiedelt ist. Aber Milošević ist nicht gerade berühmt für seine Achtung vor dem Gesetz. Also wird er es vielleicht zugunsten einer erneuten Kandidatur zu dehnen versuchen. Oder vielleicht wechselt er noch in diesem Sommer zum Amt des Bundespräsidenten über – der

Präsidentschaft über die sogenannte Föderative Republik Jugoslawien, bestehend aus den Republiken Serbien und Montenegro – und nimmt die Macht irgendwie in dieses Amt mit. Er könnte auch wieder am Wahlgesetz herumspielen. Die Opposition erhält zwar mehr Zugang zum unabhängigen und Provinzfernsehen und zu den Rundfunksendern, aber das entscheidende nationalstaatliche Fernsehen kontrolliert noch immer er.

Serbische Politikwissenschaftler tun sich schwer damit, sein Regime zu charakterisieren. Es ist nicht einfach eine Diktatur, sagt einer. »Es ist halb-legitim«, sagt ein anderer. Ein dritter beschreibt es als »Demokratura«, eine neue Kombination aus Demokratie und Diktatur. Ja, Milošević hat noch immer eine aktive Geheimpolizei, wenn auch eher zum Sammeln von Informationen statt zur unmittelbaren Unterdrückung. Ja, die Armee spielt immer noch eine entscheidende Rolle, auch wenn ihr Kommandeur während der Demonstrationen zu verstehen gab, sie stehe nicht zur Verfügung, um auf Studenten zu schießen. Aber wichtiger im Alltag sind die systematische Manipulation der öffentlichen Meinung durch die Medien und die auf zweifelhafte Weise gewonnenen Vermögen von Anhängern aus der Wirtschaft: Anhängern sowohl seiner eigenen Sozialistischen Partei Serbiens wie auch der neo-kommunstischen Jugoslawischen Vereinigten Linken (JUL) seiner einflußreichen Frau Mira Marković, die in der populären Mythologie die Rolle der Lady Macbeth übernommen hat.

Sicherlich pfuschen sie an den Wahlergebnissen herum. Aber auch wenn man kräftigen Wahlbetrug berücksichtigt, hat Milošević seit 1990 eine Reihe zumindest formal freier Wahlen gewonnen. Obwohl Zajedno bei den Gemeindewahlen des letzten Novembers siegte, hat die Regierungskoalition zum gleichen Zeitpunkt die wichtigeren Bundeswahlen gewonnen. Nach den offiziellen Zahlen erhielten sie 45 Prozent der Stimmen – beunruhigende weitere 19 Prozent gingen an die extrem rechte, nationalistische Partei von Vojislav Šešelj, einem berüchtigten paramilitärischen Kommandeur im bosnischen Krieg.

Die Oppositionsführer hoffen, Miloševićs Position sei durch die Demonstrationen und ihren Amtsantritt in den Gemeinden unterhöhlt worden, aber alle gehen auch davon aus, daß er noch über beträchtliche öffentliche Unterstützung verfügt. Einem Außenseiter erscheint das als ein großes Geheimnis. Man bedenke, was Milošević für sie getan hat. Vor zehn Jahren gab es ein Land namens Jugoslawien, »und ich glaubte, es läge in Europa«, sagt mein Freund Ognjen Pribičević, einer der klügsten politischen Analytiker Belgrads. Ökonomisch ging es ihnen recht gut, verglichen mit den Tschechen oder Polen. Belgrad wirkte eleganter als Warschau. Schulen und Gerichte funktionierten mehr oder weniger normal. Sie konnten frei reisen. Jugoslawien hatte einen guten Namen in der Welt.

Nun leben sie in einem Land namens Serbien, und das liegt – darüber sind sich alle einig – nicht in Europa, sondern auf dem Balkan. (Vor meiner Ankunft schlug ich in fünf neueren Reiseführern für Europa nach. Serbien taucht in keinem von ihnen auf.) Dieses Land ist ein internationaler Paria. Ein Serbe im Ausland ist in einer ähnlichen Situation wie ein Deutscher nach 1945. Vorausgesetzt natürlich, man kommt überhaupt ins Ausland. Für fast jedes Land braucht man ein Visum. Angesehene Professoren müssen dafür fünf Stunden in der Kälte anstehen.

Äußerlich ist alles verschlissen und heruntergekommen. Belgrad erinnert mich an Warschau in den späten Siebzigern. Sieht man sich die Autos, die Kleider, die Schaufenster an, hat man das Gefühl, Polen und Jugoslawien hätten die Plätze getauscht. Nach den (unzuverlässigen) Statistiken ist das durchschnittliche Pro-Kopf-Einkommen von etwa 3000 Dollar auf weniger als 1000 Dollar gesunken. Die offizielle Arbeitslosenziffer liegt nahe bei 50 Prozent. Ich besuche Kragujevac, eine Stadt, die früher einmal durch die große Auto-, Lastwagen- und Waffenfabrik Zastava wohlhabend geworden war. Der Krieg dezimierte die Autoproduktion (da die Teile aus dem ganzen früheren Jugoslawien kamen), erwies sich aber als ein Segen für die Waffenfabrik. Jetzt wirkt sich der Friede auf die Waffenproduktion aus. (Wie sehr, kann ich nicht feststellen, da sich ein Besuch in der Waffenfabrik wie erwartet als unmöglich erweist.) Die meisten Zastava-Arbeiter erhalten etwa 20 bis 25 Dollar im Monat fürs Nichtstun. Um dieses Almosen zu ergänzen, stehen sie an den Straßen und verkaufen Schwarzmarktware: billigen Schmuck,

Nescafé, Schokoladenriegel, Zigaretten, die über Montenegro ins Land geschmuggelt wurden.

Als ich nach Belgrad zurückkomme, werde ich in einen großen Basar geführt, voller neuer Konsumwaren aus dem Westen, alle importiert, ohne Steuern zu zahlen. In einer langen Doppelreihe bieten Menschen West-Zigaretten feil. Aber Vorsicht vor Marlboros: Die werden in Montenegro hergestellt. Gefälschte Calvin Klein-, Versace- und Nike-Kleidungsstücke schmücken die Stände – hauptsächlich im Sanjak von Novi Pazar hergestellt, wie man mir erzählt.

Verbrechen, Korruption und Rechtlosigkeit herrschen überall. Im Foyer des Hotels werden die Gäste mit einem Aushang aufgefordert, ihre persönlichen Feuerwaffen bei der Sicherheitsabteilung des Hotels zu deponieren. Ein Sicherheitsmann lauert aufmerksam hinter einem Metalldetektor: Deutet mein Tweed-Jackett auf einen lokalen Kriminellen oder einen westlichen Geschäftsmann hin? Noch nie sind mir so viele offensichtliche Gangster begegnet, nicht einmal in Rußland. Der Ausdruck für den Wahlbetrug lautet:»Als Milošević die Wahlen klaute.« Wahlen sind nur eines der vielen Dinge, die hier geklaut werden.

Die Menschen trauen den Banken nicht, deshalb bewahren sie ihr Geld bar auf. Hier, wie im ganzen früheren Jugoslawien, ist die Deutsche Mark die eigentliche Währung:»Ich nehme keine Dollars«, sagt ein kleiner Geschäftsmann. »Die lassen sich so leicht fälschen.« Wenn Geld gestohlen wird, gibt es keine Entschädigung. Versicherung? Soll wohl ein Witz sein. Und die Gerichte? Nach dem Gesetz hat ein Bekannter das Recht, eine Wohnung zu erben. Aber um sie zu bekommen, muß er den Richter mit 10000 DM bestechen.

Politik und Korruption sind tief verflochten, wie in allen postkommunistischen »Demokraturas«. Die herrschenden Parteien behandeln einen großen Teil des Staates wie Privatbesitz; die Privatfirmen sichern sich ab, indem sie die herrschenden Parteien unterstützen. Aber auch die Finanzen der Oppositionsparteien schaut man sich besser nicht genauer an: Die Moral ist ebenso heruntergekommen wie die Bausubstanz.

Und was ist mit den Serben, deren nationale Situation sich angeblich gebessert hat – die Serben in Kosovo, die Serben »jen-

seits der Drina« in Bosnien, die Serben in Kroatien? Die Serben
in der kroatischen Krajina sind sämtlich vertrieben. Ihre Dörfer
sind verbrannt, ausgeplündert und verwüstet, wie ich kurz nach
der kroatischen »Operation Sturm« 1995 mit eigenen Augen sah;
kaum ein Serbe wird jemals in seine althergebrachten Wohnge-
biete zurückkehren. Die restlichen Serben in Bosnien, verarmt
und brutalisiert, stehen zwischen den Trümmern ihres kümmer-
lichen Parastaats. Es gibt mindestens 500000 serbische Flüchtlinge in Serbien, von denen die meisten noch keine Staatsbürgerschaft besitzen oder auch nur vom Staat unterstützt werden.
In Belgrad spreche ich mit einer Frau, deren geplündertes Haus
in der Krajina ich 1995 sah. Sie sagt: »Ich lebe hier wie ein Zom-
bie.«

Welch triumphale Leistungsbilanz! Und dennoch unterstützen
die Leute Milošević. Warum? Da ich keine Einzelgespräche mit
drei Millionen Menschen führen kann, mache ich die übliche
frustrierende Erfahrung, mir die Erklärungen der Intellektuellen darüber anzuhören, was »die Menschen« denken – ergänzt
durch Meinungsumfragen, Anekdoten und ein paar persönliche
Begegnungen (»Vox pop« in der ironischen Ausdrucksweise der
Auslandskorrespondenten). Zunächst einmal ist dieses System
schließlich ein einheimisches Gewächs, im Unterschied zu den
von außen aufgezwungenen Regimen des ehemaligen Osteuropa.
Zweitens, sagen die Intellektuellen, gibt es eine balkanische, zu-
rückgebliebene, autoritäre politische Kultur, die immer nach
einem starken Mann an der Macht verlangt. (Hätten sie so auch
vor fünfzehn Jahren gesprochen, im alten Jugoslawien?) Drittens gibt es eine Art residualen sozialistischen Konservatismus,
der den Sprung in die wirtschaftliche Freiheit fürchtet und sich
sogar an das Almosen des Arbeiters aus Kragujevac klammert,
aus Angst, selbst das zu verlieren. (Milošević redet viel von Privatisierung, tut aber verhältnismäßig wenig – teilweise, heißt es,
weil seine Frau aus ideologischen Gründen dagegen ist.) Und
schließlich hat Milošević eine nationale Belagerungsmentalität
erzeugt, in der alle Schuld der feindseligen Außenwelt zuge-
schoben wird: den Kroaten, den Deutschen, den westlichen Sanktionen. Dabei handelte es sich um das Schulbeispiel einer sich

selbst erfüllenden Voraussage. Zunächst bleute er ihnen ein, alle hätten sich gegen Serbien verbündet – dann sorgte er selbst dafür, daß diese Prophezeiung eintrat.

Wie üblich gibt es keinerlei Beweise für die Verallgemeinerungen; und wenn Menschen sich demnächst auf der Straße oder an der Urne anders äußern sollten, dann mag das lediglich zeigen, wie sich die Dinge verändert haben. Aber ich bekomme ein kleines persönliches Beispiel für diesen Geisteszustand geboten. Ein Beamter in einem der Ministerien, ein netter Familienvater und ausgebildeter Techniker, erzählt mir, er beschwere sich jedesmal telefonisch bei dem privaten Fernsehsender BK, sobald der Papst auf dem Bildschirm auftauche – »weil er unser größter Feind ist«. Der Papst, die Deutschen, die Amerikaner: Alle sind gegen uns.

Ein pensionierter Major der jugoslawischen nationalen Armee, klein, fett, der aus seinen schmutzigen Hosen quillt, gibt die Schuld für das gegenwärtige Elend den, wie er sagt, »amerikanischen Sanktionen« und den »Immigranten«, die alle Arbeitsplätze an sich reißen und schmarotzen. Diese »Immigranten« sind natürlich die serbischen Flüchtlinge aus Kroatien und Bosnien.

Zu den Sanktionen kam es, sagt er, weil auf dem Marktplatz von Sarajevo Muslime Muslime bombardierten. Und Srebrenica? »Das waren auch Muslime, die Muslime umgebracht haben.« Er hockt auf seinem Sofa wie eine argwöhnische Kröte. Aber warum in aller Welt sollen Muslime Muslime umbringen? Na ja, die Serben wollten sie vertreiben, da bekamen sie Angst und »fingen an, einander umzubringen«.

Die Führer der Zajedno-Opposition taugen nichts, fährt der pensionierte Major fort, weil sie keine echten Serben sind: Djindjić wurde in Bosnien geboren, Drašković kommt aus der Herzegowina, und sein Trauzeuge war sogar ein Muslim. O ja, und sein Vater war Kommunist. Aber war Milošević früher nicht auch Kommunist? »Nein, er war Bankier.« Der Major hält es nicht für richtig, wenn die Ergebnisse der Kommunalwahlen gefälscht werden, aber davon wußte Milošević bestimmt nichts. »Das waren die Leute um ihn herum.« Übrigens, sagt er ohne besonderen Anlaß, er wolle mir nur sagen, daß die beste Freundin seiner Frau Jüdin sei. Auch sein eigener bester Freund sei Jude.

Als ich aufstehe, um zu gehen, erklärt mir seine Frau – eine Lehrerin – ziemlich feierlich, die Serben könnten die Engländer immer noch gut leiden, trotz allem (das heißt allem, was wir Engländer den armen Serben angetan haben). Sie hofft, dieses Gespräch habe mir ein besseres Bild von ihrem Land vermittelt.

3

Aus dieser heruntergekommenen, rebalkanisierten Gesellschaft, durchtränkt mit nationalem Selbstmitleid und psychologischer Verdrängung, eine moderne liberale Demokratie zu schaffen, wäre auch dann noch schwierig genug, wenn die Serben mit ihren Problemen in einem einzelnen, klar definierten National-staat allein wären. Aber das sind sie nicht. Es geht nicht einfach um die restlichen »Serben außerhalb Serbiens«. In der gegen-wärtigen föderativen Rumpf-Republik Jugoslawien stellen die Serben nur etwa zwei Drittel der Bevölkerung (oder vielleicht ein bißchen mehr, wenn man die serbischen Flüchtlinge hinzu-zählt). Weitere 16 Prozent sind Montenegriner, mit ihrer eigenen halbunabhängigen Republik innerhalb der Föderation. Minde-stens 15 Prozent sind Albaner: etwa zwei Millionen, konzen-triert in der südlichen Provinz Kosovo.

Wie so häufig zuvor in der Geschichte des Balkans und Ost-europas liegt die ungelöste nationale Frage quer und frustrierend zu allen Bemühungen um Demokratisierung und Modernisie-rung. Wie so häufig zuvor sind die Großmächte aufgerufen, den Scherbenhaufen zu sortieren – und verschlimmern die Lage. In jedem Gespräch ist die diplomatische Geschichte gegenwärtig. Nie zuvor habe ich so häufig den Kongreß von Berlin erwähnen hören. Man redet von den Grenzen und die Menschen sagen so-fort »Londoner Protokoll«! – unter Bezug auf einen Geheim-vertrag von 1915. »Im Krieg«, sagen sie, und man weiß nicht: ist der Erste Weltkrieg gemeint, der Zweite Weltkrieg oder der jüngste Krieg. Die letzten 120 Jahre existieren in der politischen Phantasie eher synchron als diachron – Dayton (1995) neben dem Berliner Kongreß (1878). Bei aller beschworenen Gemeinsamkeit bedeutet »Europa« nach wie vor Großbritannien, Frankreich und Deutschland. Rußland, das orthodoxe Bruderland, wird nur am Rande des Spiels wahrgenommen. Reale Lösungen erwartet man aus Amerika. Diese Lehre ziehen alle aus der in Ohio, USA, unterzeichneten Vereinbarung. Aber läßt sich Dayton wirklich als eine Lösung bezeichnen?

In Belgrader Diskussionen spielt Bosnien eine eigenartig unbedeutende Rolle. Die große nationale Rätselfrage lautet jetzt Kosovo. Kosovo ist das Thema, vor dem sich die Opposition fürchtet, weil sie keine Antwort darauf besitzt. Kosovo bringt selbst die überschwenglichen Studenten zu einem konsternierten Schweigen. Wie Rebecca Wests Leser wissen, betrachten die Serben Kosovo, wo sie 1389 eine große Schlacht gegen die Türken verloren, traditionell als mystisches Kernland ihres großen mittelalterlichen Staates und ihrer nationalen Identität. Vuk Drašković wiederholt mir gegenüber die vertraute Bezeichnung: »unser Jerusalem«. Die serbisch-byzantinischen Klöster mit ihren herrlichen Fresken gibt es dort noch immer; aber mehr als 80 Prozent der Bevölkerung sind jetzt Albaner. Wenn man durch die Provinz fährt, erblickt man überall, über die Felder verstreut, die unverwechselbaren Heimstätten albanischer Großfamilien: mehrere Häuser und Schuppen, umgeben von einer hohen Ziegelmauer, mit einem großen, grüngestrichenen Holztor, wie eine behelfsmäßige Burg.

In den achtziger Jahren war Kosovo (unter Titos Verfassung von 1974) eine autonome Provinz, unter einer weitgehend albanischen Verwaltung. Obwohl 1981 ein albanischer Aufstand für das Land nicht den Status einer vollen Republik erlangen konnte, verließen viele Serben weiterhin aus verschiedenen Gründen die Region. Einige wurden durch Diskriminierung und Gewalt vertrieben. Im April 1987 kam Slobodan Milošević nach Kosovo und erklärte den Serben dort: »Niemand sollte es wagen, euch zu schlagen!« Mit diesem Schlachtruf setzte er sich auf das nationalistische Roß der Serben und ritt es – unter tüchtiger Mithilfe von Politikern anderer Nationalitäten, vor allem durch den Kroaten Franjo Tudjman – bis zur blutigen Zerstörung Jugoslawiens. Kosovo selbst wurde seiner Autonomie beraubt und unter unmittelbar serbische Verwaltung gestellt. Die Kosovo-Albaner reagierten mit der Ausrufung einer unabhängigen Republik Kosovo und außerordentlichen Wahlen im Untergrund, in denen sich eine Mehrheit für eine Demokratische Liga Kosovos aussprach. Deren Führer, Ibrahim Rugova, wurde »Präsident der Republik«.

Ihre Residenz in Priština ist eine große Hütte mitten auf einem verstaubten Abstellplatz, voller Straßenhändler wie aus dem Bilderbuch. An der Tür werde ich förmlich vom »Leiter des Protokolls« in Empfang genommen, der mich hineinführt, um mich dem »Präsidenten« vorzustellen. In passablem Französisch berichtet mir Herr Rugova von dem ungewöhnlichen Untergrundstaat der Kosovo-Albaner: den 18 000 Schullehrern, die aus den Gebühren bezahlt werden, die die Kosovo-Albaner neben den offiziellen serbischen Steuern bezahlen; von der unabhängigen Universität; von den Bemühungen um eine Gesundheitsversorgung, mittels einer Organisation, die nach Mutter Teresa benannt ist. Herrn Rugovas unmittelbare Forderungen richten sich lediglich auf Milderung der Unterdrückung. Die serbische Polizei wagt es zwar nicht, ihn anzurühren, belästigt aber regelmäßig die Aktivisten der unteren Ebenen. Er besteht darauf, daß seine Gefolgsleute friedliche Mittel im Sinne Gandhis einsetzen, und er hat sie ausdrücklich ermahnt, sich kein Beispiel an der bewaffneten Insurrektion jenseits der Grenze in Albanien zu nehmen. Aber was das entscheidende Ziel angeht, ist er unnachgiebig: Selbstbestimmung für sein Volk, Autonomie für die Republik, von der er behauptet, es gebe sie bereits.

Sein wichtigster Rivale, Adem Demaci, manchmal auch als der »albanische Mandela« bezeichnet, weil er achtundzwanzig Jahre im Gefängnis saß, sitzt mir in seinem neuen Parteihauptquartier auf einem Stuhl gegenüber, und im Stile Gandhis zieht er die Beine hinauf in die Lotos-Position. Er wäre vielleicht mit etwas weniger zufrieden als Rugova: einer Republik im Rahmen einer sehr lockeren Konföderation mit Serbien und Montenegro. Aber um dieses Ziel zu erreichen, möchte er schlagkräftigere Protestaktionen einsetzen. Er hat seine Anhänger aufgerufen, die Demonstrationen der Studenten und der Opposition in Belgrad nachzuahmen.

Das ist die Mehrheitsposition der Kosovo-Albaner. Aber im letzten Jahr hat es auch eine Reihe terroristischer Anschläge gegeben, für die sich eine Kosovo-Befreiungsarmee verantwortlich erklärte. Sind das ungeduldige junge Radikale, wie die jungen Palästinenser in Gaza? Oder werden sie insgeheim durch den serbischen Führer ermutigt? Selbst nüchterne politische Beobachter rechnen mit der Möglichkeit, daß ein in die Enge getriebener Milošević, angesichts des totalen ökonomischen Zusammenbruchs und lautstarker öffentlicher Forderungen nach seinem Rücktritt, in seiner Verzweiflung die Kosovo-Karte ausspielen könnte, indem er einen terroristischen Anschlag oder einen bewaffneten Aufstand provoziert, den er dann heroisch niederschlagen könnte.

Zur Zeit denkt niemand meiner Gesprächspartner an die Möglichkeit, daß die Kosovo-Albaner dem Beispiel ihrer Landsleute im Mutterland folgen könnten. Und dies aus einem einfachen Grund: Selbst wenn aus den geplünderten Arsenalen Albaniens große Mengen Kleinwaffen eingeschmuggelt werden könnten – die schwerbewaffnete und professionell ausgebildete serbische Armee könnte sofort furchtbare Rache üben. »Wissen Sie«, sagen mir sowohl Serben als auch Albaner mit erschreckender Selbstverständlichkeit, »es gibt etwa siebenhundert rein albanische Dörfer. Diese Menschen könnten alle umgebracht werden.«

Dennoch spricht jedermann von der längerfristigen Möglichkeit des Krieges – und der scheinbaren Unmöglichkeit jeder friedlichen Lösung. Die Positionen liegen jetzt so weit auseinander, die serbischen und albanischen Gemeinschaften sind inzwischen so klar getrennt. Als ein lokaler albanischer Führer einen Termin mit meinem Gefährten ausmacht, einem serbischen Journalisten, will er noch nicht einmal den Namen der Straße nennen, in der er lebt – weil es ein serbischer Name ist. Ich besuche eine staatliche Schule, die durch eine interne Berliner Mauer geteilt ist, damit sich serbische und albanische Kinder niemals begegnen.

Jede Seite berichtet von nationalen Märtyrologien, untermalt von phantastischen historischen Statistiken. Ich frage den Informationssekretär der lokalen serbischen Verwaltung nach der gegenwärtigen ethnischen Zusammensetzung der Provinz. »Im zwölften Jahrhundert«, beginnt er, »bildeten die Serben 98 Prozent der Bevölkerung.« »In den achtziger Jahren«, sagt einer von Rugovas engsten Mitarbeitern, »verbüßten Kosovo-Albaner insgesamt 27000 Jahre Gefängnis.« Die gegenseitigen Stereotype sind ebenso phantastisch. Die Albaner schildern die lokalen Serben als arrogante, triumphierende Machtmenschen, während sie mir tatsächlich eher niedergeschlagen und verängstigt vorkommen. Die Serben sehen die Albaner als Bestandteil irgendeiner diabolischen Verschwörung: Sie gebären ganz absichtlich so viele Kinder und verbreiten sich über das ganze Land, um das Prizren-Programm für ein Groß-Albanien zu erfüllen. (Die Liga von Prizren war die albanische nationale Gruppierung nach 1878).

Was tun? Zwischen lokalen Serben und Albanern haben – unabhängig von der Regierung – einige Gespräche begonnen. Die Albaner schauen auf die sogenannte internationale Gemeinschaft. Wie Drašković sprechen sie papageienhaft die neuesten politischen Allgemeinplätze des Westens nach: »volle Minderheitenrechte«, »regionale Zusammenarbeit«. Aber papageienhaft ist das falsche Wort; elsternhaft wäre richtiger. Denn diese westlichen Begriffe sind sämtlich ihren eigenen lokalen Zwecken angepaßt, wie eine Feder oder ein Bleistiftanspitzer im Nest einer Elster.

Aus Belgrad, von einer nicht geringeren Persönlichkeit als dem Romancier Dobrica Ćosić, ist der Vorschlag zu einer friedlichen Teilung gekommen. Serbien sollte die heiligen Orte bekommen (das Patriarchat in Peč, die schönen Klöster von Gračanica und Dečani), die Mineralvorkommen und die wichtigsten serbischen Siedlungsgebiete; die Albaner bekämen den Rest. Albanische Intellektuelle haben natürlich davon gehört. Sie machen sogar Witze darüber, als wir uns in einem fröhlichen Souterrain-Restaurant unter den düsteren, von Schlaglöchern übersäten Straßen Priština unterhalten: »Maximal 15 Prozent für die Serben!« »Nein, ich gehe bis 20 Prozent!« Für einen Augenblick komme ich mir vor wie der britische Osteuropaexperte vor dem Ersten Weltkrieg, R. W. Seton-Watson, der auf der Rückseite eines Briefumschlags den Balkan aufteilte. Aber ernsthaft: Die serbischen heiligen Stätten und wichtigsten Siedlungsgebiete in Kosovo grenzen nicht an das eigentliche Serbien; entlang dieser Grenze liegen zusammenhängende albanisch besiedelte Gebiete, und niemand weiß, wie man ohne massenhafte Bevölkerungsverschiebungen und fast mit Sicherheit Blutvergießen eine Teilung zustande bringen sollte.

David Owen hat eine internationale Konferenz über die Kosovo-Frage vorgeschlagen, unter der Schirmherrschaft der Organisation für Sicherheit und Zusammenarbeit in Europa (OSZE). Ein Vance-Owen-Plan für Kosovo? Für die sogenannte »internationale Gemeinschaft« ist Kosovo vor allem ein Problem »regionaler Stabilität«. Für den Nato-General besteht der Alptraum darin, daß dort gewalttätige Konflikte ausbrechen und sich auf die große albanische Minderheit in Mazedonien ausweiten und somit auch die fragile ehemalige jugoslawische Republik Mazedonien zerreißen und Bulgarien und unseren Nato-Verbündeten Griechenland mit ins Spiel bringen. Dann haben wir den lange vorausgesagten »dritten Balkan-Krieg«. Falls wir ihn nicht schon längst hatten.

Für serbische Demokraten dagegen geht es im Kosovo um die Zukunft der serbischen Demokratie. Einer von ihnen bringt die Sache drastisch auf den Punkt. Serbien kann Kosovo haben oder Demokratie. Aber welcher serbische Politiker würde den Vorschlag wagen, das mythische Kernland der Serben auszuliefern? Die Führer von Zajedno halten es sämtlich für politischen Selbstmord, sich dem Vorwurf auszusetzen, »Kosovo zu verlieren«. Aber tief im Innersten weiß jeder, daß Serbien sich irgendwie, irgendwann, mit dieser Frage auseinandersetzen muß, wenn es jemals ein normaler, demokratischer Nationalstaat werden soll.

In Belgrad führe ich ein bemerkenswertes Gespräch mit Dobrica Ćosić, vielleicht der wichtigsten intellektuellen Vaterfigur des serbischen Nationalismus in den achtziger Jahren; 1992-93 war er Präsident der föderativen Rumpfrepublik Jugoslawien, bis Milošević ihn beiseite schob, wie so viele andere, nachdem sie ihre Schuldigkeit getan hatten. Ćosić empfängt mich in einer großen Villa in dem berühmten Vorort Dedinje – wo Tito lebte – zwischen überladenen Holzmöbeln und hochaufragenden Bücherregalen. Er ist ein schwerer, weißhaariger Mann und bedient sich einer schweren, bedeutungsgeladenen Sprache voll nationalem Pathos. Aber seine Botschaft ist überraschend.

Sie lautet so: Er mag die moderne Welt nicht, mit ihrer »technologischen Zivilisation« und ihrer scheußlichen, wurzellosen Amerikanisierung. Nein, er verabscheut sie. Aber das ist nun einmal die Richtung, die die Geschichte einschlägt, und wenn Serbien, jetzt eine kleine Nation auf dem Balkan am äußeren Rande Europas, nicht zurückbleiben will, nicht völlig untergehen will in dem großen Kampf der Völker ums Überleben, dann muß es sich der Geschichte anschließen. Insbesondere sollte Serbien eine demokratische und vorzugsweise parlamentarische statt einer Präsidialregierung haben, eine Marktwirtschaft, Rechtssicherheit und eine kooperative Außenpolitik. Und dann spricht er – ausgerechnet er – den denkwürdigen Satz: »Wir können vom Mythos Kosovo nicht leben.«

4

An meinem letzten Tag gehe ich zurück zu den Studenten. Ich besitze bereits meinen Spaziergänger-Paß, auf dessen Umschlag ein Umriß Serbiens mit einem Foto der Protestierenden ausgefüllt ist. (Der Umriß umschließt Kosovo, aber nicht Montenegro.) Jetzt geben sie mir einen Anstecker »Raum 559: Epizentrum des Widerstands«. Aber Raum 559 wird bald wieder seiner ursprünglichen Verwendung zurückgegeben werden, als Ausleihbücherei der Fakultät für Alte Geschichte.

Es war ein langer Moment praktizierter Demokratie, von der neuen Art friedlichen, sich selbst beschränkenden öffentlichen Protests, einer der europäischen Errungenschaften des späten zwanzigsten Jahrhunderts, ein Moment voller Erregung und Hoffnung. »Kanada, gib mir kein Visum«, heißt es auf einem der Transparente, »der Sieg ist nahe!« (Es reimt sich in der Sprache, die sie jetzt einfach Serbisch nennen.) Aber privat sind ihre Einschätzungen nüchtern. Biljana will zum Studium nach Amerika gehen. Čeda befürchtet ein Land, das weitgehend von »alten

Leuten und Flüchtlingen« bewohnt wird, und sieht in der gegenwärtigen Politik das Gespenst des Faschismus.

Der wahre Sieg ist noch weit entfernt, und die Vergangenheit ist eine so schwere Bürde. »Weißt du, es ist so viel But geflossen«, sagt Aleksa Djilas in der Wohnung seines Vaters, des großen Dissidenten Milovan Djilas; er hält eine anspruchsvolle intellektuelle Distanz zu allen Parteien in diesem Getümmel. Als ich ein paar Tage zuvor mit den Studenten spazierenging, in der Richtung von Miloševićs Villa in Dedinje, stoppte uns eine Reihe Polizisten in der Nähe eines großen neuen, monströs vulgären, blau und weißen Hochzeitskuchens von einem Gebäude, das sich aus den Hügeln vorschiebt. Dies ist das Haus und Hauptquartier von Arkan, einem der schlimmsten serbischen Gangster-Kriegsherren in Bosnien, der hier aber noch frei operiert und sogar mit Frau und Baby, aufgedonnert wie ein Pfau, im Fernsehen auftritt, grotesk, völlig grotesk.

Eines Tages, in einer neuen serbischen Demokratie, werden sich diese jungen Historiker mit dieser schweren Bürde auseinandersetzen müssen. Aber wenn ich auf das Kosovo sehe, fürchte ich, daß der Giftbecher noch immer nicht bis zur Neige geleert ist. Die Tragödie, die auf dem Amselfeld im Kosovo begann, mag dort vielleicht auch enden.

Wenn ich jedoch tiefer in meine Kristallkugel schaue, kann ich verschwommen den Umriß eines neuen Serbien erkennen. Dieser Umriß ist noch etwas kleiner als der auf meinem Spaziergänger-Paß. Es ist der Umriß einer amputierten imperialen Nation, die sich übernahm und dann im grausamen Spiel der internationalen Politik verlor, vielleicht sogar mehr verlor, als sie verdiente. Der Vergleich mit Rußland drängt sich auf: die andere orthodoxe postimperiale Nation, die jetzt ebenfalls in die Zeit vor dem Ersten Weltkrieg zurückschaut, auf der Suche nach einer neu-alten Identität. Aber ein besserer Vergleich wäre der mit einem näher gelegenen Land vergleichbarer Größe: dem modernen Ungarn, amputiert durch den Vertrag von Trianon, 1920, in dem ehemals ungarisches Gebiet an neue Nachbarstaaten gegeben wurde, darunter auch Jugoslawien. Wie Ungarn wird dieses Serbien metaphysisch deprimiert sein und sehr zu nationalem Selbstmitleid neigen, aber schließlich, langsam, schmerzhaft zurückfinden auf einen Platz in Europa, als ein mehr oder weniger liberaler, demokratischer Nationalstaat.

Dann kann Momčilo endlich sein »normales Leben« führen. Dann kann Biljana aus ihrer Universität in Amerika zurückkehren. Dann kann Čeda die wahre Geschichte eines modernen Serbien schreiben, auf das er dann endlich stolz sein kann. Aber wie alt werden sie sein, wenn dieser Tag kommt?

(März 1997)

Über Biljana, Čeda, das Kosovo und Serbien berichte ich mehr in dem Beitrag »Weine, zerstückeltes Land!« (S. 381 ff.).

Chronik

1997

2. April. Rußland und Weißrußland unterzeichnen einen Vertrag, der noch engere Verbindungen vorsieht.

20. April. Kämpfe zwischen armenischen und aserbaidschanischen Truppen in Nagorni-Karabach.

1. Mai. Die britische Labour-Partei erzielt einen überwältigenden Sieg bei den Parlamentswahlen und beendet die achtzehnjährige Herrschaft der Konservativen. Tony Blair wird Premierminister.

7. Mai. Das Kriegsverbrechertribunal für das ehemalige Jugoslawien spricht den bosnischen Serben Dušan Tadić im Anklagepunkt Verbrechen gegen die Menschlichkeit für schuldig. Er wird anschließend zu zwanzig Jahren Gefängnis verurteilt.

25. Mai. In einem Referendum stimmen die Polen für eine neue Verfassung.

1. Juni. Die Sozialisten gewinnen die Wahlen in Frankreich.

16.-18. Juni. Auf einem EU-Gipfel in Amsterdam wird der Vertrag von Amsterdam verabschiedet, der das Resultat der intergouvernementalen Konferenz zur Bewertung Maastrichts ist. Er sorgt für komplexe, aber relativ behutsame weitere Schritte zur Integration.

18.-20. Juni. Amsterdam. Der EU-Gipfel ist gerade beendet, und die ganze Stadt beschwert sich über die Behinderung des Verkehrs und des täglichen Lebens. Es findet sich nicht ein Quentchen Stolz auf den »Vertrag von Amsterdam«. Es wird in meinen vielen Gesprächen nicht einmal erwähnt.

20.-22. Juni. An einem Treffen der Gruppe der sieben führenden Industrienationen (»G7«) in Denver nimmt Rußland teil und macht sie zu einer Gruppe von acht.

25. Juni. Italien wird Mitglied der Schengener Gruppe.

8. Juli. Auf einem Gipfel in Madrid beschließt die Nato den Beitritt der Tschechischen Republik, Ungarns und Polens zum April 1999.

9. Juli. Die Nato unterzeichnet einen Sicherheitspakt mit der Ukraine.

16. Juli. Die Europäische Kommission gibt die Vorschläge zur Aufnahme von EU-Beitrittsverhandlungen von Polen, Ungarn, der Tschechischen Republik, von Slowenien, Estland und Zypern bekannt.

20. Juli. Warschau. Mittagessen mit meinem alten Freund Adam Michnik, der begeistert von den Nato- und EU-Entscheidungen zur Aufnahme Polens ist. Er führt mich zu einem extravaganten Essen im Restaurant Belweder aus – voller Stolz, mit Kreditkarte zahlen zu kön-

nen – und erzählt mir: »Ich spüre, daß meine Lebensaufgabe erfüllt ist.« Die historische Mission seiner Generation war es, so denkt er, Polen sicher und friedlich von Osten nach Westen, vom Kommunismus zur Demokratie zu führen. Polen hätte dabei versagen können, so wie die Slowakei unter Mečiar. Es lauerten genug Gefahren auf dem Weg. Immer noch ist er der Meinung, daß seine dramatischen, an den Propheten Jeremia erinnernden Warnungen vor der Gefahr eines klerikalen autoritären Nationalismus notwendig zu seiner Vermeidung war. Ich bin immer noch anderer Meinung. Aber egal. Das Schiff läuft im Hafen ein. Mission erfolgreich beendet. Und noch nicht einmal ein Ministerpräsident des rechten Flügels kann es jetzt vom Kurs abbringen.

»Kennst du den Ministerpräsidenten der Schweiz?«

»Nein.«

»Das ist es! Siehst du, es spielt keine Rolle ...«

25. August. Egon Krenz, das letzte kommunistische Staatsoberhaupt der DDR, wird zu sechseinhalb Jahren Gefängnis verurteilt – für seine Verantwortung an der Erschießung der Flüchtlinge an der Berliner Mauer.

31. August. Diana, Prinzessin von Wales, stirbt bei einem Autounfall in Paris.

21. September. Das Wahlbündnis von Solidarność gewinnt die polnischen Parlamentswahlen.

21. September. Warschau. Die schon jetzt traditionelle Wahlabend-Party in den Büros der Zeitung Rzeczpospolita. *Canapés, Hochrechnungen und Medientrubel genau wie bei den Wahlen in westlichen Staaten. Es scheint, als würden in Polen schon seit Jahren freie Wahlen ausgetragen. Obwohl das Wahlbündnis der Gewerkschaft Solidarność, eine Koalition von Parteien des rechten Spektrums, der Gewinner ist, ist die liberale Freiheitsunion ebenfalls zufrieden. Es herrscht allgemeine Zufriedenheit bei dem Ausblick, daß die beiden aus der Tradition von Solidarność hervorgegangenen Parteien nun eine Regierung bilden können, wenn auch unter einem ex-kommunistischen Präsidenten. Dies wird dann das sein, was die Franzosen als »Kohabitation« bezeichnen, aber eben à la polonaise.*

25.-26. September. Şibiu, Siebenbürgen, Rumänien. Şibiu ist jetzt eine rumänische Stadt in Rumänien, es war jedoch vormals eine deutsche Stadt in Ungarn. Die Deutschen lebten hier seit dem Mittelalter und nannten sie Hermannstadt. Selbst heute sieht sie aus wie eine Holzschnitt-Illustration aus einem Märchenbuch der Gebrüder Grimm: Gotische Kirchen, Häuser mit steil ragenden Giebeln, kopfsteingepflasterte Straßen. Dennoch haben nahezu alle Deutschen die Stadt unter dem kommunistischen Regime verlassen. Nicolae Ceauşescu verkaufte sie an Westdeutschland für ungefähr 8000 DM pro Kopf. Die restlichen folgten nach dem Ende des Kommunismus.

An der Tür der großen, hübschen deutschen Kirche entdecke ich eine Notiz, die in etwa besagt: »Das Mitglied unserer Gemeinde Gertrud X starb am 7. September. Unsere Kirchenglocken werden zum Zeitpunkt der Beerdigung in München läuten. Das Mitglied unserer Gemeinde Hans Y starb am 18. September. Unsere Kirchenglocken werden zum Zeitpunkt der Beerdigung in Düsseldorf läuten. Das Mitglied unserer Gemeinde Hilde Z starb am 24. September. Unsere Kirchenglocken werden zum Zeitpunkt der Beerdigung in Frankfurt läuten.«

Für wen die Glocken läuten? Sie läuten nicht nur für die Deutschen von Siebenbürgen. Sie läuten für dieses alte Europa, in dem Menschen verschiedener und mehrfacher Nationalitäten, zusammengemischt über Generationen, in einer spannungsvollen, aber kreativen Koexistenz lebten. Jetzt, nachdem wir dieses Gebilde zerstört haben, machen wir uns daran, es wieder aufzurichten. Wir nennen es »Multikulturalität« und nähren es mit Gesetzen, Subventionen und Regierungsprogrammen. Ach, Europa!

Schlechte Erinnerungen

Der Satz »Wir haben schlechte Erinnerungen« läßt sich auf
zweierlei Weise lesen: Wir alle haben Erinnerungen an Dinge,
die als schrecklich, unangenehm oder bedauerlich empfunden
wurden. Gleichzeitig schwingt aber auch die Bedeutung »schlechtes Erinnerungsvermögen« oder »schlechtes Gedächtnis« mit.
Diese Gedächtnisschwäche führt dazu, daß wir Dinge vergessen, an die wir uns nicht erinnern wollen. Und natürlich hängt
beides miteinander zusammen: Wir haben ein schlechtes Gedächtnis für schlechte Erinnerungen.

In unserer nach-freudianischen Diktion heißt das »Verdrängung«, ein Ausdruck, der zu weiteren Wortspielen einlädt. »Nachdem sie unter einer repressiven Diktatur gelitten haben, neigen
Menschen dazu, die Erinnerung an die Unterdrückung zu unterdrücken.« Spricht man im psychologischen Sinn von »Verdrängung«, so meint man damit, daß wir auf schlechte Erinnerungen mit schlechtem Erinnerungsvermögen reagieren. Doch
das ist nur Theorie. Vor Freud gab es Nietzsche: »›Das habe ich
getan‹, sagt mein Gedächtnis. ›Das kann ich nicht getan haben‹«,
sagt mein Stolz und bleibt unerbittlich. Endlich gibt das Gedächtnis nach.« Und vor Nietzsche gab es Schopenhauer: »Wir
grübeln nicht gerne über etwas Unangenehmes nach, besonders
dann nicht, wenn es, wie das tatsächlich oft der Fall ist, unseren
Stolz verletzt … Daher wird vieles, was unangenehm ist, vergessen.«

Trost? Repression? Stolz? Eitelkeit? Die Erklärungen vari-
ieren, doch über die Existenz des Phänomens sind sich alle Weisen einig. Robert Louis Stevenson hat es so ausgedrückt: »Wir
haben ein großartiges Gedächtnis fürs Vergessen.« Aber ist »vergessen« überhaupt das richtige Wort? Im täglichen Leben be-
gnügen wir uns mit dem Gegensatzpaar »erinnern/vergessen«.
Und natürlich gibt es schrecklich vieles, was wir schlichtweg
vergessen. Aber dazwischen gibt es so viele Abstufungen. Zum

Beispiel kann etwas in unserem Gedächtnis durcheinandergeraten. Oder es gibt das unbewußte Ausschmücken einer Erinnerung. (Berichtet man jemandem über einen Streit, den man mit einem anderen hatte, dann klingt es immer, als sei man als Sieger daraus hervorgegangen.) Thomas Hobbes hat daraus in seinem *Leviathan* eine radikale Schlußfolgerung gezogen. Im Kapitel »Über die Einbildungskraft«, wo es um das Erinnerungsvermögen geht, kommt er zu dem Schluß: »Einbildungskraft und Erinnerungsvermögen sind ein und dasselbe.«

Hier öffnet sich ein weites Feld. Fast möchte man vermuten, daß sich bald eine eigene akademische Fachrichtung dieses Themas annehmen wird. Hier ist sie, die junge Doktorandin und Anwärterin auf den Jonathan-Aitken-Lehrstuhl »Memory Studies« an der Universität Westminster, die soeben erfolgreich ihr Studium beim ehrfurchtgebietenden Gründer der Disziplin, Erich Teufelsdonck, dem ordentlichen Professor für »Gedächtnisforschung« an der Universität Braunau, abgeschlossen hat.

Doch der Scherz erstirbt uns auf den Lippen: Es gibt sie nämlich bereits, diese Disziplin. Französische Wissenschaftler beschäftigen sich seit mehr als einem Jahrzehnt mit diesem Thema. Das mehrbändige Werk *Les lieux de mémoire*, herausgegeben von Pierre Nora, steht im Zentrum der intellektuellen Debatten Frankreichs. Es existiert sogar – und das ist ein untrügliches Anzeichen für das Entstehen einer weiteren Unter-Unter-Disziplin – eine wissenschaftliche Zeitschrift mit dem Titel *History and Memory*. Nicht zufällig wird sie an der Universität von Tel Aviv herausgegeben und befaßt sich mit den wirklich bösen Erinnerungen: mit denen an Krieg, Besatzung und Holocaust.

Im großen und ganzen beschäftigt sich die französische Schule mit der Geschichte kollektiver Gedächtnisse. Oft ziehen solche Studien aus konkreten Zeugnissen über Einstellungen zur Vergangenheit, wie etwa Politikerreden, Filme und Meinungsumfragen, Rückschlüsse auf ein vermeintlich nationales Gedächtnis. So etwa beschreibt Henri Rousso in seinem hochinteressanten Buch *The Vichy Syndrome* die kollektive Erinnerung der Franzosen an die Kollaboration von Vichy mit dem psychologischen Begriff »Verdrängung«. Er zeichnet sogar eine

»Fieberkurve«, die die Hochs und Tiefs dieses Syndroms registriert, als ob es sich dabei um eine fiebrige Erkrankung handle. So anregend diese Argumentation auch sein mag, derartige Verallgemeinerungen über die nationale Psyche sind ebensowenig nachprüfbar wie die altmodische Annahme eines »Nationalcharakters«.

Unverbesserlicher angelsächsischer Empiriker, der ich bin, setze ich da lieber beim Gedächtnis einzelner Individuen an. Mein Interesse auf diesem Gebiet begann – wenn ich mich recht entsinne – mit dem Problem des Erinnerns (oder Vergessens), das die Deutschen mit dem Nationalsozialismus haben und auf das ich während meines Aufenthalts in den 70er Jahren in Berlin aufmerksam wurde. Ein weiterer Anstoß waren die großen Veränderungen von 1989. Als ich eine Geschichte des geteilten Europa während des Kalten Krieges zu schreiben versuchte, stellte ich fest, daß das Ende des Kommunismus einen bemerkenswert transformatorischen Effekt auf das Gedächtnis des einzelnen hatte. Wie damals nach 1945 stellte plötzlich jeder fest, daß er ein Gegner des gestürzten Regimes gewesen war. (In *Eichmann in Jerusalem* schreibt Hannah Arendt, daß Dr. Otto Bradfisch, Befehlshaber des Nazi-*Einsatzkommandos*, das für die Ermordung von 15 000 Menschen verantwortlich war, einem deutschen Gericht gegenüber behauptete, innerlich immer gegen das gewesen zu sein, was er da tat.) Inzwischen erinnern sich Politiker im Westen auf einmal lebhaft daran, daß sie doch »immer schon« die Dissidenten unterstützt hätten und »immer schon gesagt haben«, daß die Teilung Europas nicht von Dauer sein könne.

Egon Bahr, der intellektuelle Architekt von Willy Brandts Ostpolitik, erklärte uns, daß seine Politik schon immer das Ziel hatte, die kommunistischen Regime zu unterwandern. Warum existiert dann nicht ein einziger Beleg, daß er derartiges auch schon in den vorangegangenen fünfundzwanzig Jahren geäußert hat? Deshalb natürlich, weil er es nicht in aller Öffentlichkeit hätte sagen können, ohne daß die Kommunisten seine geheimen Intentionen durchschaut hätten. Er wurde ja nicht umsonst der »tricky Egon« genannt. Die Gedächtnisse von Politikern sind natürlich aus besonders dehnbarem Material. Aber wir alle verhalten uns ja so.

Solche nachträglichen Rationalisierungen laufen vermutlich halbbewußt oder sogar unbewußt ab. Ein gutes Beispiel liefern Gespräche zwischen den Mitarbeitern des deutschen Wissenschaftlerteams, das im Auftrag Hitlers an der Atombombe arbeitete. Diese Unterhaltungen wurden heimlich auf dem britischen Landsitz Farm Hall mitgeschnitten. Nachdem sie 1945 vom Abwurf einer Atombombe auf Hiroshima erfuhren, versuchten die Deutschen, sich zu erklären, warum sie scheiterten, während die Amerikaner erfolgreich waren. »Ich glaube, der Grund, warum wir es nicht geschafft haben«, äußerte sich Carl-Friedrich von Weizsäcker, »liegt darin, daß die [deutschen] Physiker es im Grunde gar nicht wollten. Wenn wir alle wirklich gewollt hätten, daß Deutschland den Krieg gewinnt, hätten wir auch Erfolg gehabt.«

In jüngster Zeit wurde ich noch tiefer ins Layrinth des Gedächtnisses verstrickt, indem ich nämlich ein Buch über die eigenartige Erfahrung schrieb, die die Lektüre der eigenen Stasi-Akte hinterläßt. Man könnte es eine Proustsche Erfahrung nennen. Viele Dinge, die man längst vergessen oder ganz anders in Erinnerung hatte, stehen plötzlich mit unerhörter Klarheit vor einem. Da hat ein Geheimpolizist mit kaltem, analytischem Blick einen Tag in deinem Leben festgehalten, der zwanzig Jahre zurückliegt. Da wurden Gespräche Wort für Wort aufgezeichnet. Mit versteckter Kamera wurden Fotos gemacht.

Als ich die Freunde, Informanten und Offiziere befragte, die in meiner Akte vorkommen, entdeckte ich weitere Schleier, Verwerfungen und Taschenspielertricks des Gedächtnisses. Eine Informantin, der die Stasi den Decknamen »Michaela« gegeben hatte, leugnete standhaft, jemals eine IM, eine informelle Mitarbeiterin, gewesen zu sein. Doch ihre IM-Akte, die ich später einsehen konnte, enthielt handgeschriebene Berichte, die mit diesem Decknamen unterschrieben waren. Sie bat mich mit dem ihr verbliebenen marxistischen Vokabular, »ich solle versuchen, die subjektiven wie die objektiven Bedingungen zu erklären«, wenn ich über sie schriebe. »Aber«, so fügte sie hinzu, »das wird wohl nicht möglich sein. Nicht einmal ich kann mich heute mehr genau erinnern ...« Ein anderer Informant, ein Engländer mit dem Decknamen »Smith«, sagte mir, er hätte versucht, mit der Stasi nur über die allgemeine soziale und politische Lage zu reden. In einer tragikomischen nachträglichen Rationalisierung wollte er diese Gespräche mit der Geheimpolizei – und durch sie mit der Parteispitze – als einen Ersatz für die fehlende »bürgerliche Gesellschaft« sehen. Seine IM-Akte jedoch war voll von konkreten Informationen über bestimmte Personen.

Während ich mit meiner Tasche voller vergifteter Madeleines herumreiste, konnte ich beobachten, wie die Erinnerungen der Leute – an Ereignisse, an andere und an sich selbst – sich augenblicklich verwandelten und sich dann wieder und noch einmal veränderten, sobald sie das Gesagte erfaßt hatten. Dann gab es keinen Weg mehr zurück zu ihrer vorigen Erinnerung an jene Person oder jenes Ereignis. Wir sagen »X oder Y hat meinem Gedächtnis auf die Sprünge geholfen«, und wir meinen damit »X oder Y löste Erinnerungen aus«. Dieses »auf die Sprünge helfen« kann aber auch die Erinnerung selbst verändern, so wie man ein digitalisiertes Foto im Computer verändert: Jener Schatten wird dunkler, jenes Gesicht hellt sich auf. Mit dem einen Unterschied, daß hier der Prozeß unbewußt abläuft. Wir sind nicht die Akteure am Keybord des Gedächtnisses.

Bei dem Versuch, Geschichte zu schreiben, haben wir es also mit einer Unmenge individueller Erinnerungen an Personen oder Ereignisse zu tun. Und diese Erinnerungen verändern sich ständig. Unter normalen Bedingungen ist es das langsame Verblassen, das wir Vergessen nennen. Aber es gibt auch jene abrupten Veränderungen, die mit dem dramatischen Wandel der äußeren Umstände einhergehen, wie zum Beispiel das Jahr 1989 oder die Entdeckung neuer Sachverhalte, etwa einer solchen Geheimdienst-Akte. L. P. Hartley verdanken wir den berühmten Satz: »Die Vergangenheit ist ein fremdes Land.« Aber das Gedächtnis ist weit mehr als nur ein anderes Land. Es ist ein anderes Universum. Der Historiker ist ein Reisender durch die grenzenlosen Welten individueller Gedächtnisse.

Das alles hat mich gegenüber jeder Art von rückblickender Aussage nur noch mißtrauischer gemacht. Die meisten historischen Quellen bestehen aber aus rückblickenden Aussagen. Ein Großteil der dokumentierten Geschichte basiert auf Erinnerungen. Was man als zeitgenössische Primärquellen zu bezeichnen pflegt, wurde in der Regel von einer Person im Anschluß an das Ereignis aufgezeichnet, selbst wenn zwischen Handlung und Berichterstattung nur wenige Stunden, Minuten oder gar Sekunden vergangen sind. Aus eigener Erfahrung wissen wir, daß die Beteiligten oft ganz unterschiedliche Erinnerungen an ein Gespräch vom Vorabend zurückbehalten. (Zu Beginn dieses Jahres konnten sich die Regierungschefs der EU nicht darüber einigen, worüber sie sich am Ende des Amsterdamer Gipfels nun eigentlich geeinigt hatten.) Nichts ist ernüchternder, als zehn verschiedene Zeitungsberichte zu ein und demselben Ereignis zu vergleichen.

Von dieser Regel ausgenommen sind Kassettenrekorder (offen oder versteckt) und Kameras. Doch auch sie können lügen. Niemand, der einmal einem Radioreporter beim Schneiden zugesehen hat, wird künftig noch glauben, was er da hört. Und die neue digitale Technik scheint nun auch der Manipulation von Fotomaterial Tür und Tor zu öffnen. Dennoch bringen diese Geräte uns, bei seriösem Gebrauch, dem Rankeschen »wie es eigentlich gewesen« einen guten Schritt näher. Die Fernsehkamera kann lügen, aber zumindest kann sie nicht, was alle menschliche Dokumentation tut: vergessen und sich unwillkürlich erinnern. Daher zählen gut gemachte Fernsehberichte zu den hervorragendsten Werken der Zeitgeschichte. Die Fernsehdokumentation übermittelt uns nicht nur das Wort, sie hält auch Gesichtsausdrücke, die Atmosphäre und all die aufschlußreichen Details fest, die ansonsten nur der Beteiligte oder der Augenzeuge wahrnimmt.

Den Historiker muß nicht nur die Schwäche des menschlichen Gedächtnisses nachdenklich stimmen, sondern auch dessen Kreativität, seine grenzenlose Schaffenskraft, die Fähigkeit – nein, der Zwang –, die Vergangenheit in ewig wechselnden Mustern immer wieder neu zu arrangieren. Bereits Nietzsche und Schopenhauer haben angemerkt, daß diese zurechtgerückten Muster unserem Selbstwertgefühl, unserem Stolz und unserer Eitelkeit gemeinhin mehr entgegenkommen. Aber nicht immer. Manchmal martert die Erinnerung Menschen mit Reue- oder Schuldgefühlen in einem Ausmaß, wie es die Umstände gar nicht rechtfertigen. Die fatale Ironie besteht, wie Claude Lanzmann in seinem Film *Shoah* aufs entsetzlichste gezeigt hat, gerade darin, daß es häufig die Opfer sind, die von den Erinnerungen gequält werden, während den Tätern seliges Vergessen zuteil wird. Das ist besonders dann der Fall, wenn es sich um Schreibtischtäter handelt, bürokratische Verwalter des Bösen, von denen in Lanzmanns Film einige vorkommen. »Dieses Lager«, sagt einer von ihnen, »wie hieß das noch gleich? Lag irgendwo im Distrikt Oppeln … Jetzt hab ich's: Auschwitz!«

Das Gedächtnis, dieser begnadete Taschenspieler, muß daher der Feind von jedem sein, der herausfinden möchte, was geschah, gleichgültig, ob er Historiker, Journalist oder Schriftsteller ist. Martha Gellhorn hat dies hinsichtlich ihrer eigenen Kriegserinnerungen eindrücklich dargestellt. Sie schreibt: »Wozu hat man so lange gelebt, ist so weit gereist, hat so genau hingeschaut und zugehört, wenn man am Ende doch nicht weiß, was man weiß?« Aber es gibt noch eine Reihe weiterer Fragen, die die Erfahrung jener betreffen, die Schlimmes erlebt haben, die Opfer von Entführungen, Gefangenschaft und Folter geworden sind oder Kollektivierung, Besatzung, Krieg, Diktatur und Völkermord erleiden mußten. Diese Fragen kreisen nicht darum, wie man Vergangenes rekonstruieren kann, sondern darum, was jetzt und in Zukunft für den einzelnen Menschen, die Gesellschaft, die Nation oder den Staat am besten ist.

(September 1997)

Dies ist Thema des folgenden Essays »Strafgerichte, Säuberungen und Geschichtsstunden« (S. 308 ff.).

Chronik

1997

1. Oktober. SFOR-Truppen in Bosnien übernehmen die Kontrolle über die Radio- und Fernsehstationen der bosnischen Serben.

15. Oktober. Franjo Tudjman wird zum dritten Mal zum Präsidenten Kroatiens gewählt.

19. Oktober. Milo Djukanović wird zum Präsidenten Montenegros gewählt.

27. Oktober. Der britische Finanzminister Gordon Brown verkündet, daß Großbritannien im Januar 1999 der Europäischen Währungsunion nicht beitreten wird und formuliert fünf ökonomische Prüfsteine für eine eventuelle Mitgliedschaft.

Oktober. Massendemonstrationen der albanischen Studenten im Kosovo.

6. November. Der Philosoph Isaiah Berlin stirbt in Oxford.

10. November. Jerzy Buzek vom Wahlbündnis der Gewerkschaft Solidarność wird Ministerpräsident Polens, mit Bronisław Geremek von der Freiheitsunion als Außenminister.

28. November. Die Kosovo-Befreiungsarmee gibt ihre Existenz auf einer Beerdigung eines von der serbischen Polizei erschossenen kosovarisch-albanischen Lehrers öffentlich bekannt.

26.-29. November. Prag. Zeit für einen Kurzbesuch bei Václav Havel, der sich im Landhaus des Präsidenten Masaryk in Lány von seiner schweren Krankheit erholt. Auf seinem Tisch steht ein Glas Bier – »meine Medizin«. Aber eine andere Sache scheint noch besser als Medizin zu wirken: die Neuigkeit vom unmittelbar bevorstehenden Fall des anderen Václav, von Ministerpräsident Klaus.

30. November. Der tschechische Ministerpräsident Klaus tritt nach mehr als fünf Jahren im Amt zurück.

1. Dezember. Großbritannien wird nicht gestattet, die Treffen des geplanten Rats zur Koordination der Wirtschaftspolitik der europäischen Staaten, die an der Währungsunion teilnehmen, zu besuchen (das »Euro-X«).

11. Dezember. Weimar. Meine Lieblingsstadt in Deutschland. Aber jetzt ist es eine Baustelle mit riesigen Baukränen, die sich über den Häusern auftürmen, und schweren Lastern, die durch die stillen, kopfsteingepflasterten Straßen donnern. Warum? Weil sie 1999 »Kulturhauptstadt« Europas wird. Ich fürchte, daß die empfindliche Balance ihres besonderen Geistes, zugleich provinziell und kosmopolitisch, »klein, aber groß«, für immer zerstört werden könnte – im Namen der Kultur.

12.-13. Dezember. Ein EU-Gipfel in Luxemburg beschließt, die Beitrittsverhandlungen mit den sechs neuen Bewerbern – Polen, Ungarn, die Tschechische Republik, Slowenien, Estland und Zypern – aufzunehmen und in einem zweiten Schritt fünf neue – Slowakei, Rumänien, Bulgarien, Litauen und Lettland – in Betracht zu ziehen.

1998

20. Januar. Václav Havel wird für die zweite und letzte Fünf-Jahres-Amtszeit zum tschechischen Präsidenten gewählt.

21.-24. Januar. Mailand. Ich frage eine Bekannte, ob es eine Chance gibt, den mit dem Nobelpreis ausgezeichneten anarchistischen Dramatiker Dario Fo zu hören. Na ja, sagt sie, um ehrlich zu sein, er hält heute Abend einen Vortrag an der Mailänder Universität. Es ist eine Zeremonie zum Gedenken an einen Studenten, der vor 25 Jahren von der Polizei umgebracht wurde. Sie sagt, sie müsse ohnehin dabei sein.

Der große Vortragssaal ist überfüllt. Dario Fo ist amüsant, redselig und unerträglich selbstgefällig. Viel interessanter ist der Grund für die Anwesenheit meiner Bekannten. Es stellt sich heraus, daß ihr Cousin ein linker Studentenführer bei den Protesten war, deren wir gedenken. Dann änderte er völlig den Kurs und ging in die Wirtschaft. Er wurde die rechte Hand eines hochrangigen Industriellen, der massiv in die italienischen Bestechungs- und Korruptionsskandale von Tangentopoli verstrickt war. Tatsache ist, daß ihr Cousin der Mann war, der die Politiker bezahlt hat. Jetzt sitzt er im Gefängnis. Aber er ist für ein paar Tage auf Kaution frei, auch um an dieser Veranstaltung teilnehmen zu können. Darum ist sie hier – um hallo zu sagen und ihn, sozusagen, moralisch zu unterstützen. Der Saal ist gespickt von seinen Verwandten und Freunden.

Später beim Essen erzählt mir mein Dolmetscher, daß ihr Vater ein Goldschmied war. Als der Skandal ausbrach, mußte er feststellen, daß plötzlich die meisten seiner besten Kunden fernblieben. Sein Geschäft brach zusammen.

Ganz normale Lebensläufe, betroffen und verändert von Tangentopoli. Die menschliche Schattenseite großer Ereignisse.

Strafgerichte, Säuberungen und Geschichtsstunden

Zu den großen Themen unserer Zeit gehört die Frage: Wie sollen Nationen mit einer belasteten Vergangenheit umgehen? Länder in aller Welt standen vor diesem Problem: Chile, Argentinien, Uruguay, El Salvador, Spanien nach Franco, Griechenland nach den Obristen, Äthiopien, Kambodscha, alle postkommunistischen Staaten Mittel- und Osteuropas. Schon gibt es eine umfangreiche Literatur, vor allem von Politikwissenschaftlern, Anwälten und Menschenrechtsaktivisten, weniger von Historikern, die die Vergangenheit eher als ein Element des »Übergangs« von der Diktatur zu einer – wie man hofft – konsolidierten Demokratie betrachten.

Drei unschätzbare, dicke Bände unter dem zu eng gefaßten Titel *Transitional Justice* liefern eine Dokumentation darüber, wie man bis 1995 in verschiedenen Teilen der Welt mit der Vergangenheit umging. Das Material für einen vierten Band ist derzeit in Arbeit – über Südafrika, Ruanda, Bosnien und Den Haag.

Aber wovon genau sprechen wir? Es gibt in der englischen Sprache kein eigenes Wort dafür. Die Deutschen dagegen haben zwei lange Worte im Gebrauch: »Geschichtsaufarbeitung« und »Vergangenheitsbewältigung«. Natürlich signalisiert das Fehlen eines Wortes in einer Sprache nicht etwa das Fehlen des beschriebenen Sachverhalts. Byron macht irgendwo die Bemerkung, die Engländer besäßen zwar nicht das Wort *longueur,* aber die Sache selbst hätten sie im Überfluß. Die Existenz allerdings nicht nur eines, sondern zweier deutscher Begriffe verweist doch darauf, daß es sich hier um so etwas wie eine deutsche Spezialität handelt.

Sicher, in dieses Meer fließen viele Flüsse, und jeder nähert sich dem Thema auf seine eigene besondere Art und Weise. Der Anwalt und Menschenrechtsaktivist Aryeh Neier zum Beispiel führt, was er die »Bewegung für Verantwortlichkeit« nennt, zurück auf die Forderungen der Mütter der »Verschollenen« in

Argentinien Anfang der achtziger Jahre, und zweifellos ging ein wichtiger Impuls von Lateinamerika aus, mit seinen verschiedenen Modellen einer »Wahrheitskommission«. Ein in *Transitional Justice* nachgedruckter Artikel zählt nicht weniger als fünfzehn »Wahrheitskommissionen« auf, die zwischen 1974 und 1994 eingerichtet wurden; inzwischen dürfte sich ihre Zahl auf knapp zwanzig belaufen.[1] Dennoch ist Deutschland (bisher) das einzige Land, das dieses Unterfangen nicht nur ein-, sondern zweimal in Angriff genommen hat: nach dem Nazismus und nach dem Kommunismus. Ich selbst kam auf dieses Thema durch die eigenartige Erfahrung, meine eigene Stasi-Akte lesen zu können, und allgemeiner gesprochen aufgrund meiner Beobachtungen, wie die Länder in Mitteleuropa mit dem kommunistischen Erbe fertig geworden sind – oder auch nicht. Vor kurzem schrieb ich über Südafrikas Umgang mit seiner schrecklichen Vergangenheit, aber hier werde ich mich auf die mitteleuropäischen Erfahrungen während der letzten acht Jahre konzentrieren, seit dem Ende des Kommunismus. Ich möchte den besonderen Fall Deutschlands mit denen seiner ost-mitteleuropäischen Nachbarn vergleichen.

Dabei stelle ich vier Grundfragen: *Ob* die Vergangenheit überhaupt in Erinnerung behalten und behandelt werden soll, auf irgendeine der möglichen Arten, die zur Verfügung stehen, oder ob man sie einfach vergessen und in die Zukunft schauen soll; *wann* man sich, wenn überhaupt, mit ihr auseinandersetzen soll; *wer* es tun sollte; und schließlich: *wie*?

1

Die auf die erste Frage in Deutschland seit 1989 gegebene Antwort – *ob überhaupt?* – lautete eindeutig: »Natürlich müssen wir uns erinnern! Natürlich müssen wir uns der Geschichte der kommunistischen Diktatur in Deutschland auf jede nur mögliche Weise stellen!« Und Deutschland hat in diesem Versuch eine neue Norm der Vollständigkeit gesetzt.

Die Argumente dafür, sich mit der Vergangenheit in dieser Art auseinanderzusetzen, sind moralischer, psychologischer und politischer Natur. Interessanterweise wird der moralische Imperativ, das Gebot, sich zu erinnern, in Deutschland häufig in Formen zitiert, die aus der jüdischen Tradition kommen: »Das Geheimnis der Erlösung heißt Erinnerung.« Dann gibt es den psychologischen Gedanken, der in einem einflußreichen Buch von Alexander und Margarete Mitscherlich diskutiert wurde: Für Nationen wie für Individuen sei es schlecht, die Erinnerung an traurige oder böse Dinge in ihrer Vergangenheit zu unterdrücken, und es sei gut für sie, die Mühe der »Trauerarbeit« auf sich zu nehmen. Vor allem gibt es die politische Vorstellung, dies werde dazu beitragen, eine Wiederholung des Übels zu vermeiden. Wie oft hört man in Deutschland George Santayanas Bemerkung, wer die Vergangenheit vergesse, sei dazu verurteilt, sie zu wiederholen.

Man kann mühelos erkennen, warum es in Deutschland, um es vorsichtig auszudrücken, als politisch inkorrekt gilt, diese überkommene Weisheit in Frage zu stellen. Wie kann es nach dem Holocaust irgend jemand wagen, vom Vergessen zu reden? Aber dennoch wurde diese Grundannahme zu vielen anderen Zeiten und an vielen anderen Orten zurückgewiesen. Historisch sind die Befürworter des Vergessens zahlreich und gewichtig. Nur zwei Tage nach dem Mord an Caesar zum Beispiel erklärte Cicero vor dem römischen Senat, alle Erinnerung an die mörderische Zwietracht solle ewigem Vergessen überantwortet werden: *Oblivione sempiterna delendam.* Europäische Friedensverträge, vom Vertrag zwischen Lothar, Ludwig dem Deutschen und Karl von Frankreich im Jahre 851 bis zum Vertrag von Lausanne 1923, forderten explizit das Vergessen ein. Das taten auch die französischen Verfassungen von 1814 und 1830. Der englische Bürgerkrieg endete mit einem Gesetz über Straflosigkeit und Vergessen.

Sogar nach 1945 hat es in Europa viele Beispiele für die Strategie des Vergessens gegeben. Die französische Nachkriegsrepublik gründete sich nach der ersten Säuberungswut, der *épuration*, auf eine mehr oder weniger bewußte Politik, die schmerzlichen Erinnerungen an die Kollaboration in Vichy und dem besetzten Frankreich durch den einigenden nationalen Mythos de Gaulles von einem einzigen kämpfenden Frankreich im Widerstand zu ersetzen. Tatsächlich wurde ein großer Teil der westeuropäischen Nachkriegsdemokratien auf einer Grundlage des Vergessens aufgebaut; man denke an Italien oder an Kurt Waldheims Österreich – mit Hilfe der Alliierten glücklich zu einem unschuldigen Opfer der Nazi-Aggression umstilisiert. Man denke auch an Westdeutschland in den fünfziger Jahren, wo man sich entschlossen bemühte, die Nazi-Vergangenheit zu ignorieren.

Und hier haben die Beispiele noch keineswegs ein Ende. Der Übergang zur Demokratie in Spanien nach 1975 stand im Zeichen einer bewußten Strategie, nicht zurückzuschauen, die Vergangenheit nicht zu konfrontieren oder zu »behandeln«. Jorge Semprun spricht von einer »kollektiven und gewollten Amnesie«. Sicher gab es zunächst eine Explosion des Interesses an der neueren Geschichte, aber es gab keinerlei Verfahren gegen franquistische Führer, keine Säuberungen, keine Wahrheitskommissionen. Am fünfzigsten Jahrestag des Ausbruchs des spanischen Bürgerkriegs gab der Premierminister Felipe González eine Erklärung ab, wonach der Krieg »nun endlich Geschichte« sei, »in der Realität des Landes nicht länger präsent und lebendig«.

Mehr noch, etwas Ähnliches finden wir auch in Polen nach dem Ende des Kommunismus. Polens erster nichtkommunistischer Premierminister seit über vierzig Jahren, Tadeusz Mazowiecki, erklärte in seiner Antrittsrede vor dem Parlament: »Wir ziehen einen dicken Strich (*gruba linia*) zwischen uns und der Vergangenheit.« Er hat seither wiederholt hervorgehoben, er habe damit nur das gemeint, was er dann im nächsten Satz ausführte: Seine Regierung solle nur für das verantwortlich gemacht werden, was sie selbst tun werde. Aber der Ausdruck »dicker Strich«, häufig in der etwas veränderten Form *gruba kreska* zitiert, wurde schnell sprichwörtlich und galt allgemein als Synonym für einen »spanischen« Ansatz zur Auseinandersetzung mit der schwierigen Vergangenheit. Dies mag ungerecht gewesen sein gegenüber dem ursprünglichen Kontext, in dem Mazowiecki diesen Ausdruck zum ersten Mal verwendete, aber es war nicht ungerecht als verkürzte Kennzeichnung der allgemeinen Einstellung von Mazowiecki und seinen Kollegen.

Wie ich mich aus Gesprächen jener Zeit gut erinnere, lautete ihre allgemeine Einstellung: Lassen wir Vergangenes Vergangenes sein; keine Verfahren, keine Vorwürfe; schaut auf die Zukunft, auf die Demokratie und »Europa«, wie Spanien das vorgemacht hatte. Teilweise lag das daran, daß Polen nach 1989 eine ausgehandelte Revolution erlebt hatte und die Vertreter des alten Regimes noch immer hohe Positionen besetzten – einschließlich der Regierung selbst. Teilweise lag der Grund darin, daß man sich 1990 einfach nicht vorstellen konnte, daß die postkommunistische Partei noch einmal in freien Wahlen an die Macht kommen könnte. Daher schien es keine drängende politische Notwendigkeit zu geben, die Menschen an die Schrecken der kommunistischen Vergangenheit zu erinnern, und es gab viele, viele andere Dinge, die dringender erledigt werden mußten – wie die Umwandlung der Ökonomie durch den sogenannten Balcerowicz-Plan. Aber es spiegelte sich darin auch eine tiefere Philosophie der Vergebung, eine Philosophie, die Mazowiecki, ein liberaler Katholik und langjähriger Berater von Solidarność, mit vielen Vertretern der früheren Oppositionsbewegungen in Mitteleuropa gemeinsam hatte.

In Deutschland waren es ehemalige ostdeutsche Dissidenten, wie Gerd Poppe von der Initiative für Frieden und Menschenrechte und der Pfarrer Rainer Eppelmann, die auf eine radikale und umfassende Abrechnung drängten. In anderen Ländern des östlichen Mitteleuropa waren häufig gerade die Dissidenten – die am unmittelbarsten unter dem alten Regime gelitten hatten – am ehesten bereit, einen »dicken Strich« zwischen der Vergangenheit und der Gegenwart zu ziehen. Václav Havel in der Tschechoslowakei bot ein klassisches Beispiel, und seine Politik in seinem ersten Jahr als Präsident ließ sich wie die Mazowieckis beschreiben, als eine Politik der vorauseilenden Vergebung. Der Fall Ungarn lag anders. Hier war es die konservative Regierung unter József Antall, zusammengesetzt aus Menschen, die nicht in der vordersten Linie der Opposition gegen den Kommunismus gestanden hatten, die mit kräftiger Rhetorik die Säuberung von den Kommunisten forderte – aber ihren säuberungsfreundlichen Worten kamen ihre Taten der Säuberung nicht gleich. Der schärfste Kontrast zeigte sich wie so oft zwischen Deutschland und Polen.

2

Das bringt mich zur zweiten Grundfrage: *Wann?* Denn es gibt
eine mittlere Position, die besagt: »Ja, aber jetzt noch nicht.« Ein
Argument dafür ist der Neo-Rankesche Einwand gegen jeden
Versuch, die Geschichte der neuesten Vergangenheit zu schreiben: Unsere Distanz von den Ereignissen reicht nicht aus, um
ihre Bedeutung zu erkennen, wir sind emotional beteiligt, und
die Quellen stehen noch nicht vollständig zur Verfügung. Besser dreißig Jahre warten, bis die relevanten offiziellen Akten in
den Archiven zur Verfügung stehen. Im postkommunistischen
Mitteleuropa jedoch ist der letzte Teil dieses Arguments ein Zirkelschluß, denn wer die Quellen für nicht verfügbar erklärt, ist
häufig gerade mit jenen identisch, die die Archive geschlossen
halten.

Darüber hinaus werden politische Argumente vorgebracht.
Was die neue Demokratie stärken soll, könnte sie in Wirklichkeit unterminieren. Die schwierige Vergangenheit allzu genau
unter die Lupe zu nehmen, heiße, alte Wunden zu öffnen und die
Gesellschaft zu zerreißen. Man brauche die Mitarbeit der Funktionäre, Kollaborateure und bloßen Mitläufer der Diktatur, um
die neue Demokratie aufzubauen. Der Philosoph Hermann
Lübbe hat die Ansicht vertreten, gerade weil Adenauers Westdeutschland in den fünfziger Jahren mittels Amnestie und Amnesie die Erinnerung an die Nazi-Vergangenheit unterdrückte,
sei die soziale Konsolidierung der Demokratie in Westdeutschland möglich gewesen. Das habe dazu beigetragen, Nazis zu
Demokraten werden zu lassen.

Dagegen läßt sich, meiner Meinung nach überzeugend, das
Folgende vortragen. Zunächst ist der rein historiographische
Verlust ebenso groß wie jeder Gewinn an Material oder Distanz.
Zeugen sterben; andere vergessen oder ordnen doch zumindest
ihr Gedächtnis neu; und gerade die schlimmsten Schrecken sind
in den Archiven häufig am schlechtesten dokumentiert. Zweitens haben die Opfer und ihre Verwandten ein moralisches
Recht zu wissen, unter wessen Händen sie oder ihre Liebsten
gelitten haben. Drittens haben Verzögerung und Verdrängung
ihren eigenen psychologischen und politischen Preis. Die Tat-

sache, daß die Folterer oder die Befehlshaber straflos davonkommen, ja sogar in hohen Ämtern bleiben, kompromittiert das neue Regime in den Augen gerade derjenigen, die seine entschiedensten Unterstützer sein sollten. Ständig treiben schmutzige Bruchstücke der Vergangenheit wieder an die Oberfläche und werden, häufig auf höchst unsaubere Weise, für die laufenden politischen Streitigkeiten nutzbar gemacht.

Für Frankreich hat der Historiker Henri Rousso dies sehr lebendig als das »Vichy-Syndrom« beschrieben. Er vergleicht es mit einem chronischen Fieber, einer alten Malaria in den Knochen der französischen Gesellschaft. Wie wir in den letzten Jahren durch die Enthüllungen über François Mitterrands Vichy-Vergangenheit und jetzt durch das Verfahren gegen Maurice Papon erfahren konnten, ist das Fieber noch immer nicht gewichen. Das gilt auch für Deutschland. In ihrem neuen Buch *Politik und Schuld* erforscht die Berliner Politikwissenschaftlerin Gesine Schwan sorgsam den politischen und psychologischen Preis, den die Bundesrepublik in den fünfziger Jahren für das zahlte, was sie als »Beschweigen« bezeichnet, die Praxis des bewußten Stillschweigens angesichts der Verbrechen und Schrecken des Nazismus im öffentlichen Leben, in den Schulen und vor allem in den Familien Westdeutschlands. Die systematische akademische, journalistische und pädagogische Auseinandersetzung mit der Nazi-Vergangenheit in den sechziger und siebziger Jahren entwickelte sich als Teil einer häufig wütenden Reaktion gegen das Beschweigen der fünfziger Jahre. Tatsächlich scheinen die oben erwähnten Kunstbegriffe, Geschichtsaufarbeitung und Vergangenheitsbewältigung, erst seit den sechziger Jahren regelmäßig verwendet zu werden.

Viele Angehörige der einflußreichen westdeutschen »68er« waren auch überzeugt, die Verdrängung der Nazi-Vergangenheit und der Antikommunismus der älteren Generation seien zwei Seiten derselben Medaille. Viele von ihnen reagierten, indem sie sympathisierende, sogar rosig gefärbte Berichte über das kommunistische Ostdeutschland produzierten, zum Beispiel ohne Erwähnung der Stasi. Hier besteht ein interessanter, wenn auch perverser Zusammenhang. Ihre Revolte gegen das Versagen ihrer Väter, die Vergangenheit der vorangegangenen deutschen Diktatur vollständig aufzuarbeiten, trug zu ihrer eigenen Unfähigkeit bei, die Übel der gegenwärtigen klar zu erkennen. Jedenfalls ist ein Empfinden für den hohen Preis dieser Verzögerung bei der Behandlung der Nazi-Vergangenheit ein gewichtiger Grund, warum die Forderung nach einer sofortigen, umfassenden »Aufarbeitung« der kommunistischen Vergangenheit in Deutschland nach 1989 so schnell akzeptiert wurde.

3

Der Fall Deutschland wirft auch die dritte Frage auf: *Wer?* Vor dem langen Schweigen der Fünfziger hatte es natürlich den Versuch der Entnazifizierung durch die Besatzungsmächte gegeben sowie die Nürnberger Prozesse, die von den siegreichen Alliierten durchgeführt wurden. Sowohl Nürnberg als auch die Entnazifizierung sind seitdem immer die ersten Bezugspunkte für all diese Diskussionen geblieben. Die Durchführung von außen, nach einer totalen Niederlage, hat offensichtliche Vorteile. Es gibt keine politischen Zwänge im eigenen Land, die sich mit putschgierigen Armeen in Lateinamerika oder den nach wie vor funktionierenden Sicherheitsdiensten im heutigen Rußland vergleichen ließen. Es wird etwas getan. Aber es zeigen sich auch die Nachteile. Tatsächlich könnte man vorbringen, das Schweigen der Adenauer-Jahre sei in sich teilweise eine Reaktion auf das gewesen, was als »Siegerjustiz« angesehen wurde – und als Geschichtsschreibung der Sieger. Im größten Teil des postkommunistischen Europa haben wir die entgegengesetzte Position. Weit von einer neuerlichen Besetzung entfernt, begreifen sich die meisten postkommunistischen Länder als der Besatzung entronnen. Mehr noch, nur in fünf Ländern – Polen, Ungarn, Rumänien, Bulgarien und Albanien – setzt man sich mit der kommunistischen Vergangenheit in den gleichen staatlichen Grenzen auseinander (oder auch nicht) wie denen, in denen sie stattfand. Überall sonst, in der ehemaligen Sowjetunion, dem ehemaligen Jugoslawien und der ehemaligen Tschechoslowakei, gibt es eine Reihe neuer, kleinerer Nachfolgestaaten. Oder wie man eher sagen könnte und auch sagt: Sie sind keine Nachfolger – eben keine Erben dieser Vergangenheit. In einem Land wie Litauen, das aus einer unterdrückerischen Besatzung hervorgeht und um den Aufbau einer neuen nationalen und staatlichen Identität kämpft, ist die Versuchung fast unwiderstehlich zu sagen: »Das waren sie, nicht wir.« Selbst für die Russen gibt es eine starke Versuchung zu sagen: »Das war die Sowjetunion, nicht Rußland.«

Auch hier ist die deutsche Position einzigartig. Während Polen und Ungarn sozusagen mit ihrer eigenen Vergangenheit allein sind, müssen Ost- und Westdeutsche gemeinsam damit fertig werden. Enttäuschte Ostdeutsche, die mitunter ihre historischen Metaphern durcheinanderbringen, sprechen von einem Anschluß, dem eine »Siegerjustiz« gefolgt sei. Aber es war ein freiwilliger Anschluß, für den sich eine Mehrheit der Ostdeutschen in freien Wahlen entschied, und die kühnsten Schritte der Auseinandersetzung mit der Vergangenheit – die Öffnung der Stasi-Akten, die Identifizierung der verantwortlichen Funktionäre – hatten in Wirklichkeit Ostdeutsche gefordert. Dennoch ist das Ressentiment verständlich. Häufig fällen Westdeutsche Urteile über Ostdeutsche, sei es in Gerichten oder einfach durch Verwaltungsakte. Welches Recht haben wir Außenseiter, die niemals unter einer Diktatur leben mußten, über jene zu urteilen, die dies taten? Wissen wir denn, wie wir uns verhalten hätten? Vielleicht wären auch wir Parteifunktionäre geworden oder IMs? Welches Recht haben wir also zu urteilen? Aber ebenso: Welches Recht haben wir zu vergeben? »Vergib nicht«, schreibt Zbigniew Herbert, der große Dichter des polnischen Widerstands: »Vergib nicht, denn es liegt nicht / in deiner Macht im Namen derer / zu vergeben, die in der Morgendämmerung / verraten wurden.«

Nur die Opfer haben das Recht zu vergeben.

4

Selbst innerhalb eines Landes bleibt die Frage bestehen: Wer hat das Recht zum Urteil? Das Parlament? Richter? Sonderkommissionen oder Tribunale? Presse und Fernsehen? Oder vielleicht die Historiker? An diesem Punkt geht die Frage nach dem *Wer* über in die Frage nach dem *Wie*. Drei Hauptwege scheinen möglich – Strafgerichte, Säuberungen oder Geschichtsstunden. (Ich lasse hier die sehr wichtigen, aber auch sehr komplexen Fragen der Rehabilitierung, Entschädigung und Wiedergutmachung für die Opfer oder ihre Nachfolger beiseite.)

Die Wahl des Weges und das Ausmaß, indem man jedem dieser Wege folgen kann, hängt von dem Charakter der vorhergegangenen Diktatur ab, von der Art des Übergangs und der besonderen Lage der nachfolgenden Demokratie – wenn es denn eine Demokratie wird. So sind zum Beispiel die politischen Zwänge in Mitteleuropa weit weniger akut als in Lateinamerika. In Argentinien machte ein mächtiges Militär aller Strafverfolgung erfolgreich ein Ende und erwirkte sogar die Begnadigung der bereits Verurteilten. Aber auch die vorhergehende Repression war sehr verschieden.

Die amerikanische Publizistin Tina Rosenberg hat das einfach, aber gut zum Ausdruck gebracht: In Lateinamerika war die Unterdrückung tief, in Mitteleuropa war sie breit. In Lateinamerika gab es eine Gruppe von Opfern – Gefolterte, Ermordete oder, in jenem eigenartigen, aber seltsam treffenden Ausdruck, »Verschwundene« –, Opfer eben einer anderen Gruppe – Armee- und Polizeiangehörige, Mitglieder der Todesschwadronen –, die für Morde und Folter verantwortlich war. In Mitteleuropa wurde das Regime seit den Hochzeiten des Stalinismus und mit einigen wichtigen Ausnahmen im allgemeinen von einer viel größeren Zahl von Menschen getragen, die weniger gewalttätigen oder expliziten Druck auf viel mehr Menschen ausübten. Viele standen auf beiden Seiten zugleich. Die Gesellschaft war durch Millionen winziger Fäden der alltäglichen Lüge, Konformität und Kompromisse gefesselt. Dies ist ein Punkt, auf den Václav Havel immer wieder hingewiesen hat. In diesen spät- oder posttotalitären Regimes, sagt er, verlief die Trennungslinie nicht klar zwischen »ihnen« und »uns«, sondern durch jeden einzelnen Menschen hindurch. Niemand war einfach ein Opfer, jeder war in gewissem Ausmaß mitverantwortlich.

Wenn das stimmt, dann ist viel weniger deutlich, wer, wenn überhaupt, vor Gericht gestellt werden soll. Havels implizite Antwort lautet: jeder und deshalb keiner. Der polnische Schriftsteller Adam Michnik hat eine ähnliche Position eingenommen. Ausnahmen, die die Regel bestätigen, sind Einzelfälle von abnormer Brutalität, wie die polnischen Geheimdienstoffiziere, die für den Mord an dem Solidarność-Priester Jerzy Popiełusko direkt verantwortlich waren.

Die Geschichte der Gerichtsverfahren im postkommunistischen Mitteleuropa ist tatsächlich sehr wechselvoll. In der damaligen Tschechoslowakei wurden zwei höhere Funktionäre wegen ihrer Beteiligung an der Unterdrückung der regimefeindlichen Demonstrationen 1988 und Anfang 1989 verurteilt. 1993 hob das »Gesetz über den illegalen Charakter des kommunistischen Regimes« der Tschechischen Republik die Grenzen der Strafverfolgung für Verbrechen auf, die aus »politischen Gründen« in der kommunistischen Zeit nicht geahndet worden waren. Ein Büro für die Dokumentation und Untersuchung der Verbrechen des Kommunismus wurde geschaffen und erhob in diesem Jahr Anklage gegen drei ehemalige Führer der Kommunistischen Partei wegen ihrer Rolle bei der Invasion des Warschauer Pakts in der Tschechoslowakei 1968. In Polen wurde gegen General Jaruzelski eine Untersuchung eingeleitet, weil er die Zerstörung von Akten des Politbüros angeordnet hatte, und dann wurde gegen ihn Anklage erhoben im Zusammenhang mit der Erschießung protestierender Arbeiter an der Ostseeküste in den Jahren 1970-71. Einer Reihe höherer Figuren wurde vorgeworfen, 1981 und 1982 den Tod streikender Arbeiter unter dem Kriegsrecht verursacht zu haben. Aber insgesamt waren die gerichtlichen Verfahren launenhaft, fragmentarisch und ohne Beweiskraft.

Deutschland zeigte sich, wenig überraschend, am systematischsten. Grenzsoldaten wurden angeklagt und verurteilt, weil sie Menschen erschossen hatten, die aus Ostdeutschland zu fliehen versuchten. Erst vor kurzem wurde der letzte kommunistische Führer des Landes, Egon Krenz, wegen seiner Mitverantwortung am »Schießbefehl« zu sechseinhalb Jahren Gefängnis verurteilt. Mehrere andere höhere Funktionäre wurden mit ihm für schuldig befunden. Aber selbst in Deutschland sind, um es vorsichtig auszudrücken, die Ergebnisse sehr gemischt.

Die gewöhnlich für die Einleitung von Verfahren vorgebrachten Argumente lauten, das wäre doch wenigstens ein Schritt in Richtung von Gerechtigkeit für die Opfer; sie hülfen, Militär oder Sicherheitskräfte von künftigen Übertretungen abzuschrekken; sie seien ein Beispiel und eine Stärkung für die Rechtssicherheit; und schließlich trügen sie zum öffentlichen Wissen und zur Empfindung einer allgemeineren Katharsis bei. Die erste Überlegung – Gerechtigkeit für die Opfer – ist in einigen dieser Fälle sicherlich berechtigt; die zweite gilt in weit geringerem Maße, denn im allgemeinen hat es dort, wo eine solche Abschreckung noch Bedeutung haben könnte (wie in Rußland), keine derartigen Verfahren gegeben, und wo es Verfahren gegeben hat (wie in Deutschland), war die Abschreckung kaum erforderlich. Boten diese Verfahren ein Beispiel für die Rechtsstaatlichkeit, haben sie zu ihr beigetragen? Das läßt sich nur unter Schwierigkeiten behaupten. Gleichheit vor dem Gesetz ist ein Grundprinzip, aber selbst in Deutschland, und in anderen Ländern in noch stärkerem Maße, kam es zu einer radikalen, willkürlichen und politisch motivierten Auswahl der Angeklagten. Dazu kommt das bekannte Problem, Menschen für Handlungen anzuklagen, die damals in den Gesetzbüchern ihrer Länder keine Verbrechen waren. Wie soll man vermeiden, gegen das ehrwürdige Prinzip des *nulla poena sine lege* zu verstoßen?

Die deutschen Staatsanwälte waren entschlossen, eine solche Verfahrensweise nach dem Nürnberger Modell zu vermeiden; sie versuchten daher, Verbrechen zu identifizieren, die auch zur Tatzeit in der DDR Verbrechen waren. Dies hat jedoch eine überaus selektive Anwendung des DDR-Rechts zur Folge, wodurch ein weiteres Grundprinzip verletzt wird. Sonst müßten die Staatsanwälte selbst angeklagt werden wegen Diffamierung des ostdeutschen Staates (»staatsfeindliche Hetze«), was nach ostdeutschem Recht strafwürdig war! Ließ sich die Anklage trotzdem nicht wasserdicht gestalten, zogen sie sich unbeholfen auf ein »Naturrecht« zurück. Der ehemalige Minister für Staatssicherheit, Erich Mielke, wurde nicht wegen seiner verantwortlichen Stellung im Regime verurteilt, sondern wegen seiner Beteiligung an einem Polizistenmord, als junger kommunistischer Straßenkämpfer 1931. Das Verfahren gegen Erich Honecker, von 1971 bis 1989 Vorsitzender der SED, wurde schließlich aus Gesundheitsgründen eingestellt. Dann flog er davon, um seine letzten Monate zurückgezogen in Chile zu verbringen. Nichts davon konnte zu einem Gefühl öffentlicher Katharsis beitragen. Was das öffentliche Wissen angeht: Die Tausende Seiten juristischer Argumente vor Gericht trugen wenig dazu bei, die wahre Geschichte des Regimes zu beleuchten, mit Sicherheit nicht für den normalen Leser. Ebensowenig werden meiner Meinung nach Wissenschaftler in Zukunft die Protokolle dieser Prozesse nutzen, so wie wir noch diejenigen der Nürnberger Prozesse nutzen, um den Nazismus zu verstehen; denn sie bieten wenig an neuer Information.

Der ungarische Fall bietet einen interessanten Kontrast. Hier verabschiedete das Parlament ursprünglich ein Gesetz, das ebenso wie das tschechische die Strafverfolgungseinschränkungen für Akte des Verrats, Mordes und Totschlags während der kommunistischen Zeit aufhob; aber das Verfassungsgericht wies es mit der Begründung zurück, es handele sich hier um rückwirkendes Recht. Sodann wurde ein neues Gesetz verabschiedet, insbesondere für »Verbrechen während der Revolution von 1956«. Hier schlug man einen anderen Weg ein und wandte die Konventionen von Genf und New York über »Kriegsverbrechen« und »Verbrechen gegen die Menschlichkeit« auf die Ereignisse von 1956 an. Im Unterschied zu den deutschen Staatsanwälten und einzigartig in Mitteleuropa behaupten sie daher, einige in der kommunistischen Zeit begangene Taten qualifizierten sich für diese Kategorien der Nürnberger Prozesse – »Verbrechen gegen die Menschlichkeit«, »Kriegsverbrechen« –, und diese Bestimmungen seien damals zumindest nominell im internationalen Recht in Kraft gewesen. Bisher sind lediglich drei Personen verurteilt worden.

Der zweite Weg ist der der Säuberungen. Oder, um es neutraler auszudrücken, der administrativen Disqualifikation. Nur auf diesem Bereich hat Deutschland nicht den Ton angegeben. Teilweise in Reaktion gegen Havels Politik der vorauseilenden Vergebung verabschiedete das tschechoslowakische Parlament im Herbst 1991 ein drakonisches Gesetz. Es legte fest, daß ganze

Kategorien von Menschen – darunter hohe Parteifunktionäre, Angehörige der Volksmiliz, Agenten und diejenigen, die als »bewußte Mitarbeiter« des Staatssicherheitsdienstes bezeichnet wurden – aus weit gezogenen Kategorien von Arbeitsplätzen im öffentlichen Dienst vollständig ausgeschlossen werden sollten. Auf tschechisch wurde dieser Prozeß nicht als »Säuberung« bezeichnet (ein einigermaßen kompromittierter Ausdruck), sondern als *lustrace,* ein Wort, das aus dem Lateinischen abgeleitet ist und sowohl »Beleuchtung« als auch »rituelle Reinigung« impliziert. Dank der Tschechen können wir daher ein altes Wort wiederbeleben: Lustration. Unter den Bedeutungen finden wir im *Oxford English Dictionary* mit diesbezüglichen Zitaten aus dem 17. bis 19. Jahrhundert die Bedeutungen »Reinigung, insbes. spirituell oder moralisch« und »Durchführung eines Sühneopfers oder eines reinigenden Ritus«.

Die tschechoslowakische Lustration war in ihrer ursprünglichen Form nur wenig mehr als ein Jahr vollständig wirksam, da dann die Tschechoslowakei zerbrach. Während die Tschechische Republik weiterhin eine leicht modifizierte Version durchführte, ließ die Slowakei das Projekt praktisch fallen. Dennoch besteht kein Zweifel, daß das Verfahren eine Reihe stark kompromittierter Persönlichkeiten aus dem öffentlichen Leben in den tschechischen Ländern ausschloß (während in der Slowakei solche Personen tätig blieben). Die ursprüngliche Gesetzgebung war jedoch so grob und verfahrenstechnisch ungerecht, daß Präsident Havel öffentlich sein tiefes Unbehagen zum Ausdruck brachte, das Gesetz zu unterzeichnen, und der Europarat dagegen protestierte. Die Disqualifikation aus dem einfachen Grund der Zugehörigkeit zu einer Kategorie bedeutete, daß besondere Umstände nicht berücksichtigt werden konnten. Auf der Grundlage einer zuweilen kursorischen Untersuchung der Akten der Geheimpolizei und anderer Institutionen entschied eine besondere Kommission, ob jemand einer der Kategorien angehört hatte. Die derart öffentlich verurteilte Person hatte keinen Zugang zu dem gesamten Material und besaß nur ein begrenztes Berufungsrecht. Im Endeffekt galt jeder als schuldig, bis er für unschuldig erklärt wurde.

Das deutsche Gesetz über die Stasi-Akten zeigt viel mehr Skrupel. Die Arbeitgeber vor allem aus dem öffentlichen Dienst, die Akteneinsicht verlangen, erhalten eine Zusammenfassung der Akte der betreffenden Person von der Gauck-Behörde. Der Arbeitgeber trifft dann eine individuelle Entscheidung, Fall für Fall. Zumindest zwei Drittel derjenigen, die von der Gauck-Behörde als IMs identifiziert wurden, haben ihren Arbeitsplatz behalten. Außerdem kann vor dem Arbeitsgericht Berufung eingelegt werden. Aber auch hier gab es offensichtlich Ungerechtigkeiten – selbst wenn die denunzierende Presseberichterstattung nicht das Leben des Betreffenden zugrunde richtete. Und die reinen Zahlen sind außergewöhnlich: Bis Ende Juni 1996 waren über 1,7 Millionen Anfragen von der Gauck-Behörde beantwortet worden. Mit anderen Worten: Etwa jeder zehnte Ostdeutsche war, um den umgangssprachlichen Ausdruck zu benutzen, »gegauckt« worden. Hier könnte die strikte, verfahrensmäßige Gleichheit tatsächlich eine tiefere strukturelle Ungleichheit verbergen: Ostdeutsche Angestellte werden häufig Prüfungen unterworfen, die Westdeutsche niemals zu bestehen hätten.

Aber man muß auch den Preis berücksichtigen, wenn es keine Säuberung gäbe. In Polen war das die ursprüngliche »spanische« Absicht. Innerhalb eines Jahres jedoch wurde die Weiterbeschäftigung ehemaliger Kommunisten in hohen Positionen zu einem heiß umstrittenen Thema der polnischen Politik. Im Sommer 1992 legte der Innenminister einer entschieden antikommunistischen Regierung dem Parlament Aktenauszüge vor, in denen prominente Politiker als Kollaborateure der Geheimpolizei identifiziert wurden. Natürlich sickerten die Namen in die Presse durch. Diese sogenannte *noc teczek* – etwa die »Nacht der langen Akten« – erschütterte die neue Demokratie und führte schließlich zum Sturz der Regierung.

Im Dezember 1995 beschuldigte der abtretende Innenminister mit Zustimmung von Lech Wałęsa, den abtretenden Präsidenten, seinen eigenen postkommunistischen Premierminister Jozef Oleksy, er sei Agent des russischen Geheimdienstes gewesen. Der Premierminister trat daraufhin zurück, und die Affäre ist auch heute noch nicht abgeschlossen.Im letzten Parlamentswahlkampf wurde angedeutet, der gegenwärtige postkommunistische Präsident Polens, Aleksander Kwaśniewski, habe selbst enge Kontakte zu dem russischen Agenten gepflegt, der angeblich den früheren Premierminister »an der Leine« hatte.

So hat Polen in Ermangelung eines ausgehandelten, öffentlichen, legalen Verfahrens keinen Konsens im spanischen Stil genossen, sondern einen bitteren, immer wieder schmutzigen und grobschlächtigen politischen Mißbrauch der Akten. Als längst überfälliges Gegengift hat das polnische Parlament in diesem Jahr endlich ein sorgfältig erarbeitetes Lustrationsgesetz verabschiedet. Es verpflichtet Persönlichkeiten in höheren Positionen des öffentlichen Lebens, einschließlich der staatlichen Medien, zum Zeitpunkt ihrer Kandidatur für ein öffentliches Amt oder ihrer Ernennung öffentlich zu erklären, ob sie zwischen Juni 1944 und Mai 1990 mit den Sicherheitsdiensten »bewußt zusammenarbeiteten« oder nicht. Bei den letzten Parlamentswahlen sah ich Wahllokale, die mit langen Kandidatenlisten bepflastert waren; unter jedem Namen stand die entsprechende Erklärung. Die eingestandene Tatsache der Mitarbeit disqualifiziert noch nicht von der Kandidatur für öffentliche Ämter. Tatsächlich haben mehrere postkommunistische Kandidaten ihre frühere Zusammenarbeit eingeräumt. Nur wer wahrheitswidrig behauptet, er habe nicht kollaboriert, wird auf zehn Jahre von der Kandidatur für öffentliche Ämter ausgeschlossen. Die Unschuldserklärungen werden in aller Stille von einem Lustrationsgericht überprüft. Es hat sich bisher als einigermaßen schwierig erwiesen, Richter für dieses Gericht zu finden, aber unter der neuen Post-Solidarność-Regierung können wir erwarten, daß diese Schwierigkeiten überwunden werden.

Ungarn verabschiedete im letzten Jahr ein Lustrationsgesetz, und dies wird allmählich durchgeführt. Hier überprüft eine Kommission die Geschichte höhergestellter Persönlichkeiten des öffentlichen Lebens und gibt sie nur dann der Öffentlichkeit preis, wenn sie sich weigern, stillschweigend zurückzutreten. Aber die Kommission kann nicht mehr tun, als sich an die Öffentlichkeit zu wenden. Im letzten Herbst gab Premierminister Gyula Horn zu, daß er nach dem Gesetz negativ eingestuft worden war, zum einen wegen seines Dienstes in der Miliz, die zur Niederschlagung der Revolution von 1956 einberufen worden war, und weil er als Außenminister Informationen der Geheimpolizei erhalten hatte. Er weigerte sich jedoch zurückzutreten und sagte, er betrachte die Angelegenheit nun als abgeschlossen. Nach dem polnischen wie nach dem ungarischen Gesetz wird der Kreis der zu überprüfenden Personen weitaus enger gezogen als im deutschen Fall – meines Erachtens eine richtige Entscheidung.

Einige Analytiker haben die Argumente zugunsten einer Säuberung noch etwas weitergeführt.

Wo es keine Lustration gab wie in Polen und Ungarn – sowie anderen Ländern Ost- und Südosteuropas –, seien die postkommunistischen Parteien an die Macht zurückgekehrt. Nur dort, wo es eine Lustration gab, in der Tschechoslowakei und Deutschland, trat dies nicht ein. Es ist ein alter Fehler der Historiker, die Kausalität aus der Korrelation abzuleiten – *cum hoc, ergo propter hoc.* Bei genauerer Untersuchung kommt man zu dem Schluß, daß in Ostdeutschland die postkommunistische Partei bei Wahlen sehr gut abgeschnitten hat, und ein Grund dafür ist exakt das Ressentiment gegenüber dem, was als westdeutsche Besatzungssäuberungen und Siegerjustiz angesehen wird. Tatsächlich entspricht die Zahl der Stimmen für die postkommunistische PDS in Ostdeutschland bei den letzten Bundestagswahlen im Oktober 1994 in etwa der Zahl der Menschen, die von der Gauck-Behörde überprüft wurden. (Nicht daß ich aus dieser Korrelation eine Kausalität ableiten würde, aber immerhin …)

Man sollte auch keinesfalls einfach davon ausgehen, daß die Rückkehr der postkommunistischen Parteien an die Macht, mit makellosen sozialdemokratischen Programmen, für die Konsolidierung der Demokratie schlecht gewesen wäre. Dennoch stimmt es, daß in Polen und Ungarn die neue Demokratie durch Themen erschüttert wurde, die aus dem Mangel an Lustration hervorgingen, darunter auch die derzeitigen Aktivitäten der früheren kommunistischen Sicherheitsdienste. Und die Rückkehr an die Macht nicht nur der postkommunistischen Parteien, sondern auch historisch kompromittierter Mitglieder hat der populistischen, nationalistischen Rechten Argumente gegen das Funktionieren der neuen parlamentarischen Demokratie überhaupt geliefert. »Wenn solche Leute gewählt werden«, heißt es, »dann muß an Wahlen selbst etwas falsch sein.«

Schließlich gibt es das, was ich »Geschichtsstunden« nennen möchte. Diese können von verschiedener Art sein: staatlich oder unabhängig, öffentlich oder privat. Das klassische Modell einer staatlichen, öffentlichen Geschichtsstunde ist die der »Wahrheitskommission«, die zum ersten Mal in Lateinamerika entwickelt wurde und derzeit in Südafrika Anwendung findet. Wie der chilenische Menschenrechtsexperte José Zalaquett festgehalten hat, geht es nicht nur darum, soviel als möglich von der Wahrheit über die verflossene Diktatur herauszufinden, sondern auch darum, daß diese Wahrheit »offiziell verkündet und öffentlich bloßgestellt« wird. Nicht nur Wissen, sondern Anerkennung ist das Ziel. In Wahrheitskommissionen gibt es ein starkes Element an politischem Theater: Sie sind eine Art Schauspiel der öffentlichen Moral. Bischof Tutu hat dies klar begriffen. Wenn die Überlebenden ihre Leidensgeschichten erzählen und die Geheimpolizisten ihre Brutalität bekennen, vergießt er als einer der ersten Tränen. Das Ziel ist nicht gerichtliche Strafe: In Südafrika hat ein vollständiges Geständnis keinen Prozeß zur Folge, sondern die Amnestie. Es geht darum, die Wahrheit festzustellen, soweit sie überhaupt festgestellt werden kann, und wenn möglich, eine kollektive Katharsis zu erzielen und dann weiterzugehen – recht ähnlich der Art, wie Aristoteles die Katharsis in einer griechischen Tragödie sah. In Südafrika, wie in Chile, liegen die Ziele der Kommission sowohl in der »Wahrheit« als auch in der »Versöhnung«, und man hofft, durch das eine zum anderen zu gelangen.[2]

Man könnte annehmen, daß dieses Modell für die postkommunistische Welt besonders gut geeignet sei, wo die Regimes weniger durch unmittelbaren Zwang als durch das Geflecht alltäglicher Lügen getragen wurden. Aber wiederum hat man es nur in Deutschland wirklich versucht, und selbst hier haben die Verantwortlichen nicht gewagt, das Wort »Wahrheit« in den Mund zu nehmen. Statt dessen erhielt der Parlamentsausschuß unter dem Vorsitz von Pfarrer Rainer Eppelmann den schwerfälligen Namen »Enquete-Kommission zur Aufarbeitung von

Geschichte und Folgen der SED-Diktatur in Deutschland« des Deutschen Bundestages: Hunderte Zeugen wurden gehört, Expertengutachten in Auftrag gegeben, die Anhörungen in den Medien breit behandelt. Wir haben jetzt einen Bericht von 15 378 Seiten – und eine weitere Enquete-Kommission arbeitet am nächsten. Es gibt Probleme mit diesem Bericht. Die Sprache ist häufig umständlich. Einige historische Beurteilungen gehen auf Kompromisse zwischen den westdeutschen Parteien zurück, denen ihre eigene Vergangenheit Sorgen bereitet. Dennoch besitzt er als Dokumentation unschätzbaren Wert. Er behandelt im Detail alles – von der Rolle der Stasi bis zu der der Kirchen, die Machtstrukturen, Polizei und Gerichtsbarkeit, die Opposition und die Beziehungen zu Westdeutschland. Für wissenschaftliche Untersuchungen der ostdeutschen Diktatur könnte sich dieser Bericht als ebenso nützlich erweisen wie die Protokolle der Nürnberger Prozesse für die Arbeiten über das Dritte Reich.

In Polen und der Tschechoslowakei haben sich demgegenüber die nationalen Untersuchungskommissionen auf wichtige Krisen in der Geschichte des kommunistischen Staates begrenzt: Solidarność und Prager Frühling. In jedem Falle lag der Brennpunkt in der Verbindung zur Sowjetunion: Wer hat im August 1968 die Rote Armee »eingeladen«, in die Tschechoslowakei einzufallen? Wer war 1981 in Polen verantwortlich für die Verhängung des Kriegsrechts? Auch in Ungarn haben sich die offiziellen Untersuchungen auf die Revolution von 1956 und die sowjetische Invasion konzentriert, die sie zerschlug. Statt also zu erforschen, was Polen Polen antaten, Tschechen und Slowaken Tschechen und Slowaken, Ungarn Ungarn, beschäftigt sich jede Nation mit dem Unrecht, das ihr die Sowjetunion zugefügt hat. Statt, wie es Havel vorschlug, ruhig über die persönliche Verantwortung nachzudenken, die jeder einzelne für die Aufrechterhaltung des kommunistischen Regimes trug, vereinen sich die Menschen in selbstgerechter Empörung über die Verräter, die die Russen ins Land holten.

Jede Erklärung für das Fehlen umfassenderer Wahrheitskommissionen muß spekulativ bleiben. Ein Teil der Erklärung liegt zumindest in der Kombination zweier Elemente: erstens der historisch verständlichen, aber auch bequemen Überzeugung, daß die Diktatur letzten Endes von außen aufgezwungen war, und zweitens dem unbehaglichen Bewußtsein, daß fast jeder seinen Teil dazu beigetragen hat, das diktatorische System am Leben zu erhalten. Eine andere Art der Geschichtsstunde ist weniger formal und rituell, aber sie setzt voraus, daß der Staat sie zuläßt. Sie besteht darin, die Archive des vergangenen Regimes zu öffnen für Wissenschaftler, Journalisten, Schriftsteller, Filmemacher – und dann hundert Dokumentationen blühen zu lassen. Auch hier wieder ist Deutschland am weitesten gegangen, stark gefördert durch die Tatsache, daß der ostdeutsche Staat am 3. Oktober 1990 zu existieren aufgehört hatte. Praktisch alle Archive der ehemaligen DDR stehen offen und bilden eine wahre Schatztruhe für die Untersuchung eines kommunistischen Staates. Ich sage »praktisch alle«, weil es eine bemerkenswerte Ausnahme gibt: das Archiv des ostdeutschen Außenministeriums, in dem die meisten Aufzeichnungen über die häufig sykophantischen Gespräche aufbewahrt werden, die westdeutsche Politiker mit ostdeutschen Parteiführern führten. Bei der Öffnung der Archive haben also die westdeutschen Politiker furchtlos niemanden geschont – außer sich selbst.

Eine Hilfe war auch, daß Deutschland eine große Tradition in Zeitgeschichte besitzt. Die Forschungsabteilung der Gauck-Behörde zum Beispiel ist zum Teil mit jüngeren Historikern aus dem Münchner Institut für Zeitgeschichte besetzt, das für seine Untersuchungen zum Nazismus berühmt ist. Das sind eigenartige Karrieren: ein reibungsloser Übergang vom Studium der einen deutschen Diktatur zur Untersuchung der nächsten, während die Historiker selbst in einer friedlichen, wohlhabenden deutschen Demokratie leben. Der große spürbare Effekt ist, daß, während ein westdeutsches Schulkind in den Fünfzigern nur sehr wenig über Nazi-Deutschland erfahren konnte, heute bereits alle deutschen Schüler viel über die Geschichte des kommunistischen Deutschland lernen können. Ob sie das aber interessiert, ist eine andere Frage.

In anderen Ländern Mitteleuropas verlief die Öffnung der Archive weniger reibungslos – zum Teil aufgrund der beschriebenen politischen Einstellungen, zum Teil wegen des schlichten Mangels an Mitteln und ausgebildetem Personal. Aber auch hier gab es auf der Grundlage des neuen Archivmaterials einige interessante Veröffentlichungen, und die Schulbücher sind beträchtlich besser geworden. In Polen gab es eine lebendige intellektuelle und politische Diskussion über das Wesen, die Erfolge und die (Il)legitimität der Volksrepublik Polen. In Prag beschäftigt sich ein neues Institut für Zeitgeschichte mit der Geschichte der Tschechoslowakei von 1939 bis 1992. In Ungarn ist ein ganzes Institut ausschließlich zu dem Zweck gegründet worden, die Geschichte der Revolution von 1956 zu erforschen. Es gibt für jeden Tag der Revolutión etwa einen Beschäftigten.

Was Deutschland darüber hinaus als Pionierleistung vorzuweisen hat, ist die systematische Öffnung der Akten der Geheimpolizei, die durch die Gauck-Behörde verwaltet werden, für jeden – ob bespitzelt oder selbst als Spitzel aktiv –, über den es eine Akte gibt und der Bescheid wissen will. Die Macht liegt in den Händen des einzelnen Bürgers: Man kann sich dafür entscheiden, seine Akte zu lesen oder sie nicht zu lesen. Die IMs in den einzelnen Akten sind lediglich durch Decknamen identifiziert, aber man kann eine formale Bestätigung ihrer wahren Identität beantragen. Dann muß man entscheiden, ob man sie konfrontieren will oder nicht; ob man öffentlich etwas sagen, nur enge Freunde informieren oder es in seinem Herzen verschließen will. Dies ist die tiefste und persönlichste Art der Geschichtsstunde.

Ärgerlicherweise liefert uns die Statistik der Gauck-Behörde keine genaue Information darüber, wie viele Menschen sich dieser Erfahrung ausgesetzt haben. Aber nach einer vernünftigen Schätzung haben über 400000 Menschen ihre Stasi-Akten eingesehen, über 300000 warten noch darauf, und über 350000 haben mit Erleichterung – oder war es mit Enttäuschung? – erfahren, daß es keine Akte über sie gab. Ich kann mir nicht vorstellen, wie die gesamtgesellschaftliche Wirkung dieses einzigartigen Experiments wissenschaftlich eingeordnet werden könnte. Die Menschen haben schreckliche persönliche Entdeckungen gemacht: Die ostdeutsche Friedensaktivistin Vera Wollenberger fand bekanntlich heraus, daß ihr Ehemann während ihrer ganzen Ehe Informationen über sie geliefert hatte.

Es hat auch eine unverantwortliche, sensationslüsterne Berichterstattung in der Presse gegeben. Menschen wurden als IMs denunziert, ohne die angemessene Vorsicht hinsichtlich der Quellen oder der Umstände walten zu lassen. In Deutschland wird eine solche Veröffentlichung bezeichnenderweise als »outen« bezeichnet. Hier liegt ein strukturelles Problem des Umgangs mit der Vergangenheit in Gesellschaften mit einer freien und sensationshungrigen Presse. Demgegenüber stehen jedoch die vielen Fälle, in denen Menschen nagende Verdächtigungen entkräften konnten und mit einem besseren Verständnis und einem festeren Halt für ihr jetziges Leben aus dieser Erfahrung hervorgingen.

In anderen Ländern Mitteleuropas wurde das deutsche Experiment zunächst heftig kritisiert und abgelehnt, mit der Begründung, es werde alte Wunden aufreißen und zu Unrecht Reputationen zerstören, und die Aufzeichnungen der polnischen oder ungarischen Geheimpolizei seien sowieso viel unzuverlässiger als die deutschen. (Dieser letzte Kommentar wird mit einer Art umgekehrtem Nationalstolz vorgetragen.) Offiziere hätten unschuldige Menschen als Informanten genannt oder sie einfach erfunden – die sogenannten »toten Seelen« –, um ihr Soll an Informanten zu erreichen. Viele Akten seien später vernichtet worden, andere manipuliert usw. Statt dessen verblieben die Akten der Geheimpolizei in den Händen der derzeitigen Innenministerien oder noch aktiven Sicherheitsdienste und werden von ihnen und ihren politischen Herren selektiv genutzt. Nur wenigen Wissenschaftlern wurde begrenzter Zutritt gewährt.

Aber dies ändert sich nun. Ungarn hat dafür gesorgt, daß Bürger ihre eigenen Akten einsehen können. Der Präzedenzfall ist ganz offensichtlich Deutschland, obwohl die ungarischen Regeln eine noch weitergehendere »Anonymisierung« verlangen – das heißt das Schwärzen der Namen in den Kopien. Das ungarische Äquivalent der Gauck-Behörde hat einen einfachen, aber etwas düsteren Namen: das Historische Amt. Als der ungarische Verfassungsgerichtshof diesen Zugang gewährte, stützte er sich weitgehend auf die Urteile des deutschen Bundesverfassungsgerichts, insbesondere in der Verwendung des interessanten Begriffs der »informationellen Selbstbestimmung«.

Schlicht ausgedrückt: Ich habe ein Recht zu wissen, welche Informationen der Staat über mich gesammelt hat, und innerhalb gewisser Grenzen auch das Recht zu bestimmen, was damit geschieht.

Die Tschechische Republik verabschiedete letztes Jahr ein Gesetz, wonach Menschen, die irgendwann zwischen 1948 und 1990 tschechoslowakische Bürger waren, unter ähnlichen Bedingungen ihre eigenen Akten einsehen können. Die ersten Anträge gingen im Juni dieses Jahres ein. Bisher hat es bemerkenswert wenig Diskussionen über Einzelfälle gegeben, und nur wenige prominente ehemalige Dissidenten haben die Einsicht in ihre Akten beantragt. Vielleicht wird sich das ändern, wenn sensationelles Material gefunden und veröffentlicht wird, aber zur Zeit hört man in Prag, es scheine nur ein geringes öffentliches Interesse zu geben. Die Tschechen scheinen das Gefühl zu haben, nach der großen Lustrationsdebatte der frühen neunziger Jahre hätten sie »das alles hinter sich«. Polen folgt inzwischen auf dem Fuße. Die neue Post-Solidarność-Regierung hat sich darauf festgelegt, den einzelnen Bürgern die Akten der Geheimpolizei zugänglich zu machen. Polens postkommunistischer Präsident Aleksander Kwaśniewski hat dem Parlament eilig seinen Vorschlag für ein »Bürgerarchiv« vorgelegt, das von einem unabhängigen Gremium überwacht werden soll. Aber der Teufel wird im Detail stecken. Als ich Mitte November 1997 in Polen war, gab es eine lebhafte Debatte darüber, wie man genau vorgehen solle, unter häufigem Bezug auf die deutschen Erfahrungen. In der Parlamentsdebatte über das Regierungsprogramm forderte der katholisch-nationale Führer des Solidarność-Wahlbündnisses, Marian Krzaklewski, ein »Lustrationsarchiv nach dem Modell der Gauck-Behörde«.

Insgesamt ist es bemerkenswert, daß auf diesem Gebiet Deutschland nicht nur vorangegangen ist, sondern letzten Endes sogar eine Art Modell für seine östlichen Nachbarn geliefert hat. Wer hätte sich vor fünfzig Jahren vorstellen können, daß die Polen sich für den Umgang mit ihrer eigenen Geschichte ausgerechnet an den Deutschen ein Beispiel nehmen würden?

5

Es gibt keine einfachen Verallgemeinerungen, wie man am besten mit einer schwierigen Vergangenheit umgehen soll, und mit Sicherheit keine allgemeingültigen Gesetze. Selbst meine erste Grundfrage – *ob* es richtig sei, sich zu erinnern und sich überhaupt mit vergangenen Ungerechtigkeiten auseinanderzusetzen – kennt keine einfache Antwort. Das alte Argument zugunsten des Vergessens ist viel stärker, als es Historikern lieb ist. Erfolgreiche Demokratien wie Frankreich nach 1945 entstanden auf einer bewußten Politik des Vergessens, wenn auch zu einem Preis, der sich häufig erst eine Generation später gezeigt hat.

In Mitteleuropa steht Deutschlands Politik einer systematischen, beispiellos umfassenden Aufarbeitung der Vergangenheit im Gegensatz zu Polens ursprünglicher Politik, einen »dicken Strich« zwischen Vergangenheit und Gegenwart zu ziehen. Aber der polnische Versuch, dem spanischen Beispiel zu folgen, funktionierte nicht so wie in Spanien. Innerhalb eines Jahres hatte sich das Thema der kommunistischen Vergangenheit zurückgemeldet, um die polnische Politik zu quälen, und es wird auch weiterhin auf ungeregelte, parteiliche Weise genutzt – mit schlecht dokumentierten Beschuldigungen der Kollaboration mit den kommunistischen Behörden. Meine Schlußfolgerung lautet: Wenn es denn getan werden soll, sollte es schnell getan werden, auf geregelte, explizite und legale Art. Das hat auch den großen Vorteil, daß Menschen danach einen neuen Anfang machen können; nicht notwendigerweise vergessen, vielleicht nicht einmal vergeben, aber einfach in diesem Wissen weitermachen.

Wenn die Fragen »ob« und »wann« somit eng verknüpft sind, so gilt das auch für die Fragen »wer« und »wie«. In Deutschland ist der Prozeß durch die Beteiligung der Westdeutschen zugleich erleichtert und erschwert worden: administrativ erleichtert, psychologisch erschwert. Aber im Umgang »unter sich« sind Ungarn, Polen, Tschechen und Slowaken – nur allzu menschlich – geneigt, sich eher auf die Verantwortung anderer zu konzentrieren als auf die eigene.

Es gibt Orte in der Welt, an denen Gerichtsverfahren sowohl

notwendig als auch wirksam waren. In Mitteleuropa waren Prozesse – mit einigen wichtigen Ausnahmen – von lediglich fragwürdiger Notwendigkeit und noch zweifelhafterer Wirksamkeit. Die Versuche, nationale Gesetze zu verwenden, waren gewunden und endeten häufig in schlichtem Scheitern. Die Rechtsstaatlichkeit wurde kaum exemplifiziert oder gefördert. So schwierig es sein mag: die immer noch beste Vorgehensweise muß in dem Versuch liegen, ein festes internationales Rechtssystem für »Verbrechen gegen die Menschlichkeit« oder »Kriegsverbrechen« einzurichten. Auf der Grundlage der Haager Verfahren im Zusammenhang mit Bosnien und Ruanda sollten wir uns in Richtung jenes permanenten internationalen Strafgerichtshofs bewegen, für den Richard Goldstone und andere so beredt eingetreten sind – ein Gerichtshof, von dem alle Diktatoren auf der ganzen Welt wissen sollten, daß sie sich eines Tages vor ihm werden verantworten müssen. Inzwischen beschreiten die Ungarn einen interessanten Weg, um das bestehende internationale Recht in das nationale Recht einzubinden. Das war jedoch lediglich auf ein Ereignis beschränkt: die ungarische Revolution von 1956, die jetzt schon mehr als vierzig Jahre zurückliegt, und die Durchsetzung wurde behindert durch all die Beweisschwierigkeiten, die wir so gut aus den Verfahren gegen Naziverbrecher kennen.

Wenn es um Säuberungen geht, so kann es wohl keine »gute Säuberung« geben, auch wenn sie höflich Lustration genannt wird. Die tschechoslowakische Lustration war rasch und in einem groben Raster wirksam, wies jedoch wegen Ungerechtigkeiten im Verfahren schwere Mängel auf. Das deutsche »Gaukken« war gerechter: sorgfältig individuell, mit Berufungsrecht. Aber es wurde häufig durch Mißbrauch in der Presse pervertiert und litt an Hypertrophie. Mußten wirklich auch Briefträger und Lokomotivführer gegauckt werden? Und wieder kommen wir zu der Frage zurück, wer es tun soll – denn hätten die Westdeutschen das jemals sich selbst angetan? Doch Polen hat gezeigt, wie hoch der Preis ist, wenn es überhaupt keine Säuberung gibt. Die Ungarn – mit ihrer Gewohnheit, das deutsche Modell zu übernehmen und dann zu verbessern – brachten schließlich eine vertretbare Verfeinerung ins Spiel: Sie lassen eine sorgfältige individuelle Überprüfung nur denen angedeihen, die höhere Positionen im öffentlichen Leben besetzen oder anstreben. Aber das kam sieben Jahre zu spät. Nun ist Polen dem endlich gefolgt, mit einem Gesetz, das vermutlich das bisher beste ist.

Ich persönlich glaube, daß der dritte Weg, der Weg der Geschichtsstunden, am meisten verspricht. Ein großer Teil der vergleichenden Literatur kommt zu einem ähnlichen Schluß für andere Länder: Was manchmal etwas biblisch als »die Wahrheit sprechen« (*truth telling*) bezeichnet wird, ist sowohl der beste als auch der am leichtesten zu beschreitende Weg, um mit einer schwierigen Vergangenheit fertig zu werden. Das hat Westdeutschland hinsichtlich des Nazismus am besten geleistet, zumindest seit den sechziger Jahren. Was im vereinigten Deutschland diesbezüglich seit 1990 getan wird, war exemplarisch: die Enquete-Kommission, die einzigartige Gelegenheit zu einer sehr persönlichen Geschichtsstunde, die durch den Zugang zu den Stasi-Akten gewährt wurde.

Den dritten Weg zu befürworten, bedeutet natürlich, den Historikern einen ganz besonderen Stellenwert zuzuweisen. Aber ich glaube wirklich: Wenn man die Frage »Wer kann der Vergangenheit am besten gerecht werden?« stellt, dann lautet die Antwort oder sollte zumindest lauten: die Historiker. Aber darin liegt auch eine schwere Verantwortung. Wahrheit ist ein großes Wort, mit dem in Mitteleuropa während der kurzen, elenden Geschichte des 20. Jahrhunderts so viel Schindluder getrieben wurde, daß die Menschen ihm mißtrauisch begegnen. Untersucht man das Erbe einer Diktatur, wird man lebhaft daran erinnert, wie schwierig es ist, eine historische Wahrheit festzustellen. Insbesondere in der Konfrontation mit so radikalen Regimeänderungen entdeckt man, wie zutiefst unzuverlässig jedes rückschauende Zeugnis ist. Nachlässig verwendet, können die Akten eines auf organisierter Lüge aufgebauten Staates und insbesondere die vergifteten, zudringlichen Akten einer Geheimpolizei Leben ruinieren. Ihre sorgfältige Nutzung stellt die kritischen Fähigkeiten auf die Probe, mit denen Historiker routinemäßig an eine mittelalterliche Urkunde oder ein Dokument des achtzehnten Jahrhunderts herangehen. Da ich intensiv mit solchem Material gearbeitet habe und vieles gelesen habe, was sich darauf stützte, will ich jedoch mit Entschiedenheit behaupten, daß es möglich ist. Es stimmt nicht, was so oft behauptet wird: daß diese Akten so korrumpiert seien, daß man auf ihrer Grundlage keine zuverlässige Geschichte schreiben könne. Das Material muß mit besonderer Sorgfalt beurteilt werden. Der Text muß in seinem historischen Umfeld gelesen werden. Die Interpretation bedarf sowohl intellektueller Distanz als auch des Vermögens der Einfühlung in alle grundlegend wichtigen beteiligten Männer und Frauen, selbst die Unterdrücker. Aber wenn man diese alten vertrauten Disziplinen nutzt, dann läßt sich eine Wahrheit finden. Keine absolute Wahrheit mit einem großgeschriebenen »W«, aber doch eine reale und wichtige Wahrheit.

(Januar 1998)

Chronik

1998

Januar-Februar. Teile der Region Drenica im Kosovo werden von der Kosovo-Befreiungsarmee für »befreit« erklärt.

28. Februar-März. Gewaltsame Unterdrückungsmaßnahmen von serbischen Streitkräften gegen die Familienangehörigen der Befreiungsarmee des Kosovo entfachen einen großflächigen bewaffneten Aufstand im Kosovo.

12. März. Die Chefs der elf Staaten, die als EU-Beitrittskandidaten anerkannt sind, treffen sich mit den EU-Chefs in London, um die Erweiterung zu starten. Die Türkei, die nicht als Kandidat anerkannt ist, verweigert die Teilnahme.

25. März. Die Europäische Kommission gibt bekannt, daß elf der Mitgliedstaaten die Maastricht-Kriterien für die Währungsunion erfüllen, und erklärt ihren Wunsch, die Dinge voranzutreiben. Griechenland qualifiziert sich nicht; Großbritannien, Dänemark und Schweden möchten in diesem Stadium noch nicht teilnehmen.

Europa: Für eine liberale Ordnung

»Wohin treibt die europäische Geschichte?« Hat diese Frage einen Sinn? Haben uns nicht gerade die großen Ereignisse des Jahres 1989 einmal mehr gezeigt, wie töricht der Versuch ist, die Zukunft vorherzusagen? Historiker, einschließlich derjenigen unter uns, die versuchen, die Geschichte der Gegenwart zu schreiben, sollten sich besonders in acht nehmen. 1989 war, unter anderem, ein weiterer Beweis für das Elend des Historizismus, in der spezifischen Definition des Begriffes, die Karl Popper geprägt hat. Historizismus also, als die Behauptung, naturwissenschaftliche Gesetzmäßigkeiten in der Geschichte aufspüren zu können. Wäre es nicht weiser, sich an das Gebot des Geschichtsphilosophen Collingwood zu halten, daß die Aufgabe des Historikers allein darin besteht zu zeigen, wie die Gegenwart entstanden ist?

Trotzdem habe ich mich entschlossen, diese alte Weisheit zu ignorieren. Wenn man tief in die Zeitgeschichte eintaucht, gewinnt man doch einen Sinn dafür, wie sich die Dinge möglicherweise entwickeln werden. Und diese historisch informierten Vermutungen mögen von einem gewissen Nutzen für die europäische Politik sein in einem Zeitalter, in dem die europäische Geschichte ungewöhnlich offen ist.

Meine Bemerkungen werden sich weitgehend auf die innere Ordnung des europäischen Kontinents beschränken. Ich werde mich weniger mit Geschichtsphilosophie befassen, sondern etwas näher am Boden bleiben – dort nämlich, wo politische Theorie und politische Realität sich kreuzen.

Denn es gibt Europa, aber auch »Europa«. Es gibt den Ort, den Kontinent, die politische und ökonomische Wirklichkeit, und es gibt Europa als Idee und Ideal, als Traum, als Projekt, als Prozeß, als Fortschritt auf dem Weg zu einer *finalité européene*. Dieses Europa als Wille und Vorstellung steht in einer engen wechselseitigen Beziehung zur Entwicklung des Gebildes, das heute »Europäische Union« heißt. Der Name »Europäische Union« ist ja selbst ein Ausdruck dieses Idealismus. Denn eine Union ist das, was sie sein soll, nicht das, was sie heute ist.

Auf deutsch steigt man gelegentlich zu geradezu schwindelerregenden Höhen des dialektischen Euroidealismus. So lautet der Titel einer deutschen Publikation zur jüngsten europäischen Entwicklung: »Das Europa der Gegensätze auf dem Wege zu sich selbst«. Auf englisch ergibt das ungefähr soviel Sinn wie »Das London der Verkehrsstaus auf dem Weg zu sich selbst«. Doch selbst in Großbritannien haben wir uns an etwas gewöhnt, was ich die Whig-Interpretation der jüngsten europäischen Geschichte nenne. In dieser Geschichtsschreibung erscheint die Geschichte Europas seit 1945 als stetiger Fortschritt zu mehr Freiheit, mehr Demokratie, mehr Integration und am Ende – oder als Endziel – zur Einheit. Ein klassisches Beispiel dieser europäischen Selbst-Interpretation ist Jean-Baptiste Duroselles *Europa: eine Geschichte seiner Völker,* das 1990 gleichzeitig in mehreren europäischen Sprachen veröffentlicht wurde.

Dieser idealistisch-teleologische Diskurs rückt eine einzige Idee ins Zentrum der Diskussion: Vereinigung. Die Geschichte Europas nach 1945 wird als die Geschichte einer Vereinigung erzählt; eine schwierige, verzögerte, Rückschläge erleidende Vereinigung, die nichtsdestoweniger fortschreitet. Das ist die große Erzählung, die Millionen europäischen Schulkindern gelehrt wird, und die ostmitteleuropäische Politiker übernehmen, wenn sie davon sprechen, zu einem »sich vereinigenden Europa« zurückzukehren. Es ist eine Erzählung, deren nächstes Kapitel gerade jetzt von einem führenden deutschen Historiker geschrieben wird: von Dr. Helmut Kohl. Der jahrtausendhafte Höhepunkt wird am 1. Januar 1999 mit einer Währungsunion erreicht sein, die einige der führenden Nationen und Staaten Europas unwiderruflich zusammenbinden soll. Diese Staatengruppe soll dann ihrerseits der »magnetische Kern« einer größeren Vereinigung werden.

Die europäische Vereinigung wird nicht nur als das Ergebnis des politischen Willens visionärer Staatsmänner von Monnet und Schuman bis Mitterrand und Kohl angesehen. Sie gilt auch als eine notwendige, ja unumgängliche Antwort auf tiefer liegende historische Kräfte. Das momentan gängige Schlagwort zur Beschreibung dieser Kräfte heißt »Globalisierung«. Nationalstaaten sind nicht länger in der Lage, ihre politischen und ökonomischen Interessen auf eigene Faust zu verteidigen. Sie sind solchen übernationalen Akteuren wie Währungsspekulanten, multinationalen Konzernen oder dem internationalen organisierten Verbrechen einfach nicht gewachsen. Macht und Identität, so wird argumentiert, wandern den Nationalstaaten nach oben und nach unten hin ab: nach oben auf die supranationale Ebene und nach unten auf die regionale. In einer globalisierten Welt großer Handelsblöcke wird sich Europa nur als eine größere politisch-wirtschaftliche Einheit behaupten können. In diesem Sinne wird der auch in England geachtete Oberbürgermeister von Stuttgart, Manfred Rommel, in einem neuen Europa-Buch von John Newhouse zitiert. »Wir leben unter der Diktatur der globalen Wirtschaft. Es gibt keine Alternative zum vereinigten Europa.«

Es wäre absurd, die Prämissen dieser Argumente leugnen zu wollen. Ich werde dennoch behaupten, daß sie – wenn sie in den idealistisch-teleologischen Diskurs von der europäischen Vereinigung zusammengeschmolzen werden – zu einem gefährlich irreführenden Bild des wahren Bodens führen, auf dem europäische Staatsmänner am Ende des 20. Jahrhunderts bauen müssen. Im folgenden werde ich lediglich einen kurzen Blick auf die Jahrtausende vor 1945 werfen, die nunmehr abgeschlossene Epoche des geteilten Jalta-Europas von 1945 bis 1989 etwas genauer betrachten und mich dann auf die Entwicklung seit 1989 konzentrieren.

1

Beginnen wir mit den Jahrtausenden. Im Register von Arnold Toynbees großangelegtem *Studium der Geschichte* findet man unter dem Stichwort »Europa« folgende reizvolle drei Eintragungen: zuerst »Europa, als Schlachtfeld«, dann »Europa, als kein verständliches Feld historischer Forschung« und zuletzt: »Europa, Vereinigung von, Scheitern von Versuchen zur«.

Der wichtigste Punkt ist natürlich der zweite: »kein verständliches Feld historischer Forschung«. Es sei »kultureller Mißbrauch eines nautischen Begriffs«, meint Toynbee, wenn man annehme, daß hellenische Geschichte und die Neue Geschichte der westlichen Welt aufeinanderfolgende Akte eines einzigen europäischen Dramas seien. Ihm erscheint die Periodisierung des polnischen Historikers Oskar Halecki fundiert, bei der auf ein Mittelmeer-Zeitalter der Antike ein Europäisches Zeitalter folgt, das sich ungefähr von 950 n. Chr. bis 1950 erstreckt, aber seinerseits von einem Zeitalter abgelöst wird, das Halecki das Atlantische Zeitalter nennt – heute würden wir eher vom Globalen Zeitalter sprechen. Doch selbst während des Europäischen Zeitalters blieb die östliche Grenze des Kontinents undefiniert: War es die Elbe? Oder die Grenzlinie zwischen westlichem und östlichem Christentum? Oder der Ural? Die politische Geschichte Europas war geprägt von einer erstaunlichen Vielfalt der Völker, Nationen, Staaten und Reiche, und vom endlosen und oftmals gewaltsamen Wettbewerb zwischen ihnen.

Kurz gesagt, kein Kontinent war nach außen hin schlechter definiert, im Innern vielfältiger und geschichtlich unordentlicher. Doch hat kein Kontinent mehr Pläne für seine eigene friedliche und ordentliche Vereinigung entwickelt, weshalb unsere teleologisch-idealistischen oder Whig-Interpreten einen beeindruckenden Stammbaum intellektueller und politischer Vorfahren aufweisen können, vom böhmischen König Georg Podiebrad über den Duc de Sully und William Penn (der bereits in Amerika schrieb) bis zu Aristide Briand und dem halb-österreichischen, halb-japanischen Propheten Pan-Europas, Richard von Coudenhove-Kalergi.

Das Problem besteht nur darin, daß die Pläne für eine europäische Vereinigung, die friedlich waren, nicht realisiert wurden, während jene, die realisiert wurden, nicht friedlich waren. Sie beinhalten entweder eine zeitlich begrenzte Solidarität gegen einen äußeren Feind oder den Versuch eines einzelnen europäischen Staates, mit Waffengewalt eine Hegemonie über Europa zu errichten, von Napoleon bis Hitler. Doch diese Versuche schlugen auch fehl, wie Toynbees Register kurz und trocken bemerkt.

2

Der Versuch einer Vereinigung Europas seit 1945 unterscheidet sich also von allen früheren Versuchen dadurch, daß er sowohl friedlich als auch realisiert worden ist – und bis jetzt auch erfolgreich; zumindest im ganz elementären Sinne, daß es länger als alle bisherigen Versuche hält. Die idealistische Interpretation dieser historischen Besonderheit ist, daß wir Europäer zu guter Letzt aus der Geschichte gelernt haben. Der »Europäische Bürgerkrieg« von 1914 bis 1945 hat uns am Ende doch zur Vernunft gebracht.

Das bedarf jedoch einer etwas genaueren Untersuchung. »Friedlich«, zunächst, gilt nur im Sinne von »Abwesenheit von heißem Krieg«, und selbst das trifft nur auf den Kontinent westlich des Eisernen Vorhangs zu. Man denke an die sowjetischen Einmärsche in Ungarn 1956 und in der Tschechoslowakei 1968 oder an die Verhängung des Kriegsrechts in Polen 1981/82. Zudem war der ganze Kontinent tiefgreifend von der Erfahrung des Kalten Kriegs geprägt. Fast schon zum Gemeinplatz geworden ist die Beobachtung, daß wir erst nach dem Ende des Kalten Krieges begreifen, wieviel die westeuropäische Integration ihm schuldete. Die Eule der Minerva fliegt wieder in die Dämmerung.

Erstens einmal wirkte die Sowjetunion als negativer externer Integrator. Angesichts des gemeinsamen Feindes rückten die Westeuropäer zusammen wie einst gegen die Mongolen oder die Türken. Zweitens wirkten die Vereinigten Staaten als positiver externer Integrator. Besonders in den frühen Jahren übten sie starken Druck in Richtung auf eine westeuropäische Integration aus und machten sie beinahe zur Vorbedingung für weitere Marshall-Plan-Hilfe.

Drittens half der Kalte Krieg, ganz brutal, indem er den Großteil Mittel- und Osteuropas hinter dem Eisernen Vorhang einschloß. Dadurch konnte die europäische Integration mit einer relativ kleinen Anzahl von Nationalstaaten beginnen, alles bürgerliche Demokratien auf einem ungefähr vergleichbaren wirtschaftlichen Niveau und mit wichtigen älteren Elementen einer gemeinsamen Geschichte. Darüber hinaus gab es in dieser westlichen Ecke des Kontinents wichtige Konvergenzen zwischen den politischen und wirtschaftlichen Nationalinteressen der beteiligten Staaten, vor allem zwischen denen Deutschlands und Frankreichs.

All das soll nicht die Existenz eines echten Elements europäischen Idealismus innerhalb der Eliten jener Zeit in Frage stellen. Aber je mehr wir über diese frühe Epoche herausfinden, besonders durch die Öffnung der Archive, die zuvor wegen der 30-Jahre-Regel verschlossen waren, desto mehr kommt zum Vorschein, wie hartnäckig die Akteure nationale Interessen verfolgten, seien es nun Schuman, de Gasperi oder Adenauer, geschweige denn Churchill oder De Gaulle. Die großen Idealisten sind, meine ich, eher in der nächsten und übernächsten Generation zu finden: die Generationen also, die die führenden europäischen Politiker der 70er und 80er Jahre stellten. Gewiß waren die nationalen Interessen auch dann noch machtvoll präsent. Großbritannien etwa trat der damaligen EWG in der Hoffnung bei, seiner heruntergekommenen Wirtschaft auf die Sprünge zu helfen und den Schwund seines Einflusses in der Welt aufzuhalten. In einem Buch, veröffentlicht 1988 unter dem bezeichnenden Titel *La France par l'Europe*, schrieb kein Geringerer als Jacques Delors, daß »die Erschaffung Europas ein Weg ist, die Bewegungsfreiheit zurückzugewinnen, die für *une certain idée de la France* notwendig erscheint«. Die Zauberformel *une certain idée de la France* stammt natürlich von de Gaulle. In meinem Buch *Im Namen Europas* habe ich gezeigt, wie das deutsche Engagement für die westeuropäische Integration sehr eng mit der Verfolgung nationaler Interessen, nicht zuletzt in der Ostpolitik, verflochten war.

Außer dieser Mischung ernsthafter idealistischer und national-instrumenteller Motive gab es jedoch unzweifelhaft ein wachsendes Bewußtsein echter gemeinsamer Interessen. In einer Welt, die politisch von Supermächten und wirtschaftlich von größeren Handelsblöcken beherrscht wurde, erwiesen sich die Staaten Europas als immer weniger in der Lage, ihre nationalen Interessen alleine wahrzunehmen.

Diese drei Motive und jene drei günstigen äußeren Umstände bewirkten zusammen, daß die 1970er und 1980er Jahre eine beeindruckende Folge von Schritten in Richtung auf engere politische Zusammenarbeit und wirtschaftliche und rechtliche Integration sahen. Vom Haager Gipfel im Dezember 1969 über die Direktwahlen für das Europäische Parlament und die Gründung des Europäischen Währungssystems bis zur Einheitlichen Europäischen Akte und dem großen Projekt der Vollendung des Binnenmarktes im magischen Jahr 1992.

Nun trug dieser dynamische Prozeß, vor dem Hintergrund erneuerten Wirtschaftswachstums und der Ausbreitung der Demokratie in Südeuropa, direkt zum Ende des Kalten Kriegs bei. Um einmal die Sprache der Systemtheorie zu gebrauchen: Wenn die Europäische Gemeinschaft ihr Leben als Subsystem des Kalten Krieges begonnen hatte, dann koppelte das Subsystem nunmehr kraftvoll in das größere System zurück. Konkreter ausgedrückt: Es gibt reichhaltiges Beweismaterial dafür, daß einer der Gründe für Michail Gorbatschows »neues Denken« in der Außenpolitik die sowjetische Befürchtung war, noch weiter hinter einem »Europa« zurückzubleiben und von einem »Europa« ausgeschlossen zu werden, das den Anschein erweckte, technologisch fortgeschritten und wirtschaftlich dynamisch zu sein, und sich hinter dem Schutz hoher Zollmauern integrierte.

Um wieviel mehr galt dies für die Völker Ostmitteleuropas, die sich Europa sowieso kulturell und historisch zugehörig fühlten – mit der Leidenschaft der Ausgegrenzten – und für die das wohlhabende Westeuropa, das sie auf ihren Reisen sahen, nunmehr eindeutig die bessere Alternative zum diskreditierten und stagnierenden Realsozialismus darstellte. Die große Parole der samtenen Revolutionen von 1989 in Mitteleuropa war denn auch folgerichtig: »die Rückkehr nach Europa«. In scheinbarem Widerspruch zu historischer Logik könnte man also argumentieren, daß »1992« in Westeuropa eine der Ursachen für 1989 in Osteuropa war.

Die teleologisch-idealistische oder Whig-Interpretation der jüngsten europäischen Geschichte, die in den 1980ern so weithin gelehrt und akzeptiert wurde, mag im Verlauf der vertieften historischen Forschung vieles an Überzeugungskraft einbüßen. Aber gerade die Verbreitung und die Massenwirkung dieser Interpretation war in sich selbst ein entscheidender historischer Faktor. 1989 schien die ultimative Bestätigung ihrer Richtigkeit zu liefern.

3

Was haben wir nun seitdem erlebt? Es ist möglich, die letzten acht Jahre als eine weitere, ja entscheidende Wegstrecke auf der Wallfahrt zur europäischen Einigung zu deuten. Die Gemeinschaft ist in Union umbenannt worden. Die führenden Staaten Westeuropas haben außergewöhnliche Anstrengungen unternommen, um für den beispiellosen Schritt der Währungsunion bereit zu sein. Gleichzeitig wurden Vorbereitungen zur Erweiterung der Union getroffen. Im nächsten Jahr sollen Verhandlungen mit mindestens fünf neuen postkommunistischen Demokratien beginnen. Gewiß, der Weg war nicht frei von Schwierigkeiten; aber in seiner gesamten Geschichte ist Europa niemals der Verwirklichung seiner friedlichen Vereinigung so nahe gekommen.

Dieser optimistischen Deutung müssen wir leider eine Anzahl von Einwänden entgegenhalten. Der erste ist, daß im gleichen Zeitraum der Krieg auf den europäischen Kontinent zurückgekehrt ist; Krieg und, im früheren Jugoslawien, Grausamkeiten, die wir in Europa seit 1945 nicht mehr gesehen hatten. Eine der Kernbehauptungen der europäischen Integration ist, daß sie Krieg in Europa undenkbar gemacht hat. Was ist von dieser Behauptung übriggeblieben? Gelegentlich erreichte in diesen Jahren der Gegensatz von westeuropäischer Rhetorik und osteuropäischer Wirklichkeit eine geradezu groteske Dimension. »Krieg ist in Europa undenkbar geworden«, verkündeten die Politiker in Straßburg oder Brüssel. Krachend schlugen zur gleichen Zeit Mörsergranaten in Sarajevo ein.

Zum zweiten erleben selbst die Kernstaaten der alten Europäischen Gemeinschaft eine breite Reaktion gegen das technokratische, elitäre Konzept, »Europa von oben her zu bauen«, das im undurchdringlichen Detail-Dickicht des Maastrichter Vertrages versinnbildlicht ist. Der französische Volksentscheid mit seiner hauchdünnen Mehrheit für den Maastrichter Vertrag ist ein deutliches Symptom dieser Reaktion. Diese Verfremdung und das Gefühl, daß es den Institutionen der Europäischen Union gefährlich an demokratischer Legitimation mangelt, hält sich zäh.

Drittens haben die Jahre seit 1989 neben der weiteren schrittweisen Aufgabe von effektiver Macht und Souveränität durch etablierte Nationalstaaten auch die explosionsartige Entstehung von mindestens einem Dutzend neuer Nationalstaaten erlebt. Niemals zuvor im 20. Jahrhundert verzeichnete die Karte Europas mehr Staaten als heute. Im früheren Jugoslawien entstanden diese Staaten durch ethnische »Säuberungen« und gewaltsame Veränderung der Grenzen. In der damaligen Tschechoslowakei kam die Teilung in zwei Staaten friedlich zustande. In der ehemaligen Sowjetunion gab es verschiedene Zwischenstufen.

Ich werde nicht behaupten, daß diese Aufspaltungen Ausdruck einer tiefer liegenden Notwendigkeit oder einer Gesetzmäßigkeit geschichtlicher Entwicklung waren. Es gab jeweils spezifische Ursachen, die oftmals mit dem Vorgehen postkommunistischer Politiker zusammenhingen, die nationale Programme manipulativ benutzten, um für sich selbst Macht zu gewinnen oder die eigene Macht zu befestigen. Nichtsdestoweniger würde ein diplomatischer Beobachter, der 1897 eingeschlafen und heute nach hundertjährigem Schlaf aufgeweckt würde, sicherlich ausrufen: »O ja, das kommt mir alles sehr bekannt vor. Dieses merkwürdige moderne Bedürfnis, daß jede Nation ihren eigenen Staat einfordert, schreitet offensichtlich fort.« Wie Ernest Gellner, der kürzlich verstorbene britisch-mitteleuropäische Doyen der Nationalismusforschung, stets behauptet hat, ist die Forderung »eine Kultur – ein Staat« äußerst modern.

Diese Logik kann sogar eng mit jener der Demokratie verbunden sein. Demokratie bedarf des Vertrauens. Es ist notwendig, daß die Minderheit die Entscheidung der Mehrheit hinnimmt, weil die Minderheit den Staat noch immer grundsätzlich als »ihren« betrachtet. Das Argument ist schwerlich neu; man findet es bereits in John Stuart Mills *Considerations on Representative Government.* »In eine Bevölkerung ohne brüderliche Gefühle«, schreibt Mill, »insbesondere wenn sie verschiedene Sprachen liest und spricht, kann die geeinte öffentliche Meinung, die für das Funktionieren des repräsentativen Regierungssystems notwendig ist, nicht existieren.«

Das Phänomen der Aufspaltung ist dabei keinesfalls nur auf die postkommunistische Hälfte des Kontinents beschränkt. Das Klischee »Integration im Westen, Desintegration im Osten« hält genauerer Untersuchung nicht stand. Beispielsweise bin ich jedesmal überrascht, wenn die fortschreitende Auflösung Belgiens als Beleg für den Niedergang des Nationalstaates und den Aufstieg des Regionalismus angeführt wird. Denn die Spannungen, die Belgien auseinanderreißen, wären einem liberalen Nationalisten aus dem 19. Jahrhundert nur zu vertraut. Jede ethno-linguistische Gruppe fordert ein wachsendes Maß an Selbstverwaltung, bis hin zur Selbstbestimmung.

Und wie steht es mit der Zentralmacht Europas? Es wäre wohl schwierig, die einfache Behauptung zu bestreiten, daß Deutschland seit 1989 wieder ein souveräner Nationalstaat geworden ist. In Berlin sind wir Zeugen der außerordentlichen architektonischen Wiederherstellung der grandiosen Hauptstadt eines historischen Nationalstaats. Doch gleichzeitig drängen Deutschlands Politiker, allen voran Helmut Kohl, auf die Aufgabe der nationalen Währung, jener wichtigen Komponente nationaler Souveränität und auch – besonders im Nachkriegsdeutschland – nationaler Identität. Ein gewisser Widerspruch besteht zwischen, sozusagen, der Architektur in Berlin und der Rhetorik in Bonn.

Ich glaube nicht, daß dieser Widerspruch dialektisch aufgelöst werden kann – nicht einmal in der Heimat der Dialektik. Deutschland befindet sich meines Erachtens – und ich warte gerne auf Widerspruch – in einem politisch-psychologischen Zustand, den man als faustisch bezeichnen kann: »Zwei Seelen wohnen, ach, in meiner Brust.« Wenn 1999 die Währungsunion beginnt und die Bundesregierung nach Berlin umzieht, wird das Land am 1. Januar 2000 in seinem neuen Bett aufwachen, sich am Kopf kratzen und fragen: »Warum haben wir eigentlich gerade die D-Mark aufgegeben?« Kohls unausgesprochene Antwort, »weil wir uns selbst nicht trauen können«, wird, so vermute ich, einer neuen Generation nicht genügen. »Warum nicht?« werden sie fragen.

Das bringt mich zu dem zentralen und unvermeidlichen Thema Währungsunion. Ich werde mich hier auf drei kurze Bemerkungen beschränken: eine über Ursachen, zwei über Wirkungen.

Natürlich gibt es wirtschaftliche Gründe für die Währungs-union, doch sie ist in erster Linie ein wirtschaftliches Mittel zu ei-nem politischen Zweck. Allgemein gesprochen ist sie eine Fort-führung der funktionalistischen Methode, die von den deutschen und französischen Architekten der Gemeinschaft seit den 1950ern angewendet wird: durch wirtschaftliche Integration zur politischen Integration fortzuschreiten. In diesem Sinne wurde das Projekt Währungsunion in den späten achtziger Jahren in Pa-ris, Brüssel und Rom wiederbelebt, als Teil jener dynamischen Folge von Schritten vor 1989, auf die ich bereits eingegangen bin.

Der Entscheidung, die Währungsunion zum zentralen Ziel der europäischen Integration in den 1990ern zu machen, liegt jedoch eine viel spezifischere Kausalität zugrunde. Wie so oft zuvor, liegt der Schlüssel in einem Kompromiß zwischen den nationalen Interessen Deutschlands und Frankreichs. François Mitterrands besorgte und widerstrebende Unterstützung der deutschen Vereinigung und Helmut Kohls Unterstützung eines entscheidenden Schrittes in Richtung auf eine europäische Wäh-rungsunion wurden 1990 eng miteinander verknüpft. Wollte man es mit einem Karikaturbild ausdrücken, so könnte man sagen, daß das deutsche Engagement für die europäische Währungs-union ein vordatierter Scheck auf die Wiedervereinigung war. Die Bundesrepublik mag Milliarden D-Mark an die Sowjet-union gezahlt haben, um deren widerwillige Zustimmung zur deutschen Einheit zu erhalten – verglichen mit dem Scheck für Frankreich waren es, wie man so schön sagt, Peanuts. Datiert auf den 1. 1. 1999 lautet er: Zahlen Sie dem Überbringer gegen die-sen Scheck nicht soundso viele Milliarden D-Mark, sondern die D-Mark selbst!

Nun weiß ich natürlich, daß dieses Bild keineswegs die ganze Wahrheit erfaßt – so ist eben die Kunst der Karikatur. Ein ande-rer wichtiger Teil ist selbstverständlich, daß Bundeskanzler Kohl und viele andere deutsche Führungspersönlichkeiten eben dies auch wollten, damit das frisch vereinigte Deutschland fest und unumkehrbar in ein neuvereintes Europa eingebunden werde. Es sei eben doch zu schwierig und gefährlich für Deutschland mit seiner kritischen Größe, in der berühmt-berüchtigten Mittellage auf sich allein gestellt zu sein und zwischen seinen neun Nachbarn und vielen Partnern zu balancieren. So kommt es also, daß sich die Mitgliedstaaten der Europäischen Union am Ende des 20. Jahrhunderts auf ein riesiges Wagnis eingelassen haben, auf dessen Ausgang das übrige Europa nur mit größter Anspannung warten kann.

Eine Folge der Währungsunion ist jedoch bereits offenbar geworden, bevor die Union überhaupt begonnen hat. Es steht meines Erachtens außer Frage, daß das Maastrichter Programm zur internen Vereinigung den westeuropäischen Politikern Zeit, Aufmerksamkeit und Energie gekostet hat, die sie sonst den Problemen der befreiten Osthälfte des Kontinents hätten widmen können. Gewiß, es besteht kein theoretischer Widerspruch zwischen der »Vertiefung« und der »Erweiterung« der Europäischen Union, um die vertrauten Fachausdrücke zu verwenden. Tatsächlich bedarf die Erweiterung der Vertiefung. Wenn die wichtigsten Institutionen der EU, die ursprünglich für sechs Mitgliedstaaten geplant waren, auch in einer Gemeinschaft von sechsundzwanzig funktionieren sollen, dann sind tiefgreifende Reformen, die auch notwendigerweise eine weitere Abgabe von Souveränität beinhalten müssen, unausweichlich. Jedoch unterscheiden sich diese Reformen von denen, die für die Währungsunion notwendig sind.

Um es geradeheraus zu sagen: Ich glaube, daß unsere Führer nach 1989 die falschen Prioriäten gesetzt haben. Wir gleichen einer Familie, die vierzig Jahre lang in einem großen, heruntergekommenen Haus gelebt hat, das in der Mitte durch eine Betonwand geteilt war. In der westlichen Hälfte hatten wir renoviert, das Dach neu eingedeckt, mehrere Trennwände durchgebrochen, frisch tapeziert, die Rohre neu verlegt und die elektrischen Leitungen erneuert; indessen wurde die östliche Seite des Hauses gefährlich baufällig. Dann fiel die Mauer, und was taten wir? Wir kamen zu dem Entschluß, daß das Haus nichts dringlicher benötigte als eine nagelneue, computergesteuerte Klimaanlage im Westflügel. Während wir uns mit den Vorbereitungen für die Installation beschäftigten, begann der Ostflügel einzustürzen und fing sogar Feuer. Wir bastelten in Maastricht, während Sarajevo brannte.

Aber selbst wenn wir diese enormen politischen Opportunitätskosten (um einen Begriff aus der Wirtschaftswissenschaft zu verwenden) beiseite lassen, wie sehen jetzt die Chancen für dieses Projekt im eigenen Rahmen aus? Wie nicht anders zu erwarten, argumentieren verschiedene Ökonomen verschiedentlich. Aber es gibt sehr bedeutende Stimmen, die sehr glaubwürdig nahelegen, wie schwierig und sogar stürmisch es noch sein kann. Ich will hier nur ein Argument aufgreifen, weil es genau an dem Schnittpunkt zwischen Wirtschaft und Politik liegt, aber auch zwischen dem nationalen und dem europäischen.

In krasser Verkürzung lautet das Argument folgendermaßen: Die verschiedenen Gebiete eines großen Wirtschaftsraums wie des gemeinsamen europäischen Marktes müssen in der Lage sein, individuell auf wirtschaftliche Erschütterungen zu reagieren, die sich unterschiedlich auf sie auswirken (auf englisch nennt man sie *assymetric shocks*). Ein Mechanismus, um das zu bewirken, sind flexible Währungskurse, indem sie einfache Anpassungen zwischen den Mitgliedstaaten ermöglichen. Andere solche Mechanismen sind Preis- und Lohnflexibilität, Arbeitnehmermobilität oder direkte Finanztransfers in die betroffenen Gebiete. Die Währungsunion der Vereinigten Staaten verfügt über all diese Ausgleichsmechanismen: Flexibilität, Mobilität *und* Vorsorge für großangelegte Finanztransfers. Die Kosten für diese Transfers werden von amerikanischen Bürgern und Steuerzahlern akzeptiert, weil sie alle der gleichen Nation angehören, dieselbe Sprache sprechen, im Gegenzug dieselbe Unterstützung erwarten würden, und diese solidarischen Gewohnheiten sind über eine lange gemeinsame Geschichte im selben Staat herangewachsen.

Weder in Sachen Lohn- und Preisflexibilität noch in Sachen Arbeitskraftmobilität kann Europa sich auch nur annähernd mit Amerika messen. Bleiben als einziger wichtiger Ausgleichsmechanismus die Finanztransfers. Doch die Europäische Union verteilt zur Zeit höchstens 1,27 Prozent des Bruttosozialprodukts ihrer Mitgliedstaaten um, und davon ist der Großteil in bereits existierende Projekte eingebunden. Was wird also passieren, wenn eine Region Frankreichs (oder Belgiens oder Italiens) in wirtschaftliche Schwierigkeiten gerät, die benachteiligten Franzosen auf die Straße gehen (wie das so ihre Art ist) und die französische Regierung sich mit der Forderung nach Finanztransfers an ihre bessergestellten Partner, in erster Linie Deutschland, wendet? Wir haben in den Jahren seit 1989 miterlebt, wie widerwillig die westdeutschen Steuerzahler selbst für ihre ostdeutschen Landsleute aufgekommen sind. Können wir ernsthaft erwarten, daß sie auch noch für die französischen Arbeitslosen bezahlen? Jenes essentielle Mindestmaß an Vertrauen und gegenseitiger Solidarität zwischen den Bürgern, das ein zerbrechlicher Schatz demokratischer Nationalstaaten ist, besteht noch nicht zwischen den Bürgern Europas. Denn es gibt eben keinen europäischen *demos,* keine europäische *polis* und gewiß keine Nation Europa.

Ich habe die Argumente notgedrungen nur im Telegrammstil angedeutet. Der Schluß, zu dem sie alle zusammen führen, ist aber alarmierend. Es steht zu erwarten, daß das »Europa«, von dem ich hoffe, daß ihm die ersten neuen mitteleuropäischen Demokratien im Jahr 2000 oder nur wenig später beitreten werden, nicht fallenden, sondern eher steigenden Spannungen zwischen seinen führenden Staaten und Nationen ausgesetzt sein wird. Denn in Maastricht haben die politischen Führer der EU den Wagen vor das Pferd gespannt. Jene vertraute Mischung aus drei verschiedenen Arten von Motiven – idealistische, national-instrumentelle und Gemeinschaftsinteresse – brachte sie dazu, sich auf etwas einzulassen, was ein entscheidender Schritt auf dem Weg zur Vereinigung Europas sein sollte, aber im Effekt möglicherweise mehr teilen wird als einigen. Das trifft nicht nur auf das Verhältnis zwischen den Gründungsmitgliedern und denen, die anfangs nicht teilnehmen – die sogenannten *ins* und *outs,* oder *ins and pre-ins* (worüber gerade heute in Luxemburg diskutiert wird) –, sondern auch auf den Kernteilnehmer selbst. Unterdessen hat die gewaltige Konzentration auf dieses eine Projekt zur Vernachlässigung der historischen Chance beigetragen, die sich in der östlichen Hälfte des Kontinents bot, als die Mauer fiel.

Das Beste kann so oft der Feind des Guten sein. Der rationalistische, funktionalistische und perfektionistische Versuch, durch eine feste Kerngruppe auf der Basis einer schnellen Währungsunion »Europa zu vollenden«, könnte am Ende leicht das genaue Gegenteil des gewünschten Effekts bewirken.

Einige Kassandra-Figuren von heute gehen noch weiter und meinen, daß wir sogar einen weiteren Eintrag in Toynbees Register unter »Europa, als Schlachtfeld« miterleben könnten. Darauf könnte man antworten, daß wir das bereits erlebt haben: im früheren Jugoslawien. Die These, daß der Parforceritt zur Einheit die Gefahr gewaltsamer Konflikte zwischen den Staaten Westeuropas mit sich brachte, erscheint jedoch aus zumindest drei Gründen drastisch überzogen. Zunächst ist da das wichtige und großenteils überzeugende neo-kantianische Argument, dem zufolge es unwahrscheinlich ist, daß bürgerliche Demokratien gegeneinander Gewalt anwenden. Zweitens unterscheidet sich unsere Situation dahingehend von der Zeit vor 1945, da wir in den USA einen meistens wohltuenden, außereuropäischen Hegemon haben.

Drittens ignoriert eine solche These die große und wirkliche Errungenschaft der europäischen Integration: die einzigartigen, beispiellosen Strukturen und die tief eingeprägten Gewohnheiten dauernder institutionalisierter Zusammenarbeit, die sicherstellen, daß die Interessenkonflikte, die zwischen den Mitgliedstaaten und -nationen bestehen und auch in Zukunft bestehen werden, niemals gewaltsam ausgetragen werden. All die endlosen stunden- und tagelangen Verhandlungen in Brüssel zwischen Ministern aus fünfzehn europäischen Staaten, die sich am Ende gegenseitig besser kennen als ihre eigenen Familien: Das ist die Essenz dieses »Europas«. Es ist selbstverständlich eine Wirtschaftsgemeinschaft; es ist aber auch eine Sicherheitsgemeinschaft im Sinne von Karl Deutschs klassischer Definition: eine Gruppe von Staaten, denen es undenkbar erscheint, ihre internen Konflikte mit Gewalt zu lösen.

4

Ich möchte mit einem bescheidenen Vorschlag für einen Paradigmenwechsel in unserem Europa-Denken abschließen. Man könnte gewiß behaupten, daß Westeuropa ohne sein utopisches Ziel oder Telos »Einheit« nie soweit gekommen wäre. Nur indem wir das feierlich in einer Reihe von europäischen Verträgen bekräftigte Ziel der Vereinigung entschlossen verfolgt haben, konnten wir jenen bescheideneren Grad dauerhafter institutionalisierter Zusammenarbeit mit wichtigen Elementen rechtlicher und wirtschaftlicher Integration erreichen, den wir haben. Als Paradigma für eine europäische Politik unserer Zeit ist jedoch das Konzept »Vereinigung« grundsätzlich verfehlt.

Die jüngste Epoche europäischer Geschichte bietet uns keinen Hinweis darauf, daß die ungeheuer vielfältigen Völker Europas, die so verschiedene Sprachen sprechen, so unterschiedliche Geschichten, Geographien, Kulturen und Volkswirtschaften aufweisen, dazu bereit sind, friedlich und freiwillig in eine einzige *polis* zu verschmelzen. Die Epoche ist sogar reich an Belegen für eine entgegengesetzte Tendenz: hin zur Errichtung – oder Wiedererrichtung – der Nationalstaaten. Wenn eine kleine Anzahl westeuropäischer Staaten mit starken Elementen einer gemeinsamen Geschichte und unter den paradoxerweise günstigen Rahmenbedingungen des Kalten Krieges keine »Einheit« erreicht haben, wie können wir dann erwarten, ihr in jenem unendlich größeren und vielfältigeren Europa – dem ganzen Kontinent –, mit dem wir es nach dem Ende des Kalten Krieges zu tun haben, auch nur nahezukommen?

Andererseits ist es genauso unrealistisch anzunehmen, daß wir zu einem Europa zurückkehren könnten oder sollten, das einfach nur Harold Macmillans glorifizierte Freihandelszone oder de Gaulles *Europe des patries* wäre. Ich bin mir sicher, daß niemand hier der Fehleinschätzung unterliegen wird, meine intellektuelle Skepsis mit der chauvinistischen Euroskepsis einiger meiner Landsleute zu verwechseln. Meine Sicht auf Europa ist genausosehr mitteleuropäisch wie britisch, und im Gegensatz zu jenen britischen Euroskeptikern bin ich leidenschaftlich für die Bewahrung und Fortentwicklung dessen, was beim Aufbau eines neuen Europas bereits errungen worden ist. Aber es sind genau diese Errungenschaften, die ich durch den Parforceritt zur Einheit gefährdet sehe.

Wie können wir also das, was schon erreicht wurde, positiv beschreiben, und auf welches realistische Ziel sollten wir hinarbeiten? Ich glaube, daß das beste Paradigma das einer *liberalen Ordnung* ist. Das Streben nach einer liberalen Ordnung ist ein

Versuch, die beiden Extreme zu vermeiden, zwischen denen Europa während des Großteils seiner modernen Geschichte unglücklich hin- und hergependelt ist: blutige Unordnung einerseits und andererseits eine hegemoniale Ordnung, die selbst auf Gewaltanwendung und Unterdrückung von nationalen und demokratischen Bestrebungen innerhalb ihrer konstitutiven Reiche, Blöcke oder Interessensphären beruhte. Die Europäische Union, die Nato, der Europarat und die OSZE sind alle Elemente, Bausteine einer solchen liberalen Ordnung.

Die liberale Ordnung unterscheidet sich in mehreren Punkten von früheren europäischen Ordnungen. Ihr erstes Gebot ist Gewaltverzicht bei der Austragung von Konflikten. Das ist natürlich ein altes Ziel. Ein Vorläufer findet sich bereits in König Georg Podiebrads berühmten Vorschlag zur »Einläutung des Friedens in der ganzen Christenheit« aus dem Jahre 1464. Aber heute verfügen wir über wohlerprobte Einrichtungen eines Internationalismus, in denen wir das praktizieren, was Churchill als »*making jaw-jaw rather than war-war*« bezeichnet hat.

Die liberale Ordnung ist bewußt und programmatisch nichthegemonial. Sicherlich hängt das System zu einem gewissen Grad von den Vereinigten Staaten ab, die als externer Hegemon die Balance halten. Und innerhalb des Systems hat Luxemburg natürlich nicht das gleiche Gewicht wie Deutschland. Das neue Ordnungsmodell, das wir in der Europäischen Union entwickelt haben, erlaubt kleineren Staaten aber bewußt ein Maß an Einfluß, das disproportional zu ihrer Größe ist. Ein weiteres Schlüsselelement dieses Modells besteht darin, daß es Staaten den Abschluß verschiedener Zweckbündnisse zu einzelnen Themen erlaubt und keine dauerhaften Allianzen festzementiert.

Die liberale Ordnung unterscheidet sich auch darin von früheren europäischen Ordnungen, daß sie das Interesse der beteiligten Staaten an den internen Angelegenheiten ihrer Partner ausdrücklich legitimiert. Indem sie auf dem sogenannten Helsinki-Prozeß aufbaut, behandelt sie Menschen-, Bürger- und nicht zuletzt Minderheitenrechte als primäre und legitime Gegenstände internationaler Fürsorge. Diese Rechte sollen durch internationale Normen, Unterstützung und, wo notwendig, auch durch Druck aufrechterhalten werden.

Eine solche liberale Ordnung erkennt und anerkennt die Logik, die Menschen gleicher Sprache, Kultur und Tradition zu dem Wunsch führt, sich in ihrem eigenen Staat selbst zu regieren. Es gibt so etwas wie einen liberalen Nationalismus. Die liberale Ordnung nimmt aber auch zur Kenntnis, daß in vielen Fällen eine friedliche, säuberliche Trennung in Nationalstaaten unmöglich sein wird. In solchen Fällen übernimmt sie eine Verantwortung, bei der Bewahrung von verschiedentlich als multiethnisch, multi-kulturell oder multi-national bezeichneten Demokratien innerhalb des internationalen Rahmens zu helfen. Diese Hilfe haben wir im Falle Bosniens mit katastrophalen Folgen unterlassen; für Mazedonien und Estland können wir sie noch leisten.

Es wird auffallen, daß in diesem Paradigma ein Gedanke fehlt, der in gegenwärtigen europäischen Visionen noch immer sehr wichtig ist, besonders in den Visionen ehemaliger Großmächte wie Frankreich, Großbritannien und Deutschland. Das ist die Vorstellung von »Europa« als Akteur auf der Weltbühne, als Weltmacht, die sich gegen die Vereinigten Staaten, Rußland oder China behaupten kann. Diese Vision teile ich tatsächlich nicht. Nur weil er gemeinschaftlich unternommen wird, halte ich einen Griff nach der Weltmacht keineswegs für attraktiver als die Versuche, die einzelne europäische Staaten früher – auf gröbere Weise – mit demselben Ziel unternommen haben. Sicherlich müssen wir in einer Welt großer Handelsblöcke in der Lage sein, unsere eigenen Interessen zu schützen. Sicherlich bedeutet eine liberale Ordnung auch eine Ordnung, in der soviel Handelsfreiheit wie möglich gewährt und auch genossen wird. Sicherlich wird ein Maß an Machtprojektion, einschließlich der koordinierten Anwendung militärischer Macht, notwendig sein, um die Ziele der liberalen Ordnung durchzusetzen – innerhalb Europas und auch in angrenzenden Gebieten, die von lebenswichtigem Interesse für uns sind, wie etwa Nordafrika und der Mittlere Osten. Darüber hinaus wäre es aber ein ausreichend großer Beitrag zum Wohlergehen der Welt, wenn wir unser eigenes gesamteuropäisches Haus in Ordnung halten.

Nun könnte jemand vielleicht einwenden, ich habe der Semantik überhaupt zuviel Aufmerksamkeit gewidmet. Warum sollte man die Gemeinschaft nicht »Union« und den Prozeß nicht »Vereinigung« nennen, selbst wenn das nicht ganz der Wirklichkeit entspricht? Václav Havel scheint dieser Position an einer Stelle nahezukommen, wenn er schreibt: »Heute versucht Europa, sich selbst eine historisch neue Ordnung zu geben im Rahmen eines Prozesses, den wir als Vereinigung bezeichnen.« Selbstverständlich erwarte ich auch nicht, sozusagen, die Entnennung der Europäischen Union. Der sehr lose Zusammenschluß der Staaten der Welt heißt schließlich noch die Vereinten Nationen! Aber ich bin, offen gestanden, zu sehr der englische Empiriker, um mit einer systematischen Fehlbeschreibung ganz glücklich zu sein. Was jedoch viel wichtiger ist: Hoffentlich ist deutlich, wie sehr das Streben nach Vereinigung sogar jene Errungenschaften gefährden könnte, deren Krönung sie sein sollte. In der Tat, wenn wir uns einreden lassen, daß ein Stehenbleiben auf dem Weg zur »Einheit« dem Versagen gleichkommt, dann riskieren wir, sozusagen, dem Triumph noch in letzter Sekunde ein Scheitern abzuringen. Denn das, was in einem großen Teil Europas bereits erreicht wurde, um eine liberale Ordnung aufzurichten, ist wahrlich schon ein sehr großer Erfolg.

Es ist, kurzum, ein dringenderes und geschichtlich betrachtet auch ein realistischeres Ziel für die europäische Politik zu Beginn des 21. Jahrhunderts, eine liberale Ordnung zu festigen und schrittweise auf dem gesamten Kontinent auszubreiten, als vergeblich nach der vollendeten Vereinigung eines Teils zu streben. Zudem ist die liberale Ordnung auch keinesfalls ein weniger idealistisches Ziel als die Einheit. Denn die Einheit ist doch kein primärer Wert in sich. Sie ist nur ein Mittel zu höheren Zwecken. Dagegen schließt die liberale Ordnung nicht einen, sondern gleich zwei primäre Werte direkt in sich: Frieden und Freiheit. Versuchen wir also, die europäische Geschichte dahin zu treiben, daß eine solche liberale Ordnung entsteht.

(März 1998)

Chronik

1998

10. April. Unterzeichnung eines Mehrparteien-Abkommens über die Zukunft Nordirlands – das »Good-Friday-Abkommen«.

24. April. Der jugendliche, von Präsident Boris Jelzin vorgeschlagene Kandidat für das Amt des Ministerpräsidenten, Sergeij Kirijenko, wird von der Duma beim dritten Anlauf akzeptiert.

April-Mai. Im Kosovo eskaliert der bewaffnete Konflikt zwischen serbischen Einheiten und der Kosovo-Befreiungsarmee.

1.-3. Mai. Auf einem EU-Sondergipfel in Brüssel wird bekanntgegeben, daß die Währungsunion am 1. Januar 1999 mit elf Teilnehmerstaaten beginnen wird.

22. Mai. In einem Referendum stimmen die Wähler in Nordirland dem »Good-Friday-Abkommen« zu.

31. Mai. Eine Koalition unter Führung von Präsident Milo Djukanović, einem Kritiker des serbischen Präsidenten Slobodan Milošević, gewinnt die Parlamentswahlen in Montenegro.

1. Juni. Ankündigung eines internationalen Hilfspakets als Antwort auf die Finanzkrise in Rußland.

8. Juni. Im Zuge der Androhung einer harten Antwort des Westens auf die serbischen Aktionen im Kosovo sagt der britische Außenminister Robin Cook: »Ich hoffe, daß Milošević zuhört. Dies ist die letzte Warnung.«

20. Juni. Alle EU-Botschafter werden aus Protest aus Weißrußland abgezogen, nach Präsident Lukaschenkos versuchter Zwangsräumung ihrer Botschaften.

25. Juni. Wahlen zu einer neuen Versammlung in Nordirland.

7. Juli. Der ehemalige italienische Ministerpräsident Silvio Berlusconi wird zu zwei Jahren und neun Monaten Gefängnis wegen Bestechung von Finanzbeamten verurteilt.

8. Juli. Viktor Orbán vom »Bund der Jungen Demokraten« (FIDESZ) wird Ministerpräsident von Ungarn.

8.-9. Juli. Gdańsk, Polen. Besuch der ehemaligen Lenin-Werft, der Geburtsstätte von Solidarność. Jetzt ist es fast ein industrielles Kulturdenkmal, mit mannshoch gewachsenem Unkraut, verrostenden Schiffswracks und einigen wenigen Schiffen, die hier noch gebaut werden. Eine Werfthalle wurde zu einer Techno-Rock-Disko umgebaut. Lech Wałęsa sagt mir, er fühle eine Art »moralischen Kater«, wenn er heute die Werft besichtige. Gewiß, alle diese radikalen, neo-liberalen Veränderungen hin zur freien Marktwirtschaft waren nötig. Es gab keinen anderen Weg. Aber er meint, daß sie irgendwie mehr für diesen historischen Ort hätten tun müssen.

9. Juli. Bildung einer neuen tschechischen Regierung unter dem sozialdemokratischen Ministerpräsidenten Miloš Zeman, die auf der Duldung durch die Demokratische Bürgerpartei des ehemaligen Ministerpräsidenten Václav Klaus basiert.

28. Juli. Mališevo, die inoffizielle Hauptstadt der Befreiungsarmee des Kosovo, wird von serbischen Truppen eingenommen.

August. Der finanzielle »Zusammenbruch« Rußlands.

15. August. Bei einem terroristischen Bombenanschlag in Omagh, Nordirland, werden 28 Menschen getötet.

23. August. Präsident Jelzin gibt seinem Kabinett zum zweiten Mal in fünf Monaten den Laufpaß und ersetzt Ministerpräsident Sergeij Kirijenko durch Victor Tschernomyrdin.

26. August. Der russische Rubel verliert 40 Prozent seines Wertes gegenüber der D-Mark, nachdem der Handel mit US-Dollars untersagt wurde.

9.-11. September. Slowenien. Ein langes Gespräch mit Präsident Milan Kučan, der eloquent von der neuen und alten Lage seines Landes in Mitteleuropa spricht. Mit Bezug auf die serbische Bezeichnung des Kosovo als Wiege ihrer Nation sagt er: »Unser Kosovo liegt in Österreich.« Er meint Carinthien, das mittelalterliche Herzogtum, die Civitas Carantania, auf die die Slowenen ihre Nationalität zurückverfolgen.

Ich bin davon ausgegangen, daß der Mann, der diesen ehemaligen Teil Jugoslawiens in den Unabhängigkeitskampf gegen Miloševics Serbien geführt hat, auch die Kosovo-Albaner bei ihrem Ringen um Unabhängigkeit unterstützen würde. Aber nein. Von Beruf Rechtsanwalt, beharrt er darauf, daß das Kosovo seit jeher ein Teil der Republik Serbien und kein Gründungsteil der Republik Jugoslawien war, weswegen es auch nicht das Recht zur Abspaltung habe. Alles in allem zeigt er erstaunlich wenig Sympathie für die Kosovo-Albaner, die er als eine »agrarisch-patriarchalische Gesellschaft« mit einem unstillbaren Appetit auf Land bezeichnet. Er redet als Mitteleuropäer, der über einen entfernten, leicht barbarischen Teil des Balkans nachsinnt. Und dabei waren sie zehn Jahre zuvor selbst ein Teil ebendieses Landes.

11. September. Der Ex-Kommunist Jewgenij Primakow wird russischer Ministerpräsident.

22. September. Das polnische Parlament beschließt, daß Bürger in Zukunft Einsicht in ihre Geheimpolizei-Akten aus der kommunistischen Ära nehmen können.

23.-26. September. Polen. Aus Anlaß der Veröffentlichung der polnischen Ausgabe meines Buches über meine Stasi-Akte: Die Akte »Romeo«. Ein junger Moderator befragt mich im Frühstücksfernsehen zu meinen Erfahrungen mit der Stasi. Dann sagt er: »Aber eine Sache habe ich noch nicht verstanden. Diese Leute, die Sie bespitzelt haben. Sie schreiben, daß sie Angst hatten. Aber wovor sollten sie denn Angst haben?« So schnell wird vergessen, selbst in Polen.

25. September. Vladimír Mečiar unterliegt in den Parlamentswahlen in der Slowakei.

27. September. Bundestagswahlen in Deutschland.

Bonn, leb wohl!

»Dies ist ein historischer Augenblick«, flüsterte mir ein getreuer CDU-Anhänger zu, als die vertraute, massige Gestalt Helmut Kohls kurz vor sieben am Sonntagabend, dem 27. September 1998, die Bühne des Konrad-Adenauer-Hauses in Bonn betrat. Ein eher überflüssiger Kommentar. Angesichts des Ausmaßes der christdemokratischen Wahlniederlage hatte keiner mehr daran gezweifelt, daß der Kanzler der deutschen und der europäischen Vereinigung nach sechzehn folgenschweren Jahren zurücktreten würde. Als die »Helmut! Helmut!«-Rufe schließlich verstummten, hielt er eine würdevolle, kurze Rede, gratulierte dem Sozialdemokraten Gerhard Schröder zu dessen Sieg und wünschte ihm »eine glückliche Hand für unser Land«. Er selbst, sagte er, würde nun auch sein Amt als Parteivorsitzender niederlegen. Man hatte ein Gefühl, als hätten die Alpen plötzlich ihren Abgang verkündet.

Während das Jahrhundert seinem Ende entgegengeht, können wir getrost behaupten, Helmut Kohl sei sein letzter großer Staatsmann gewesen. Als ich ihn von der Bühne steigen sah, erinnerte ich mich an ein denkwürdiges Gespräch, das wir vor einigen Jahren hatten und das mir an einer Stelle den Atem stocken ließ. »Sind Sie sich eigentlich bewußt«, sagte er, »daß Sie dem unmittelbaren Nachfolger Hitlers gegenübersitzen?« Die Pointe dieser bewußt schockierenden Bemerkung war natürlich, daß er – der erste Kanzler eines vereinten Deutschland seit Hitler – alles ganz anders machen würde. Während Hitler versucht hatte, Europa unter ein deutsches Dach zu bringen, werde er über Deutschland ein europäisches Dach erbauen. Diese erstaunliche Bemerkung läßt einige charakteristische Züge seiner Größe sichtbar werden: sein scharfes Machtgefühl, seine Geschichtsvision und die kühne Einfachheit seines strategischen Denkens. Man füge noch taktisches Geschick, einen untrüglichen Blick für parteipolitische Details sowie massive körper-

liche Präsenz und Ausdauer hinzu, und man hat den Provinz-
politiker, der die Welt veränderte.

Die Wahl vom Sonntag, dem 27. September, war nicht bloß
das Ende der »Ära Kohl«, sie markierte noch andere Endpunkte
– aber auch Neuanfänge. Es war dies die letzte Bundestagswahl,
in der die Wahlkampfkosten der Parteien in Mark erstattet werden. Beim nächsten Mal, im Jahre 2002, wird es die Deutsche
Mark, dieses Totem westdeutscher Nachkriegs-Prosperität, -Sta-
bilität und -Identität, nicht mehr geben. Dann läuft alles in Euros.
Es war auch die letzte Wahl, zu der wir nach Bonn gereist sind.
Nächstes Jahr werden Parlament und Regierung nach Berlin
umziehen. Wie Christopher Isherwood nicht geschrieben hat:
Goodbye to Bonn, Bonn, leb wohl!

Ich fühle einen Stich des Bedauerns, während ich die bescheidene Hauptstraße entlanggehe, die das Rückgrat dieser feuchten
Stadt am Rhein bildet. Die Gehwege sind voller Menschen, deren Aufmerksamkeit sich von der Wahl schnell wieder der Rock-
band, dem Bier und dem Formel-Eins-Championat zuwendet.
Bonn ist ziemlich öde, doch was wir unter dem Begriff »Bonner
Republik« zusammenfassen, ist ein gutes Deutschland gewesen
– das beste vielleicht, das es bislang gegeben hat. Bei dieser Wahl
hat es die Reife seiner wohlkonstruierten, leisen, zivilen Demokratie bewiesen. Trotz der vier Millionen Arbeitslosen haben die
deutschen Wähler wieder einmal die Extreme der Linken wie
der Rechten in die Schranken gewiesen. Der alte Spruch »Bonn
ist nicht Weimar« – will sagen, daß diese Demokratie nicht, wie
es in Weimar geschah, von anti-demokratischen Kräften auseinandergerissen wird –, hat jetzt seine endgültige Formulierung
gefunden: »Bonn war nicht Weimar.«

1

Auf den Abschied von Bonn waren wir vorbereitet. Auf den Abschied von Kohl auch. Was wir jedoch nicht erwartet hatten, war
ein Erdrutsch, der die politische Landschaft Deutschlands völlig verändern würde. Alle Meinungsumfragen, ausgenommen
eine, hatten vorhergesagt, daß Kohl aufholen würde. Die Arith-

metik der Demoskopen führte zu der Annahme, daß es mit hoher Wahrscheinlichkeit zu einer »großen Koalition« zwischen Gerhard Schröders Sozialdemokraten und der CDU unter neuer Führung kommen würde. Dies schien den für die Bonner Republik typischen, schrittweisen, von Konsens getragenen Veränderungen zu entsprechen. Es ist eine bemerkenswerte Tatsache, daß in der gesamten bisherigen Geschichte der Bundesrepublik nicht ein einziges Mal eine Regierung durch Wählerwillen direkt und komplett ausgewechselt wurde. Entweder hatte sich die Regierungskoalition innerhalb einer Legislaturperiode verändert oder, falls doch einmal der seltene Fall einer Veränderung durch Wahlen eintrat, war zumindest einer der vorherigen Koalitionspartner an der Macht geblieben.

Diesmal haben sich die Wähler anders entschieden. Als ob sie beweisen wollten, daß die deutsche Demokratie nach einem halben Jahrhundert endlich erwachsen geworden ist, stimmten sie dafür, daß die Sozialdemokraten die Christdemokraten als Senior-Partner ablösen und die Grünen die frühere Rolle der Freien Demokraten als Junior-Partner übernehmen. In dieser »rot-grünen Koalition« wird es ausschließlich neue Gesichter geben.

Warum diese Entschlußfreudigkeit? Ich sehe dafür drei Gründe. Der erste und wichtigste scheint mir zu sein, daß die Leute nach sechzehn Jahren einfach das Gefühl hatten, es sei »Zeit für einen Wechsel«. Das wurde in meinen eigenen Gesprächen und denen vieler Journalisten immer wieder deutlich. Dem Alten und seinem Team gingen allmählich Energie und Ideen aus. Die Wähler waren schlicht gelangweilt von den ewig gleichen Gesichtern. Langeweile wird als politischer Faktor gemeinhin unterschätzt.

Genau dasselbe ist in Großbritannien nach achtzehn Jahren konservativer Regierung passiert. Ein konservativer Kandidat sagte mir während der Wahl 1997, daß er nicht wisse, was er antworten solle, wenn die Leute ihn fragten, ob es nicht endlich »Zeit für einen Wechsel« sei. Im Grunde seines Herzens war er derselben Meinung. So auch hier. Entgegen manchen Prognosen haben die Krisen in Rußland und Asien die Wähler nicht dazu veranlaßt, auf den bewährten Staatsmann zu setzen.

Zweitens war Schröder, dieser »Clintonblair«, ein glatter, medienwirksamer, attraktiver Kandidat, hinter dem eine ungewöhnlich disziplinierte SPD unter der Führung seines Kollegen und Rivalen Oskar Lafontaine stand. Wahlanalysen haben ergeben, daß es einen klaren Transfer der Wählerstimmen gegeben hat: Leute, die beim letzten Mal CDU gewählt hatten, wählten diesmal SPD, darunter viele Rentner, deren Renten Kohl gekürzt hatte und die Schröder wieder aufzubessern versprach.

Und drittens war da der Osten. Damals, im historischen Frühling 1990, gewann Helmut Kohl die entscheidende Wahl in der damals noch so genannten DDR, weil er deren Bürgern versprach, postkommunistische Wüste in »blühende Landschaften« zu verwandeln. Das damalige Wahlergebnis bedeutete, daß die DDR nun auch zu Deutschland gehörte: der östliche Teil einer größeren Bundesrepublik. Als 1994 die nächste Wahl anstand, rosteten die ehemals »volkseigenen« Betriebe vor sich hin, und ihre Arbeiter waren arbeitslos; die »blühenden Landschaften« waren Anlaß zur bitteren Ironie geworden. Ich sah Leute, die Kohl auf seiner Wahlkampftour Plakate entgegenhielten, auf denen stand: »Wo sind die blühenden Landschaften?« oder einfach nur »Blühende Landschaften!« Aber ausreichend viele Bürger brachten Kohl weiterhin genügend Vertrauen entgegen, um der CDU den größten Stimmenanteil zu sichern.

Dieses Mal habe ich die Woche vor der Wahl weitgehend im Osten verbracht. In Schwerin konnte ich miterleben, wie desillusionierte Jugendliche, viele von ihnen arbeitslos, immer wieder die flammende Rede des Kanzlers störten, die von Wachstum und Arbeitsplätzen schwärmte. »Helmut, du bist der Weg, die Wahrheit und das Licht« ließen sie ihn auf einem Transparent wissen. Bei einer Wahlveranstaltung in einem östlichen Vorort Berlins war ich dann sehr überrascht, ein Plakat mit der Aufschrift »Entscheidet euch für die blühenden Landschaften – CDU« zu finden. Der linke Karikaturist Klaus Staeck fand das weniger komisch. »Das ist doch von mir!« protestierte er. Und ein Witz war es am Ende auch, denn die CDU sank im Osten von 38 Prozent der Stimmen 1994 auf gerade mal 27 Prozent. Die Einbußen im Westen waren nur knapp halb so hoch, von einstmals 33 Prozent auf etwas weniger als 28 Prozent. Es war der Osten, der den Verlust in eine verheerende Niederlage verwandelte.

Das entbehrt nicht einer gewissen Ironie, denn Kohl wurde zu einem Zeitpunkt abgewählt, als beträchtliche Teile dieser östlichen Landschaften tatsächlich zu »blühen« begannen. Auf meinen Reisen kam ich durch Gebiete, in denen Trostlosigkeit, Rost und Arbeitslosigkeit vorherrschten und deren ältere Bewohner in entsprechende Apathie verfallen waren, während die Jungen ihre Wut an Ausländern ausließen. Ich fuhr aber auch durch Gegenden mit beeindruckender Bautätigkeit, wo es neue Arbeitsplätze, Energie und Hoffnung gab.

Nirgendwo sonst im postkommunistischen Europa sieht man so viel Baustellen, so viel Stahl, Glas und Beton. Und wen wundert's, denn Westdeutschland hat im Lauf der vergangenen acht Jahre über tausend Milliarden DM in den Osten gepumpt. Auch an privaten Investitionen fehlt es nicht. Die Bürgermeisterin einer Gemeinde im sogenannten »Speckgürtel« am Rande von Ostberlin zeigte mir die neuen Straßen und das eben fertiggestellte Feuerwehrhaus, die renovierte Schule und ein ganzes Areal mit Einfamilienhäusern, die die ehemaligen Dorfbewohner mit Erspartem und Krediten hochgezogen hatten. Der Freistaat Sachsen im Süden boomt unter seinem christdemokratischen »König« Kurt Biedenkopf. Und selbst im ärmeren nördlichen Bundesland Mecklenburg-Vorpommern, das 17 Prozent Arbeitslose zu verzeichnen hat, hatte jedes Dorf, durch das ich fuhr, seine Baustellen.

Wichtiger jedoch ist die mentale Architektur. Das Bild, das einem in der britischen oder amerikanischen Presse vermittelt wird, zeigt fast ausschließlich Resignation und Frust. Doch ich traf Leute, die sich begierig in einer Demokratie engagieren, die für sie noch ganz neu ist. Es war der lebhafteste Wahlkampf, der im Osten seit der Vereinigungs-Wahl von 1990 geführt worden ist; die Wände voll mit Wahlplakaten, die Veranstaltungen überfüllt. Mehr als 80 Prozent der wahlberechtigten Bevölkerung gingen zur Urne, vier Jahre zuvor waren es nur 72 Prozent gewesen. Und solch staatsbürgerlicher Aktivismus beschränkt sich nicht auf die Wahlkampfzeit. Die Bürgermeisterin aus dem »Speckgürtel« berichtete mir, daß sie sich vor Petitionen und

Bürgerbegehren gar nicht retten kann. Viele davon dienen allerdings den egoistischen Interessen einer neuen Mittelschicht. So protestierten zum Beispiel die Bewohner einer Neubausiedlung dagegen, daß man sie zu einer finanziellen Beteiligung am Bau des örtlichen Radwegs aufforderte. Hier entsteht eine »bürgerliche Gesellschaft«, aber nicht eine, wie sie mitteleuropäische Dissidenten erträumten, sondern eine, wie Karl Marx sie analysiert hat – was hier stattfindet, ist die Selbstverteidigung der neuen Bourgeoisie.

Gelegentlich wird der Vergleich gezogen zwischen dem deutschen Osten nach der Vereinigung und dem amerikanischen Süden nach dem Bürgerkrieg; er trifft aber nicht zu. Ostdeutschland war schon immer ein künstliches Gebilde: die sowjetische Besatzungszone, die man in einen Staat verwandelt hatte. Die prosperierenden südlichen Länder Thüringen und Sachsen empfinden inzwischen eine größere Nähe zu Bayern als zu Mecklenburg. Ost- und Westberlin wachsen langsam, aber stetig zusammen. Die Arroganz, Herablassung und Verständnislosigkeit, mit der viele Westdeutsche ihre Landsleute im Osten behandeln, ist dabei nach wie vor ein Problem. Es stimmt, was man nach 1990 hören konnte: Deutschland war zwar geeint, nicht aber die Deutschen. Doch auch dieser Prozeß kommt allmählich in Gang. In den frühen 90er Jahren zogen weiterhin zahllose Ostdeutsche in den Westen. Im vorigen Jahr sind erstmals fast ebenso viele Westler in den Osten gekommen.

Alles, wie Kohl es vorausgesagt hatte, nur daß es um ein Vielfaches langsamer, schmerzlicher und kostspieliger vonstatten geht. Und dennoch haben diese undankbaren Ostler die Hand gebissen, die sie nährte. Nun wird Helmut Kohl sich also in sein bescheidenes Haus im kleinen Oggersheim zurückziehen, während Gerhard Schröder ins glanzvolle neue Kanzleramt mitten im riesigen Berlin einziehen wird. Ein halbes Jahrhundert Bonner Republik geht plötzlich und unwiederbringlich zu Ende.

2

Neue Regierung, neue Hauptstadt, neue Währung. Wie Großbritanniens neuer Tony Blair es so gerne formuliert: Alles ist neu,
neu, neu. Doch welche Mutmaßungen können wir über dieses
neue Deutschland anstellen?

Man spricht bereits von einer »Berliner Republik«. Bei so
manchem deutschen Föderalisten rührt sich Widerspruch gegen
diesen Begriff. Die Bundesrepublik, so argumentiert dieser, wird
auch weiterhin ein dezentraler Staat bleiben. Das Magazin *Wirt-
schaftswoche* brachte in der Wahlwoche einen großen Artikel,
der darauf verwies, daß Frankfurt, das 1949 beinahe Hauptstadt
geworden wäre, auch nach der Vereinigung wieder ein ernstzunehmender Anwärter war und nach wie vor die unangefochtene
Wirtschaftsmetropole Deutschlands bleiben wird. Bedeutende
Zeitungsverlage konzentrieren sich in Hamburg, und Karlsruhe
ist Sitz des Bundesverfassungsgerichts.

Berlin ist eine Stadt der Geister; dort spuken preußisches Militär, wilhelminische Junker, Nazis und Kommunisten, aber auch
die sympathischeren Gespenster des intellektuellen Lebens aus
der Weimarer Republik und der Widerstandskämpfer gegen das
Nazi-Regime. Inmitten dieses Gespensterreigens wachsen heute
riesige neue Regierungsgebäude empor. Sie scheinen nicht einer
Nation zu gehören, die beabsichtigt, ihre eben erst wiedergewonnene Souveränität an einen europäischen Supra-Staat abzugeben. Berlin ist eine Metropole, in der viele Ausländer leben.
Berlin liegt im Herzen Ostdeutschlands, nahe an all den Problemen, die der Übergang vom Kommunismus mit sich gebracht
hat. Von Berlin aus ist man in 40 Minuten an der polnischen
Grenze.

Die Berliner Republik wird, so könnte man vermuten, nicht
nur östlicher sein, sondern vielleicht auch protestantischer als
die Bonner Republik, die von der katholischen Tradition des
Rheinlandes stark geprägt war, aus der auch Konrad Adenauer
und Helmut Kohl kamen. Dies ist selbst in einer säkularen Gesellschaft nicht ohne Bedeutung. Der israelische Politikwissenschaftler Shlomo Avineri hat darauf hingewiesen, daß jüdische
und christliche Atheisten nicht dasselbe sind: Sie leugnen einen

jeweils anderen Gott. Das mag auch für katholische und protestantische Atheisten gelten.

In dieses neue Umfeld wird nun eine neue Generation von Politikern einziehen, von denen die meisten im sechsten, manche im fünften Lebensjahrzehnt stehen. Viele davon, einschließlich Gerhard Schröder und der grüne Außenminister Joschka Fischer, sind typische 68er, geprägt von einer studentischen Protestbewegung, die die westliche Welt erfaßt hatte. Andere kommen aus den Protestbewegungen der 70er und 80er Jahre: feministisch, ökologisch, gegen Kernwaffen und Atomkraft. Eine andere, für die deutsche Politik typische Erfahrung ist die prägende politische Arbeit in den diversen Koalitionsregierungen der Bundesländer. Und das jahrelange Training im Umgang mit der Macht auf nationaler Ebene hat diese Politiker auch zu Meistern medientauglicher Pointierungen werden lassen.

Theoretisch wird diese rot-grüne Koalition der neuen Republik ihren Stempel aufdrücken können. Sie verfügt nicht nur über eine klare Mehrheit im Bundestag, sondern ebenso im Bundesrat. Die Koalition wird ihren eigenen Kandidaten für das Amt des Bundespräsidenten und Bundestagspräsidenten nominieren. Im Jahr 2000 könnten fast alle Schlüsselpositionen der Republik die Farben Rot-Grün tragen. Selbst den Präsidenten der Bundesbank kann die neue Regierung bestimmen, diese wird dann allerdings weitgehend durch die Europäische Zentralbank ersetzt sein.

Die Christdemokraten in der Opposition werden, wie die britischen Konservativen, eine gewisse Zeit brauchen, bis sie sich neu formiert haben, Seite an Seite mit den bayerischen Christsozialen. Als ich mit ihrem neuen Parteivorsitzenden Wolfgang Schäuble, einer der nachdenklichsten und eindrucksvollsten Persönlichkeiten der deutschen Politik, sprach, da freute er sich ganz offenkundig auf die Herausforderung, einer Volkspartei mit breiter Basis neues Profil zu geben, was unter anderem bedeutet, das Abdriften verärgerter Wähler zur nationalistischen Rechten zu verhindern. Aber die deutschen Christdemokraten werden diese neue Selbstbestimmung zu einem Zeitpunkt vornehmen müssen, wo ihre drei bewährten einigenden Kräfte verschwunden sind oder an Einfluß verloren haben: Antikommunismus, christliches Selbstverständnis und das gemeinsame Engagement für die europäische Integration. Letzteres wird vom bayerischen Ministerpräsidenten Edmund Stoiber, den man gelegentlich scherzhaft Edmund Thatcher nennt, besonders scharf in Frage gestellt.

Die Opposition von links bildet die exkommunistische Partei des Demokratischen Sozialismus (PDS), die es knapp über die 5-Prozent-Hürde geschafft hat und mit entsprechender Mannschaft ins Parlament einzieht. Zwar lebt ihre Wählerschaft nach wie vor überwiegend im Osten, sie etabliert sich aber mittlerweile als Partei der »sozialistischen Linken« auch in der übrigen Bundesrepublik.

Dennoch wird das rot-grüne Bündnis in nächster Zeit mehr Probleme in den eigenen Reihen haben als mit der Opposition, denn es ist eine Koalition der Koalitionen. Schröder mag zwar Kanzler sein, aber Oskar Lafontaine ist Parteivorsitzender der Sozialdemokraten. Unmittelbar nach der Wahl gab es so gut wie keine Veranstaltung, auf der sie nicht zu zweit erschienen wären. Manche kommentieren das so: »Lafontaine macht die Politik, Schröder verkauft sie.« Lafontaine ist ein Opportunist, aber ein Opportunist mit enger Bindung zum linken Lager. Und die alte Linke ist in der SPD sehr viel bestimmender als in Tony Blairs gesäuberter New Labour Party. Und zudem sind und bleiben die Grünen eine sehr disparate, ja chaotische Partei mit einem starken pazifistischen Flügel.

Und was ist mit Schröder selbst? Seine markanten Gesichtszüge sind wohl das einzig scharf Konturierte an ihm. Abgesehen vielleicht noch von seinen Anzügen. Im Fernsehen macht er eine gute Figur, ja er scheint auf dem Bildschirm irgendwie realer zu wirken, als wenn er leibhaftig vor einem steht. Er ist der Inbegriff des Mit-Fünfzigers, ein glatter, wendiger, professioneller Politiker. Doch jemand, der ihn gut kennt, erzählte mir, daß er im Gegensatz zu Clinton und Blair keinerlei religiöse Bindung (auch wenn das im Falle Clinton keine weiße Weste garantiert) oder ein erkennbares Wertesystem hat. Er ist also eine Art Clinton ohne Prinzipien.

Nie hat er, wie jener Kollege sagte, zu einem Thema mutig seinen eigenen Standpunkt vertreten. In der Vergangenheit hat er sich linke Positionen zu eigen gemacht, wenn er etwa in den frühen 80er Jahren gegen die Stationierung von Cruise- und Pershing-Raketen der Nato protestierte; gleichzeitig hat er aber auch eher rechte Positionen vertreten, so zum Beispiel letztes Jahr, als er für eine Verschiebung der Europäischen Währungsunion plädierte. In beiden Fällen hängte er sein Mäntelchen nach dem Wind. In einer öffentlichen Meinungsumfrage hat die Mehrzahl der Befragten ihn im Vergleich mit Kohl als den fähigeren Kanzler eingeschätzt. Doch meine privaten Umfragen haben ergeben, daß viele, sogar Sozialdemokraten, die Zweifel teilen, die auf einem kürzlich erschienenen *Economist*-Titel so formuliert wurden: »Würden Sie einen Gebrauchtwagen von Gerhard Schröder kaufen?« Das höfliche Wort dafür ist »Pragmatiker«.

Alles in allem beginnt die Berliner Republik mit einer ganzen Reihe von Unbekannten. Und eine Kombination von Unbekannten ergibt bekanntlich eine noch größere Unbekannte. Die Deutschen haben mehr bekommen, als sie verlangt hatten. Ja, sie haben für einen Wechsel votiert, aber da war nichts von jener Aufbruchstimmung zu spüren, die 1969 Willy Brandts Ernennung zum Kanzler unter dem berühmten Schlagwort »Mehr Demokratie wagen« begleitete. Schröder dagegen hat sich Adenauers Motto »Keine Experimente« zu eigen gemacht. Gleichwohl ist es ein Experiment, auf was sich Deutschland da einläßt.

3

Unter solchen Umständen sind Prognosen besonders riskant. Dennoch will ich drei Vermutungen wagen. Die erste ist optimistisch und betrifft die in Deutschland lebenden »Ausländer«. Der einzig beunruhigende Zug dieses Wahlkampfes war die Feindseligkeit gegen solche »Ausländer«, und zwar ganz besonders in Ostdeutschland, wo Meinungsumfragen zufolge jeder fünfte junge Mann sagte, er könne sich vorstellen, eine rechtsextreme Partei zu wählen. In den Straßen Berlins forderten die Plakate einer solchen Partei: »Kriminelle Ausländer raus!« Der Fremdenhaß richtet sich nicht nur gegen Schwarze und Türken, sondern auch gegen Polen, die man als »Pollacken« beschimpft, und er reicht weit in die christdemokratische Wählerschaft hinein. Ich habe erlebt, wie CDU-Politiker tosenden Beifall ernteten für Äußerungen wie: »Ausländer sollten unsere Gastfreundschaft nicht mißbrauchen« oder: »Sie haben unsere Gesetze und Gepflogenheiten zu respektieren.«

Dieses Problem hat Deutschland sich selbst geschaffen, indem es großzügig Menschen aufgenommen, deren Einbürgerung aber streng reglementiert hat. Das Ergebnis ist, daß von einer 80 Millionen zählenden Bevölkerung ganze 7 Millionen als »Ausländer« in Deutschland leben. Bis vor kurzem qualifizierte vor allem deutsche Abstammung für die Staatsbürgerschaft. Obgleich die Christdemokraten das Gesetz dahingehend änderten, daß man nach fünfzehnjährigem Aufenthalt deutscher Staatsbürger werden kann, wendet sie sich nun entschieden gegen eine doppelte Staatsbürgerschaft, etwa für seit langem in Deutschland lebende Türken. (Gleichzeitig aber hat man keine Probleme damit, Deutschstämmigen, die in Polen leben, die doppelte Staatsbürgerschaft zu gewähren.) Unter einer rot-grünen Regierung sollte sich das durch ein liberaleres Bürgerschaftsrecht ändern. Überhaupt sollte diese Regierung eine positivere Haltung gegenüber Zuwanderern und ethnischer und kultureller Vielfalt fördern.

Meine zweite Vermutung ist eher pessimistisch – und zwar was Deutschland anbelangt, weniger seine Konkurrenten. Wahrscheinlich hat Helmut Kohl größere Dinge für sein Land vollbracht als Margaret Thatcher für das ihre. (Fairerweise muß man sagen, daß er sich vor größere Aufgaben gestellt sah; schließlich mußte das Vereinigte Königreich nicht wiedervereint werden.) Und dennoch hat Kohl jene großen Dinge nicht angepackt, die Frau Thatcher in Angriff nahm: Zügelung der Gewerkschaften, Privatisierung, Deregulierung, Senkung der direkten Steuern, Einsparungen bei öffentlichen Ausgaben und so fort. In Großbritannien ist dies die Grundlage, auf der Tony Blair jetzt aufbauen kann. Zwar hat Schröder einen Wahlkampf geführt, der in Disziplin und Medienwirksamkeit dem seines britischen Kollegen in nichts nachstand, aber um ein Blair zu werden, muß man zunächst seine Thatcher gehabt haben.

Deutsche Firmenchefs fordern einhellig, daß eine solche Medizin auch für Deutschland nötig wäre, wenn man wettbewerbsfähig bleiben und neue Arbeitsplätze schaffen will. Thatcherismus mit menschlichem Antlitz ist gefragt. Aber ist die neue Regierung zu so etwas in der Lage? Schröder sagt, wirtschaftliche und soziale Reformen hätten bei ihm höchste Priorität. Es ist bekannt, daß das ehemalige Aufsichtsratsmitglied bei Volkswagen gute Kontakte zu führenden Wirtschaftsbossen hält. Er weiß, was not tut. Andererseits war er erst kürzlich an den umstrittenen staatlichen Hilfsmaßnahmen für ein Pleite gegangenes Stahlwerk beteiligt. Und das Land Niedersachsen, dessen Ministerpräsident er war, ist hochgradig verschuldet. Außerdem hat er gewichtige Versprechen einzulösen, nicht zuletzt jenes, die Renten wieder aufzubessern. Er hat versprochen, den Sozialstaat zu verteidigen, »soziale Gerechtigkeit« zu fördern und Arbeitsplätze zu schaffen.

Seine eigene Partei unter Lafontaine wird ihn sicherlich dazu anhalten. Zwar treten die Sozialdemokraten für einen höheren Spitzensteuersatz bei der Einkommensteuer ein, nämlich 49 Prozent gegenüber einer Forderung der Grünen von 45 Prozent, doch die Grünen haben ihr eigenes Lieblingsthema: eine umgehende Erhöhung des Benzinpreises. Natürlich hält die deutsche Industrie das nicht gerade für wettbewerbsfördernd. Addiert man nun die Versprechungen und die biografische Entwicklung des Kanzlers, seine Koalition der Koalitionen, den Einfluß der Gewerkschaften und die deutsche Nachkriegstradition der Veränderung durch Konsens zusammen, dann erhält man nicht gerade ein Erfolgsrezept für die Umsetzung jener Reformen, die die deutschen Wirtschaftsführer für geboten halten.

Meine letzte Vermutung gilt der Außenpolitik, für die Schröder »Kontinuität« angekündigt hat. Das klingt glaubhaft, doch ich befürchte, daß diese Kontinuität sich auf »dasselbe, bloß weniger« beschränken wird. Die Grünen und die sozialdemokratische Linke sind für ihre Proteste gegen die Nato bekannt. Ein grüner Außenminister wird sich schwertun mit Nato-Einsätzen »jenseits der Bündnisgrenzen«. Wie immer seine persönliche Überzeugung aussehen mag, er wird den pazifistischen Flügel seiner Partei zu berücksichtigen haben. Der aus dem Amt scheidende Verteidigungsminister Volker Rühe, ein erklärter Vertreter sowohl einer Nato-Erweiterung als auch von deren Eingreifen im Kosovo, hat mir gegenüber die Befürchtung geäußert, daß die von ihm insbesondere mit den USA aufgebaute enge Zusammenarbeit als Grundlage effektiver Aktionen nun gefährdet sei.

Der Europäischen Union signalisierte Schröder seinen Willen zur Kontinuität, indem er seine erste Auslandsreise nach Paris unternahm. Trotz früherer Vorbehalte gegen eine Währungsunion wird er versuchen, diese zu realisieren. Doch wie viele aus seiner Generation wird er meines Erachtens sehr viel reservierter auf Schritte zu einer weiteren europäischen Integration reagieren als die Euro-Enthusiasten der Nachkriegszeit, wie Helmut Kohl einer war. Auch wenn seine Antrittsrede die übliche visionäre Euro-Rhetorik enthielt, so gehört das immer engere Zusammenwachsen der Europäischen Union offenbar nicht zu seinen persönlichen Visionen.

Das wird ihn zu einem willkommenen Partner der Briten machen. Und er hat ja in der Vergangenheit bereits davon gesprochen, die französisch-deutsche Achse zu einem französisch-deutsch-britischen Dreieck zu erweitern. Andererseits steht uns mindestens eine heftige Auseinandersetzung bevor, und die dreht sich um Deutschlands Bestreben, seine beträchtlichen Beitragszahlungen zum EU-Haushalt zu reduzieren. Und die Finanzen werden auch dann eine entscheidende Rolle spielen, wenn es zu konkreten Verhandlungen über eine Osterweiterung kommt. Von ihrem Standort in Berlin aus wird die neue Regierung die Notwendigkeit zur Integration der unmittelbaren Nachbarn deutlich vor Augen haben, aber ebenso die Probleme, die ein solcher Schritt mit sich bringt. Auch in dieser Hinsicht haben wir mehr kühlen Pragmatismus zu erwarten, ein genaues Abwägen nationaler Interessen und öffentlicher Meinung.

Soweit meine drei Punkte, die nicht mehr sein können als Vermutungen. Das Erstaunliche am Deutschland der 90er Jahre war die Kontinuität seiner Politik, obgleich sich Form, Größe, innere Zusammensetzung und geographische Lage des Landes mit der Vereinigung grundlegend geändert hatten. Diese Kontinuität hatten wir Helmut Kohl, der Deutschen Mark und der Bonner Republik zu verdanken. Jetzt heißt es von all dem Abschied nehmen. Wie man auch dazu stehen mag, die Berliner Republik wird mit einiger Sicherheit interessanter werden.

(September 1998)

Chronik

1998

September. Greueltaten der serbischen Truppen im Kosovo. Die Nato antwortet mit Androhungen von Luftschlägen gegen Serbien.

12. Oktober. Ein Abkommen zwischen dem US-Gesandten Richard Holbrooke und dem serbischen Staatschef Slobodan Milošević ermöglicht die Entsendung von 2000 OSZE-»Beobachtern« in das Kosovo, eine Nato-Luftüberwachung sowie Verhandlungen über eine politische Lösung.

16. Oktober. Zwanzigster Jahrestag der Wahl von Papst Johannes Paul II.

Oktober. Der neue deutsche Bundeskanzler Gerhard Schröder kündigt an, daß die Osterweiterung der EU von einer angemessenen Verringerung der deutschen EU-Beitragszahlungen abhängig gemacht werden konnte.

»Fürchtet euch nicht!«

Breschnew, Carter, Deng Xiaoping, Callaghan, Schmidt: Wo sind sie geblieben? Im Oktober 1978, als ein damals kaum bekannter polnischer Kardinal als neuer Papst mit der elektrisierenden Botschaft »Fürchtet euch nicht!« auf den Petersplatz hinaustrat, waren sie die führenden Politiker der Welt. Zwanzig Jahre später sind diese weltlichen Führer längst im Ruhestand oder schon gestorben, nur der »Diener der Diener Gottes« ist noch immer unter uns, bereist unermüdlich die Welt und verkündet der Menschheit dieselbe eindringliche, universelle Botschaft.

Mit seinen 78 Jahre ist er gebrechlich und gebeugt. Seine robuste, athletische Gestalt ist gezeichnet von der Parkinsonschen Krankheit, den Verletzungen durch das Attentat von 1981 und zwei Jahrzehnten unausgesetzter harter Arbeit. Früher ist er stundenlang Ski gefahren, heute braucht er selbst bei kleinen Spaziergängen seine alten Skistöcke als Stütze. Seine Stimme war kraftvoll und klar, und er war der von John Gielgud einmal als »perfekt« bezeichneten Vortragskunst eines erfahrenen Schauspielers mächtig. Jetzt ist seine Aussprache oft undeutlich. Sein breites, lächelndes Gesicht strahlte menschliche Wärme selbst über große Entfernung hinweg aus – eine Fähigkeit, die er mit seinem slawischen »Mitbruder« Michail Gorbatschow gemeinsam hat. Inzwischen sind seine Gesichtszüge durch die Krankheit erstarrt, die linke Hand zittert unkontrollierbar.

Dennoch nimmt man gelegentlich den alten Zauber wieder wahr, wenn die ferne Gestalt, ganz in Weiß, die Menge mit charakteristischer Geste heranwinkt: einem mehrmaligen Heben der ausgestreckten, geöffneten Hände. Dann spricht er zu einer halben Million Menschen, als hätte er nur ein einziges Gegenüber. Diesen Zauber habe ich im kommunistischen Polen miterlebt, wo er mit einem einzigen Wink der heute zitternden Hand die Angst der Menschen vor Breschnews Divisionen wegwischte. Und bis heute ermahnt er die Herrscher dieser Welt in allen politischen Lagern, von Castro bis Clinton, und bietet den Armen, Schwachen, Kranken und Unterdrückten aller Länder seinen Beistand an.

Nach dieser einleitenden Lobeshymne wird der Leser vielleicht vermuten, ich sei katholisch, ja mehr noch, ein Papst-Jünger. Beileibe nicht. Als Katholik wäre ich wahrscheinlich weniger enthusiastisch. Die schärfsten Kritiker hat der Papst nämlich in den eigenen Reihen. Ihnen überlasse ich es, ihn wegen seiner Rückkehr zu einem »monarchischen« Papsttum und wegen der Unterdrückung innerkirchlicher Kontroversen zu tadeln. Als liberaler Agnostiker, der gleichwohl im reichen Humus christlicher Tradition verwurzelt ist, ist es mir weniger um die Kirche als vielmehr um die Welt zu tun. Und ich möchte schlicht behaupten, daß Papst Johannes Paul II. die bedeutendste Führungspersönlichkeit der heutigen Welt ist.

Das sage ich nicht nur aufgrund dessen, was ich ihn in Polen tun sah, wenngleich das eine wichtige Rolle spielt. Ich sage es auch nicht nur aufgrund der Eindrücke, die seine Persönlichkeit bei einem Treffen im kleinen Kreis hinterließ, wenngleich diese unvergeßlich bleiben. In den vergangenen zwanzig Jahren hatte ich Gelegenheit, mit manchem ernsthaften Anwärter auf den Titel eines »großen Mannes« oder einer »großen Frau« zu sprechen – Michail Gorbatschow, Helmut Kohl, Václav Havel, Lech Wałęsa, Margaret Thatcher –, aber keiner verfügte über Karol Wojtylas einzigartige Mischung aus konzentrierter Strenge, intellektueller Glaubwürdigkeit, menschlicher Wärme und schlichter Güte.

Meine Aussage stützt sich jedoch auf das öffentliche Auftreten des Papstes. Keiner hat eine bessere Botschaft so wirkungsvoll, so vielen Menschen vermittelt. Wie lautet diese Botschaft? Er hatte sie bereits fertig im Kopf ausformuliert, als er den Heiligen Stuhl bestieg. Er brauchte sie nur niederzuschreiben in seiner ersten Enzyklika *Redemptor hominis* (»Der Retter der Menschheit«). Doch hier liegt ein Problem. Philosoph, Dichter und Stückeschreiber, der er ist, schreibt er in einem komprimierten und entsprechend komplizierten Stilgemisch aus Thomismus (jener Philosophie und Theologie, die auf den Schriften Thomas von Aquins basiert), Phänomenologie und polnischer

Marienmystik. Nachdem er sich durch Karol Wojtylas Buch *Der handelnde Mensch* geackert hatte, urteilte ein amerikanischer Philosoph milde: »Mir war nicht ganz klar, worauf der Autor hinauswollte.« Im Gespräch und auf seinen Reisen kann er dagegen mit großartiger Klarheit ausdrücken, was er meint.

Ein verbreitetes Vorurteil besagt, der Papst würde die Welt durch die polnische Brille sehen. Natürlich ist er im Grunde seines Herzens Pole und verleugnet es nicht. Wer das bezweifelt, höre nur hin, wenn er vor dem großen Kloster in Tschenstochau direkt zur Jungfrau Maria spricht und sie liebevoll eine »Königin Polens« nennt. (Man ist tief gerührt, denn er redet sie an, als spräche er tatsächlich mit einer geliebten Mutter. Seine eigene Mutter starb, als er acht Jahre alt war.) Doch als ich einmal, zusammen mit einer polnisch sprechenden Runde von Freunden, mit ihm beim Essen saß, erhielt ich einen völlig anderen Eindruck. Hier war ein Mann, der weit über die Grenzen seines Landes hinaus dachte, der auch Polen durch das Prisma seiner Welterfahrung, seines Glaubens und seiner Mission betrachtete.

Der andere häufige Fehler besteht darin, ihn nach den üblichen politischen Kategorien, wie »links« oder »rechts«, beurteilen zu wollen. Viele im Westen sehen in ihm einen unverbesserlichen Reaktionär. Gorbatschow dagegen sagt, der Papst sei ein Mann der Linken. Tatsächlich hat er den Kapitalismus wie den Kommunismus gleichermaßen kritisch beurteilt. Aber, wie er in einer seiner Enzykliken (*Solicitudo rei socialis*) schreibt, er sieht die Kirche »nicht als ›dritten Weg‹ zwischen liberalem Kapitalismus und marxistischem Kollektivismus«. Tony Blair und Bill Clinton, bitte herhören! Sie ist eine »Kategorie für sich«: Theologie, nicht Ideologie. Bei seinem ersten großen Polenbesuch 1979 sagte er auf dem Hinflug zu Journalisten, der Unterschied zwischen Kommunismus und Kapitalismus bestehe lediglich an der Oberfläche. »Da unten aber ist es, wo die Menschen sind.«

Sein wichtigstes Anliegen ist, was er die Gegenwart Gottes und Jesu Christi in der Welt nennt. Doch das wird, übersetzt in die Sprache weltlicher Politik, zu einem Forderungenkatalog an alle, die politische, wirtschaftliche oder kulturelle Macht ausüben – Forderungen zugunsten von »denen da unten«. Und zu entsprechenden Aufrufen an den einzelnen. Im Zentrum steht dabei immer die, wie er es nennt, »menschliche Person« (er umfaßt nach der katholischen Lehre Körper, Verstand und Seele). Er besteht darauf, daß jedem menschlichen Wesen Würde und unverbrüchliche Rechte zustehen – dem ärmsten Kind im schlimmsten *barrio* von Mexico City ebenso wie dem Millionär in New York. Seine leidenschaftliche Rhetorik im Dienste der Menschenrechte, die man sonst eher von den Erben der Aufklärung erwarten würde, ist nichts weniger als revolutionär. Und Johannes Paul II. predigt sein Evangelium der Menschenrechte allen und jedem. Fidel Castro gemahnte er genauso daran, die Rechte seiner Bürger zu achten, wie General Stroessner in Paraguay.

Überall ergreift er Partei für die Armen. Er mag die Befreiungstheologie verdammen, doch seine eigenen Predigten in Lateinamerika waren voll von den sorgenvollen Botschaften der Befreiungstheologie für die Unterdrückten. Seine Forderungen nach »sozialer Gerechtigkeit« bereiten den Verfechtern einer reinen, neoliberalen Marktwirtschaft Kopfschmerzen. Das Recht auf Arbeit ist für ihn unverbrüchlicher Bestandteil der Menschenwürde. Wieder und wieder hat er das Übel der Arbeitslosigkeit im Kapitalismus angeprangert, genauso wie die »sinnlose Arbeit« in der Planwirtschaft.

Ein weiteres großes Thema ist die Toleranz und der gegenseitige Respekt unter den Völkern und Glaubensrichtungen. Karol Wojtyla wuchs im Vorkriegs-Polen zusammen mit jüdischen Schulfreunden auf, und die Versöhnung zwischen Christen und Juden ist ihm ein wichtiges Anliegen. Er ist zwar mit dem Eingeständnis der Mitverantwortung der katholischen Kirche für den Antisemitismus nicht ganz so weit gegangen, wie einige führende Persönlichkeiten des Judentums es gewünscht hätten, aber weiter als alle seine Vorgänger. Auch zum Islam versucht er Brücken zu schlagen. Bei einem Besuch in Zagreb legte er katholischen Kroaten nahe, doch die »bedeutende Präsenz« der Muslime auf dem Balkan anzuerkennen. Sollte der Harvard-Politologe Samuel Huntington recht damit behalten, daß der nächste weltweite Konflikt ein »Kampf der Kulturen« sein wird, was ich nicht glaube, dann wäre es gewiß nicht die Schuld dieses Papstes.

Überall predigt er den Frieden, und zwar mit absoluter Konsequenz. Selbst im von den Nazis besetzten Polen weigerte er sich, bewaffneten Widerstand zu unterstützen. »Das Gebet ist die einzig wirksame Waffe«, äußerte er einem Freund gegenüber. In Japan rief er: »Nie wieder Hiroshima! Nie wieder Auschwitz!« In Irland sagte er der IRA, sie solle von der Gewalt ablassen, »die das Land und die Werte zerstöre, an denen ihr angeblich so viel gelegen sei«. In Großbritannien kritisierte er den Falkland-Krieg. Auch gegen den Golf-Krieg hat er sich ausgesprochen. Alle Völker haben ein Recht auf Gerechtigkeit und Selbstbestimmung, sagt er, doch diese Ziele dürften nur gewaltlos verfolgt werden. Und 1983, nachdem General Jaruzelski versucht hatte, die Hoffnungen der Polen mit Panzern zu zerstören, sagte er seinen Landsleuten: »Ihr müßt Böses mit Gutem vergelten.«

Dies alles hat er nicht nur auf seinen 84 Auslandsreisen, von Argentinien bis Yamoussouka, gepredigt. Er hat es auch mit dem Geschick des Schauspielers, der er fast geworden wäre, in Szene gesetzt. Er hat die Gabe, in einem einzigen fotogenen Augenblick zur Verkörperung des Mitleids zu werden: die zärtliche Umarmung eines verkrüppelten Kindes, der in Trauer gesenkte Kopf an einem Ort des Grauens. Aber er kann auch die Mächtigen zum Zittern bringen. Das ist im Falle Jaruzelskis ganz wörtlich zu nehmen. Als dieser 1983 Johannes Paul II. gegenübertrat, zitterten ihm sichtbar die Knie. »Aber nur am Anfang«, kommentierte der Papst gütig.

Es ist großartig, aber zeitigt es auch Wirkung? In seinem Fall ist das schwerer zu beurteilen als bei normalen Politikern. Wie soll man den Effekt kleinster Veränderungen in Millionen von Menschenherzen messen? Sein alter Freund Pater Józef Tischner hat einmal gesagt, die Solidarność-Bewegung in Polen sei ein »Wald von erwachten Gewissen« gewesen. Doch solche Wälder sind in der Regel unsichtbar.

Seinen politisch sichtbarsten Beitrag hat er zum Ende des Kommunismus geleistet. Gorbatschow selbst hat gesagt: »Alles, was in Osteuropa geschehen ist, wäre ohne den Papst undenkbar gewesen.« »Einschließlich Gorbatschow«, möchte ich anfügen und begründe das in zwei Schritten. Erstens: ohne Papst keine Solidarność in Polen. Seine große Reise von 1979 hat die Barrieren der Angst niedergerissen und eine Solidarität geschaffen, die Solidarność erst ermöglichte. Das war von viel nachhaltigerer Wirkung als alles, was sein Biograph Carl Bernstein uns aufgeregt über eine angebliche »geheime Allianz« zwischen dem Vatikan und der CIA erzählt.

Zweitens: ohne Solidarność kein Gorbatschow. Natürlich wäre Gorbatschow auch so sowjetischer Staatschef geworden. Was ich meine, ist, daß er die sowjetische Politik gegenüber Osteuropa nicht so grundlegend revidiert hätte, wenn ihm Solidarność – trotz Jaruzelskis Panzern – nicht nachdrücklich klargemacht hätte, daß die Sowjetunion so nicht weitermachen konnte. Wo Gorbatschow den kleinen Finger reichte, nahmen die Polen dann die ganze Hand. Man kann hier eine Kausalkette erkennen, die vom Polenbesuch des Papstes 1979 bis zum Ende des Kommunismus und damit zum Ende des Kalten Krieges 1989 reicht.

Wenn dies sein eindrucksvollster positiver Beitrag zur Weltgeschichte war, dann besteht sein negativster Beitrag in seinem Widerstand gegen jede Form der Empfängnisverhütung. Auch hier war er nur konsequent. Er kam zu dieser Haltung, nachdem er sich als junger Priester seine Gedanken über Liebe, Ehe und Sexualität gemacht hatte. Er war es, der Papst Paul VI. ermutigte, 1968 in seiner verhängnisvollen Enzyklika *Humanae vitae* (»Über das menschliche Leben«) die Pille zu verdammen. Einem Freund, der ihn kritisch dazu befragte, erwiderte er: »Ich kann nicht plötzlich ändern, was ich mein Leben lang gepredigt habe.« Das Ergebnis ist sinnloses, vermeidbares Leid: Arme Frauen in der Dritten Welt, denen Verhütungsmittel und Informationen zur Geburtenkontrolle vorenthalten werden, müssen ihren ungewollten Kindern ein Leben voller Elend und Armut zumuten. Genau jenes Elend und jene Armut, über die sein eigenes Herz sich sonst so empört.

Nachdem er in den 80er Jahren den Kommunismus weichen sah, hat er sich in den 90er Jahren dem Kampf gegen die Übel eines zügellosen Kapitalismus verschrieben. Er erzählt uns viel energischer als jene angeblich linken Parteien, die jetzt in vielen Teilen Europas wieder Regierungsgewalt ausüben, daß nach wie

vor der Reiche den Armen und der Norden den Süden ausbeu-
tet. Er weist darauf hin, daß wir viel zu sehr mit dem »Haben«
beschäftigt sind, um ans »Sein« denken zu können. Er ermahnt
uns, daß Konsum nur »ein Netz aus falscher, oberflächlicher Be-
friedigung« ist. Mit zorngerötetem Gesicht wettert er gegen eine
Freiheit, die zur Zügellosigkeit, sexuellen Promiskuität, zu Al-
koholismus, Drogensucht und Postmodernismus verkommen
ist. Die meisten Leute, selbst die Polen, ignorieren die Warnungen des alten Mannes. Aber sind wir tatsächlich so sicher, daß
nicht Wahrheit in dem steckt, was er über unsere Welt zu sagen
hat – eine Welt, die heute freier ist als jemals zuvor?

Während ich dies schreibe, liegt vor mir ein Büchlein, das leicht
in jede Tasche paßt. Eine kleine Anthologie der Lehrsätze des
Papstes mit dem Titel *Agenda für das dritte Jahrtausend.* Wer
sonst würde sich einen solchen Buchtitel zutrauen? Ich selbst
kann mit der einen Hälfte des Buches wenig anfangen, da mir,
wie der Mehrzahl der Menschheit, der Glauben abhanden gekommen ist. In der anderen Hälfte aber stehen großartige Dinge,
tiefsinnig und wahr und von großer Bedeutung für die kommenden zwanzig Jahre. Es mag nicht *die* Agenda für unsere Zeit
sein, aber wer von uns hat eine bessere?

(Oktober 1998)

Chronik

1998

21. Oktober. Der ehemalige Kommunist Massimo D'Alema wird Ministerpräsident von Italien und bildet die 56. italienische Regierung seit 1945.

21. November. Der neue deutsche Außenminister Joseph (Joschka) Fischer löst eine Kontroverse aus mit dem Vorschlag, daß die Nato eine »Nicht-Erstschlag«-Doktrin für Atomwaffen aufstellen solle.

Weine, zerstückeltes Land!

Es war einmal ein Land, das hieß Jugoslawien. Es war ein mittelgroßes Land im Südosten Europas, und es lebten dort über 23 Millionen Menschen. Demokratisch war es nicht, aber es hatte einen guten Namen in der Welt. Sein König hieß Tito. Dieses Land, sozialistisch und vorwiegend ländlich, war nicht reich. Aber es wurde allmählich ein bißchen wohlhabender. Die meisten seiner Kinder wuchsen in ihrem Selbstverständnis als Jugoslawen auf. Sie hatten auch andere Identitäten, und die waren stark. Die Slowenen sprachen bereits von der »engeren Heimat«, wenn sie Slowenien meinten, und der »weiteren Heimat«, nämlich Jugoslawien. Seine Albaner waren immer Albaner. Aber dennoch war es *ein* Land.

Im letzten Jahrzehnt des 20. Jahrhunderts ist dieses europäische Land auseinandergerissen worden, mindestens 150 000, vielleicht sogar 250 000 Männer, Frauen und Kinder kamen dabei ums Leben. Und wie sie gestorben sind: die Augen herausgequetscht oder die Kehle mit einem rostigen Messer durchschnitten, Frauen nach Vergewaltigungen, die bewußt ihrer ethnischen Zugehörigkeit galten, Männer mit ihren abgeschnittenen Geschlechtsteilen im Mund. Über zwei Millionen ehemalige Jugoslawen sind von anderen ehemaligen Jugoslawen aus ihrer Heimat vertrieben worden, viele verloren alles, alles außer dem, was sie in überstürzter Flucht mit sich tragen konnten.

In diesem ehemaligen Land ist das groteske Schauspiel eines verbrannten, geplünderten und geschundenen Dorfes zu einem völlig normalen Anblick geworden. »Jaja, das Übliche«, sagt der Journalist und setzt seine Reise fort. Ein paar Leute sind reich geworden, vor allem Kriegsgewinnler, Gangster und Politiker – diese drei Kategorien sind manchmal kaum voneinander zu unterscheiden. Alle übrigen, außer in Slowenien, sind verarmt, heruntergekommen und korrupiert. Die Reallöhne in Serbien liegen nach Schätzungen auf dem Niveau von 1959 – allerdings nur, wenn es überhaupt Arbeit gibt. Im Kosovo ging das Töten, Sengen, Plündern und Vertreiben im Sommer 1998 weiter, während Westeuropäer nur ein paar Kilometer entfernt Urlaub machten. Es ging weiter, obwohl alle Führer des Westens wiederholt erklärt hatten, das werde man niemals wieder zulassen. Nicht nach der Erfahrung in Bosnien.

Wenn man eine politische Karte Europas auf dem neuesten Stand betrachtet, könnte man zu dem Schluß kommen, das ehemalige Land bestehe jetzt aus fünf Staaten: Slowenien, Kroatien, Bosnien, Mazedonien und der Bundesrepublik Jugoslawien (unter Diplomaten als die FRY bekannt). Aber in Wirklichkeit sind es mindestens neun Teile. Bosnien ist noch immer geteilt in eine »Serbische Republik« (Republika Srpska) und eine Kroatisch-bosniakische Föderation, die ihrerseits aufgeteilt ist in kroatisch und bosniakisch (oder »muslimisch«) kontrollierte Gebiete. Die FRY teilt sich in das »eigentliche Serbien«, das Kosovo und die zunehmend nach Unabhängigkeit strebende Republik Montenegro. Aber selbst das »eigentliche Serbien« müßte noch einmal unterteilt werden, um die nördliche Provinz Vojvodina mit ihrer großen ungarischen Minderheit zu berücksichtigen, sowie – zum Entzücken des Historikers der Diplomatie – dem noch immer teilweise muslimisch besiedelten Sandschak von Novi Pazar. Vielleicht sollte man auch in Mazedonien die albanisch besiedelten Teile vom Rest des Landes unterscheiden. Damit sind schon zwölf ethnisch definierte Teile im Spiel.

Nicht nur wir im Westen verhalten uns ziemlich gleichgültig. Die meisten Einwohner der meisten dieser abgesplitterten Teile selbst empfinden wachsende Indifferenz oder aktive Antipathie gegenüber den anderen. In Ljubljana erzählt mir eine gebildete slowenische Frau traurig, ihre Kinder könnten die herrlichen Werke serbischer Schriftsteller nicht mehr genießen, weil sie das kyrillische Alphabet nicht mehr schreiben und lesen können. Ja, ruft sie aus, sie verstehen nicht einmal Kroatisch! In Sarajevo sagt ein lokaler Veteran der Belagerung: »Wissen Sie, wenn ich ehrlich sein soll, haben wir uns in diesem Sommer die Fernsehbilder aus dem Kosovo vermutlich ganz genauso angesehen wie damals die Westler die Bilder aus Sarajevo.« Aber das Gefühl ist wechselseitig. In Priština, der Hauptstadt des Kosovo, sagt mir ein führender Vertreter der hauptsächlich muslimischen Albaner: »Wir empfinden keinerlei Gemeinsamkeit mit den Muslimen in Bosnien, denn das sind Slawen.« Tatsächlich haben die beiden Gruppen völlig entgegengesetzte Ziele: Bosnische »Muslime« wollen einen multi-ethnischen Staat am Leben halten, die albanischen »Muslime« des Kosovo wollen die ethnische Trennung.[1]

Über diese Landschaft außergewöhnlicher ethno-linguistisch-religiös-historisch-politischer Komplexität kriechen die weißen und orangefarbenen Fahrzeuge eines internationalen Engagements, das auf eine andere, politisch-bürokratische Art ebenso kompliziert ist. SFOR, OHR, UNHCR, MSF, CARE, OSZE, USKDOM, EUKDOM, RUSKDOM: internationale Buchstabensoße über balkanischem Gulasch. Die Amerikaner mögen hier die neuen habsburgischen Statthalter sein, aber französische Abgeordnete konkurrieren mit Briten um den Vortritt bei Hofe, während ernsthafte Skandinavier Telefonleitungen verlegen. Auf dem Flughafen Sarajevo sitze ich neben einem Mann, dessen Schulterklappe verkündet: »Isländische Polizei«. Wird dieser isländische Polizist jetzt in den Kosovo geschickt, um unter den Derwischen von Orahovac den Frieden zu wahren?[2]

Angesichts solcher Komplexität ist es kein Wunder, daß sich die Zeitungs- und Fernsehberichte weitgehend auf ein paar einfache, erprobte Geschichten konzentrieren: bang-bang-bang, verstümmelter Leichnam, alte Frau weint in schmutziges Taschentuch, zerschossene Moschee/Kirche/Stadt, US-Botschafter Richard Holbrooke trifft sich mit dem serbischen Führer Slobodan Milošević, Nato-Bomber auf italienischem Flugplatz vor einem Nichtangriff. Gähn. In Wahrheit müßte man ein ganzes Buch schreiben, um jedem einzelnen Teil Gerechtigkeit widerfahren zu lassen. An dieser Stelle werde ich mich darauf beschränken, einiges von dem zu berichten, was ich in diesem Winter in lediglich drei eng zusammenhängenden Teilen des postjugoslawischen Puzzles gesehen habe: Kosovo, Mazedonien und Belgrad. Aber dann werde ich mir ein paar allgemeinere Schlußfolgerungen erlauben und darüber nachdenken, wie die westliche Politik aussehen sollte.

Kosovo

Das frische rote Blut auf dem frisch gefallenen weißen Schnee wirkt irreal, wie ein neues avantgardistisches Ausstellungsstück in der Londoner Tate Gallery. Aber es ist völlig real. Es ist das Blut zweier toter serbischer Polizisten, die in der Morgendämmerung erschossen wurden, fast mit Sicherheit von den Soldaten eines harten lokalen Befehlshabers der »Befreiungsarmee des Kosovo« (UÇK), in Verletzung des Waffenstillstands vom Oktober 1998. Das Blut findet sich, symbolisch, gerade vor einer zerstörten Moschee, mitten in einem albanischen Dorf, das die serbischen Streitkräfte systematisch zerstört haben. Nun erzählen uns die Frauen aus einer der wenigen albanischen Familien, die hierzubleiben gewagt haben, wie die serbische Polizei sie nach dem Mord verprügelt hat.

Zwei Tage zuvor fuhren wir durch die Stadt Mališevo, gelegentlich als der gefährlichste Ort Europas bezeichnet. In diesem Sommer war es die geschäftige inoffizielle Hauptstadt des »befreiten« Kernlands von Drenica. Sie hatten sogar eigene UÇK-Autonummernschilder. Jetzt ist Mališevo vollständig zerstört und verlassen, sein Einkaufszentrum nur noch Schutt und pulverisiertes Glas. Die einzigen Menschen in Sichtweite sind schwerbewaffnete serbische Polizisten hinter ihren Sandsäcken in einer provisorischen, befestigten Polizeistation. Statt Einkaufsbummlern schweifen große Hunderudel mit zehn bis zwanzig Tieren umher, vermutlich verwilderte Haushunde. Man sieht diese Hunde überall in der Provinz, und auf den Straßen liegen ihre Kadaver.

Ein Stück weiter auf der leeren Autostraße begegnen wir einem einzelnen albanischen Bauern, der gerade versucht, sein Auto flottzumachen. Als wir anhalten, um ihm zu helfen, bietet sich ein unwirkliches Bild. Ein großer, orangegestrichener gepanzerter Wagen des amerikanischen Typs, der allgemein als »Humvee« bekannt ist, nähert sich langsam und leise. Aber direkt hinter ihm gondelt ein langer Konvoi blaugestrichener gepanzerter Fahrzeuge voller blauuniformierter, schwerbewaffneter serbischer Polizisten. Inmitten des Konvois fahren ein paar abstoßend aussehende Männer in einem ungekennzeichneten weißen Jeep. Der Bauer ist entsetzt: »Wenn die Amerikaner nicht dabei wären, würde die Polizei uns zusammenschlagen.«

Später zeigt er uns seinen Hof. Hinter den hohen rauhen Mauern, mit denen die Albaner den Besitz einer Großfamilie einfrieden, finden wir zwei größere Häuser, beide gesprengt und ausgeplündert. Die Familien drängen sich in einem kleinen Kellerraum zusammen. »Wir können nicht hierher zurückkommen, solange die Serben in der Polizeistation sind«, sagen sie. »Wir können nicht unter Serbien leben.«

Ein Stück weiter biegen wir in die Ortschaft Dragobilje ab. Nur hundert Meter von der Straße entfernt, auf der die serbische Polizei Streife fährt, finden wir die UÇK in ihrer braungrünen Tarnkleidung. Ein untersetzter, bärtiger Mann, der um die Brust einen mit Handgranaten gespickten Gurt geschlungen hat, spricht mit uns im Namen der »122. Brigade«. Als wir nach seiner Identität fragen, gibt er seinen Tarnnamen an: »Journalist«. Er erzählt, vor dem Krieg sei er in Priština wirklich Journalist gewesen. Die UÇK halte derzeit den Waffenstillstand ein, sagt er, aber sie seien jederzeit bereit, für ein freies Kosovo wieder zu den Waffen zu greifen. Inzwischen kommen mehrere Wagen voller Männer in UÇK-Uniformen den verschlammten Hinterweg herunter und treiben die Kühe auseinander: die lokale Version eines Ho-Chi-Minh-Pfads.

Als wir aus Dragobilje herausfahren, steht am Straßenrand der gleiche orangegestrichene Humvee. Neben ihm spricht ein stämmiger amerikanischer Beobachter mit einem lokalen Führer. »Lassen Sie Ihre Uniformierten nicht von der Straße aus sehen, das würde sie [die Serben] provozieren«, sagt der Amerikaner. Als der lokale Führer über die bittere Vergangenheit zu sprechen beginnt, sagt dieser stille Amerikaner: »Sie müssen nach vorn schauen, schauen Sie einfach nach vorn.« Und er bietet ihnen Hilfe an, damit sie ihre Schule und ihr Krankenhaus wieder eröffnen können: »Was brauchen Sie? Plastik? Sagen Sie einfach, was Sie brauchen.«

Ein anderer Tag, ein weiteres zerstörtes Dorf im Schnee, noch eine Guerilla-Bastion: Lausa für die Serben, Llaushe für die Albaner. Hier trat die UÇK zum ersten Mal öffentlich auf – am

28. November 1997, als zwei uniformierte Soldaten ihre Masken abnahmen und bei der Beerdigung eines von den Serben erschossenen Schullehrers eine Befreiungsrede hielten.[3] Jetzt betrachten zwei der Brüder Geci ihre verwüstete Heimstatt. Früher wohnten hier sieben Brüder und ihre Familien, insgesamt etwa fünfunddreißig Menschen. Die meisten leben heute als Flüchtlinge in Albanien. Die Zurückgebliebenen sind auf Hilfe angewiesen. Ihre eigene Ernte wurde verbrannt; ihr Vieh getötet oder weggetrieben. »Die UÇK ist unsere Selbstverteidigung«, sagen sie. »Die Soldaten kommen alle aus dieser Gegend.« Könnten sie sich vorstellen, jemals wieder zusammen mit Serben im Kosovo zu leben? Nein. Die Großmutter zeigt auf einen blanken Draht, der von der Decke herabbaumelt: »Wie kann man mit Menschen zusammenleben, die Leute an Leitungsdrähten aufhängen.«

Unsere Kenntnisse von der UÇK sind nach wie vor fragmentarisch, zum Teil weil diese Guerilla-Armee selbst ziemlich fragmentarisch ist. Sie hat, wie es ein westlicher Militärbeobachter höflich umschreibt, eine »eher horizontale« Befehlsstruktur. Jede Region ist anders, und die regionalen Befehlshaber treten auf wie die Häuptlinge lokaler Räuberbanden. Dennoch können wir einige wichtige Dinge über ihre Geschichte, ihre Führer und ihren Rückhalt in der Bevölkerung in Erfahrung bringen.

Zunächst einmal läßt sich ihr Aufstieg darauf zurückführen, daß Kosovo-Albaner am Weg der Gewaltlosigkeit verzweifelten, den sie eingeschlagen hatten, nachdem die Provinz 1989 von Milošević ihrer Autonomie beraubt worden war und Jugoslawien in den Jahren 1990 und 1991 zu zerfallen begann. Unter ihrem offiziell gewählten »Präsidenten der Republik Kosova«, Ibrahim Rugova, organisierten sie einen außergewöhnlichen Alternativstaat, mit eigenen Steuern, Parlamentsausschüssen, privatem Gesundheitsdienst und – besonders eindrucksvoll – einem inoffiziellen Bildungssystem, von der Grundschule bis zur Universität. Zur Enttäuschung westlicher Politiker hielt Rugova unerschütterlich an seinem Ziel, der Unabhängigkeit, fest. Zu ihrer Erleichterung fühlte er sich ebenso unerschütterlich der Gewaltlosigkeit verpflichtet. Wie wollte er den Kreis schließen? Durch die »Internationalisierung« des Kosovo-Problems.

Schon in den frühen Neunzigern glaubten einige, ein Wandel werde nur mit Hilfe traditionellerer Methoden zustande kommen. Viele Albaner aus dieser Region gehen nach Westeuropa, um eine Ausbildung zu erhalten und Geld nach Hause zu schicken. Das taten nun auch sie. Ramush Haradinaj, der lokale Befehlshaber, der fast mit Sicherheit für das Blut im Schnee verantwortlich ist, verschaffte sich seine militärische Ausbildung in der französischen Fremdenlegion. In Priština erinnern sich die Menschen, daß sie zum ersten Mal 1993 von der UÇK hörten. Aber damals ähnelte sie eher einer der terroristischen Splittergruppen der westeuropäischen Studentenbewegung von 1968. Einer der wichtigsten derzeitigen politischen Führer der UÇK, Hasim Thaqi, Tarnname »Schlange«, war ein studentischer Aktivist in Priština, der damals nach Albanien ging, um zu studieren und im Westen Geld aufzutreiben. Aber die meisten der politischen Aktivisten aus drei Generationen des prägenden studentischen politischen Protests – 1968, 1981 und 1990-91 – befürworteten noch immer die Gewaltlosigkeit.

Was löste den Wandel aus? Die verblüffende Antwort lautet: »Dayton«. Dies sagt mir der politische Vertreter der UÇK, Adem Demaci, der lange Jahre in politischer Gefangenschaft verbrachte. Er datiert das eigentliche Auftreten der UÇK auf den Frühling 1996, nur wenige Monate nach dem Dayton-Abkommen über Bosnien vom November 1995. Das erzählt mir auch Veton Surroi, eine beliebte Quelle für Besucher aus dem Westen, dessen einflußreiche Tageszeitung den bewaffneten Kampf unterstützte (manche sagen auch: anfachte). Und noch einige mehr.

Sie sagen, aus Dayton hätten sie zwei Lehren gezogen. Nach über fünf Jahren des an Gandhi erinnernden Kampfes um Unabhängigkeit schlossen die Vereinigten Staaten mit Milošević einen Handel über Bosnien ab, ohne auch nur für die Wiederherstellung der Autonomie des Kosovo zu sorgen. Lehre eins: Die Gewaltlosigkeit hatte nicht funktioniert. Außerdem machte das Dayton-Abkommen in Bosnien selbst große Zugeständnisse an die gewaltsam durchgesetzten ethnischen Realitäten. Lehre Nummer zwei: Gewalt zahlt sich aus.

In dieser Darstellung gibt es ein Element der retrospektiven

Rationalisierung. Im März 1997 in Priština sagten mir dieselben Leute etwas anderes.[4] Aber sie enthält auch ein unbequemes Element der Wahrheit. Solange Rugova sein eigenes Volk ruhigzustellen wußte und wir das Gefühl hatten, wir hätten es vor allem mit Milošević und Bosnien zu tun, ließen wir ihm im Kosovo freie Hand.[5]

Der bewaffnete Aufstand wurde dann durch zwei weitere Entwicklungen gefördert: die Plünderung der Waffenarsenale während der gewalttätigen Implosion in Albanien im Frühjahr 1997, die der UÇK den Zugang zu großen Mengen Kalaschnikows eröffnete, und die Brutalität der serbischen Repressalien gegenüber ganzen Großfamilien und Dörfern ab Februar 1998. Wie immer waren eine unterdrückerische Armee und Polizei die besten Werber für die Guerillas.

In jeder Phase griffen mehr Menschen aus dem friedlichen Widerstand zu den Waffen. Unter ihnen war der Sprecher der UÇK, Jakob Krasniqi, der zuvor im Untergrund an der Pädagogischen Hochschule in Priština studiert hatte. *»Un bon étudiant«*, sagt sein charmanter, französisch sprechender Professor Abdyl Ramaj, während er mich in dem schäbigen Bungalow umherführt, in dem die Schule vorübergehend untergebracht ist. Am ernüchterndsten wirkt der Fall von Shaban Shala. Bis zum Frühling dieses Jahres war Shaban Shala stellvertretender Vorsitzender des »Komitees zur Verteidigung der Menschenrechte«, einer Gruppe, die von mehreren westlichen Stiftungen unterstützt wurde. Inzwischen ist er ein Guerilla-Kommandeur in den Hügeln seiner Heimat Drenica. »Na ja, in gewisser Weise kämpft er noch immer für die Menschenrechte«, sagt ein verlegenes Komiteemitglied. Na ja, in gewisser Weise.

Verallgemeinerungen sind gefährlich – aber die Menschen, die sich der UÇK angeschlossen haben oder sie aktiv unterstützen, haben häufig dreierlei gemeinsam. Zunächst waren viele von ihnen politische Gefangene im ehemaligen Jugoslawien. Demaci hält den Rekord: achtundzwanzig Jahre. Shaban Shala war neun Jahre lang gefangen – das ist etwa der Durchschnitt. Zweitens kommen sie häufig aus den am schwersten betroffenen ländlichen Gegenden. Auf dem Lande herrscht noch immer eine sehr starke Loyalität gegenüber der Großfamilie und dem Clan.

Und in Dörfern wie Llaushë ist die UÇK heute gleichbedeutend mit der lokalen Gemeinde in Waffen. Drittens üben sie scharfe Kritik an der ihrer Ansicht nach unflexiblen, autoritären, aber zugleich schwachen Führung durch Rugova.

Dies also sind die Kämpfer für nationale Befreiung – oder auch »Terroristen«, wenn man die serbischen Behörden fragt –, die die Lage hier vollständig verwandelt haben. Westliche Militärbeobachter äußern sich ziemlich verächtlich über ihre zerlumpte Armee, wie schon über die bosniakische Armee in Bosnien. Sie sagen, die UÇK habe völlig verantwortungslos gehandelt, als sie in der Befreiungseuphorie des Sommers größere Orte wie Orahovac einnahm, die sie dann nicht ernsthaft verteidigen konnte. Als die Serben zurückkamen, »liefen sie einfach davon«. Sie hätten wissen müssen, daß die Serben sich dann an unschuldigen Zivilisten rächen würden – zum Beispiel an der Familie, die ich besuchte. (Insgesamt wurden in diesem Kriegssommer etwa eine Viertelmillion Menschen von Haus und Hof vertrieben.)

Das ist wahr. Aber wahr ist auch, daß die Mitglieder der UÇK für die meisten Kosovo-Albaner Helden sind. Ihre Unternehmungen liefern bereits Stoff für Legenden, die in die Geschichtsbücher eingehen werden – neben den zweifellos genauso mythologisierten Taten der Kacak-Rebellen gegen die Serben vor achtzig Jahren. (Auch deren Bastion war Drenica.) Gleichgültig, wie schwach die UÇK militärisch sein mag, politisch hat sie an Stärke gewonnen. In einem Vergleich mit dem irischen Osteraufstand 1916, wie er einem Engländer naheliegen mag, sagt Veton Surroi: »Wir brauchen jetzt einen Michael Collins« – eine politische Sinn Fein als Partner für ihre IRA.

Mehr noch: In der Praxis hält die UÇK einen großen Teil des Landes besetzt. Die Grenze verläuft etwa so: Die serbischen Kräfte patrouillieren nach wie vor in den wichtigsten Städten, auf den wichtigsten Straßen sowie an den Grenzen zu Albanien und Mazedonien; die UÇK kontrolliert den größten Teil der Gebiete dazwischen. An manchen Orten sind die beiden Seiten kaum fünfzig Meter voneinander getrennt. Da ist kein Friede. Es ist eingefrorener Krieg. Eingefroren ist der Krieg durch die plötzlichen schweren Schneefälle Mitte November, obwohl es trotzdem noch zu mehreren heftigen Gefechten kam. Eingefroren ist der Krieg außerdem, wenn auch weniger wirksam, durch die Anwesenheit internationaler Beobachter.

Diplomatische Beobachter wurden hier offiziell seit Juli akzeptiert. Nachdem Richard Holbrooke am 12. Oktober mit Hilfe der Androhung von Nato-Bombenangriffen ein Abkommen mit Slobodan Milošević getroffen hatte, gingen sie in einem weit größeren Team von bis zu 2000 unbewaffneten *verifiers* (»Überprüfer«) auf, nunmehr unter der Oberhoheit der Organisation für Sicherheit und Zusammenarbeit in Europa (OSZE). Zur Zeit »verifizieren« sie die Einhaltung des Waffenstillstandes sowie einiger nicht besonders klarer Zusatzvereinbarungen über Zahl und Stationierung serbischer Polizei- und Armee-Einheiten. Aber dahinter steht der Gedanke, sie sollten ab Anfang 1999 die Durchsetzung eines politischen Abkommens »verifizieren«.

Seit Oktober hat sich der beeindruckende US-Botschafter in Mazedonien, Christopher Hill, mittels einer anstrengenden Serie diplomatischer Reisen um dieses neue Meisterwerk des Unsinns bemüht. Das praktisch einstimmige Beharren der Kosovo-Albaner, sie wollten nicht länger »unter Serbien« leben und nach einem Übergangszeitraum müsse es eine klare Chance zur Unabhängigkeit geben, soll darin versöhnt werden mit dem Beharren von Milošević wie auch der meisten anderen serbischen Politiker, das Kosovo müsse bei Serbien bleiben, ohne jede Aussicht auf Unabhängigkeit. Hill hat es mit einer frustrierend zerstrittenen Ansammlung von Führern der Kosovo-Albaner zu tun, einschließlich jener, die er die »UÇK-Typen« nennt. Auf der serbischen Seite steht ihm Milošević gegenüber.

Die lokalen Kosovo-Serben fürchten, Milošević werde sie im Stich lassen. Sie bilden eine nervöse, traurige Gruppe, die sich in schäbigen, düsteren Kneipen über ihr Bier beugt, während die Albaner einen in modische neue Cafés führen. (Das serbisch geführte Grand Hotel wird auf grandiose Weise seinem Ruf als schlechtestes Fünf-Sterne-Hotel der Welt gerecht.) Wie viele Serben gibt es noch in dieser mittelalterlichen Wiege des Serbentums? Nach der Volkszählung von 1992 waren es kaum mehr als 200000. Seitdem haben einige aufgegeben und sind gegangen. Dafür wurden hier aber serbische Flüchtlinge aus anderen Teilen des früheren Jugoslawien angesiedelt; ihre vorfabrizierten Einzelhaussiedlungen stechen zwischen den hingelagerten albanischen Bauernhöfen mit ihren hohen Mauern hervor.

Momcilo Trajković, der Führer der sogenannten Serbischen Widerstandsbewegung, sagt, seit März hätten weitere 20 000 Serben die Provinz verlassen. Pathetisch spricht er nun von ihrem Wunsch nach einem »multikulturellen, multiethnischen« Kosovo. »Multikulturell, multiethnisch!« intoniert er, als wäre er jemand aus Sarajevo. Was würden die lokalen Serben tun, sollte das Kosovo unabhängig werden? Manche würden kämpfen, meint er. Manche würden fliehen. Pause. »Ich glaube, die meisten würden fliehen.«

Mazedonien

»Wir alle unterstützen die UÇK«, sagt der stämmige Student. »Alle Albaner hier gehören zur UÇK.« Wir sitzen im Queen's Club Café in der vorwiegend albanischen Stadt Tetovo in Westmazedonien. In der Nähe, hinter den geschlossenen Metalltüren anscheinend halbfertiger ziegelroter Privathäuser, habe ich Räume voller Studenten der inoffiziellen albanischen Universität Tetovo gesehen.

»Ja«, stimmt der Professor zu, Zamir Dika, ein magerer, leidenschaftlicher, schwarzbärtiger Mann. »Die UÇK genießt hier uneingeschränkte Unterstützung. Wir sind eine Nation.« Aber noch immer besteht eine letzte Chance, innerhalb des gegenwärtigen mazedonischen Staats auf friedlichem Wege gleiche Rechte für Albaner zu erreichen. Und seine Partei, die Albanische Demokratische Partei, will diese Chance als Teil der neuen mazedonischen Koalitonsregierung nutzen. Seine Partei verlangt die legale Anerkennung der Universität Tetovo, die Freilassung politischer Gefangener und Arbeitsplätze im öffentlichen Dienst für ethnische Albaner entsprechend ihrer Anzahl; vor allem aber sollen die Albaner in Mazedonien als *drzavotvorna nacija* anerkannt werden, als »staatsschaffende Nation«. (Dies ist ein Begriff aus dem jugoslawischen ethnokonstitutionellen Jargon, der

sich vermutlich letztlich auf Fichtes Vorstellung von einer staats-
fähigen Nation zurückführen läßt.)

Später spreche ich mit seinem Parteiführer Arbën Xhaferi,
einem nachdenklichen, kühlen, schwarzbärtigen Mann, in einem
kleinen dunklen Zimmer des Hauptquartiers, das mit dem
schwarzen doppelköpfigen albanischen Adler vor rotem Hintergrund geschmückt ist. Er sagt, bei seinen Versammlungen
skandierten die Leute »UÇK«, nicht den Namen seiner Partei.
Er selbst unterstützt leidenschaftlich den bewaffneten Kampf im
Kosovo. Das kann nicht überraschen, da er den größten Teil seines Erwachsenenlebens als Journalist in Priština verbrachte. (Er
war ein Kollege von »Journalist«). Das Kosovo ist die Wiege der
albanischen Nation, belehrt er mich, Schauplatz von 180 albanischen Aufständen gegen die türkische Herrschaft. Die Albaner
sind ihrem Wesen nach keine friedlichen Menschen. Sie sind
Kämpfer. Früher oder später wird das Kosovo sich sein Recht
auf Selbstbestimmung verschaffen, auch wenn die Amerikaner
versuchen, es in eine »Zwangsjacke« zu stecken. Insgesamt, informiert er mich in einer faszinierenden Darlegung, verläuft die
gesamte europäische Geschichte hin zur Konstitution eigener
Staaten für ethnische Gruppen. Er persönlich hätte gar nichts
dagegen, wenn die Serben ihre »Serbische Republik« in Bosnien annektieren würden, solange sie dafür das Kosovo frei-
gaben.

Was Mazedonien angeht, nun, so akzeptiert er, was er »den
internationalen Rahmen« nennt. Er weiß, daß jedes noch so leise
Gerücht über eine Abspaltung des albanischen Teils von Mazedonien den Westen nervös macht; wegen der Befürchtung, die
Nachbarn Bulgarien (das die mazedonische Sprache als bulgarischen Dialekt bezeichnet) und Nato-Mitglied Griechenland
(das dem Staat Mazedonien verbissen seinen Namen abspricht,
weil Mazedonien in Griechenland liege) könnten mit hineingezogen werden – und das hätte einen schlimmen Fall des Balkan-
Dominos zur Folge, wenn nicht gar einen weiteren Balkankrieg.
Eine interessante Randnote liefert Bejtulla Ademi, ein lokaler
Politiker der anderen albanischen Partei, der selbst – zusammen
mit mehreren gegenwärtigen Führern der UÇK – neun Jahre in
politischer Gefangenschaft verbrachte. Es gab, sagt er, ein Ko-

ordinationsgremium albanischer politischer Parteien im früheren Jugoslawien. Nachdem sie in Gedanken erheblich radikalere
Varianten durchgespielt hatten, hätten sie 1992 beschlossen, die
Albaner im Kosovo sollten die Unabhängigkeit anstreben, die
Albaner in Mazedonien sich in dem neuen Staat um Gleichbe-
rechtigung als »staatsschaffende Nation« bemühen, die Albaner
in Montenegro und Serbien sich dagegen mit bloßen Bürger-
rechten zufriedengeben.[6] Ein Schritt nach dem anderen.

Am nächsten Tag beobachte ich Xhaferi bei einer Pressekonferenz, auf der er die neue mazedonische Regierung in der
Hauptstadt Skopje vorstellt, zusammen mit dem neuen Premierminister, dem jugendlich wirkenden Ljubco Georgievski,
und dem vermutlich nächsten Präsidentschaftskandidaten, einem
rundlichen alten Fuchs namens Vasil Tuporkovski, der früher
dem kommunistischen Politbüro Jugoslawiens angehörte. Alle
drei Führer versichern mir privat, es bedürfte nicht des Drucks
von seiten der Vereinigten Staaten, damit die Albaner in die neue
Regierung aufgenommen würden. Alle stimmen überein, daß
die mazedonischen Nationalisten von Georgievskis Partei ge-
mäßigter und pragmatischer geworden sind.

Die mazedonische Tragödie von heute, sagt mir der Premierminister Georgievski hinterher in einem Gespräch, ist nicht mehr
die fremde Besatzung, ob nun durch Türken, Serben, Bulgaren
oder die kommunistischen Jugoslawen. Es ist die Armut. Das
Land hat eine Arbeitslosenrate von 30 Prozent. Um die Wirtschaft wiederzubeleben, bedarf es der konstruktiven Zusammenarbeit mit Griechenland und Bulgarien. Die Aufgabe, sagt
Tuporkovski, laute schlicht, einen lebensfähigen Staat zu schaffen. Dazu sei die Mitarbeit der Albaner erforderlich. Und auch
viel Hilfe aus dem Westen. Im letzten Jahr flossen ganze sechs
Millionen Dollar an ausländischen Investitionen ins Land.

Kurzfristig sieht es für diesen zerbrechlichen Staat mit seinen
lediglich zwei Millionen Einwohnern einigermaßen ermutigend
aus. Mazedoniens albanische Führer wollen ihre Leute nicht in
einen bewaffneten Aufstand führen. Aber langfristig? Junge Albaner in Mazedonien erzählen, sie alle unterstützten die UÇK.
Im Gespräch mit Arbën Xhaferi erinnere ich mich an Walter
Scotts Aufrührer Redgauntlet. Aber vielleicht werden die Alba-

ner hier wirklich niemals zu den Waffen greifen müssen. Sie brauchen nur, was sie ohnehin haben: viele, viele Kinder. Die Albaner stellen heute mindestens ein Viertel der mazedonischen Bevölkerung. Bei der gegenwärtigen Geburtenrate werden sie etwa 2025 die Mehrheit stellen. Und bedeutet Demokratie nicht die Herrschaft der Mehrheit?

Belgrad

»Ich werde eine Million Serben zur Befreiung des Kosovo führen«, sagt mir Vuk Drašković. »Meine Partei ist wie eine Armee organisiert. Wir werden kämpfen.« Gegen die Nato? »Ohne Kosovo kein Serbien. Ich kann mein Land nicht verraten. Ich kann Jesus Christus nicht verraten.« Und der Führer der serbischen Erneuerungsbewegung zieht eine Karte aus der Tasche, auf der alle serbisch-orthodoxen Kirchen der Provinz verzeichnet sind. Soviel von dem Mann, der noch Anfang letzten Jahres der *Zajedno*-(»Gemeinsam«)-Koalition angehörte, die Serbien die Demokratie bringen sollte.

Aber das Kosovo bringt auch andere Leute in Verwirrung, nicht nur den schwülstigen Drasković. Ich erzähle der Frau eines überaus liberalen Freundes, wie ich im Kosovo das wunderschöne serbische Kloster Dečani besuchte. Es wirkte im Schnee unbeschreiblich schön. Aber jetzt ist es voll von Soldaten. Plötzlich stehen ihre Augen voller Tränen. Sie hat so glückliche Erinnerungen aus ihrer Kindheit an Besuche bei ihren Großeltern in der nahe gelegenen Stadt Peć, an ein Weihnachten mit den Nonnen, an eine verzauberte Höhle, in der das Wasser bergauf fließt.

Ich erkläre Biljana Dakić, einer der Studentinnen, die mich in den großen Belgrader Demonstrationen von 1996-97 begleiteten, ich sei überzeugt, Kosovo werde eine Art Protektorat des Westens. »Wissen Sie«, antwortet sie, »wenn Sie das sagen, dreht sich mir buchstäblich der Magen um. Es sind soviel Gefühle dabei im Spiel.« Kosovo steht ihrem Herzen irgendwie näher als sogar das Schicksal der Serben jenseits der Drina, in Bosnien und der Krajina, obwohl ihre eigene Familie von dort kommt. Čeda

Antić, ein patriotischer und religiöser junger Serbe, den ich als Führer der Demonstrationen des letzten Jahres kennenlernte, verwendet noch immer den offiziellen serbischen Namen für die Provinz »Kosovo und Metohija«, wobei Metohija die historischen Gebiete der serbisch-orthodoxen Kirche bezeichnet. Er ist ebenso verzweifelt über den Verlust.

Es macht nichts, daß ihre Geschichte des Kosovo, ähnlich der der Albaner, zum großen Teil ein Mythos ist.[7] Es macht nichts, daß sie seit Jahren nicht im Kosovo gewesen sind und niemals auf die Idee kämen, dort zu leben. Oder daß sie im Kopf durchaus wissen, daß die Albaner längst gewonnen haben, indem sie sich einfach vermehrt und das Land in Besitz genommen haben. Die Aussicht auf den Verlust des Kosovo ist so schmerzlich, weil es gewissermaßen der Endpunkt nach so vielen anderen bitteren Schlägen ist. Die ehemalige jugoslawische Metropole Belgrad ist verarmt und heruntergekommen. Ihre Bevölkerung ist angeschwollen durch serbische Flüchtlinge aus den Teilen des ehemaligen Jugoslawien, die durch Miloševićs Abenteurertum bereits verlorengegangen sind, aber vermindert durch die Emigration eines großen Teils der jugendlichen Elite. Biljana erzählt mir, daß 70 Prozent ihrer Abschlußklasse gegangen sind. Die Zurückgebliebenen leben in einem Käfig, nur unzureichend informiert durch ein paar unabhängige Radiosender und Zeitungen. Sie haben große Schwierigkeiten, Visa für Reisen in den Westen zu erhalten.

Meine serbischen Freunde haben, sicherlich zu Recht, das Gefühl, selbst gebildete Männer und Frauen im Westen unterschieden nicht mehr ausreichend zwischen dem serbischen Volk und seiner Regierung. Heute in der Welt als Serbe aufzutreten, ähnelt der Situation eines Deutschen nach 1945. Außerdem fürchten sie, und auch das wahrscheinlich zu Recht, daß ebenso, wie die Deutschen zu den letzten Opfern Adolf Hitlers wurden, die Serben die letzten Opfer Slobodan Miloševićs sein werden.

Es scheint, als ob auf Nachfrage immer mehr Menschen in Belgrad die Abtrennung des Kosovo als das geringere Übel betrachten. Aber im allgemeinen reden sie lieber über die Aussichten auf politische Veränderungen im eigentlichen Serbien als über das Kosovo. »Demokratisierung in Serbien« ist ihrer Meinung nach der Schlüssel zum Fortschritt im gesamten ehemaligen Jugoslawien. Aber wie stehen die Chancen dafür? Im Augenblick scheint die Lage schlimmer denn je. Veran Matić, der energische Leiter des unabhängigen Radio 92, sieht ein vertrautes Muster: Wenn Milošević nach außen hin Konzessionen macht (in bezug auf das Kosovo, wie früher in bezug auf Bosnien), dann schlägt er im Inneren zu. In diesem Herbst wurden die Universitäten ihrer Autonomie beraubt und ein drakonisches »Informationsgesetz« verabschiedet, das kritische Zeitungen mit Beschlagnahme ihrer Aktiva bedroht. In einem flagranten Beispiel politischer Justiz ist ebendies bereits dem Boulevardblatt *Dnevni Telegraf* widerfahren, nachdem sich dessen Eigentümer scharf gegen das Regime ausgesprochen hatte.

Woher könnte eine Wendung zum Besseren kommen? Miloševićs Regime ist ein extremes postkommunistisches Beispiel für das, was gelegentlich eine Demokratur genannt wird; formal demokratisch, im Wesen autoritär. Postkommunistische Demokraturen bewahren ihre Macht durch die Kontrolle des staatlichen Fernsehens und der Geheimpolizei sowie die widerrechtliche Aneignung großer Teile der früher staatlichen Wirtschaft. Solche Regime können auf friedlichem Wege beseitigt werden, aber das erfordert eine große Koalition praktisch aller Oppositionskräfte. Vor Belgrad war ich in der Slowakei, wo vor kurzem Vladimir Mečiars Demokratur ihr Ende fand, bei den Wahlen, durch eine ebensolche »Koalition der Koalitionen«: Oppositionsparteien, regierungsunabhängige Organisationen, unabhängige Medien, Gewerkschaften, Teile der Kirchen.

1997, im Jahr der »Spaziergangsdemonstrationen« und der Zajedno-Koalition, hatte es den Anschein, als könne ebendies in Serbien passieren. Aber der Westen bot nur wenig wirksame Hilfe, und Zajedno fiel bald wieder katastrophal auseinander. Draskovićs Verbündete hielten sich nicht an ihre Versprechungen, seine Kandidatur für die serbische Präsidentschaft zu unterstützen, und er ließ sich alsbald auf ein schockierendes taktisches Bündnis mit dem Regime ein. Zur Belohnung bekam er die üppigen Pfründe der Belgrader Stadtverwaltung. Nun reden er und sein ehemaliger Verbündeter Zoran Djindjić bösartiger übereinander als über Milošević. Djindjić macht einen erneuten Versuch, eine breite demokratische Alternative aufzubauen, unterstützt von Čeda Antić und anderen ehemaligen Studentenaktivisten, die sich seiner Demokratischen Partei angeschlossen haben. Aber sie genießen derzeit nur wenig öffentliche Unterstützung, und die notwendige »Koalition der Koalitionen« scheint weiter entfernt denn je.

Eine andere, immer wieder auftauchende Idee lautet, das Milošević-Regime zerbröckele von innen, werde vielleicht durch einen Militärputsch verdrängt. Solche Spekulationen erhielten erst kürzlich neue Nahrung, weil unter anderem der Oberbefehlshaber der Armee und der Direktor der Geheimpolizei entlassen und durch Günstlinge von Miloševićs Frau Mira Marković ersetzt wurden (Frau Marković ist auch als Lady Macbeth bekannt). Rumänien liegt nicht weit, und die Menschen erinnern sich sehnsüchtig daran, wie Nicolae und Elena Ceauşescu ihr Ende fanden. Aber wird Milošević durch diese Säuberungen nun geschwächt oder gestärkt? Ich zumindest kenne niemanden, der mir wirklich sagen könnte, was hinter den verschlossenen Türen dieses verworrenen, umkämpften, aber scheußlich dauerhaften Regimes vorgeht.

Immerhin werde ich eine Vermutung über die soziale Psychologie wagen, die es umgibt. Es gibt eine chemische Lösung, die äußerst träge und zugleich höchst unstabil ist. Da zeigt sich keinerlei Brodeln, aber ein Stoß gegen das Reagenzröhrchen genügt – und bang!, schon geht sie hoch. Die serbische Gesellschaft von heute könnte genauso aussehen. Was könnte der entscheidende Anstoß sein? Viele ernsthafte Beobachter sind sich darin einig, daß die westlichen Sanktionen gegen Serbien eine gewisse trotzige Solidarität mit Milošević ausgelöst haben, und die Bombendrohungen der Nato in diesem Herbst hatten eine Welle der Fremdenfeindlichkeit zur Folge. Könnten Konzessionen von Milošević in der Kosovo-Frage, mitten in einem Winter voller wirtschaftlicher Schwierigkeiten, die entgegengesetzte Wirkung haben? Könnte das der letzte Stoß sein?

Aber selbst wenn das so wäre, besteht die Möglichkeit – vielleicht sogar die Wahrscheinlichkeit –, daß die Macht zumindest anfänglich von radikalen Nationalisten wie Vojislav Šešelj übernommen würde statt von versöhnlich gestimmten Demokraten. Die Dinge könnten noch schlimmer werden, bevor sie sich endlich zum Besseren wenden. Die Tragödie des ehemaligen Jugoslawien ist in ihrem sechsten oder siebten Akt. Viele haben bemerkt, daß »es im Kosovo begann und vielleicht auch im Kosovo endet«. Vielleicht wäre es genauer zu sagen, daß es in Belgrad begann, mit Miloševićs zynischer Ausbeutung der Kosovo-Frage. Und so könnte auch der letzte Akt in Belgrad spielen, wenn das Kosovo als quälendes Thema zurückkehrt.

Was wäre zu tun?

Was haben wir aus diesem schrecklichen Jahrzehnt im ehemaligen Jugoslawien gelernt? Und was ist zu tun? Wir haben gelernt, daß das Wesen der Menschen sich nicht geändert hat. Daß Europa am Ende des 20. Jahrhunderts noch ebenso der Barbarei fähig ist wie im Holocaust der Jahrhundertmitte. Daß sich während der letzten Jahrzehnte des Kalten Krieges viele Menschen in Europa märchenhaften Illusionen über das Absterben des Nationalstaates hingegeben haben, und der Vorstellung, von unserem Kontinent sei der Krieg auf ewig verbannt. Daß Westeuropa beschaulich weiterlebte, während fast jeden Sommer der Krieg auf den Balkan zurückkehrte. Und wir haben gelernt, daß wir selbst nach dem Ende des Kalten Krieges nicht mit den Angelegenheiten unseres eigenen Kontinents fertig werden, ohne die Vereinigten Staaten zu Hilfe zu rufen. Wohin man auch kommt im ehemaligen Jugoslawien, die Menschen sagen: »Die internationale Gemeinschaft – ich meine die Amerikaner ...«

Unsere westlichen politischen Mantras gegen Ende des 20. Jahrhunderts lauteten »Integration«, »Multikulturalismus« oder – wenn wir ein bißchen altmodischer sind – »Schmelztiegel«. Das ehemalige Jugoslawien lieferte das Gegenteil. Es ähnelte der gigantischen Version einer Zentrifuge, mit der man die Milch von der Sahne trennt oder andere Flüssigkeiten verschiedener Konsistenz. Hier wurden ganze Völker ausgesondert, während sich die riesige Trommel wütend drehte. Selbst halb ausgebildete Nationalitäten (Mazedonier, Bosnier) wurden durch die Zentrifuge verdichtet, während unten das Blut heraustropfte. Aber als die Trennung fast abgeschlossen war, mischte sich der Westen endlich ein mit dem Versuch, dem blutigen Prozeß ein Ende zu machen; 1995 in Bosnien, 1998 im Kosovo. In Bosnien existiert jetzt ein Quasi-Protektorat des Westens. Bald gibt es vielleicht ein weiteres im Kosovo.

An diesem Punkt werde ich ein Argument vorbringen, das der überlieferten Weisheit des Westens ebenso wie politischer Korrektheit den Rücken kehrt. Es wäre keinesfalls die schlimmste Lösung, wenn die Völker des ehemaligen Jugoslawien ihre langsame Reise nach einem zivilisierten, liberalen, demokratischen Europa als Gruppe kleiner Nationalstaaten mit klaren ethnischen Mehrheiten beginnen würden. (Damit meine ich, als sehr grobe Faustregel, mit einer Bevölkerung, in der mindestens 80 Prozent ein und derselben Nationalität angehören.) Ich behaupte ganz bestimmt nicht, die Aufspaltung in solche Nationalstaaten sei das unvermeidliche Resultat »alter Stammesfeindschaften« auf dem Balkan. Mit Sicherheit gab es überdeckte Feindschaften, aber daß sie wiederbelebt, verschärft und ausgebeutet wurden, lag in der schuldhaften Verantwortung schlechter Führer – Milošević vor allem, aber auch Franjo Tudjman in Kroatien. Ich behaupte auch nicht, daß eine frühere, gewaltsamere westliche Intervention keine anderen Möglichkeiten hätte eröffnen können. Ich behaupte lediglich, daß jetzt, nach allem, was geschehen ist, die friedliche Trennung, wo sie denn möglich ist, ein geringeres Übel sein könnte. Um Shakespeare dem Balkan anzupassen: Das Ende der Reise in der Trennung von Hassenden.

Wenn die Völker wirklich nicht friedlich zusammenleben können, dann ist es besser, sie leben getrennt. Sicherlich treten beim Abstieg von einem größeren in einen kleineren Staat immer Verluste ein – kultureller, wirtschaftlicher und politischer Art. Und es gibt menschliche Kosten. Ich denke an Violeta, eine mutige Journalistin in Priština, halb serbisch, halb albanisch. Was soll sie eigentlich tun? Sich entzweischneiden?

Aber gute Zäune könnten schließlich für gute Nachbarn sorgen. Für jeden nachdenklichen Menschen liegt auf der Hand, daß diese Ansammlung kleiner und winziger Staaten auf der Balkan-Halbinsel früher oder später wieder zusammenarbeiten muß, aus reinem ökonomischen Eigeninteresse, wenn schon aus keinem anderen Grund. (Eines haben sie, wenn schon nicht in der Theorie, so doch in der Praxis gemein; eine gemeinsame Währung, die Deutsche Mark. Wenn die DM im Jahr 2002 verschwindet, werden sie vermutlich den Euro verwenden müssen.) Manche sprechen träumerisch davon, innerhalb der Europäischen Union wieder zusammenzukommen. Eine schwache Hoffnung, wenn man die gegenwärtige Geschwindigkeit der EU-Erweiterung bedenkt. Andere würden, realistischer, mit einer Balkan-Zollunion beginnen. Adem Demaci predigt eine Konföderation, die er »Balkanien« nennt.

Wir haben es hier mit einer fast hegelianischen Dialektik zu tun: Trennung als Weg zur Integration. Aber ist uns diese Dialektik so fremd? Schließlich wurden wir in Westeuropa seit langer Zeit in Nationalstaaten gepreßt, in einem Prozeß, der vom Mittelalter bis ins frühe 20. Jahrhundert dauerte. Sicherlich gibt es ein paar Ausnahmen, aber selbst diese – wie etwa Belgien, das zunehmend zwischen seinen französisch und flämisch sprechenden Gebieten geteilt ist, oder Schottland in Großbritannien – sind inzwischen nur noch unter Schwierigkeiten aufrechtzuerhalten. (Ja, ja, ich weiß, es gibt auch immer noch die Schweiz mit ihren drei Nationalitäten, Gott segne sie dafür.) Eben auf dieser Grundlage eindeutiger Aufteilung in Nationalstaaten sind wir in der Europäischen Union zusammengekommen – um dann durch Einwanderung auch wieder ethnisch stärker durchmischt zu werden.

In Mitteleuropa wurde dieser Prozeß später vollzogen, Mitte des 20. Jahrhunderts, durch Krieg, Völkermord, ethnische Säuberungen und neu gezogene Grenzen. Anfang der neunziger Jahre wurde er abgeschlossen durch die friedliche »samtene Scheidung« von Tschechen und Slowaken. In jedem Falle handelt es sich um die harte, traurige Wahrheit, daß die resultierende relative ethnische Homogenität mittelfristig dazu beitrug, daß jedes Land in die zivilisierte, demokratische Staatengemeinschaft zurückkehren konnte. Und jetzt ist auch der kleine neue Nationalstaat der Slowakei auf diesem Weg. Auch hier behaupte ich nicht, daß die Geschichte diesen Weg einschlagen mußte. Ich sage lediglich, daß dies der Weg zu sein scheint, dem die europäische Geschichte folgte. Aber wenn das stimmt, dann versuchen wir in unseren balkanischen Quasi-Protektoraten nicht nur den Krieg einzufrieren. Wir versuchen auch die Geschichte einzufrieren.

Das Problem ist dies: Intellektuell sind uns vielleicht – wenn auch keineswegs allen westlichen Politikern – alle Argumente für eine Trennung klar, als dialektischer Schritt zur Integration. Aber das moderne liberale Gewissen schreckt zu Recht vor den Mitteln zurück, die während des größten Teils der europäischen Geschichte angewendet wurden, um dieses Ziel zu erreichen, nämlich Krieg, Teilung, erzwungene Assimilation und »ethnische Säuberung«. Wo im ehemaligen Jugoslawien könnte die Trennung ohne diese Mittel erreicht werden?

Die ehemalige jugoslawische Republik Slowenien hatte das Glück, daß sie nicht nur der nördlichste und ökonomisch am weitesten fortgeschrittene Landesteil war, sondern auch über eine deutliche ethnische Mehrheit verfügte. Im Ergebnis steht sie heute vor dem Anschluß an die EU in der ersten Welle ihrer Osterweiterung. In Kroatien haben wir ethnische Säuberungen tatsächlich gutgeheißen. Wir ließen es zu, daß Tudjman 1995 die Krajina von mehr als 150000 Serben säuberte, während seine Truppen in Bosnien das taten, was wir von ihnen wünschten. (Ja, wir haben protestiert, aber nur sehr schwächlich.) Im Ergebnis verfügt Tudjman über keinen »inneren Gegner« mehr, dem er die Schwierigkeiten des Landes in die Schuhe schieben könnte. Ich glaube, die Tage seiner häßlichen kleinen Demokratur sind inzwischen gezählt. Hier wird der Westen tätig werden müssen, um die Herankunft einer wahren Demokratie zu beschleunigen, ebenso wie in der Slowakei. Kroatien, als klar definierter neuer Nationalstaat, wäre dann mit einem Mord straflos davongekommen und könnte nach Europa zurückkehren. Vielleicht zeigt es sich dann auch kooperativer in bezug auf die kroatisch kontrollierten Teile Bosniens.

Manche argumentieren, ein Serbien ohne das Kosovo müsse sich mit weiteren Auflösungstendenzen auseinandersetzen, weil Montenegro, der Sandschak und selbst die Wojwodina sich abtrennen könnten. Dies mag auch wirklich der Fall sein, sollte Milošević so weitermachen, beginnend mit der Abspaltung Montenegros. Aber ein Serbien ohne Kosovo und ohne Milošević hätte eine vernünftigte Chance, sich als demokratische Bundesrepublik zu konsolidieren. In diesem Staat würden die Serben eine klare Mehrheit bilden.

In seiner Politik gegenüber Serbien muß der Westen jetzt gleichzeitig mit und gegen Milošević tätig werden. Das ist ein schwieriger Balanceakt, den wir jedoch in der letzten Hälfte des Kalten Krieges in den Beziehungen zu den Führern Osteuropas durchaus beherrschten. Bis zu einem gewissen Grad müssen wir mit Milošević zusammenarbeiten – wegen seiner unmittelbaren Macht im Kosovo und seiner negativen Einflußmöglichkeiten in Bosnien. Aber wir müssen uns auch gegen ihn wenden, um weitaus energischer als bisher die in Belgrad fragmentarisch existierenden positiven Kräfte zu ermutigen. Denn wie Madeleine Albright zu Recht hervorhebt: Milošević allem voran ist für die blutige Auflösung des ehemaligen Jugoslawien verantwortlich: Wenn er endlich geht, wird die britische Regierung ihn mit Sicherheit ebenso herzlich in der VIP-Lounge von Heathrow empfangen wie kürzlich General Pinochet. Und dann, bei einem Glas lauwarmem Sherry, kann ihm das Kriegsverbrecher-Tribunal von Den Haag seine versiegelte Anklageschrift überreichen.

Im Kosovo werden die verwickelten Details des sogenannten Hill-Plans noch immer zwischen Serben und Albanern erbittert diskutiert. Aber die grundlegenden Punkte sind mittlerweile klar. Er würde die weitreichende Autonomie wiederherstellen, deren die Provinz 1989 beraubt wurde, aber Kosovo nicht explizit von Serbien abtrennen. Er würde viele Befugnisse auf die lokalen Kommunen übertragen, so daß rein albanische Gegenden albanische Behörden und Polizei hätten, während gemischte Gebiete vermutlich gemischt verwaltet würden. Er sieht eine unmittelbare internationale Beteiligung vor, insbesondere beim Wiederaufbau der Polizei und der Organisation von Neuwahlen innerhalb von sechs bis neun Monaten. Und das gesamte Arrangement würde innerhalb von drei Jahren »umfassend überprüft«.

Bei einem Scheitern der in Rambouillet begonnenen Verhandlungen zwischen Serben und Kosovo-Albanern werden die Kämpfe im Kosovo, sobald im Frühjahr der Schnee schmilzt,

mit Sicherheit rund um unsere unbewaffneten »Überprüfer« es-
kalieren. Dann ist es nur noch eine Frage der Zeit, bis die vor
kurzem in Nordmazedonien stationierte, französisch geführte
Extraction Force der Nato (im Scherz schon als die »Zahnärzte«
bezeichnet) einen gefährdeten Beobachter herausholen muß. Und
das mag noch so schnell und schmerzlos über die Bühne gehen:
Die Nato wird in Serbien eingegriffen haben.

Sind die Verhandlungen von Erfolg gekrönt, dann besitzen
wir ein weiteres Quasi-Protektorat des Westens. Ein Gespräch
mit Botschafter William Walker, dem amerikanischen Leiter der
OSZE-Mission im Kosovo, macht deutlich, daß er vorschlägt,
dem Wort »überprüfen« eine neue Bedeutung zu verleihen. Die
OSZE wird vermitteln und überwachen. Im Effekt wird die Polizei eine von der OSZE ausgebildete Polizei sein, die Wahlen
werden von der OSZE durchgeführt, die Fernsehberichte von
den Wahlen werden OSZE-Bilder sein. Aber was kommt dann?

Ich halte Kosovo für einen Fall, in dem wir eine friedliche
Trennung von Serbien erwägen sollten. Die Albaner stellen mehr
als 90 Prozent der Bevölkerung in einem klar definierten Gebiet.
Sie haben dieses Übergewicht nicht durch ethnische Säuberungen erlangt, wie es in Bosnien geschah – deshalb müßten wir
keine »ethnischen Säuberungen« gutheißen. Durch ihr Auftreten in der Provinz im letzten Jahrzehnt haben die Serben ihr moralisches Anrecht auf Herrschaft stark geschmälert. Es besteht
zumindest eine gewisse juristische Grundlage für das Argument,
daß das Kosovo ein konstituierender Teil des ehemaligen Jugoslawien war und daher auf einer ähnlichen Grundlage wie die
anderen Nachfolgestaaten anerkannt werden könnte.[8] Jedenfalls
handelt es sich um einen Sonderfall, keinen internationalen Präzedenzfall für ethnische Selbstbestimmung.

Aber sicherlich müßte dieser Prozeß sehr vorsichtig über eine
Reihe von Jahren vorangetrieben werden, unter starkem internationalem Einfluß. Jene herrlichen serbischen Klöster brauchen
einen Sonderstatus. Unmittelbar besteht die reale Gefahr einer
weiteren Panikflucht unschuldiger lokaler Serben. Ich frage eine
albanische Aktivistin in Priština, eine hervorragend englisch spre-
chende, gebildete Frau, was mit den Serben in einem freien Kosovo geschehen solle. Sie zieht an ihrer Zigarette und lächelt

mich an. »Alle umbringen?« sagt sie. Ein Scherz, wohlverstanden. Nur ein Scherz. Aber die harten Männer in den Bergen machen keine Scherze. Ohne entschlossene vorbeugende Maßnahmen steht uns eine neue Terrorsäuberung bevor.

Mazedoniens albanische Führer sagen mir, die Unabhängigkeit des Kosovo werde die Situation in Mazedonien stabilisieren. Kurzfristig mag das stimmen, denn unmittelbar wäre kaum etwas gefährlicher, als wenn die jungen albanischen Mazedonier in einen erneuerten Krieg im Kosovo eingreifen würden. Aber langfristig glaube ich nicht daran. Die Geschichte liefert uns die Lehre, daß ein heutiger europäischer Staat mit einer ethnischen Mehrheit von weniger als 80 Prozent im Grunde unstabil ist. Wenn die große und wachsende Minderheit albanisch ist und eine gemeinsame Grenze mit dem Mutterland hat, dann stimmt das um so mehr. Die Albaner im ehemaligen Jugoslawien waren Opfer, ohne jeden Zweifel. Aber es existiert auch ein komplexer, geduldiger, aber hartnäckiger albanischer Nationalismus. Ohne das fortdauernde amerikanische und westeuropäische Engagement in Mazedonien und dem anarchischen Staat Albanien selbst und eine geduldige Befriedung ihrer nachbarschaftlichen Beziehungen mag der letzte Akt in Belgrad vielleicht doch nicht der letzte gewesen sein.

Schließlich gibt es das unlösbare Problem Bosnien. Meine Freunde in Sarajevo sind entzückt über die zehntausend Ausländer, die dort leben, und die neun Millionen Dollar, die jedes Jahr für das Land ausgegeben werden. Sie erzählen mir, nie in seiner Geschichte sei Sarajevo so wahrhaft kosmopolitisch gewesen. Die neuen Cafés pulsieren. Das Amt des »Hohen Repräsentanten«, des spanischen Diplomaten Carlos Westendorp, ähnelt zunehmend einer Kolonialverwaltung. Man ist versucht zu sagen, Bosnien-Herzegowina sei erneut österreichisch-ungarisches Protektorat wie nach dem Berliner Kongreß, mit den Amerikanern als den österreichischen Habsburgern und uns Westeuropäern als dem ungarischen Juniorpartner (wobei wir allerdings den größten Teil der Rechnung bezahlen müssen). Aber ein richtiges Protektorat ist es nicht. Eher handelt es sich um eine bizarre Neuheit auf dem Gebiet internationaler Beziehungen. Es gab auch früher schon Protektorate. Es gab auch früher schon

Teilungen. Hier handelt es sich zur Hälfte um ein Protektorat, zur Hälfte um eine Teilung.[9]

Die offizielle Ideologie aller westlichen Institutionen lautet, der Einheitsstaat werde wieder zusammengeführt. Es dauere halt nur ziemlich lange. Auch das kann ich leider nicht glauben. Ich fürchte, dieser Krug bleibt zerschlagen. Aber in diesem Fall wäre die endgültige Teilung immer noch schlimmer als dieses quichoteske Unterfangen. Wenn die Bosniaken einen richtigen, arbeitsfähigen Staat erhalten sollen, dann müßte man ihnen zumindest einen Teil der westlichen Hälfte der »Serbischen Republik« geben. Fast mit Sicherheit wäre das gleichbedeutend mit weiterem Blutvergießen, mit Zehntausenden weiteren Vertriebenen. Würde man andererseits den serbisch und kroatisch verwalteten Teilen die Abtrennung erlauben, so bliebe ein eingekeilter bosniakischer Rumpfstaat zurück. Manche Bosniaken warnen, dies werde ihr Volk in muslimische fundamentalistische Nationalisten verwandeln. Das Resultat wäre dann ein »Gaza-Streifen mitten in Europa«.

Tatsächlich halten die Bosniaken das Gewissen des Westens in einem erstaunlichen Klammergriff. Eigentlich sagen sie: »Wir sind die Juden des Balkans und die Palästinenser des Balkans noch dazu!« Die Juden sind sie, weil seit den Juden kein Volk in Europa etwas erlitten hat, was dem Völkermord so nahekommt. Wie könnten wir sie also im Stich lassen? Palästinenser sind sie aus den bereits genannten Gründen. Ich bezweifle sehr stark, ob ein Rumpf-Bosnien wirklich zu einem muslimischen fundamentalistischen Staat würde. Aber in gewissem Sinne ist das auch irrelevant. Anfang des Herbstes sagte mir der ehemalige deutsche Verteidigungsminister Volker Rühe, letzten Endes laute die Frage in Bosnien und im Kosovo, »ob der Westen für den Islam einen Platz in Europa sieht«. Mächtige islamische Länder stimmen dem zu. Angesichts dieser komplementären Wahrnehmungen der Mächtigen ist die lokale Wahrheit weitgehend bedeutungslos.

In einigen Teilen des ehemaligen Jugoslawien ist die gewaltsame Trennung also längst durchgeführt. Im Kosovo bleibt uns ein schwieriger, aber mit einem Humvee gerade noch befahrbarer Holperweg zu einer friedlichen Trennung von Serbien.

Diesen Weg sollten wir einschlagen. Anderswo, in Bosnien, auf andere Weise auch in Mazedonien, sehe ich keine moralisch akzeptable Alternative zu einem unmittelbaren westlichen Engagement, das über viele Jahre andauern müßte, wahrscheinlich über Jahrzehnte. Selbst wenn wir intellektuell die Trennung als wünschenswertes Ziel erkennen, können wir uns nicht auf die erforderlichen Mittel einlassen. Aber warum sollten ausgerechnet die Amerikaner die neuen Habsburger sein? Warum sollten amerikanische Diplomaten ins 21. Jahrhundert eintreten mit dem Versuch, die Probleme zu lösen, die aus der Auflösung des Osmanenreiches Ende des 19. Jahrhunderts übriggeblieben sind? Warum sollten junge Männer aus Kansas, junge Frauen aus Ohio ihr Leben in diesen gefährlichen, schneebedeckten Bergen riskieren (»Was brauchen Sie? Plastik?«), um Europäer daran zu hindern, sich um obskure Gebiete zu schlagen? Schließlich sind die Urureltern einiger dieser Amerikaner aus ebendiesen Bergen geflohen, um ebendiesen Streitereien zu entkommen.

Das entscheidende nationale Interesse ist tatsächlich kaum wahrzunehmen. Das neue Schreckgespenst der »regionalen Instabilität« läßt sich kaum mit der alten Bedrohung durch die Sowjetunion im Kalten Krieg vergleichen. Aber Imperien sind nun einmal so. Man stolpert hinein; dann kommt man irgendwie nicht wieder heraus. Somalia verfügte niemals über den moralischen Klammergriff Bosniens. Für den Balkan war dies ein Jahrzehnt des westlichen Getöses. Zuerst hatten wir das westliche Getöse um die Intervention. Jetzt haben wir das westliche Getöse um den Rückzug. Doch auch an dieses Getöse glaube ich nicht. Ich glaube, die jungen Männer aus Kansas und die jungen Frauen aus Ohio werden noch sehr, sehr lange hierbleiben.

»Übernimm des weißen Mannes Bürde«, schrieb Rudyard Kipling vor hundert Jahren, als er die Bereitschaft der Vereinigten Staaten begrüßte, sich auf den Philippinen zu engagieren. »In schwerer Rüstung hüte / ein wildes, ein erregtes Volk.« Dort wie an anderen Orten werde den Amerikanern nur »der Geholfenen Geschimpf« zum Lohn und »der Beschützten Haß«. Heute sind natürlich einige der besten weißen Männer schwarz. Und die lokalen Wilden sind Europäer.

(November 1998)

Es lebe Ruthenien!

Woher sie kamen, kann keiner sagen. Auch weiß niemand genau, wer sie sind und wie viele sie sind und wo genau sie sich aufhalten. Sie leben in sechs Staaten und in keinem. Zu jedem dieser Staaten und zu keinem verhalten sie sich loyal. Ihre Sprache wird auf fünf verschiedene Weisen geschrieben – sowohl in kyrillischer als auch in lateinischer Schrift. Manche von ihnen betrachten sich als Ukrainer, andere als Slowaken, wieder andere als Polen. Oder Rumänen. Oder Ungarn. Oder Jugoslawen. Aber viele beharren darauf, sie seien »Russinen« oder »Karpato-Russinen« oder *rusnatsi*. Oder sie heben die Hände und geben die uralte Antwort des Bauern aus dem slawischen Grenzland Europas: »Wir sind eben von hier.«

Doch jetzt haben sie eine Provisorische Regierung, und die will einen neuen Nationalstaat gründen. Einen Staat mit Namen Ruthenien.

Und hier sitze ich und spreche mit dem Premierminister – in dem Büro, das ihm in einem großen Krankenhaus in Uschgorod in seiner Eigenschaft als Pharmakologe zur Verfügung steht. Uschgorod ist die Hauptstadt dessen, was die Ukrainer als »Transkarpatische Ukraine« bezeichnen, aber der Premierminister besteht auf dem Namen »Subkarpatisches Rus«. Professor Iwan Turjanitsa ist ein untersetzter, munterer, energischer Mann mit dichtem schwarzen Haar, strahlenden Augen und einer Begabung zum Redner. Er ist in dem Stil gekleidet, der nach meinen Beobachtungen bei den Ruthenen gerade im Schwange ist: oben ein Sportsakko aus Synthetik, unten Nadelstreifenhosen. Soeben hat er mich dem eigens aus der Slowakei herbeigeeilten Außenminister und dem Justizminister vorgestellt, der im selben Krankenhaus als Chirurg tätig ist. »Es arbeiten aber nur zwei Kabinettsmitglieder hier«, fügt er rasch hinzu.

Während mir der Justizminister – noch im weißen Kittel – eine Tasse Tee aus einem Kessel in einer Ecke des Raumes holt, beginnt der Premierminister mit seinen Erklärungen. Bei der Volksabstimmung über die Unabhängigkeit der Ukraine im Dezember 1991 hätten sich 78 Prozent der Bevölkerung in der Region für größere Autonomie gegenüber dem Rest der Ukraine jenseits der hohen Karpaten ausgesprochen. Aber das »national-faschistische Regime der Ukraine«, wie er es nennt, habe den Wunsch des Volkes ignoriert. Deshalb hätten er und seine Kollegen im Mai 1993 die Provisorische Regierung des Subkarpatischen Rus oder eben Rutheniens gebildet.

Und wie haben die ukrainischen Behörden darauf reagiert? »*Normalnie!*« erwidert er. (Wie es zu diesem über etliche Landesgrenzen hinweg siedelnden Volk paßt, unterhalten wir uns in einer Mischung aus Slowakisch und Polnisch.) »Ganz normal. Sie haben einen Autounfall für mich arrangiert.« Später zeigt er mir draußen den beschädigten Wagen. Im Augenblick, sagt er, würden er und seine Kollegen geduldet, sie hätten jedoch keinen Zugang zu den Medien.

Sie wollen ihren eigenen Staat in den Grenzen des jetzigen transkarpatischen *oblast* der Ukraine, aber mit engen Bindungen zu den anderen Ruthenen in der Slowakei und in Polen. Als verantwortungsvolle Politiker sind sie bereit, die Verteidigung und das, was sie »globale« Außenpolitik nennen, der Regierung in Kiew zu überlassen. Alles andere aber – die »lokale und europäische« Außenpolitik, das Erziehungs-, das Gesundheitswesen und so weiter – soll ihre Domäne sein. Auch eine eigene Währung soll es geben – »obwohl sie den gleichen Namen haben könnte«. Professor Turjanitsa überreicht mir ein Ansteck-abzeichen mit dem Nationalwappen: gelbe und goldene Streifen, darauf ein roter, sich aufrichtender Bär. Ganz hübsch.

Ob sie auch eine Nationalhymne haben? Ja, natürlich. Ob ich den Text sehen könne? Tja, also, hm, ähem – anscheinend ist keiner zur Hand. »Aber wir könnten sie Ihnen vorsingen!« sagt der Außenminister. Ja, bitte! Doch dann obsiegt die Schüchternheit, und statt zu singen, graben sie weiter in Papieren, bis sie den Text gefunden haben. Er stammt von Alexander Duknowitsch, einem Priester aus dem 19. Jahrhundert, der als Vater der Nation gilt. »Subkarpatische Russinen«, so beginnt die Hymne, »erhebt euch aus eurem tiefen Schlummer.«

Es ist verlockend, alles das als einen Jux abzutun. Schon der Name Ruthenien klingt ja so, als stammte er aus einem *Tim und Struppi*-Heft und als läge gleich nebenan Anthony Hopes *Ruritanien*. Über die Provisorische Regierung kann man herzlich lachen. Die »ruthenische Frage« jedoch führt uns mitten in eines der wichtigsten Probleme der internationalen Politik unserer Zeit. In den zehn Jahren seit dem Ende des Kalten Krieges sind mit der neuen Freiheit überall in Europa solche unterdrückten und bisweilen nur halbwegs ausgeformten Nationalitäten aufgetaucht und haben begonnen, politische Forderungen zu formulieren.

Wer die Sache der Ruthenen verstehen will, muß sich zunächst ein wenig Geschichte einverleiben. Die Ruthenen gehören zur ostslawischen Völkerfamilie, genau wie die Russen, Weißrussen und Ukrainer, die allesamt irgendwann einmal zum Reiche »Rus« gehört haben sollen. Ein Gelehrter wollte sie »Rus'en« nennen, im Unterschied zu den »Russen«, aber man sieht, warum er mit einer derart feinsinnigen Unterscheidung nicht durchdrang. Alles, was die Herkunft dieser Menschen, ihre Kultur, ihre Sprache und ihre Politik betrifft, ist umstritten.

Über weite Strecken ihrer neueren Geschichte gehörten sie zur Österreichisch-Ungarischen Monarchie. Sie waren vor allem Bauern und Holzfäller in den dichtbewaldeten Vorgebirgen der Karpaten. (Noch heute sieht man in Bergdörfern, die aussehen, als stammten sie aus einem Bild von Chagall, solche bäuerlichen Holzfäller bei der Arbeit.) Es waren die Habsburger, die ihnen den Namen »Ruthenen« gaben. Als das Reich nach dem Ersten Weltkrieg zerfiel, sahen sie sich plötzlich über die Gebiete Polens, Ungarns, Rumäniens, Jugoslawiens und dessen, was wenig später die Sowjetunion wurde, zerstreut. Besonders dicht siedelten sie in der neugegründeten Tschechoslowakei.

Die Tschechoslowakei, der demokratischste und liberalste unter diesen Nachfolgestaaten, gewährte ihnen weitreichende Autonomie in einer Provinz mit Namen Subkarpatisches Rus. Auch das Buch, in dem meine Gesprächspartner den Text ihrer Nationalhymne fanden, war vor dem Krieg in der Tschechoslowakei gedruckt. In jenen goldenen Tagen der Freiheit gab es große Debatten zwischen Ukrainophilen, denen zufolge die Ruthenen im Grunde Ukrainer waren, Russophilen, in deren Augen sie den Russen näherstanden, und Russinophilen, denen zufolge sie weder Ukrainer noch Russen, sondern etwas ganz anderes waren. Heute, mit der Rückkehr der Freiheit, ist auch diese Debatte wieder aufgelebt. In der Slowakei besuche ich zwei rivalisierende Organisationen: die »Union der Russino-Ukrainer«, die behaupten, daß sie eigentlich Ukrainer seien, und die »Ruthenische Renaissance«, deren Sprecherin mir erklärt, man könne unmöglich gleichzeitig Ruthene und Ukrainer sein.

Die Autonomie des Subkarpatischen Rus erreichte einen prekären Höhepunkt, nachdem Großbritannien und Frankreich 1938 in München in die Zerschlagung der Tschechoslowakei einwilligten. Für sechs Monate war das Gebiet ein separates politisches Gebilde innerhalb einer föderalen Rest-Tschechoslowakei: Ruthenien. Als dann die Nazis in Prag einmarschierten, wurde dieses Ruthenien von Ungarn geschluckt. Auch dabei blieb es nicht lange. Am Ende des Zweiten Weltkriegs gliederte Stalin das Land der Sowjetunion an. Und als die Sowjetunion zusammenbrach, wurde es Teil der Ukraine.

Unterdessen fällten die Ruthenen weiter ihre Bäume. Professor Turjanitsa erzählt mir den klassischen osteuropäischen Witz von dem alten Mann, der einem Besucher erklärt, er sei in Österreich-Ungarn zur Welt gekommen, in der Tschechoslowakei zur Schule gegangen, habe in Ungarn geheiratet und die meiste Zeit seines Lebens in der Sowjetunion gearbeitet, wohne nun aber in der Ukraine. »Viel unterwegs gewesen, wie?« fragt der Besucher. »Nein«, antwortet der alte Mann, »aus Mukatschewo nie herausgekommen.«

Zu den großen Fragen, die das kleine Ruthenien aufwirft, gehört auch die, ob die ethnisch gemischten Nachfolgestaaten der Sowjetunion womöglich ebenfalls den blutigen Weg des ehemaligen Jugoslawien einschlagen werden. Ist das ruthenische Rumoren eine Ausnahme – angeregt durch die noch relativ frische Autonomieerfahrung in der Tschechoslowakei vor dem Krieg? Oder sind zur Zeit auch andere unterdrückte Nationalitäten damit beschäftigt, in abgelegenen Hospitälern provisorische Regierungen zu bilden?

In der Ukraine leben bis zu eine Million Ruthenen. Weitere 100000 leben in der Slowakei, rund 60000 in Polen (wo sie

»Lemkos« genannt werden). Kleinere Gruppen gibt es außerdem in Rumänien, Ungarn und in der zu Restjugoslawien gehörenden Provinz Wojwodina. (Außerdem verfügen die Ruthenen über ein Plus, das jeder Möchtegernnation überaus nützlich werden kann: eine große Diaspora in den Vereinigten Staaten.) So siedeln sie diesseits und jenseits von einem halben Dutzend Grenzen, und wenn sie es dramatisch ausdrücken wollen, nennen sie sich selbst gelegentlich »die Kurden Mitteleuropas«.

Jene Grenzen sind nun aber keineswegs besonders alt. In seinem wichtigen Buch *Kampf der Kulturen* vertritt Samuel Huntington die These, nach dem Ende des Eisernen Vorhangs werde die entscheidende Trennlinie innerhalb Europas zwischen der westlichen (katholischen und protestantischen) und der östlichen (orthodoxen) Christenheit verlaufen. Sie werde die neue Ostgrenze Europas oder gar der »westlichen Zivilisation« bilden. Die Ruthenen, wie es ihre Art ist, siedeln zu beiden Seiten auch dieser Grenze. Zum Teil gehören sie der orthodoxen Ostkirche an, zum anderen Teil der Unierten (griechisch-katholischen) Kirche, die zwar dem östlichen Ritus folgt, die Autorität des westlichen Papstes jedoch anerkennt. Wenn man im Osten der Slowakei durch ruthenische Bergdörfer fährt, sieht man oft zwei Kirchen direkt nebeneinander: eine alte, hölzerne, die der Griechisch-Unierten Gemeinschaft gehört, und eine neue orthodoxe. Nach 1945 überließen die Kommunisten diese alten Holzkirchen illegalerweise den Orthodoxen, und nach dem Ende des Kommunismus fielen sie an die Unierten zurück, worauf die orthodoxen Gemeinden gleich nebenan ihre eigenen Kirchen errichteten.

Schon bald wird auch die neue Ostgrenze der Nato quer durch das Gebiet der Ruthenen führen – wenn nämlich Polen der Nato beitritt, und erst recht, wenn sich die inzwischen in einem raschen Reformprozeß befindliche Slowakei hoffentlich in wenigen Jahren dem westlichen Bündnis anschließt. Dann werden zu beiden Seiten der vordersten Linie des Westens beträchtliche Gruppen von Ruthenen siedeln. Vertraulich teilt mir der Außenminister mit, seine Regierung sei »hocherfreut über das Näherrücken der Nato«.

Diese ruthenischen Geschichten sind in vieler Beziehung typisch osteuropäisch, und wer Sinn für das Sonderbare hat, den werden sie schon aus sich heraus ergötzen. Es geht jedoch bei alledem nicht nur um osteuropäische Fragen. Auch in Westeuropa gibt es Nationalitäten, die, unterschiedlich geformt und gefestigt, einen Zustand irgendwo zwischen Autonomie und neuer Staatlichkeit anstreben. Man denke nur an Schottland und Wales innerhalb von Großbritannien oder an Katalonien und das Baskenland in Spanien.

Und es geht bei alledem auch nicht allein um Europa. Ich frage den Premierminister, ob denn seine Regierung schon internationale Anerkennung erlangt habe, worauf er stolz verkündet: »Ja, wir sind in die UNPROFOR aufgenommen.«

»Die UNPROFOR? Aber das war doch die Schutztruppe in Bosnien!«

»Pardon, ich meine die UNPRO.«

Schließlich stellt sich heraus, daß er die UNPO meint, die »Unrepresented Nations and Peoples Organisation«. Nach meiner Heimkehr besuche ich die Website dieser UNPO und finde dort eine Liste von mehr als fünfzig »nicht repräsentierter Nationen und Völker«, von Abchasien und den Aboriginals in Australien und der Region Acheh auf Sumatra über Kurdistan und Nagaland bis zu Osttimor und Tibet. Und mitten darin Kosova – wie die Albaner das Kosovo schreiben.

Auf der ganzen Welt gibt es Völker, die Staaten werden wollen. Oder zumindest anerkannte politische Gebilde. Für Diktaturen ergibt sich daraus ein Problem, wenn vorhandene Identitäten brutal unterdrückt werden, wie in Tibet oder in Osttimor. Für liberale Demokratien ergibt sich daraus ein Problem, wenn bestimmte Gruppen von Leuten regiert werden wollen, denen sie sich zugehörig fühlen und die die gleiche Sprache sprechen. Aber die größten Probleme ergeben sich vielleicht auf der heiklen Stufe zwischen Diktatur und Demokratie. Der Weg, der bei der UNPO beginnt, endet dann nur zu oft im Ruf nach einer UNPROFOR.

Die Ruthenen sind aber noch längst keine Kurden oder Kosovaren. Im Augenblick verlangen ihre »Repräsentanten« ein paar elementare Minderheitenrechte wie Schulunterricht in der eigenen Sprache. Wenn sich ihre Lage in der Slowakei verbessert, dürften auch die Klagen in der Ukraine lauter werden. Sie fordern hier, daß die ruthenische Nationalität bei der für das Jahr 2001 geplanten ukrainischen Volkszählung als Wahlmöglichkeit berücksichtigt wird und daß die ukrainischen staatlichen Forstbetriebe die mechanisierte Abholzung ihrer geliebten Bergwälder stoppen. Diese Wälder sind ihr nationales Erbe. Sie hoffen auch, verhindern zu können, daß der transkarpatische *oblast* im Zuge einer Verwaltungsreform, zu der die Ukraine angeblich vom Weltwährungsfonds gedrängt wird, einer neuen, größeren Provinz einverleibt wird, die dann von dem weit entfernten Lwiw oder Lemberg aus regiert werden würde. Und sie bemühen sich um mehr grenzüberschreitende Kooperation in dem Gebiet, das schon heute die Euroregion Karpatien ist.

Bis zur Staatlichkeit ist es noch ein weiter Weg. Aber Professor Turjanitsa ist ein begabter Demagoge. Unter günstigen Umständen und wenn er Zugang zu den Medien bekäme, könnte ich mir durchaus vorstellen, daß er – oder jemand seines Schlages – ein Publikum von ruthenischen Bergbauern, Holzfällern und verarmten Kleinstädtern davon überzeugt, daß sie die Erben einer großen Tradition seien; daß sie vor dem Krieg, solange sie Teil der Tschechoslowakei waren, wohlhabender und freier waren als heute; daß die ukrainischen »Nationalchauvinisten« – ein Ausdruck, den er mehrfach genüßlich wiederholt – an all ihren Schwierigkeiten schuld sind; kurz, daß sie viel besser dastünden, wenn sie sich selbst regierten. Während wir sprechen, strömt Regenwasser die Abhänge der Karpaten herunter und überschwemmt die Niederungen an der Grenze zur Slowakei, zu Ungarn und Rumänien. »Sehen Sie«, ruft er, »selbst das Wasser spült uns nach Westen.«

So absurd es klingen mag, ich habe die sonderbare Ahnung, daß wir den Namen »Ruthenien« eines Tages auf der Landkarte wiedersehen werden – wenn nicht als souveränen Staat, so doch zumindest als autonome Provinz. Wenn dieser Tag kommt, denken Sie daran: Gelesen haben Sie es zuerst hier.

(November 1998)

Chronik

1998

November. Die USA und Großbritannien bombardieren militärische Einrichtungen im Irak. Die USA erklären die Ablösung Saddam Husseins zu einem politischen Ziel.

19. November. Einleitung des Impeachment-Verfahrens gegen Bill Clinton wegen Meineides.

Dezember. Schwere Verstöße gegen den Waffenstillstand im Kosovo sowohl von den serbischen Truppen als auch von der Kosovo-Befreiungsarmee.

1999

1. Januar. Die Währungsunion zwischen elf Mitgliedstaaten der EU tritt in Kraft. Lediglich Großbritannien, Schweden, Dänemark und Griechenland sind nicht beteiligt.

4. Januar. Der Euro startet am ersten Tag seiner Notierung sehr stark.

7./8. Januar. Das Europäische Parlament verabschiedet eine Resolution zur Absetzung der gesamten Europäischen Kommission aufgrund von Korruptionsfällen in zwei Kommissionsbereichen.

15. Januar. Serbische Truppen massakrieren 45 kosovo-albanische Zivilisten in dem Dorf Račak.

29. Januar. Die Kontaktgruppe für das ehemalige Jugoslawien richtet ein Ultimatum an das serbische Regime und die kosovo-albanischen Rebellen. Wenn sie nicht innerhalb der kommenden drei Wochen ein politisches Interimsabkommen vereinbaren, wird die Nato Militäraktionen gegen beide Seiten einleiten.

6. Februar. Beginn der Verhandlungen in Rambouillet zwischen den Delegationen der kosovo-albanischen und der serbischen Regierungen unter dem gemeinsamen Vorsitz der französischen und britischen Außenminister.

17. Februar. Europaweite Proteste der Kurden nach der Inhaftierung von Abdullah Öcalan durch ein türkisches Spezialkommando.

23. Februar. Die Gespräche in Rambouillet werden abgebrochen mit einem provisorischen Ja der Kosovo-albanischen Delegation zu einem Autonomieabkommen. In Großbritannien kündigt Tony Blair Pläne für die »Umstellung« des Pfundes auf den Euro an.

Mitteleuropa? Aber wo liegt es?

»Es ist mir eine Freude«, erklärte Henry Kissinger, »hier in Osteuropa, ich meine ... in Mitteleuropa zu sein.« Auch im Fortgang seiner Rede sagt er immer wieder: »Osteuropa, ich meine ... Mitteleuropa«. Es war in Warschau, im Sommer 1990, und in diesem Moment wußte ich, daß Mitteleuropa triumphiert hatte.

Nahezu vierzig Jahre lang fehlte dieser Begriff fast vollständig im politischen Vokabular Europas. Unter Hitler wurde er vergiftet; der Kalte Krieg und der Eiserne Vorhang zwischen West und Ost ließen ihn in Vergessenheit geraten. In den 80er Jahren wurde er von tschechischen, ungarischen und polnischen Schriftstellern wie Milan Kundera, György Konrád und Czesław Miłosz als politisch-intellektuelle Alternative zu dem sowjetisch dominierten »Osteuropa« wiederbelebt. Damals schrieb ich einen hoffnungsvollen, aber auch skeptischen Essay mit dem Titel *Mitteleuropa – aber wo liegt es?* [1]

Nach 1989 wurde Mitteleuropa wieder Bestandteil des offiziellen politischen Vokabulars. Dies wird bereits an der Tatsache deutlich, daß sowohl das amerikanische als auch das britische Außenministerium inzwischen mitteleuropäische Abteilungen besitzen. Obgleich man privat immer noch »Osteuropa« sagt, weiß jeder junge Diplomat, daß man die postkommunistischen Staaten insgesamt als »Mittel- und Osteuropa« ansprechen soll, was seiner Umständlichkeit wegen oft abgekürzt wird zu MOE im Deutschen und CEE (*Central and Eastern Europe*) im Englischen. Sogar Königin Elizabeth sprach in ihrer Thronrede vor dem britischen Parlament von »Mitteleuropa«. Somit ist es also offiziell. Wenn die Queen und Henry Kissinger davon sprechen, dann muß das Gebilde wohl existieren.

Es bleibt nur ein Problem: *Wo liegt es?* »Mitteleuropa«, so schrieb Madeleine Albright, die amerikanische Außenministerin, vergangenes Jahr in einem Zeitungsartikel, »umfaßt mehr als zwanzig Länder und zweihundert Millionen Einwohner.« [2] Doch oftmals wird der Begriff exklusiv auf jene Länder angewendet, die in diesem Frühjahr in die Nato eingetreten sind (also auf Polen, Ungarn und die Tschechische Republik) bzw. als »erste Welle« postkommunistischer Staaten in die EU eintreten sollen (also dieselben drei plus Estland und Slowenien).

Diese Unterschiede im Sprachgebrauch sind nichts Neues. In einem 1954 publizierten Artikel untersuchte der Geograph Karl Sinnhuber sechzehn verschiedene Definitionen Mitteleuropas. Der einzige Teil Europas, der in keiner von ihnen vorkam, war die iberische Halbinsel. Das Kerngebiet aber, das allen Definitionen gemeinsam war, umfaßte nur Österreich, Böhmen und Mähren.[3] Sage mir, wo dein Mitteleuropa liegt, und ich sage dir, wer du bist.

In der ersten Hälfte des 20. Jahrhunderts hatte die Diskussion über die Frage, wer zu Mitteleuropa gehöre und wer nicht, eine wirkliche politische Brisanz. Heute ist dies erneut der Fall. »Mitteleuropäer« zu sein, das bedeutet im gegenwärtigen politischen Sprachgebrauch, zivilisiert, demokratisch und kooperativ zu sein – und deshalb eine bessere Chance zum Eintritt in die EU und in die Nato zu haben. Faktisch aber nähert sich dieses Argument einem Zirkelschluß: Die Nato und die EU heißen die »Mitteleuropäer« willkommen, folglich sind diejenigen »mitteleuropäisch«, die von Nato und EU willkommen geheißen werden.

Die Konkurrenz unterschiedlicher Definitionen Mitteleuropas basiert auf geographischen, historischen, kulturellen, religiösen, wirtschaftlichen und politischen Argumenten. Auch gibt es große Unterschiede zwischen der Selbstwahrnehmung einzelner Länder und ihrer Wahrnehmung durch andere. Da Länder keine Einzelpersonen sind und es viele »andere« gibt, ist es allemal heikel, eine ganze Palette nationaler und individueller Sichtweisen auf einen Begriff bringen zu wollen.

Da Mitteleuropa *per definitionem* in der Mitte liegt, ist jede seiner Grenzen – ob im Osten oder Westen, Norden oder Süden – umstritten. Indem wir also Mitteleuropa eingrenzen, legen wir gleichzeitig auch die Umrisse der anderen geopolitischen Regionen des heutigen Europa fest.

1

Interessanterweise ist diejenige Grenze, die am Anfang dieses Jahrhunderts am heftigsten debattiert wurde, heute weithin unumstritten: die Westgrenze. Dies gibt Anlaß zur Hoffnung. Im Ersten Weltkrieg war die mitteleuropäische Idee Gegenstand einer explosiven Polemik: Auf der einen Seite standen liberale Vertreter des deutschen Imperialismus wie Friedrich Naumann, die ein Mitteleuropa unter deutsch-österreichischer Herrschaft anvisierten; ihnen traten Staatsmänner wie Tomáš Garrigue Masaryk, der zukünftige Präsident der Tschechoslowakei, entgegen, die für ein *Střední Evropa* oder ein *Europa Środkowa* von Kleinstaaten optierten, das frei sein sollte von der Hegemonie Deutschlands, Österreichs und Rußlands. Der Streit zwischen diesen beiden Visionen überdauerte den »zweiten Dreißigjährigen Krieg« von 1914 bis 1945. Er kulminierte in dem Versuch des Deutschösterreichers Adolf Hitler, den östlichen Nachbarn der Deutschen seine eigene, groteske Version Mitteleuropas aufzuzwingen.

Als der Begriff in den 80er Jahren wiederbelebt wurde, entstand eine verständliche Nervosität unter Deutschlands Nachbarn und in Deutschland selbst. Viele deutsche Autoren bevorzugten den historisch weniger belasteten Begriff »Zentraleuropa«. Doch in den letzten Jahren haben sich diese Verstimmungen gelegt. Nach einigen Diskussionen lud Václav Havel, der Masaryk der 90er Jahre, den Bundespräsidenten Richard von Weizsäcker zu den regulären Treffen der »mitteleuropäischen Staatschefs« ein – und der deutsche Präsident ist seitdem immer dabei. Die meisten deutschen Politiker erkennen inzwischen die Tatsache an, daß ihr wiedervereinigtes Land sowohl in Westeuropa als auch in Mitteleuropa verankert ist. Deutschland steht heute, wie Havel es mir gegenüber ausdrückte, »mit einem Bein« in Mitteleuropa.

In der Tat hat es Irritationen zwischen Deutschland und seinen östlichen Nachbarn gegeben – vor allem zwischen Deutschland und der Tschechischen Republik. Solche Spannungen werden sich mit dem langsamen Näherrücken der EU-Erweiterung eher noch verschärfen: Denn während die Deutschen die Konkurrenz von Polen und Tschechen auf dem Arbeitsmarkt beunruhigt, befürchten Polen und Tschechen, daß die Deutschen ihr Land aufkaufen. (Diese Befürchtung ist besonders ausgeprägt im vormalig deutschen Westteil Polens und im einstigen Sudetenland der heutigen Tschechischen Republik.) Gleichwohl wird niemand ernsthaft behaupten, es existiere aktuell eine grundlegende politische Differenz zwischen dem, was ein deutscher Durchschnittspolitiker »Mitteleuropa«, ein tschechischer Staatschef *Střední Evropa* oder ein Pole *Europa Środkowa* nennt. Es handelt sich vielmehr zunehmend um verschiedene Bezeichnungen für dieselbe Sache. Dies zeugt von der politischen Klugheit aller Seiten und ist einer der Pluspunkte auf der europäischen Landkarte am Ende des Jahrhunderts.

Unterdessen verfolgen die Österreicher in aller Stille ihre eigene Vision Mitteleuropas, worunter sie nicht mehr und nicht weniger als das Territorium des einstigen Kaiserreiches Österreich-Ungarn verstehen. Bezeichnenderweise feierte Österreich seine erste EU-Ratspräsidentschaft mit einem »Festival der mitteleuropäischen Kultur«. Austrian Airlines bietet heute die beste Möglichkeit, das einstige Habsburger Reich zu bereisen, und ein neues Mitteleuropäisches Zentrum für die Kontrolle des Luftverkehrs wird seinen Sitz in Wien haben. Zugleich sind die Österreicher noch weniger als die Deutschen über die Aussicht erfreut, daß Bewohner aus dem Gebiet der einstigen Doppelmonarchie in ihr Land kommen, um dort zu leben und zu arbeiten.

Der Vollständigkeit halber sollte man auch die östlichen Teile Italiens erwähnen, die besondere Beziehungen mit Slowenien, Kroatien und Österreich verbinden. Denn einerseits umfaßt das italienische Staatsgebiet auch Südtirol (*Alto Adige*), ein kleines, deutschsprachiges Gebiet, das früher zu Österreich gehörte; andererseits gehört ein schmaler Streifen des früheren Italien – das östliche Friaul und die Gegend um Triest und Istrien – heute zu Slowenien bzw. zu Kroatien. Einige zählen hierzu auch die Deutschschweiz und Liechtenstein, obgleich die Schweizer sich nur selten aus dieser Perspektive wahrnehmen. In jedem dieser Fälle ist das historische Erbe immer noch in tausenderlei Bindungen und Spannungen wirksam. Vor mir liegt ein rein touristischer *Guida alla Mitteleuropa*, veröffentlicht 1992 in Florenz, der ein italienisches »Mitteleuropa« von Mailand über St. Moritz, Vaduz und Bayreuth bis nach Prag und dann zurück über Wien, Budapest und Zagreb nach Triest, Venedig und Verona skizziert.

Ich finde es nützlich, zwischen dem westlichen Mitteleuropa (bestehend hauptsächlich aus Deutschland, aber auch Österreich und jenem Zipfel Italiens) und dem östlichen Mitteleuropa zu unterscheiden. Doch wer im Englischen von *Central Europe* spricht, meint normalerweise ausschließlich letzteres. Da Polen, Ungarn und die Tschechische Republik inzwischen nicht nur westlich geprägte, kapitalistische Demokratien, sondern auch Nato-Mitglieder geworden sind und – höchstwahrscheinlich – in die Europäische Union eintreten werden, verwischt sich die Unterscheidung zwischen West- und Mitteleuropa immer mehr. Diejenigen, die den Begriff in den 8oer Jahren wiederbelebten, sollten diese Entwicklung keineswegs bedauern, sondern im Gegenteil bejubeln.

Die Grenze, die uns am wenigsten Kopfzerbrechen bereiten wird, ist die nördliche. Darum bemüht, alle kleinen Nationen unter einer Flagge zu versammeln, ließ Masaryk sein Mitteleuropa von den Lappländern im Norden bis zu den Griechen im Süden reichen. Diese Region erstrecke sich, so schlug er wenig überzeugend vor, »vom Nordkap bis zum Kap Matapan«. Doch Skandinavien hat eine klar umrissene eigene Identität. Die baltischen Staaten stellen zweifellos einen interessanten Grenzfall dar. Die Litauer meinen, daß ihr Land sowohl zur nordischen oder baltischen Region als auch zu Mitteleuropa gehöre. Litauen ist für sie die Brücke zwischen diesen Regionen. Da Skandinavien jedoch ein Teil der westlichen kapitalistischen Welt ist und die baltischen Staaten klein sind, bildet ihre Zwischenlage an sich kein politisches Problem. Ein solches entsteht erst durch die russischen Einwände gegen die Nato-Mitgliedschaft der baltischen Staaten und durch das Problem der russischen Enklave von Kaliningrad.

Politisch am meisten diskutiert werden aktuell die östlichen und südlichen Grenzen. Die mitteleuropäische Idee, wiederbelebt durch Milan Kundera und andere, war gegen den »Osten«, also vor allem gegen die Sowjetunion gerichtet. Mitteleuropa, so hat Kundera einmal formuliert, sei »der entführte Westen«.[4] Bis 1945 hatte es uneingeschränkt an den großen kulturellen Strömungen des Westens teilgenommen, vom abendländischen Christentum über Renaissance und Aufklärung bis zum Expressionismus und Kubismus. Doch politisch war es nun ein Gefangener des Ostens. Die kulturelle Vergangenheit verwandelte Kundera in eine Waffe, die gegen den Osten gerichtet war. Freilich tat sein Argument, wie Joseph Brodsky aufgezeigt hat, der russischen Kultur durchaus unrecht. Doch politisch war es gerechtfertigt und wirkungsvoll; es fungierte als Gegenmittel gegen den noch fragwürdigeren Begriff eines monolithischen »Osteuropa«.

In den 90er Jahren wurde diese kulturelle Waffe eher gegen den Süden als den Osten gerichtet. Die neuen Demokratien Polens, Ungarns und der Tschechoslowakei begannen damals zielbewußt eine mitteleuropäische Zusammenarbeit, die sich in der Gründung der »Visegrád-Gruppe« im Februar 1991 konkretisierte. Dieser Zusammenschluß war zum einen jener mitteleuropäischen Idee verpflichtet, die Havel und der neue ungarische Präsident, Árpád Göncz, in den 80er Jahren propagiert hatten, und sollte dazu beitragen, jede Rückkehr zu den engstirnigen Nationalismen der Zwischenkriegszeit zu verhindern. Diese Kooperation hatte aber auch den Zweck, ihren Ländern die Gunst des Westens zu gewinnen. Was auch tatsächlich gelang.

Dann kam der blutige Zusammenbruch des früheren Jugoslawien. Dies führte zum Wiederauftauchen des »Balkans«, eines anderen geopolitischen Begriffs, der in Vergessenheit geraten war. Die Assoziationen, die dieser Begriff heraufbeschwor, waren so negativ, wie die Konnotationen der Mitteleuropa-Idee mittlerweile positiv waren. Der manichäische Gegensatz zwischen dem in hellem Glanz erstrahlenden »Mitteleuropa« und dem in Blut getauchten »Balkan« war für die Politiker überall auf dem Kontinent, vor allem aber in Polen, Ungarn und Tschechien, ein unwiderstehliches Klischee. [5]

All dies sollte dann noch überboten werden durch die einflußreiche These des Harvard-Politologen Samuel Huntington, daß die Bruchlinien der Weltpolitik in Zukunft auf einem »Kampf der Kulturen« basieren würden – wobei diese Kulturen primär von ihren religiösen Ursprüngen her definiert werden.[6] Kunderas mitteleuropäische Vision, in der das Politische vom Kulturellen her definiert wurde, paßt perfekt in das Argumentationsmuster Huntingtons, und es war daher auch wenig überraschend, daß der amerikanische Politologe den Begriff mit Freude übernahm. Aber Huntington geht noch weiter und argumentiert, daß die östlichen und südlichen Grenzen Mitteleuropas zugleich die Grenzen Europas und der »westlichen Zivilisation« bilden würden.

Worum handelt es sich bei dieser Grenze, die noch grundlegender sein soll als der Eiserne Vorhang des Kalten Krieges? Nach Huntington handelt es sich um die Scheidelinie zwischen der westlichen (katholischen oder protestantischen) Christenheit einerseits und der östlichen (orthodoxen) Christenheit und dem Islam andererseits. Diese Scheidelinie hat sich seit 500 Jahren kaum verändert, und ihre Ursprünge reichen zurück bis zur Teilung des Römischen Reiches im 4. Jahrhundert n. Chr. Weil die Türkei und Griechenland sich auf der falschen Seite dieser Grenze befinden, rechnet Huntington sogar mit dem möglichen Ende ihrer Vollmitgliedschaft in der Nato bzw. – im Falle Griechenlands – auch in der EU. Bemerkenswerterweise befinden sich jedoch die baltischen Staaten, der größte Teil der West-ukraine, das halbe Rumänien, ganz Kroatien und sogar ein kleiner Teil Bosniens und Serbiens (die frühere ungarische Provinz Wojwodina) auf der »westlichen« Seite.

Im schlimmsten Fall ist das Resultat eine extreme Form des Kulturdeterminismus. Ich spreche – in Analogie zum Vulgär-marxismus – von einem Vulgär-Huntingtonismus. Seine schlichte These lautet: Wer das abendländische Christentum, die Renaissance, die Aufklärung, das Deutsche Reich oder Österreich-Ungarn, die Barockarchitektur und Kaffee mit Schlagobers zu seinem Kulturerbe zählen kann, der ist vorbestimmt für die Demokratie. Was aber ist mit jenen, die das östliche (orthodoxe) Christentum oder den Islam, das russische oder Osmanische Reich, Minarette, Börek und türkischen Kaffee als historisches Erbe haben? Verdammt zur Diktatur. Natürlich ist dies eine billige Vereinfachung, fast eine Karikatur. Doch die Art und Weise, wie· politische Ideen in der Alltagspolitik verwendet werden, ist eben oft sehr simpel. Und die »Mitteleuropäer« haben nur wenig Interesse daran, zu anstrengenden Unterscheidungen zurückzukehren.

Doch geht dieser extreme Kulturdeterminismus merkwürdigerweise einher mit einem nicht weniger extremen politischen Voluntarismus. Im westlichen Sprachgebrauch wird bestimmten Ländern das Gütesiegel »mitteleuropäisch« von einem auf den andern Tag abgesprochen oder zuerkannt – je nach ihrem aktuellen politischen Verhalten. Das beste Beispiel ist die Slowakei.

2

Im Jahre 1990 zweifelten nur wenige daran, daß die Slowakei zu Mitteleuropa gehört. Als integraler Bestandteil der Tschechoslowakei war die Slowakei auch ein Mitglied der »Gruppe von Visegrád«. Die Verbindung mit Böhmen und Mähren, die gemäß den von Sinnhuber gesammelten Definitionen das Herzland Mitteleuropas darstellen, war hierbei sicherlich von Nutzen. Doch besitzt die Slowakei auch aus eigenem Recht viele »mitteleuropäische« Prädikate: geographische Mittellage, überwiegend katholische Konfession, eine habsburgische Vergangenheit und eine Hauptstadt, die einst – eher unter ihren Namen Preßburg und Pozsony denn als Bratislava – eine kosmopolitische mitteleuropäische Stadt war.

Gleichzeitig waren die Politiker der Slowakei jedoch um eine größere Autonomie von Prag und um eine neue · Geschäftsgrundlage in der tschechisch-slowakischen Föderation bemüht. Diese nationalistischen Forderungen eskalierten unter dem demagogischen Populisten Wladimír Mečiar – bis dann der tschechische Premierminister Václav Klaus überraschenderweise viel mehr zugestand, als den meisten Slowaken – und wohl auch Mečiar selbst – lieb war: den Eintritt in die volle Unabhängigkeit als souveräner Staat am 1. Januar 1993. Die Schlagzeile in einer tschechischen Zeitung brachte das Räsonnement des tschechischen Premiers auf den Punkt. Sie lautete: »Allein nach Europa oder zusammen mit der Slowakei bis zum Balkan?«

Fast sechs Jahre lang, unterbrochen nur durch eine sechsmonatige Pause, führte Mečiar ein korruptes, nationalistisches und halbautoritäres Regime, das man in Abwandlung einer lateinamerikanischen Prägung als Demokratura bezeichnet hat. Es hatte mehr Gemeinsamkeiten mit dem Tudjman-Regime in Kroatien oder sogar mit dem Milošević-Regime in Serbien als mit dem politischen System der Tschechischen Republik. Die beiden Hälften der früheren Tschechoslowakei, dem Lande Masaryks, entfernten sich mit erstaunlicher Geschwindigkeit voneinander. (»Nun, hie und da schalten wir auch das tschechische Fernsehen ein«, erzählte mir ein slowakischer Freund. »Es ist fast so wie in kommunistischen Zeiten, als wir das österreichische Fernsehen anschauten.«)

Die drei Pfeiler von Mečiars (aber auch Tudjmans oder Miloševićs) *Demokratura* waren das Staatsfernsehen, die Geheimpolizei und die Aneignung der früheren staatlichen Wirtschaft durch Mitglieder und Anhänger des Regimes.[7] Das Staatsfernsehen war manipuliert und von grotesker Einseitigkeit. Die Geheimpolizei mit dem Namen »Slowakischer Informationsdienst« traktierte die Gegner Mečiars mit Abhöraktionen, Einbrüchen und Einschüchterungsmaßnahmen. Sie war mit größter Wahrscheinlichkeit an der Entführung von Michal Kováč beteiligt, dem Sohn des Staatspräsidenten, der Mečiars prominentester Kritiker war; auch die Ermordung eines Beteiligten, der diese Affäre aufdecken wollte, dürfte ihr Werk gewesen sein. »Privatisierung« war in Mečiars Slowakei nur ein Euphemismus für Veruntreuung. Und schließlich mußte die ungarische Minderheit der Slowakei, die etwa 11 Prozent der Bevölkerung des neuen Staates umfaßt, als Sündenbock herhalten: Man verweigerte ihr elementare Minderheitenrechte wie Straßenschilder in der eigenen Sprache, und sie wurde von Mečiar in seiner »Hetzstunde« (wie ein slowakischer Demokrat es mir gegenüber einmal nannte) beschimpft. Die Beziehungen mit Ungarn waren auf einem Tiefpunkt angelangt.

Auf diese Weise hatte sich die Slowakei selbst aus Mitteleuropa ausgeschlossen. Sie verschwand von der Liste der »ersten

Welle« der Beitrittskandidaten für Nato und EU. Die Tschechen, die über ihren früheren Partner verzweifelten, pflegten dagegen immer bessere Beziehungen mit Slowenien, dem nördlichsten, wohlhabendsten und friedlichsten Teil des früheren Jugoslawien, der sich erfolgreich als mitteleuropäischer Staat verkauft hatte (es kursierten bereits Witze über ein kommendes Tschecho-Slowenien). Madeleine Albright, selbst tschechischer Herkunft, warnte Anfang 1998, die Slowakei drohe »ein Loch in der Karte Europas« zu werden. Ende August schrieb mir Martin Šimečka, einer der führenden unabhängigen Journalisten des Landes: »Die Situation hier wird immer schlimmer. Gestern lief etwas schief mit der privaten Fernsehstation Markiza, und Mečiar wird sie übernehmen. Er lernt von Tudjman und Milošević.«

Doch dann änderte sich plötzlich alles. Im September 1998 verlor Mečiar die Wahlen. Eine große Koalition von Oppositionsparteien, unterstützt durch Bürgerinitiativen, Gewerkschaften, unabhängige Medien und Teile der katholischen Kirche, brachte ihm eine entscheidende Niederlage bei. Als ich Bratislava im November besuchte, herrschte dort ein wirkliches Gefühl der Befreiung. Die »sanfte Revolution« von 1989 war an der Slowakei eher vorbeigegangen, und der Soziologe Martin Bútora erklärte mir, der friedliche Sturz Mečiars sei »unsere nachgeholte sanfte Revolution«. Wer in den Jahren zuvor am Gründungsfeiertag der Tschechoslowakei, dem 28. Oktober, teilnahm, war immer nervös und besorgt gewesen aus Angst vor Überwachungsmaßnahmen oder Provokationen durch Mečiars Agenten. Dieses Jahr aber herrschte nur Lachen und Festtagsstimmung. Der Direktor des Privatradios Twist erklärte mir, er habe drei Viertel seiner Zeit im Kampf gegen die Schikanen des Regimes zugebracht: annullierte Genehmigungen, Strafgelder oder gekappte Leitungen. Nun, so witzelte er, habe er so viel freie Zeit, daß ihm bisweilen ein bißchen langweilig werde.

Im Parlament wurde ich zum Zeugen, wie zwei Hauptpfeiler der Demokratura demontiert wurden: Die Abgeordneten schufen ein neues Aufsichtsgremium für das Staatsfernsehen und ernannten einen neuen Leiter der Geheimpolizei. Ein Vizepremier erklärte mir, wie seine neue Regierung nun eine echte

Marktwirtschaft aufbauen werde. Ein anderer, selbst ungarischer Herkunft, betonte, daß die Rechte der ungarischen Minderheit fortan respektiert würden.

Die Regierungskoalition beruht auf einem fragilen Gleichgewicht, doch bisher haben alle Mitglieder ihr Wohlverhalten durch demonstrative Äußerungen über Minderheitenrechte und Rechtsstaatlichkeit, über eine echte Marktwirtschaft und die Qualifizierung für die Nato- und EU-Mitgliedschaft unter Beweis zu stellen versucht. Der Westen hat das mit Wohlwollen honoriert. Madeleine Albright erklärte dem neuen Außenminister im Januar, »wenn die Slowakei auf dem Reformweg fortschreitet und kontinuierlich die Beziehungen zu den Nachbarn verbessert«, dann sei sie »ein ernstzunehmender Kandidat« für die nächste Runde der Nato-Erweiterung. Der französische Außenminister bestärkte seinen Amtskollegen in Bratislava in der Erwartung, daß die EU vielleicht noch in diesem Jahr die Slowakei zu Aufnahme-Verhandlungen einladen würde. Wie durch ein Wunder gehört die Slowakei plötzlich wieder zu Mitteleuropa.

Auf die Frage »Warum hat sie sich überhaupt daraus verabschiedet?« gibt es mehrere Antworten. Die eine lautet, daß Mečiar die starke ungarische Minderheit als Sündenbock für die Schwierigkeiten der Slowakei mißbrauchte – zumal viele Slowaken in den Ungarn immer noch die früheren Unterdrücker sehen. (Die Slowakei war bis 1918 ein Bestandteil Ungarns und einer starken »Magyarisierung« ausgesetzt.) Man könnte aus den Entwicklungen der 90er Jahre fast eine historische Faustregel ableiten: Je stärker die Bevölkerung in einem postkommunistischen Land ethnisch gemischt war, desto größer war die Wahrscheinlichkeit, daß dieses Land eher einen autoritären als einen liberal-demokratischen Weg einschlagen würde. Die Musterknaben der Demokratisierung – Polen, die Tschechische Republik, Ungarn und auch Slowenien – besitzen alle eine ethnisch relativ homogene Bevölkerung. (Freilich wird auch diese Regel durch eine Ausnahme bestätigt: durch Estland, wo eine große russische Minderheit lebt.)

Hierin liegt ein gewisses Paradox. In den 80er Jahren beriefen sich die Fürsprecher Mitteleuropas nicht zuletzt auf das Völkergemisch und die kulturelle Melange dieser Region in der Vorkriegszeit: gemischte Städte wie Prag, Czernowitz oder Bratislava (bevor es so hieß), wo die Menschen gewöhnlich drei oder vier Sprachen beherrschten; große Minderheiten, vor allem Juden und Deutsche; kurz gesagt: eine multikulturelle Lebensform *avant la lettre*. Um in den 90er Jahren in den politischen Club der Mitteleuropäer aufgenommen zu werden, war es aber fast eine Vorbedingung, nicht »mitteleuropäisch« in diesem älteren Sinne zu sein. Oder anders ausgedrückt: Es wurde für die Slowakei zu einem Stolperstein, daß sie immer noch zu mitteleuropäisch im herkömmlichen Sinne war.

Andere Gründe, die die vorübergehende Verabschiedung der Slowakei erklären, betreffen die Schwäche ihrer Opposition in den Jahren des Kommunismus. »Es gab vor 1989 wirklich nur zwei Dissidenten in Bratislava«, erklärte mir der einstige Dissident Miroslav Kusý. (Der andere war Milan Šimečka, der Vater von Martin.) Es gab also keine liberale Gegenelite, die nach dem Sturz der Kommunisten die Macht hätte übernehmen können – und eben dies war die Chance für einen talentierten Demagogen und Populisten wie Mečiar. Es kommt hinzu, daß das klerikalfaschistische Regime des Monsignore Jozef Tiso, das mit Hitlers Billigung in den Jahren des Zweiten Weltkriegs errichtet wurde, die einzige historische Erfahrung der Slowaken mit einem eigenen Nationalstaat war. Und schließlich war die slowakische Gesellschaft immer noch stark agrarisch geprägt und besaß nur ein relativ schwaches Bürgertum. Mit anderen Worten: Es fehlten der Slowakei einige wesentliche Kriterien, um den Mitteleuropa-Test der 80er Jahre erfolgreich zu bestehen.

Damit stellt sich die Frage, weshalb sie es inzwischen dennoch geschafft hat, dieses Pensum nachzuholen. Nun, hier half wohl die unmittelbare Nachbarschaft zu positiven Vorbildern. Die Slowakei ist eingebettet zwischen Polen, Ungarn und der Tschechischen Republik, und Bratislava liegt nur eine Busstunde entfernt von Wien. Es gab auch beträchtlichen Druck aus dem Westen – sowohl direkte Kritik als auch die indirekte Nutzung der slowakischen Beitrittsaspirationen (was auf das Argument hinauslief: »Wenn ihr dies oder das nicht tut, dann bleiben unsere Türen für euch verschlossen«).[8] Doch ausschlaggebend war wohl ein anderes, wesentliches Kriterium des Mitteleuropa-Testes: die Zivilgesellschaft.

Noch in den dunkelsten Momenten des »Mečiarismus« besaß die Slowakei eine aktive Zivilgesellschaft, einen »dritten Sektor« (wie es die Slowaken nennen). Es gab eine mächtige katholische Kirche. (Obgleich es weniger der Klerus als vielmehr prominente Laienkatholiken waren, die ein offenes Wort gegen Mečiar riskierten.) Es gab unabhängige Radiostationen, Zeitschriften und das private Fernsehen namens Markiza. Und es gab zahlreiche regierungsunabhängige Organisationen (NGOs). Anläßlich der Herbstwahlen schlossen sich an die sechzig von ihnen zu einer landesweiten Kampagne zusammen, um die Bürger zum Engagement und zur Stimmabgabe aufzufordern; die Kampagne startete in den entlegensten Bergdörfern und arbeitete sich schließlich bis nach Bratislava vor. Es gab Massenversammlungen, Poster, Flugblätter, bedruckte T-Shirts, Buttons, Baseball-Mützen und »Rock the Vote«-Konzerte. Wahrscheinlich hat dies den Ausgang der Wahlen entschieden. Die absolute Stimmenzahl von Mečiars Partei vergrößerte sich zwar geringfügig im Vergleich zu 1994, doch die Wahlbeteiligung stieg – zumindest teilweise infolge dieser Kampagne – von 75 auf 84 Prozent. Es waren diese neuen Wähler, die Vladimir den Schrecklichen schließlich erledigten. Als ich Freunden aus der serbischen Opposition eine Woche später von dieser Bürgerkampagne erzählte, schlugen sie in einer Mischung aus Verzweiflung und Neid die Hände über dem Kopf zusammen. Einmal mehr hatte Mitteleuropa gesiegt.

Alles in allem zeigt das Phänomen »Mečiar«, daß das mitteleuropäische Erbe allein keine Gewähr für eine positive politische Entwicklung, kurz: Demokratie, darstellt. Die Umstände seiner politischen Ablösung lassen gleichwohl den Schluß zu, daß dieses Erbe dabei geholfen hat.

3

Geopolitische Grenzen sind nicht einfach Linien, die von Diplomaten im Ambiente luxuriöser Konferenzsäle in Landkarten eingetragen werden. Sie schaffen eine Realität, die jeder Grenzgänger sofort mit Händen greifen kann. Der Eiserne Vorhang war von dieser Art: Nur zehn Schritte hinter Checkpoint Charlie begann eine andere Welt. Wer heutzutage in Europa nach einer solchen Trennlinie sucht, der sollte einmal zu Fuß die Grenze zwischen Vysné Nemecké in der Slowakei und dem ukrainischen Uzhorod überqueren.

Ich machte diesen Ausflug an einem kalten Novemberabend, und der Schock traf mich unmittelbar. Solide Asphaltstraßen verwandelten sich plötzlich in Wege mit Schlaglöchern und Kopfsteinpflaster. Die ukrainische Grenzstation schien in der Hand von kahlgeschorenen, gedrungenen Männern in schwarzen Stiefeln, schwarzen Jeans, schwarzen Pullovern und prallen schwarzen Lederjacken – die Uniform der postkommunistischen Mafiosi. Ich konnte sehen, wie sie Zollbeamte in eine dunkle Ecke bugsierten, um dann irgend etwas zu verhandeln. Fast schien mir, als zischte das Wort Korruption durch den eisigen Nebel. Sie murmelten in ihre Handys, sprangen in ihre schweren schwarzen Limousinen und jagten mit aufheulendem Motor davon.

Nach einer kleinen Pause, in der wir unsere Uhren von der mittel- auf die osteuropäische Zeit umstellten, wanderten ein Bekannter und ich durch ein Villenviertel – vorbei an großen, extravaganten Residenzen mit riesigen Satellitenschüsseln, Sicherheitskameras, hohen Mauern und eisernen Toren. »Neue Ukraine!« rief unser Begleiter aus, ein Professor an der Universität von Uzhorod, dessen monatliches Gehalt gerade mal 50 Dollar erreicht – und auf das er seit drei Monaten vergeblich wartet. Die harte Währung, die ich ihm dann für seinen eintägigen Dienst anbot (sie entsprach in etwa seinem Monatsgehalt), akzeptierte er mit einer Mischung aus Dankbarkeit und verletztem Stolz. Verzweifelt versuchten wir beide so zu tun, als seien dies eben die akademischen Umgangsformen bei der Zusammenarbeit zwischen den altehrwürdigen Universitäten von Oxford und Uzhorod.

Im Hotel bestand man auf Vorauszahlung, natürlich in bar, und man riet uns dringend, die Türen von innen zu verriegeln. Ein Freund erzählte uns von dem Unfall, den sein Schwiegervater kürzlich mit einem der schwarzen Volvos gehabt habe. Vier schwarzgekleidete Männer seien aus dem Wagen gesprungen: »Das kostet Sie 4500 Dollar. In bar. Wir kommen morgen früh in Ihr Büro!« Er rief die Polizei an und gab das Kennzeichen des Volvo zur Überprüfung durch. Eine Stunde später rief die Polizei zurück. Sie riet: »Wenn diese Männer morgen vorbeischauen, bezahlen Sie!« Es ist eine andere Welt. Wie in Serbien sind ihre wesentlichen Eigenschaften die allgegenwärtige Korruption, Willkür gepaart mit Gewalt und ein Staat, der keinen Schutz gewähren kann oder selbst kriminell ist.

Die heutige Grenzlinie zwischen Mitteleuropa und Osteuropa – will heißen: der Ukraine, Weißrußland und dem europäischen Rußland – ist überdeutlich und sehr wirklich. Ich habe dies anekdotisch zu verdeutlichen versucht; doch man könnte dies auch systematischer belegen, mit ausführlichen Statistiken und Kurven. Auf gar keinen Fall will ich damit einem kulturellen Determinismus das Wort reden. Die Huntington-Linie, unsere heutige Nachfolgerin der Curzon-Linie, verläuft viele Kilometer östlich von hier. Die Grenze, die man bei Uzhorod überschreitet, ist nicht die Ostgrenze der westlichen Christenheit, sondern die Westgrenze der früheren Sowjetunion. Auch möchte ich nicht behaupten, daß diese Länder auf ewig zu Korruption, Chaos und Armut verdammt seien. Es gibt durchaus eine reale Chance, daß die Westukraine und Weißrußland (die wie die baltischen Staaten nur zwei – und nicht drei – Generationen lang einen Teil der Sowjetunion bildeten) sich schneller erholen als der übrige Osten. Doch sowohl die Natur als auch das schiere Ausmaß der Übergangsprobleme, die sich den ostslawischen Staaten heute stellen, schaffen eine politische Wasserscheide, die wohl noch mindestens für ein weiteres Jahrzehnt Bestand haben wird. Heute verläuft die Ostgrenze des Westens nicht länger entlang der Elbe oder der Oder-Neiße-Linie, sondern entlang zweier anderer Flüsse, deren Namen die meisten wohl noch nie gehört haben: Bug und Uz.

An der Südgrenze zwischen Mitteleuropa und dem, was wir

heute wieder Balkan nennen, stößt der Grenzgänger auf weniger scharfe Kontraste. Wer von Ungarn in das nördliche Rumänien überwechselt, bleibt in einer vertrauten Welt. Teilweise deshalb, weil auf beiden Seiten der Grenze Ungarn wohnen. Sowohl Siebenbürgen im Norden als auch das Banat im Westen – beide zusammen bilden gut ein Drittel Rumäniens – zehren noch von dem kulturellen Erbe der Doppelmonarchie. Doch auch wenn man die südlichen und östlichen Teile Rumäniens in den Blick nimmt, die einst zum Osmanischen Reich gehörten, sind die sozialen, politischen und wirtschaftlichen Unterschiede zwischen Rumänien und Ungarn in keiner Weise mit denen zwischen der Slowakei und der Ukraine zu vergleichen.

Wer schließlich vom slowenischen in den kroatischen Teil Istriens wechselt, bemerkt überhaupt keinen Unterschied mehr. Wie mein *Guida alla Mitteleuropa* richtig feststellt, ist das katholische – und früher habsburgische – Kroatien historisch eindeutig ein Teil Mitteleuropas. Politisch liegt Kroatien zur Zeit allerdings noch auf dem Balkan. Doch – ich habe an anderer Stelle bereits darauf hingewiesen[9] – die Chancen stehen gut, daß es wieder den Anschluß an Mitteleuropa finden wird, sobald Tudjmans Demokratura-Regime zusammenbricht – ob nun vor oder nach seinem Tod. Die neue ethnische Homogenität (erreicht durch »ethnische Säuberungen«, während der Westen wegschaute) bildet eine günstige Voraussetzung für die Rückkehr nach Mitteleuropa.

Freilich wird es wohl mindestens ein weiteres Jahrzehnt dauern, bevor all jene Staaten, die kraft ihrer Lage, Geschichte oder Kultur glaubhaft eine mitteleuropäische Identität beanspruchen können, tatsächlich einen Teil jenes Mitteleuropas bilden werden, das in den 90er Jahren neu definiert wurde – will heißen: dank ihrer aktuellen Politik und aufgrund der Wahrnehmung durch den Westen. Noch länger wird es dauern, bis dieses Mitteleuropa zu einem normalen Teil Westeuropas geworden ist – wie heute bereits Nord- und Südeuropa. Unterdessen mögen Länder wie die Ukraine sich aufraffen, vor allem wenn der Westen ihnen entschiedener beisteht, als dies in den letzten Jahren der Fall war.

Und doch muß Mitteleuropa irgendwo enden. Eine rein politische, voluntaristische Definition dieses Raumes wäre ebenso absurd wie eine rein kulturdeterministische. Es ist zwar durchaus vernünftig, daß der Westen auf politischen Aufnahmekriterien besteht, was auf die Maxime hinausläuft, daß »derjenige Mitteleuropäer ist, der sich mitteleuropäisch verhält«. Doch sind Demokratie, Toleranz, Rechtsstaatlichkeit, Schutz von Minderheiten und ein Interesse an friedlicher internationaler Zusammenarbeit hinreichend, um einen postkommunistischen Staat *ipso facto* zu einem Teil Mitteleuropas zu machen? Selbst wenn Serbien eines schönen Tages alle diese politischen Kriterien erfüllen sollte, wird es kein Teil Mitteleuropas sein. Es wird noch immer auf dem Balkan liegen.

Doch leider sind solche Zuordnungen in unserer aktuellen Situation alles andere als wertneutral. Sie sind stark aufgeladen, positiv im ersten Fall, negativ im zweiten. Dies ist immer die Gefahr, wenn man geographische Begriffe mit spezifischen Wertvorstellungen oder Zielen verbindet. Das gilt auch für die Beschwörung »Europas« (wie in der Rede von den »europäischen Werten«) oder des »Westens« (wie in der Berufung auf die »westliche Zivilisation« oder »westliche Werte« im Gegensatz zu »asiatischen Werten«).

Die Schwierigkeit liegt darin, daß die wertgebundene Definition Mitteleuropas *nicht* völlig willkürlich ist – ebensowenig wie diejenige Europas oder des Westens. Sie hat einen wahren Kern. Es gab in der Entwicklung Europas ein Zentrum und eine Peripherie. Die Differenz zwischen der westlichen Christenheit (mit ihrer fundamentalen Trennung von Kirche und Staat) und der östlichen Christenheit (mit ihrem cäsaro-papistischen Erbe) ist von Bedeutung, wenn man untersucht, weshalb sich etwa die politische Geschichte Frankreichs grundlegend von derjenigen Rußlands unterscheidet. Und diese Wahrheit betrifft nicht nur die Geschichte. Sie entspricht auch den bitteren Lektionen der Gegenwart. Als ich mich anschickte, vom Flughafen Heathrow in die Slowakei zu fliegen, traf ich einen befreundeten Banker, der viel in Mittel- und Osteuropa unterwegs ist. Er faßte seine persönlichen Erfahrungen unverblümt so zusammen: »Je weiter man nach Osten oder nach Süden gelangt, desto größer sind Korruption und Chaos.«

Der Kardinalfehler besteht aber darin, Wahrscheinlichkeiten zu Gewißheiten, Grauzonen zu scharfen Grenzlinien zwischen Schwarz und Weiß und vorläufige Beschreibungen zu *self-fulfilling prophecies* zu machen. Wir wissen, daß es Wortpaarungen gibt, die nur schwer zu verwirklichen sind: balkanische Toleranz, ukrainischer Wohlstand, russische Demokratie, türkische Achtung der Menschenrechte. Doch wer solche Wortpaare für einen grundsätzlichen Widerspruch erklärt, stellt nicht nur unsere eigenen Werte in Frage. Er verrät auch die Menschen, die an vielen Orten für diese Dinge kämpfen – unter schwierigsten Bedingungen und oft unter Einsatz des eigenen Lebens.

Fast zwei Jahrzehnte lang bin ich für Mitteleuropa eingetreten. Ich glaube, daß die Sache das Engagement wert war und daß sie dazu beigetragen hat, die Mitte Europas in positiver Weise zu verändern. Doch bin ich entsetzt über die Art und Weise, in der die Mitteleuropa-Idee neuerdings für eine Politik der Ausgrenzung und des Relativismus mißbraucht wird. Was immer Mitteleuropa ist und wo immer es liegt – mit diesem Zerrbild soll es nichts gemein haben.

(Februar 1999)

Helenas Küche

Eines düsteren Nachmittags im Jahre 1980 begrüßte mich eine zierliche Frau an der Tür ihrer kleinen Wohnung in einem der häßlichen Neubaugebiete, die unter dem kommunistischen Regime rund um Warschau hochgezogen wurden. Ihr braunes Haar war ungekämmt, und sie musterte mich aus graugrünen Augen.

Ich war nach Polen gekommen, um die von der Bewegung Solidarność angeführte Revolution mitzuerleben, die größte Herausforderung, der sich die Sowjetmacht in Osteuropa seit ihrer Gründung am Ende des Zweiten Weltkriegs gegenübersah. Und man hatte mir gesagt, Helena Łuczywo wäre eine gute Quelle.

Ihre winzige, verrauchte Küche war voll diskutierender, gestikulierender, lachender Leute, die bloß innehielten, um einen Schluck aus ihren Teegläsern zu nehmen. Im Wohnzimmer legte jemand die Druckfahnen der nächsten Ausgabe von *Robotnik* (»Der Arbeiter«), einer Samisdat-Zeitung, aus, während ein leibhaftiger Arbeiter aus Gdańsk, dem Geburtsort von Solidarność, in einer Ecke Vorträge hielt. In der anderen Ecke saß die siebenjährige Łucja, Helenas hübsche Tochter. Unaufhörlich klingelte das Telefon; Helena hob den Hörer ab, brüllte hinein, sprach mit mir, zog an ihrer Zigarette und kicherte – alles gleichzeitig. Das Leben in dieser Wohnung hatte ein wahnwitziges Tempo. Ein Grund dafür war, daß Revolution herrschte und jeden Moment russische Panzer über die Ostgrenze nach Polen eindringen konnten. Doch letztlich lag es daran, daß Helena hier zu Hause war.

Während der Revolution habe ich Helenas Küche noch oft aufgesucht, bis dann im Dezember 1981 General Jaruzelski das Kriegsrecht verhängte, um Solidarność zu zerschlagen. Danach machten mir die Behörden die Einreise nach Polen schwer. Wann immer ich dennoch ein Visum bekam, war mein erster Weg zu Helena. Um nicht die Geheimpolizei aufmerksam zu machen, meldete ich mich nie telefonisch an, sondern stand einfach vor der Tür. Polen war wieder zum Polizeistaat geworden, und Helena machte jetzt eine Untergrund-Zeitung, die heimlich unter Solidarność-Mitgliedern und -Sympathisanten vertrieben wurde. Unsere Gespräche in der Küche wurden von ihren Mitarbeiterinnen unterbrochen, blassen, lebhaften Frauen, die mit irgendeiner Katastrophenmeldung hereinplatzten. Im Gegensatz zu früher kritzelten sie jetzt aber auf ein Blatt Papier, das sie anschließend über einer Kerze verbrannten. Dabei unterhielten sie sich lautstark über Banalitäten, damit die versteckten Mikrophone etwas zum Abhören hatten.

Helena und ich wurden gute Freunde, und doch hätte ich nie die Entwicklung vorausgesehen, die mich heute dazu veranlaßt, über sie zu schreiben. Heute ist sie die Schlüsselfigur einer der erfolgreichsten Tageszeitungen im gesamten postkommunistischen Europa. Sie ist stellvertretende Chefredakteurin und Vorstandsrätin von *Gazeta Wyborcza* (»Die Wahl-Zeitung«), die an Werktagen eine halbe Million Auflage hat und an Wochenenden noch einmal zusätzliche 200 000 Stück verkauft. Auf den spezialgefertigten Rollenoffset-Maschinen werden außerdem ein farbiges Wochenendmagazin, ein Fernsehprogramm, achtzehn verschiedene Lokalausgaben sowie Literatur-, Immobilien-, Arbeitsmarkt-, Kfz- und Computer-Beilagen gedruckt, nicht zu vergessen höchst einträgliche Werbeanzeigen am laufenden Meter. Das Unternehmen beschäftigt 2400 Leute, sein Mutterkonzern Agora investiert in Rundfunksender und Kabelkanäle.

Hier ist ein Mediengigant im Entstehen – ein polnischer Mediengigant. Und ein höchst erfolgreicher dazu; so erfolgreich, daß er demnächst den Börsengang wagt. Beraten von Credit Suisse First Boston, wird er an den Börsen in Warschau und London sein Einstiegsangebot machen, und Manager werden in großangelegten Werbekampagnen in ganz Europa und den Vereinigten Staaten um institutionelle Anleger buhlen. Man schätzt das Unternehmen auf rund 600 Millionen US-Dollar. Plötzlich ist meine alte Freundin Helena eine sehr einflußreiche Frau, und reich obendrein.

Die *Wyborcza*, wie sie allgemein genannt wird, hat ihren unverkennbaren Stil – manchmal aggressiv, oft sarkastisch und immer respektlos. Ihre politische Linie, die der Chefredakteur Adam Michnik bestimmt, ist Gegenstand dauernder, nicht selten boshafter Kontroversen. Die nationalistische Rechte bezichtigt das Blatt, Teil einer Verschwörung zu sein – einer jüdisch ex-bolschewistisch kapitalistischen Verschwörung, versteht sich –, die die Moral einer Nation untergräbt, in der polnisch gleichbedeutend ist mit katholisch. Andere, wie etwa die ex-kommunistische Zeitung *Trybuna*, sprechen von »Adam Michniks Medienkartell« und schreien: »Agora baut ein Imperium auf!« *Trybuna* hat gefordert, daß sich Polens Anti-Monopol-Behörde mit Agoras Anteilen an Radio- und Fernsehanstalten befassen soll – eine ironische Forderung, wenn man bedenkt, daß sie vom ehemaligen Zentralorgan der Kommunistischen Partei kommt.

Nicht alles an der neuen Zeitung sagt mir zu. Aber ich mag die Art, wie sie die üblichen westlichen Klischees von den Polen als einem Volk von großen, ewig betrunkenen, prahlerischen, schnurrbärtigen, antisemitischen Macho-Adligen, die mit einer todgeweihten Kavallerie gegen Panzer zu Felde ziehen, auf den Kopf stellt. Oder den alten deutschen Spruch von der »polnischen Wirtschaft«, der besagt, daß die Verbindung von »polnisch« und »Wirtschaft« ein Widerspruch in sich sei. Oder das Vorurteil – das übrigens auf das gesamte postkommunistische Europa angewendet wird –, daß dort ehemals kommunistische Apparatschiks Millionen einstreichen, während verbitterte ehemalige Dissidenten in ungeheizten Dachstuben sitzen und sich an nichts als ihren Erinnerungen wärmen.

In Wahrheit verwandelt sich Polen rasch und stillschweigend in eine ganz normale Konsumgesellschaft. Es hat eine prosperierende Mittelschicht und mit die höchsten Wachstumsraten in ganz Europa. Die Verhandlungen über einen EU-Beitritt laufen, im Frühjahr 1999 wird es Mitglied der Nato werden. Und im Epizentrum dieses polnischen Wirtschaftswunders gedeiht diese ungemein erfolgreiche Zeitung, gemacht von lebenslustigen früheren Dissidenten, von denen manche Juden und viele Frauen sind.

Wie schreibt man über jemanden, mit dem man gut befreundet ist? Helena und ich hatten unser erstes offizielles »Interview« im ruhigen, modernen Konferenzraum des Warschauer Büros ihrer Zeitung. Wir unterhielten uns bei der polnischen Version »eines leichten Arbeitsessens« – dicke Suppe, Fleisch und Kartoffeln – und amüsierten uns über die Befremdlichkeit unserer Situation. Dabei gab es so vieles, was ich nicht wußte. Wann und wo, zum Beispiel, war Helena geboren?

In Warschau, im ersten Winter nach dem Krieg. Ihr Vater, Ferdynand Chaber, Sohn reicher jüdischer Weinhändler, hatte sich in den 20er Jahren den Kommunisten angeschlossen, hatte den Krieg in Rußland verbracht und war zurückgekommen, als die polnischen Kommunisten im Windschatten russischer Panzer an die Macht gekommen waren. Er arbeitete in der Propagandaabteilung der neuen Regierungspartei. »Von der kommunistischen Propaganda des Vaters zum Kampf der Tochter gegen die kommunistische Propaganda«, ist man versucht zu sagen, doch Helena wehrt entschieden ab. Ihre Mutter, sagt sie, war die prägende Gestalt in ihrem Leben.

Dorota Guter, aus einer Familie jüdischer Kleinhändler stammend, war ein Muster an Fleiß, Disziplin und Hingabe, gepaart mit tiefem polnischen Patriotismus. Sie machte ihren Universitätsabschluß als Juristin. Nach dem Einmarsch der Deutschen floh sie nach Rußland, wo sie wieder mit ihrem Mann zusammentraf und ein Studium der Ingenieurwissenschaften abschloß. Nach ihrer Rückkehr zog sie zwei Kinder groß, daneben arbeitete sie als leitende Ingenieurin in einer Warschauer Autofabrik. Gleichzeitig – und das ist ein entscheidender Punkt – war diese resolute jüdische Mutter tief in der Tradition der polnischen Romantik verwurzelt, für die Dichter wie Adam Mickiewicz, der polnische Byron, stehen.

Helena war dazu erzogen worden, sich ausschließlich als Polin zu fühlen. Aber das erwies sich bald als schwierig. Als sie 1968 an der Universität Warschau Wirtschaftswissenschaften studierte, mußte sie eine schlimme, von kommunistischen Kadern geschürte antisemitische Kampagne miterleben. Woche für Woche zog die kommunistische Presse über die »wurzellosen Kosmopoliten« her, die »Parasiten im Pelz der polnischen Nation«. Polnische Juden wurden als »ein Haufen Verräter« beschimpft. Als

Warschauer Studenten protestierten, wurden manche zusammengeschlagen, andere – unter ihnen Adam Michnik als einer ihrer Anführer – verhaftet. Viele der ohnehin wenigen polnischen Juden, die den Holocaust überlebt hatten, verließen daraufhin das Land, und jene, die blieben, waren fürs Leben gezeichnet. Doch diese Erfahrung formte auch die jüdischen und nichtjüdischen polnischen 68er, die in vielem ihren westlichen Generationsgenossen glichen (lässige Kleidung und entsprechender Lebensstil; reichlich Alkohol und Sex). Aber in grundlegenden Punkten waren sie auch ganz anders. Die antikommunistischen Kämpfer der älteren Generation wurden für viele von ihnen zu Leitfiguren, während sie im Westen verabscheut wurden; und obgleich diese jungen Polen von utopischen Politikentwürfen für immer geheilt waren, hatten sie Ideale, für die sie zu leiden und sogar zu sterben bereit waren.

Das Jahr 1968 prägte Helenas Generation, doch ihre ganz persönliche Stunde der Wahrheit kam später. Sie schloß ihr Studium ab, arbeitete drei Jahre in einer Bank, heiratete einen bärtigen Ingenieur namens Witold und brachte Łucja zur Welt. Dann ging sie zurück an die Universität und studierte Anglistik mit dem Ziel, Übersetzerin und Dolmetscherin zu werden. Auf gutem Kurs hin auf ein ganz normales, unpolitisches Leben, könnte man meinen. Doch im Sommer 1976 kam eine Anfrage von Oppositionsführer Jacek Kuroń. Ihr Englisch sei so gut, ob sie eventuell bereit wäre, ein schwedisches Fernsehteam in die Industriestadt Ursus zu begleiten, wo man Interviews mit verfolgten Arbeitern machen wollte? Drei Tage hat sie mit sich gerungen. Eigentlich wollte sie keine politische Aktivistin sein. Die Furcht vor weiteren antisemitischen Kampagnen saß ihr in den Knochen. Und was sollte aus ihrer dreijährigen Tochter werden?

Am Ende beschloß sie zu fahren. Warum? Sie zündet sich eine Zigarette an, wendet nachdenklich den Blick ab und sagt dann auf ihre rasche Art: »Ach, ich weiß auch nicht. Weil es der Anstand erforderte.« Anstand, Orwells Kardinaltugend. Sie hält sich nicht weiter dabei auf, und doch ist dies, was in Polen gelegentlich ein »Conradscher Moment« genannt wird – ein einziger Augenblick, der über das ganze weitere Leben entscheidet. Conrads Lord Jim sprang in die falsche Richtung, als er das vermeintlich sinkende Schiff verließ. Helena sprang auf die richtige Seite.

Ein Jahr später, 1977, tat sie sich mit einer Gruppe von Freunden – alles 68er – zusammen, um jene Samisdat-Zeitung zu gründen, die sie produzierten, als ich sie drei Jahre später kennenlernte. Die erste Nummer von *Robotnik* – der Name stammte von einer berühmten Zeitung, die der polnische Unabhängigkeitskämpfer Józef Pilsudski vor dem Ersten Weltkrieg herausgab – erschien im September: vier einseitig bedruckte Seiten im Briefpapierformat. Helena gehörte zu denen, die darauf bestanden, man müsse sich in der ersten Nummer klar zum übergeordneten Ziel, der polnischen Unabhängigkeit, bekennen. Zu einer Zeit, als Breschnew noch im Kreml regierte, wirkte das wie der Versuch, mit dem Fahrrad zum Mond zu fahren. Doch die romantische Tradition lehrt, daß Politik die Kunst des Unmöglichen ist. Wie Byron es in jenen Zeilen ausdrückte, die Adam Mickiewicz so denkwürdig ins Polnische übertragen hat:

> Der Freiheit Kampf, einmal begonnen,
> Vermacht vom blutenden Vater dem Sohn,
> Wird auch vereitelt stets gewonnen …

Oder in unserem Fall von der lesenden Mutter der Tochter.

Zunächst lernte sie die Grundvoraussetzung der Arbeit jedes Redakteurs: nein sagen können. Sie erinnert sich an einen Artikel, den ein Kollege drucken wollte, weil er von einem Freund stammte. Sie las ihn und fand ihn schlecht. Das sagte sie dem Autor und lehnte den Artikel ab. *Basta* – eine Redakteurin war geboren. Der Stil, den sie in dieser und anderen Publikationen aus dem Umfeld des Arbeiter-Verteidigungskomitees K.O.R. entwickelten, war kurz, prägnant, faktenreich, umgangssprachlich. Freunde nannten ihn scherzhaft »Spritzpistolen-Stil« (ein Wortspiel mit dem polnischen Wort *korkowiec* für ein solches Spielzeug). Sie setzten sich damit bewußt von der aufgeblasenen Berichterstattung kommunistischer Medien ab. Aber ich meine, es lag auch daran, daß sie schrieben, wie sie redeten: peng, peng, peng.

Diese erste Nummer wurde auf einem uralten Vervielfältigungsapparat gedruckt; dreihundert Exemplare rollten über die mit blauer Tinte getränkte Walze. Spätere Ausgaben produzierte man auf selbstgemachten Maschinen, seidenbespannte, farbgetränkte Holzrahmen, über die man von Hand eine Walze rollen mußte. Trotz häufiger Schwierigkeiten mit der Geheimpolizei wuchs die Auflage stetig; Anfang 1980 wurden 20000 Exemplare gedruckt. Als im August desselben Jahres die Revolution von Solidarność stattfand, konnte das Blatt sechzehn Monate lang ohne Angst vor Polizeiübergriffen produziert werden. Da Helena gleichzeitig eine Nachrichtenagentur für die Bewegung betrieb, fand sie kaum Schlaf.

Dann, am 13. Dezember 1981, wurde mit General Jaruzelskis Verhängung des Kriegsrechts alles anders. In jener Nacht, als Polizei- und Militärstreifen auf Warschaus verschneiten Straßen Solidarność-Mitglieder verhafteten, ging Helena in den Untergrund. Innerhalb von zwei Monaten hatten sie und ihre Kollegen zwanzig konspirative Druckmöglichkeiten organisiert – eine kleine Offsetmaschine in einem Keller, ein Matrizendrucker auf einem Speicher, eine alte, wieder in Gang gebrachte Maschine mit Seidenrahmen – und produzierten eine neue Untergrund-Zeitung für den Warschauer Bezirk der Solidarność: *Tygodnik Mazowsze* (»Masowien-Wochenblatt«). Viele Frauen arbeiteten mit. Sie tuckerten in ihren winzigen Fiats 126 durch die Stadt, den Kofferraum voller Samisdat, und profitierten von den männlichen Vorurteilen der Polizei. Was konnte eine blasse junge Frau mit kleinem Kind in einem Fiat diesem männlich dominierten Polizeistaat schon anhaben? Die Publikation mit dem krakeligen roten Schriftzug auf dem Titel (darunter ein Zitat von Gewerkschaftsführer Wałęsa: »Die Solidarität wird nicht entzweit oder zerstört«) erschien sieben Jahre lang, bis 1989, zuweilen in einer Auflagenstärke von 60000 Exemplaren.

Es waren schreckliche, nervenaufreibende Zeiten, erinnert sich Helena. Sie mußte sich zwar nicht mehr dauernd verstekken, aber alles, was mit der Zeitung zu tun hatte, mußte heimlich geschehen. Eine, wie sie sagt, »unerträgliche« Erfahrung, zumal, wenn man eine kleine Tochter zu versorgen hat. Ihre Ehe ging in die Brüche. Einen Großteil ihrer Energie brauchte sie, um sich vor der Polizei in Sicherheit zu bringen. Und ein Ende war nicht abzusehen: Sie konnte – wie wir alle – nicht ahnen, daß

1989 der große Umschwung kommen würde. Sie befürchtete, es würde ewig so weitergehen.

Eines Frühlingstages ertappte sie sich, wie sie vor einem Schrebergarten stehenblieb und ihn fast sehnsüchtig betrachtete. Was zum Teufel tat sie mit ihrem Leben? Würde sie als vereinsamte, fanatische Aktivistin enden, wie ihr kommunistischer Vater vor dem Krieg? Nach fünf Jahren hatte sie einfach eine Pause nötig, und die kommunistischen Behörden gestatteten ihr die Ausreise für ein Studienjahr als *peace fellow* am Radcliffe College in Harvard. Es kostete Überwindung, von dort nach Warschau in die Tretmühle der Untergrundarbeit zurückzukehren. Doch aus hartnäckiger Loyalität machte sie weiter bei der *Tygodnik Mazowsze* mit. Aus Loyalität zur Solidarność, aus Loyalität zu den Lesern, die die Wochenzeitung nach wie vor kauften, und natürlich aus Loyalität zu ihrem Untergrund-Team.

Nach einer erneuten mutigen Streikwelle von Solidarność begannen sich 1988 grundlegende politische Veränderungen abzuzeichnen. Angeregt von Michail Gorbatschow suchte das Jaruzelski-Regime den Dialog mit Solidarność, und zu Beginn des darauffolgenden Jahres setzten sich alle Parteien am »Runden Tisch« zu Verhandlungen zusammen – ein Modell, das später in Ungarn, Ostdeutschland und der Tschechoslowakei Schule machte. Im April 1989 war man sich einig, daß es Wahlen unter Beteiligung der Opposition geben sollte und daß diese eine Zeitung für ihren Wahlkampf brauchte. Lech Wałęsa forderte Adam Michnik auf, sie herauszugeben, und der wiederum fragte Helena und ihr Team von der *Tygodnik Mazowsze*, ob sie mit einsteigen wollten. Michnik sollte der politische Kopf der Zeitung sein, Helena würde den praktischen Teil übernehmen.

Die Zeit war knapp, der Wahltermin auf den 4. Juni 1989 festgesetzt. In den verbleibenden acht Wochen wurde die Agora GmbH gegründet (zu ihren ersten Teilhabern zählten der Regisseur Andrzej Wajda und der Solidarność-Führer Zbigniew Bujak). Einen Monat später war die erste Nummer gedruckt. In einem Leitartikel erklärten die Herausgeber, eine ganz »normale« Zeitung machen zu wollen. Aus heutiger Sicht ein bescheidenes Vorhaben, doch in Polen hatte es seit über vierzig

Jahren keine »normale« Zeitung mehr gegeben. Sie sollte, so versprachen die Herausgeber, »vielgesichtig, schnell, objektiv« sein und, was besonders wichtig war, klar zwischen Kommentar und Nachrichtenteil trennen.

Und trotzdem bezog diese erste Nummer ganz klar Partei. Auf der Titelseite im Format der Boulevard-Presse prangte ein Foto Wałęsas, darunter der Aufruf an die Wähler, ihm ihre Stimme zu geben. Obendrüber stand der Slogan, den ich so oft von den Demonstranten gehört hatte: »*Nie ma wolności bez Solidarności*« (»Keine Freiheit ohne Solidarność«). Sechs von den acht Seiten des Blattes füllten kurze Lebensläufe von Leuten, die die Zeitung als »unsere Kandidaten« bezeichnete. Tatsächlich war die *Gazeta Wyborcza* während der ersten Jahre weit von ihrem erklärten Ziel einer »normalen« Zeitung entfernt: Fakten unantastbar, Kommentar frei. Ihre Berichterstattung war bisweilen ziemlich selektiv und auf sarkastische Weise parteiisch. Kritiker witzelten, es handle sich hier um *Wybiorcza* statt um *Wyborcza* (»Selektion« statt »Wahl«).

In seinen Anfangstagen glich das Blatt wegen mangelhaftem Drucks und schlechter Papierqualität äußerlich der alten kommunistischen Presse; kein Wunder, denn schließlich wurde es auf denselben Druckmaschinen gedruckt wie das Parteiorgan *Trybuna Ludu*. Adam Michnik lag in ständigem Kampf mit den kommunistischen Behörden, damit sie ausreichend Papier zugeteilt bekamen. Man arbeitete mit Bleilettern im Handsatz; die Setzer litten an Bleivergiftung und tranken literweise Wodka. Im Stockwerk über der Druckerei residierte die Zensorin. Einmal während des Wahlkampfes bat ich Helena, ob ich eine Karikatur hinaufbringen und prüfen lassen dürfe. Ich fand mich einer unattraktiven Frau im billigen, geblümten Kleid gegenüber, ein Glas Tee vor sich und eine Zigarette im Mundwinkel, die die Karikatur eingehend betrachtete und dann auf der Rückseite unterschrieb.

Ihr erstes Redaktionsbüro, Iwicka-Straße Nr. 19, hatte die Zeitung in einem ehemaligen Kindergarten. Niedrige Tische und Kinderstühlchen standen noch herum. An warmen Tagen fanden die Redaktionssitzungen draußen am Sandkasten statt. Als ich kurz vor der Wahl hinkam, herrschte kreatives Chaos; Leute hasteten durch den Zigarettenqualm, Rufe, Gelächter, Schreien und das ewige Klingeln der Telefone füllte die Räume: Helenas Wohnung im Großformat. Zu den Untergrund-Veteranen der *Tygodnik Mazowsze*, die mittlerweile als »Mazowianer« bekannt waren, gesellten sich ausgewiesene Journalisten aus anderen politischen Lagern und eine wachsende Schar journalistischen Nachwuchses. Helena saß wie eine Erzieherin mit ihnen auf den Kinderstühlchen und brachte ihnen bei, wie man eine Zeitungsmeldung abfaßt.

»Die Wahl-Zeitung« war das Organ der Solidarność-Opposition in Polens erster freier Wahl seit fünfzig Jahren. Welchen Anteil sie am Sieg der Solidarność hatte, bleibt offen. Die Polen hatten mehr als genug Gründe, die Kommunisten nach so vielen Jahren der Willkürherrschaft abzuwählen. Am nächsten Schritt jedoch war die Zeitung maßgeblich beteiligt: an der Nominierung eines nicht-kommunistischen Ministerpräsidenten – dem ersten seit 1948 in ganz Osteuropa – und an der Ernennung General Jaruzelskis zum Präsidenten als Rückversicherung für die Sowjetunion. Dieser Vorschlag kam von der Zeitung. In gewohnter Arbeitsteilung verfaßte Michnik den Leitartikel mit dem radikalen Vorschlag, und Helena setzte die historische Überschrift darüber: »Euer Präsident, unser Ministerpräsident«. Sein Artikel, ihre Überschrift. Mit Vorstößen wie diesem schrieb sich die *Gazeta Wyborcza* in die Geschichte von Polens ausgehandelter Revolution ein, ähnlich wie *El País* während Spaniens Übergang von der Diktatur zur Demokratie.

Wie bei so vielen Revolutionären vor ihnen begannen auch unter den Führern der Solidarność bald nach ihrem Sieg die Streitigkeiten. Im Zuge dieses »Kriegs an der Spitze«, wie Wałęsa es nannte, erklärte die offizielle Solidarność-Führung der Zeitung, sie müsse den vertrauten roten Schriftzug und den Slogan »Keine Freiheit ohne Solidarność« von ihrer Titelseite nehmen. Jetzt, wo die Freiheit erreicht war, blieb nicht viel Solidarität. Bei den Wahlen Ende 1990 trat Wałęsa als Kandidat für das Präsidentenamt gegen seinen früheren Berater Tadeusz Mazowiecki an. Die Zeitung stellte sich hinter Mazowiecki, doch Wałęsa siegte.

Es war an der Zeit, daß die Herausgeber einlösten, was sie in der ersten Nummer angekündigt hatten: eine ganz »normale« Zeitung machen. Sie verließen den Kindergarten und bezogen zwei Etagen in einem nahe gelegenen Bürogebäude. Heute wirken ihre Räume auf den ersten Blick wie die von ganz normalen Tageszeitungen im Westen: moderne Großraumbüros mit vielen Computern und kühl aufeinander abgestimmten Blau- und Grautönen, grundverschieden von dem grellen Rot, Schwarz und Weiß aus den Jahren des Kampfes. Und doch geht es dort anders zu. Helena teilt sich ein enges Büro am Ende der Nachrichtenredaktion mit einem anderen leitenden Redakteur. Beide sitzen sie an modernen kleinen Schreibtischen, wie man sie eher in den Zimmern heranwachsender Kinder vermutet. Bei den nachmittäglichen Konferenzen drängen leger gekleidete Journalisten in dieses Büro, bleiben im Türrahmen stehen oder setzen sich auf den Boden. Niemand bellt Instruktionen vom anderen Ende eines langen Konferenztisches. Statt dessen fliegen die Diskussionsfetzen durch den Zigarettenqualm hin und her, und Helena ruft von ihrem Tischchen aus dazwischen. Wenn ich die Augen halb schließe, fühle ich mich zurückversetzt in ihre alte Küche.

Doch Insider warnen mich vor dem trügerischen Augenschein. Als ich mit dem Wort »egalitär« das Ethos des Blattes zu beschreiben suche, ruft einer von ihnen dazwischen: »Egalitär! Schmegalitär! Du solltest mal sehen, wie Helena mit den Praktikanten umspringt.« Sie kann die Beherrschung verlieren und selbst ältere Kollegen zusammenstauchen. Es gibt da eine Härte an ihr, die ich als Freund wohl nicht wahrgenommen habe. Ich frage Helena, ob sie meint, ihre neue Machtposition hätte die Art und Weise verändert, mit der andere ihr begegnen. Sie überlegt einen Moment und sagt dann: »Ein bißchen schon, ja.« Ich fürchte, es ist ein bißchen mehr, als sie wahrhaben will. Ein anderer Insider, der bezeichnenderweise ungenannt bleiben will, erzählt mir, daß die jüngeren Redaktionsmitarbeiter vor ihr zittern. So mancher talentierte Journalist hat schon nach einer Auseinandersetzung mit ihr das Blatt verlassen. Besonders schmerzlich ist, daß ihre Freundschaft mit zweien ihrer engsten Mitarbeiterinnen aus dem Untergrund-Team in die Brüche gegangen ist, jenen blassen, lebhaften Frauen, die in Helenas alte Küche zu stürzen pflegten und Botschaften über einer Kerzenflamme verbrannten. Immer dieselbe alte Geschichte: in der Unterdrückung einig, in der Freiheit zerstritten.

Jeder, aber auch jeder, sagt mir, daß der redaktionelle Teil der Zeitung weitgehend von Helena bestimmt wird. Die einzige, die das bestreitet, ist Helena. Sie sitzt von morgens bis abends in der Redaktion und ist bekannt dafür, daß sie fast jeden Artikel Wort für Wort durchgeht. Selbst enge Freunde haben nur ihre Geschäftsnummer, denn sie ist jederzeit im Büro zu erreichen. Dasselbe erwartet sie von anderen. Man erzählt, daß sich eines Nachmittags herumsprach, Helena sei für ein paar Stunden zur Kosmetikerin gegangen. Innerhalb von zwanzig Minuten war das Büro leer. Selbst wenn man sie nicht ganz wörtlich nimmt, ist diese Geschichte aufschlußreich.

Und wie präsentiert sich die Zeitung jetzt? Den knappen, sarkastischen Ton hat sie beibehalten. Es ist ein Ton, der unduldsam und manchmal verächtlich auf das ältere, verstaubte, konservative, katholische, nationalistische Polen reagiert, für das der Warschauer Slang das wunderbare Wort »*bogoojczyźniany*« – etwa mit »gottväterländisch« wiederzugeben – geprägt hat (»Frau Z ist ganz reizend, aber ein wenig gottväterländisch«). Die Titelstorys im knappen, lebendigen Spritzpistolen-Stil hat das Blatt beibehalten. Eine beliebige Ausgabe herausgreifend, lese ich die Überschrift: »Fed senkt Zinsen«. (Noch vor zehn Jahren wäre die amerikanische Federal Reserve Bank für kaum einen Polen ein Begriff gewesen, geschweige denn, daß er sich für ihre Zinspolitik interessiert hätte.) Es gibt Farbfotos in hoher Druckqualität – diese Nummer schmückt das neueste Renault-Modell. Und man findet kurze Verweise auf längere Berichte weiter hinten. Diese Berichte sind nach wie vor prägnant und gut geschrieben. Wenn Journalisten der Zeitung mich interviewen, finde ich meine Äußerungen später zu griffigen, kurzen Sätzen zurechtgestutzt, so daß ich mich anhöre wie einer von ihnen: peng, peng, peng. Es gibt eine breite Auslandsberichterstattung und – eingedenk der raschen Entwicklung zum Kapitalismus – einen immer ausführlicheren Wirtschaftsteil. Im Regionalteil findet man ausgezeichnete Reportagen, häufig von jungen Journalisten, die über lokale Korruption, die Mafia, die Drogenszene und dergleichen berichten.

In der Wochenendausgabe gibt es lange Essays – über Geschichte, die polnische katholische Kirche, polnisch-jüdische Beziehungen, die Entwicklungen in anderen post-kommunistischen Ländern –, wie man sie sonst in intellektuellen Wochen- und Monatszeitschriften findet. Es ist, als läge die *New York Review of Books* als Wochenendbeilage in einer Boulevard-Zeitung. Und dann sind da natürlich die scharfen, namentlich gezeichneten Beiträge des Chefredakteurs Adam Michnik, der die politische Richtung bestimmt, und über die es unter den Mitarbeitern schon zu manch heftigem Protest gekommen ist. So zum Beispiel, als er während des Präsidentschaftswahlkampfs von 1995 indirekt den postkommunistischen Kandidaten Aleksander Kwaśniewski, der dann schließlich auch den Sieg über Lech Wałęsa davontrug, zu unterstützen schien. Er war auch einer der wenigen in Polen, die – wenngleich aus einer Position tiefen Respekts heraus – einige Äußerungen beim letzten Besuch des polnischen Papstes in der Heimat kritisiert haben.

Wanda Rapaczynski erläutert mir die wirtschaftliche Strategie dessen, was die polnische Presse mittlerweile neidvoll als »Agoraland« bezeichnet. Wanda ist die Finanzchefin des Unternehmens. Sie und Helena sind von Kindesbeinen an befreundet und in dieselbe Schule gegangen. Wanda hat Polen nach der antisemitischen Kampagne von 1968 verlassen, um mit 21 Jahren in die USA zu gehen, wo sie Psychologie studierte, heiratete und eine Tochter bekam, dann an die Yale School of Management ging und in New York für die Citibank arbeitete, bis Helena sie überredete, zurückzukommen.

Das Unternehmen mußte wachsen und diversifizieren, sagt Wanda und erklärt damit die Expansion in andere Medienbereiche. Es mußte für eine eventuelle Rezession gewappnet sein, in der die Werbeeinnahmen zurückgehen würden. Die Anzeigen, die vor 1989 noch kaum eine Rolle in der polnischen Presse spielten, sichern jetzt 70 Prozent des Einkommens des Blattes, also ungefähr jenes gesunde Verhältnis, das man bei vergleichbaren britischen oder amerikanischen Publikationen findet. Außerdem war es ein Gebot des Marktes, zu diversifizieren. Doch wo sollte das nötige Kapital herkommen? »Unsere Bedürfnisse überstiegen bei weitem das Kreditvolumen jeder polnischen Bank.« Daher der Entschluß, an die Börse zu gehen. Aber bevor sie das tun konnten, mußte das Unternehmen umstrukturiert werden.

Die Zeitung ist bei ausländischen Investoren keine Unbekannte. In den heroischen Anfangszeiten erhielt sie Hilfe von Freunden aus dem Westen. Die französische Zeitung *Libération* verkaufte eine Sondernummer zugunsten des Blattes. *Le Monde* spendete eine alte Druckmaschine, und eine Gruppe amerikanischer Freunde, darunter Robert Silvers und Rea Hederman von der *New York Review of Books*, liehen Geld, damit die Maschine nach Polen transportiert werden konnte. Die Maschine ist nie zum Einsatz gekommen, sie diente aber als willkommene Sicherheit für Kredite von polnischen Banken. (Inzwischen haben sich die Zeiten geändert; vor einigen Jahre erhielt die *Gazeta* eine Anfrage von *Le Monde*, ob sie nicht Anteile an der französischen Zeitung kaufen wolle.) Die Herausgeber fanden einen potenten amerikanischen Privatinvestor, Cox Enterprises, und sie erhielten ein Darlehen von 8,5 Millionen US-Dollar von der Europäischen Bank für Wiederaufbau und Entwicklung.

Bis vor kurzem war das Unternehmen ein wirtschaftlicher Anachronismus, ein finanzielles Weltwunder: Millionen von Dollars wert, aber ohne Besitzer. Es gab 24 Aktionäre der ersten Stunde, doch gemäß dem idealistischen, kollektiven Geist, mit dem sie angetreten waren, hatten deren Aktien keinen realen finanziellen Wert. Was tun? Schließlich fanden sie eine Lösung, die zwei Arten von Aktien vorsieht: sogenannte A-Aktien, die das Unternehmen vor feindlicher Übernahme schützen, aber nicht gehandelt werden können, und B-Aktien, die gehandelt werden und bald erheblichen Wert besitzen dürften.

Die drei Mitglieder des Aufsichtsrats, Helena, Wanda und der 39jährige Verleger Piotr Niemczycki, teilen zusammen mit einem weiteren leitenden Redakteur und einem Manager die A-Aktien unter sich auf. Die fünf besitzen, neben 95 anderen Aktionären, auch B-Aktien. Zusätzlich gibt es ein Beteiligungsmodell für die 1700 Angestellten, und ein jährlich ausgeschütteter Leistungsanreiz belohnt Journalisten und Manager mit weiteren Aktienanteilen. »Das kann man wohl kaum herzlosen Manchester-Kapitalismus nennen«, kommentiert Wanda.

Doch wie liberal, meritokratisch und weit gestreut man den Kuchen auch zu verteilen suchte, Tatsache ist, daß in ein paar Jahren manche im Umfeld der Zeitung sehr viel reicher sein werden als andere. Stinkreich sogar, für polnische Verhältnisse. Manche planen schon, sich neue Wohnungen zu kaufen. »Es graut mir vor dem Tag, an dem die Abteilungsleiter in ihren neuen BMWs vorfahren«, sagt ein junger Journalist zu mir. Was wird dann aus der zwanglosen, lockeren, zumindest nach außen hin egalitären Arbeitsatmosphäre? Und in einem solchen Mediengiganten wird kaum noch Platz sein für eine Gewerkschaftsbewegung, deren Organ die »Wahl-Zeitung« ursprünglich war.

Ich frage Helena, ob es in der Zeitung eine Solidarność-Vertretung gibt. Sie verneint und entschuldigt sich auch nicht dafür: »Ich werde dir gegenüber nicht so tun, als hätte ich als Unternehmerin ein Interesse daran, daß eine solche Vertretung existiert.« Sie betont aber, daß die Zeitung ein mustergültiger Arbeitgeber sei, der seinen Angestellten gute Arbeitsbedingungen und zahlreiche Vergünstigungen biete. Hinzu kommt, daß Solidarność sich inzwischen zu einer Bewegung der politischen Rechten entwickelt hat. Bei den Wahlen von 1997 stellte sie sich an die Spitze der »Solidarność-Wahlaktion«, einem Bündnis rechter Parteien, und gewann, indem sie unter anderem mehr staatliche Unterstützung für Arbeiter versprach. Helena dagegen ist eine vehemente Verfechterin des Wirtschaftsliberalismus der Freiheitsunion, die ihre Wurzeln ebenfalls in der Solidarność-Bewegung der 80er Jahre hat.

Als ich ihr zum ersten Mal von diesem Essay berichtete, erinnerte ich sie daran, wie ich sie vor Jahren eine »Rosa Luxemburg der Solidarność« genannt hatte. Sie schrieb zurück: »Heute bin ich Thatcher, nicht mehr RL.« Als wir später in ihrer Wohnung beisammensaßen, bemerkte Adam Michnik scherzhaft, was sie an Margaret Thatcher so schätze, sei die »starke Frau«. Helena erwiderte, daß sie die »Eiserne Lady« dafür bewundere, wie sie die dahinsiechende britische Wirtschaft mit ihrer durchgreifenden, neoliberalen Politik wiederbelebt habe. Ebenso bewundert sie die »Schock-Therapie«, die der Neo-Liberale Leszek Balcerowicz, heute Führer der Freiheitsunion, der polnischen Wirtschaft hat angedeihen lassen. Dennoch besteht sie darauf, daß das Blatt weiterhin der Tradition der ursprünglichen Solidarność treu geblieben ist, die für Demokratie, Bürgerrechte und Menschenrechte steht.

Einer, der sich nicht mit der Frage herumschlagen muß, was er mit seinem zukünftigen Reichtum anstellen soll, ist Adam Michnik. Er hat jede Art von Aktien zurückgewiesen. Er hat sich damit tatsächlich um eine Million Dollar gebracht. Er sagte mir, seine geistige Unabhängigkeit und sein Urteil als Chefredakteur könnten korrumpiert werden, wenn er sich ständig überlegen müßte: »Wie wird sich dies oder jenes auf den Wert meines Aktienpakets auswirken?«

Niemand kann Adam Michnik den Vorwurf machen, daß er die Zeitung im Dienste des eigenen Gewinnstrebens leitet – was natürlich nicht heißt, daß man es nicht trotzdem versuchen wird. Wenn die Leute erst einmal gemerkt haben, wie reich und mächtig Agora geworden ist, dann wird in der rechten Presse auch das Thema »Juden« mit all seinen altbekannten – wenn auch nicht offen vorgebrachten – Stereotypen wieder hervorgezerrt werden, zumal Adam, Helena und Wanda alle jüdischer Herkunft sind. Helena meint, diese polnisch-jüdischen Spannungen würden im Westen überschätzt, doch sie ist die erste, die zugibt, daß die Beziehungen längst noch nicht normal sind.

Für diese anhaltende Spannung spricht ein unscheinbares Indiz in der regelmäßigen Kolumne »Supermarket«, die eine lange Liste von Beratungsstellen anbietet: Aids, Drogen, Selbstmord und so weiter. Ganz unten im Alphabet stößt man auf den Eintrag »*Zydowski*« (»Jüdisch«): »Beratungstelefon des Jüdischen Forums für Menschen, die Probleme mit ihrer jüdischen Herkunft haben.« Melden Sie sich jeden Dienstagabend unter 652 2144.

Normal ist das nicht. Aber das neue Polen, für das die Zeitung steht, ist ja gerade ein Land, in dem man jüdischer Pole oder katholischer Pole oder agnostischer Pole oder protestantischer Pole oder ukrainischer Pole sein kann und weiß, braun oder schwarz. Hier ist der Graben, der durch das polnische wie das europäische 20. Jahrhundert verläuft: der Graben zwischen einem engen, ethnischen Nationalismus und einem toleranteren bürgerlichen Patriotismus. Auch wenn die *Gazeta Wyborcza* Andersdenkenden gegenüber nicht immer jene Toleranz praktiziert, die sie predigt, so ist sie zumindest nie müde geworden, sie zu predigen.

Ich frage mich, wo die Zeitung und wo Polen in weiteren zehn Jahren stehen werden. Beide haben sie in der vergangenen Dekade einen so weiten Weg hin zu westlicher »Normalität« zurückgelegt und beide haben sie ihr Ziel so glänzend erreicht. Doch werden nun auch die polnischen Eigenheiten mit der Zeit verschwinden, die an jeder Wegbiegung zu finden waren? Wird der Stil der Zeitung sich verwestlichen und Ideen zugunsten von Unterhaltung opfern? Vielleicht wird es in dem in Planung befindlichen Neubau – geschätzte Bausumme 25 Millionen US-Dollar – geräumige Büros und große Schreibtische geben und Männer in Anzug und Krawatte, die Anweisungen über lange Konferenztische bellen. Aber vielleicht wird dieses neue Polen auf lange Sicht auch ein Ort sein, an dem man jüdischer Pole sein kann, so wie anderswo jüdischer Amerikaner.

Müssen Vor- und Nachteile am Ende immer aufgehen wie die Posten in der Buchhaltung? Mehr Wohlstand, weniger Gleichheit. Mehr Freiheit, weniger Herzlichkeit. Mehr Toleranz, weniger Solidarität.

Ich wünsche mir, daß sich manche der positiven Eigenheiten bewahren mögen. Doch wenn ich eine Wette abschließen sollte, würde ich auf ihr Verschwinden setzen. Dem Druck westlicher »Normalität« mit ihren Konsumverlockungen und ihrer Unterhaltungsindustrie ist schwerer zu widerstehen als jener kommunistischen »Normalisierung« sowjetischen Typs, gegen die sich Solidarność so unerwartet und erfolgreich aufgelehnt hat. Vielleicht besteht darin die letzte Ironie eines Freiheitskampfes: daß man das Aufgezwungene besiegt hat, der Freiwilligkeit aber nicht widerstehen kann.

(Februar 1999)

Chronik

1999

12. März. Polen, Ungarn und die Tschechische Republik treten offiziell der Nato bei, indem sie ihre Ratifizierungsdokumente in Independence, Missouri, übergeben.

24. März. Die Nato beginnt mit Luftangriffen auf die Bundesrepublik Jugoslawien. Die Belgrader Regierung ruft den Kriegszustand aus. Die systematische Vertreibung der kosovo-albanischen Bevölkerung wird beschleunigt.

24.–25. März. EU-Sondergipfel in Brüssel, auf dem über die Budgets für 2000 und 2006 verhandelt wird.

30. März. Versuche der russischen Regierung, im Kosovo-Krieg zu vermitteln, scheitern.

11. April. Der Kongreß in Washington fordert die US-amerikanische Regierung dazu auf, den Einsatz von Bodentruppen im Kosovo zu erwägen.

19. April. Die erste Sitzung des Deutschen Bundestages im renovierten Reichstagsgebäude in Berlin.

23.–25. April. Die Nato feiert in Washington ihren 50. Geburtstag.

6. Mai. Wahlen zu den Parlamenten in Schottland und Wales. Die sieben führenden Industriestaaten und Rußland (G8) einigen sich auf Prinzipien für eine politische Lösung des Kosovo-Konflikts.

19. Mai. Die G8-Staaten einigen sich in Bonn auf den Entwurf einer Resolution des UN-Sicherheitsrates zum Kosovo-Krieg.

27. Mai. Präsident Milošević und vier weitere führende serbische Politiker werden vom UN-Kriegsverbrechertribunal in Den Haag unter Anklage gestellt.

2. Juni. Präsident Milošević akzeptiert den Friedensplan der G8-Staaten für das Kosovo.

3.–5. Juni. EU-Gipfel unter deutscher Präsidentschaft in Köln. Ernennung des Italieners Romano Prodi zum neuen Präsidenten der EU-Kommission, der sein Amt zum Jahresende antreten wird.

9. Juni. Nato-Führung und Vertreter der jugoslawischen Streitkräfte unterzeichnen ein militärisch-technisches Abkommen in Kumanovo, Mazedonien.

10. Juni. Nach Billigung einer UN-Resolution durch den UN-Sicherheitsrat (bei Stimmenthaltung Chinas) bereitet die Nato den Einmarsch in das Kosovo vor.

11.–12. Juni. Die Friedenstruppen der Nato für das Kosovo (KFOR) und russische Verbände rücken in das Kosovo ein.

10.–13. Juni. Die Bürger der EU wählen ein neues Europäischen Parlament in Straßburg.

18. Juni. G8-Gipfel in Köln.

20. Juni. Die jugoslawisch-serbischen Truppen haben das Kosovo verlassen. Die Nato beendet die Bombardierung.

Im Rücken des Kosovo

»Ich will Ihnen mal was sagen«, so der kosovarische Redakteur zu mir. »Die haben wirklich keine Ahnung.« Wir sitzen im Café Arbi in Tetovo, Mazedonien, in dem sich die exilierte intellektuelle Elite Prištinas mit der Welt trifft. Mit »die« meint er nicht die Intellektuellen, sondern die Kommandeure der UÇK, die sich noch im Kosovo befinden und mit denen Baton Haxhiu, der Redakteur mir gegenüber, täglich über Satellitentelefon spricht. Von ihren belagerten Hügeln sehen sie hier ein brennendes Dorf, dort eine serbische Patrouille, woanders einen Panzer an einer Straßenkreuzung. Nur: Einen vollständigen Überblick haben sie nicht. Und doch stammt ein Großteil der Nato-Bombenziele im Kosovo aus ebenjener Quelle: von den UÇK-Kommandeuren, per Satellitentelefon. Mit »die« sollte also auch die Nato gemeint sein.

Viele von uns würden gerne glauben, daß die Nato mit ihrer nahezu allmächtigen Technik, ihren Satellitenkameras, die eine Ameise aus zehntausend Meilen Entfernung sichten können, ihren geheimen Sondereinheiten, die angeblich im Kosovo operieren, sich wirklich auskennen sollte. Und ehe wir uns versehen, bombardieren sie die chinesische Botschaft. Natürlich können wir aus Tausenden einzelner Geschichten ein Bild des Schreckens zusammensetzen, der seit Beginn der Bombardierung geherrscht und über eine Million Kosovaren aus ihren Häusern vertrieben hat. Aber wir wissen nicht, was jetzt in diesem Augenblick am Boden passiert. Wir wissen nichts über die Einsatzbereitschaft, den Treibstoff- und Munitionsnachschub, die Nachrichtenwege und die Moral der serbischen Streitkräfte.

Wir erhalten zahlreiche ausgezeichnete Lageberichte aus Belgrad … Ich telefoniere und tausche mit Freunden und Bekannten dort E-Mails aus. Wir wissen, was sie sagen. Aber wir haben keine Ahnung, was sich wirklich im Machtzentrum von Miloševićs Regime abspielt, also zwischen dem Militär, der Polizei, der

Geschäftskleptokratie, Milošević und seiner Frau. Und selbst die wissen nicht, was als nächstes geschehen wird. Der Krieg, genau wie die Liebe, ändert alles. Zu erkennen, daß sich hinter den vertraulichen Erklärungen unserer Generäle, Premierminister und Präsidenten die Tatsache verbirgt, daß niemand etwas Genaues weiß, ist der erste Schritt zur Weisheit. Ein paar Dinge über Ziele, Verlauf und Konsequenzen kann man nach zwei Monaten Krieg allerdings schon sagen.

Die weiter zurückreichenden Ursprünge wurzeln in einer Auseinandersetzung, die mindestens einhundertzwanzig Jahre zurückliegt und uns in die Zeit des Berliner Kongresses von 1878 und der Liga von Prizren führt, in der Auseinandersetzung zwischen Serben und Albanern um die Kontrolle über dieses europäische Palästina. Heute geht es wohl in die letzte entscheidende Schlacht. Und damals wie heute entscheiden außenstehende Mächte darüber, wer gewinnt.

Die näherliegenden Ursprünge finden sich in einer Dekade der westlichen Appeasement-Politik einem üblen postkommunistischen Politiker gegenüber, der den serbischen Nationalismus ausschlachtet, um sich und seiner Familie Macht und Reichtum zu verschaffen. Die Neunziger erinnern uns an ihrem Ende an Audens »niedriges, unehrliches Jahrzehnt«, die dreißiger Jahre. Milošević ist nicht Hitler, aber das grundlegende Muster der Beschwichtigungspolitik ist ähnlich: Je länger man wartet, desto höher wird der Preis, der zu zahlen ist. Hitler hätte gestoppt werden müssen, als er 1936 das Rheinland remilitarisierte, Milošević bei der Belagerung von Vukovar 1991.

Für die Rolle des Neville Chamberlain in dieser Geschichte gibt es eine Reihe von Kandidaten. Einer davon ist sicherlich William Jefferson Clinton. Der wütenden Rhetorik folgt die zaghafte Tat. Auf dem Balkan hat Clinton Theodore Roosevelt auf den Kopf gestellt: Er spricht mit lauter Stimme und hat doch nur einen kleinen Knüppel bei sich.

Aber als Europäer kümmere ich mich lieber um das Brett vor unseren eigenen Köpfen als um den Splitter im Auge unseres transatlantischen Bruders. Schließlich handelt es sich hier um einen europäischen Konflikt. Die führenden Köpfe des westlichen Europa haben am Ende des Kalten Krieges die falschen Signale ausgesendet. Statt die Gelegenheit beim Schopf zu packen und die Gefahren zu erkennen, die mit dem Ende des Kommunismus in halb Europa heraufzogen, konzentrierten sie sich darauf, die Integration der westlichen Hälfte voranzubringen. Maastricht vor Sarajevo. Jetzt zahlen wir dafür den Preis.

Die jüngsten Ursprünge des Krieges liegen in einer vollkommenen Fehleinschätzung durch den Westen. Er nahm Clausewitz' geflügeltes Wort vom Krieg als Fortsetzung der Politik mit anderen Mitteln etwas zu wörtlich. Durch das Beispiel Bosniens in die Irre geführt, glaubte man wohl, man könne Milošević durch Bomben dazu bewegen, eine Art Rambouillet für das Kosovo zu akzeptieren. Manche rechneten damit, daß er als Antwort auf die Bomben harte militärische und polizeiliche Maßnahmen gegen die UÇK und deren zivile Unterstützer einleiten würde. Niemand rechnete mit dem Umfang, der Geschwindigkeit und der Brutalität dieses Vorgehens.

Natürlich ist man hinterher immer klüger. Die einzigen, die, soweit ich mich erinnere, tatsächlich vorhersagten, was dann geschah, waren Politiker aus dem früheren Jugoslawien. Im September 1998 sagte ich zu dem slowenischen Präsidenten Milan Kučan: »Aber Milošević kann doch nicht wirklich 1,8 Millionen Menschen ›ethnisch säubern‹?« Er sah mich fragend an und erwiderte: »Sie kennen den Milošević nicht.« Anfang letzten Jahres verlangte der mazedonische Präsident Kiro Gligorov einen »Korridor«, um große Massen von albanischen Kosovaren durch sein Land nach Albanien zu schleusen. Erst kürzlich in Skopje fragte ich ihn, wie er das vorhersehen konnte. Der alte Fuchs sah mich an und zuckte nur mit den Schultern, so als wollte er sagen: »War das denn nicht offensichtlich?« Nun ja, jedenfalls nicht für uns, die wir in einer etwas normaleren Welt leben. Was wir der Nato allerdings vorwerfen können, ist, diese Möglichkeit nicht eingeplant zu haben. Denn dazu ist eine politisch-militärische Allianz doch eigentlich da: um Notfälle einzuplanen, und seien sie noch so unwahrscheinlich. Seitdem ist die ganze Aktion vollkommen schiefgelaufen. Das Ziel kann ich vollständig akzeptieren. Ich glaube, daß es unumgänglich geworden war, Gewalt anzudrohen, um eine neue Ausnahmeregelung für das Kosovo zu erreichen. Als die Drohung nichts fruchtete, war der Einsatz von Gewalt im und über dem Kosovo mehr als gerechtfertigt. Die gewählten Mittel waren allerdings alles andere als angemessen. Es war ein Fehler, die ganze Operation nur aus der Luft zu führen, und aus fünftausend Metern Höhe noch dazu; ein Fehler, immer häufiger zivile Ziele in Serbien, Brücken, Straßen, Eisenbahnen und Fabriken und die Fernsehstation anzugreifen statt die serbischen Kräfte im Kosovo am Boden. Und warum haben wir uns zu einem Luftangriff auf Serbien direkt entschieden? Erstens, weil wir auf keine andere Art der Kriegführung vorbereitet waren. Ja, eigentlich nicht einmal auf sie. Zweitens, weil sich herausstellt, daß wir mit all unserer allmächtigen Technik keine serbischen Panzer entdecken können, die sich in Garagen verstecken, ganz zu schweigen von paramilitärischen Verbänden, die jede Nacht in einem anderen albanischen Haus Unterschlupf suchen. Milošević hat im Kosovo gewonnen. Drittens, weil die Vereinigten Staaten nicht bereit waren, auch nur einen einzigen Gefallenen in diesem Konflikt zu riskieren. Clintons gefühlvoller Kommentar zu den drei gefangenen amerikanischen Soldaten verriet dies unabsichtlich: »Wir achten auf unsere eigenen Leute.« Also fliegen die Bomber in fünftausend Metern Höhe, und es läßt sich nicht vermeiden, daß die Bomben manchmal genau die Zivilisten töten, die sie beschützen sollten.

Die Liste der furchtbaren Konsequenzen ist lang. Die meisten der im Kosovo lebenden Albaner sind aus ihren Häusern vertrieben worden, viele haben alles verloren, Frauen wurden vergewaltigt, Männer ermordet. Es wäre falsch, dies einen Holocaust zu nennen. Doch zusammen mit Bosnien handelt es sich hier um das furchtbarste Ereignis, das es in den letzten fünfzig Jahren in Europa gegeben hat. Was hier geschieht, ist wohl am ehesten vergleichbar mit den von Hitler und Stalin erzwungenen Deportationen ganzer ethnischer Gruppen von Polen, Esten und Krimtartaren und mit den Vertreibungen der Deutschen aus Osteuropa nach dem Zweiten Weltkrieg.

Blerim Shala, Mitglied der kosovarischen Delegation in Rambouillet, erzählt mir von seinem eigenen gefährlichen Treck aus dem Kosovo nach Mazedonien; er betont allerdings, daß die gewöhnlichen serbischen Soldaten ihr Brot mit den Albanern teilten und sogar versprachen, sie vor den marodierenden paramilitärischen Verbänden zu schützen. Dann erklärt er die Topographie der Deportation, bei der die Einwohner ganzer Städte an verschiedene Grenzen getrieben wurden. »Priština ist nach Mazedonien gegangen«, sagt er. »Prizren nach Albanien.« Einfach unglaubliche Sätze. So als würde man sagen: »Washington ist nach Mexiko gegangen« oder »Paris nach Spanien«.

Milošević hatte schon letztes Jahr mehr als dreihunderttausend Kosovaren aus ihren Häusern vertrieben. Die gegenwärtig laufende Operation, »Operation Hufeisen« genannt, ist offenkundig von langer Hand vorbereitet gewesen. Die zusätzlich hinzugezogenen serbischen Einheiten wurden dort stationiert, während die serbischen Vertreter in Rambouillet und Paris noch zu verhandeln vorgaben. Doch die elementarste Logik sagt uns, daß wir nicht wissen können, was passiert wäre, wenn wir nicht angefangen hätten zu bombardieren. Was wir allerdings wissen, ist die Tatsache, daß die Aktivitäten der Serben dramatisch zunahmen, kaum daß die Luftangriffe begannen. Jusuf Mustafa, ein früher recht erfolgreicher Bauunternehmer, der nun vor seinem Zelt (sechzehn Personen schlafen hier auf der Fläche eines durchschnittlichen Wohnzimmers) im Flüchtlingslager Stencovec 2 in Mazedonien steht, erzählte mir, wie sie auf den Balkon ihres Hauses gingen, um den ersten Nato-Bomben zu applaudieren. Keine Viertelstunde später begannen die Serben Granaten in ihre Nachbarschaft zu feuern. Ein paar Tage später wurde seine Familie unter Waffenandrohung aus dem Haus gejagt. Seine Geschichte steht stellvertretend für viele. Das soll nicht heißen, daß es ein Fehler war, mit der Bombardierung zu beginnen. Das soll heißen, daß es ein Fehler war, sich allein auf die Bombardierung zu verlassen, denn nun tragen wir die direkte Verantwortung dafür, daß diese Menschen zurück in ihre Häuser gebracht werden.

Mit der Massenvertreibung wollte Milošević, dessen können wir so gut wie sicher sein, Unruhe verbreiten, indem er die Nachbarländer destabilisiert. Ich sage »so gut wie sicher«, denn wer weiß schon, was in diesem kranken Hirn vorgeht? Die Nato kämpft mit Bomben, er mißbraucht dazu Zivilisten. Er hat sein Ziel fast erreicht. Albanien, das sich sowieso schon in einem Zustand am Rande der Anarchie befindet, ist von nahezu einer halben Million heimatloser Landsleute überschwemmt worden. Montenegro, ein winziges Land mit gerade mal sechshundertfünfundzwanzigtausend Einwohnern, beherbergt nun über sechzigtausend Kosovaren und müht sich redlich, seine wacklige Unabhängigkeit von Serbien zu bewahren. Und ich konnte mit eigenen Augen sehen, was der Krieg in Mazedonien angerichtet hat.

Dieses arme kleine Land mit knapp zwei Millionen Einwohnern ist in seinen Fundamenten erschüttert. Die Wirtschaft steht unter Schock, da zwanzig Prozent seiner Exporte nach Serbien gingen und ein Großteil auf die Handelswege durch Serbien angewiesen war. Dennoch hat das Land, langsam und zögernd, oft auch mit leichter Polizeigewalt, mehr als zweihundertdreißigtausend Flüchtlinge aufgenommen. Das wäre so, als würden die Vereinigten Staaten in zwei Monaten dreißig Millionen Mexikaner bei sich aufnehmen.

Die Albaner stellten bereits ein Viertel der mazedonischen Bevölkerung. Plötzlich ist es mehr als ein Drittel. In den neunziger Jahren wurde das Land von ethnischen Spannungen zwischen Albanern und der slawisch-mazedonischen Bevölkerungsmehrheit geplagt. In der vorwiegend albanischen Stadt Tetovo, in der viele Flüchtlinge bei ansässigen Familien untergekommen sind, fand ich eine explosive Situation vor. Ein Bekannter berichtete mir, daß Mazedonier sogar schon anonyme Drohanrufe erhielten: »Verschwindet von hier, die Stadt gehört jetzt uns, und die Nato steht hinter uns.« In Skopje wiederum erzählte mir eine Kosovarin, daß sie die Stadt verlasse, weil sie Drohanrufe von Mazedoniern erhalten habe.

Die politischen Führer der mazedonischen Albaner haben bisher größte Zurückhaltung bewiesen. »Miloševićs Ziel ist es, Mazedonien zu destabilisieren«, meinte Arbën Xhaferi von der Albanischen Demokratischen Partei, »mein oberstes Ziel ist es, zu verhindern, daß ihm dies gelingt.« Und Präsident Gligorov erklärte, wie sein Land sich darum bemüht, das einzig noch funktionierende multi-ethnische Land im ehemaligen Jugoslawien zu bleiben. Er betonte, daß es keine bedeutende Geschichte ethnischer Spannungen zwischen Mazedoniern und Albanern gebe, anders als unter Serben und Albanern. »Wenn unsere Vorväter miteinander leben konnten«, sagte er, »warum sollten wir das nicht auch können?« In der Zwischenzeit ist es allerdings schon zu mehreren häßlichen Zwischenfällen zwischen der mazedonischen Polizei und albanischen Flüchtlingen gekommen. Ein einziger großer Zwischenfall, sagen wir, der Versuch eines Lagerausbruchs, auf den die Polizei mit Schüssen reagiert, und schon könnten die Spannungen zwischen Albanern und Mazedoniern explodieren. Hinter der besänftigenden Formel von »regionaler Stabilität« verbirgt sich nur ein weiteres Land auf dem Balkan, das kurz vor dem Kollaps steht.

In der Zwischenzeit hat der Nato-Angriff der kleinen demokratischen Opposition in Serbien den Boden unter den Füßen weggebombt. Die Leute, mit denen ich telefoniere oder E-Mails wechsle, gehören größtenteils dazu, und sie sind verzweifelt. Es stimmt nicht, daß das ganze Land hinter Milošević steht. Sie sind auch nicht stolz auf das, was Serbien im Kosovo angerichtet hat. Doch im Augenblick sind selbst die Prowestlichsten unter ihnen voller Wut auf die Bomben und die Nationen, die dahinterstehen, also auf uns. So läßt sich nur schwer miteinander reden. Diese Haltung mag sich ändern, wenn der Krieg erst einmal vorbei und Milošević besiegt ist, wenn man gesehen hat, wie er im Kosovo, und nur dort, besiegt worden ist. Doch im Augenblick ist diese negative Haltung nur noch eine weitere unbeabsichtigte Nebenwirkung.

Ach ja, und wir haben es geschafft, ein Fünftel der Weltbevölkerung, die nichts, aber auch gar nichts mit dem Konflikt zu tun hatte, gegen uns aufzubringen, indem wir ihre Botschaft bombardierten.

Dies ist der Stand nach zwei Monaten Krieg. So hat die Nato ihren fünfzigsten Geburtstag gefeiert.

Wie kommen wir aus diesem blutigen Chaos wieder heraus? Um eine Antwort auf diese Frage zu finden, muß man zuerst eine andere Frage stellen: Was ist das minimale politische Ziel, auf dem wir bestehen müssen? Das Minimum ist ein internationales Protektorat für das gesamte Kosovo, in das die meisten Vertriebenen in Sicherheit zurückkehren wollen. Mit jeder weiteren Woche, die vergeht, nehmen die Schwierigkeiten, dies zu erreichen, zu.

Die Schirmherrschaft für dieses Protektorat sollte bei der Uno liegen. Um dies zu erreichen, bedarf es der Zustimmung Rußlands und Chinas, zweier tief beleidigter ständiger Mitglieder im UN-Sicherheitsrat. Die Bedingungen, unter denen diese beiden zustimmen könnten, sind vielleicht nicht diejenigen, unter denen die Mehrheit der Kosovaren tatsächlich zurückzukehren bereit wäre. Man bräuchte eine starke internationale Bodentruppe, um die Rückkehrer vor etwaigen verbliebenen serbischen Soldaten, Polizisten, paramilitärischen Einheiten oder einfach nur bewaffneten Zivilisten zu schützen. In Mazedonien sah ich britische Truppen, die für den Einsatz gegen serbische Minenfelder, Straßenblockaden und Heckenschützen trainierten. Das Abkommen von Rambouillet sah eine Einsatztruppe von achtundzwanzigtausend Mann vor. Die Nato hat nun Clintons Vorschlag zugestimmt, in den Nachbarländern Bodentruppen von fünfzigtausend Mann aufzustellen. Dies ist zum Teil die (längst überfällige) Androhung eines Einmarsches, mit dem Druck auf Milošević ausgeübt werden soll. Wahrscheinlich ist dies aber auch eine realistische Schätzung, wie viele Soldaten man wohl brauchte, um ein wie auch immer geartetes neues Abkommen umzusetzen.

Immer und immer wieder habe ich die Vertriebenen in den Lagern gefragt, was nötig wäre, damit sie zurückkehrten. Ihre Antworten lassen sich in einem einzigen Satz zusammenfassen: »Keine Serben mit Waffen.« Doch ein mögliches Verhandlungsziel, das auch die russische Zustimmung finden soll, dürfte diese grundlegende Forderung wohl nicht erfüllen. Am Ende könnte doch eine gewisse Anzahl von serbischen Soldaten an der schließlich formal immer noch vorhandenen Grenze der jugoslawischen Republik stehen und vielleicht auch die serbischen Klöster bewachen. In der Praxis wäre dies das reinste Dynamit, vor allem, wenn die Serben immer noch mit Gewehren herumlaufen. Doch falls man die Serben soweit wie möglich entwaffnet, was ist mit der UÇK, zu deren Fahnen die jungen Kosovaren aus dem Exil nun in Scharen überlaufen? Wenn die Serben sich zurückziehen, wird die UÇK mit Sicherheit ins Land vordringen und mit ihren Kalaschnikows in die Luft ballern, so wie sie es letzten Oktober nach dem Waffenstillstandsabkommen getan hat. Und sie werden alle noch im Lande gebliebenen Serben tyrannisieren. Wenn das Kosovo halbwegs befriedet werden soll, dann werden die internationalen Einheiten sie entwaffnen müssen. Doch einer Guerilla-Armee den Abschied zu geben ist eine sehr schwierige Aufgabe, wie wir in Nordirland gesehen haben.

Wer wird dann also Recht und Ordnung aufrechterhalten? Man wird aus dem Nichts eine völlig neue Polizeitruppe aufstellen müssen. Irgendwer wird sie trainieren müssen. Die Soldaten der Nato meinen, dies sei eine Aufgabe, für die sie weder ausgerüstet noch vorbereitet seien. In der Zwischenzeit haben viele Menschen kein Heim mehr, in das sie zurückkehren können, keine Ernte, kein Vieh, das sie durch den Winter bringen wird. Es verlangt also zunächst vom Flüchtlingskommissariat der Uno eine ungeheure Kraftanstrengung, ihnen ein Dach über dem Kopf und etwas zu essen zu geben und die Infrastruktur wieder aufzubauen, die die serbischen Streitkräfte und die Nato-Bomben zerstört haben. »Das Kosovo ist für mich verloren«, meinte einer der wortmächtigeren Exilanten, »es ist einfach zerstört. Es wird zwanzig Jahre dauern, es wieder aufzubauen.« Selbst wenn Milošević besiegt ist, werden wir immer noch dem Feind gegenüberstehen, der da Verzweiflung heißt.

Um dieser Verzweiflung Herr zu werden, werden die Kosovaren eine eigene politische Führung brauchen. Die ganze Zeit reden wir von internationaler Beteiligung beim Aufbau des Kosovo. Im akronymischen Dschungel der Friedensplanung sind der OSZE die Aufgaben zugefallen, die man kurioserweise »Aufbau einer Nation« nennt: Aufsicht über Wahlen, Aufbau demokratischer Einrichtungen und so weiter. Aber was ist mit den Menschen, dessen Heimat dies werden soll? Die eine Stimme, die in den letzten zwei Monaten so deutlich gefehlt hat, ist die des Kosovo selbst. Wir haben die Flüchtlinge gehört und, wie Hillary Clinton sich so rührselig ausdrückte, ihren Schmerz gefühlt. Aber die Kosovaren erscheinen nur als Opfer, als Gegenstände, nicht als Handelnde der Geschichte.

Das Problem besteht in der hoffnungslosen Gespaltenheit der kosovarischen politischen Führung. Da gibt es den pazifistischen Präsidenten Ibrahim Rugova, der durch seinen Auftritt im serbischen Fernsehen an der Seite von Milošević seinen Einfluß weitgehend verloren hat, während sein Volk zusammengetrieben und erschossen wurde. Dann gibt es Bujor Bukoshi, den »Premier im Exil«, der über das Geld herrscht, das von den Kosovo-Albanern im Westen aufgetrieben wurde. Dazu kommen noch die UÇK-Kommandeure, die in den Bergen im Kosovo belagert werden, und die UÇK-Führer, die sich in Albanien zanken. Und schließlich sind da noch die liberalen Intellektuellen aus Priština, die man jetzt im Café Arbi in Tetovo trifft und die verzweifelt auf der Suche sind nach ihrem Václav Havel oder ihrem Mandela.

In einer Hinsicht allerdings könnte sich das Kosovo als einfacher erweisen als Bosnien. In Bosnien bemüht sich die internationale Gemeinschaft noch immer darum, so etwas wie einen multi-ethnischen Staat aufrechtzuerhalten; die Wirklichkeit sieht eher nach ethnischer Teilung aus. Im Kosovo müssen wir darauf achten, daß es Platz gibt für die unschuldigen serbischen Zivilisten, die in einer Region leben, die so viel serbische Geschichte beherbergt. Aber ich fürchte, daß, wenn es soweit ist, alle Serben fliehen werden. So wie unschuldige Deutsche im heutigen Polen und in der Tschechoslowakei nach 1945 den Preis für Hitlers Verbrechen zahlten, so werden unschuldige Serben den Preis für Miloševićs Verbrechen zahlen. Selbst wenn einige von ihnen bleiben sollten und man ihnen alle nur denkbaren Minderheitenrechte einräumt, bedeutet die Kombination aus Demographie und Demokratie dennoch, daß das Kosovo im Grunde albanisch sein wird. Als Ergebnis davon könnte sich eine funktionierende politische Einheit herausbilden, die wir in Bosnien wohl leider nie zu sehen bekommen werden. Am Ende könnte gar ein unabhängiger Staat dabei herauskommen. Die rechtliche Basis für die Unabhängigkeit wäre die sehr plausible Erklärung, das Kosovo sei ein konstitutioneller Teil Jugoslawiens gewesen, also dasselbe Argument, das schon bei Kroatien, Slowenien, Mazedonien und den anderen Republiken des ehemaligen Jugoslawien zur Geltung gekommen ist. Dies würde also keinen gefährlichen Präzedenzfall schaffen oder gar irgendeine Art universelles Recht auf ethnische Selbstbestimmung begründen: Katalonien den Katalanen, Ruthenien den Ruthenen, Cornwall den Cornish. Doch im Augenblick ist die Frage nach Kosovos formellem Status entsprechend internationalem Recht viel weniger wichtig als die nach der Wirklichkeit am Boden. Das weiß auch Milošević. Schließlich hat er ja das Abkommen von Rambouillet abgelehnt, obwohl es ihm die volle formelle Souveränität garantierte. Kluge Kosovaren erkennen an, daß ein neues Kosova (so die albanische Bezeichnung) für eine ganze Weile internationaler Zieheltern bedarf, bevor es auf eigenen Füßen stehen kann.

Die Russen werden an diesen internationalen Bemühungen beteiligt sein müssen. Sie sind essentieller Teil der Lösung. Aber sie sind auch Teil des Problems: Die Kosovaren trauen ihnen nicht. »Die sind doch schlimmer als die Serben«, meinte ein albanischer Patriarch. »Sie sind alle Slawen«, erläuterte sein Sohn. Falls russische Soldaten an der Grenze stehen, werden die Flüchtlinge nur zögernd heimkehren, vor allem dann, wenn auch serbische Grenzbeamte zugegen sein sollten. Doch es gibt noch eine schlimmere Variante, auf die Milošević womöglich hinauswill. Dies wäre eine russische Besatzungszone im Norden und Osten des Kosovo, wo die Bodenschätze und die großen serbischen Klöster liegen. Dies würde in Wirklichkeit auf eine Teilung hinauslaufen. Die Serben würden den russischen Teil, die Albaner den Rest bekommen.

Man muß deutlich betonen, daß ein solcher Kompromiß aus dem Wunsch heraus, nur ja nicht das Gesicht zu verlieren, eine Niederlage der Nato bedeuten würde. Wie ich schon andernorts berichtete, haben serbische Nationalisten bereits seit mehreren Jahren von einer Teilung als der einzig möglichen Lösung im Kosovo gesprochen. Dies könnte allerdings auch die Albaner dazu animieren zu sagen: »In Ordnung. Wenn der Westen bereit ist, die Teilung Bosniens und des Kosovo nach ethnischen Gegebenheiten zu akzeptieren, dann werden wir Mazedonien in derselben Weise ebenfalls teilen.« Teilung wäre eine Katastrophe, und Milošević könnte den Sieg für sich verbuchen, was seine Machtposition noch verstärkte.

Das Problem ist, daß dieser Krieg am falschen Ort geführt wird. Ein Krieg im Kosovo für das Kosovo scheint mir völlig berechtigt. Ein Krieg aus der Luft gegen ganz Serbien, und dies auch noch gegen vorrangig zivile Ziele, ist erheblich schwerer zu rechtfertigen. Worauf wir abzielen sollten, ist genau die gegenteilige Situation, eine, in der Milošević in Serbien verliert, statt auch noch öffentliche Zustimmung zu gewinnen, während wir im Kosovo selbst endlich etwas Effektives unternehmen. Der Unterschied zwischen dem Kampf für das Kosovo und dem Kampf gegen Serbien scheint im Krieg nur ein geringer zu sein, aber er ist sehr wichtig. Statt serbische Städte zu bombardieren, sollten wir lieber kosovarische befreien.

Der Schlüssel dazu ist schon von Anfang an der Einsatz von Bodentruppen gewesen. Im nachhinein können wir erkennen, daß wir umfangreiche Bodentruppen in der Nähe hätten bereithalten müssen, bevor wir mit der Bombardierung hätten beginnen sollen. Ich habe schon darauf verwiesen, daß die Nato-Kommandeure »durch das Beispiel Bosnien fehlgeleitet« worden seien. Viele glauben noch immer, wir hätten Milošević zum Daytoner Friedensabkommen gebombt. Doch das war nur möglich, weil wir bereits französische und britische Truppen am Boden hatten, die die Bomben genau ins Ziel lenken konnten, wie dies die belagerten UÇK-Kommandeure mit ihren Satellitentelefonen eben nicht können, und weil die kroatische, von den Amerikanern ausgebildete Armee das militärische Gleichgewicht am Boden zuungunsten der serbischen Kräfte veränderte.

Es ist unter anderem vorgeschlagen worden, man hätte die UÇK auf ähnliche Weise einsetzen sollen. Falls man das Gleichgewicht der Kräfte am Boden nicht verändern könne, dann lasse man das doch einfach die örtlichen Barbaren für einen tun. Doch die kroatische Armee war zumindest die mehr oder weniger reguläre Armee eines anerkannten souveränen Staates. Und selbst dabei gehörte es zu den grauenhaften Nebenwirkungen, daß wir Teil an der größten ethnischen Säuberung bis zum Kosovo hatten: der Vertreibung von nahezu zweihunderttausend Serben aus der Krajina 1995. Die UÇK ist natürlich niemals reguläre Armee eines souveränen Staates gewesen. Vergangenes Jahr war sie immer noch eine zerlumpte irreguläre Guerilla-Armee mit einigen recht wilden einheimischen Kommandeuren. Sie unterschieden kaum zwischen schuldigen und unschuldigen Serben. In den Hauptstädten Westeuropas heißt es: »Das ist doch nur ein Haufen von Drogenhändlern.« Obwohl ein Teil ihrer Geldmittel aus dem kosovarischen Drogenhandel stammen mag, meint ein sachkundiger älterer westlicher Beamter trocken: »Drogenhändler ist nun ungefähr das einzige, was sie nicht sind.« Ich denke, es wäre vergangenes Jahr weder richtig noch militärisch effektiv gewesen, sie zu bewaffnen und auszubilden. Und heute? Heute ist dafür keine Zeit mehr. Und mit dem Gedanken an ein Protektorat im Hinterkopf wirkt es doch wohl recht kurios, heute Menschen zu bewaffnen, um sie morgen wieder zu entwaffnen. Es gibt einfach keine Alternative dazu, es selbst zu machen. Wir haben zwei Monate vergeudet, in denen wir keine glaubwürdige Streitmacht aufgestellt haben. Die Deadline, die nötigen Truppen samt Ausrüstung herbeizuschaffen, rückt immer näher, um auch, wenn es hart auf hart kommt, bei Widerstand einzurücken, bevor der Winter hereinbricht. Das Pentagon und Tony Blair haben Präsident Clinton endlich davon überzeugen können, die Truppen auf fünfzigtausend Mann zu verstärken. Allerdings muß Milošević davon überzeugt werden, daß wir tatsächlich gewillt sind, diese Truppen auch einzusetzen. Noch keiner hat einen Kampf dadurch gewonnen, daß er von vornherein gesagt hat: »Okay, ich werde kämpfen, solange niemand verletzt wird.« Nachdem ich gesehen habe, wie die britischen Truppen darauf trainiert wurden, auch Verluste hinzunehmen, nehme ich diese Worte nicht auf die leichte Schulter. Auf seine eigenen Leute zu achten ist die erste Pflicht eines Staatsmannes. Allerdings verkehrt es jede Moral zur Perversion, wenn einem dieses Prinzip gestattet, eine Million unschuldiger Bürger eines anderen Landes obdachlos werden zu lassen, weil man nicht bereit ist, das Leben eines einzelnen Berufssoldaten der eigenen Armee aufs Spiel zu setzen. Wozu sind Soldaten denn sonst da? Was für eine Art von Supermacht ist das? Was für eine Art von Moral?

Die Ironie an der ganzen Geschichte ist die Tatsache, daß wir die Bodentruppen möglicherweise nicht gebraucht hätten, wenn sie schon von Anfang an in ausreichend beeindruckender Stärke bereitgestanden hätten. Auch dies hat Milošević mit Hitler und Stalin gemeinsam: Sein programmatisch böser und strategischer Wahnsinn ist vermischt mit überlegenem taktischem Realismus. Wie schon die Römer wußten: Wer den Frieden will, sollte sich für den Krieg vorbereiten.

In den vergangenen zwei Monaten haben wir ein paar zutiefst ernüchternde Lektionen gelernt oder sind wieder an sie erinnert worden. Lektionen über die menschliche Fähigkeit, Böses zu tun. Über Clintons Regierung. Über die Vereinigten Staaten, eine Supermacht, die an einen verlustfreien Krieg glaubt. Über die Nato, die in Komitees hockt und pokert. Aber dies ist auch die Geschichte der Unfähigkeit Europas, ein europäisches Problem zu lösen. Als ich mich mit europäischen Soldaten in Mazedonien unterhielt, fragte ich sie, ob die Einheiten im schlimmsten Fall das Kosovo auch aus eigener Kraft befreien könnten? Nun, meinten sie, es gäbe ein Transportproblem bei den schwerbewaffneten Divisionen und bei der Luftunterstützung. Aber ansonsten: Ja, militärisch könnten wir das. Wir haben die Leute. Wir haben die Ausrüstung. Wir haben das Geld.

Ist dies denn nicht genau jene Art von Einsatz, über die seit dem Ende des Kalten Krieges immer gesprochen wird? Europäische Verbände mit Nato-Unterstützung? Ich bezweifle, daß es diesmal dazu kommen wird. Die öffentliche Meinung in Deutschland hat sich stark verändert, aber Bundeskanzler Gerhard Schröder meint, deutsche Bodentruppen werden sich nicht an der Besetzung eines Landes beteiligen, das zuletzt von Hitlers Wehrmacht besetzt gewesen ist. Seine rot-grüne Koalition würde daran zerbrechen. Die Italiener sind ebenfalls unwillig. Großbritannien und Frankreich allein wären nicht stark genug. Aber das Versagen im Kosovo sollte wirklich als Katalysator für eine engere europäische Verteidigungskooperation dienen, von der nun schon seit geraumer Zeit gesprochen wird. Die Länder der Europäischen Union müssen zwangsläufig eine führende Rolle in den wirtschaftlichen und politischen Bemühungen spielen, nach dem Krieg nicht nur den Kosovo, sondern die ganze Region wieder aufzubauen. Mazedonien, Montenegro, Albanien und Bulgarien brauchen dringend Hilfe, vor allem dann, wenn eine zusammengestoppelte diplomatische Lösung bedeutet, daß ein Großteil der Flüchtlinge nicht ins Kosovo zurückkehrt. Schon jetzt ist von einer Beschleunigung der EU-Erweiterung die Rede (was ich erst glaube, wenn ich es sehe), und es ist eine Konferenz in Deutschland einberufen worden, auf der über einen »Stabilitätspakt« mit dem Balkan gesprochen werden soll, der hier höflicherweise »Südosteuropa« heißt. Endlich beginnen die europäischen Politiker damit, ihre Vorstellungskraft darauf zu richten, was denn die ökonomische Supermacht der Welt, die EU, tun kann, um noch weitere ihrer Nachbarn davon abzuhalten, im Krieg zu versinken, und jene wiederaufzurichten, die den Krieg schon hinter sich haben. Michail Gorbatschow lästert im *Daily Mirror*, einer britischen Boulevardzeitung, daß der Krieg den Europäern ihren wahren Platz gezeigt hat: »Ja, Sie sind wirtschaftlich stark, aber politisch sind Sie Pygmäen.« Wird der Krieg uns dabei helfen, erwachsen zu werden? Heraklits berühmter Satz lautet, daß der Krieg der Vater aller Dinge sei. Die Erfahrung des Zweiten Weltkriegs war der Vater der Europäischen Union, wie wir sie heute kennen. Vielleicht wird der Krieg dazu führen, daß wir am Ende des Jahrzehnts das tun, was wir schon zu Beginn hätten tun sollen: eine liberale Ordnung für ganz Europa schaffen. Ich kenne Europa. Ich würde nicht darauf wetten.

(Ende Mai 1999)

Rückkehr ins Kosovo

An einem kühlen Sommermorgen gegen halb sieben erklingen in dem serbischen Kloster Gračanica die Stimmen unsichtbarer Nonnen. Dies war der erste Ort im Kosovo, den ich je besucht habe, vor mehr als zwanzig Jahren, und hier, hinter hohen Klostermauern, kann man sich tatsächlich noch für einen Augenblick vorstellen, daß sich seither nichts verändert habe. Noch immer huldigen schwarzbärtige Priester in weißen, roten, goldenen Gewändern mit uralten, wogenden Gesängen einem unwandelbaren Gott. Ich erkenne eine der Nonnen wieder. Sie hat ein nußbraunes Gesicht und schenkt mir ein heiteres Lächeln.

Das Besucherbuch jedoch erzählt eine andere Geschichte. Am 11. Juni, einen Tag vor dem Einmarsch der Nato-Truppen, stellt eine trotzige Zeile in serbischer Sprache fest: »Kosovo ist das Herz Serbiens, und die Klöster sind seine Seele.« Inzwischen ist das Kosovo nur noch nominell ein Teil Serbiens und wird mit jedem Tag albanischer und auch internationaler. »Möge der Friede ins Kosovo zurückkehren«, lautet ein Eintrag auf englisch vom 20. Juni, »und mögen die Menschen in Harmonie und Wohlstand zusammenleben.« Unterzeichnet: Richard Cieglinski, KFOR – dies ist das Kürzel für die internationale Militärstreitmacht, deren Tanks, Panzerwagen und Soldaten heute überall auf den staubigen, von Schlaglöchern übersäten Straßen in dem verwüsteten Land unterwegs sind.

Anfang der achtziger Jahre kam ich zum zweitenmal ins Kosovo. Die Proteste der albanischen Studenten waren soeben brutal unterdrückt worden, und die Atmosphäre war erdrückend. Ich schrieb einen Artikel unter dem Titel »Belfast in Jugoslawien«. Heute sind die britischen Soldaten, die damals auf den Straßen von Belfast patrouillierten, tatsächlich im Kosovo. Überall höre ich englische Stimmen mit dem Akzent von London, Leeds oder Glasgow. Schlagartig und mit surrealem Effekt sind die einst so ferne, exotische Welt des anderen Europa und die vertraute Welt Großbritanniens einander begegnet.

In der ehemals serbischen Polizeistation nahe dem Kloster Gračanica ist jetzt ein britischer KFOR-Posten untergebracht. »Ist OK, das sind Engländer«, ruft der Wachhabende seinem Kumpel zu, als ich mit einem britischen Kollegen näher komme. Stuart Watson, ein junger Leutnant der 52. Batterie der Royal Artillery erzählt uns, letzte Nacht seien die geistlichen Oberen des Klosters gekommen und hätten gesagt, die Menschen in diesem überwiegend serbischen Dorf ängstigten sich wegen des Geschützfeuers aus der nahe gelegenen Hauptstadt Priština. Leutnant Watson hat sich bemüht, die Kirchenmänner zu beruhigen, und schließlich kehrten sie zurück, um ihre Gemeinde zu beschwichtigen. Da es keine normale Polizei gibt, kommen die Bewohner des Ortes mit ihren Klagen nun zu ihnen: »Er hat mein Schwein gestohlen.« – »Nein, er hat mein Radio geklaut!« Eine zivile Verwaltung ist hier nicht in Sicht, also tun britische Soldaten und serbische Priester ihr Bestes, die Situation zu meistern. Surreal.

Alle sagen, die Briten seien aufgrund ihrer Erfahrungen in Nordirland von allen ausländischen Verbänden am besten auf ihre Aufgabe im Kosovo vorbereitet. Ein Unteroffizier des Fallschirmjägerregiments, der den Eingang des Grand Hotel in Priština bewacht, erzählt mir, es sei tatsächlich ähnlich wie seinerzeit in Belfast, nur besser. Dort, im eigenen Land, seien sie auf offener Straße angespuckt worden. Hier dagegen kommen Serben in ihrer Angst Schutz suchend zu ihnen, und von den Kosovo-Albanern werden sie als Helden gefeiert. Große Graffiti an der Fassade des benachbarten Theaters sprechen einem gewissen »Tony Bler« ihren Dank aus und verkünden zugleich: »God Save the Quin«.

Die nächste Reise ins Kosovo unternahm ich im Frühjahr 1997. Acht lange Jahre hatten die Kosovaren friedlichen Widerstand gegen das Milošević-Regime organisiert, das die Provinz 1989 ihrer Autonomie beraubt hatte. Nun ging es mit ihrer Geduld zu Ende. In Berichten war von einer zwielichtigen Organisation die Rede, die sich Kosovo-Befreiungsarmee nannte und in den Bergen der Zentralregion um Drenica serbische Polizisten umbrachte. Aber Freunde in Priština mahnten schon damals: »Es gibt hier sechshundert rein albanische Dörfer, die könnten die Serben alle zerstören.« Als ich zuletzt hier war, im November letzten Jahres, wurde der Aufstand der UÇK bereits mit unverhältnismäßig brutaler Härte unterdrückt. Damals gab es schon Gegenden, wo man meilenweit nur zerstörte Häuser sah, es gab schon Hunderttausende Flüchtlinge und viel Blut im Schnee.

Jetzt kehre ich zurück, will die Orte und die Menschen aufsuchen, die ich damals kennengelernt hatte. Inzwischen waren sie in der Hölle und sind wieder zurück. Oder sie waren in Mazedonien oder Albanien und sind von dort wieder zurück. Man sieht diese Rückkehrer auf allen Straßen. Auf den Anhängern türmen sich die Matratzen und die Kinder, und vorn am Traktor flattert die rotschwarze albanische Fahne. Jeder, dem ich begegne, hat eine Geschichte zu erzählen, in der es um unerhörte Leiden und Strapazen geht. Stoff für zehntausend Romane. Das Elend der Menschen – für den Schriftsteller eine Goldgrube.

Doch jenseits der Tragödie finde ich eine phlegmatische Entschlossenheit zum Wiederaufbau – und ein Gefühl wirklicher Befreiung, der Befreiung nicht nur von Monaten des Schreckens, sondern von einem Jahrzehnt der Unterdrückung durch das Milošević-Regime. Für diejenigen, deren Blick noch weiter zurückreicht, auch die Befreiung von mehr als achtzig Jahren unter serbischer Herrschaft. Die Kosovo-Albaner haben furchtbar gelitten, aber die meisten von ihnen leben nun in dem Gefühl, zuletzt hätten sie eben doch gewonnen.

In Priština selbst sind, wie ich feststelle, die Schäden verhältnismäßig gering. Mit jedem Tag sind mehr Menschen auf den Straßen, und immer mehr Cafés öffnen wieder. Erstaunlich viele Leute sind während der Bombenangriffe in der Stadt geblieben, wenngleich die Anspannung extrem gewesen sein muß. Veton Surroi, der Chefredakteur der wichtigsten unabhängigen Zeitung, hielt sich die ganze Zeit versteckt und verfolgte wie ein Besessener die Meldungen und Berichte im Radio und im Satellitenfernsehen: »BBC World war am besten.« Ich treffe ihn, nachdem er eben aus Holland zurückgekehrt ist, wo er eine neue Druckmaschine für seine Zeitung gekauft hat.

Professor Abdyl Ramaj, ein kleiner, charmanter, sehr kultivierter Herr, überlebte in seinem eigenen Haus, ständig belästigt und schikaniert von serbischen Polizisten und Beamten, die ihn zur Kollaboration anstiften wollten. Er wirkt erschöpft, ja traumatisiert, und was er – in halb vergessenem Französisch – zu sagen hat, kommt ihm nur langsam über die Lippen. Aber als ich schließlich fortgehe, steht er auf dem Rasen vor seinem Haus und hebt, während seine Augen nun doch wieder funkeln, die Hand zum Victory-Zeichen.

Will man die wirkliche Zerstörung sehen, muß man aufs Land fahren. Also steuere ich meinen russischen Jeep vorbei an endlosen Kolonnen von Militärfahrzeugen der KFOR aus der Stadt, über Feldwege und provisorische Brücken, die die zerbombten ersetzen. Über die kleine Stadt Mališewo im Herzen der Drenica hat Richard Holbrooke einmal gesagt, dies sei »der lebensgefährlichste Ort Europas«. Als ich Mališewo im letzten Herbst besuchte, fand ich eine vollkommen zerstörte Geisterstadt, und schwerbewaffnete Einheiten der serbischen Sonderpolizei kontrollierten die Straße, die in den Ort führte. Graffiti an den Mauern verkündeten »Serbien bis Tokio« und »Brennende Häuser, schöne Häuser«. Jetzt stoße ich auf eine Gruppe munterer Albaner, die dabei sind, die Polizeistation auszuräumen. Auf der Hauptstraße gibt es einen Markt: Wasser in Flaschen, etwas Gemüse, Obst und vor allem die eigentliche Grundlage jeglichen Lebens auf dem Balkan – Zigaretten.

Ich besuche eine Familie, die ich beim letzten Mal angetroffen hatte, wie sie aus Angst vor der Polizei zusammengekauert im Keller ihres zerstörten Gehöftes hockte. Ein Bruder war früher Lehrer, der andere Busschaffner. Die Männer überlebten den Krieg in den Wäldern, schlichen sich nachts ins Dorf hinunter und holten sich Eßbares. Ihre Frauen und Kinder flohen nach Albanien. Als es vorbei war, marschierte der Lehrer sieben Tage und sieben Nächte, überquerte illegal die Grenze nach Mazedonien und schlug sich nach Albanien durch, um seine Familie zu holen. Wie das Wiedersehen gewesen sei? Die Hände fahren in die Höhe: »Es war der glücklichste Augenblick meines Lebens.« Sie haben nur ein paar Decken. Keine Nahrungsmittel, kein Mehl, kein Öl, keine Arbeit. Nur Unterstützung von den

Hilfsorganisationen und ein bißchen Geld von Verwandten im Ausland. Aber sie sagen, sie fühlen sich frei – »solange die Nato hier ist«.

In der Stadt, die die Serben Peć und die Albaner Peja nennen, sitzt Selim Moriqi, ein knorriger, einundfünfzigjähriger Holzfäller, zwischen den Ruinen auf einem Handwagen. Er hatte sich nach Montenegro geflüchtet, war mit seinen Kindern durch den Schnee gegangen. Noch ein Roman. Die Serben haben seinen Onkel umgebracht. Sein Haus ist zerstört, sein Werkzeug wurde gestohlen. Seine zehnköpfige Familie hat ein bißchen Unterstützung bekommen, aber nicht genug. Und nun sitzt er hier mit seinem fünf Jahre alten Enkel und versucht ein paar D-Mark zu verdienen, indem er, jawohl – Zigaretten verkauft. Und so geht das immer weiter, eine Geschichte nach der anderen.

Ich frage mich zu dem örtlichen UÇK-Kommandeur durch, zu Ramush Haradinaj, einem Mann, dem besondere Härte im Kampf nachgesagt wird.

Im letzten Herbst sah ich das frische Blut zweier serbischer Polizisten, die von seinen Männern in dem nahe gelegenen Dorf Prilep erschossen worden waren – eine flagrante Verletzung des damals geltenden Waffenstillstands. Nun frage ich ihn nach seiner Verantwortung für diesen Vorfall. Die Antwort: »Ich hoffe, es waren mehr als zwei …« Er sei so froh gewesen, tote Polizisten zu sehen. Schließlich hätten sie zwei seiner eigenen Brüder umgebracht. »Ich könnte keine Mutter Teresa sein«, sagt er.

Aber selbst Kommandant Ramush versichert mir, daß er sich für die Demilitarisierung der UÇK einsetzt, obgleich er sich wünschen würde, daß seine besten Soldaten den Kern einer kosovarischen Berufsarmee bildeten. Er ist tatsächlich viel intelligenter und hat weniger von einem Schlägertyp, als ich erwartet habe, und behauptet schließlich sogar, ein Zusammenleben mit Serben, die sich nichts zuschulden kommen ließen, sei möglich: »Das albanische Volk kann verzeihen …, zu Titos Zeiten war das kein Problem.«

Ich fahre weiter nach Prilep. Der Ort ist eine Ansammlung von Ruinen, und trotzdem kehren die Menschen zurück. Im letzten Herbst besuchte ich dort eine Familie, die in einem noch intakten Haus bei der Moschee wohnte. Jetzt steht die Mutter,

Gale Latifaj, vor dem Schutthaufen, der von diesem Haus übriggeblieben ist, und weint. Ihr Mann ist tot. Ihr ältester Sohn war
UÇK-Soldat und ist unter Kommandant Ramush im Kampf gefallen. Ihr jüngster Sohn ist losgezogen und will versuchen, bei
den Hilfsorganisationen ein Zelt aufzutreiben. Unterdessen hat
Frau Latifaj etwas Wasser in eine rostige Blechbüchse gefüllt, das
sich in der Mittagssonne erwärmen soll, damit sie Wäsche waschen kann, und schleppt nun aus dem Schutthaufen Ziegel-
steine herbei, langsam, einen nach dem anderen, um einen Unterschlupf für die Nacht zu errichten. Sie ist achtundfünfzig,
sieht aber aus wie siebzig.

Als ich wieder in Priština bin, treffe ich den politischen Führer der UÇK, Hasim Thaqi. In seinem etwas hölzernen Schwei-
zerdeutsch erklärt der angehende Politiker mit Jackett und Schlips,
der auf Kurzstellungnahmen vor jedem Mikrophon program-
miert ist: »Die Freiheit hat immer ihren Preis, aber wir haben
gewonnen.« Es sind natürlich nicht Leute seines Schlages, die
diesen Preis bezahlen, sondern Leute wie Frau Latifaj.

Aber die Klügeren unter den Kosovo-Albanern wissen sehr
wohl, daß die definitiven Verlierer diesmal die Kosovo-Serben
sind. Die meisten von ihnen sind längst geflohen. Die, die geblieben sind, fühlen sich bedroht oder leben in Ghettos. Ein
holländischer Panzer bewacht den Eingang des rein serbischen
Dorfes Velika Hoca mitten im Kernland der UÇK. Die Serben
dort fragen mich mit mitleiderregender Miene, ob ich ihnen
nicht aus der nächsten Stadt ein paar Tomaten und Wasser besorgen könnte. Sie wagen sich nicht mal mehr zum Einkaufen
dorthin. Eine große, rotgesichtige Frau namens Snezana beklagt
sich: »Man hat uns gesagt, die Kontrolle würde bei der Uno liegen, aber sehen Sie sich Ihr Schild an« – sie greift nach meinem
KFOR-Ausweis –, »da steht Nato. Leute wie Sie kann ich nicht
leiden, die herkommen, uns eine Viertelstunde angaffen, als wären wir Tiere im Zoo, und dann wieder wegfahren.«

Die Stadt Kosovska Mitrovića wird durch den Fluß Ibar sehr
effektiv geteilt – im nördlichen Teil dominieren die Serben, im
Süden die Albaner, und französische Soldaten halten die Brücke
über den Fluß. Ich beobachte, wie sich ein Trüppchen serbischer

Männer mit Sonnenbrillen und Holzkreuzen um den Hals zusammentut und lauthals ein paar Albanerkinder beschimpft, die sich bis zur Mitte der Brücke vorgewagt haben. »Wir warten darauf, daß die Russen kommen«, sagt einer. Woher er wisse, daß sie kommen? »Ich habe es bei Voice of America gehört.«

Sosehr sich die KFOR bemüht, Serben und Albaner zum Zusammenleben zu bewegen – inzwischen beschränkt sich das Siedlungsgebiet der Serben nur noch auf winzige Bezirke in einem überwiegend albanischen Land. Dank der Nato hat sich das Blatt gewendet. Den Serben ist nur noch eine Autorität geblieben – die Kirche. Und die Führer dieser Kirche sagen heute laut und deutlich, wer die eigentliche Schuld an alledem trägt.

Ich besuche, wie jedesmal, wenn ich im Kosovo bin, das Kloster Dečani, ein mittelalterliches Wunder, das sich in die waldigen Abhänge der schroffen Berge an der Grenze zu Albanien schmiegt. Nachdem ich mich an dem italienischen Panzerwagen, der den Eingang blockiert, vorbeigeschoben habe, werde ich vom Abt in schwarzem Gewand und mit schwarzem Bart empfangen – Vater Theodosius. Mit Hilfe des jungen Bruders Leonard, der ein flüssiges, allerdings stark von Bibelübersetzungen des 17. Jahrhunderts gefärbtes Englisch spricht, gibt er mir zu verstehen, sie hätten hier während des Krieges »viel Ungerechtigkeit und viel Bosheit verspürt«. Alles sei verkehrt gewesen: Während die Nato serbische Zivilisten bombardierte, hätten die Serben an albanischen Zivilisten Rache genommen. Viele einfache serbische Soldaten seien gekommen, um ihre Gewissenslast bei den Mönchen abzuladen.

Hat also Milošević das Kosovo für Serbien verloren? »Er hat nicht nur das Kosovo verloren, er hat das eigene Volk ruiniert, physisch und spirituell.« Dieses Kloster werde die internationale Verwaltung oder die albanische Herrschaft überdauern, so wie es fünfhundert Jahre osmanischer Herrschaft überdauert habe. Aber die Zeit des Slobodan Milošević werde den Menschen als die schlimmste Phase in der Geschichte Serbiens in Erinnerung bleiben. Bruder Leonard dolmetscht: »Es ziemt sich nicht, an diesem heiligen Ort jenen Namen auch nur zu erwähnen.«

(Juli 1999)

Envoi: Europa, Britannien, Deutschland

Dieses Buch ist ein Kaleidoskop. Ich hoffe, daß in seinen bunten Fragmenten einige Wahrheiten über Europa erkennbar werden, während die Hand der Zeit sie in fortwährender Drehung zu neuen Mustern arrangiert. Vielleicht lautet eine dieser Wahrheiten, daß Europa selbst ein Kaleidoskop ist. Ich meine das wirkliche Europa – diesen vielgestaltigen Kontinent mit seinen 600 Millionen Menschen, die mehr als 50 Sprachen sprechen, in über 35 Staaten leben und Essen, Liebe und Politik auf jeweils eigene Weise genießen.

Ebensowenig wie man ein Kaleidoskop in ein strenges Raster einzwängen kann, so kann man diesem Buch eine Zusammenfassung nachschicken. Geschichte der Gegenwart muß die ihr gezogenen Grenzen erkennen. Systematische Schlußfolgerungen bedürfen eines größeren zeitlichen Abstands. Da es das Privileg des Gegenwartshistorikers ist, zu dokumentieren, was er selbst sieht und hört, arbeitet er am liebsten mit feinen Pinseln und im kleinen Format.

Dennoch lohnt es, gelegentlich auch einmal mit gröberen Pinseln ein großformatiges Bild zu malen. Ich habe das in einigen der Essays für den jeweiligen Entstehungszeitraum versucht, vor allem in »Nehmen wir den falschen Bus?« und »Europa: Für eine liberale Ordnung«. Am Ende des Jahrzehnts wie am Ende des Buches soll ein solches Gesamtbild noch einmal ins Visier genommen werden.

In der Gegenwartsgeschichte Europas haben sich Phasen der Ordnung mit solchen – wenn auch kürzeren – der von Gewalt bestimmten Unordnung abgewechselt, in denen die politische Landkarte neu gezeichnet wurde. Die letzte Dekade des 20. Jahrhunderts war eine solche Periode der Umgestaltung. Ein Blick auf die Karten von Europa 1989 und 1999 zeigt, daß sich dessen politisches Gesicht zwischen den beiden Jahreszahlen stärker gewandelt hat als in jedem anderen Jahrzehnt seit jenem höllischen zwischen 1939 und 1949. Die Unordnung der 90er Jahre war vielleicht nicht ganz so gewaltsam wie die früherer Unruhephasen, doch was in Jugoslawien geschah, hat gereicht, um die beruhigende Platitüde der westeuropäischen Staatschefs vom »Ende des Krieges auf dem Kontinent« als Absurdität zu entlarven.

Es gibt keinen Grund anzunehmen, daß sich pünktlich zum Ende eines willkürlich festgelegten Zeitraums die neue Ordnung einstellt. Und doch scheinen sich die Konturen einer neuen Ordnung rechtzeitig zum Ablauf des Jahrzehnts und des Jahrtausends abzuzeichnen. Die meisten westeuropäischen Staaten, die in einer erweiterten Europäischen Union zusammengeschlossen sind, haben den großen Schritt zu einer gemeinsamen Währung getan. Dies wird, im Guten oder im Schlechten, die weitere Entwicklung Westeuropas auf Jahre hinaus bestimmen. Deutschland hat die frühere DDR absorbiert, ohne daß sein politisches System ernsthaft erschüttert worden wäre. Seine Hauptstadt wird nach Berlin verlegt, kurz nachdem erstmals in der Nachkriegsgeschichte eine deutsche Regierung durch Wahlentscheid vollständig ausgewechselt wurde. Die Kernstaaten Mitteleuropas haben auf ihrem Weg von kommunistischer Diktatur zu kapitalistischer Demokratie die Talsohle bereits durchschritten und bewegen sich auf den Westen zu. Drei von ihnen sind schon der Nato beigetreten. Und auch wenn es mit der Mitgliedschaft in der EU noch dauern wird, so wissen wir jedenfalls, in welche Richtung die Reise geht. Auf dem Balkan ist das ehemalige Jugoslawien zu einem Flickwerk aus kleinen Nationalstaaten und bis jetzt zwei Protektoraten zerstückelt worden. Auch dieser Prozeß ist beinahe zum Abschluß gekommen.

Über weite Strecken sind die Konturen unscharf, und sehr viele Fragen bleiben offen. Wird eine einheitliche Zinspolitik für alle nicht zu unerträglichen politischen Spannungen zwischen den Mitgliedstaaten der Währungsunion führen? Wie wird die Berliner Republik die zwei Seelen in ihrer faustischen Brust miteinander versöhnen? Die wiedergewonnene Souveränität und die aufgegebene Souveränität, das neu erstandene Berlin und die geopferte Deutsche Mark. Was geschieht mit den Staaten an der

Grenze zwischen Mitteleuropa und dem Balkan beziehungsweise Osteuropa? Und was ist mit all den ungelösten Problemen im Kosovo, in Mazedonien, Albanien, Bosnien, Montenegro und in Serbien selbst? Doch nur in der ehemaligen Sowjetunion ist die Form, die die neue Ordnung einmal annehmen wird, noch ganz ungewiß. In den anderen vier Kernzonen, in Westeuropa, Deutschland, Mitteleuropa und dem Balkan liegt der Kurs bereits fest.

Niemand konnte ahnen, daß die Dinge sich so und nicht anders entwickeln würden. (Man lese nur die Befürchtungen, die am Anfang dieses Buches geäußert wurden.) Die Veränderungen zum Besseren, wie sie Freunde in Warschau, Prag und Budapest erleben konnten, haben unsere kühnsten Träume noch übertroffen. Was dagegen jenen in Belgrad, Sarajevo und Priština widerfuhr, stellt unsere schlimmsten Alpträume in den Schatten.

Nichts von alledem ist unvermeidlich gewesen. In jedem Stadium hat es Alternativen, hat es andere gangbare Wege gegeben. In außergewöhnlichen Zeiten ist politische Führung wichtiger als in gewöhnlichen. An zweien jener vier Gußformen für die Zukunft – der europäischen Währungsunion und der deutschen Vereinigung – hatte ein Mann entscheidenden Anteil: Helmut Kohl. Auch der persönliche Einsatz von Menschen wie Havel oder Göncz haben die Entwicklung entscheidend beeinflußt. In der Gegenrichtung haben Mečiar, Tudjman und Milošević gewirkt. Die allseits geteilte Erkenntnis der frühen 90er Jahre lautete, daß der Schlüssel zur Zukunft Westeuropas und der früheren osteuropäischen Staaten die Wirtschaft sei. Statt dessen waren wir Zeugen eines Primats der Politik.

Die neue europäische Ordnung hat noch keinen Namen. Für die vorigen hatten wir häufig Kürzel, die den Tagungsorten wichtiger Konferenzen entsprangen. Was dem Dreißigjährigen Krieg und dem Westfälischen Frieden folgte, nannten wir das »Westfälische Europa«. Auf die Napoleonischen Kriege und den Wiener Kongreß folgte das »Europa von Wien«; nach dem Ersten Weltkrieg kam das »Europa von Versailles«. Bis vor kurzem hatten wir als Ergebnis des Zweiten Weltkriegs das »Jalta-Europa«, das durch den Kalten Krieg für die nächsten 40 Jahre festgeschrieben war. Als dieser schließlich zu Ende ging, hat es keine große internationale Konferenz gegeben, die die Karte von Europa neu festgelegt hätte. Die deutschen Politiker, die die Vereinigung ihres Staates ausgehandelt haben, wollten dies bewußt vermeiden. Das letzte, was sie anstrebten, war ein neues Versailles.

Man könnte die neue Ordnung das »Paris-Europa« nennen nach der Charta für ein neues Europa, die im November 1990 in Paris von allen Mitgliedstaaten der Konferenz für Sicherheit und Zusammenarbeit in Europa (KSZE) unterzeichnet wurde. Aber die Charta von Paris hat etwa soviel mit den späteren Ereignissen im »neuen Europa« zu tun wie die guten Vorsätze zu Neujahr mit unserem tatsächlichen Verhalten. Wer dagegen an die EU und an die Währungsunion denkt, könnte es das »Brüssel-Europa« nennen. Und jene, die Deutschlands wiedergewonnene Machtfülle inmitten Europas als Bedrohung empfinden, werden von einem »Berlin-Europa« sprechen. Wenn ich dann aber in Richtung Mitteleuropa oder auf den Balkan schaue, so legt sich ein »Washington-Europa« nahe. Am Ende der 90er Jahre sind die Amerikaner, infolge der Nato-Erweiterung und ihrer führenden Rolle auf dem Balkan, genauso stark in Europa engagiert wie zu Beginn dieses Jahrzehnts.

Wie auch immer sie genannt wird, es ist nicht die Ordnung, auf die ich gehofft hatte. In dieser Hinsicht empfinde ich einen schmerzlichen Kontrast zu den 80er Jahren. Damals habe ich argumentiert, daß die Sowjetmacht im damals sogenannten Osteuropa illegitim, zugleich aber im Zerfall begriffen war. Friedliche Veränderungen konnten nur durch Druck von unten in Gang gebracht werden. Der Westen sollte nicht nur moralisch, sondern auch politisch daran interessiert sein, die sogenannten Dissidenten zu unterstützen. Während der »samtenen Revolution« von 1989 empfand ich ein Gefühl von Rechtfertigung und Triumph. Ich meinte, meinen kleinen Beitrag zur großen guten Sache geleistet zu haben.

Seit Beginn der 90er Jahre habe ich (zumeist in Zeitungsartikeln, Vorträgen und Konferenzbeiträgen, die hier nicht abgedruckt sind) die Meinung vertreten, der Westen solle die Chance, die die friedliche Beendigung der europäischen Teilung infolge von Jalta bot, unbedingt nutzen, um eine liberale Ordnung für ganz Europa zu schaffen – ein »Europa frei und ganz«, wie

George Bush es in einem seiner wenigen denkwürdigen Aussprüche nannte. Die Nato sollte die neuen Demokratien einnehmen. Die EU sollte sich auf die Osterweiterung konzentrieren und auf die Schaffung einer gemeinsamen Außen- und Sicherheitspolitik, um für die zu erwartenden Unruhen in den postkommunistischen Staaten gewappnet zu sein. Großbritannien hatte ich in diesem Prozeß eine führende Rolle zugedacht.

Was die Nato anbelangt, so hat sich mein Szenario, weniger durch Zutun Großbritanniens als durch die Fürsprache Amerikas und Deutschlands, bewahrheitet. Die EU dagegen hat andere Prioritäten gesetzt. Wir haben die Rückkehr des Krieges auf unseren Kontinent nicht verhindern können. Wir trödelten herum, während Jugoslawien brannte. Wieder einmal mußten die USA eingreifen, um in Europa zu schlichten. Die Vorbereitungen für eine Osterweiterung der EU verliefen schleppend und halbherzig; es schien, als habe man sich zum geheimen Motto gemacht, was ein französischer Geschäftsmann im Januar 1996 zu mir sagte: »*Il faut toujours en parler, et jamais y penser.*« Wenn Mitteleuropa nun doch Teil des Westens wird, so ist das zu 90 Prozent das Verdienst der Mitteleuropäer selbst und zu kaum 10 Prozent das unsere. Wir haben uns, wie ich in meinem Essay vom Juli 1990 befürchtet hatte, verhalten wie Samuel Johnsons Wohltäter: »Einer, der gleichgültig einem Mann zuschaut, der in den Fluten um sein Leben kämpft, ihn jedoch mit Hilfe überschüttet, sobald er das rettende Ufer erreicht hat.« Großbritannien war viel zu sehr mit seiner eigenen »Europa-Debatte« beschäftigt, um jene führende Rolle zu übernehmen, die ich ihm gewünscht hatte.

Natürlich waren die politischen Ansichten, die ich in den 90er Jahren geäußert habe – genau wie jene der 80er Jahre –, von meinen persönlichen Beziehungen zu Deutschland, Mitteleuropa und zum Balkan geprägt. Wer sich so intensiv mit den Angelegenheiten eines fremden Landes auseinandersetzt, läuft Gefahr, Partei zu ergreifen – zumindest wird er von anderen so gesehen. Es zählt jedoch zu den intellektuellen Grundrechten, daß man nach seinen Argumenten und nicht nach seinen Motiven beurteilt wird, und ich nehme für mich in Anspruch, daß meine Argumente für ganz Europa Gültigkeit haben. Was aber ist mit dem Land, in dem ich lebe und mit dem mich noch mehr verbindet?

Auch wenn Großbritannien etwas abseits liegt, so wird seine Randlage und seine Zurückhaltung gegenüber Europa gemeinhin überschätzt. Man sagt zum Beispiel, daß Großbritannien eines der beiden europäischen Länder sei, wo man von Europa als von »woanders« spricht (»Jim ist eben aus Europa zurück«). Das andere, heißt es, sei Rußland. Doch ist mir diese Art, über Europa zu sprechen, auch in vielen anderen europäischen Ländern, von Portugal bis Polen und von Schweden bis Griechenland, begegnet. Schweden, Polen und Griechen bestehen zwar darauf, daß ihre Länder zu Europa gehören, befürchten aber gleichzeitig, daß sie nicht ganz zur politischen, wirtschaftlichen und kulturellen Realität Europas gehören.

Die einzigen europäischen Länder, die ihre Zugehörigkeit tatsächlich nie in Frage stellen, sind Frankreich, Deutschland, Belgien, die Niederlande und Luxemburg. Doch selbst in diesen Kernstaaten ist man geteilter Meinung über die Form, die das politische Gebilde namens Europa im Verlauf der 90er Jahre angenommen hat. Man erinnere sich nur, daß beim Referendum vom September 1992 der Maastrichter Vertrag in Frankreich nur mit einer knappen Mehrheit gebilligt wurde. Und bis weit ins Jahr 1998 hinein haben sich noch über die Hälfte der Deutschen bei Meinungsumfragen gegen die Aufgabe der Mark zugunsten des Euro ausgesprochen. Eines der notorischen britischen Fehlurteile besteht darin, zu glauben, daß da drüben auf dem Kontinent 300 Millionen Menschen, geschlossen wie eine napoleonische Armee, hinter der einen großen Idee stünden.

Großbritannien nimmt jedoch, häufig ohne es zu merken, den europäischen Grundrhythmus durchaus auf. So war zum Beispiel politische Korruption eines der großen Themen der britischen Politik der 90er Jahre. Doch bei der Lektüre der in diesem Buch eingefügten Chroniken wird man feststellen, daß es in ganz Europa Maßregelungen von korrupten Politikern gegeben hat. In Italien, Frankreich, Spanien und Griechenland wurden frühere oder amtierende Ministerpräsidenten infolge solcher Vorwürfe angezeigt, verklagt, inhaftiert oder begingen Selbstmord. Warum ist politische Korruption in ganz Europa zu einem so gewichtigen Thema geworden? Lag es daran, daß man sich nach dem Ende des Kalten Krieges traute, Korruption offenzulegen, wohingegen sie vorher unter den Teppich gekehrt wurde, damit nicht der Eindruck entstand, man arbeite der anderen Seite zu? Hatten über vierzig Jahre des immer gleichen Systems die politischen Standards allmählich zersetzt? Lag es daran, daß heutzutage, wo man Wahlen durch Fernsehauftritte und Werbestrategien gewinnt, der Finanzbedarf der Politiker entsprechend gestiegen ist? Was auch immer der Grund sein mag, Großbritannien leidet an einer noch relativ harmlosen Form dieser gesamteuropäischen Krankheit.

Ein anderer Punkt ist die Dezentralisierung. Ist es bloßer Zufall, daß Schottland und Wales zu einem Zeitpunkt ihre neuen eigenen Nationalversammlungen wählen, wo überall in Europa kleine Völker größere Autonomie fordern oder ihre Unabhängigkeit anstreben? Katalonien und das Baskenland, Wallonien und Flandern, die Slowakei, Kroatien, Slowenien, Moldawien, Ruthenien ... Auch hier sind die jeweiligen Gründe verschieden, doch es gibt eine Gesetzmäßigkeit, einen Tanz nach der Musik Europas.

Dies vorausgeschickt, hat Großbritannien zweifellos seine Eigenheiten. Die offenkundigsten Unterschiede betreffen das *Common Law*, die ungeschriebene Verfassung und die Souveränität des Parlaments, ferner unsere Affinität zu den von Churchill so benannten »englischsprachigen Völkern« und die Tatsache, daß bei uns eine anglo-amerikanische Variante des Kapitalismus herrscht, während in »Euroland« eine franko-deutsche oder »rheinische« Spielart dominiert. Während viele europäische Völker zweifeln, ob sie ganz zu Europa gehören, sind wir eines der wenigen, die auch daran zweifeln, ob sie überhaupt dazugehören wollen. (Wer sind die anderen? Mit Sicherheit gehört Rußland dazu, vielleicht die Ukraine und Serbien. Womöglich auch noch Dänemark und Schweden.) Also stehen wir am Ende der 90er Jahre, während wir mit uns ringen, ob wir zu »Euroland« gehören sollen oder nicht, wieder einmal abseits der großen Entwicklungslinien auf dem Kontinent.

Unsere Entscheidung wird sich insofern auf Europa auswirken, als Großbritannien die fünftgrößte Wirtschaftsnation der Welt ist, politisch und militärisch gesehen zu den drei größten Staaten der EU zählt und dort zudem deren wichtigstes Finanzzentrum beheimatet ist. Wenn Rußland die große Unbekannte in Europas Osten ist, so ist Großbritannien die große Unbekannte in Europas Westens. Unsere Entscheidung fällt in einen Zeitraum, in dem sich das Vereinigte Königreich durch Schottland, Wales und Nordirland selbst mit wachsender Desintegration konfrontiert sieht. Diese beiden Entwicklungen stellen Großbritannien vor grundlegende Fragen hinsichtlich seines Standorts und seiner Zukunft, und uns Engländer beschäftigt nun die Sache mit England. Der Historiker Geoffrey Hosking hat darauf hingewiesen, daß die Engländer mit den Russen etwas gemeinsam haben: Ihre nationale Identität war über Jahrhunderte mit einer Reichsidee verknüpft. Die englische Frage sollte also während der kommenden zehn Jahre zu den spannendsten Themen in Europa gehören.

Das Problematische an der Entscheidung für oder gegen einen Beitritt zur Währungsunion ist, daß sie von Wirtschaftsfaktoren und von Spekulationen über die politischen Folgen wirtschaftlicher Aktionen abhängt. Insofern unterscheidet sie sich von anderen großen außenpolitischen Entscheidungen, wie etwa der Suez-Krise oder Vietnam, wo auch der normale Bürger die grundlegenden Fakten umreißen konnte. Dies hier ist sehr viel komplexer, undurchschaubarer und ungewiß im Ausgang. (Stehe ich allein mit der Ansicht, daß es zudem langweiliger ist?)

Da ich kein Wirtschaftsfachmann bin, gibt es nur drei Dinge, die ich mit Gewißheit über diese Entscheidung sagen kann. Erstens: Wenn einem etwas an Europa gelegen ist, dann muß man auf den Erfolg der Währungsunion von bislang elf Staaten hoffen, selbst wenn man wie ich der Ansicht ist, daß man damit bis zum nächsten Jahrzehnt hätte warten sollen. Zweitens ist es möglich, der EU positiv gegenüberzustehen und gleichzeitig gegen einen Beitritt Großbritanniens zur Währungsunion zu sein. Natürlich gibt es unter den britischen Gegnern der Währungsunion eingefleischte »Anti-Europäer«, aber nicht alle fallen zwangsläufig in diese Kategorie. Der dritte und wichtigste Punkt ist, daß man keinem glauben darf – egal, ob Gegner oder Fürsprecher, – der behauptet, der von ihm vertretene Kurs sei gefahrlos. In beiden Fällen drohen bedenkliche Risiken. Werden wir Mitglied, dann setzen wir einen Teil unserer hart erkämpften Flexibilität und unserer Wettbewerbsvorteile aufs Spiel, denn wir treten einem Unternehmen bei, das bereits kränkelt, dessen Zinssatz mit unserer Konjunktur nicht unbedingt verträglich ist und das die parlamentarische Kontrolle auf entscheidende Bereiche unserer nationalen Politik einschränken könnte. Wenn wir dagegen nicht beitreten, riskieren wir, den Einfluß auf europäische Entscheidungen zu verlieren, die uns ganz konkret betreffen. Ein langfristiger Rückgang ausländischer Direktinvestitionen, von denen in Großbritannien viele Arbeitsplätze abhängen, stünde zu erwarten, wir müßten mit einer Diskriminierung britischer Waren auf unserem wichtigsten Absatzmarkt rechnen und würden als politischer Partner von den Vereinigten Staaten weniger ernst genommen. Hauptresultat der europäischen Entwicklungen der 90er Jahre ist für uns Briten diese wenig beneidenswerte, schwierige Entscheidung.

Für Deutschland liegen die Dinge ganz anders. Am Ende des Jahrzehnts sind die Entscheidungen schon gefallen, die Weichen gestellt. Denkt man an die großen Ungewißheiten zurück, mit denen die 90er Jahre in und um Deutschland begonnen haben, an die großen Befürchtungen, die es – keinesfalls nur bei Margaret Thatcher – gegeben hat, so muß man diese zehn Jahre als eine große Erfolgsstory bezeichnen. Auf der Problemliste Europas steht Deutschland nun ganz unten.

Im Sommer 1999 kam ein weiterer Meilenstein dazu: die Teilnahme deutscher Truppen an der Befreiung und Besetzung des Kosovo. Für mich persönlich war es bewegend zu sehen, wie mehr als fünfzig Jahre nach Ende des Zweiten Weltkrieges deutsche und britische Soldaten gemeinsam ihr Leben riskierten, damit die Kosovo-Albaner heimkehren konnten.

Die Geschichte Europas im 20. Jahrhundert könnte man anhand von einigen wenigen, unvergeßlichen Fotografien erzählen. Der Zweite Weltkrieg, das ist jener kleine polnisch-jüdische Junge mit erhobenen Händen, Verwirrung in dem schönen, unschuldigen Gesicht, wie er von deutschen Soldaten aus dem Warschauer Ghetto getrieben wird. Der sowjetische Einmarsch in der Tschechoslowakei 1968 ist jener Mann, der vor einem Panzer am Wenzelsplatz in Prag steht und sein Hemd aufreißt. Dazu kommt nun ein Foto aus Prizren, Juni 1999. Ein deutscher Offizier, unbewaffnet außer seiner Pistole, ziemlich unmartialisch aussehend (so wie die »Bürger in Uniform« nun einmal sind), geht auf einen bewaffneten serbischen Soldaten zu. Er will ihm das Gewehr aus der Hand reißen. Die Kameraden des Serben stehen herum, wütend, aber tatenlos, und unter ihren Stahlhelmen sehen sie aus wie die deutschen Soldaten auf dem Bild vom Warschauer Ghetto. Eine alte Geschichte ist zu Ende, eine neue beginnt.

Ich spreche nicht leichtfertig von Normalisierung oder gar Normalität, denn für Deutschland gilt wie für Polen: Die Normalität ist selbst historisch abnorm. Und ganz gewiß gibt es noch große Fragen an und um Deutschland. Die Frage, beispielsweise, nach seiner Einstellung zur Osterweiterung der EU: nicht in Worten, sondern in Taten, dort, wo es erstmals schmerzt und kostet (bevor es sich dann langfristig auszahlt). Oder die Frage nach seiner wirtschaftspolitischen Reformfähigkeit. Auch die Frage nach der langfristigen Verträglichkeit des Euro.

Doch erstmal bleibt das verblüffende Ergebnis eines erstaunlichen Jahrzehnts festzuhalten: Die deutsche Frage gibt es nicht mehr. Dafür gibt es nun eine englische Frage.

Anmerkungen

Einleitung: Geschichte der Gegenwart

1 Siehe Reinhart Koselleck, »Sprachwandel und Ereignisgeschichte«, in: *Merkur*, 8/43, August 1989.

2 E. J. Hobsbawm, »The Historian between the Quest for the Universal and the Quest for Identity«, in: *Diogenes*, no. 168 (vol. 42/2) 1994.

3 Neal Ascherson, »Fellow-Travelling«, in: *London Review of Books*, 8. Februar 1996.

4 Siehe dazu meinen Aufsatz »Orwell 1998« in: *New York Review of Books*, 22. Oktober 1998.

5 Der Don war Harry Willetts – ein ansonsten ausgesprochen liebenswerter, witziger und gelehrter Historiker mit Spezialgebiet Rußland und Polen; er hat sowohl den Papst als auch Solschenizyn übersetzt.

Die Lösung

Übersetzt von Udo Rennert.

1 Arnim Mitter und Stefan Wolle (Hg.), »Ich liebe Euch doch alle!« Befehle und Lageberichte des MfS Januar–November 1989, Berlin 1990. Vgl. Anm. 3.

2 Siehe die Kapitel über Deutschland in meinem Buch *Ein Jahrhundert wird abgewählt*, München 1990.

3 Wie viele der berühmtesten Zitate aus der Geschichte ist auch dieses ganz unkorrekt. Üblicherweise lautet es »Ich liebe Euch doch alle!«, so wie in dem in Anm. 1 genannten Buchtitel. In der Fernsehaufzeichnung der Volkskammer-Sitzung heißt es aber: »Ich liebe doch alle ... alle Menschen.«

Après de déluge, nous

Aufsatz »Après de déluge, nous«, übersetzt von Udo Rennert. Copyright der deutschen Version © *Transit – Europäische Revue*. Erschienen zuerst in: *Transit – Europäische Revue*, Nr. 1 (1990), S. 11–34.

Der Besuch

Übersetzt von Reinhard Kaiser. Erschienen zuerst in: *Frankfurter Allgemeine Zeitung* vom 15. Oktober 1993.

Intellektuelle und Politiker

Aufsatz »Prag: Intellektuelle und Politiker«, übersetzt von Marion Kagerer. Copyright der deutschen Version © *Transit – Europäische Revue*. Erschienen zuerst in: *Transit – Europäische Revue*, Nr. 10 (1995), S. 136-155.

1 Vgl. Timothy Garton Ash »Wir das Volk«, in: *Ein Jahrhundert wird abgewählt*, München 1990, S. 337 ff.

2 Václav Klaus, *Proč jsem konzervativcem?*, Agentur TOP, Prag 1992.

3 Äußerst aufschlußreich zu diesem Thema und zum Teil inspiriert durch Havels frühere Schriften ist der Band von Ian MacLean, Alan Montefiori, Peter Winch (Hg.), *The Political Responsibility of Intellectuals*, Cambridge University Press 1990.

4 Diese Formulierung habe ich zum ersten Mal 1990 in dem Aufsatz »Après le déluge, nous« verwendet.

5 György Konrád und Iván Szelény, *Die Intelligenz auf dem Weg zur Klassenmacht*, Frankfurt a. M. 1978.

6 Václav Havel, *Toward a Civil Society. Selected Speeches & Writings 1990-1994.* Prag 1994. Die tschechischen Ausgaben: Václav Havel, *Projevy leden-červen 1990* (Reden, Januar bis Juni 1990), Prag 1990; *Vážení občané, Projevy červenec 1990 – cervenec 1993* (Liebe Mitbürger. Reden, Juli 1990 bis 1992), Prag 1992; *Václav Havel 1992 & 1993*, Prag 1994. (Anm. d. Red.: Auf deutsch erschienen bisher nur die Reden aus Havels erstem Amtsjahr: *Angst vor der Freiheit*, Reinbek bei Hamburg 1991, und: *Sanfte Politik*, Rosenheim 1991.)

7 Die Formulierung ist im tschechischen Original sogar noch drastischer: »Alle, die uns weismachen wollen, die Politik sei ein schmutziges Geschäft, lügen.«

8 Václav Havel, *Sommermeditationen*, Reinbek bei Hamburg 1992.

Bosnien in unserer Zukunft

1 Diese und viele andere Informationen stammen aus der hervorragenden Dokumentarserie »Der Tod Jugoslawiens« (produziert für die BBC von Brian Lapping Associates, Serienproduzentin Norma Percy) und aus dem Begleitbuch von Laura Silber und Alan Little: *The Death of Yugoslavia* (London: Penguin/BBC, 1995). Siehe dazu auch Misha

Glenny: *The Fall of Yugoslavia*, überarbeitete Ausgabe, London: Penguin, 1993.

2 Die Entscheidung, den Begriff »Bosniaken« als Name für eine Nation zu übernehmen, die zuvor »bosnische Muslime« genannt wurde, wurde von der Zweiten Bosnien-Konferenz 1993 beschlossen und im Abkommen und der Verfassung von Dayton bestätigt. (Ich danke Robert Donia für diese Information.) Ich benutze diesen Begriff nicht nur, weil er korrekt ist, sondern weil meiner Erfahrung nach viele bosnische »Muslime« gar keine Muslime in dem Sinne sind, wie dies etwa für Iraner oder Saudi-Araber gelten kann.

3 Es war der Linguist Max Weinreich, der 1945 schrieb: »Eine Sprache ist ein Dialekt mit Armee und Seestreitkräften.« Diese Information verdanke ich Tim Snyder. Vielleicht könnte man hinzufügen, daß ein Staat eine Sprache mit Armee ist.

Vierzig Jahre danach

Übersetzt von Udo Rennert.

1 Die ausgezeichnete englische Ausgabe ist: György Litván, Hg., *The Hungarian Revolution of 1956: Reform, Revolt and Repression 1953-1963*, hg. und übers. von János M. Bak und Lyman H. Legters, London 1996.

2 Unter dem Titel »Ungarn und die Welt 1956: Die neuen Archiv-Beweise« war die Konferenz organisiert worden vom Institut für die Geschichte der ungarischen Revolution von 1956 und der Ungarischen Akademie der Wissenschaften in Budapest sowie vom National Security Archive und dem Cold War International History Project, beide in Washington, DC.

3 Die Malin-Aufzeichnungen sind übersetzt und sachkundig kommentiert worden von Mark Kramer, einem Harvard-Spezialisten für sowjetrussisch-osteuropäische Beziehungen, in einem für die Konferenz des 1956-Instituts und des National Security Archive vorbereiteten Kompendium nun freigegebener Dokumente. Eine umfassendere Dokumentation wird zur Publikation von der Central European University Press vorbereitet.

4 Das Memorandum befindet sich in dem Kompendium freigegebener Dokumente (Anm. 3).

5 Siehe meinen Essay »Vom Weltkrieg zum Kalten Krieg«, in: *New York Review of Books*, 11. Juni 1987.

6 *Victoire d'une défaite* ist der Titel der französischen Originalausgabe (Paris 1968). Die englische Ausgabe heißt *Budapest 1956. A History of the Hungarian Revolution* (London 1971).

7 Ganz und gar angemessen hieß Miklós Harasztis Buch über die

Lage der Künstler unter dem Kádár-Regime *Das Gefängnis aus Samt*.
Siehe auch meinen Essay »Eine Lektion über Ungarn« in: *Ein Jahrhundert wird abgewählt*, München 1990, S. 147ff.
8 Siehe István Bibó, *Democracy, Revolution, Self-Determination*.
Hg. Károly Nagy, Boulder, Colo. 1991.
9 »Refolution in Hungary and Poland«, in: *New York Review of Books*, 17. August 1989.
10 János Kenedi, *Kis Állambiztonsági Olvasókönyv a Kádár-korszakban* (Kleines Lesebuch zu den Staatssicherheitsdiensten der Kádár-Ära), Budapest 1996.

Die serbische Tragödie

Aufsatz »Die serbische Tragödie«, übersetzt von Meino Büning. Copyright der deutschen Version © *Lettre International*. Erschienen zuerst in: *Lettre International*, Heft 37 (1997), S. 40.
1 Von Milan Panić, dem gebürtigen Serben und Pharma-Millionär aus Kanada, der 1992 bei den Präsidentenwahlen Milošević erfolglos herausgefordert hat, wird bei Drucklegung dieses Artikels (März 1997) berichtet, er erwäge einen neuen Versuch, möglicherweise in Verbindung mit Zajedno und anderen herausragenden lokalen Figuren. Aber es bleibt höchst fraglich, ob Panić tatsächlich eine solche Integrationsfigur ist.

Strafgerichte, Säuberungen und Geschichtsstunden

Aufsatz »Diktatur und Wahrheit«, übersetzt von Meino Büning. Copyright der deutschen Version © *Lettre International*. Erschienen zuerst in: *Lettre International*, Heft 40 (1998), S. 10.
1 Der Artikel stammt von Priscilla B. Hayner, die an einem Buch über Wahrheitskommissionen arbeitet. Ich bin ihr dankbar, daß sie meine Einschätzung etwa zwanzig bisheriger Wahrheitskommissionen bestätigte.
2 Vgl. mein »True Confessions«, in: *New York Review*, 17. Juli 1997.

Weine, zerstückeltes Land!

Aufsatz »Weine, zerstückeltes Land!«, übersetzt von Meino Büning. Copyright der deutschen Version © *Lettre International*. Erschienen zuerst in: *Lettre International*, Heft 44 (1999), S. 10.
1 Ich setze »Muslime« in beiden Fällen in Anführungszeichen, weil

der islamische Glaube im Kosovo – in den Städten mit Sicherheit – weniger streng ausgeprägt ist als in Bosnien. Es gibt auch eine kleine, aber signifikante Gruppe von katholischen Albanern im Kosovo.

2 »Derwische« ist keine bloße Redewendung. Obwohl der Orden der Derwische 1952 offiziell aufgelöst wurde, zeigte man mir in Orahovac eine Moschee, in der man wieder Derwisch-Rituale beobachten kann.

3 Diese und viele andere unschätzbare Informationen können in zwei hervorragenden Dokumentationen der ICG (International Crisis Group) gefunden werden: *Kosovo Spring* und *Kosovo's Long Hot Summer* (beide zugänglich auf der WebSite: http://www.crisisweb.org).

4 Siehe »Die serbische Tragödie«, in diesem Buch S. 273 ff.

5 Erstaunlicherweise stammen die wenigen Hinweise auf das Kosovo in Richard Holbrookes *To End a War* (New York 1998) aus der Zeit vor oder nach seiner aktiven Tätigkeit als Unterhändler in Bosnien. Die einzige Erwähnung des Kosovo, die ich in seinem Bericht über die Dayton-Verhandlungen fand, lautete: »Einmal, auf einem Spaziergang mit Milošević, kamen etwa hundert einheimische albanische Amerikaner an die Einzäunung von Wrights-Patterson und demonstrierten mit Megaphonen für die Sache von Kosovo. Ich schlug Milošević vor, zusammen zu ihnen hinüberzugehen, um mit den Leuten zu plaudern, er lehnte das aber ab und sagte gereizt, die seien offensichtlich von einer fremden Macht bezahlt worden.«

6 Ademi erzählte mir, er habe keine Kopie dieses Dokuments zu Gesicht bekommen, obwohl »Herr Rugova eine in seiner Schublade gehabt haben muß«. Miranda Vickers zitiert (in ihrem Buch *Between Serb and Albanian: A History of Kosovo*, London 1998, S. 253) ein Statement des »Koordinationskomitees albanischer politischer Parteien in Jugoslawien« – vermutlich dieselbe Gruppe – vom Oktober 1991. In ihm wird für radikalere Optionen geworben: eine Albanische Republik, die alle von Albanern besiedelten Teile des Kosovo, Mazedoniens, Montenegros und Serbiens umfaßt, oder für den Fall, daß die äußeren Grenzen des früheren Jugoslawien sich ändern sollten, die territoriale Vereinigung mit Albanien »innerhalb der Grenzen, die von der ersten Prizren-Liga 1878 proklamiert worden waren«. Die einzige Quelle jedoch, die die Autorin angibt, ist die Studie eines serbischen Wissenschaftlers, der mit dem Milošević-Regime auf gutem Fuße steht. Es ist nur zu wünschen, daß man ganz sicher sein kann, daß Text und Kontext des albanischen Originals getreu wiedergegeben worden sind.

7 Zur gelehrten und scharfen Analyse dieser Mythen siehe Noel Malcolm, *Kosovo: A Short History*, London 1998.

8 Im Gegensatz zu dem, was der slowenische Präsident Kučan mir sagte, wird wohl gefordert, daß das Kosovo, als eine »autonome Provinz«, ein konstituierender Teil des ehemaligen Jugoslawien gewesen sei und deshalb dasselbe Recht zur Abspaltung habe wie alle anderen Teil-

provinzen. Noel Malcolm, *Kosovo*, S. 264 f., macht mit teuflischer Raffinesse geltend, daß das Kosovo, nachdem die Serben es 1912–13 dem Osmanischen Reich weggenommen hatten, strenggenommen und rechtsgültig niemals in Serbien inkorporiert worden war.

9 Ich verdanke diese Erkenntnis, wie viele andere auch, Pierre Hassner.

Es lebe Ruthenien!

Übersetzt von Reinhard Kaiser. Erschienen zuerst in: *Frankfurter Allgemeine Zeitung* vom 19. März 1999.

Mitteleuropa? Aber wo liegt es?

Aufsatz »Mitteleuropa? Aber wo liegt es?«, übersetzt von Matthias Grässlin. Copyright der deutschen Version © *Transit – Europäische Revue*. Erschienen zuerst in: *Transit – Europäische Revue*, Nr. 16 (1999), S. 133-147.

1 In: *New York Review of Books*, 9. Oktober 1986. Der Aufsatz ist wiederabgedruckt in meinem Buch *The Uses of Adversity. Essays on the Fate of Central Europe*, New York 1989; neue, revidierte Auflage, London 1999 (im Erscheinen). Dt. Ausgabe: *Ein Jahrhundert wird abgewählt. Aus den Zentren Mitteleuropas, 1980-1990*, München 1990.

2 »NATO-Enlargement: Build a Europe Whole and Free«, in: *International Herald Tribune*, 30. April 1998.

3 Karl A. Sinnhuber, »Central Europe – Mitteleuropa – Europe Centrale: An Analysis of a Geographical Term«, in: Institute of British Geographers, Transactions and Papers, London 1954.

4 Milan Kundera, »The Tragedy of Central Europe«, in: *New York Review of Books*, 26. April 1984. Die in *Granta*, Nr. 11, 1984, publizierte Version dieses Artikels trägt Kunderas eigenen Titel: »A Kidnapped West or Culture Bows Out« (dt. »Un occident kidnappé oder die Tragödie Zentraleuropas«, in: *Kommune*, Heft 7, 1984).

5 Vesna Goldsworthy untersucht die literarisch-politische Vergangenheit und Gegenwart dieser negativen Balkan-Bilder in ihrer Studie *Inventing Ruritania: The Imperialism of the Imagination*, Yale University Press 1998.

6 Siehe sein Buch *The Clash of Civilizations and the Remaking of World Order*, New York 1996; dt. *Der Kampf der Kulturen. Die Neugestaltung der Weltpolitik im 21. Jahrhundert*, München und Wien 1996. Sein ursprünglicher Artikel »The clash of civilizations« erschien in der Zeitschrift *Foreign Affairs* im Sommer 1993.

7 Über Milošević́s und Tudjmans *Demokratura*-Regime siehe
»Weine, zerstückeltes Land« in diesem Buch, S. 381 ff.

8 Siehe das im Erscheinen begriffene Buch von Milada Vachudova:
*Revolution, Democracy and Integration: The Domestic and Internatio-
nal Politics of East Central Europe since 1989,* Oxford University Press.
Den Überlegungen des vorliegenden Essays kamen auch die Kommen-
tare von Tim Snyder, Vladimir Tismaneanu und Charles King sowie ein
Aufsatz von Tim Snyder und Milada Vachudova zugute (»Are Transi-
tions Transitory? Two Types of Political Change in Eastern Europe
since 1989«, in: *Eastern European Politics and Societies,* Vol. 1, No. 1).

9 Siehe Anm. 7.

Im Rücken des Kosovo

Aufsatz »Im Rücken des Kosovo«, übersetzt von Peter Torberg. Copyright der deutschen Version © *Lettre International.* Erscheint zuerst in:
Lettre International, Heft 45 (1999).

Rückkehr ins Kosovo

Aufsatz »Rückkehr ins Kosovo«, übersetzt von Reinhard Kaiser. Erschienen zuerst in: *Frankfurter Allgemeine Zeitung* vom 15. Juli 1999.

Chronik 1990–1999

Übersetzt von Philip Laubach.

Dank

Zu großem Dank bin ich meinen hervorragenden Lektoren verpflichtet: Robert Silvers von der *New York Review of Books*, Bill Buford, zuerst bei *Granta* und nun beim *New Yorker*, Ian Birrell vom erneuerten *Independent*, Ferdinand Mount vom *Times Literary Supplement*, Fareed Zakaria von *Foreign Affairs* und nicht zuletzt Stuart Proffitt von Penguin Books sowie Eginhard Hora vom Carl Hanser Verlag. Sie haben zur Verbesserung der Texte mit der editorisch entscheidenden Frage beigetragen: »Was meinen Sie eigentlich damit?«

Mein Oxford-College St. Antony's ist ein Musterbeispiel dafür, wie man die Grenzen überschreitet, die ich in der Einleitung beschrieben habe. Ausdrücklich danke ich den beiden Warden der 90er Jahre, Lord Dahrendorf und Sir Marrack Goulding, und dann den vielen Kollegen und Studenten, die durch Kommentierung und zusätzliche Informationen mitgewirkt haben.

Für Unterstützung bei der Vorbereitung des Buches danke ich der Europäischen Kulturstiftung und der Fritz-Thyssen-Stiftung.

Schließlich sind da die Freunde und Bekannten in ganz Europa, die auf die vielfältigste Weise beteiligt waren: manchmal, ohne daß sie es wußten, öfter aber mit generöser Freigebigkeit. Dieses Buch wäre ohne sie nicht nur nicht möglich gewesen. In einem tieferen Sinn sind sie es, von denen das Buch handelt.

Namenregister

494

Timothy Garton Ash
im Carl Hanser Verlag

Die Akte »Romeo«
Aus dem Englischen von Udo Rennert
1997. 272 Seiten

»Ein Brite, umtriebiger Zeitzeuge und gescheiter Zeithistoriker, der darüber hinaus fabelhaft schreiben kann, hat seine Stasi-Akte gelesen und führt uns Deutschen vor, wie man mit solch heiklem Material auch umgehen kann und was daraus zu lernen ist, sofern man etwas lernen möchte. ... Er nutzt das in dürren geheimpolizeilichen Worten überlieferte Material, um sich auf die Suche zu begeben, auf die Suche nach dem verlorenen Ich und nach der verlorenen Zeit. Und wie er das tut, das ist ebenso spannend wie wohltuend, so entschieden wie behutsam, da er auch den einstigen Tätern gerecht zu werden versucht, ohne seine eigenen Grundsätze aufzugeben und einem pseudo-versöhnenden Werte-Relativismus das Wort zu reden.«
Berliner Morgenpost – Joachim Walther

»Garton Ashs Lehre: Man solle auch in der Diktatur zu leben versuchen, als ob es keine Geheimpolizei gebe – das nahmen sich die ostmitteleuropäischen Dissidenten einst vor. Garton Ash dreht dieses ›Als ob‹-Prinzip um: Wir sollten in einem freien Land leben, als ob über uns irgendwo Buch geführt würde, auf daß wir nicht eines Tages angesichts einer Akte in Verlegenheit kämen.
Daß diese Maxime nicht als donnernder moralischer Imperativ daherkommt, sondern als leise, pragmatische Mahnung, ist bezeichnend für die Güte der Einsichten, die ›Romeo‹ Garton Ash von seinem Besuch im Wunderland der Akten und Erinnerungen mitgebracht hat.«
Der Spiegel – Hans Michael Kloth

»... ein höchst kluges, aufschlußreiches und glänzend geschriebenes Buch.« *Die Presse – Burkhard Bischof*

Timothy Garton Ash
im Carl Hanser Verlag

Ein Jahrhundert wird abgewählt
Aus den Zentren Mitteleuropas 1980-1990
Aus dem Englischen von Yvonne Badal
1990. 480 Seiten

»Garton Ash, Oxford-Historiker, Akten-Rechercheur, Essayist mit sarkastischem Witz und dialektischem Blitz, wurde bekannt und gleich berühmt durch die Konkurs-Reportage über den Ostblock *Ein Jahrhundert wird abgewählt* mit Beobachtungen zwischen 1980 und 1990 in Osteuropas Erdbebenzone. Er spricht die Sprachen, kennt die Leute, spürt die Bewegungen, ist zur rechten Zeit an den richtigen Orten, ein moderner Egon Erwin Kisch und Gegenwartshistoriker wie kein anderer, kühner als seine Zunftkollegen. In Deutschland gibt es so einen nicht.«
Die Welt – Herbert Kremp

»Einer der scharfsichtigsten Beobachter der Revolutionen von 1989 ist Timothy Garton Ash. Er hatte ungewöhnliche Gelegenheiten und besitzt ungewöhnliches Talent. ... Von der DDR aus entdeckte er die übrigen Länder Osteuropas, die unter der gleichen Hand litten und ähnlich aufgereizt wurden, insbesondere die drei ›historischen Nationen‹: Polen, die Tschechoslowakei und Ungarn. Bald war er mit allen drei vertraut, sprach fließend Polnisch und Tschechisch und war mit den heute berühmten Dissidentenführern befreundet. 1989 war er in der Stunde der Revolution bei ihnen: auf der Danziger Leninwerft mit Lech Wałensa, in Budapest bei der Wiederbeisetzung von Imre Nagy und in Prag, als Václav Havel die Revolution plante. ... Doch Garton Ash ist weit mehr als ein Journalist, der zufällig im richtigen Moment zur Stelle war. Er nimmt das geistige Leben ebenso scharf wahr wie Politik und Gesellschaft, er ist vertraut mit der Geschichte und der Kultur Deutschlands und seiner östlichen Nachbarn, und er schreibt kraftvoll, bewegend und gewandt. Dieses Buch dürfte ein klassisches Dokument für die ›Revolution der Intellektuellen‹ von 1989 werden.«
Frankfurter Allgemeine Zeitung – Hugh Trevor-Roper

Timothy Garton Ash
im Carl Hanser Verlag

Im Namen Europas
Deutschland und der geteilte Kontinent
Aus dem Englischen von Yvonne Badal
1993. 856 Seiten

Timothy Garton Ashs *Im Namen Europas* »ist ein Standardwerk, das dennoch Besteller-verdächtig ist. Drei Gründe gibt es dafür: Ein britischer Historiker hat mit kritisch-freundlichem Abstand, der einem Deutschen schwerer fällt, die erste umfassende Darstellung der deutschen Nachkriegsgeschichte bis zur Einheit vorgelegt; der Mann kann erzählen, formulieren (Deutschland ist eben ›Mittelschwergewicht‹ geworden), hat Sinn für Humor, ist spannend zu lesen und sicher nicht nur für einen, der darin vorkommt; die Sprache ist einfühlsam, reich, nuanciert. ... Ihm ist ein großes Buch gelungen, das viele Diskussionen auslösen wird.«   *Die Woche – Egon Bahr*

»Jetzt konzentriert sich Garton Ash auf die Ost-West-Diplomatie. *Im Namen Europas* skizziert die verschlungene Geschichte der deutschen Ostpolitik der siebziger und achtziger Jahre, um die Frage nach ihrem Einfluß zu klären. Er nennt sie die Zeit der Refolutionen – Reformen von oben samt Revolution von unten. ... Die deutsche Ostpolitik in den zwei Dezennien von 1969/70 bis 1989/90 ist für Garton Ash erstens Politik mit der Sowjetunion, zweitens Deutschlandpolitik, drittens Politik mit den osteuropäischen Staaten. ... Was Garton Ash aus den Akten ausgräbt, verschlägt dem Leser zuweilen die Sprache.«
Der Spiegel – Eckhard Jesse

Im Namen Europas »schildert die deutsche Ostpolitik, das ›Geiseldrama von 1961-1989‹, von Mauerbau bis Mauerfall. ... Der Report, angereichert durch dekuvrierende SED-Akten, enthält die fundierteste und schärfste Kritik an der Ostpolitik der SPD- und CDU-Regierungen, die bislang zwischen Buchdeckeln erschien. Der Brite ließ nichts ›anbrennen‹. Unveröffentlichte Quellen und unzählige Interviews sowie die Durchsicht einer meeresbreiten Literatur verhalfen ihm zu dem Urteil, daß in Europa alles anders gekommen sei, als alle Verantwortlichen geglaubt hätten. Wer den kurzweiligen Wälzer liest, sollte sich die auf 189 Seiten ausgebreiteten Anmerkungen nicht entgehen lassen. Dort liegen die Pralinen.«   *Die Welt – Herbert Kremp*

Europa 1999

Schottland

Nord-
irland

Dublin ●

Irland

Wales

Groß-
britannien

England

London ●

Niederlande

Den Haag ●

Brüssel ●

Belgien

Luxemburg

Paris ●

Frankreich

Deutschl

Schweiz

Bern ●

Däne

No

Portugal

Lissabon ●

Madrid ●

Spanien

Basken-
land

Katalonien

Italie